KB059508

현대한국출판사

# 현대한국출판사

## 1945~2010

이두영 지음

문예출판사

# 책머리에

1.

우리가 역사를 통해 과거를 되돌아보는 것은 앞날을 도모하기 위함이다. 과거를 모르면 미래도 없다. 역사연구라는 추체험을 통해서 인류는 통찰력을 키우고, 그 힘으로 현재와 미래를 개척할 수 있는 지혜를 열어왔다.

'파테이 마토스(pathei mathos)'는 아이스킬로스의 비극《아가멤논》에 처음 등장하는 유명한 말인데, '겪음으로써 지혜에 이른다'는 뜻이다. 이 말은 나에게 두 가지 가르침을 일깨우고 있다. 하나는 역사연구가 단순히 과거의 사실을 재현하는 데 있는 것이 아니라 현재라고 하는 시대정신에 입각해서 해석하고 재구성했을 때 비로소 진정한 의미를 발견할 수 있다는 것이다. 이런 가르침을 통해 분명한 역사인식 또는 역사해석을 삿도록 한다. 투철한 역사인식은 비전과 발전의 원천이다. 다른 하나는 뭔가를 겪고자 할 때에도 막연하게라도 미리 설정해놓은 좋은 목적이 있을 때 그 겪음이 더욱 의미 있는 것이 된다는 점이다. 어떤 일에나 역사의식을 가져야 한다는 교훈을 얻고 있다.

우리 출판의 미래상을 조망하기 위해 먼저 역사의식의 바탕 위에서 과거의 역사적 실체를 올바로 이해하고 그것이 오늘 우리의 출판활동에 어떻게 영향을 미치고 있는가에 대해 늘 염두에 두는 태도가 역사에 대한 바른 자세이다. 그런 의미에서 오늘 우리 출판이 겪고 있는 장기적인 침체의 늪에서 하루빨리 벗어나기 위해서는 역사연구를 통해 지혜를 찾으려는 노력을 기울일 필요가 있다고 믿고 있다.

우리에게는 위기와 시련에도 굴하지 않고 불굴의 도전정신과 열정으로 이를 극복하며 눈부신 성과를 이루어온 저력이 있다. 일제의 압박에서 벗어나 우리말과 글로 출판을 시작한 지난 70년간 우리 출판산업은 끊임없이 변화와 발전을 지속해온 도전의 역사였다. 출판에 필요한 어떠한 조건도 제대로 갖추지 못한 불모의 땅에서 눈부신 성장과 발전을 이룩해 오늘날 세계 10위권의 출판대국으로 우뚝 섰다. 상대적으로 안정된 시기도 있었고 급격한 발전을 이룩한 때도 있었지만 그보다 훨씬 더 많은 역경과 시련을 이겨내며 성취한 값진 역사적 산물이다.

그것은 강렬한 도전정신과 새로운 기축(機軸)으로 낡은 체제를 타파하려는 진취적인 출판인들의 선택과정이요 결단의 결과이기도 하다. 짧은 기간 동안에 놀라운 출판 발전을 이룩한 데는 우리 출판인들의 난관을 돌파하기 위한 남다른 예지와 투지, 그리고 출판에 대한 열정이 크게 작용했다고 본다. 중요한 고비마다 현실을 정확히 인식하고 미래를 내다보는 식견과 통찰력을 발휘해 대내외 환경변화에 적극적으로 대응함으로써 지속적인 성장이 가능했다.

그런 우리 출판의 역사는 결코 잊을 수 없는, 국가와 사회를 이끄는 운동의 선도자로 연속돼 있다. 광복 이후만 해도, 8·15광복 직후에는 조국건설의 방편으로 출판에 대한 열정을 불태웠으며 6.25전쟁 중에는 누구보다 먼저 희망을 되찾아준 정신의 지주였다. 1960년대에는 교육용 도서 개발 보급을 통해 국가발전에 필요한 인재양성에 기여하는 한편 교양의 시대를 창조하는 주체였다. 70년대에 들어와서는 사회과학서 출판으로 국가발전의 잠재력을 개발하는 데 필요한 지식을 공급하는 일에 앞장섰으며, 언론활동이 극도로 제약받고 있던 80년대의 출판자유를 확보하기 위한 노력은 새로운 사고의 지평을 열었고 출판발전의 참신한 자극이 되었다. 이러한 기반 위에서 오늘날에는 아날로그 문화상품을 콘텐츠로 발전시키고 있는 IT 영역에서도 당당하게 선진대열에 진입해 가고 있으며, 세계화 시대를 맞이해 막강한 영향력을 넓혀갈 수 있을 만큼 성장했다.

그러나 한편, 우리 출판은 사회가 출판을 유지케 하는 구조적·제도적 기반을 이끌어내지 못했다. 얼마 전까지만 해도 우리 출판은 정부로부터 이렇다 할 지원을 받지 못하고 오히려 규제와 간섭을 심하게 받아왔다. 이러한 역사는 무엇보다 안정된 출판시장을 형성할 계기를 마련하는 일에서나, 출판의 기업적 경영체제를 확립할 수 있는 산업

기반을 공고히 하는 데는 넘기 힘든 걸림돌이었고 지체의 원인으로 작용했다.

이렇게 우리 출판은 다른 매체와 다른 지위에 있다. 세계 어디에서도 찾아보기 드문 우리 출판만의 독특한 역사적 상황을 만들어낸 것이다. 우리가 우리의 역사를 소중하게 간직해야 하는 까닭이 바로 여기 있다.

따라서 우리 출판산업의 성장과 발전과정을 제대로 이해하기 위해서는 우리의 전통과 정신, 발전과정에 대한 올바른 분석과 평가가 매우 중요하다. 그동안 우리 출판의 발전상에 대해 적지 않은 연구가 이루어졌으나 대부분 부분적이거나 구체적이고 실증적이지 못하고 추상적·관념적인 분석에 그쳐 발전상을 체계적으로 파악하기 어려웠다는 아쉬움이 컸다. 때로는 잘못 이해되는 경우마저 없지 않았으며 우리 현대출판업 발전과정을 올바로 조망한 책은 찾기 쉽지 않다.

이 책을 쓰게 된 동기도 이러한 점을 고려해 1945년 광복 이후 현재까지의 출판역사를 '현대'로 설정하고, 지난 70년 동안 우리 출판이 어떻게 해서 지속적인 고도성장을 이룩할 수 있었으며 그것을 가능케 한 성장동력은 무엇인가 톺아보는 데 있다. 우리는 그러한 성공요인들을 어떻게 오늘에 되살릴 수 있겠는가에 대한 역사인식을 명확히 해야 할 것이다. 또 어떤 문제점들이 내포되어 있는지를 좀 더 이해하기 쉽게 정리, 분석함으로써 한국 출판산업의 발전과정에 대한 올바른 이해와 평가를 돕고자 하는 데 이 책의 목적이 있다.

이 땅에 상업출판의 씨를 뿌린 지 어언 140여 년, 2015년은 을사늑약 110년, 광복과 분단 70주년, 한일협정 50주년, 남북정상회담 15주년이 된다. 이런 일들은 우리나라 역사의 물줄기를 바꿔놓는 변곡점이었고 출판산업 발전에도 직간접으로 크게 영향을 미쳤음은 이를 나위 없다. 우리는 이러한 때를 맞이해 더욱 성숙한 역사의식을 발휘함으로써 다시 한번 우리 출판이 힘차게 도약하는 계기로 삼을 수 있도록 분발해야 하겠다.

2.

1964년에 출판계에 입문한 나는 올해로 만 51년을 맞이했다. 내게 있어서 지난 반세기는 어떤 의미에서는 이 책을 쓰기 위한 준비 기간이었다고 할 수 있다.

지난 50여 년 동안 오로지 출판단체에서만 봉직하는 동안, 현대출판의 역사적 현장을 몸과 마음으로 체험했다고 해도 지나치지 않다. 단순한 현장의 목격자로서만이 아니라 때로는 직접 역사를 창조하는 일에 참여해왔다. 내가 대한출판문화협회('출협')에 봉직할 때는 출협의 사업계획이 곧 정부의 출판정책이기도 했다. 그런 출협에 봉직하는 30년 동안을 줄곧 우리나라 출판발전에 필요한 사업을 개발·실현하는 일로 시종했으며, 그것은 출판 선진국들의 발전과정과 비교해 우리가 가야 할 목표와 방법을 강구하는 일에 고심하는 작업이기도 했다. 새로운 사업을 개발하기 위해서는 세계적인 관점에서 더욱 객관적으로 우리 출판의 현실을 가늠할 수 있어야 했기 때문에 누구보다도 현대 한국출판의 역사에 정통하다는 자부심을 가지고 있다.

80년대까지만 해도 우리 출판의 창업 1, 2세대의 대부분이 생존해 계셨다. 그분들로부터 초창기 우리 출판이 창조해온 역사와 함께 바람직한 출판인은 어떠해야 하며 올바른 출판의 길이 무엇인지에 관해 간단없는 훈도를 받으며 나름대로 출판을 바라보는 눈과 역사관을 키울 수 있었다.

출협의 《25년사》(1972년 간행)를 비롯해 지금까지 8개 단체의 역사 12종을 편찬하는 과정에서 그 기관들의 내밀한 기록을 열람, 우리 출판역사 발전의 변곡점이 되었던 일들에 관해 상고(詳考)할 수 있었던 것도 이 책을 쓰는 데 큰 힘이 되었다. 또 각기 시기를 달리하면서 다섯 차례에 걸쳐 우리 출판의 역사를 본격적으로 정리해볼 기회도 주어졌기 때문에 그때마다 역사적 사실들이 지닌 의미를 거듭해서 곱씹어볼 수 있었다.

사반세기에 걸쳐 대학강의를 병행한 것도 객관적인 출판관(觀)을 확립하는 절호의 기회가 되었다. 학부보다는 주로 대학원에서 출판개론보다는 유통론, 산업론, 정책론, 국제출판론 등 출판 전공과목은 물론 세계 커뮤니케이션 역사, 한국 언론사, 대중매체와 정보사회, 뉴미디어론 등 다양한 강좌를 담당하면서 다매체 경쟁시대의 출판위상을 새롭게 자리매김하고 실무경험을 이론화하는 기회로 삼았다. 이 책은 이런 경험들을 바탕으로 분명한 집필의도와 목표를 가지고 썼다.

먼저 도서, 잡지와 교과서, 전자출판을 모두 아우르는 총체적 출판통사를 목표로 삼았다. 이렇게 종합적으로 출판역사를 다룬 역사서는 아마도 이 책이 처음일 것이다. 두 번째 목표는 출판활동의 산물인 책의 역사를 평가하고자 힘쓰는 것이었다. 책은 항상 특별한 존재였다. 책은 그 시대의 거울이자 그 시대 문화의 결정체이므로 책에 의해 형성된 당대의 출판문화는 그 시대의 정신을 담아낸 역사 자체이다. 그러므로 도서출판의 역사가 지니는 시대적 가치는 문화·사회사적으로도 의미가 크지 않을 수 없다.

　출판을 하나의 산업으로 보고, 우리 출판이 어떻게 산업화 과정을 밟아왔으며 앞으로 지속적인 성장을 계속하기 위해서는 무엇을 보완해나가야 할 것인가에 대해 많은 관심을 기울이는 것은 이 책이 겨냥한 세 번째 목표였다. 시장은 항상 예측할 수 없는 동적인 새로운 것을 요구하며 끊임없이 변해왔다. 경쟁은 언제나 광범위했고 치열했다. 출판활동의 특수성과는 상관없이, 다른 비즈니스와 마찬가지로 출판사도 상업적으로 성공해야만 존속할 수 있으며 앞으로도 번성해야 할 책임이 있다. 책의 역사가 출판문화의 역사적 표상이라면 비즈니스는 출판산업의 핵심적인 골간이다. 넷째, 사회·경제 발전이 어떻게 출판활동을 변화시켰는지 하는 것과 함께 출판이 우리 사회·경제 발전에 기여한 바를 규명해 출판의 기능과 역할, 책임을 사회·경제사적으로 살펴보는 기회로 삼고자 했다. 한 예로 도시화는 읽고 쓰는 능력의 상승과 연동해서 책이란 상품을 생산·유통·소비시키는 출판활동을 산업적 복합체로 발전시켰다. 도시화가 생산·판매·읽기 활동을 육성하고 가속화했기 때문에, 가장 먼저 도시화된 서울을 중심으로 출판이 발전하고 서울에 집중된 것은 어쩌면 당연한 귀결이다. 도로망의 확충은 공간수축과 균질화된 국토를 낳았다. 배송의 효율화는 저렴한 비용으로 책의 반포를 가능케 했을 뿐만 아니라, 교통수단의 발달은 '이동 중의 독서기회'를 제공했고 휴대에 적합하도록 책의 소형화를 촉진했다. 출판은 그러한 사회·경제를 발전시킬 지혜를 아낌없이 제공했다. 다섯째, 출판의 기술 발달사도 중요한 역사적 테마 가운데 결코 빼놓을 수 없는 대상이다. 지난 70년 동안 활판인쇄에서 디지털 혁명에 이르는 과정에서 출판, 편집, 제작기술의 발달과 유통시스템은 눈부신 혁신을 이루어냈다. 인터넷 보급으로 문자정보의 유통체제가 새롭게 변했고 전자책이란 새로운 유형도 개발되었다. 그 전자책 시장의 성장 추이와 미래도 주의 깊게 살피며 출판산업에 미칠 영향을 가늠해보고자 부심했다.

　어느 경우에나 역사의 주인공은 사람이다. 찬란한 우리 출판사(史)를 장식한 걸출한 인물들의 창조적인 업적을 집중조명하려고 힘쓴 것을 이 책의 여섯 번째 목표로 꼽을 수 있다. 이는 한국출판의 역사적 연원을 밝히는 작업일 뿐 아니라 한국출판의 발전경로를 확인하는 작업이기도 하다. 처음에는 현역까지 포함해서 가능한 한 많은 출판인을 소개할 심산으로 자료를 수집해놓았으나, 아쉽게도 이미 작고했거나 완전히 은퇴한 출판인들 가운데서 1960년 이전에 출판에 손을 대기 시작한 인물만을 대상으로 한정할 수밖에 없었다. 여러 가지 넘기 어려운 제약들로 인한 한계가 너무 컸기 때문이다. 이 책에서 미처 언급하지 못한 출판인들에 대해서는 다른 기회를 약속드린다. 중요한 것은 여기 소개된 출판인 못지않게 높은 뜻과 열정을 가졌음에도 큰 꿈을 실현하지 못하고 사라져간 수많은 출판인들의 고귀한 정신을 결코 잊어서는 안 된다는 사실이다.

우리 출판문화의 정체성을 규명하고자 하는 것도 이 책을 집필하게 만든 또 다른 이유였다. 다른 나라들과 비교해서 우리 출판만이 내세울 수 있는 전통과 가치를 발견해내려고 노력했다. 세계화 시대에 출판선진 여러 나라와의 비교를 통해 우리의 발전속도와 위상을 객관적으로 가늠해보려고 애썼다. 역사야말로 '현장'이며 비교야말로 자기를 '발견'하는 효과적인 방법이다. 그러나 본격적인 비교가 이 책의 목적이 아니었으므로 세계출판과의 비교는 단편적인 언급에 그칠 수밖에 없었다.

나름대로 최대한의 자료를 섭렵하면서 가급적 자세하게 분석평가해 기존의 오류를 바로잡으려고 노력했으며, 새로운 시각에서 처음 밝혀낸 사실들이 적지 않을 것으로 믿는다. 물론 논란의 소지가 없지 않은 부분도 있을 터이지만 이에 대한 논쟁 또한 출판의 문화와 산업, 학문의 발전과정이 아니겠는가. 활발한 논쟁이 전개될 수 있기를 기대한다.


3.

이 책은 개항과 더불어 시작된 한국에서의 상업출판 역사의 일부분에 지나지 않는다. 비즈니스 활동으로서 우리 출판의 역사를 정리하겠다는 목표를 가지고 오래전부터 자료를 수집해왔으며, 이 책의 전편(前篇)이 될 개항 이후 일제강점기까지의 '근대편'에 대해서는 따로 집필 중이다.

출판계 입문 50주년에 즈음해 몇 가지를 더 준비 중이다. 이 책을 쓰는 과정에서 축적된 〈한국 근현대출판 연표〉와 〈출판 관계 언론기사 색인 1881~2000〉은 그것만으로도 방대한 분량이어서 별도로 묶기 위해 이 책에서는 '연표'를 따로 붙이지 않았다. 〈한국 근현대출판 연표〉는 개항 이래 2010년까지의 주요 사항을 망라해 당시의 자료나 언론보도를 직접 확인하면서 상당량의 오류를 바로잡았다. 최근의 연표에서조차 날짜 등 오류가 많이 발견되고 있고, 그 오류들이 적지 않은 연구논문과 자료집에서 그대로 인용되고 있는 사실들을 발견하면서 이 작업의 중요성을 거듭거듭 재확인하지 않을 수 없었다. 〈출판 관계 언론기사 색인〉은 광복 이후 일부 신문·잡지에 게재된 주요 기사와 기고문 약 2,000건을 출판시평, 유통, 자재, 인물 등 내용별로 간추려 정리한 것이다. 그러나 이 기사색인은 극히 일부분에 지나지 않는다. 나는 우리 출판역사 정리를 위해서는 이들 작업과 함께 〈출판 인명사전〉이 반드시 편찬되어야 한다는 점을 전부터 강조해왔다. 이러한 작업을 개인이 하는 데는 한계가 있으므로 출판계 공적 사업으로 '데이터베이스'를 구축할 것을 거듭 제안한다.

이 책을 내기까지 잊을 수 없는 많은 분들의 도움이 있었다. 특히 큰 관심을 가지고 늘 격려와 용기를 북돋아주신 YBM 민영빈 회장님께 감사드린다. 민 회장님의 관심과 편달이 있었기에 이 책의 집필을 앞당길 수 있었다. 범우사 윤형두 회장님, 열화당 이기웅 사장님께서도 늘 조언을 해주셨고 문예출판사 창립 50주년에 즈음해 이 책을 출판해주신 전병석 회장님과 편집부 여러분께도 감사드린다. 시간의 물레 권호순 사장은 원고 정리 과정에서 많은 도움을 주었다. 일본과 중국에서도 이 책을 동시출판해주신 출판미디어 펄의 시모무라 데루오(下村昭夫) 사장과 번역자 다데노 아키라(館野晳) 선생, 중국신문출판연구원 쉬셩궈(徐昇國) 출판문화연구소 소장께도 감사드린다.

이 책이 우리 현대출판의 역사를 바로 알고 어려움에 처한 우리 출판산업을 발전시키는 데 작은 실마리를 제공할 수 있기를 바라는 마음 간절하다.

2015년 5월 20일
이 두 영

| 차례 |

# 제3장 — 전쟁의 참화를 딛고 새로운 출발

# 제4장 ─ 출판의 대중화 시대 개척

# 제5장 — 출판산업화에의 열망

# 제6장 ─ 상업출판 시대의 화려한 개막

# 제7장 ─ 한국출판 선진화의 길

# 제1장

# 현대 한국출판을 어떻게 볼 것인가

## 한국출판의 역사적 기저

### '자랑스러운' 성공 이야기

출판은 좋은 책을 통한 문화 창조기능과 시장에서의 상업적 성취 사이에 항상 긴장감이 존재한다. 우리 출판산업 70년의 시간은 이와 같은 두 개의 목표를 성취하기 위한 끝없는 도전의 역사였다.

국토와 민족은 분단되고 파탄에 이른 경제상황에서 온갖 난관과 역경을 불굴의 투지와 자력갱생의 정신력으로 극복해가며 빛나는 성공의 역사를 이룩했다.

광복 이후 우리 출판산업은 최단 기간에 압축성장을 이룩함으로써 세계에서 손꼽히는 출판대국으로 도약했다. 지금 우리나라는 초판을 기준으로 해마다 4만여 종의 도서를 발행하고 있다. 연간 초판 발행종수가 처음 4만종대로 진입한 때는 1990년이다. 1971년만 해도 우리의 연간 출판종수는 겨우 2,917종에 지나지 않았으나 그 후 승승장구, 1976년에는 드디어 1만종의 탑을 쌓는 경이적인 성장을 이룩했다. 자본도 설비도 없는 최빈국의 열악한 환경에서 전쟁까지 치러야 했음에도 연간 출판량 1만종을 돌파한 세계 아홉 번째 국가가 된 것이다. 순전히 출판인들이 지닌 불굴의 정신력과 자력갱생의 굳은 의지로 광복 30년 만에 이룩한 쾌거였다. 그 여세를 몰아 1980년에는 2만종 대를 돌파했고 그로부터 3년 후 또다시 3만종을 넘어서는 성공신화를 창조해냈다.

이에 힘입어 우리는 이미 70년대 말에 출판량에서 세계 10위권의 출판대국에 진입했다. 《유네스코 통계연감》(1981년 판)에 따르면 1979년 우리 출판산업은 연간 신간 발행종수에서 세계 10위, 인구 1만명당 발행종수로는 4.4종을 기록하면서 세계 8위를 차지한 것으로 분석되었다.[1] 이는 인구비례로 볼 때 미국이나 프랑스(각 3.9종), 일본(3.8종)을 앞지른 것이다. 그것도 잡지와 교과서를 제외하고 일반도서만으로 산출한 것이다. 1963년의 우리나라 출판실적 순위가 세계 30위였던 것과 비교하면 참으로 눈부신 발전이 아닐 수 없다.

세계 출판계에서는 연간 시장규모가 1조원 이상, 또는 출판종수가 1만종을 돌파한 때를 산업화 진입 시기로 보고 4만종대에 진입하면 산업화가 완성된 것으로 평가하고 있다.[2]

산업화란 산업활동의 확대과정이자 집중화 과정을 말한다. 기계화에 따른 양산체제를 갖추고 대량판매가 이루어지는 사회적·문화적 변화가 수반되었을 때를 가리킨다. 이런 기준으로 보면 우리는 1만종에서 4만종을 기록하는 기간이 불과 15년밖에 소요되지 않았다. 프랑스, 일본, 미국, 중국, 영국 등이 산업화를 이룩한 기간과 비교하면 3, 4배나 빠른 놀라운 속도이다. 네덜란드나 스위스, 스웨덴, 핀란드와 폴란드, 체코 등은 우리보다 훨씬 먼저 1만종을 돌파했으나 아직도 1만종대에 머물러 있거나 2만종대 초반을 넘어서지 못하고 있는 실정임을 상기하면 우리의 성공신화에 세계가 주목하지 않을 수 없는 이유가 짐작 가능하다.

1989년부터는 도서 생산지수 성장률이 GDP의 그것을 앞지르기 시작했으며 1990년에는 연간 매출규모가 1조2,000억원으로 추정되었다. 당시 출판산업이 GDP에서 차지하는 비중은 미국과 비슷한 0.46%였다.[3]

---

1  이두영, 《출판상황론》, 서울 청한, 1991, p. 19

2  ① UNESCO ed, *Cultural Industries-A challenge for the future of Culture*, Paris ; UNESCO, 1982. p. 31
   ② 出版マーケテンク研究會編, 《書籍出版のマーケテンク》, 東京 出版ニュース社, 1991, p. 3
   ③ 이두영, 〈세계의 출판산업〉, 《세계의 출판》, 서울 한국언론연구원, 1993, p. 155 참조

3  이두영, 앞의 책, pp. 208~226

**[도표 1-1] 출판산업화 속도의 국제 비교**

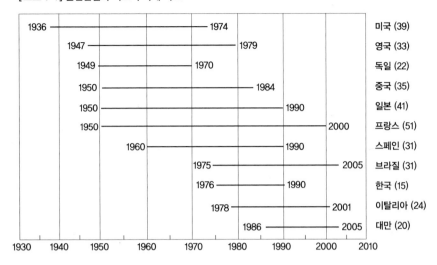

참고 : ( ) 내의 숫자는 소요 기간
자료 : 이두영, 〈한국현대출판산업사 편찬과 전개방법〉, 한국출판학회 세미나, 2011

## 출판의 성장동력

우리나라 주요 산업이 정부 주도 공업화와 수출 드라이브 정책에 의해 발전해온 것에 비하면 우리 출판은 이렇다 할 정부 지원 없이 순전히 우리 출판인들만의 힘으로 자력갱생을 도모해 오늘의 놀라운 업적을 이룩했다는 점에서 더욱 이채롭다.

그렇다면 우리 출판산업이 이렇게 비약적인 성공을 거둘 수 있었던 배경과 요인은 무엇인가. 무엇보다 강조되어야 할 것은 한국 출판인 특유의 기질을 중요한 자산으로 꼽아야 할 것이다.

불굴의 투지와 강인한 돌파력, 그리고 끊임없이 변화를 모색하는 창조적인 역동성은 강력한 성장동력으로 작용해왔다. 모험과 도전정신을 발휘해 빛나는 역사를 창조한 출판인들의 투철한 철학과 예지, 탁월한 지도력과 용기가 없었다면 이와 같이 빛나는 역사는 이루어내기 어려웠을 것이다. 출판된 책들의 다양성, 출판 형태의 창의성, 그리고 지성과 감성의 세계적 교류에 어느 선진국과 비교해도 손색이 없을 만큼 큰 성취를 이루어냈다.

이러한 기반 위에서 오늘날 아날로그 문화상품을 콘텐츠로 발전시키고 있는 디지털

산업 영역에서도 어렵지 않게 선진대열에 진입해가고 있다. 또한 출판 지도자들은 대한출판문화협회(이하 '출협')를 비롯해 한국출판협동조합(이하 '조합'), 한국출판금고(이하 '금고'. 현재의 한국출판문화진흥재단)와 한국잡지협회(이하 '잡지협'), 전국서적상조합연합회(이하 '서련'), 대한인쇄문화협회(이하 '인협') 등 출판발전을 견인할 단체들을 차례로 설립하고, 이들을 통해 구체제를 과감히 타파하고 수많은 신기축과 도발을 이끌어내면서 필요한 때에 필요한 발전전략을 강구하고 실현하는 예지를 발휘해왔다. 이들 출판단체들이 우리 현대출판의 역사에 이바지한 업적은 실로 다대하다.

그런 의미에서 우리 출판의 역사는 만난을 무릅쓰고 역경을 이겨낸 자랑스러운 성공의 역사요, 끊임없는 각고면려와 도전정신의 결정체가 오늘 우리 출판산업의 실체라고 할 수 있다. 물론 우리 출판발전을 가능케 했던 국가발전과 사회적 배경들을 경시해서는 안 된다.

우리가 이처럼 혁명적인 출판산업 발전을 이룩할 수 있었던 데에는 ▷ 인구팽창 ▷ 교육의 대중화 ▷ 독서습관을 함양시킨 여가시간의 확대와 소득의 증대 ▷ 대량생산을 가능케 했던 기술의 진보와 보급시스템의 정비 등 다양한 요인들이 충족되고 또 복합적으로 작용했던 것도 틀림없는 사실이다.

이와 함께 민주주의 정치체제와 자유주의 시장경제를 채택해 창의적이고 자유로운 출판활동을 보장한 점도 중요한 요인으로 지적되어야 할 것이다. 이 같은 사실은 2차 세계대전 이후 사회주의 국가들이 자유민주주의 국가들에 비해 출판발전이 훨씬 더딘 양상을 보여온 역사적 사실을 통해서도 증명되고 있다.


## 빠르게 진행된 세대교체

출판은 대단히 개성이 강한 사업이고 출판인은 신념이 강한 이상주의자란 특성을 가지고 있다. 출판산업은 부침이 유난히 심했고 출판인 한 사람 한 사람의 생애는 영광과 비극으로 점철된 파란의 드라마다. 이들 가운데는 열심히 노력해서 대출판사로 성장시키고 출판사(史)에 찬연히 기록된 출판인들이 적지 않다. 영리를 떠나 자신의 뜻을 펼치기 위해 헌신한 출판인들도 많다. 그러나 척박한 환경에서 뿌리를 제대로 내리지 못해 전 재산을 날려버리고 소리 없이 사라져간 출판인은 성공한 출판인들보다 훨씬 더 많이 있다.

　동서고금을 막론하고 유아사망률이 높은 것이 출판산업의 특징이라지만, 우리 출판사들의 수명은 유난히 짧았다. 지금 4만6천이 넘는 수의 출판사가 신고되어 있지만, 광복 이후 지금까지 셀 수 없이 많은 출판사들이 생겼다가는 사라지곤 해왔다.

　그렇기 때문에 다른 어떤 분야보다도 세대교체가 급격하게 이루어진 분야가 출판산업이라고 할 수 있다. 시대의 격랑 속에서 새로운 세대가 차례차례 등장, 다채로운 출판의 세계를 수(繡)놓고 또 출판의 역사를 만들어왔다.

　우리 출판의 세대는 대체로 다음과 같이 구분할 수 있을 것이다.

　광복 직후부터 6·25전쟁 직전까지 등장한 출판 제1세대들은 어려운 여건 속에서 대부분 교과서와 같은 교육용 도서출판을 통해 신생 독립국가의 토대를 마련하는 데 헌신했던 현대 한국출판의 창업자들이다. 이들은 모두 그 시대의 선두를 달리는 지식인들로서, 광복된 조국의 자주 독립국가 건설과 민족문화를 재건하겠다는 굳은 결의와 열정으로 출판에 투신했다는 공통점을 가지고 있다.

　대부분의 출판사들이 6·25전쟁의 고통을 견디지 못하고 사라지는 운명에 처했지만, 살아남은 출판사들은 학술·교양서 출판에 주력하면서 출판산업의 기초를 다졌다. 따라서 이들의 창업정신과 업적은 우리가 소중히 이어가며 더욱 발전시켜야 할 한국출판 전통의 뿌리다.

　6·25전쟁 전란의 피해를 딛고 부흥에 힘쓰던 시기에서 60년대 중반 사이에 등장한 출판 제2세대들은 대형 전집출판의 전성기를 구가하며 할부 방문판매라는 적극적인 판매전략으로 새로운 수요를 창출해 출판의 산업화·기업화의 기반확대에 공헌했다. 이 세대는 또 단행본 출판에 집중해 할부판매로 인해 상대적으로 황폐해진 서점을 회생시켜가며 출판시장을 육성시키는 한편 출판의 영역확장에도 큰 기여를 했다. 출판 제2세대들은 이렇게 출판의 대중화 시대를 개척하는 괄목할 만한 성과를 이루어낸 점이 높이 평가된다. 이미 대부분이 역사의 뒤안길로 사라져간 이들 1, 2세대 출판인들의 투철한 출판의식과 순결한 마음이 오늘의 출판문화를 형성하는 데 큰 몫을 했다는 사실을 잊어서는 결코 안 될 것이다.

　60년대 후반에서 80년대 중반에 출판을 시작한 제3세대는 최초의 한글세대에 속한다. 이들이 80년대의 출판탄압이란 혹독한 칼바람을 이겨내고 오늘의 출판산업을 이끄는 중진들로 성장했다. 이들에 의해 우리 출판의 정체성도 비로소 확립되기 시작했다고 해야 할 것이다. 뒤를 이어 외환위기 이후에 등장한 제4세대에 속하는 젊은 출판인들이 어느새 우리 출판발전을 이끌어가는 중추세력으로 성장하고 있다.

이렇게 세대교체가 빠르게 진행되는 동안 우리 출판의 내용이나 양적인 면에서 눈부신 발전을 이룩하면서 출판대국의 입지를 굳혔다고 할 수 있다. 세대에 따라 출판관이나 체질도 크게 다르게 나타나고 있다. 급격한 세대교체와 더불어 출판체질이 크게 변했다는 점에서 우리 출판인들의 출판정신과 전통은 더욱 빛날 수 있다고 생각한다.


## 연구방법론

### '현대'의 기점과 발전단계

이 책은 1945년의 8·15광복과 남북분단이란 역사적 사실을 현대의 기점으로 삼았다. 모든 한국사 관련 서적이 광복을 현대사의 기점으로 삼고 있는 예를 무조건 따라 그렇게 한 것은 아니다. 광복과 분단 이후 우리 출판의 역사는 그 전(前) 시대인 일제강점기 때와는 극명하게 대비되는 출판만의 특성을 내보인 사실을 중요시했기 때문이다.

지금까지 우리 출판의식이나 행위양식의 발전이 질과 양이라는 면에서 괄목할 만한 성장은 이루어졌으나 광복 초기에 정립된 출판시스템의 성격과 기본구조는 고스란히 현재로 이어져왔기 때문에 이 책에서는 광복을 현대출판의 기점으로 삼았다.[4] 역사구조의 본질이 바뀌지 않고 지금까지 온전히 계승되고 있는 것이다.

현대 한국 출판산업은 선진외국과는 비교할 수 없을 정도로 짧은 기간에 압축성장

---

4  이와 같은 점에 입각했을 때, 한국출판학회가 엮은 《한국출판산업사》(한울, 2012)에서 개화기부터 1950년대까지를 '근대'로 설정(제2장 '한국근대출판산업사')하고, 1960년부터 2010년까지를 '현대'(제3장 '한국현대출판산업사')로 구분한 것은 수긍하기 어렵다. 이 책은 출판의 질적·양적 성장과 정치·경제·사회적 환경변화를 이 같은 시대구분의 이유로 설명하고 있으나, 출판의 질량적 확장은 거시적·포괄적 역사인식의 틀로 볼 때 역사발전의 과정일 뿐 출판의 성격과 내용이란 본질을 변화시킨 역사변환의 계기적 흐름을 만들어냈다고 볼 수 없기 때문에 시대구분의 근거가 될 수 없다. 더구나 출판의 질량적 확대를 가리키는 '출판이륙' 현상은 1970년대 초에 이르러서야 비로소 일어나고 있다.(한국출판학회 편, 《한국출판산업사》, p. 157 참조)

을 하는 동안 몇 차례 특징적인 발전단계를 거쳐 의미 있는 변곡점을 이루었기 때문에 이러한 시기를 단계별로 나누어 그 시대 출판활동의 특징과 가치를 살펴보아야만 우리 출판의 성장과정이 올바로 파악될 수 있다.

시기별로 출판인에 대한 추적을 통해 출판인의 숭고한 사명과 현대 출판산업의 총체적인 의미, 출판물의 혁명적인 변혁과 출판경영, 제작환경과 기술, 저작권, 유통 등 출판시스템의 변화 발전과정을 분석하고, 그러한 활동의 소산으로서 출판량과 출판경향의 변화 발전까지도 종합적으로 분석평가할 때 비로소 광복 이후 70년 동안 우리 출판산업이 발전해온 실체를 올바로 파악할 수 있다.

이 책은 그러한 발전과정을 다음과 같이 7단계로 세분하고 있다.

▷ 제1기 가내수공업기(1945. 8.~1950)
▷ 제2기 시련 속의 재건기(1951~1958)
▷ 제3기 기업화 모색기(1959~1965)
▷ 제4기 과학화 추진기(1966~1976)
▷ 제5기 산업화 진입기(1977~1985)
▷ 제6기 현대화 추진기(1986~1993)
▷ 제7기 정보화 시도기(1993~현재)

그러나 이 책은 반드시 이러한 시대구분에 따라 집필하지는 않았다. 왜냐하면 제5기 이후는 우리가 직접 체험적으로 경험했거나 사안에 따라서는 현재 진행 중에 있기 때문이다. 따라서 지금 평가하기에는 아직 시간적으로 이르다고 판단해 제7기까지를 한꺼번에 다루기 위해 전체를 6장으로 나누어 집필했다. 따라서 제5기 이후는 제6장에서 일괄해 정리하는 방식을 택했다.

### 역사적 고찰의 전개방법

출판산업이란, 출판물을 생산하고 이를 독자들에게 제공하는 활동을 통해 인간의 정신적 필요(needs)를 충족시켜주는 출판활동을 일정한 경영법칙과 경제수단에 의해 관리하는 업종이다. 이러한 출판활동은 이윤획득을 목적으로 하고 있음은 이를 나위가 없다.

그런데 지금까지 우리의 출판역사 연구경향은 주로 '문화로서 책의 역사'가 주류를 이루어왔다. 이제부터는 이를 한 걸음 더 발전시켜 산업조직이론에 입각해 '문화소비' 적 측면의 변화를 살피는 산업사적 입장으로 확대시켜야 한다. 왜냐하면 자본주의 사회에서 출판활동은 그것이 문화성을 강조하는 사업일지라도 본질적으로는 수익창출을 목표로 하기 때문이다. 우리의 그러한 역사는 결코 길지 않다. 상업출판의 역사는 개항과 더불어 비로소 시작되었으니 아직 150년이 되지 못한다.

상업출판의 활동방향과 성격은 기획활동에 의해 정해지지만 실제에 있어서는 독자들의 책 선택 행동을 선도(先導) 또는 추수(追隨)하는 형식으로 이루어졌음을 부인할 수 없다. 책에 대한 독자들의 소비경향은 언제나 가변적이었고 그러한 독자들의 변화에 대응한 생산-유통시스템의 골격을 수응시켜오는 형식의 역사 발전과정을 거쳐왔다.[5]

출판역사의 실체는 책과 사람의 만남-선택-구매와 읽기(진정한 소비)가 어떤 장면에서 어떠한 동기나 문맥을 가지고 이루어져 왔으며 그것은 또 누구에 의해서 어떠한 체제와 형태를 갖추어왔는가를 추적, 평가하는 작업이라고 할 수 있다. 기획과 저술에서 제작, 유통과 판매에 이르는 연쇄적인 출판행위는 그것을 둘러싼 환경과 그 시대정신 또는 가치관에 의해 합리적이고 효율적인 메커니즘을 형성하면서 끊임없이 변화·발전되어왔다. 그런 의미에서 이 책은 다음과 같은 연구모델을 개발해 4개의 영역으로 나누어 각 시기별로 한국출판사의 접근을 시도했다.

---

5  필자는 '독자지향 출판'을 출판산업 효율 극대화 방안의 기본 자세로 삼을 것을 제창해오고 있는데, 이는 독자의 저급한 취향에 영합해야 한다는 것이 아니라 독자에 대한 철저한 연구를 바탕으로 출판행위의 각 단계마다에서 독자를 리드하고 새로운 시대적 가치를 창출할 수 있는 방안을 강구할 것을 주창한 것이다.

[출판과정에서의 독자 지향성]

```
                    ┌──────────  feed back  ──────────┐
              ┌────┐  ┌────┐  ┌────┐  ┌────┐  ┌────┐  ┌────┐
   저작  →   │기획│→│편집│→│제작│→│유통│→│독자│
              └────┘  └────┘  └────┘  └────┘  └────┘  └────┘
                    └──────────  forecast  ──────────┘
```

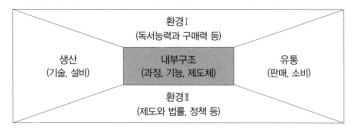

[도표 1-2] 출판연구의 대상과 범위

환경 I
(독서능력과 구매력 등)

생산
(기술, 설비)

내부구조
(과정, 기능, 제도체)

유통
(판매, 소비)

환경 II
(제도와 법률, 정책 등)

제1의 영역은 출판산업을 형성하고 있는 내부구조가 어떻게 성장, 발전해왔는가를 분석하는 과정이다. 출판행위 자체를 직접적으로 성립시키는 과정(기획-저술-편집-제작)과 그 기능의 변화 및 산업을 형성하고 있는 구성원들 사이의 구조와 행태, 성과에 대한 분석과 평가가 이에 속한다. 제2의 영역은 내부구조를 둘러싼 생산과 유통이란 출판산업을 형성하고 있는 연결고리에 대한 변화 발전과정을 말한다. 제3영역(환경 I)의 관찰대상은 생산과 소비까지를 포함하는 일련의 출판활동을 규정하는 사회적 환경조건을 말한다.

여기에는 국내외 정치경제적 상황 및 인구구조와 지리적 조건 등을 포함해 소득, 문화와 생활관습, 교육수준, 지역사회, 교통·통신망, 다른 미디어와의 경합상태 등 출판된 산출물에의 액세스 요인들을 광범위하게 포함하고 있다. 제4의 영역(환경 II)은 국가의 통치체제에서부터 출판제도와 법률, 정책 등 주로 정부의 조정수단에 해당된다. 정부의 경쟁촉진 또는 경쟁억제 정책과 다양한 행정개입이 출판행위를 근본적으로 규정하고 있음은 말할 것노 없다. 기업 간의 경쟁, 협의, 통합과 업계 내의 거래제도와 상거래 관행은 이 영역에서 거의 절대적인 영향을 받는 주요 변수이다.

이들 4개의 영역은 서로 밀접한 의존관계를 가지고 유기적으로 상호작용하면서 출판행위를 창출하게 되는 것이다. 출판활동은 이 4개의 영역 안에서 끊임없이 혁신과 모험을 거듭하면서 출판의 매체적·산업적 경쟁력을 강화하고, 새로운 수요를 창출해온 역사적 흐름일 따름이다. 어떤 영역에 중점을 두느냐에 따라 산업으로서의 출판역사가 될 수도 있고, 책의 역사 또는 출판문화사가 되기도 한다. 그러나 어떠한 성격의 출판역사이든 위의 4가지 영역을 종합한 역사연구를 통해서만 우리는 다음과 같은 역사연구의 목적을 달성할 수 있다고 본다.

첫째, 출판산업을 하나의 사회체계로 보고, 출판산업이 지닌 독자적인 구조와 행태, 그리고 성과에 대한 평가를 통해 역사를 인식할 수 있는 기회가 된다. 둘째, 사회와의 관계에서 출판은 사회로부터 어떠한 영향을 받았는가를 파악할 수 있으며, 이러한 역사적 경험을 통해 바람직한 출판발전의 방향을 더 선명하게 정립할 수 있게 된다. 일종의 환경론에 해당하는 것으로 출판에 대한 사회적 규정조건, 즉 사회적 존재양식이 출판의 형태를 어떻게 규정해왔는가를 살필 수 있게 된다. 그것은 자유시장 경제체제를 지향하는 국가의 출판과 사회주의국가의 출판 형태는 그 추구하는 목표나 성격부터 근본적으로 다르다는 점을 상기하면 그 의미가 더욱 명료해질 수 있다. 셋째, 출판은 사회발전에 어떻게 이바지해왔는가 하는 출판의 기능과 사회적 책임의 변화과정을 성찰함으로써 출판이 가지고 있는 본질적 기능을 강화할 수 있는 계기가 될 수 있다.

# 제2장

# 조국건설의 깃발을 든 출판인들

## 격동과 혼란의 해방공간

### 해방의 감격과 분단, 그리고 미군정

1945년 8월 15일, 드디어 대한(당시는 '조선'으로 불림)은 일본 제국주의 식민통치의 사슬에서 벗어났다. 8·15는 해방인 동시에 광복을 뜻했다. 그것은 한민족에게 주어진 하나의 역사적 전환점이기도 했다.

광복은 새로운 시대의 시작이었고 이제까지와는 전혀 다른 삶의 가능성을 보장하는 거대한 희망이자 약속이었다. 모두들 새로운 민족사의 진운이 열릴 것이란 기대와 꿈에 부풀어 감격의 함성이 온 강산에 메아리쳤다. 감격과 기쁨은 여기저기서 봇물처럼 분출하기 시작했다. 새로 세울 우리 조국이 어떤 모습이어야 하는지에 대해 치열한 논쟁을 벌였고, 너 나 할 것 없이 무엇을 해야 할 것인지 자신의 좌표를 찾아 끊임없이 고뇌하고 있었다. 해방이 몰고 온 정치적 열기는 해일처럼 범람했지만, 그 열기는 그리 오래가지 않았다.

일제강점으로부터의 해방은 우리 민족의 자주적인 힘에 의한 독립이 아니라 외세에 의해 주어진 것이었다. 그렇기 때문에 한국인에게는 일제로부터 해방과 광복의 기쁨은 주어졌어도 자주 독립국가의 국민으로서 온전한 주권은 제대로 부여되지 않았다. 조선은 전승국이 아니었다. 그렇다고 일본과 같은 패전국은 더더욱 아니었다. 다만 패전국의 점령지(식민지)에 대한 미국·영국·소련·중국(중화민국) 등 전승국들의 정치적 합의에 따른 광복이었기 때문에 그것은 또 다른 비극의 씨앗이었다. 패전국가 일본에 대한 처리과정에서 북위 38도선을 경계로 한반도는 둘로 분할되었고 남쪽은 미국 군정이, 북쪽은 소련의 통치하에 들게 됨으로써 또 다른 시련의 역사적 소용돌이 속으로 몰아넣어졌던 것이다.

남한에서 미군에 의한 군정은 1945년 9월 2일에 발표된 〈연합국 육해군 일반명령 제1호〉와 더글러스 맥아더(Douglas Macarthur) 태평양미국육군최고사령관(육군대장)이 '조선 주민에게 포고'한 〈포고 제1호〉(9.7.)에 의해 시작되었다.[1] 미군 육군중장 존 하지(John Reed Hodge)가 지휘하는 제24군은 9월 8일, 인천항을 통해 진주해 아베 노부유키(阿部信行) 총독에게 항복을 받고 군정실시를 공식선언했다. 그리고 24군단 제7사단장 아놀드(Archibald V. Arnold) 소장을 군정장관으로 임명했다.

미군정은 민주주의와 자본주의를 기반으로 한 신생 자주독립 국가의 탄생을 준비하는 역사적 전환기의 과도적 성격이 강했다. 그렇기 때문에 미 군정체제는 해방 직후 38선 이남에 3년간이나 존재한 실제적인 '남한의 유일한 정부'로서 한반도에서의 "국가형성 과정을 주도한 중요한 행위자"[2]였으며, 미국의 정책노선에 따라 한반도의 사회 여러 세력들의 관계를 변화시키고 구조화시키는 주관자로서 결정적인 영향을 미쳤다. 따라서 이 기간은 "한국 현대정치의 기본구조와 통치지향 및 이를 뒷받침하는 정치, 경제, 사회, 문화의 모든 원형(原型)이 새롭게 형성된 시기"[3]였다. 그렇기 때문에 정치, 경제,

---

1 태평양미국육군최고사령관 맥아더 장군이 발표한 〈포고 제1호〉는 "일본국 천황과 정부와 대본영을 대표해 서명한 항복문서의 조항에 의해 (…) 오랫동안 조선인이 노예화된 사실과 적당한 시기에 조선을 해방 독립시킬 결정을 고려한 결과 조선 점령의 목적이 항복문서 조항 이행과 조선인의 인권 급(及) 종교상의 권리를 보호할 목적"임을 그 전문(前文)으로 밝힌 데 이어 다음과 같은 지침으로 되어 있다.
제1조 조선 북위 38도 이남의 지역과 동 주민에 대한 모든 행정권은 당분간 본관의 권한 하에서 시행함. 제2조 정부 공공단체 또는 공익사업 공중위생을 포함한 공공사업에 종사하는 직원과 고용인은 유급과 무급을 불문하고 또 기타 제반 중요한 직업에 종사하는 자는 별명(別命)이 있을 때까지 종래의 직무에 종사하고 모든 기록과 재산의 보관에 임할 것. 제3조 주민은 본관 및 본관의 권한 하에서 발포한 명령에 복종할 것. 또 점령군에 대해 반항행위를 하거나 질서를 해치는 행위를 하는 자는 엄벌에 처함. 제4조 주민의 소유권을 존중함. 제5조 군정 기간 중 영어를 가지고 모든 목적에 사용하는 공용어로 함. 제6조 이후 공포하게 될 포고, 규약, 고시, 지시 및 조례는 본관 또는 본관의 권한 하에서 발포해 주민이 이행해야 될 사항을 명기함.

2 이혜숙, 〈미군정의 구조와 성격 : 조직과 자원을 중심으로〉, 《한국사회사학회》, 1995. 12., p. 45

3 金雲泰, 《美軍政의 韓國統治》, 서울 박영사, 2002, p. 3

사회, 문화 및 행정제도 등 다방면에 걸쳐 미국의 가치와 규범이 본격적으로 이식되고 수용될 수밖에 없는 구조였다. 미국식 제도나 형식이 직수입되었고 사회 문화적으로도 영어가 광범위하게 보급되면서 서구화 바람이 거세게 밀어닥쳤다.

오늘날의 개방화나 세계화가 곧 서구화(westernization) 내지 미국화(americanization)를 의미하는 것이나 다름없었다. 전통의 바탕 위에서 민족문화 재건에 역동적으로 몰입, 오늘의 번영을 이룩할 수 있는 토대가 마련되지 못한 아쉬움은 매우 크다. 군정 기간은 또 동서 냉전체제로 돌입하는 시기였다. 미·소 간의 자본주의와 사회주의의 이데올로기적 경쟁으로 우리 민족사회에 내재된 좌우익 간의 극렬한 사상적 대립과 갈등의 씨가 뿌려지고, 미국의 대한(對韓) 정책의 일관성 결여, 국내 정치세력들 사이의 이념적인 분열과 복잡한 이해대립 등으로 확고한 지도력이나 방향감각 없이 사회가 온통 정치화하는 혼란의 시기였다. 미·소 간의 대립 속에 분단체제가 고정되어가는 가운데 보수우익 정치세력을 결집함으로써 반공산주의를 표방한 자유민주주의 체재를 구축해 간 과정이기도 하다. 그리고 유엔을 통해 '한반도의 유일한 합법정부'로서 대한민국 정부가 수립될 수 있도록 길을 연 것은 높이 평가해야 할 것이다. 미군정은 기본권 차원에서 완전한 출판의 자유를 보장하였다.

38도선 이북에 진주한 소련군은 공산주의 정부조직을 서두르고 있었다. 일본군의 항복을 받고 38도선 이북의 행정권을 이양받은 소련이 미군정보다 한발 앞서 공산주의자들을 중심으로 하는 함경남도 인민위원회 결성(1945. 8. 16.)을 시발로 재빨리 이북 5도(황해도와 평안남북도, 함경남북도) 인민위원회 결성을 완성함으로써 북한의 소비에트화 정책을 강화해나갔다.

북한은 1946년 초에 이미 김일성을 위원장으로 하는 북조선인민위원회가 성립되어 토지개혁을 실시했다.(1946. 3. 5.) 북조선노동당을 따로 결성(1947. 2. 22.)하고 조선인민군을 창설했으며 헌법을 채택(1948. 4. 29.)한 후 최고인민회의 대의원 선거를 실시(1948. 8. 25.)해 조선민주주의인민공화국을 성립(1948. 9. 9.)시켰다.

## 이데올로기 갈등의 소용돌이에 빠진 조선

군정시행에 앞서 남한에서는 각종 정치세력들이 발호하는 가운데 초기에는 좌익계열이 한 발 먼저 기선을 제압하는 듯한 형국이었다. 군정 기간 중 좌우익 진영 간의 대립과 갈등은 새 출발을 하려는 출판산업에도 직접적인 영향을 미쳤다. 사회가 출판에 미친 영향을 이때처럼 심하게 받은 것은 전무후무한 일이었다.

좌우익 간의 대립이 날로 더욱 격화되어가는 상황에서 남북한 사이의 분단상황을 고착화하는 조짐들이 구체적으로 나타나기 시작했다. 소련은 1946년 5월 2일을 기해 허가 없이 북위 38도선을 내왕하지 못한다는 금지령을 내렸다. 그해 3월 20일 덕수궁에서 시작된 미소공동위원회는 무려 47일 동안이나 양측이 자기주장만 되풀이하다가 소련 수석대표 스티코프 중장은 5월 8일 평양으로 돌아가버렸다. 7월 2일에는 경성(서울) 주재 소련 영사관마저 폐쇄, 철수해버렸다. 곧이어 1946년 7월 12일에 북조선민주주의민족통일전선을 결성하고 8월 2일에는 북조선노동당을 발족해 남과 북의 분단을 거의 확정짓다시피 만들었다. 공산당에 의한 '조선정판사 위조지폐 사건', '대구폭동사건' 등 테러와 폭동이 잇달아 일어나자 미군정 당국은 공산당 간부 체포령을 내리는 등 공산당의 활동을 금지해버렸다. 이 바람에 지지부진한 상태의 '좌우합작위원회'는 끝내 와해되고 만다.

북한은 남북 양자 간의 물자교류와 송전(送電)마저 단절함으로써 해방 직후 경제적 혼란기에 국민의 생활난을 더욱 심화시켰고 경제재건에도 치명적 장애를 주었다. 하지만 민족주의 인사들이 모인 우파는 친일잔재 청산과 국가의 경제개입을 둘러싸고 양분된다. 이렇게 광복 1년이 지나도록 남한에서는 좌우대립이 격화되고 혼란과 무질서가 가실 줄 몰랐다.

격렬한 좌우대립과 경쟁이 전개되는 상황에서 양측 선전활동의 중요한 도구가 출판활동이었다. 이 기간은 '정치 선전 팸플릿 시대'라고 불릴 만큼 각종 유인물과 '삐라(전단)'가 난무하는 가운데 좌익계열의 언론·출판활동은 특히 극성을 부렸다. 공산주의자들은 주로 선전선동을 목적으로 한 출판에 열을 올린 데 비해 민족주의 진영의 출판인들은 민족문화 재건에 힘을 쏟았다.

### 광복과 분단의 출판사적 의미

현대출판의 발전과정에 있어서 광복과 분단의 의미는 무엇인가.

광복과 분단은 출판역사의 물줄기를 바꿔놓은 거대한 전환점이었다. 광복과 분단은 서로 상반된 성격과 조건으로 출판활동을 규정하는 기제였다.

첫째, 광복기 출판의 시대정신은 일제강점기의 그것과는 본질적으로 달랐다. 일제강점기 출판의 시대정신은 민족자강과 그를 통한 항일에 있었던 반면, 광복기 출판의 목적은 신생조국의 건국과 민족문화 재건이었다. 둘째, 완전한 출판의 자유를 보장받았다. 광복 직후 시작된 미군정이 가장 먼저 한 일의 하나가 일제 출판탄압의 도구였던 체제와 법률을 폐기하는 것이었다. 분단의 갈등과 이데올로기가 극한적으로 대립된 사회였음에도 군정은 좌우익을 가리지 않고 자유로운 출판활동을 보장했다. 셋째, 군정 초기부터 도입, 시행된 민주주의 자유시장 경제체제는 현재까지 지속되어왔고, 그러한 체제는 우리 출판산업이 비약적으로 성장할 수 있는 토대가 되었다. 넷째, 광복과 더불어 비로소 우리글을 가지고 출판할 수 있게 되었다. 일제강점기에는 일본어 사용을 강요받았으며, 말기에는 우리말 말살정책과 전시체제 하에서 출판활동을 강제로 중단당하지 않으면 안 되었다. 그렇게 중단당할 수밖에 없었던 출판사들을 비롯한 많은 출판사들에게 광복을 계기로 새로운 출판의 기회가 다시 열렸다. 다섯째, 현대적 교육을 받은 당대의 지식인들이 뚜렷한 목적의식을 가지고 대거 출판의 신진세력으로 참여해 새로운 출판문화를 건설하기 시작했다.

광복이 이렇게 새로운 국가건설과 민족문화 재건을 위해 헌신하겠다는 희망과 열정으로 출판사업에 매진할 수 있는 계기가 되었다면 분단은 이와 반대로 그와 같은 광복의 열기를 구속하는 장애요인으로 작용하면서 출판발전의 지장과 왜곡을 초래했다.

새삼 언급할 필요조차 없지만 국토의 분단은 곧 민족의 실질적인 분열을 초래했고, 남북한 사이의 상호교류 협력과 보완체제를 단절시켰다. 그러한 시대상황은 분단과, 분단에 의한 대립으로 인해 정치적 혼란은 말할 것도 없고 대부분의 공업 기반시설을 상실하게 만듦으로써 상당기간 물자부족 현상과 경제적 혼란상태에 빠져들지 않을 수 없었다. 이념과 체제가 다른 두 집단 사이의 극렬한 대립과 갈등, 반목과 질시는 현재도 민족사의 성장·발전에 치명적인 장벽이 되고 있으며 민족 공동체적 삶의 요소들이 극도로 이질화되는 요인이 되어왔다.

출판에서도 분단은 첫째, 기성 및 잠재적인 저술인력의 커다란 결손을 가져왔다. 일제 말기 이북 지역에서도 많은 지식인·문화인들이 식민통치 아래서 저항주의적 학술 및 문화활동을 통해 꾸준히 민족해방운동을 이끌어왔으나 분단국가의 성립과 한국전쟁으로 문화계가 철저히 양분되면서 문인 등 다양한 계층의 재북 저술인들을 잃는 결과를 가져왔다. 둘째 저술계와 마찬가지로 양질의 독서인구도 상당량을 상실했다. 광복 전후 2천500만이 조금 넘는 남북한의 인구비례는 66%(남한) : 34%(북한) 분포를 형성하고 있었다.[4] 북한 인구는 약 850만명가량이었지만, 일제강점기부터 평양을 비롯한 북한 지역의 독서수준은 남한에 비해 높은 수준을 유지하고 있었다. 함경도에서 책이 제일 많이 팔렸다고 한다. 서울도 함경도만 못할 정도로 함경도의 독서열은 높았다. 남한에서는 주로 고대소설이나 토정비결, 사주, 관상 같은 책들이 팔린 반면 북한 지역에서는 신소설을 많이 읽었으며, 수금액도 비교할 수 없이 큰 차이가 났었다고 한다.[5] 반면에 출판은 전통적으로 서울을 중심으로 집중되고 있었다. 그렇기 때문에 분단으로 양질의 독서인구를 일시에 대량으로 상실해 시장을 잃는 결과를 초래했다. 셋째, 광복기 좌우익 간의 이데올로기 갈등이 극렬했지만, 좌우익 출판인들은 비교적 우호적인 분위기 속에서 경쟁했다. 출판인의 사상과 상관없이 마르크스의《자본론》을 비롯한 공산주의 이론서적 출판은 우익계열의 출판사에서도 활발했기 때문에 광복 초기에는 좌우익에 구애됨이 없이 출판의 다양성을 풍부하게 개척할 수 있었던 측면을 인정해야 할 것이다. 그러나 좌익 출판인들 가운데 역량 있는 출판인들 다수가 정부수립과 6·25전쟁을 겪는 과정에서 월북하거나 납북됨으로써 현대출판 창업기의 출판인력에 적지 않은 손실을 가져왔다. 이때부터는 출판영역도 제한을 받았다. 물론 공산세력을 피해 월남한 지식인 가운데서도 출판인으로서 훌륭한 업적을 남긴 경우가 허다하지만 그것과 출판인의 월·납북으로 인한 공백은 별개의 문제이다. 한마디로 남한 내의 출판여건도 열악할 대로 열악한 상태였기 때문에 분단이 가져온 상황은 더욱 엄혹했다.

당시《독서신문(讀書新聞)》주필이었던 양미림(楊美林)은 "정치, 경제, 사회, 문화적 고민과 제약의 난경(難境) 속에 좌초되어, 저작자의 문제로부터 저작물의 사상내용, 용

---

4  조선은행 조사부 편,《경제연감》, 조선은행, 1949, p. Ⅳ-18

5  한용선 담,〈증언으로 엮는 해방 전후 출판계(2) 한성도서 편〉,《속·책은 만인의 것》, 서울 보성사, 1993, p. 300

지, 인쇄능률과 기술(주로 전력과 인쇄시설 문제), 시장, 판매기구 등등 그 어느 것 하나 건전한 발전에 유리한 조건이 없다"[6]고 분단으로 인한 출판계의 문제를 구체적으로 적시한 바 있다. 그는 이어 "근역(槿域) 전 강토가 완전 통일되어 대한민국 주권 하에 귀일(歸一) 통치될 때 전술(前述)의 시장문제와 아울러 그 근본적 해결을 보게 될 것이며, 따라서 신생독립국가의 왕성한 독서욕에 수응(酬應)할 다량의 양서가 나올 것"이라고 통일에 대한 기대와 염원을 나타내고 있다. 그러나 현실은 그런 기대와는 정반대로 막대한 인적·물적 타격을 가져온 상잔의 쓰라림을 겪어야 했다. 그런 그 자신도 월북하고 말았다.

우리는 이러한 역사의 전환점에서 수많은 악조건과 상황들을 힘겹게 극복하면서 해방기 출판행위의 내포와 외연을 치열하게 확장해왔다

### 미군정의 출판정책

미군정 당국은 초기에 조선총독부의 행정체제와 법령들을 그대로 준용했다. 그렇지만 극심한 혼란 속에서도 출판의 자유에 대해서는 처음부터 방침이 확고했다.

하지 중장은 1945년 9월 11일 가진 기자회견을 통해 36년간의 일제치하에서 〈출판법〉, 〈신문지법〉 등으로 탄압을 받았던 출판활동에 대해 "문자 그대로의 절대한 언론·출판자유"를 공식적으로 천명함으로써 간섭 없는 절대적인 완전한 자유를 보장하겠다고 약속했다.[7] 그는 "미군은 조선 사람들의 사상과 의사발표에 간섭도 안 하고 방해도 안 할 것이며 출판에 대해 검열 같은 것을 하려 하지두 않는다"고 친명했다.

이튿날에는 주한미군의 첫 언론보도 담당관(한국인 관계 및 정보관)이었던 헤이워드(P. H. Hayward) 중령도 "출판의 자유는 절대보장하겠으며 연합군에게 불리한 것 외에는 계출이나 검열을 받지 않더라도 관계없다"고 명백히 했다.[8] 그러나 현실적으로는 조건부였다. 출판의 자유는 보장하되 자신들의 이익과 일치되는 범위에서만 보장하겠다는 것이다. 치안방해 등 그들의 목표달성에 장애가 될 때에는 통제를 가하겠다는

---

6　楊美林, 〈출판문화의 질적·양적 향상을 위해〉, 《新天地》, 1949. 11., pp. 224~227

7　《每日新報》, 1945. 9. 12., 1면

8　정진석, 《韓國言論史研究》, 서울 일조각, 1983, p. 173

의지를 분명히 하고 있다. 그러한 방침은 워싱턴 당국의 의지와도 일치했다. 워싱턴 당국은 하지 사령관에게 언론에 관한 훈령을 다음과 같이 내리고 있지만, 출판은 그 대상이 아니었다.

"귀하는 우편, 무선통신, 방송, 전화, 유·무선 전보, 영화 및 신문을 포함한 민간 언론 기관에 대해 군사적 안보와 이 훈령에 서술된 목표달성이라는 우리의 이익에 필요한 최소한의 통제 및 검열을 실시해야 할 것이다. 그러한 통제를 전제로 귀하는 모든 채널과 매체를 이용한 국내외의 뉴스와 정보의 확산을 고무·촉진해야 할 것이다."[9]

10월 9일에는 군정법령 제11호 제정을 통해 〈출판법〉, 〈치안유지법〉, 〈보안법〉, 〈정치범처벌법〉 및 〈정치범 보호관찰령〉 등을 모두 폐지했다. 이로써 일본의 침략정책을 강화하고 또 한민족의 정치적·사회적·문화적 활동을 압박하던 여러 탄압 법령의 굴레에서 공식적으로 벗어날 수 있게 되었다.

미군정은 곧이어 〈군정법령 제19호 제5조〉(1945. 10. 30. 공포)를 제정해 이러한 원칙에 따른 출판정책의 기본 방향을 제도적으로 확실히 뒷받침했다. 다음과 같은 내용의 이 법령은 '등기제'를 시행함으로써 일제강점기 출판(기타 간행물) 및 정기간행물의 발행을 '허가제'로 운용하면서 출판활동을 원천적으로 규제하고 또 원고 및 출판물을 계출받아 수정 지시, 압수, 판매금지 등 갖은 탄압을 해왔던 제도를 원천적으로 바꿔, 누구나 원하면 자유로운 출판활동이 가능히도록 한 것이다.

"법령 제19호 제5조 신문 기타 출판물의 등기

언론자유와 출판자유를 유지·보호하고 불법 또는 파괴목적에 빠지지 않게 하기 위해 북위 38도 이남 조선에서 천연인이나 법인이 담당, 소유, 지도, 지배 또는 처리하고 서적, 소책자, 신문 또는 기타 독물(讀物)의 인쇄에 종사하는 기관을 등기하라 자(玆)에 명(命)함. 여사(如斯)한 등기는 본령 시행일로부터 10일 이내에 완료하고 신건(新件) 출

9  김국태 역,《해방 3년과 미국 I : 미국의 대한 정책 1945~1948》(미 국무성 비밀외교문서), 서울 돌베개, 1984, pp. 92~93

판물의 경우에는 그 발행 전 10일 이내에 완료하되 등기서류는 정부본(正副本)을 작성해 해(該)기관의 명칭, 인쇄 급(及) 발행에 종사하는 자의 씨명(氏名), 해기관을 담당, 소유, 지도, 지배, 처리, 기타 관계있는 자의 씨명, 해 기관의 사업운영 또는 인쇄물 급 출판물, 각종 인쇄물의 실물대의 판(版), 종류, 형(型)의 모사(模寫)를 함(含)한 현재에 사용하는 또는 장래에 사용할 인쇄·출판의 각종 형식, 해 기관의 재정적 후원, 자본, 자금, 재산, 현유(現有) 총자산 급 급박상태에 있는 필요품의 현재고와 장래에 취득할 본원(本源)을 시(示)해 신문, 서적의 출판사무를 운영 유지할 해 기관의 재정적 능력을 반사한 명세서, 해기관 또는 그 기업에 재정적 관계가 유한 자의 씨명, 주소 등을 구(具)해 등기우편으로 경성 군정청에 제출할 사(事)"

아울러 이 법령을 위반한 자는 육군점령재판소에서 정죄(定罪)하는 동시에 소정 형벌로 처벌한다는 벌칙조항(제6조)과 공포 즉시 시행한다는 시행기일(제7조)도 명시하고 있다. 이에 따라 출판사는 물론 신문, 잡지가 '분류(奔流)처럼'[10] 쏟아져 나왔다.

그러나 이러한 법령을 공포한 지 불과 7개월 만에 미군정 당국은 언론정책을 변경, 법령 제88호〈신문 기타 정기간행물의 허가〉(1946.5.29. 공포)를 제정해 등기제를 '허가제'로 바꾸고 7월 18일에는 신규허가마저 일체 중단해버렸다. 좌익지의 군정에 대한 도전과 좌우익 간의 신문 대립이 격렬해 사회혼란이 가중되고 있는 것을 억지하기 위한 조치였다. 심각한 용지난을 해결하기 위한 궁여지책도 큰 이유의 하나였다. 이로써 범람하던 정기간행물, 특히 신문은 점차 정비되어갔다. 이러한 조치를 담당했던 당시 미군정청의 언론출판 부서는 상무부가 맡고 있었다.[11]

---

10  ① 姜尙雲,〈解放4年間의 雜誌界〉,《出版大鑑》, 서울 조선출판문화협회, 1949, p. 9
② 당국이 공식으로 발표한 것은 없지만, 1945년부터 1946년까지 불과 1년 사이에 일간지는 57종이 나왔고 그 외에 주간지와 월간잡지 등을 합해 274종의 정기간행물이 발간되었다. 1947년 미군정의 발표에 따르면 85종의 일간지, 68종의 주간지, 12종의 격주간지, 154종의 월간지가 있었다. 85종의 일간지 가운데 25종의 주요 일간지를 정치이념에 따라 분류하면 좌익지가 7종, 우익지가 8종, 중립지가 10종으로 신문 수에서는 좌익지가 우익지에 비해 약간 적었으나 발행부수는 두 배 가까이 많았다 일간지 중 40종은 서울에서 발행되었다.(崔 竣,《增訂版 韓國新聞史》, 서울 일조각, 1970, p. 377 ; 李相喆,《커뮤니케이션발달사》, 서울 일지사, 1982, p. 178 참조)

11  미군정은 필요에 따라 여러 차례 조직을 개편했는데, 초기 광공국(鑛工局)이 상무국으로 개편(1946. 2. 19.)되었다가 그해 3월 29일에 상무부로 개편되었다. 1945년 12월에 이르러 각 국장을 비롯한 부서장으로 미국인과 한국인을 동시에 임용(任用)하는 공동국장제를 운영했기 때문에 당시 상공부장은 존스(Owen T. Jones) 대령과 오정수(吳禎洙)였다.

1948년 4월 8일에도 법령 제183호(〈필요 없는 법령의 폐지〉)를 공포해 〈집회취체령〉, 〈조선불온문서임시취체령〉, 〈보안법〉, 〈조선임시보안령〉 등 자유로운 출판활동을 억압할 소지가 있는 일제강점기의 법령 7개를 모두 폐지해버렸다.[12]

좌익신문들이 미군정에 방해되는 내용을 보도하자 미군정은 공중의 치안과 질서유지를 이유로 좌익언론에 대해서는 통제를 하고 우익언론에 대해서는 지원과 보호를 하는 차별적 입장을 취했다. 좌익신문들의 정간 및 폐간과 이에 종사하는 언론인들의 구금도 자주 일어났다. 그런데 이러한 과정에서도 출판은 신문과 질적으로 다른 대우를 받는다. 좌익서적의 출판에 대해서조차 일체 간섭이 없었다.

당시 출판행정의 특징은 일본과도 현저하게 다른 대우를 받았다는 점이다. 일본에서도 패전국에 대한 점령지 통치의 일환으로 군정이 실시되었고, 미군정 초기 4개월간 남한의 통치는 일본 도쿄 주재 태평양미국육군최고사령관(GHQ)의 권한 아래 시행되고 있었다.[13] 미군정이 맥아더 최고사령관이 지휘하는 태평양 함대 사령부의 직할대대이면서도 조선에 대한 언론·출판정책에는 일본과 다른 기준과 원칙이 적용되었다. 즉 맥아더 사령부는 패전국(적국) 일본에 대해서는 1945년 9월 10일에 수교한 이른바 '프레스 코드'라 불리는 〈언론 및 신문의 자유에 관한 각서〉에 의해서, 전전(戰前) 내무성이 행하던 사후검열에 대신해서 대적 첩보부(CIS) 지휘하의 민간 검열지대(CCD)가 실시하는 사전검열제를 도입했다. 이러한 검열제도는 1948년에 가서 사후검열제로 바뀌었다가 1949년 10월에 폐지했지만, GHQ는 언론의 자유를 외치면서도 편지 개봉에서부터 전화도청에 이르기까지 임격힌 정보 통제체제를 강력하게 실시했다.[14]

같은 GHQ 산하의 미군정 당국이 조선에서 행정조직 체계상의 검열부서를 폐지하고 또 출판 및 신문·잡지출판에 대해 아무런 제한을 두지 않고 등록제를 시행한 것은 조선이 패전국이 아니기 때문에 다른 대우를 한 것이다.

---

**12** ① 내무부 치안국 편, 《美軍政法令集》, 내무부 치안국, 1956

　　② 한국법제연구원 편, 《美軍政法令總覽 ; 國文版 (1945~1948)》, 서울 한국법제연구원, 1971 참조

**13** 〈Proclamation NO. 1, GHQ US Army Forces Pacific〉(Office of the Commanding General, 7 September 1945)에 따르면, 제1조에서 "조선 북위 38도 이남의 지역과 동 주민에 대한 모든 행정권은 당분간 본관의 권한 하에서 시행함"이라고 구체적으로 명시하고 있다.

**14** 佐藤卓己, 《現代メディア史》, 東京, 岩波書店, 1998, p. 63

미군정 당국의 출판 관련 소관부서는 군정청의 행정조직이 개편되는 과정에서 많은 변화를 겪는다. 군정기의 출판 행정기관은 크게 보아 도서 및 잡지와 교과서 행정으로 나눌 수 있다. 1945년 9월 12일 조선총독과 경무국장이 면직되고 조선총독부 경무국의 통제권은 9월 17일에 군정청 경무국으로 이관되면서 출판행정도 그대로 이어받았다(1945. 9. 14.에 헌병사령관 Lawrence E. Schick 준장이 경무국장에 겸임 발령되었다).[15]

군정청 경무국은 8·15 해방 당시 조선총독부 경무국의 검열과를 포함해 경무과, 경제경찰과, 보안과, 위생과 및 경비과 등 6개과를 그대로 인수한 것이다. 〈조선총독부 사무분장 규정(개정)〉[16]에 따르면 검열과의 소관사항은, 신문, 잡지, 출판물 및 영화의 검열 및 취체에 관한 사항, 음반의 취체에 관한 사항, 저작권에 관한 사항 담당이었다. 그런데 군정청 경무국의 검열기능은 이관된 지 일주일도 지나지 않은 9월 22일자로 폐지되었다.[17]

1946년 5월 29일자로 미군정 법령 제88호를 공포하면서 신문과 기타 정기간행물에 대한 허가권을 비롯한 출판 행정을 상무부가 담당토록 했다. 이러한 조치는 1947년 3월 20일 미군정 법령 제136호(〈법령 제88호 개정〉)에 의해서 신문과 기타 간행물의 허가를 비롯한 음반 및 저작권에 관한 업무를 공보부에서 관장하도록 또다시 변경했다.[18] 1947년 12월 30일 미군정 법령 제158호에 의거 종전 경무부가 관장해오던 각종 허가권 중에서 일부는 도지사 또는 서울시장에게 이관 또는 폐지했으나 "인쇄업 취체에 관한 각 도령(道令) 중 인쇄업에 관한 허가사항"만은 계속해서 경무부가 관장하도록 했다. 한편 교과서 출판 보급업무는 군정 초창기부터 학무국에서 관장했다.

---

15 일제강점기 일본의 조선 지배방법은 경찰력의 행사에 있었으며, 경찰은 단순한 치안기능만이 아니라 정치, 경제활동, 교육, 종교, 보건, 후생(복지) 및 소방기능까지 개입하고 있었다. 따라서 일본인 관리의 면직과 조선총독부 경무국의 통제권이 1945년 9월 17일에 미군정청으로 이관되었다는 것은 사실상 한국 통치권이 이 날짜로 이관된 것을 뜻한다. 행정권만이 아니라 입법권과 사법권까지를 모두 관장한 미군정은 이후 군정법령 및 행정명령 등을 통해 미국식 권력구조와 체제를 확립해나가게 된다.

16 조선총독부 훈령 제18호 〈조선총독부 사무분장 규정(개정)〉제8조(1945. 4. 17.)(조선총독부 관보 호외)

17 申相俊,《美軍政期의 南韓行政體制》, 서울 韓國福祉行政研究所, 1997, p. 274

18 미군정 법령 제88호 전문내용 참조

# 현대출판의 역사를 개척한 출판인들

## 출판인들, 조국건설에 앞장서다

광복 직후의 시대상은 정치, 경제, 사회, 문화의 전 분야가 극심한 혼란을 겪었지만 새로운 국가건설을 향한 각계의 모색은 끊임없이 계속되었다. 우리 출판인들은 이러한 혼란의 소용돌이 속에서도 정치에 관심을 두지 않고 오로지 36년간 막혔던 국민의 눈과 귀를 열어주고자 출판사업에 매진하였다. 많은 사람들이 정치와 사상에 몰입하고 있을 때 무실역행의 자세로 우리말과 글로 된 출판을 통해 신생 독립국가 건설과 민족정신을 다시 일으켜 세우고 민족의 역량을 키워내는 일에 몰두했다.

애국·애족하는 교화사업으로 출발했던 근대 출판 초기의 숭고한 뜻과 전통이, 광복을 맞이해 새롭게 출발하는 젊은 출판인들의 가슴을 뜨겁게 용솟음치게 만든 것이다. 신생 조국건설에 이바지하겠다는 뜨거운 열정의 지식인들이요 진정한 애국자들이었다. 어떠한 난관과 장애도 넘지 못할 장벽이 될 수 없었고 이들의 발걸음을 멈추게 할 수 없었다. 6·25전쟁이 발발하기까지 5년이 채 안 되는 짧은 기간 동안에 등장한 출판사들이 우리 현대출판을 개척한 창업 제1세대에 속한다.

창업 1세대라고 하지만 참으로 많은 출판사들이 어려운 여건을 무릅쓰고 우리글로 된 각종 도서와 잡지들을 다채롭게 출판해냈다. 이들의 노력으로 당시 정치·경제·사

**창업 1세대 주요 출판인들** 앞줄 왼쪽부터 변우경(수도문화사), 변호성(양문사), 백남홍(백영사), 이대의(장왕사), 이병준(민중서관), 정진숙(을유문화사), 주인용(사조사). 뒷줄 왼쪽부터 이종익(신구문화사), 이계하(창인사), 한만년(일조각), 김상명(교과서회사 참사), 신재영(동국문화사)

회·문화 각 방면 가운데서도 출판계가 가장 뚜렷한 활약상을 보여주었고, 그 업적 또한 어떤 분야보다도 화려하고 다대했다.

미군정 당국이 출판사에 대한 등록제를 실시하기 전부터 많은 출판인들이 이미 출판활동을 시작하고 있었다. 연말까지 〈군정법령 제19호〉에 의해 모두 45개의 출판사가 등록절차를 마쳤다. 출판사의 수는 하루가 다르게 기하급수적으로 늘어났다.

1946년 말에 150여 사(출협 창립총회 전후 조사)이던 출판사는 1947년에는 581사로 비약적인 증가세를 보이더니 대한민국 정부가 수립된 1948년에는 다시 792사로 급증하고 있었다.[19] 1949년 3월 현재의 등록 출판사 수는 무려 847사에 달했다.[20]

이들은 일제강점기부터 출판을 해오던 출판인, 광복 직후 서울에서 출판을 처음 시작한 사람들과, 같은 시기에 지방에서 출판의지를 실천한 사람들로 나눌 수 있다.

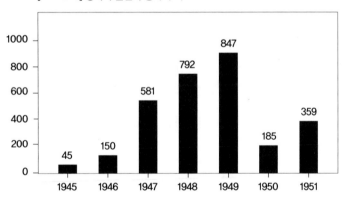

[도표 2-1] 광복기 출판사 증가 추이

주 : 1950년은 9·28 수복 후 재등록한 출판사임
자료 : 《出版大鑑》 및 《4290年版 出版年鑑》에 의해 작성

---

**19** 金昌集, 〈出版界의 4年〉, 《出版文化 7號 特輯 出版大鑑》, 서울 조선출판문화협회, 1948. p. 4. 그러나 《出版大鑑》의 1949년 1월 15일 현재의 '出版社一覽表'에는 등록된 798개 출판사의 명단이 수록되어 있다.

**20** 金昌集, 〈出版槪況 出版小史〉, 《4290年版 出版年鑑》, 서울 大韓出版年鑑社, 1957, p. 739

새로 출판사업을 시작한 출판인들 중에는 북한 공산정권을 피해 38선을 넘어온 사람들이 적지 않았다. 사상적으로 우익계열 출판사만이 아니라 사회주의 계열 출판사도 혼재된 상태였다.

6·25전쟁을 당하기까지 수십종을 출판한 곳도 있지만, 한 권의 책을 내기 위해 출판사를 설립, 등록한 경우도 허다했다. 출판활동이 눈부시게 활발했던 유수한 출판사는 50여 사에 불과했지만, 1949년 말까지 무려 5,000종에 가까운 도서를 출판했고, 그 발행부수는 약 2천500만부에 이를 것으로 추정하고 있다.[21]

다만 광복하던 해 12월 말까지 61종의 도서가 출판된 것으로 밝혀져왔지만, 이 기간에 발행된 출판량에 대해서는 아직까지 신빙할 만한 정확한 통계가 없다. 최근 한 조사에 따르면, 이들은 광복 이후 12월 말까지 4개월 남짓한 기간 동안에 무려 128종의 도서와 45종의 잡지를 합해 모두 173종의 출판물을 발행했다는 조사결과가 발표되고 있다.[22] 이는 모두 현존하는 실물만을 집계한 것이니 실제로는 이보다 훨씬 더 많은 양이 출판되었을 것이다.

이에 비해 북한에서는 48년 상반기까지 500종 1천만부 정도밖에 출판하지 못했다고 하니 출판의 자유가 얼마나 중요한 것인가를 실감할 수 있다.

그렇다면 이렇게 위대한 업적을 이룩한 이들은 어떤 사람들인가. 광복 초기에 창업, 우리 출판문화 산업의 초석을 놓은 개척자들 가운데서 그 업적이 돋보이는 주요 출판인들을 살펴보고자 한다.

### 신생 대한민국의 출판 지도자 최영해

정음사는 '정음(正音)'이란 사명(社名)이 강하게 내비치고 있는 것처럼 일제가 우리의 글과 말을 말살하려고 할 때, 연희전문학교 교수로 재직 중이던 최현배(崔鉉培, 1894~1970, 호는 외솔)가 강의를 위해《우리말본》과《소리갈》을 등사본으로 찍은 것이 계기가 되어 1928년 7월 7일에 창설한 출판사이다. 창립 당시의 소재지는 서울특별시

---

21  연도별 출판종수와 발행부수를 감안해 추정한 것임. 靑帆(김창집)은《出協會報》(1956. 4. 26. 발행)에 기고한〈한국출판인쇄소사〉에서 당시의 "초판 발행부수가 최저 5천부였다"고 증언하고 있다.

22  吳榮植 편저,《해방기 간행도서 총목록 1945~1950》, 서울 소명출판, 2009, p. 17

서대문구 행촌동 최현배의 집이었다. 국문학 관계 우리 서적을 출판해오던 정음사는 일제의 탄압으로 간판을 내린 지 3년 만에 광복과 더불어 새 출발을 했다.

최영해

외솔이 군정에 참여하게 되자 그의 아들 최영해(崔暎海, 1912~1981, 행촌(杏村)은 호)가 정음사를 이어받아 서울 북창동에 사무실을 열고 출판활동을 다시 시작했다.

최영해는 연희전문 문과를 졸업하고《조선일보》, 경성일보 기자를 하면서 출판의 세계에 발을 들여놓았다. 정음사는 해방 직후인 9월 중순경에 권덕규(權悳奎)의《조선사》를 제일 먼저 복간했는데, 이 책을 해방 후에 나온 최초의 책으로 꼽는 이도 있다. 이후 광복기에 정음사에서 낸 책들을 보면 퍽 다채롭고 화려하다.

《우리말본》을 비롯한 국어학 서적 30여 종,《조선고대소설사》등 국문학 서적 30여 종,《하늘과 바람과 별과 시》외 시집 20여 종,《흔들리는 지축》외 창작집 20여 종,《어린이역사》외 20여 종,《정음문고》35종, 사회과학 서적 10여 종, 기술과학 서적 20여 종, 학교 교과서 40여 종, 기타 단행본 30여 종을 6·25전쟁 이전에 간행했다. 또한 편집인 홍이섭(洪以燮)을 중심으로 한 역사·언어·민족 연구지인 월간《향토(鄕土)》를 1946년에 창간해 통권 12권까지 발행했다. 특히《이조실록》영인출판도 착수해 6·25전쟁이 발발하기까지 16권을 발행한 것은 큰 업적으로 꼽아야 할 것이다.

이처럼 폭넓은 분야에 걸쳐 격조 높은 책들을 출판해 을유문화사와 용호상박의 세를 형성하면서 신생 대한민국을 대표하는 출판사로서 출판문화계를 이끌었다. 정음사가 광복 직후 혼란기의 우리나라 출판문화 발전에 기여한 공로는 말할 수 없이 크다. 최영해는 뒷날 광복기의 출판에 대한 소회와 바람을 이렇게 피력하고 있다.[23]

"모두가 서투른 솜씨로 첫걸음을 나선 8·15! 출판계의 말단에서 있는 힘 없는 힘을 다하고 나서 돌아보니 이렇다 할 성과 없는 고무풍선 같은 오늘이 되고 말았다. 누구를 탓할 것 없는 재주 없는 우리들의 소치다. 오로지 만천하 독서자 제위께 엎드려 빌어 마

23   최영해,《출판대감》(출판문화 제7호 특집), 서울 조선출판문화협회, 1949, p. 104

지않을 뿐이다. 제 자식이 귀엽고 사랑스러운 건 인정이라기, 정음사도 아래에다 변변 찮은 목록을 나열해 선을 보이는 바이다. 행(幸)히 여러분의 귀염을 받고 사랑을 받는다면 이 이상 무엇을 더 바라리오. 게다가 우리 문화를 한 걸음이나마 향상시키려는 미충(微衷)이 어쩌다가 여러분의 눈에 띄기만 하면 우리들의 바람은 여기서 끝나고 말 것이 아닐까 한다. 봄이 오면 꽃이 피리니, 4월의 훈풍이 우리 출판계에도 틀림없이 불어주어 참된 독서자를 위한 출판인이 되도록 마련해주었으면, 출판인으로서 우리들의 기쁨도 여기에 그칠 것이다."

휴전 후에는 1993년 문을 닫기까지 《세계문학전집》(전100권)과 《중국고전문학》(전 18권)을 비롯해 《전작대표작가선시집》 6종, 《현대음악총서》 7종, 《국문학대계》 8종, 대학교재 28종, 기타 단행본 40종 외에 《박사학위논문집》·《한국고전문학비평집》·《정통문학》 등 2,000여 종의 우수도서를 펴냈다.

1990년 중반부터 사세가 기울면서 출판사의 경영권과 사옥이 비출판인에게 넘어갔다. 행촌은 건강문제로 60년대 초반에 계씨인 최철해(崔哲海, 1927~1993)에게 정음사를 맡기고 경영일선에서 한 걸음 물러섰다. 최철해의 경영으로 제2의 전성기를 누렸으나 그는 81년 11월에 이르러 행촌의 아들 최동식(崔東植, 1943~현)에게 경영권을 넘긴다. 3대에 걸쳐 65년간이나 대물림한 정음사는, 1946년 이래 수많은 우량도서의 산실이요 우리 출판문화의 자존심의 상징 같은 구실을 해온 회현동 사옥을 버리고 1973년 서울 중구 충무로 5가로 옮겨 사업을 계속해오다가 경영난을 극복하지 못해 1993년 8월 막을 내린다.

성장을 거듭하던 정음사가 내리막길을 걷게 된 것은 선친의 뜻을 잇기 위해 4대 사장으로 취임한 최동식이 1980년에 개발한 2벌식 외솔 타자기가 컴퓨터 바람에 밀렸기 때문인 것으로 알려져 있다. 그러나 향촌이 작고한 뒤 최철해와 동식 사이에 벌어진 숙질 간의 경영권 다툼으로 회사가 반분되는 내분을 겪으면서 사세는 더욱 빠르게 기울어져갔다. 무계획하고 방만한 출판경영도 도산의 이유로 작용했다.

정음사가 우리 출판발전에 끼친 업적과 영향력에 대해서는 긴 설명이 필요 없을 정도다.

출판인으로서 향촌 최영해는 정음사를 통해서만이 아니라 출판발전을 위한 공적인 일에도 항상 헌신적으로 발 벗고 나서는 통 큰 지도자적 기질과 성품의 소유자였다.[24] 그는 1947년, 조선출판문화협회(현 출협) 설립을 주도했다. 창립총회에서 부회장으로 선출된 이래 무려 7대(1947~1954)까지 연임하면서 청범(靑帆) 김창집(金昌集) 회장과 초창기 출판업계의 기틀을 잡는 데 큰 역할을 했다. 출협 창립 직후에는 그의 사옥 2층을 사무실로 선뜻 내놓기도 했다.

이렇게 60여 년 동안 출판문화 향상에 큰 업적을 남긴 정음사는 대를 이어가는 과정에서 수성에 성공하지 못하고 안타깝게도 역사의 뒤안길로 사라진 지 이미 오래되었지만, 업계 발전을 위해 탁월한 역량을 발휘한 출판계 지도자로서 행촌의 면모는 여전히 빛을 잃지 않고 있다.

## 대중출판의 대표주자 서재수

서재수(徐載壽, 1907~1978, 호 龜巖)는 도서출판과 잡지, 서적 도매상과 소매업에서 선두를 개척한 출판인이다. 그는 1931년 3월에 관훈동에 있던 지신당(知新堂)이란 고서점을 인수하면서 출판계에 '정식'으로 투족했다. 그의 나이 스물다섯이 되던 해이다. '정식'이란 표현을 사용하는 것은 비록 잠깐씩이지만 그 이전에 근화당(槿花堂)서점과 동양서원에서 일한 경험도 있었고, 책을 자전거에 싣고 행상도 하면서 출판업의 요령을 익힌

서재수

경력이 있기 때문이다. 지신당은 크기가 4평이 될까 말까 한 아주 작은 규모였다. '딱지본' 판매로는 성이 차지 않은 구암은 지신당을 시작한지 3개월이 지난 5월 1일, '삼중당(三中堂)'이란 이름으로《하얼빈(哈爾賓) 역두(驛頭)의 총성(銃聲)》(176쪽, 정가 50錢)을 처녀출판한다.

이 책은 안중근(安重根) 의사가 이토 히로부미(伊藤博文)를 저격한 사건이 일본 잡지《중앙공론》에 희곡작품으로 게재된 것을 번역한 것인데, 2,000부를 찍었다. 이 책을 첫

24  安春根,〈인간 최영해 사장〉,《책과 그리운 사람들》, 서울 범우사, 1998, pp. 41~48

출판물로 삼은 것을 보면 서재수의 출판정신을 짐작할 수 있다.

시국은 폭풍전야의 먹구름이 몰려들고 있을 때였다. 일제가 만주사변을 일으키기 불과 반 년 전의 일이다. 다시 말하면 일제가 전시체제에 돌입해 더욱 폭압적인 식민통치를 강화하려는 때였기에, 이 책을 출판하고는 한참 동안 경찰서에 끌려다니며 혹독한 시달림을 당하게 되고 끝내 '활자 방해'란 모호한 이유로 발행금지 처분을 받아야만 했다. 출발부터 갖은 고통과 핍박의 출판역사를 이어간 것이다.

이 책은 출판사적으로도 귀중한 자료적 가치가 있다. 저작 겸 발행인으로 서재수가 아닌 이태호(李泰浩)[25]로 표시되어 있고, 삼중당은 발행소 및 총판매소(경성부 관훈동 104, 진체(對替)구좌 경성 921)로만 판권에 표기하고 있어서 그 배경이 호기심을 자극한다. 이태호는 행림서원을 경영하면서 한의학 서적을 주로 출판하면서 구암의 출판사 창업을 도운 것으로 알려져 있다. 출판자금은 전액 구암이 출자해 출판했다. 그런데도 발행인의 이름을 그렇게 밝힌 이유가 분명치 않다. 앞으로 더 조사가 필요한 부분이다. 또 이 책의 총판매소로는 삼중당과 함께 자성당(自省堂)서점(경성부 광화문통 38)과 문산당(文山堂)서점(경성부 수송동 8)이 나란히 기재되어 있고, 책 뒷면에는 발매소로 경문(敬文)서점에서부터 활문사(活文社)까지 서울(경성)의 20개 서점의 주소, 대체구좌 번호가 가나다순으로 실려 있어 이들 명단을 통해 당시 경성(서울)의 유수한 서점들의 실태와 거래방식의 일단을 살필 수 있는 근거를 제공하고 있다.

삼중당은 1945년 광복에 이르기까지 이광수의 《춘원서간문범》, 육당의 《조선역사》와 《고사통(故事通)》, 김동환의 《조선명작집》과 기행문집 《반도산하》, 노춘성의 《나의 화환》, 《흑장미 필 때》, 이기영의 《처녀지》 등 히트작을 연달아 펴낸다. 이 책들은 출판되자마자 선풍을 일으키고 전국서점에서는 연일 주문이 빗발쳤다. 1939년경에는 종로

---

25  이태호(李泰浩, 1895~1962)는 1923년부터 1970년대까지 재동에서 침구, 한의학 전문 출판사 행림서원(杏林書院)을 운영한 사람으로 저술과 편집뿐 아니라 한의학과 고서화에도 박학한 지식의 소유자이다. 그는 네 살 아래인 서재수가 지신당을 인수해 고서점 및 출판에 투신할 때 적극적으로 조언을 한 사람으로 《하얼빈 역두의 총성》의 출판을 권유하고 또 직접 번역하는 등 출판에 간여한 인연을 바탕 삼아 저작 겸 발행인으로 판권에 표시했을 뿐 출판자금을 투자한 것으로는 보이지 않는다. 행림서원은 2대 사장 이성모(李成模, 1923~1973), 3대 이갑섭(李甲燮, 1950~현재)으로 대를 이으며 최근까지 활동해왔다.

2가 화신백화점 건너편에 지점도 개설해놓고 있었다.[26] 그러나 삼중당은 40년대 초, 일제에 의해 강제로 출판활동을 중단당하고 한동안 침잠상태에 빠지지 않을 수 없었다.

8·15광복은 그에게 다시 한번 출판인으로서의 뛰어난 재능을 유감없이 발휘해 대업을 이룩하는 기회를 마련해주었다. 해방과 더불어 대중출판을 지표로 새 출발한 삼중당은 첫 작품으로 김춘광의 희곡집《안중근사기》를 이듬해 1월에 출판한다. 그는 출판의 시기를 살필 줄 아는 출판기획자였다. 수십년 전 발행금지당했던 육당의《조선역사》에다 긴급히 '해방독립운동의 유래' 1장(章)을 추가하고 서문을 새로 붙여《신판 조선역사》를 꾸며내는 기민함을 발휘한다. 초판 10만부가 몇 달 만에 매진될 정도로 잘 팔려 나갔다. 용지 구하기가 말할 수 없이 힘든 때에 혼신의 노력을 기울여 중판을 거듭했으니, 육당의 아들이 경영하던 동명사는 거액의 인세수입으로 재기 제1호 출판물인《조선독립운동사》의 실패로 생긴 차용금을 갚고 다음 출판물인《조선상식문답(朝鮮常識問答)》의 출판비용으로 쓸 수 있었다고 한다. 최한웅은 그때의 고마움을 잊지 않고 오래도록 소중히 간직하고 있다고 술회한 바 있다.[27]

1946년 6월에는 주식회사 체제로 개편하고 일제강점기에 공전의 인기를 불러일으켰던 책들을 고쳐서 다시 출판할 뿐만 아니라《현대교육학》(권혁풍),《논리학》(김기석) 등 학술서적에서부터 문학, 역사, 경찰실무에 이르는 일반도서는 말할 것도 없고,《중등 조선역사》,《초등 모범전과》같은 교과서 및 학습참고서부터《삼중당 대중문고》에 이르기까지 분야를 가리지 않고 정열적으로 출판을 이어간다. 그리하여 광복기 5년 동안 대단히 많은 출판실적을 쌓았다. 그 기간에 발행된 출판종수를 집계한 정확한 기록은 찾을 수 없지만, 현재까지 실물을 통해 확인 가능한 목록만도 60종에 이르고 있다. 전란을 겪는 동안에는 우여곡절이 있었지만, 휴전 이후에는《이광수전집》(전20권, 1963년 완간) 등 우리 출판사에 기록될 대표적인 출판물들을 연달아 출판, 더욱 승승장구했다.《이광수전집》은 개인전집 간행의 신기원을 이루었다는 평가를 받았다. 또 최요한의 KBS 라디오 방송원고를 묶은 세계의 명언집《마음의 샘터》(1964)는 출판사상 최초의

---

26  沖田信悦,《植民地時代の古本屋たち》, 札幌 (有)寿郎社, 2007, pp. 90~91

27  최한웅,《庸軒雜記》, 서울 동명사, 1986, p. 132

밀리언셀러로 기록되고 있다. 또한 월간《수험연구》(1953년 창간)를 시작으로, 온 국민의 오락잡지로 뜨거운 사랑을 받았던 월간《아리랑》(1955년 창간)의 여세를 몰아《소설계》(1958),《주간춘추》(1959),《지성》(1962),《문학춘추》(1964) 등을 잇달아 창간해 한때는 한국 잡지계의 왕자로 군림한다. 특히 시인 김규동(金奎東, 1925~2011) 주간, 임진수(林眞洙) 편집장의 이름으로 발행된《아리랑》은 건전한 대중문화 향상과 전쟁으로 상처 입은 독자들을 위무하는 데 크게 기여한 건국 후 최초의 대중오락지란 평가를 받았다.

1973년 1월, 삼중당은 2대 사장으로 서건석(徐健錫, 1934~1985)이 취임해 제2의 도약을 이룩한다. 서건석은 연세대학교를 졸업하자 1957년부터 후계자 수업을 받아왔다. 그의 옆에는 항상 고교동창이자 대학동창인 노양환(盧琅煥, 1934~현)이 편집책임자로 콤비를 이루며 대형 전집물과 염가판 도서를 골고루 펴내어 출판계를 평정하려는 야망을 불태웠다.

서건석은 "정의롭고 통찰력이 남달랐을 뿐 아니라 현실감각도 뛰어난 이"로 "틀도 통도 큰 데다 성품이 소탈하고 출판자로서 갖춰야 할 자질이 빼어난 사람"[28]이었다. 그가 출판한 많은 출판물들 가운데서도《삼중당문고》(1975년 2월에 100권을 한꺼번에 출간하고 매달 10권씩 1990년까지 500종 간행) 발간에 특히 힘을 쏟았다. 문고출판은 우리나라에서 여러 차례에 걸쳐 시도되었다. 그러나 오래 지속해서 출판한 것이 하나도 없을 징도로 불모지나 다름없었는데 유독 이 문고만은 지금 40~50대의 사람들 중에서 중·고교생 시절에 애독자가 아닌 사람이 하나도 없다고 해도 지나치지 않을 만큼 오랜 기간에 걸쳐 독자의 사랑을 받았다.

그는 출판계 전체를 위한 일에도 발 벗고 뛰어다녔다. 그의 힘이 아니었더라면 지금까지 어엿한 출판문화회관을 마련하지 못했을지도 모른다. 당시 출협의 총무상무이사를 맡고 있던 그는 자신이 제일 먼저 500만원이나 되는 거금을 건립기금으로 쾌척해 주위를 놀라게 했다. 500만원은 당시 대지 90$m^2$ 짜리 주택 한 채 값이었다. 그리고 사방으로 뛰어다니며 모금하는 데 결과 성을 다했던 일은 아름다운 미담으로 지금도 여러 사람의 입에 오르내리고 있다.

---

**28**  김성재,《출판현장의 이모저모》, 서울 일지사, 1999, p. 21

그러나 슬프게도 그는 한창 일할 나이에 갑작스레 세상을 등지고 만다. 52세 되던 1985년의 일이다. 삼중당은 창업자 구암이 향년 73세로 별세한 지 겨우 7년 만에 2대 사장까지 잃은 것이다. 서건석이 이렇게 허망하게 가버리자 60년의 전통을 면면히 이어온 삼중당은 5년을 버티지 못하고 경영난으로 결국 1990년 말에 인쇄업자의 손에 넘어가면서 사실상 막을 내리고 만다.

그렇지만 삼중당의 진면목은 이것으로 그치지 않는다. 삼중당은 광복이 되던 해 11월 서적도매상을 시작했다. 현대출판의 역사에서 최초의 본격적인 도매상이었다. 각종 팸플릿들은 대부분 가두판매로 이루어졌지만, 다소 무게 있는 서적들은 서점을 통해야 했는데 마땅한 공급기구가 없을 때였다. 그는 6·25전쟁으로 엉망이 되어버린 서적 공동판매기구 설립을 제창해 업계여론을 창도한다.[29]

1973년에는 일본에 '한국서적센터'라는 이름의 도쿄 지사를 설치해 국내도서의 해외 진출 교두보를 마련한 것도 획기적인 역사적 업적에 속한다. 우리 출판사상 정식으로 정부의 승인을 받아 해외에 지사를 설치한 것은 지금까지 전무후무한 일이다.

삼중당이란 상호는 구암이 평소에 생각해온 신념의 표현이나 마찬가지다. 첫째는 그에게 맞아야 하고, 둘째는 우리 민족에게 맞아야 하며, 셋째는 온 인류에게 맞아야 한다는 출판철학을 지향했다. 또한 중용(中庸)의 동양철학에도 심지를 두었다. 삼중당이 60여 년 동안 쉬지 않고 열심히 펴낸 수많은 책들이 이러한 그의 출판철학과 꿈을 얼마나 달성했는가는 새삼 따질 필요조차 없을 것이다.

서재수는 1968년 서울시문화상을 수상하면서 다음과 같이 감회 어린 말을 남겼다.


"1931년 삼중당 간판을 내 손으로 걸고, 일제의 핍박과 고초를 겪으면서 출판할 때의 장쾌함이 이제는 모두가 추억이 되었습니다. 돌이켜보면 해방 20년도 결코 순탄하지는 않았습니다. 주·월간 잡지에서 교과서에 이르기까지 분야와 형태를 가리지 않고 활자로 성책(成冊)될 수 있는 책이란 책에 손을 대지 않은 것이 없었습니다. (중략) 출판은 자전거처럼 멈추면 쓰러지는 곡예와 다름이 없습니다. 그러면서도 출판은 국민계몽

---

29  서재수, 〈출판계가 사는 길〉, 《서울신문》, 1957. 9. 26자호 ; 〈공동판매기구의 제창—출판계 소생을 위한 사적시론〉, 《경향신문》, 1957. 10. 4.자호

과 민족문화 향상에 보탬이 되고, 내 나라 내 민족에 이바지함이 없이는 책을 펴내는 큰 뜻이 없는 것입니다. 이 길에 들어서 벌써 40년 세월은 흘러 사람도 낯설어지고, 저마다 출판의 걸어가는 길목도 퍽이나 달라지고 있습니다. (중략) 이제 우리 출판계도 여명기를 지나 점차 자리를 굳혀가고 있습니다. 확실히 기틀이 잡혀가는 진통의 소리가 귀에 들립니다. 기업으로서의 출판의 터전이 마련되어야 하는 것입니다. 하도 험난한 길을 헤매다 보니 얻은 것은 나이뿐이요, 지나온 길은 아득하기만 할 따름입니다."[30]

이러한 소회를 한 편의 시로 읊은 것도 그즈음의 일이다.

"60 평생 일이관지(一以貫之) / 출판보국(出版報國) 어려워라 / 가시덤불 헤매다가 / 서산낙일(西山落日) 저물었네. / 이후란 물결 따라 / 분수(分數)대로 늙으리라."

### 박문출판사의 새로운 도전

노성석

박문출판사는 일제강점기에 출판인으로 크게 성공했던 노익형(盧益亨, 1884~1940)이 1907년 4월에 경성 남부 상동 68번지 12호에서 '박문서관(博文書館)'이라는 이름으로 창설한 대표적인 출판사이다. 한때 봉래동으로 옮겼다가 1925년 이후에 종로 2가 82번지에 정착했다. 창업주의 표현을 빌리자면 "한국에도 신문화가 수입되기 시작하는데, 책전(冊廛) 같은 것도 필요할 것 같아서" 당시 자본금 200원을 가지고 출판과 판매를 함께 시작했다.

주시경이 번역한 《월남망국사》, 김병헌이 번역한 《서사건국지》, 안국선의 《금수회의록》 등을 출판했으나 〈출판법〉(1909)이 제정되면서 모두 판매금지당한다.

이광수의 〈사랑〉 등으로 구성된 《현대걸작장편소설전집》(전10권), 《신선역사소설전집》(전5권) 등의 문학전집, 문세영(文世榮)의 《조선어사전》, 《박문문고》(博文文庫, 1939년

30  서재수, 〈서울특별시문화상 수상소감〉, 《출판문화》(1968. 4.), p. 25

창간) 전 18권을 발행해 양서보국의 기치를 내세웠다. 또한 최초의 수필 전문지인《박문(博文)》을 통권 제23권까지 발행하는 등 1920~1930년대의 전성기를 보낸다.

물자가 궁핍한 전시체제에서의 1940년대에도 조선총독부의 강압적인 탄압과 극심한 용지난을 견디면서 이광수의 문단생활 30년 기념출판으로《춘원시가집(春園詩歌集)》을 출간했고, 양주동(梁柱東)의《조선고가연구(朝鮮古歌研究)》, 방정환(方定煥)의《소파전집(小波全集)》등 출판을 통해 겨레의 정신을 고취했다.

이렇게 우리 문학사나 출판사에 찬연히 빛나는 주옥같은 작품들을 다수 출판한 박문서관은 2세 사장 노성석(盧聖錫, 1914~1946)이 물려받는다. 그는 노익형의 유일한 혈육으로 1938년 경성제국대학을 졸업했다. 경성제대 졸업과 동시에 역사와 전통을 지닌 대출판사의 경영권이 새로운 세대에게 선위되어 새 시대를 열어갈 준비를 갖춘 것이다. 한국사를 전공한 그는 노래도 잘 부르고 술을 좋아하는 데다 유머감각이 뛰어난 수재여서 교제범위가 넓었으며 매우 활동적이었다고 한다. 그는 회사를 맡자마자 곧 상호와 회사조직을 정비해 주식회사 체제로 개편을 단행하고 박문출판사를 중심으로 서점, 인쇄소를 거느린 출판집단을 구축한다. 이와 별도로 지류수입을 주로 담당하는 박문상사를 신설해 출판전열을 가다듬고 본격적인 출판활동의 범위를 확대한다. 박문상사라는 무역회사는 용지난이 심각한 광복 직후 마카오 등지에서 갱지를 수입해 보급한 회사다. 그가 사장을 맡으면서 계열회사로 일간신문《신조선신보》도 창간한다. 이 신문은 양지후가 편집국장으로 진력했지만 100호로 단명하고 만다. 또 서울 사직동에 성정여자중·고등학교를 설립하는 등 육영사업에도 힘을 쏟았다.

《박문문고》를 속간하고《경제학전집》(전30권)을 기획, 간행하기 시작했으며《신선결작 장편소설전집》(전14권)도 발간했다. 박계주의《순애보》와 현진건의《무영탑》등이 인기를 모은 출판물들이었다.

출판활동뿐 아니라 해방기의 혼란 가운데서 출판협회의 설립을 주도하는 등 업계발전에도 앞장섰다. 출협의 설립논의는 주로 그의 집무실에서 이루어졌다.

그러나 슬프게도 박문출판사가 재흥(再興)하기도 전에 노성석은 지병인 고혈압을 이기지 못하고 1946년 11월, 33세의 나이로 요절하고 만다.

노성석이 타개하자 수석이사로 있던 이응규(李應奎)가 제3대 사장으로 취임한다. 노성석의 사촌 노준석이 박문출판사를, 처남인 예동수(芮東洙, 1910~1975)는 박문서관, 매부인 조진호가 박문인쇄소의 각각 전무를 맡아 경영을 책임지는 체제였다. 다시 황금시대를 부흥시키려고 부심하던 중 6·25전쟁 중의 피폭으로 인쇄시설과 지형은 모두 불타버리고 남은 기자재는 도난당했다. 피난 갈 때 땅속에 묻어두었던 방대한 양의 고서와 귀중품도 모조리 도굴당해 재기불능 상태에 빠져버렸다. 수복 후에 개편된 검인정 교과서 발행도 재미를 보지 못하다 결국 박문출판사라는 우리 출판사의 거목은 1957년, 50년의 역사를 뒤로한 채 사라져버리게 된다.

박문출판사의 편집진용으로는 박계주(朴啓周), 최영주(崔泳柱), 이원수(李元壽) 등의 이름이 올라 있다. 윤석중(尹石重)도 잠시 편집에 간여했다. 신구문화사를 설립한 이종익(李鍾翊), 춘조사(春潮社)의 이상오(李相五, 공동 인쇄소 겸영) 등이 박문출판사 출신의 성공한 출판인으로 꼽힌다.

## 최초의 민족출판 기업 한성도서(주)의 영광과 좌절

이창익

한성도서주식회사(1920~1957)도 신속하게 재기했다. 해방기의 사장은 이창익(李昌翼, 1901~1955). 한성도서는 일제강점기인 1920년 4월 9일 민족자본금 30만원(창립 당시 불입자본금 12만5천원)을 모아 주식회사 체제로 발족한 우리나라 최초의 본격적인 출판 기업이다. 언론인이자 역사 학자인 장도빈(張道斌, 1888~1963)의 제의로 서북 지역(황해도 서흥, 봉산) 출신의 젊은 인사들—이종준(李鍾駿, 1895~1949), 한규상(韓奎相, 1896~1951), 이창익이 주축이 되어 "우리의 진보와 문화의 증진(增進)을 위해 시종 노력하기로 자임하노라"고 선언하면서 전국에서 주식을 공모했는데, 주주 가운데는《동아일보》를 창간한 김성수, 당대의 대문호 이광수, 허헌(許憲) 등 59명이 참여했다. 설립 초기의 진용을 보면 이창익의 아버지 이봉하(李鳳夏, 1871~1930)를 사장으로 추대하고 전무이사에 이종준, 취체역(이사)으로 한규상(영업부장 겸임), 장도빈(출판부장 겸 월간《서울》주간), 박태련(朴太鍊), 감사역에 한윤호(韓潤鎬)와 허헌을 선임했다.

이봉하, 이종준, 한규상, 이창익은 인척 관계였다. 이종준은 이창익과 사돈 간이고,

한규상은 이종준의 처남, 이창익은 또 한규상의 여동생 한영숙의 남편이었다. 모두가 혈기왕성한 20대의 청년들이고 도쿄에서 공부한 인텔리들이었다.[31] 이들은 고문으로 김윤식(金允植)·양기탁(梁起鐸)을 영입하는 한편, 10명의 상담역도 두었다. 상담역 가운데는 5대 사장을 역임한 이항진(李恒振, ?~2009, 이창익의 아들) 등 후계가족들의 이름들이 보이는 것으로 보아 이창익, 이종준이 설립자금의 대부분을 부담했음을 알 수 있다.

한성도서는 광화문통 132번지 한규상의 부친 한창호(韓昌鎬)의 집[32]에서 창립준비를 비롯해 앞에서 소개한 사시(社是)와 함께 "현대사회의 요구와 유지 제위의 찬성으로 사업을 개시한다"고 자신 있게 선언[33]했다. 그리고 한성도서는 곧바로 견지동 32번지에 사옥을 마련한다.

초창기에는 오천석(吳天錫, 1901~1987)에게 《학생계》의 주간을 맡기고 전영택(田榮澤, 1894~1968, 대한기독교 문서출판협회 대표 역임)은 도쿄 지부장으로 위촉했다. 그리고 김억(金億, 1896~?, 해방 후 首善社 主幹 역임), 노자영(盧子泳, 1898~1940, 靑鳥社 경영), 김성룡(金成龍) 등 당대의 명사들을 편집원으로 확보해 일제 출판자본과 대항하며 우수 도서를 수도 없이 출판한다.

당초 일간신문의 발간을 계획했으나 허가를 얻지 못하자 일반도서 출판과 잡지발행으로 목적을 바꾸었다. 1930년대 후반에 최전성기를 맞이한 한성도서가 발행한 1935년판 도서목록을 보면, 각종 사서류와 철학·종교에서 잡서, 백지판 구서(舊書)에 이르기까지 모두 38개 분야 1,000종에 가까운 목록이 108쪽에 걸쳐 소개되고 있다.

1936~1938년에는 소설 분야에서 노자영의 《영원의 몽상》,《처녀의 화환》,《표백의 비탄》 등을 비롯해 오천석 번역 《세계문학걸작집》을 간행했고, 이어 김동인·이광수·심훈 등의 작품을 모아 《현대장편소설전집(現代長篇小說全集)》 등을 발간해 민족적인 관심을 끌었다.

---

31  이종준은 교토 도시샤(同志社) 대학, 이창익은 도쿄 릿교(立教)대학, 한규상은 도쿄 메이지(明治)대학을 각각 졸업했다. (李箕玉, 1924~현, 이종준의 따님과의 대담 · 2012. 9. 27., 샘터갤러리)

32  흔히 '청진동 한규상의 옹색한 한옥 사랑방에서 한성도서가 설립되었다'고 알려졌으나 이 집은 대지 647㎡(196평)나 되는 큰 집이다. 환도 직후인 1953년 동국문화사 신재영의 소개로 동명사가 사들여 1976년까지 사옥으로 사용하다 1976년 봄 교보빌딩 신축건물 부지로 편입되었다.(崔漢雄,《庸軒雜記》, 서울 동명사, 1986, pp. 197~202 참조)

33  《東亞日報》, 1920. 5. 3.

그 어려운 시절에 이미 오늘날의 출판사보다 더 활발한 활동을 펼친 것이다.

이러한 책들은 일본 군국주의의 우리말 말살정책에 대한 민족적 반발 때문에 많은 부수가 팔리기도 했는데, 특히 간도를 비롯한 해외교포들의 주문이 두드러지게 많았다. 그리하여 1944년에는 창립 이래 처음으로 주주들에게 이익금을 배당했다.

이렇게 우리의 말과 글, 그리고 민족문화를 지키고 계승하는 중요한 소임을 맡아 사명을 이룩하는 데 큰 몫을 담당했던 이 회사의 존재가치는 크게 평가할 만하다.

광복을 맞이해 그 전통을 이어받아 웅비를 꿈꾸던 한성도서는 광복 초기에 《조선문학전집》(제1기 전10권), 《한도 영어총서》를 비롯한 문학, 역사 등을 다수 출판했다. 그러나 안타깝게도 1946년 1월 숙직실 누전으로 인한 화재로 일제강점기부터 자체 최신시설로 갖추고 있었던 인쇄소와 사옥이 회진되는 불행을 당한다. 화마는 한성도서의 모든 꿈과 의지를 빼앗아갔다. 그 후유증으로 활동이 크게 위축된 것이다. 창업자의 한 사람이었던 한규상 소유 종로 2가에 사무실을 새로 마련하고 과거에 출판했던 책들을 중쇄하면서 재기를 시도하지만 호사다마랄까 또 다른 불운을 맞게 된다. 1957년에 〈저작권법〉이 제정되었는데, 그 부칙에 "해방 전의 저작권 매매는 무효로 한다"는 조항이 문제였다. 당시 한성도서는 200여 종의 베스트셀러 저작권을 가지고 있었다. 그 저작권은 생활이 곤란한 문인들이 인세를 마다하고 억지로 저작권을 양도한 것들이있다. 〈저작권법〉의 시행으로 이것들에 대한 모든 권리를 한꺼번에 상실하게 된 것이다. 일제강점기에 활동하던 출판사들이 똑같이 겪지 않으면 안 되는 어려움이기도 했지만, 한성도서의 피해가 가장 컸다.

결국 한성도서는 1957년에 문을 닫고 말았다. 일제강점기부터 해방기에 걸쳐 우리 출판발전을 이끌며 명성을 날렸던 전통 있는 출판사가 역사의 뒤안길로 사라지는 것에 대해 당시의 출판계, 문단, 학계가 모두 매우 안타까워했다.

참고로 한성도서의 역대 사장들의 재임 기간을 살펴보면, 초대 이봉하(1920~1030), 2대 이종준(1930~1943), 3대 이창익(1943~1955), 4대 한영숙(韓英淑, 1955~1956, 이창익의 부인), 5대 이항진(李恒進, 1956~1957, 이창익의 아들로 내과의사)으로 계승되었다.

1930년대의 영업책임자로 전성기를 보냈던 한용선(韓鏞善)은 한성도서가 문을 닫게 되자 광화문 네거리에 있던 유길서점 자리에 숭문사(崇文社)를 설립해 1980년대 중반까지 출판 및 서점을 경영했다.

## 국내 최장수 출판사 동명사의 새 출발

1922년 7월에 창설된 동명사는 육당 최남선(崔南善, 1890
~1957)이 창립했다. 우리나라 신문화의 요람이자 근대 출판문
화를 개척한 신문관(新文館)의 후신으로 1907년에 설립되어 현
재도 활발하게 출판을 펼치고 있는 우리나라 최장수 출판사로
서 벌써 100년이 넘었다. 더구나 육당의 선친 최헌규(崔獻圭,
1859~1933)도 관상감을 역임하면서 월력(月曆)을 만든 경력까
지 가산하면 그 역사는 훨씬 더 늘어난다. 출판사들이 대부분

최한웅

단명하는 아쉬움을 남기고 있는 우리 역사에서 지금까지 한 세기에 걸쳐 우리 출판의
자존심을 지켜오는 유일한 상업 출판사이다.

문화구국에 뜻을 두고 일찍이 신문관에 이어 조선광문회(1910~1927)를 설립해 근대
출판의 역사를 개척한 육당의 업적은 누구나 다 알고 있다. 그러나 최남선이 삼일운동
관계로 투옥되었다가 가출옥한 이듬해에 설립한 동명사는 육당의 저서를 출판하는 한
편, 우리나라 최초의 주간지《동명(東明)》(1922. 9. 3.~1923. 6. 3.)을 창간해 40호까지 내
고 자진폐간한 뒤, 1924년 3월《시대일보(時代日報)》(1924~1926)를 창간하는 일 등에
휘말려 장기침체에 빠져 있었다.

광복의 흥분이 채 가시지 않은 1945년 10월, 육당은 일제 말기에 있었던 오점으로
인해 두문불출 저술활동에만 전념하기로 결심하고 둘째 아들 최한웅(崔漢雄, 호 庸軒,
1917~2002)으로 하여금 동명사를 재건하고 그 책임을 맡으라고 당부한다.[34]

이로써 조국의 광복과 더불어 동명사의 새로운 역사가 시작되었다.

그러나 처음부터 자금을 조달하는 어려운 일에 부딪혔다. 재기 첫 작품인 최남선의
《조선독립운동사》를 빚을 내어 출판했으나 판매가 부진해 고생했다. 다행히 삼중당 서
재수가 일제강점기에 발매금지당했던《조선역사》에 우리나라 독립운동의 유래를 적

---

34  崔漢雄,《庸軒雜記》, 서울 동명사, 1986, p. 131

은 1편을 덧붙여 발행하자는 제의를 받아 출판한《신판 조선역사》인세수입으로 빚도 갚고 두 번째 출판물인《조선상식문답》제작비용에 보태 쓸 수 있었다는 사실은 앞에서 이미 소개했다. 다행히《조선상식문답》의 판매성적이 좋아 정·속 2권과 풍속편·지리편·제도편 등 3권을 연달아 출판했다. 이어《쉽고 빠른 조선역사》,《역사일감(歷史日鑑)》,《조선의 산수(山水)》등을 계속 발행하면서 일희일비하다 교과서《중등국사》가 낙양의 지가를 올리는 큰 호평을 받자 1948년에는《중등동양사》,《중등서양사》까지 냈는데, 친일파 저서의 출판금지 시비에 휘말려 문교당국에서 발매중지 처분을 받는 비운을 맞는다. 그 바람에 일단 출고된 수십만부의 교재대금 전액을 변상하고 회수조치할 수밖에 없었다. 이 바람에 동명사는 한순간에 수백만원(圓)의 은행부채를 떠안게 되었다.

교재 판매금지령 이후 여러 달 동안 회생책을 고심하던 중에 문운당(文運堂)이란 출판사를 별도로 등록, 자의 반 타의 반으로 문학서적 출판에 손을 대게 된다. 문학출판을 하게 된 동기는 신문계의 원로 하몽(何夢) 이상협(李相協, 1893~1957)의 생활이 어려운 것을 딱하게 여긴 춘원 이광수가《사랑의 동명왕》을 출판해 생활비에 보태 쓰라고 판권을 주었는데, 하몽이 그 출판을 동명사에 맡긴 데 있다. 마침 그 무렵에 춘해(春海) 방인근(方仁根, 1899~1975,《조선문단》창간,《시조(時兆)》편십장 역임)에게서도《생이 비극》이니《813의 비밀》등의 출판을 부탁받게 되자 인정에 끌려 출판을 결심하게 되었다고 한다. 그러나 육당의 책만 집중적으로 출판해온 동명사는 문학서 출판의 이미지가 맞지 않는다고 판단해 아예 새로 출판사를 등록하기로 하고 새로운 출판사의 이름을 문운당(文運堂)이라 지었다. 염상섭(廉想涉)의《애련》등도 여기서 출판하게 되는데 이런 문운당의 문학서적들이 뜻밖에도 동명사의 경제력까지 회복시켜주는 효자 노릇을 한다.

육당의 저서 출판에만 전념해오던 동명사는 6·25전쟁 중인 1950년, 그때까지의 출판경향에서 탈피하고 다시 한번 방향을 크게 선회한다. 제3의 사운을 걸고 과학서적 출판이라는 새로운 분야에 도전한 것이다. 서울대 이돈형(李暾衡)[35]이 번역한《고등대수학》,《해석기하학》,《미분학》,《적분학》등을 다른 출판사에 가져가려다 동명사에 출판

---

**35** 이돈형은 최한웅의 동서이다. 그는 대구 피난 중에 수학교재를 자가출판하겠다고 동명사로부터 문운당을 넘겨받아 대표적인 이공계통 출판사의 자리를 굳히며 과학출판 발전을 이끌었다.

을 맡기게 된 것이 계기가 되었다. 이어 이돈형의 소개로 박경찬(朴敬贊)의 중등수학 교과서《신수학》(전6권)까지 출판하게 된다. 당시의 사정으로는 자연과학 계통의 교재를 낸다는 것이 조판기술이나 자금회전의 장기화 등으로 난점이 많을 때였다. 이로써 중·고등학교와 대학의 과학교재를 동명사가 휩쓸게 된다. 이때부터 분야를 넓혀 의학·약학·보건학·수학·물리학·화학·생물학·건축학·토목학·기계학·금속학·선박학·항공학·전기학·전자학 등 자연과학과 기술공학 대학교재를 간행하기 시작한 것이다.

1977년에는 신문관 창설 70주년 기념으로 한국철학회와 제휴해《한국철학연구》3권을 펴냈고, 1987년에는 80주년 기념으로《한국철학사》3권을 간행해 신문관의 전통을 잊지 않고 있음을 보여주었다. 1990년에는《육당(六堂)이 이 땅에 오신 지 100주년(百周年)》을 육당 최남선 선생 기념사업회의 이름으로 펴내기도 했다.

1975년부터 최남선의 손자이자 최한웅의 둘째 자제인 최국주(崔國柱)가 가업을 이어받았다. 세종로에 있던 사옥은 도시계획에 헐리고 그 자리에 교보생명 본사가 들어섰다. 한성도서가 고고의 성을 올린 바로 그 집이다. 이후 청진동을 거쳐 지금은 파주출판도시에서 출판의 역사를 이어가고 있다.

1983년에는 민족 고유의 문학인 시조를 근대화하기 위해 '육당 시조시문학상'을 제정하고, 정형시의 발전부흥에 정진하는 후학들에게 활력의 계기를 마련해주고자 시도했지만 이 상은 단명하고 말았다.

김혁제

### 일제강점기의 질곡에서 재기한 노포들

이 밖에도 일제강점기에 강제로 출판이 중단되었다가 광복과 더불어 재개해 비교적 활발하게 움직였던 중요 출판인들은 명문당(明文堂)의 김혁제(金爀濟, 1903~1972), 영창서관의 강의영(姜義永, 1894~1945), 세창서관의 신태삼(申泰三, 1908~1984), 신태화(申泰和)의 삼문사, 김명섭(金明燮)의 수문관(修文館), 통문관 이겸로(李謙魯, 1909~2006), 영인서관의 강선형(姜善馨)과 김동진(金東縉, 1886~1950)의 덕흥서림 등이 있다. 이들도 그동

이겸로

안의 경험과 관록을 바탕으로 본격적인 출판전열을 가다듬었다. 고서점 경영에 힘을 쏟으면서 틈틈이《성웅 이순신》(李允宰),《청구영언》(周王山 校註),《위인의 교훈—서양편》(장인) 등을 출판한 이겸로를 제외하면 강의영, 신태삼, 신태화, 강선형, 김동진 등은 광복 후에도 여전히 신소설과 고대소설에 힘을 쏟고 있었다.

따라서 이들은 고령층과 농어촌 중심의 지방독자들을 확대한 공로가 크지만, 대체로 새로 출범한 젊은 출판사들에 비해 출판활동이 상대적으로 열세였다고 할 수 있다.

시대의 흐름과 독자들의 욕구변화, 출판기술의 발전에 효율적으로 대응하지 못해 일제강점기의 힘든 상황에서 보여주었던 높은 문화적 감각과 역동성이 다소 쇠잔해지는 모습이었다.

## 연부역강한 신진 출판세력들

### '교과서 출판의 살아 있는 역사' 창업 1세대 이대의

이대의

이대의(李大儀, 1920~현재)는 우리나라 교과서 역사의 산 증인이자 현존하는 최고령 출판인이다. 그는 백남홍(白南弘, 1921~?)과 함께 동지사를 창업, 출판의 세계에 뛰어들었다. 일본 유학 중이던 두 사람은 2차 세계대전이 막바지로 치달고 있던 1945년 봄에 일본 메이지(明治)대학 법과에 재학 중(백남홍은 중앙대) 학병(學兵)을 피하기 위해 일시 귀국해 있다가 광복을 맞이했다. 혼란스러운 분위기 속에서 두 사람은 학업을 계속할 것인지, 아니면 광복된 조국에서 새 조국건설에 도움이 될 사업을 할 것인지 한동안 갈피를 잡지 못해 고민하다 마침내 출판을 하기로 작정했다.

4,000원(圓)의 자금을 염출해 서대문구 교북동에서 해방되던 해 11월 1일자로 '동지사(同志社)'를 설립하고, 학교에서 당장 필요한 교재부터 손을 댔다.

신생 출판사들 중에서는 비교적 발 빠른 행보를 보인 셈이다. 두 사람은 직접《동지 펜맨십(Penmanship)》을 프린트로 만들었다. 이어 이대의가 쓴《연합 각국의 정치조직과

주의주장 해설》과 유경렬의 《Palace English Reader》 등도 등사판(謄寫版)으로 발행했다. 수만부가 순식간에 팔려나갔다. 출판사를 창업한 지 2달 동안 모두 6종의 교재를 발행했다. 처음에는 모두 등사판으로 제작했지만, 예상 밖으로 반응들이 좋아 얼마 지나지 않아서는 오프셋 단식인쇄로 제작방법을 바꿀 수 있었다. 이를 위해 당시로서는 구하기 힘든 제작시설까지 갖추어나갔다. 1946년 1월 공업신문사에서 사용하던 활판시설을 인수한 데 이어 안상희 소유의 오프셋 시설까지 인수해 인쇄시설을 완벽하게 갖추고 교과서를 인쇄본으로 발행하기 시작하면서 출판 분야를 확대하고 발행종수도 계속 늘려나갔다. 1946년부터 6·25전쟁을 당하기까지 중·고등학교 교과서를 비롯해 문학, 아동도서 등 100종 가까운 실적을 올렸다.[36]

이렇게 성공을 거둔 두 사람은 자금의 여유가 생기자 1951년도에 피난지 대구에서 이대의의 '장왕사(章旺社)'와 백남홍의 '백영사(白映社)'로 각각 분리독립한다. 분리과정에서 두 사람이 활판과 오프셋 인쇄시설은 물론 지형도 제비를 뽑아 공평하게 나누어 가진 일은 전쟁으로 각박해진 시대의 아름다운 화젯거리였다.

김익달은 동지사 분리사실을 이렇게 전하고 있다.

"우리 출판계의 맹장인 동지사는 백남홍 씨의 백영사, 이대의 씨가 장왕사로 발전적인 분리를 보았다. 8·15 직후 청년 양씨(兩氏)가 적수공권으로 동업체를 발족해 꾸준한 협조정신과 분투노력으로 우리 출판문화에 공적을 쌓은 바 컸으며 따라서 출판계의 화젯거리가 되었던 것이다. 이제 각각 능력을 더욱 발휘하고자 원만히 분리를 보았음은 괄목 경하하는 바이며 두 사(社)의 앞날의 눈부신 활동에 기대하는 바 크다"[37]

이후 두 사람은 검인정교과서와 대학교재 개발에서 선의의 경쟁을 벌여나가면서 저

---

36 이대의는 《나와 검인정교과서》(pp.19~21)에서 1950년까지 자신이 출판한 간행목록을 프린트본까지 합쳐 모두 73종 제시하고 있고, 오영식의 《해방기 간행도서 총목록》(pp.100~102)은 67종을 소개하고 있다. 필자가 이 둘을 대조한바 이대의 목록은 34종, 오영식은 26종의 새로운 도서를 각각 제시하고 있어 두 자료는 차이가 심하다. 이런 현상은 당시의 출판사들이라면 크게 다르지 않다. 따라서 이 시기의 출판목록이 정확하게 파악되지 못하고 있는 현실을 감안할 때, 실물 확인 등을 통해 당시 출판된 간행목록 작성작업이 서둘러 이루어져야 할 필요가 있다.

37 김익달, 〈대구소식〉, 《출판문화》(속간호), 1952. 6. 5. 발행, p. 14

자들에게 남다른 공을 들이는 모범적인 사례를 남기기도 했다. 장왕사는 이때 인연을 맺은 저자들과 40년이 넘도록 긴밀한 관계를 지속하면서 대학교재나 학술전문 서적을 열심히 출판해 70년대 중반까지 많은 업적을 쌓는다.

특히 1956년 1차 교육과정 개정에 따라 검인정교과서가 개편될 때는 62개 출판사 총 827종 중에서 56종이나 합격시켜 단연 교과서 업계 톱의 위치에 오르는 관록을 보였다. 그 후 교과서가 개편될 때마다 상위 랭킹을 벗어나는 일이 없는 부동의 위치를 지켜나갔다. 1989년 개편 때에는《가정》1종만 합격시킨 것을 끝으로 교과서 출판의 역사는 마감했지만 지금도 장왕사란 출판사 이름을 지켜가고 있다.

그는 광복 이후 오늘에 이르는 동안 중·고교용 검인정교과서의 편찬, 발행, 공급 등 교육용 도서개발에 선도적 역할을 수행해 우리나라 출판과 교육발전에 크게 공헌한 것으로 평가받고 있다. 특히 1960년대를 전후해서는 한국검인정교과서발행인협회와 중·고등 및 실업교과서 회사 설립을 주도하는 등 검인정교과서의 적기 생산·공급을 위한 운영체제 개선 및 공동이익 증진에 크게 공헌한다. 검인정교과서 출판의 중요성을 널리 인식시키고 사회경제적 위상을 향상시키는 일에도 힘을 쏟았다.

그렇다고 장왕사가 중·고교용 교과서와 대학교재만 출판한 것은 아니었다. 교과서에서 얻은 수익으로 수많은 일반도서를 개발했다. 교과서 부문과 일반도서를 담당하는 편집책임자를 따로 두고 종합출판을 지향했다. 70년대 중반까지만 해도 굴지의 종합출판사로서의 면모를 과시했다. 교과서 저자들과의 긴밀한 관계를 활용해 해방 당시부터 이병도의《조선사대관》, 박종홍의《일반논리학》, 김준기의《물리학》등 학술전문 도서와 대학교재를 개발하는 데 앞장섰을 뿐만 아니라 원고가 확보되는 대로 분야에 상관없이 문학 교양서는 물론 아동도서와 잡지까지도 발행했다. 이때 출판한 문학서로 김영훈의 콩트집《길》(1946)로 시작해서 채만식의 장편소설《태평천하》, 노천명·이용악의 시집《현대시인전집》(1, 2) 등을 차례로 펴내는 도중 6·25전쟁을 겪게 된다. 노천명·이용악의 예에서 보는 것처럼 특히 좌우익 문인들의 작품을 골고루 출판해 균형을 유지하고자 힘썼다.

1948년에는 '동지사 아동원'을 별도로 설립해 아동도서 출판만 전담토록 했다. 동지사 아동원은 이종성을 편집책임자로 선임하고 소설가 정인택, 만화가로 유명한 코주부

김용환(金龍煥, 1912~1998), 수필가 김소운(金素雲, 1907~1981)을 상주고문으로 임명, 어린이 그림책과 월간《어린이나라》도 발행했다. 그가 한국출판의 뿌리인 교과서 출판에 얽힌 일화 등을 정리한 회고록《나와 검인정교과서》를 저술해 귀중한 자료를 남긴 것도 소중한 업적으로 꼽아야 할 것이다.

### 한국출판 발전을 이끈 출판계 대부 정진숙

정진숙

을유문화사는 1945년 12월 1일, 30대 초반의 혈기방장한 젊은이 4명이 주역이 되어 설립했다. 훗날 한국은행 총재를 지낸 민병도(閔丙燾, 사장, 1916~2006)가 사업자금을 책임지고, 은행원 출신인 정진숙(鄭鎭肅, 전무, 1912~2008, 호 隱石)이 살림과 자재보급을 도맡아 재정을 관리했다. 문인이자 편집경험이 풍부했던 윤석중(尹石重, 편집상무, 1911~2003)과 조풍연(趙豐衍, 주간, 1914~1991)은 출판기획 및 편집을 공동으로 책임졌다.

민병도가 전무로 천거해 창립동인으로 참여하게 된 정진숙은 생소한 분야라 처음에는 망설이기도 했다고 한다. 그런 그가 출판사 창업에 동참한 데에는 국학의 태두인 위당 정인보(爲堂 鄭寅普, 1893~1950)가 "출판이야말로 36년간 일제에 빼앗겼던 우리 역사와 문화, 그리고 말과 글을 소생시키는 일종의 건국사업"이라며 적극 권유한 점도 크게 작용했다.

출판사 창립에 뜻을 모은 네 사람은 최종적으로 1945년 11월 30일 경운동 민병도의 집에서 창립발기인 모임을 갖고, 이튿날인 12월 1일 을유문화사를 정식으로 발족했다. 사무실은 종로 2가 82번지 영보빌딩에 두고 도서출판을 중심으로 도서의 판매 및 수출입은 물론 대대적인 문화운동을 전개하기로 다짐했다.

창립을 논의하는 자리에서 ① 원고를 엄선해 민족문화 향상에 기여하자, ② 교정을 엄밀히 해 오식이 없도록 하자, ③ 제품을 지성(至誠)으로 해 독자의 애호를 받자, ④ 가격을 저렴하게 매겨 독자에게 봉사하자고 출판에 임하는 네 가지 기본수칙을 '을유의 지향'으로 내세운 것은 이러한 을유의 출판정신을 나타낸 것이라고 할 수 있다. 을유가 처음부터 얼마나 치밀하게 계획을 세워 조직적으로 출판을 시작했는가를 알 수 있는 대목이다.

초창기 을유문화사의 출판활동은 이렇게 해서 학술 및 성인용 교양도서는 을유문화사에서, 아동도서 발행은 조선아동문화협회(약칭 '아협')를 통해서라는 이원적인 방향으로 전개하는 것으로 정해졌다. 두 금융인과 편집에 일가견을 가졌던 두 문인의 절묘한 결합은 자금력이 뒷받침된 무서운 추진력이 더해지면서 단숨에 굴지의 출판사로 도약하는 원동력이 되었다.

본격적인 출판활동은 창립 이듬해인 1946년 들어서 시작되었다. 2월, 한글을 익히기 위한 글씨본인 이각경의 《가정글씨체첩》을 처음으로 내놓은 을유문화사는 그해 무려 35종의 책을 펴내며 호기롭게 출발했다. 같은 해 전국에서 발행된 출판종수가 1천종이 채 안 되었던 것을 감안하면 대단한 양이라고 할 수 있다. 1947년에 33종, 48년 62종, 49년 46종, 50년 전쟁이 일어나기까지 18종 등 194종의 목록을 갖게 되는데 이 가운데는 1947년 10월 9일 한글날을 맞아 《조선말큰사전》(전6권) 첫째 권을 펴냄으로써 한국 출판사에 큰 획을 긋기 시작했다. 또한 이 시기에 나온 책으로는 《청록집》, 《조선문화총서》, 《을유문고》 등 출판문화사에 빛나는 주옥같은 목록들이 거의 망라되어 있다. 단순히 좋은 책을 펴내는 데만 그치지 않고 펴낸 책을 원활하게 보급하기 위해 1947년 3월에는 판매부 성격의 서점 '문장각(文章閣)'을 개설한다. 문장각은 판매체계가 정비되지 못한 상황을 타개하고자 을유문화사 책만 아니라 국내도서의 도·소매를 겸한다.

을유문화사는 창업과 함께 아동문화의 선도적 창달에도 힘을 기울이기로 합의했다. 이러한 방침에 따라 아협도 개설하고 윤석중을 표면상 대표로 정했다. 아협의 이름으로 《주간 소학생》(뒤에 월간으로 변경)과 아동도서 출판도 겸했다.

그러나 6·25전쟁 중에 사옥이 불타면서 사세가 위축되자 설립동인들도 차례로 손을 놓고 떠나가는 시련을 겪었다. 이때부터 세계적인 출판사로 성장해간 을유문화사의 화려한 역사는 정진숙 혼자의 힘으로 쓰여갔다. 정진숙 회장 단독 경영체제로 전환된 '을유'는 재건작업에 박차를 가해 1954년에는 진단학회와 함께 최초의 한국통사인 《한국사》를 기획, 65년까지 전7권을 완간했다. 이어 1960~1970년대에는 《세계교양사상전집》(전39권), 《한국학백과사전》(전3권), 《세계문학전집》(전100권) 등 굵직한 기획물들을 내놓으며 가장 우수한 도서를 출판하는 한국의 대표적인 출판사로서의 확고한 지위를 굳혔다. 을유의 성장세는 80년대 들어서면서 대내외적인 환경변화가 찾아오고 정진숙이 대외활동에 진력하는 동안 다소 주춤해졌지만 2000년부터 다시 활력을 되찾고 있다. 특유의 사업수완과 넓은 인맥을 활용해 국내 굴지의 출판사로서의 입지를 굳히는 한편, 12년간 대한출판문화협회 회장, 30년간 한국출판금고 이사장을 지내는 동안《독서신문》과《출판저널》의 창간을 비롯해 대형서점의 원조 격인 '중앙도서전시관'을 만드는 등 우리나라 출판산업 발전을 이끌었다. 그는 일이 다소 늦어지더라도 무리를 하지 않는 원만주의자란 평을 받아왔다. 이처럼 오랫동안 출판단체의 책임을 맡을 수 있었던 힘은 여기에 있다. 정·관계와 금융계 광범위한 분야의 고위인사들과 각별한 교분이 있는 것도 이익단체로서 출협 등의 활동을 통한 출판발전을 이룩하는 데 큰 힘이 되었다. 그는 우수한 도서를 다수 출판해 국내외에서 한국출판의 품격을 높인 업적과 역사를 남겼고, 또 누구도 따라올 수 없는 영향력을 지녔던 위대한 출판인으로 평가받고 있다. 업계에서는 지금도 '출판계의 대부'로 존경과 추앙을 받고 있다. 고희를 기념해 출협이《출판인 정진숙(出版人 鄭鎭肅)》(1982)을 펴냈고, 2007년에도 똑같은 이름의 평전을 을유문화사에서 펴냈다. 한국문화예술진흥원에서는 구술 채록집《정진숙》을 남겼으며《을유문화사 50년사》와 함께 창립 60주년을 맞이해 그동안 출간한 5,000여 종 가운데 주요 도서를 한데 모아 업적을 되돌아보는 전시회《을유문화사 출판 60년》을 개최하는 등 을유문화사와 정진숙을 연구할 수 있는 자료는 비교적 충분하게 정리되어 있는 편이다.

## 초창기 출협 회장 김창집과 고려문화사

고려문화사는 유한양행의 설립자이자 사장인 유명한(柳明韓, 1908~1950)이 자본을 대어 일본인들이 운영하던 인쇄소 대해당(大海堂, 활판)과 동양오프셋을 접수하고 그 자리(서울 시청 앞 광장)에서 1945년 10월 1일에 창립했다. 유명한은 이사장으로 취임했으나 경영은 출판계에서 다년간의 경험을 쌓은 김창집(金昌集, 1902~1966, 호 靑帆)과 이강렴(李康濂, 1906~1990)에게 맡기고, 언론계 경력자인 임병철(林炳哲, 1906~1947)은 편집, 경리책임 황석하(黃碩夏) 등으로 이사진을 구성했다. 박계주(朴啓周, 1913~1966), 김영수(金永壽, 1911~1977) 등 혁혁한 문인들이 초기의 편집진으로 활동했다. 조풍연과 윤석중

김창집

이강렴

도 을유문화사를 창립하기 전에는 한동안 고려문화사의 출판 사업이 본궤도에 오르도록 힘을 보탰다. 1948년경에는 이상로 (李相魯, 1916~1973, 《민성》 편집장), 박영준(朴榮濬, 1911~1976), 미술가 이순재(李舜在) 등도 편집진으로 참여했다.

창립한 첫해 12월 1일을 기해 종합 교양지 《민성(民聲)》을 주 간으로 창간했으나 이듬해 1월에 월간으로 바꾸어 1950년 5월 까지 45호를 발행하다가 6·25전쟁으로 종간했다. 또 《민성》과 같은 달에 주간 《어린이신문》도 창간해 180호를 기록하는 한 편 우수도서들을 다수 출판했다. 주요 도서로는 《삼국유사》(국 역), 《조선독립혈투사》, 박종화의 《청자부》, 안회남의 소설 《전 원》, 《영문해석연구법》, 《고급국어》(상중하 3권) 등과 소년문고 와 중학교재도 출판목록에 추가했다. 그러나 6·25전쟁으로 인 쇄시설이 전화(戰禍)로 회진되는 바람에 회사가 와해되고 말았 다. 김창집은 고려문화사가 흐지부지되기 시작한 1951년 8월에 신향사(新鄕社)를, 이강 렴은 국민음악연구회를 1950년 11월에 각각 창설해 큰 업적을 남겼다.

김창집은 의명(義明)중학교를 졸업하고 숭실대학교를 중퇴했다. 시조사에서 출판과 인연을 맺기 시작해 주필과 사장을 역임했으며 해방과 더불어 고려문화사의 이사 겸 총무국장으로 취임, 1949년에는 편집국장까지 겸임하면서 월간 《민성》과 주간 《어린 이신문》을 주관했다. 출협의 창립총회에서 초대회장으로 선출된 이래 1957년 10월의 제11차 정기총회 때까지 내리 10년 동안 연임하면서 초창기 업계발전에 크게 헌신했 다. 대외적인 활동도 왕성했다. 1954년부터 2년간은 유네스코한국위원회 위원을 지냈 으며 1956년에는 미국 국무성 초청으로 6개월간 미국 출판계를 시찰하고 돌아와서는 그 시찰한 바를 우리 출판계에 반영해 새로운 활로를 개척하는 일에 힘을 쏟았다. 이듬 해에는 다시 유럽을 시찰하면서 출협을 국제출판협회(IPA) 회원으로 정식 가입시키고 귀국했다. 한국번역도서주식회사 부사장도 역임했으며 서울특별시 문화위원회 출판분 과 위원장으로도 출판발전을 위해 많은 활약을 했다. 그가 작고했을 때는 그의 공적을 기려 우리 출판사상 처음으로 출판인장을 거행했다.

## 출판유통 체제 확립에 공헌한 황종수

황종수

황종수(黃宗洙, 1907~1993)는 당시 출판인으로서는 비교적 나이가 많은 편이었다. 리츠메이칸(立命館)대학을 졸업한 그는 치밀한 전략가이며 여러 사업에 고군분투한 경험을 가진 백절불굴(百折不屈)의 투사적 인물이다.

고향인 함경남도 풍산에서 모교인 인동(仁東)학교 교장을 지낸 그는 출판인의 뜻을 품고 상경, 일제강점기인 1942년 3월 관훈동에서 일성당(一成堂)이라는 고서점을 창립해 출판인의 길로 들어섰다. 한국출판협동조합(이하 '조합') 창립의 산파 역할을 했을 뿐만 아니라, 1969년까지 6년간 조합 이사장을 역임하면서 꼼꼼한 성격과 풍부한 출판유통의 경험을 살려 초창기 조합발전에 많은 기여를 했다. 출협 부회장 등의 요직을 두루 거치면서 출판발전의 지도적 역량을 유감없이 발휘하기도 했다.

그는 일제강점기에 일본어로 된 고서적을 팔아 어문학과 역사 분야의 우리 고전문헌을 장치(藏置)했다가 광복이 되자 학자와 일반인들에게 공급한 것을 자랑처럼 입에 올렸다. 그런 그가 해방 직후에는 일반 양서출판 중심의 일성당과 교육도서 출판사인 연학사(研學社)를 창립하고 또 서적도매회사인 조선서적판매주식회사(이하 '書販')를 설립해 삼위일체의 출판 기동부대를 형성, 출판계의 한 축을 담당하는 강자로 등극한다. 서판은 유길서점과 호각지세를 이루면서 광복기 출판유통 체계를 확립하는 공적을 이룩했다. 부산 피난 중 남겨두고 온 재고도서라도 가져다 팔 요량으로 위험을 무릅쓰고 1951년 3월 서울에 잠입했으나 2층짜리 사옥에 쌓아두었던 그 많은 재고도서가 모두 회진된 현장을 목격하고 크게 좌절한다. 결국 도매상으로는 다시 재기하지 못하고 출판에만 전념할 수밖에 없었다.

한편, 연학사는 1946년 4월에 창업해 인문학 분야의 전문서적과 중등 교과서 개발에 앞장섰다. 연학사와 일성당의 대표적인 출판물로는 처녀출판물인 신영철의《고시조신석(新釋)》,《호암(湖岩)전집》, 신채호《조선사연구초》,《조선고어방언사전》(정태진, 김병제),《훈민정음 통사》(방종현) 등이 있다.

그러나 그가 출판발전에 끼친 업적은 출판보다 서적도매상 활동을 통해 더 빛나고 있다. 그는 그동안 출판계에서 경험하고 목격한 사실들을 중심으로 회고록《나의 출판 소화(小話)》(보성사, 1990)를 써서 우리 출판사의 귀중한 기록으로 남겼다.

### 국학도서와 이공계 출판의 거인 홍석우

홍석우

홍석우(洪錫禹, 1919~2007, 호 荷亭)는 탐구당을 1945년 11월에 창립했다. 보성전문을 졸업한 후에 곧바로 한성은행에 들어가서 사회생활을 시작한 홍석우도 처음에는 고서점으로 시작한 다음에 우리나라 대표적인 출판인으로서 확고부동한 지위를 구축한 사례에 속한다. 처음에 출판사 이름을 '탐구당서점'으로 정했던 것은 이러한 전력과도 무관하지가 않다.

우리나라에서 제일 먼저 수학박사 학위를 받은 최윤식의《고등대수학》이 처녀출판물이다. 탐구당은 창업해서부터 현재까지 중·고등 검인정교과서 출판의 중추적 역할을 담당해왔다. 교과서 출판을 기반으로 1958년에는 국사편찬위원회의《조선왕조실록》(선49권)을 복간하면서 우리 출판역사의 새로운 장을 쓴다.《조선왕조실록》은 정음사와 동국문화사에 이어 세 번째로 복간을 시도해 완간하는 쾌거를 이룩했다. 또 고전 복간의 새로운 방법을 개발하는 신기원도 이룬다. 순한문으로 되어 있는 실록을 그대로 영인하면 후대의 사학도들이 읽기 어려운 점을 감안, 연구에 연구를 거듭한 끝에 한학자들로 하여금 구두점(句讀點)을 찍고 문장 중간중간에 토를 다는 특수한 방법을 개발해 반(半) 번역 효과를 낸 것이다. 그러느라 장장 8년이라는 장구한 기간 동안 각고심혈을 기울인 작업 끝에 1965년에야 비로소 대업을 완성한다. 계속해서 국사편찬위원회와 손잡고《승정원일기》(전146권),《고순종실록》(전4권),《광해군일기》(전3권)를 똑같은 방법으로 영인해냈고,《한국사》(전56권)도 편찬·발행한다. 이어《한국사료총서》를 기획,《해학유서》,《임술록》,《수신사기록》,《삼봉집》,《변열집요》(상하 전2권)《대한제국 관헌이력서》,《심산유고》,《윤치호일기》(전7권) 등 쉽게 손댈 수 없는 귀중한 문헌들을 수익을 따지지 않고 오랜 기간에 걸쳐 출판해 학계로부터 아낌없는 상찬을 받았다. 또한 김두종 박사의《한국의학사》및《한국의학사연대표》와《한국고인쇄기술사》,《한국천주교

회사》등의 무게 있는 학술서를 펴냈다.《한인노령이주사연구》,《한민족독립운동사논총》,《한국구석기문화》등 이루 다 헤아리기 힘들 정도로 많은 주옥같은 국학도서를 개발해 70년대 한국학 도서 출판 붐을 창도한다.《혜원전신첩》,《단원풍속도첩》,《충무공영정》,《세종대왕어진 일대기도》등 국보급 고전적 문화재 복원에도 남다른 열정을 쏟았다.

그뿐만 아니라, 이미 70년대에 일본 마루젠(丸善) 매장에 판매 코너를 개설해 이들 한국학 도서의 해외시장 개척에 힘을 쏟는 한편, 이탈리아의 몬다도리(Mondadori), 일본의 고단샤(講談社) 같은 해외 굴지의 출판사들과 제휴, 채색판《서장만다라집성》,《세계의 대미술관》(전15권) 등을 공동출판해 출판의 세계화에 앞장서는 선구적인 역할을 선도했다. 이렇게 국보급 고전적의 영인반포를 비롯해 역사, 지리, 고전, 문학, 예술 분야 및 첨단과학 분야의 무게 있는 도서 수천종을 출판했다.

1964년에 간행을 시작해 400종 가까이 발행한《탐구신서》나 1983년에 프랑스 문화원의 후원으로 번역권을 취득해《끄세즈문고》를 발행한 것도 빼놓을 수 없는 중요한 업적으로 꼽힌다.

그는 6·25전쟁 이전까지 육생사(育生社)란 출판사를 하나 더 가지고 있었다. 육생사에서는 이설주의 시집《잠자리》,《패주병원선의 애욕》(金顯濟) 등 문학작품을 발행했으나 많은 책을 출판하지는 않았다. 문교부 편수관 출신의 이형우(李亨雨), 일조각의 한만년(韓萬年), 규장문화사의 여운학(呂雲鶴) 등이 각각 시기를 달리하면서 홍석우와 함께 탐구당에서 금자탑을 쌓은 것도 우리 출판사에 의미 깊은 사실이다.

### 《포켓 사전》을 개발한 종합출판의 이병준

이병준(李炳俊, 1920~2001)은 광복 직후인 1945년 11월 11일 관훈동에서 민중서관을 설립, 중·고등학교용 검인정교과서와 학습참고서 출판으로 창업 수년 만에 대출판사로 성장시키는 수완을 발휘한다. 그의 사업가적 기질과 패기, 결단력이 성공의 큰 밑바탕이 되었다. 민중서관은 원래 국어학자 방종현(方鍾鉉)이 운영하던 고서점이었는데 이병준이 인수해 출판사로 간판

이병준

을 바꿔 달았다는 설도 있으나 확실치 않다.[38] '사전하면 민중서관'이라고 할 정도로《포켓 영한사전》을 비롯한 각종 콘사이스형 사전류와 자전류를 편찬, 발행하는 대표적인 출판사로서의 이미지를 확고히 한다. 그는 사전의 시장성을 누구보다 먼저 간파했다. 6·25전쟁 이전에 벌써《스쿠울 영한사전》을 발행해 사전 출판의 노하우와 묘미를 알았다. 그 뒤를 이어 피난지 부산에서 전쟁의 포화를 이겨내며 편찬을 시작한 것이 인디언지에 인쇄한《포켓 영한사전》인데, 우리나라 본격적인 어학사전의 원형이 되었다. 충실한 사전을 간행해야 한다는 방침으로 끊임없이 개편을 계속해왔는데 그것이 지금도 인기를 잃지 않고 있는 '엣센스'라는 브랜드의 각종 언어사전 시리즈이다. 각급 학교의 정비와 확충에 따라 교재와 참고서 등의 수요는 급증했고, 특히 사전의 수요는 가히 폭발적이었다. 또한《한국문학전집》(전36권)과 이희승《국어대사전》은 우리 출판역사에 빛나는 성과물이었다. 이처럼《한국고전문학 대계》(전24권),《영미문학총서》,《민중현대총서》,《대학총서》와 학술서적 및 대학교재에 이르기까지 다양한 종합출판을 지향했다. 치열한 학습참고서 경쟁에서 신속하고 저렴한 경쟁력을 확보하기 위해 전쟁이 한창 진행 중인 1952년 3월부터 피난지 부산에서 인쇄시설을 갖추기 시작해 환도 후 종로구 통의동에 지리잡은 1954년 말에 일단락 짓는다. 민중서관은 또 출판계에서 수많은 인재를 배출한 출판인재 양성기관 구실을 한 것으로도 유명하다. 민중서관을 거쳐 간 인원은 700명이 넘을 것으로 추정할 정도다. 이들 가운데 출판계는 말할 것도 없고 학계, 언론계, 정계, 실업계 등 각계에 저명인사들이 골고루 포진해 있다. 특히 사전 출판에 간여하고 있는 출판인으로 민중서관을 거치지 않은 사람이 없을 정도로 사전 편집자들 대부분이 민중서관 출신이다. 출판경영, 편집, 인쇄 중진으로도 다수가 현재 활동하고 있는 중이다.

그의 필생의 꿈은 출판과 육영사업을 다 이루는 것이었다.

1957년에는 박문출판사 노성석이 설립한 성정여자중·고등학교를 인수한 데 이어, 1964년에는 경복초등학교를 설립해 육영사업의 꿈을 이룬다. 1968년에는 민성전자를 설립하고 국내에서는 누구보다 제일 먼저 전자산업에 손을 댔으나, 세계시장을 선점한

---

**38** 이경훈,《속·책은 만인의 것》, 1993, p. 421

일본과의 경쟁에서 밀려 실패한다. 민성전자의 실패는 민중서관이 도산으로 가는 결정적인 원인이 되었다. 우리 출판의 역사에 큰 자리를 차지했던 민중서관의 공식적인 도산은 1977년 3월 28일로 기록되고 있다.

지나친 다각경영이 실패의 원인이었다는 사실은 민중서관이라는 우리 문화자산의 큰 손실을 안겨준 대신 사업확장에 대한 소중한 교훈을 남겼다. 민중서관의 사전류만은 전부가 법문사(金性洙)로 판권이 넘겨져 민중서림(金哲煥)이란 이름으로 지금까지도 계속 독자들의 사랑을 받고 있다.

## 전후 출판 재건을 주도한 변호성

변호성(邊浩成, 1917~1995)은 도쿄공업대학 건축과를 졸업하고 중학교(舊制) 교사생활을 하다 광복 직후인 1945년 12월 25일 조선공업문화사 출판부라는 비교적 긴 이름의 출판사를 설립했다. 이 출판사를 창립할 당시 그의 이름은 변경걸(邊庚傑)이었다. 긴 출판사 이름도 나중에 조문사(朝文社)로 바꾸었다가 다시 양문사(陽文社)로 변경해가면서 출판영역 확대와 출판방향 모색을 위해 힘을 기울인다.

변호성

그는 우리나라 최초로 본격적인 이·수·공(理數工) 계통의 고급 우수도서 출판을 개척한 것으로 평가받고 있다. 김종건(金鍾建)의 《기초화학》, 《기초무기화학》, 변경걸의 《기초미분적분학》, 이길상(李吉相)의 《기초정성분석화학》, 《수표(數表)》, 김종열(金鍾烈)의 《기초평면해석기하》등 어려운 책들을 주로 출판하는 한편, 중학생용 《기초영문법》, 《기초영작문》 등도 간행했다. 그러다가 《문화신서》(전50권), 《린데 시민의 전기학》(전7권)의 발간을 추진 중에 6·25전쟁을 당했다. 휴전 후 50년대부터는 중·고등학생용 검인정교과서 출판에 주력하는 동시에 《양문문고》를 기획, 광복 직후에 시도되었던 문고출판 재개에 불을 지폈다. 《양문문고》는 전후 피폐해진 사회의 교양수준을 높이는 데 큰 역할을 했다. 의욕적으로 대학교재 및 학술출판으로 출판영역을 확대하는 과정에서 예상치 못한 시련을 겪기도 한다. 한태연 교수의 《헌법학》을 문교부로부터 판매금지(1955. 4.)당해 판매분까지 전량회수에 나서야 하는 홍역을 치렀다. 이 사건은 정부수립 이후에 월북 등의 사유로 좌익 출판물에 대한 일괄판매가 금지된 것을 제외하면 책의 내용이 문제가 되어 판매중지 조치를 받은 최초의 사례로 기록될 만하다. 문제가 된 부분은 "과거 개헌파동 당시 자유당에서 발동한 사사오입은 논리상 부당하며, 그러므로 사사오입식으로 개헌을 통과시킨 그 자체가 헌법에 위반되는 처사여서 그 효력은 금후에도 충분히 문제가 될 수 있다"고 주장한 대목(이 책 p. 141)이 문교부의 비위를 거슬렸기 때문이다. 당시 학계의 주목을 받아 이미 상당량이 인기리에 팔려나간 상태에서 "이 구절은 국론통일을 저해할 염려가 있다"는 것이 문교부가 뒤늦게 그러한 조치를 내린 이유였다. 당연히 이 사건은 '침해된 출판자유'라는 관점에서 국회에서도 정치쟁점이 되었고 사회적으로도 큰 논란의 대상이 되어 한동안 신문의 머리기사를 장식했다. 다행히 저자와 출판사가 문제가 된 부분을 삭제하기로 문교부와 합의가 이루어져 3월 21일 문교부의 조치가 있은 지 한 달여 만인 4월 27일에 일단락되었다. 한국 검인정교과서(주) 대표이사, 출협 부회장 등 주요 직책을 맡아 출판발전에도 일익을 담당한 그는, 영세한 출판사업의 한계를 절감하고 전자산업계에 뛰어들어 삼영전자와 성남전자를 대규모 회사로 키워냈다. 출판인으로 다른 산업에 진출해 크게 성공한 사례로 꼽히고 있다.

### 과학출판을 개척한 김시필과 박임련

김시필

금융도서주식회사를 설립한 김시필(金時必, 1911~1996, 鶴坡)은 종로에서 포목상을 하다가 우리나라가 발전, 향상되려면 과학진흥이 절대적으로 필요하며, 과학교육 건설은 어려서부터 과학에 대한 지식과 이해를 함양해야 한다는 신념으로 출판을 시작했다. 이에 따라 미국에서 절찬을 받은 시카고대학교의 B. M. 파커 교수의 세계적인 명저 《기초과학교육전집》(전63권)을 번역출판하는 일에 심혈을 쏟았다. 어려움을 무릅쓰고 이 전집 가운데 《물의 순환》, 《하늘》, 《태양계의 저쪽》, 《전기》, 《이로운 식물과 동물》 등 30여 권을 출판하는 도중에 6·25전쟁으로 완간을 보지 못하게 된다. 한편으로 《식물의 세상》(李鳳德), 《조선식물도설—유해식물편》(都逢燮, 沈鶴鎭) 등의 과학 전문서, 김영기(金永基)의 《조선미술사》, 김성태의 《조선민요곡집》 등 한국 예술서, 이인영의 《국사요론》, 김정실의 《각국헌법론》, 이건혁 《건국과 국민경제》 등의 사회과학, 김동인의 《김연실전》, 정비석의 《성황당》, 염상섭의 《삼팔선》, 《신혼기》, 강용흘의 《초당》 등 우리 문학사에 중요한 문학작품들도 열심히 펴냈다. 또한 《바보온달》 등 만화책도 다수 출판했다. 6·25전쟁 직전까지 무려 78종의 도서를 출판해 당시 발행종수로는 업계 3위를 기록할 정도로 활발했다. 처음에는 금룡도서문구(주)로 1947년 9월에 등록했다가 출판이 본격화하면서 상호에서 '문구'란 두 글자를 빼버렸다.

당시 또 하나의 눈길을 끄는 과학도서 출판사로는 과학진흥사가 있다. 이 출판사의 대표 박임련(朴林鍊, 1896~1980)은 도쿄공업대학 응용화학과를 졸업하고 배재중과 용산중학교에서 과학교사를 거쳐 교통고등학교 교장을 지낸 교육자다. 그는 1948년 9월 20일 과학진흥회를 발족시켜, 고급 과학서적과 과학진흥책을 연구하는 서적출판에 힘을 기울인다. 그는 직접 《고등표준화학》(1, 2)을 집필한 것을 비롯해 《고등생물》(맹원영) 등 고등학교 검인정교과서를 다수 개발했다. 또 전문도서 《화학신연구》와 《인간에의 등불》이란 윤리학 도서를 직접 집필하기도 하는 등 활발한 저술·출판활동을 벌였으나, 6·25전쟁을 겪고 나서는 노령을 이유로 큰아들 박생섭(朴生燮, 1940~현)에게 사업을 넘겨 오늘에 이르고 있다.


### 국회의원을 역임한 민장식

민장식(閔壯植, 1910~1999, 民敎社)은 일본 주오(中央)대학을 중퇴하고 일본에서 10년 동안 여러 사업으로 거금을 모았다고 한다. 조국이 광복되자 곧바로 귀국해서 처음에는 금옥당이라는 귀금속상을 운영해서 또 많은 돈을 벌었다. 그러나 역사에 남을 만한 사업을 하고 싶다는 생각에서 그동안 해온 일과는 전혀 다른 출판의 세계에 뛰어들었다. 마침 그가 경영하던 귀금속상 가까운 곳에 있는 동심사(同心社) 김준수(金俊秀)에게서 출판을 배워 1947년에 주식회사 민교사(民敎社)를 발족시킨 것이 그의 나이 38세 때의 일이다. 출판과는 전혀 연관이 없었고 완전히 문외한이었던 셈이지만 출판계에 입문하자마자 곧 두각을 나타낸다. 교과서 출판이 실패 확률이 적다는 주위의 조언에 따라 영어 붐이 한창일 때인 점을 이용해 김선기의 《National English》 영어 교과서부터

민장식

시작했다. 김선기가 영어교수 가운데 실력파라는 말만 듣고 찾아간 것이 대박을 터뜨렸다. 한때는 영어 교과서를 독점하다시피 했다.

마침 1952년 신학기부터는 전과 달리 교과서도 외상거래로 대금결제 방식이 바뀌고 있었다. 채택경쟁은 전쟁을 방불케 할 정도로 치열했고, 종이값은 매일같이 뛰었다. 한 달에 이자가 3 할인데 수금이 제대로 안 되어 교과서 출판사들이 다 망할 지경에 이르렀다. 비교적 늦게 시작한 민장식은 젊은 출판인들을 설득해 검인정교과서 회사 설립에 앞장선다. 사장을 맡은 그는 '민통령'이라는 말을 들어가며 이 회사의 일에 전념, 과당경쟁을 피하고 거래질서를 바로잡는 일에 지도력을 발휘한다. 이강렴, 최상윤(崔相潤, 1903~1980)과 비슷한 연배이고 그들보다 약간 아래인 이병준, 이계하, 정진숙 등이 그와 함께 적극적으로 힘을 합쳤다. 검인정교과서 회사를 설립하고 출판사들의 자금난을 해소하기 위해 특히 정진숙이 친구인 한국은행 총재 천병규를 통해 50억원을 대출받아 책 종수와 실적을 기초로 공정하게 배분해 다 같이 위기를 넘긴 일화는 너무나 유명하다. 그러나 교과서 공급질서를 확립하는 과정에서 불가피하게 일부 출판인들과 마찰을 빚게 되어 피소당하는 등 고초도 적지 않게 겪었다.

그렇게 업계의 신망을 얻은 그는 출협 회장을 2년이나 역임한 뒤 고향인 영동에서 4·5대 민의원에 당선, 4·19혁명 이후에는 2선 의원 자격으로 문교부 정무차관에 임명되었다. 주무부처의 차관으로 출판계를 위해 무언가 보람 있는 일을 하려고 의욕이 충만했으나 5·16군사정변이 나는 바람에 취임 11일 만에 뜻이 꺾이고 만다. 그는 출판인으로서는 맨 먼저 정계에 진출한 국회의원이다. 그가 2선이 되었을 때는 영어 교과서 《Union English》로 유명한 일심사(一心舍) 홍봉진(洪鳳珍, 1904~1979)도 국회의원에 당선되었다.

### 문인, 학자 출신의 출판인들

일제강점기에서 8·15광복을 거쳐 6·25전쟁에 이르는 시기에 활약했던 저명한 문인들도 출판계에 뛰어들어 많은 업적을 쌓은 경우가 적지 않다. 앞에서 소개한 것처럼 동

계용묵　　　　　　　　장만영　　　　　　　　김송

명사를 경영한 육당이나 삼천리사의 김동환(金東煥, 1901~?)은 일제강점기에 잡지출판으로 한 시대를 장식한 경우이다. 해방 후 이태준(李泰俊, 1904~?)은 문장사(文章社), 최재서(崔載瑞, 1908~1964)는 인문사, 김송(金松, 본명 金玄松, 1909~1988)은 백민문화사, 모윤숙(毛允淑, 1910~1990)은 문예와 문화, 주요섭(朱耀燮, 1902~1972)은 상호출판사를 각각 설립했다. 계용묵(1904~1961)은 백인제(白麟濟, 1898~?)가 설립한 수선사(首善社)의 경영을 책임졌고 김래성(1909~1957)의 해왕사, 유치진(1905~1974)의 행문사(行文社), 노천명(1912~1957)의 여성문화사, 전영택(1894~1968)의 새사람사, 이상로의 문학정신사, 오상순의 고려문화협회, 이헌구(1905~1983)의 중앙문화협회와 장만영(1914~1975)도 산호장(珊瑚莊)을 등록했다. 장만영은《학원》의 초대 편집장도 지냈다. 장만영은 김송과 함께 그 당시로는 드물게 신문, 잡지에 출판시론을 활발하게 발표해 광복기 출판 상황을 파악하는 데 중요한 자료를 제공하고 있다. 조선문학사의 지봉문(池奉文)도 있다. 지봉문은《마르크스·레닌주의 경제학교정》(전4권),《구르키에게 보낸 레닌 서간집》을 비롯해 이태준의《해방전후》(소설문고 제1권) 등 무게 있는 좌익 계통의 책을 출판했지만 출협 창립과정에서는 임원선출을 위한 전형위원으로 활동했고, 창립 후에는 이사로도 선출되었다. 출협의 창립총회에서 의장을 맡았다가 초대 부위원장으로 선출된 바 있는 건설출판사 대표 벽암(碧岩) 조중흡(趙重洽, 1908~1985)도 시, 소설, 문학평론가를 겸하는 문단의 슈퍼맨으로 일컬어졌다. 구인회 멤버로도 활약했으나 정부수립 직후 월북해버렸다. 이들 가운데 활발히 출판실적을 쌓으면서 가장 발군의 실력을 보인 출판사는 수선사였다. 상호출판사와 산호장이 각기 외국문학 번역출판을 시도하면서 발행 종수에서는 그 뒤를 잇고 있었다. 주요섭, 장만영에 의해 시도된 번역출판이 1948년부터는 정음사, 을유문화사, 한성도서 등의 대출판사들에 의해 활발히 추진되기 시작한 것이 특별히 지적할 만하다. 그 외에는 출판실적이 많은 편은 아니었다.

학계나 언론계의 저명인사 가운데서도 해방기 출판을 빛낸 이들이 적지 않았다. 이해창(李海暢), 이재욱(李在郁), 최상수(崔常壽), 곽복산(郭福山, 1911~1971), 최준(崔埈, 1913~1995) 등이 그들이다. 그 가운데서 김을한(金乙漢, 1905~1992)은 1945년 9월 국제문화협회를 설립, 세계 여러 나라와 문화교류를 꾀하는 동시에 우리 문화를 널리 전파할 목적으로 출판을 시작했다. 그가 낸 《나는 자유를 선택했다》(상·하 2권, 전 주미 소련 상무관 크라브첸코)는 출판되자마자 삽시간에 베스트셀러가 되어 이데올로기 갈등이 심한 우리 사회에 큰 영향을 미쳤다.

### 출판문화 건설에 동참한 젊은 세력들

또 이때 출판을 시작해 80년대에 이르기까지 오랫동안 출판활동을 한 이들로 앞에서 언급하지 못한 출판인으로는, 출판과 서적 도·소매상을 겸한 유길서점과 동국문화사의 신재영(申在永, 1917~1983)이 있다. 그는 출협 회장(1958~1959)을 역임하는 등 50년대에 크게 활약했다. 1951년에 동국문화사를 창립해 1965년까지 출판이 지극히 어려웠던 때에 《조선왕조실록》의 영인작업에 도전한 것을 비롯해 《반계수록》, 《동국이상국집》 등 우리 고문헌의 영인출판과 《한국고지명연혁고》, 《한국민요집》 등 한국어 문학 및 한국사 연구서를 희생적으로 출판했다. 그러나 광복 초기부터 유길서점을 개설해 서적상계에서의 업적도 두드러지고 있다. 명동의 신사로 알려진 문예서림의 김희봉(金熙鳳, 1917~1983)도 서점을 경영하면서 출판이 활발한 편이었다. 해방 직후인 1946년에 신인사를 설립하고 곧이어 명동 입구에서 출판사 겸 서점 '문예서림'도 창업했다. 6·25전쟁 이전에는 출협 상무이사로 활발하게 봉사했으며 한때는 출협 사무실도 그의 건물에 있었다. 문예서림은 명동이 금융과 상업의 거리로 바뀌면서 주위에서 업종을 바꾸라고 유혹해도 이를 이겨내며 40년 넘게 문화인들의 휴게실 구실을 해왔다.

한용선(韓鏞善, 1914~?)은 한성도서 전성기에 영업부장을 했던 경험을 살려 출판과 서적 도·소매점을 함께 시작한 출판인이다. 1947년 9월 15일에 유길서점이 서적도매상을 하던 자리(광화문)에서 숭문사(崇文社)를 차렸다. 환도 후 70년대까지는 아동도서에 집중, 상당한 업적을 남겼지만 6·25전쟁이 발발하기까지만 해도 김동인의《수양대군》을 비롯한《역사소설전집》(전10권), 김억의《애송시조집》, 소월의《진달래꽃》등으로 이름을 날렸다.

창인사의 이계하(李癸河, 1917~1999), 새동무사와 신문예사를 경영한 김원룡(金元龍, 1912~?), 동화(同和)출판사 손홍명(孫洪明, 1921~2005)도 있다. 부인사를 경영하고, 출협 사무국장도 역임한 바 있는 김상덕(金相德)은 당시로서는 유일한 부인잡지 월간《부인(婦人)》을 발행했다. 조성진(趙聖鎭)도 세문사(世文社)와 조선통신법정학회를 운영했다. 대동문화사 김종식(金鍾湜), 글벗집 이영철 등도 출판을 통해 조국건설의 대열에 참여했다. 선문사(宣文社)의 윤경섭(尹景燮, 1916~1986), 남산소년교호상담소를 운영한 권기주(權基周, 1909~1988) 등도 출판계에서 뚜렷한 발자취를 남긴 출판인이다.

조화영(曺華永)이 설립한 국제출판사는 대학의 영문학 교재와 중·고등학교 영어 교과서 및 참고서, 사전 등을 펴낸 전문 영어서적 출판사이다.《국제 영한·영영사전》은 이 출판사의 대표적인 출판물이었으며, 외국인에게 가장 효과적이며 능률적인 교재로 정평이 나 있던 R. J. Dixon의《Exercises in English Conversation》(전3권)도 그가 1949년에 출판했다. 권중휘와 이인수의 공저로 문교부 검정을 받은《중등영작교과서》는 최고의 발행부수를 기록한 영어 교과서 가운데 하나이다. 이 교과서가 베스트셀러가 된 이유 중 하나는 출판사상 처음으로 교사용 지침서를 만들어 무료로 배포했기 때문이다. 어학교재 외에 일반도서로《미국유학안내》,《신문문화사》(崔埈), 박목월 시집《석상(石像)의 노래》도 호평을 받았다. 월간《Study of English》도 발행했다. 나중에 아테네사를 설립한 최지수(崔枝洙)가 전무 격인 총무 겸 사전 편찬 실장으로 있었고, 젊은 영문학자 양병탁(梁炳鐸)이 편집책임을 맡았다.

이외에도 많은 사람들이 다투어 출판사의 깃발을 올렸다. 예컨대, 백양당(白楊堂, 裵正國), 동심사(金俊秀), 문화당(金琪午, 1900~1955), 삼팔사(李北, ?~1954) 등이 더 있다. 하나같이 20대 후반에서 30대 초반에 이르는 연부역강한 젊은 지식인들이 영리를 탐해서가 아니라 해방된 조국에서 이른바 '조국건설 사업'에 이바지하겠다는 한결같은 열정만으로 출판사를 설립하기 시작했다.

## 출판계의 이단자, 좌익계열의 출판사들

나라 전체가 이데올로기 대립이 극열한 가운데 출판계도 우익 출판사와 좌익 출판사가 병존하며 치열하게 경쟁했음은 다른 분야와 다르지 않았다. 출판사 중에서 노농사(李敏), 해방출판사(秋教哲-秋鍾洙), 서울출판사(權赫彰), 건설출판사(趙碧岩), 조선문학사(池奉文), 동무사(尹秉益) 등이 좌익계열로 지목을 받았다.

이렇게 좌·우익을 모두 합쳐 45개 출판사가 1945년 12월 말까지 등록을 마쳤다. 당시 종로에 소재한 백양당은 진보적 지식인 취향인 고담한 모습의 수준 높은 책을 출판해 일종의 중간파 문화자본의 그룹[39]이라는 평가를 받고 있었다. 배정국은 책을 만드는 데 내용뿐 아니라 형식에서도 장정·제자 등에 세심한 배려를 한 출판인인데, 이중연은 '서화가'의 입장에서 조선 전래의 문양과 책장정 형식을 근대 양장본 출판에 창조적으로 적용하려고 애썼다는 평가[40]를 할 정도로 격조 높은 책들을 활발하게 출판한 출판사에 속했다. 백양당의 처녀출판은 1946년 9월에 나온 이태준의 《상허문학독본》이며 이희승의 시집 《박꽃》, 석주명의 《조선 나비 이름의 유래》, 이병기 《가람시조집》 등 정치적 색채가 전혀 없는 문학책을 다수 출판했다. 백철은 《한국문학사조사》를 여기서 출판했다. 스스로 좌익을 표방하지도 않았으며, 초창기 출협의 임원(이사)으로도 활동했다. 좌익계열의 임원들이 전부 교체된 건국되던 해의 총회에서 이사로 선출되어 6·25 전쟁 전까지 활동했다. 그러나 당국에 의한 판매금지 처분 1호에 해당하는 임화의 《찬가》의 예에서 보는 것처럼 그가 발행한 책의 내용이 좌파 지향적인 면이 강하고, 월북했다는 이유로 좌익계열 출판사로 분류되었으나, 그가 좌익이었는지는 불명확하다. 아문각(雅文閣, 李錫重)도 조선 문학가동맹 회원들의 문학작품을 주로 출판했으나 좌익서적출판협의회('좌협') 회원은 아니었다. 이석중은 1948년 4월의 출협 제1차 정기총회에서 좌협 소속의 임원들이 축출될 때 출협 부위원장을 중도사퇴한 조벽암의 후임으로 선임되었다. 이들은 모두 훌륭한 출판인이었으나 대한민국 정부가 수립되자 월북해 아쉬움을 남겼다.

---

39    金允植, 《백철 연구》, 서울 소명출판, 2008, p. 439

40    이중연, 《잊힌 출판인 배정국 소전》, 《책, 사슬에서 풀리다》, 서울 혜안, 2005, p. 213

이 밖에 등록 없이 출판한 곳까지 합치면 현재 출판물이 현존하는 것만 간추려도 6·25전쟁 전에 활동한 출판사는 95개사에 달한다는 조사보고가 있다.[41]

지식인들의 활동영역이 거의 무한대로 열려 있는 상황에서 많은 지식인의 출판참여 목적과 목표가 가장 뚜렷했던 때가 바로 해방기였다. 이때 나온 출판사들은 한결같이 그 명칭에서부터 건국, 또는 민족문화 재건을 통해 신생 국가발전에 이바지하겠다는 굳은 결의를 내세우고자 열망했다.[42] '동명' '정음' '한성도서' 등 일제강점기에 설립된 출판사들이 그 이름을 통해 민족적 자아 정체성을 강조하고자 하는 출판의지를 표출했다면, 광복기의 신생 출판사들은 '을유문화사' '고려문화사' '백민문화사' 등의 예에서 알 수 있는 것처럼 문화사업 의지를 강력하게 나타내는 문화 사업체임을 강조하고 있다. 문화는 어느 한 출판사의 지향점이 아니라 이 시대 모든 출판사·출판인의 공통된 목표였다. 그리하여 문화사가 곧 출판사로 각인되는 사회적 공감대를 형성할 수 있었다. 그러한 경향은 우리 출판의 전통으로 정착되어 오늘에 이어지고 있다. 동북아 지역의 같은 한자 문화권에서도 유독 우리만이 출판사의 이름으로 '문화사'란 용어를 선호하는 경향이 강하게 나타나고 있는 것은 광복 당시 출판인들의 확고한 의지의 산물이라 할 수 있다. 물론 자아 정체성이나 문화의지를 특별히 내세우지 않은 명칭을 사용한 경우에도 '금용도서'나 '탐구당' '창인사' '수선사' 등의 예에서 보는 것처럼 진취적인 기상을 강조하려는 의지가 강한 면도 있었다. 이런 현상은 80년대를 전후해서부터 한글세대가 출판의 제3세대로 등장하면서 출판사의 명칭도 명사형의 엄숙성에서 탈피, 더욱 자유분방하고 다채로워졌지만 이는 단순히 출판사 이름을 작명하는 형식적인 변화라기보다는 출판의 지향 내지 출판에 임하는 자세의 변화를 의미하고 있다. 그만큼 출판활동의 목표가 다양해진 것에 다름 아니다.

---

41 吳榮植 編著, 《해방기 간행도서 총목록》, 서울 소명출판, 2009, p. 19

42 이중연은 그의 저서 《책, 사슬에서 풀리다》에서 "해방기의 출판계가 비약적으로 발전한 것은 바로 출판이 '건국'을 지향했기 때문"이라고 규정한 바 있다. 그는 "해방 직후 출판인들은 출판의 통시대적 가치로서 '문화건설'을 목표로 삼았고 해방공간의 가치로서 '건국사업'을 목표로 삼았다"고 했다.(《책, 사슬에서 풀리다》 제3장 참조)

# 지방에서 몸을 일으킨 출판인들

### '학원사단'을 이룩한 한국의 참 출판인 김익달

김익달

지방에서도 출판사 창업대열이 줄을 이었다. 지방출판은 대구에서 싹트고 성장했다고 할 수 있다. 대구는 오랜 문화 전통을 지켜온 영남의 중심도시이고 교육도시인 때문인지 일찍부터 지방출판의 중심지가 되었다.

6·25전쟁 직전까지의 우리나라 출판산업 지도를 살펴보면 전통적으로 북한 지역의 독서열기가 남한보다 훨씬 더 뜨거웠다고 한다.[43] 책은 함경도에서 제일 많이 팔려나갔고 서울의 독서열기도 함경도만 못 할 지경이었다. 실제로 필자가 분석한 바에 의하면, 1942년 현재 주요도시별 1인당 평균 도서 구입액이 서울 19.0전(錢), 대구 14.10전, 광주 13.80전, 목표 13.2전, 인천 7.10전인데 비해 신의주 22.90전, 함흥 20.90전, 평양 13.30전, 청진 10.70전, 원산 10.80전, 해주 8.40전으로 분석되고 있다. 그러나 우리나라 제2의 도시 평양도 출판만은 북한 김일성 정권의 수도가 되기까지는 불모지나 다름없었다.[44]

부산도 피난해온 출판사들이 활동하던 시절을 제외하곤 뿌리를 내리지 못했으나 대구만은 광복 직후부터 기라성 같은 출판계 거물들이 웅지를 품었던 곳이다. 대양출판사(김익달, 학원사의 전신), 동아출판사(김상문), 현암사(조상원), 계몽사(김원대), 문성당(朱仁龍, 사조사의 전신), 문양사(李明徹, 1930~1983, 휘문출판사 전신) 등이 다투어 출판을 시작, 중앙에 손색없는 기반을 다지고 있었다. 이들은 '경북출판협회(회장 申三洙)'를 결성하기도 했으나 중앙의 유수한 출판사들이 대구로 몰려든 것을 계기로 1951년 12월 13일을 기해 출협 경북지부(지부장 김원대)를 새로 발족시킨 역사도 가지고 있다. 우리나라에서 지역단위의 출판단체 결성이나 출협지부 설치는 현재까지도 전무후무한 일이다.

김익달(金益達, 1916~1985)은 15세 어린 나이로 혈혈단신 일본으로 건너가 도쿄에서

---

**43** 한용선 담, 〈증언으로 엮는 해방 전후 출판계(2) 한성도서편〉,《속·책은 만인의 것》, 서울 보성사, p. 300

**44** 반월간《出版普及》(통권 제2권 제1호), 도쿄 ; 日本出版配給株式會社, 1942. 1., p.49 집계

서점 점원, 신문배달 등 고학으로 와세다(早稻田)대학을 수료한 뒤, 출판인의 뜻을 세우고 1936년에 귀국한다. 그러나 처음 시작한 사업이 실패로 끝나고 오랜 객지생활로 병까지 얻어 황해도 해주로 요양을 떠난다. 거기서 결혼도 하고 다시 서점을 열어 출판에 대한 꿈을 펼쳐보지만 제대로 뜻을 이루지 못한다. 일제 말기 보국대 동원을 피해 은거하던 중 8·15광복을 맞아 고향으로 돌아온 그가 수중에 사업자금 한 푼도 없이 대구에서 처음으로 시작한 출판사업은 책과 신문 등을 거리에 펼쳐놓고 파는 노점이었다. 이처럼 김익달의 젊은 날의 출판인생은 가장 밑바닥에서부터 시작한 매우 고단한 나날의 연속이었다. 노점상으로 어느 정도 자금을 모으게 된 그는 중앙로에 위치한 삼중백화점 터에 대양출판사란 이름으로 본격적인 출판사업을 시작, 등사기로 영어 회화집, 유행 가요집 등을 만들어 대단한 성공을 거둔다. 이렇게 대구에서 시작한 대양출판사는 1947년 서울로 올라와 서울의 대양출판사—학원사(1955년 상호변경 등록)로 이어지면서 우리 출판의 제1세대를 대표하는 인물로 자리매김하는 모체가 된다. 그는 파탄지경의 1950년대 출판산업이 기사회생할 수 있는 모멘텀을 만든 장본인이다. 그가 역경과 시련을 딛고 기록할 만한 출판물들을 기획, 출판해 출판계의 활력을 불어넣으면서 '한국출판의 개척자' '출판 제1세대의 대표적 인물' '잡지계의 대부'로 불릴 만큼 출판역사에 남긴 업적은 말할 수 없이 크다. 아직 전화(戰禍)의 상처를 복구하기도 힘겨운 1958년에《대백과사전》(전6권)을 편찬해 한국출판의 새로운 장을 열었을 뿐 아니라 우리 출판의 위상을 드높였다. 이듬해에 가서야 단권짜리《새백과사전》을 동아출판사가 간행했으니 그의 남다른 출판철학과 포부를 짐작할 만하다. 그는《과학대사전》《농업대사전》《가정의학대전》등 전문사전을 잇달아 펴냈다. 김익달은 이렇게 출판만을 위한 출판을 하지 않은 참된 출판인이다. 할부판매 방법을 처음 도입해 성공시킴으로써 이 땅에 대형전집 출판물 할부판매 시대를 개척한 업적도 결코 빼놓을 수 없다.

"상업적 명찰력도 뛰어난 분이어서 출판 프로듀서로서의 역량을 한껏 발휘한 문화의 투기사"[45]였던 그의 출판철학의 밑바탕에는 '나라사랑'에 대한 투철한 의지와 정신이 깔려 있다. 그가 출판을 통해 끝없이 추구한 것은 나라의 미래를 꾸려나갈 새 세대를

---

45  김성재,《출판현장의 이모저모》, 서울 일지사, 1999, p. 19

양성하는 데 있었다. 출판인으로서 3천여 종에 달하는 도서와 다양한 잡지를 기획하고 펴낸 그의 생애는 아동과 청소년들을 위한 꿈과 과학적 사고의 형성, 1950~1960년대에는 농촌 근대화를 통한 나라 개혁, 주부문화를 통한 건강한 사회의 육성, 사전 출판을 통한 문화입국의 건설에 대한 불같은 의지와 신념의 결정체라고 할 수 있다. 그와 같은 의지와 신념은 1952년 11월에 대구에서 《학원》을 창간하면서 구체적으로 드러나기 시작한다. 《학원》은 우리 역사상 가장 불행했던 시대인 1950년대 청소년들에게 잃어버린 큰 꿈을 찾아주고자 창간한 학생잡지이다.

나라 전체가 전란에 휩싸였던 때였지만 예상 밖의 선풍적인 인기를 모으며, 이른바 '학원세대'란 말을 유행시킬 정도로 중·고등학생들의 정신적 지주 역할을 해냈다. 인기 절정기에는 10만부에 가까운 놀라운 판매부수를 기록하며 본격 잡지문화의 서장을 열었다. 간부사원들이 독립할 수 있도록 잘나가는 단행본 지형이나 잡지발행권을 아낌없이 나누어주어 출판인으로 성장할 수 있도록 도왔다. 그렇게 해서 출판계 거목으로 성장한 이들 가운데는 일지사 김성재, 창조사 최덕교(崔德敎, 1927~2008)를 비롯해 박우사 박상련(朴商漣, 1923~1993), 향문사 나말선(羅末善, 1919~1989), 학창사 손양삼(孫亮三) 등 여러 사람을 꼽을 수 있고, 잡지계에서도 《여원》의 김명엽(金命燁, 1915~1988), 《진학》 조우제(趙宇濟, 1931~1992), 《학원》 박재서(朴在緖, 1930~현) 등 다수가 있다.

이와 함께 자신이 학창시절에 뼈저리게 느꼈던 가난의 굴레에서 다소나마 벗어날 수 있는 일을 '학원장학회'를 통해 실천하기 시작해 성적이 우수하나 가정형편이 어려운 학생들을 돕기 위해 당시로서는 획기적인 장학사업을 펼친다. 또 '학원문학상'을 제정, 운영해 저명한 문인들로 키워낸 공로도 크다. 그가 69세를 일기로 작고한 1985년 11월 2일, 《동아일보》는, 다음과 같이 그의 업적과 죽음을 애도하는 글을 실었다.

"(중략) 학원장학회를 통해 400명에 가까운 인재와 오늘날 내로라하는 사회 저명인사들의 터를 잡아주었다. 사장들이 도망가기에 바쁜 6·25전쟁 아침 사원들에게 쌀을 나누어주고 초창기 《주부생활》 주식의 3분의 2를 사환을 포함한 전 사원에게 나누어준 사람, 자기 밑에서 일하던 사람에게 인기 있는 책의 지형을 주거나 아무 조건 없이 집 한 채를 사주어 30여 명의 출판사 사장을 만든 사람……."

그의 초등학교 동기동창으로 한평생 출판의 길을 함께 걸어온 김상문은, "학원사 김익달 사장―그는 출판의 사명을 어디에 두어야 하는지를 잘 알고 있었던 이 나라 출판의 대부요 사회환원을 원칙으로 한 기업정신을 실천한 기업가이며 사회사업가이자 한 시대의 개척자였다"고 높이 평가하고 있다.[46]

## 아동도서 출판의 개척자 김원대

김원대

김원대(金源大, 1922~2000, 龜巖) 역시 적수공권으로 출판계에 투신, 아동도서 출판으로 계몽사를 정상급 출판사로 키워냈다. 주식시장 상장에 성공한 입지전적 출판인으로 온양민속박물관, 길원여자고등학교, 계몽아동연구소, 계몽문화센터도 설립했다. 무엇보다 그는 큰 덕을 쌓은 사람이다. 출판인 가운데는 어려움을 당했을 때 드러내지 않고 도와준 그에 대한 고마운 마음을 가슴 깊이 새기고 있는 사람들이 적지 않다.

만주에서 친척이 경영하는 잡화점 점원으로 일하던 그는 해방이 되자 대구로 돌아와 사회에 기여도 하고 돈도 벌 일을 궁리한 끝에《한글맞춤법 통일안》을 프린트로 만들어 대구 역전에서 신문과 함께 팔았다. 이렇게 번 돈 6만원(圓)으로 1946년 4월, 중앙통 포정동에 계몽사라는 이름의 서점을 개설했다. '사회 전체를 계몽해야 한다'는 취지에서 이런 상호를 택했다고 한다. 초기에는 직접 열차편으로 서울에 올라와 책을 사서 등에 지고 대구로 내려갈 정도였고 이러한 열성적인 노력과 성실함으로 비약적인 발전을 거듭했다. 그에 대한 신인도는 자연스럽게 높아졌고 1947년 말경부터 안동, 포항, 밀양 등 지방서점에 책을 공급하는 도매상까지 겸한다. 서점경영으로 어느 정도 기반이 잡히자 1947년 출판사 등록을 하고 이듬해 9월에는 이설주의 시집《방랑기》를 출간했다. 이것이 계몽사 이름으로 펴낸 최초의 도서였다. 1954년에 서울로 상경한 김원대는 한동안 고전을 면치 못했으나, 마침내 아동도서 출판의 뜻을 굳히고 첫 작품으로 1962년까지 4년간에 걸쳐《세계소년소녀명작전집》(전50권)을 완간하면서 빛나는 계몽사의

**46** 김상문,《출판황제 김상문 빈손으로 와서 빈손으로 간다》, 서울 상문사, 1992, pp. 299~301

역사를 쓰기 시작한다. 이 전집은 외국의 명작동화를 거의 망라해 체계화한 것으로, 우리나라 초유의 기념비적인 아동도서 전집이라는 평을 들었다. 1969년 중학교 입학시험 제도가 폐지되면서 아동도서에 대한 수요가 폭발적으로 증가하기 시작했다. 이 전집은 《소년소녀 세계문학전집》으로 이름을 바꾸고 60권으로 체제를 개편해가며 80년대 말까지 100여 판을 거듭하는 전무후무한 대표 출판물로 계몽사를 반석 위에 올려놓는다. 이와 때를 같이해 정경진의 《수학 I의 완성》도 공전의 대성공을 거둔다. 그 여세를 몰아 출판영역의 확대를 모색해 《현대여성교양강좌》(전5권), 《요리백과》(전5권), 《세계단편문학전집》(전7권) 등이 호평을 받으면서 불티나게 팔린다. 《소년소녀 한국전기전집》(전15권), 《소년소녀 세계위인전집》(전15권)을 비롯해 컬러 방송에 맞춘 《컬러 학습대백과》(전10권) 등은 공급물량을 감당하기 어려울 정도로 바쁘게 팔려나갔다.

자사직영의 전국적인 외판조직을 운영하면서 욱일승천의 기세로 지역판매 제도, 학교판매 제도, 전화판매 제도 등 새로운 판매기법을 개발, '아동도서는 계몽사'라는 확고한 이미지를 전국의 학부모들에게 심어주었다. 외판원이 '계몽사에서 왔다'고 하면 더 묻지 않고 아파트 현관문을 열어줄 정도로 어린이를 가진 부모들로부터 절대적인 신임을 받았다. 누구도 따라올 수 없는 출판계의 대표주자가 된 그는 1976년 12월 29일 주식회사 체제로 회사를 개편해 차남인 심춘식(金春植, 1945~현)에게 국제적인 현대기업으로 탈바꿈할 책임을 맡기고 자신은 2선으로 후퇴, 앞에서 소개한 여러 문화사업에 전념하기 시작한다. 어린이 도서출판으로 번 돈을 어린이 문화사업을 통해 사회에 환원하겠다는 평소 의지를 실천한 것이다. 그는 1978년에 수상한 서울시문화상의 상금에 사재를 보태 출협에 기탁, '한국어린이도서상'을 제정하는 계기도 만들었다.

한편 2세 경영체제에 돌입한 계몽사는 계속해서 승승장구해 1989년 7월에는 기업을 공개해 상장사가 되었으며, 입시명문 학원인 종로학원과 손잡고 학습지 전문회사인 '계몽사·종로학원'을 설립, 학습지 사업에 본격적으로 참여하기 시작한다. 이어 컴퓨터 학습 프로그램인 '계몽 포스'를 개발, 정보화·국제화 시대에 대비한 새로운 첨단매체를 개발, 보급한다. 이때까지가 계몽사의 전성기라고 할 수 있다.

이 회사는 '아동의 정서함양과 지능계발에 헌신한다'는 신조 아래 우리나라의 대표적 아동도서 전문 출판사로 양서 발간에 힘써왔으나 지금은 계몽사도, 그가 말년에 집중투자했던 문화사업들도 대부분 다른 사람에게 넘어갔거나 역사의 뒤안길로 사라졌다. 참으로 안타까운 일이 아닐 수 없다.

김원대는 또 전쟁 중인 1953년에 그동안의 경험을 바탕으로 대구 지방의 서점들을 규합해 한국출판판매주식회사를 설립, 전쟁으로 붕괴된 출판유통 구조를 재건하는 일에 도전했다. 비록 여건이 충분히 성숙되지 않았던 전시 중이라 얼마 지나지 않아 문을 닫아야 하는 상처를 입었지만 출판유통 발전과정에도 특기할 만한 발자취를 남겼다. 그러한 역정을 정리한《계몽사 40년》을 펴내 현대출판의 한 축으로 삼도록 했다. 또 하나 어린이용이지만 그의 출판정신과 일대기를 정리한 전기《책으로 산을 만든 할아버지》(신현득 글, 양후영 그림)가《소년한국일보》에서 1994년에 나왔다.

### 최후까지 출판현장을 지킨 작은 거인 조상원

조상원

현암사 조상원(趙相元, 1913~2000)은 출판외길을 잠시도 쉬지 않고 걸어간 사람이다. 남을 따라가는 것이 아니라, 고독하지만 늘 독창적인 발상으로 출판의 새로운 영역을 개척하는 기획의 명수였다. 출판은 모든 문화의 밑거름이요 인생의 밑받침이라는 신념으로, 영리보다는 사명감과 명분을 앞세우는 출판인이었다. 그는 시종일관 "나는 나의 책이 양심적이기를 바란다. 이것이 곧 이 사회를 양심적으로 가게 하는 힘이 되기 때문이다. 책의 양심은 곧 인생의 양심이다"[47]라는 자세를 잃지 않으려고 애썼다. 그래서 '자식들에게 읽혀도 부끄럽지 않은 책을 내는 것'을 출판원칙으로 삼았다.

해박한 법률지식을 바탕으로 공리에도 무척 신경을 써서 출협의 상무이사와 부회장으로 10여 년 동안 출판발전을 위해 동분서주한 그는 출판협동조합과 출판금고 설립을 주도한 장본인 가운데 한 사람이기도 하다. 이렇게 출판계를 위한 활동을 하는 동안 〈문화예술진흥법〉을 비롯해 〈출판산업진흥법〉 등 출판 관련 법률안을 기초하거나 개정안을 마련했다. 그러한 열정과 부지런함, 투철한 출판철학으로 당당히 존경받는 출판인의

---

47  조상원,《책과 30년》, 서울 현암사, 1974, p. 319

반열에 우뚝 섰다.

그가 출판업에 뛰어든 것은 해방 직후인 1945년 12월, 대구에서 월간 종합지《건국공론》을 창간하면서부터였다. 인쇄시설 부족, 용지난 등으로 이듬해 4월까지 겨우 3호밖에 발행하지 못했으나 그사이에《민론(民論)》이라는 신문을 자매지로 창간(1946. 4.), 6월 14일까지 14호를 발행하며 새 나라 건설에 열정을 불태우기도 했다. 그러다가 1951년에 '현암사'를 등록하고《처세철언》,《현암문고》(1954)를 시작으로 본격적인 출판활동에 들어갔다. 본격적으로 출판활동을 전개할 욕심에 대구 생활을 정리하고 1956년에 상경, 삼청동 한옥에 살림집 겸 사무실을 차렸다. 대구에 있던 인쇄시설 일부도 옮겨왔다. 그로부터 오늘에 이르기까지 2천여 종에 이르는 도서를 출간하면서 국내 출판계를 선도해왔다. 1959년 3월에는 현암사를 상징할 회심작《법전》초판을 발간한다. 40절판 2,200여 쪽에 달하는 방대한 법령집을 3년에 걸쳐 성격별로 분류해 정리하고 교정과 전사(轉寫)를 떠내는 일을 혼자서 손수 해내는 힘겹고 외로운 작업이었다. 그런 노고가 결코 외면받지 않았다. 초판 3,000부를 찍었는데 그날로 도매상에서 모두 매절해 갔다. 정가 4,000환짜리가 6,000환에 암거래되는 초유의 현상까지도 벌어졌다. 현재도 해마다 새로운 개정판이 나오고 있는《법전》은 현암사가 우리나라 대표적인 출판사로 안정적인 성장을 해가는 데 대들보 구실을 한 깃은 말할 것도 없거니와 법제사적인 측면에서도 빛나는 업적을 남겼다. 첫째, 대한민국 정부가 수립된 지 10년이 지나도록 정부에서는 법령들을 체계적으로 정리하지 못하고 있었는데, 그 일을 한 민간 출판사가 처음으로 해낸 것이다. 즉 국가의 가장 기본적인 법제정비 사업의 기반을 마련한 것이다. 둘째는 일제가 쓰던 '육법전서'라는 용어를 버리고 '법전'이란 새로운 조어를 만들어 보통 명사화했다. 말하자면《법전》은 민간 출판사의 대표 브랜드를 넘어 현대의 '경국대전'으로서 확고부동한 지위를 인정받은 것이다.

우리 역대 명저를 해제한《한국의 명저》는 편집과 제작에 많은 산고를 겪었지만 한국학 붐을 일게 한 첨병 역할을 한 것으로 평가받고 있다. 한국 문화유산을 집대성한《한국미술 5천년》이나《육당 최남선전집》(전16권)도 각별한 사명감이 없이는 민간 출판사가 내기 어려운 출판물이다. 그 밖에도 전작 장편소설의 효시인 박경리의《시장과 전장》, 1970년 단행본 시리즈의 유행을 몰고 온《현암신서(玄岩新書)》(86종 간행),《현암

문예신서(玄岩文藝新書)》(27종 간행) 등 시리즈물을 기획, 출판했으며 그 밖에도 한국학 분야·법전·법서·수험서·어린이용 도서들을 광범위하게 출판했다. 고전을 현대화시킨 《동양고전선집》, 비록 오래 지속하지는 못했지만 이 땅에 문학계간지 시대의 개막을 알리는 신호탄이 된《한국문학》을 1966년에 창간하는 등 그는 항상 시대를 앞서 보고, 시대의 흐름을 만들어냈다.

그는 누구보다도 대물림에 성공한 사람이다. 일찍이 장남(趙根台, 1942~2010)에게 경영권을 넘겨 20여 년을 함께 출판사를 경영하면서 새로운 도약이 가능한 기틀을 마련하도록 했다. 지금은 손녀(조미현)가 3대 경영자로 출판인의 길을 건실하게 이어가고 있다.

작고하는 순간까지도 출판현장을 지킨 조상원은 생전에 직접 집필한 편저서가 여러 권 있지만, 그중에서도《책과 30년》과《삶에 이르는 삶》을 남겨 후배 출판인들의 출판지침으로 삼도록 하는 자상함도 보였다.

### 스스로 출판황제를 꿈꾼 김상문

김상문(金相文, 1915~2011)은 1942년부터 대구에서 동아 프린트사라는 이름으로 인쇄물을 관공서에 납품해오던 중 해방을 맞았다. 그해 9월 중순경, 경상북도청 이효상 학무과장(뒤에 국회의장 역임)과 김사엽 시학관(視學官, 뒤에 대학교수)이 의뢰한 《신생국어독본》을 출판한 것이 동아출판사 창업의 기틀이 되었다. 《신생국어독본》은 46배판 80쪽짜리 초등학교 전학년 교과서(정가 3원 50전)인데, 등사본으로 3만부를 학무과에 납품하

김상문

고 나머지는 동아출판사가 자유판매한다는 조건으로 제작을 맡았다. 글씨 쓰기에 탁월한 능력을 가지고 있는 김상문이 직접 글씨를 쓰고 부인이 그림을 그린 것을 등사기 4대를 가지고 밤을 새워가며 6주 만에 3만부를 다 납품하는 특유의 돌파력을 그때 이미 유감없이 발휘했던 것이다. 책대금을 일일이 셀 시간이 없어 100원 한 묶음을 만든 뒤, 그 두께에 맞추어 돈다발을 만들어 금융조합에 갖다 주면 그들이 세어서 예금을 해줄 정도의 꿈같은 나날이 6개월간이나 계속되었다고 한다. 마침 광복 직전에 일본군 부대에서 《항전필휴》라는 책의 납품대금으로 받은 돈으로 다량의 용지를 구입, 확보해두고 있었

기 때문에 용지를 구하지 못해 출판을 하지 못하는 어려움은 없었다고 한다.[48]

또한 경북 도내 중학교 입시문제를 모아 국어, 산수, 사회, 자연 등 과목별로 해석과 응용문제를 곁들인《중학입시문제집》을 출판해 큰 성공을 거둔다.

이것이 계기가 되어 동아출판사가 초·중·고 학습참고서 및 사서류와 검인정교과서 개발에 전념하게 된다. 그러나 대구에는 활판시설이 없고 출판활동에도 한계가 있다고 판단해 1953년 5월에는 서울로 상경, 대표적인 출판사로 성장한다. 서울로 출판사의 소재지를 옮긴 배경에는 대양출판사 김익달의 상경이 큰 자극제가 된 점도 없지 않다. 초등학교 동기생인 김익달이 먼저 출판사업의 무대를 서울로 옮길 때, 그도 곧 따라 올라오겠다는 결심을 굳혔다고 한다.

서울로 상경해서는 동아인쇄공업(주)을 일으켜 시설 현대화와 활자개량에 앞장서는 등 인쇄문화 선진화에도 큰 기여를 한다. 1953년부터《동아전과》,《동아수련장》을 발행하기 시작했고 1958년 낸《동아국어대사전》은 월부판매를 시도해 20만부 넘게 팔았다. 동아출판사는 1971년《완전정복시리즈》,《동아 프라임 영한사전》등을 발행했고, 사전류와 중·고교 검인정교과서 부문에서도 두각을 나타냈다. 이렇게 국내 학습참고서 시장을 석권하며 '출판황제'로 불렸다.

그는 1981년 가을부터 1983년 1월까지 매달 2권씩《원색 동아세계대백과사전》(국배판, 전30권)을 완간해 출판역사를 다시 쓰지만, 그에 따른 무리한 투자로 640억원에 달하는 부채를 감당할 수 없어 평생 심혈을 쏟아 키워온 동아출판사를 1984년 11월 두산그룹에 넘기는 불운을 겪지 않으면 안 되었다. 정부에 의해 강제로 회사를 넘기기까지 그가 기울였던 구사운동과 그 후의 과정에 서린 한(恨)과 분이 그의 자서전《출판황제 김상문, 빈손으로 와서 빈손으로 간다》에 자세히 담겨 있어, 읽는 이로 하여금 애상에 젖게 한다. 그 후 '상문각(尙文閣)'이라는 출판사를 설립해 재기를 시도하지만 뜻을 이루지는 못했다. 만년에 건강 전도사가 되어 장수비결을 담은《100살은 자신 있다》와《오뚝이 인생 절망은 없다》라는 저술을 남기기도 했다.

---

48  김상문, 앞의 책, pp. 71~75

# 열정의 시대, 광복기의 출판환경

## 1940년대보다도 더 열악한 경제여건

광복 직후에 한글로 된 우리 책에 대한 독자들의 열망은 대단했다. 그러나 이러한 독자들의 요구에 제대로 부응할 수 있는 형편이 못되었다. 그토록 애타게 목말라했던 8·15광복의 벅찬 감격에 비해 현실은 너무나 참담했기 때문이다. 출판의욕만 앞섰을 뿐 독자들의 갈급함을 덜어줄 원고를 우리글로 써줄 저자도 드물었고, 책을 찍을 수 있는 인쇄시설도 빈약했으며 용지도 고갈상태였다. 대부분의 출판사들은 1년에 평균 1종도 출판하지 못하는 실정이었다. 한꺼번에 밀어닥친 극심한 원고난, 인쇄난, 용지난 등 3난에다 물가난까지 괴롭혔다. 상황은 일제강점기 36년 가운데서도 가장 혹독했던 1940년대의 전시체제보다도 더 열악했다. 당시 출판여건은 한마디로 '맨땅에 헤딩'하는 격이었다. 왜 그랬을까?

1930년대부터 대륙침략을 본격화하기 시작한 일제는 한반도를 병참기지로 삼으면서 식민지 공업화를 추진했는데, 식민지 공업화는 처음부터 지역적 편재성이란 문제점을 지니고 있었다. 중요 지하자원이 풍부한 북한 지역에는 중국 침략을 위한 중공업 중심의 군수산업 시설을 집중시킨 반면 남한에서는 소비재 중심의 경공업화를 추진했기 때문에, 일제 말엽 남한과 북한 간의 중공업 분포는 21 대 79를 이룰 정도로 격심한 산업구조의 불균형 상태를 만들어놓았다. 전기발전 능력은 북한 지역이 92%나 차지하고 있었다.[49]

따라서 남북한 간의 산업과 자원의 상호보완성이 강한 만큼 교역의 필요성이 절실한 형편이었으나 소련의 책동으로 남북한 경제교류는 단절되어버렸다. 분단은 일제강점기에 배태된 산업구조의 파행성과 편재성을 더욱 심화시켰고, 생산력의 극심한 저하를 초래했다. 거기다 일본의 패전은 일본 중심으로 돌아갔던 동북아 경제체제와 분업구조의 붕괴를 가져왔다. 그것은 곧 종속적 위치에 있던 식민지 조선경제의 해체를 의미했다. 다시 말하자면 일본의 패망과 분단으로 북한은 물론 일본과의 연계성마저 한

---

49   조선은행 조사부 편,《4282년도 경제연감》, 조선은행, 1949. 10., p. I-42

꺼번에 끊어져버려 조선의 경제구조는 독자적인 구실을 할 수 없게 되어버린 것이다. 어느 것 하나 하루아침에 극복할 수 있는 상황이 아니었다.

뿐만 아니라 남아 있는 설비의 노후화, 원부자재의 궁핍, 기술부족도 심각한 수준이었다. 식민지 공업화를 주도한 일본의 자본과 기술이 압도적 비중을 차지했던 만큼 조선인의 역량은 일제강점기의 근대적 설비를 활용할 수 있는 능력조차 제대로 확보하고 있지 못할 정도였다. 제조업을 비롯한 산업시설의 전반적인 황폐화로 말미암아 산업 노동력 역시 이에 상응하는 감소현상을 가져왔음은 말할 것도 없다.

이러한 공업생산의 마비와 위축은 광복 이후 물가가 폭등하는 악성 인플레이션을 발생시켰다. 해방 직후의 물가폭등은 살인적이었다. 1945년 8월을 기준으로 1947년 말의 소매물가가 17배, 도매물가는 33배나 오르고 있었다. 이렇게 물가가 폭등한 배경에는 인구증가,[50] 통화량 팽창[51] 등도 중요 요인으로 작용했지만 근본적인 원인은 산업기반 부실에 따른 생산위축에 기인했다.

1939년의 불변가격을 기준으로 비교해볼 때 1946년의 공업 생산액은 1939년의 25% 수준에 지나지 않았다. 산업 생산규모가 4분의 1로 위축된 것이다. 1930년대의 공업화 과정에서 중심 역할을 했던 화학공업은 겨우 6% 수준에 그치고 있다.

일본의 패전으로 한국은 정치적 광복은 했지만 분단으로 경제적으로는 심각한 어려움에 직면했다.


### 광복기 인쇄현황

당장 한글을 가르칠 교재출판이 시급했지만 그것을 찍어낼 조선어, 곧 한글 활자가 전무했다. 1930년대 말엽부터 노골화된 일제의 '조선어 말살정책'으로 인해 전 조선의 활판인쇄소와 신문사에는 한글 활자가 하나도 남아 있지 않았다.

한글 자모를 깊이 숨겨왔던 인쇄소들이 한글 활자를 갖추기까지는 십수개월이 소요

---

50  해방 직전인 1944년 5월의 남한 인구는 1,550만여 명이었는데 1946년 1월 말에는 1,937만명으로 급증했다. 통상적인 자연증가를 감안할 때 300만명 이상의 인구가 해외 또는 북한에서 유입된 것으로 추정된다.

51  일제 말기에 강제저축으로 집적된 거액의 자금이 일시에 방출되고 부족한 재정수입을 보충하기 위해 미군정은 통화를 증발시켜 8·15광복 당시 48억원(圓)이던 통화량은 같은 해 9월 말에 87억원으로 급증했다.

되었다. 제대로 자모 구색을 갖춘 곳도 많지 않은 데다 주조할 납도 귀했다. 더구나 북한에서 전기공급까지 끊은 탓에 숯불을 지펴 활자를 주조할 납을 녹이느라 시간이 더 오래 걸렸다. 인쇄기술자도 부족했다. 등사기로 밀고 손으로 제본해서 열화 같은 독자들의 요구에 부응하고자 밤낮없이 악전고투하지 않으면 안 되었다. 한글 조판시설이 다소나마 갖춰진 때는 1년이 지난 1946년 하반기였다.

여기서 우리는 광복기의 인쇄시설과 생산실태를 구체적으로 살펴볼 필요가 있다. 다행히 인쇄·제본업[52]은 89%가 남한에 소재했다.[53]

《조선은행회사조합요록》에 따르면 1942년 당시 자본금 2만원(圓) 이상의 대형 인쇄회사만도 65개사나 있었다. 이들은 신문사(13개사)와 사무용품 인쇄시설(23개사)까지 합친 숫자다.[54] 그중에 일본인 소유의 인쇄회사는 남한에 38개사, 북한에 12개사 등 50개사였던 반면에 조선인이 설립, 경영하는 인쇄회사는 경성에 12개사를 비롯해서 전국적으로 15개에 지나지 않았다. 그러나 자본금 2만원 이하 중소규모의 개인 인쇄소들까지 합치면 조선인이 경영하는 인쇄소 수도 결코 적지 않았다.

그중에서도 우리말 인쇄능력을 가진 곳은 서울에서 한성도서(李鍾駿), 사해공론사(四海公論社, 金海鎭), 대동출판사(大同, 李鍾萬), 신원사(新元社, 崔載瑞),[55] 조선문화사(徐椿), 조광사(朝光社, 方應謨), 대동아사(大東亞社, 金東煥), 인문사(人文社, 崔載瑞) 등 8개사를 꼽기도 하고,[56] 협진인쇄공사(協進, 金慶洙), 서울인쇄사(閔瑗植), 일신인쇄소(日新, 李弘基), 수영사(秀英社, 成在慶), 대동인쇄소(大東, 李應奎), 조선단식인쇄사(朝鮮單式, 吳昌根), 경향(前 根澤), 청구사(靑丘舍, 權泰用), 고려문화사(柳明漢) 등 겨우 10개사

---

52 출판과 인쇄가 아직 미분화된 상황에서 이 시기 산업분류는 '인쇄·제본업'은 '출판'이 포함된 개념으로 사용되는 경우가 많았다.

53 《4282년도 경제연감》에 따르면 1940년 당시 남한의 인쇄·제본업 생산액은 1,721만3,000원(圓)인 데 비해 북한 지역은 216만1,000원(남북한 합계액 1,937만4,000원의 11%)에 지나지 않는 것으로 집계되고 있다.

54 東亞經濟時報社 발행, 《朝鮮銀行會社組合要錄》(印刷業之部, 1942, pp. 274~284)에 수록된 명단에 의함. 여기에는 상호, 본점 소재지, 설립 연월일, 자본금 및 불입금, 존립 기간, 결산기, 목적, 지사 소재지, 임원, 주요 주주명 및 출자액, 배당, 비고 등 구체적인 상황이 업체별로 자세하게 소개되고 있다. '인쇄업'이란 출판 및 판매업도 포함한다.

55 1937년(소화12년)에 人文社로 설립했으나, 1942년 5월에 상호변경한 것으로 회사연혁에 소개되고 있다. 그러나 8개사 명단에는 인문사가 별도로 또 들어 있다.

56 《朝鮮銀行會社組合要錄》(印刷業之部), 서울東洋經濟時報社, 1942, pp. 274~284

내외라고 할 수 있었다.[57]

8·15광복 당시 조선의 경향 각지에 산재해 있었던 인쇄기계의 종류와 숫자를 집계해보면 서울에 활판 인쇄기 447대, 오프셋과 석판 인쇄기 54대 및 특수 인쇄기 43대가 있었다. 기종별로 보면 활판과 오프셋 46전지가 각각 21대와 10대, 국전지는 55대(활판)와 3대(오프셋) 외에는 대부분이 소형 인쇄기들뿐이었다. 38도선 이남의 지방도시에도 비록 46반절 이하의 것들이 대부분이지만 활판 인쇄기 824대, 오프셋기 2대, 석판 인쇄기 12대가 있는 것으로 집계되고 있다. 이외에 전국적으로 주조기 13대와 재단기도 270대가 있었다.[58]

[도표 2-2] 광복기 인쇄·제본업 위축상황

| | 생산액(천圓) | | | 업체 수(개소) | | | 종사자 수(명) | | |
|---|---|---|---|---|---|---|---|---|---|
| | 1939(A) | 1946(B) | B/A(%) | 1943(A) | 1947(B) | B/A(%) | 1943(A) | 1947(B) | B/A(%) |
| 전 산업 | 553,194 | 136,862 | 25.0 | 9,068 | 4,410 | 48.6 | 201,913 | 127,682 | 63.2 |
| 인쇄·제본업 | 17,340 | 10,186 | 58.7 | 420 | 143 | 34.0 | 7,370 | 2,655 | 36.0 |
| 인쇄·제본업 비중(%) | 3.1 | 7.4 | – | 4.6 | 3.2 | – | 3.6 | 2.0 | – |

주 : 1) 상시 종사자 수 5명 이상 업체
　　 2) 1939년 생산액은 경기·강원 이남의 남한 8도 생산액임
　　 3) 1946년 생산액은 명목생산액을 물가수정률 142.2로 나눈 것임
자료 : 조사부 편, 《4282년도 경제연감》, 조선은행, pp. 1∼102, 《조선경제통계요람》, p. 75

그럼에도 광복기 남한의 인쇄·제본업의 생산실적은 빈약하기 짝이 없었다.

일본과의 종속적인 영향도 비교적 적었기 때문에 가장 폐해가 적었던 것으로 평가받았던 인쇄·제본업이지만 대부분의 기계는 노후했고 기술적 후진성과 공장경영 경험 부족은 해방과 동시에 대두된 절박한 문제였다. 더구나 귀속공장의 재건운영에 대한 군정당국의 구체적인 대책 마련이 지연되었던 탓에 용지 등 원부자재는 물론 기계까지 그 회사 직원들에 의해 암매(暗賣) 산일되는 무정부 상태가 지속되었기 때문[59]에 생산체

57　崔暎海, 〈出版界의 回顧와 展望〉, 《出版大鑑》, 조선출판문화협회, 1948, p. 6

58　趙誠出, 《韓國印刷出版百年》, 서울 (株)實晉齋, 1997, pp. 388∼389

59　趙誠出은 위에서 언급한 광복 당시의 인쇄시설들이 1950년의 6·25전쟁 때까지 거의 변동이 없었다고 주장하지만, 그

제의 파괴 생산력 쇠퇴라는 결과를 초래하고 있었다. 업체 수와 종사자 수도 빠른 속도로 줄어들고 있었다.

1948년도 인쇄·제본업 생산액은 16억2,026만3,000원(圓)으로, 이를 1940년도 남북한 전체의 생산액 1,937만4,000원 및 남한의 생산액 1,721만3,000원과 비교하면 전자의 23.1%, 후자의 26.0%의 실적에 지나지 않았다. 1940년의 생산액을 1948년도 물가지수에 의해 재산정한 바에 따르면 각각 70억680만원 및 62억2,525만원에 해당한다.

특히 사영(개인)업체의 생산액은 인쇄·제본업 전체의 8.1%에 지나지 않는 것으로 보아 상대적으로 영세한 민간업체들은 거의 폐업상태나 다름없었음을 짐작할 수 있다. 그렇지만 전 산업생산액에서 차지하는 비중은 3.1%로 적은 편은 아니었다. 품목별 생산량은 교과서와 단행본 등 서적이 2,060만4,000부, 장부전표 등 사무용품류는 1,343만7,000권으로 서적인쇄 비중이 사무용품 인쇄물량보다 월등히 높았다. 산업생산 활동이 저조했기 때문에 포장지 인쇄 등 상업인쇄는 미미한 지경이었다.

이와 더불어 지적해야 할 점은 영세성이다. 조선은행이 발행한 《4282년판 경제연감》에 따르면 72개 인쇄업체 중에서 5명 이상, 29명 미만의 업체(49사)가 68%나 차지하고 있다. 특히 개인 기업체에서 영세성이 더욱 심한 실정이다.

인쇄·제본업은 일제강점기부터 수공업적 가내공업의 수준을 벗어나지 못한 영세성이 산업적 특수성의 하나로 지적되어온 업종이다. 광복 후 자금·시설·기술·원자재 부족 등의 제약으로 인한 생산부진으로 대기업의 중기업화, 중기업의 소기업화로 전락하는 경향까지 엿볼 수 있었다.

1947년 8월 말 현재 등록된 인쇄소는 모두 278개소였다. 이를 지역별로 살펴보면 서울이 105개소로 가장 많았고 그다음이 경남 65, 경기 64, 경북 19, 충북이 10개소일 뿐 나머지 지역은 5개소 미만이었다.[60]

---

렇지 않았다. 인쇄업체 수 자체가 급격히 줄어든 데다 정치적 격변 속에서 인쇄설비의 상당부분이 유실되었다. 미군정기 귀속재산인 '조선도서(주)'의 관리인이었던 류형기의 회고에 따르면, "관리인의 제일 귀찮은 문제는 직원, 직공들 중에 종이, 기계 부속품, 기타를 감추어 가지고 나가다 길가에서 경찰에게 발각되어 유치장에 들어간 이들을 끌어내오는 것이었다"고 술회하고 있는데, 당시에는 각 회사마다 직원들의 보유 기자재 절도행위가 끊이지 않고 있었음을 알 수 있다.(류형기,《은총의 팔십오년 회상기》, 서울 한국기독교문화원, 1983, p. 139 참조)

60 《朝鮮年鑑》, 경성 조선연감사, 1948, p. 371

[도표 2-3] 광복기 인쇄·제본업 생산액 현황

단위 : 100원(圓), %

| 구분 | 1940 | | | 1948 | | | | | | |
|---|---|---|---|---|---|---|---|---|---|---|
| | 전 한국<br>(남북한) | 남한 | 구성비 | 중앙직할 | 구성비 | 지방관리 | 구성비 | 사영 | 구성비 | 합계 |
| 업체 수 | - | - | - | 2 | 2.8 | 10 | 13.9 | 60 | 83.3 | 72<br>(100) |
| 생산액 | 7,006,801<br>(19,374) | 6,225,254<br>(17,213) | 88.9 | 598,522 | 36.9 | 890,818 | 55.0 | 130,923 | 8.1 | 1,620,263 |
| 사당 평균<br>생산액 | - | - | - | 299,261 | - | 89,081.8 | - | 2,182.05 | - | 22,503.65 |

주 : 1) 1940년의 구성비는 남북한 합계 생산액에 대한 남한의 비중
　　 2) 1940년의 생산액 중 ( ) 내 숫자가 실질 생산액이고 1948년의 물가지수에 의해 재산정한 수정 생산액임
　　 3) 위 자료는 상공부 공업국 공정과 조사자료에 근거한 것임
　　 4) 1940년도 생산액은 《昭和 16-7年度 朝鮮經濟年報》 pp. 147~148에 의함
　　 5) 당시 황해도는 북한, 경기도는 남한으로 구분하고 강원도는 전 생산액의 70%를 남한에 계상했음
자료 : 조선은행 조사부 편, 《4282年版 經濟年鑑》(조선은행, 1949. 10.)에 의해 재작성

여기서 중요한 것은 인쇄시설이 상대적으로 우수한 귀속 인쇄업체의 처리과정이다.

일본인 소유 인쇄회사들이 귀속 사업체로 관리·처분되는 당시의 상황과 과정은 우리나라 현대 인쇄·제본업의 초기 실상을 파악하는 데 꼭 필요하다.

군정 초기부터 군정당국은 〈패전 후 소속재산의 동결 및 이전 제한의 건〉(군정법령 제2호, 1945. 9. 25.)을 발동해 조선에 있는 일본의 국·공유 재산을 모두 동결조치한 데 이어 〈재조선 일본인 재산의 권리 귀속에 관한 건〉(군정법령 제3호, 1945. 12. 12.)을 공포해 일본인의 사유재산까지도 모두 귀속재산으로 접수, 관리했다.

당시 전체 기업체 중 귀속 사업체의 수는 전체 기업체의 21.6%였지만 종업원 수는 48.3%를 차지하고 있었다.[61] 기업체 비율보다 종업원 비율이 더 높은 것은 귀속 기업체들의 규모가 그만큼 더 컸기 때문이다.

귀속 사업체에 대한 미군정의 관리행정은 처음부터 매우 무원칙하고 또 임기응변식으로 전개되어 그 공업시설들이 원상 그대로 우리 정부에 인계되어 효율적으로 운영되지 못하는 등 많은 문제를 야기했다는 평가를 받고 있다. 미군정의 귀속재산 관리의 기본구조는 당해 귀속 사업체에 미국인 고문관을 임명하고, 다시 고문관이 한국인 관리인을 임명해 실제 관리를 맡도록 하는 방식이었다. 1947년 말 다시 당해 사업체의 조직이 주식

---

61　강만길, 《고쳐 쓴 한국 현대사》, 서울 창비, 2006, p. 399

회사 체제로 바뀜에 따라 자연히 회사운영은 이사회로 넘어오게 된다.(관재령 제10호)

1948년 말 현재 미군정이 관리한 인쇄 부문의 귀속 사업체는 중앙직할(2개사)과 지방관할(35개사)을 합해 모두 37개사였다. 이들 귀속 사업체 수는 인쇄·제본업 전체의 16.6%에 지나지 않았으나 종업원 수는 27.2%를 차지하고 있다. 즉 개인 인쇄업체의 평균 종사자 수가 29명으로 전체 평균(33명)에도 미치지 못하고 있는 데 비해 이들의 평균 종사자 수는 현격하게 많아 54명으로 분석되고 있다. 종사자 규모뿐 아니라 설비의 기계화 정도 등 여러 부문에서도 격차가 크게 벌어지고 있었다.

[도표 2-4] 인쇄·출판업 중 귀속 사업체 불하실태(1948~1959)

| | 중앙직할 | 지방관할 | | | | | | 합계 (%) |
|---|---|---|---|---|---|---|---|---|
| | | 서울·경기 | 강원 | 충남·북 | 전남·북 | 경남·북 | 계 | |
| 귀속 사업체 총수 | 225 | 440 | 65 | 159 | 392 | 655 | 1,711 | 1,936 (100) |
| 제조업 | 141 | 326 | 31 | 137 | 274 | 559 | 1,327 | 1,468 (75.8) |
| 인쇄·출판 | 2 | 9 | 0 | 4 | 4 | 18 | 35 | 37 (1.9) |

주 : 1948. 8.~1959년 말까지의 불하 기업체 수로 인쇄·출판업은 제조업에 포함된 수치임
자료 : 재무부 관재국, 《拂下企業體名簿》(필사본), 安秉直·中村哲, 《近代朝鮮 工業化의 硏究》, 일조각, 1994 재인용

따라서 앞의 [도표 2-3]에서 본 바와 같이 귀속 사업체의 생산액 규모는 전체의 92%에 이를 정도로 압도적인 우위를 차지하고 있었다. 그만큼 광복기 출판산업 발전과정에서 귀속 인쇄·제본업체의 역할이 컸음을 의미한다. 인쇄·제본업은 다른 귀속 사업체와 달리 출판 관계자들에게 관리를 맡김으로써 비교적 합리적으로 운영될 수 있었다. 1947년 3월부터 시작된 미군정에 의한 귀속재산의 불하는 정부수립 후 본격화되어 불하 이후에 각각 독립기업으로 성장해갔다. 정부수립 이후 귀속재산의 불하는 1951~1955년 집중적으로 이루어진다. 이때 민간에게 불하된 인쇄·출판업 관련 기업체 수는 모두 37개사에 이른다. 전체 귀속 사업체 총수의 1.9%에 지나지 않는 적은 숫자이지만 인쇄·제본업은 귀속 사업체 전부가 불하된 것이다. 인쇄·출판 관련 불하업체 가운데는 지방관할 귀속 사업체가 절대적인 비중을 차지했다.

일본인들이 남기고 간 인쇄·제본업을 고스란히 물려받는 과정에서 가장 큰 공로자

로는 최장수(崔長秀, 1909~1996)와 류형기(柳瀅基, 1897~1989)를 꼽아야 할 것이다. 그리고 또 한 사람 유한양행을 설립한 유명한(柳明韓, 1908~1950)이 있다.

## 선화지로 책을 찍어야만 했던 시절

용지사정은 더욱 나빴다. 용지부족 현상은 의욕적으로 시작한 출판활동을 가로막는 최악의 걸림돌이었다. 용지생산은 한동안 이루어지지 않았다고 해도 결코 지나치지 않다. 재고도 부족했다. 광복을 맞이했을 때 "서울의 크고 작은 인쇄소들이 보유하고 있던 재고를 모두 합쳐봐야 겨우 수만연(連)에 지나지 않았다"[62]고 한다. 그나마의 종이조차 수를 헤아릴 수 없이 많은 단체로부터 쏟아져 나오는 정치·사상 관계 선전 팸플릿 제작에 충당되고 보니 1946년을 맞기도 전에 보유용지는 전량이 소진되어 조판을 해놓고도 종이를 구하지 못해 인쇄를 못하는 사태가 벌어지고 있었다. 그러한 사정은 1946년에도 계속되었다.

품귀현상에다 악성 인플레이션으로 종이값은 하늘 높은 줄 모르고 치솟았다. 1945년 9월 초에는 1연에 25원 하던 갱지를 1947년에는 2만2,000원에도 구할 수 없었다. 갱지가 완전 고갈된 상태에서 선화지(仙花紙)마저도 1만원이 넘는 기현상이 빚어지는 가운데 1년 동안이나 선화지로 출판하지 않으면 안 되는 이변이 벌어졌다. 미군정청에서는 비상조치로 용지배급 제도를 실시했으나 근본적인 해결책은 되지 못했다. 배급절차와 형식도 까다로워 상공부 유기화학과로부터 배정을 받으려고 문턱이 닳도록 드나들며 종이확보를 위해 애써야 했지만 필요량은 항상 부족했다.[63]

군정은 추가로 두 가지 비상대책을 강구했다. 하나는 정기간행물 등록제를 허가제로 변경하고 신규허가를 중지해버리는 극단적인 수단을 통해 용지수요를 원천적으로 억제해 현실을 모면하고자 한 것이다. 또 다른 방안은 '긴급물자 정부우선 매상(買上)제도'를 도입, 실시한 것이다. 이는 생산원료의 적정 배급과 정부 소요량의 확보를 도모하기 위해 수입물자 중에서 중요물자를 지정해 우선적으로 정부가 소요량을 매입하는 제도로, 1947년 3월 25일 중앙경제위원회의 무역정책에 대한 건의를 받아들여 그해 4월

---

62   최영해, 앞의 글

63   은석 정진숙 고문 고희기념 출판위원회 편, 《出版人 鄭鎭肅》, 대한출판문화협회, 1983, p. 67

1일부로 발령한 통첩에 의해 시행에 들어갔다. 중요물자는 '최긴급물자'와, '긴급물자', '준긴급물자' 등 세 가지로 구분했는데 지류(紙類)는 최긴급물자로 지정되었다. 지정물자를 수입한 업자는 그 물자의 처분에 앞서 정부의 매입량을 먼저 타진한 다음 나머지 물량에 대해서만 정부 이외의 업자와 매매계약을 체결할 수 있었다. 정부의 매입량은 평균 50% 내외였다. 이렇게 확보한 용지를 정부는 교과서 출판에 충당할 수 있었다. 그러나 대금은 원(圓)화로 결제되기 때문에 수입업자들에게는 이 제도가 막대한 환차손을 강요하는 것이라 자연 용지수입에 적극적이지 않았다. 1947년도 지류수입 실적은 약 386만9,000kg, 금액으로 3억5,206만원(圓)으로 공식집계되고 있다.[64] 이 제도의 운용으로 생고무, 면화 등은 수급의 어려움이 다소 해소되었기 때문에 시행 9개월 만에 정부의 우선 매입대상에서 제외되었지만 지류만큼은 우리 정부가 수립될 때까지 계속되었다.

"아무리 돈을 많이 가지고 있어도 용지를 살 수 없었던" 용지 구득난은 당시 출판계의 엄청난 고통이요 크나큰 난관이었다.[65] 대구의 김상문은 서울까지 올라와서 용지를 구득하는 과정에서 사기사건에 휘말리는 수난을 겪기도 했다.[66]

용지난의 최대 원인은 국내 용지 생산능력의 저하에 있었다.

우리나라에서 기계화된 근대적 제지(양지)공장의 효시는 1919년에 오지(王子)제지가 신의주에 건설한 것에서 비롯되고 있다. 그 후 용화(龍華)제지주식회사(會寧), 조선제지주식회사(順天), 북선(北鮮)제지 화학공업주식회사(吉州) 및 이 회사의 군산공장 등 5개가 전부였다. 제지 생산시설 거의 대부분이 북한에 편중되어 있었기 때문에 남조선에는 북선제지 군산공장과 조선제지만 남았다. 그 외에 마포형무소를 포함한 소규모 초지(抄紙)공장까지 합쳐서 겨우 15개가 있을 뿐이었다. 더구나 남조선에는 화학 펄프 공장이 전무했으므로 그나마의 원료는 북조선에 의존해왔다. 그것이 단절되자 폐지 회수와 볏짚을 혼용해 재생제지를 생산하고 있으나 그마저도 원료결핍과 기계 가동률 불량으로 생산이 부진했기 때문에 폭발적으로 늘어나고 있던 용지수요의 근본적인 해결

---

64  조사부, 《朝鮮經濟年報》(1948년판), 서울 조선은행부, 1948, p. Ⅲ-58

65  趙相元, 《책과 30년》, 서울 현암사, 1974, p. 38

66  김상문, 《출판황제 김상문 빈손으로 와서 빈손으로 간다》, 서울 상문각, 1992, p. 63~79 참조

은 극히 어려웠다. 가동이 가능한 중소제지 공장에서의 제품은 선화지(仙花紙)가 고작
이었다. 품귀현상은 날로 심각해졌다.

[도표 2-5] 용지 생산능력 대비 생산실적 추이

단위 : %

주 : 생산능력 = 8,200만 파운드
자료 : 조선은행 조사부, 《1948년판 朝鮮經濟年報》에 의해서 작성

1946~1948년의 생산실적 추이를 보면 생산능력은 8,200만 파운드였으나 1946년
도에 805만6,000 파운드를 생산해 생산능력의 9.8%를 기록했다. 이듬해인 1947년에
는 펄프 등 원자재가 동이 나는 바람에 겨우 7%에 지나지 않는 576만 파운드 생산에
그쳤다. 제지 생산량은 1948년에 716만1,000파운드로 다소 늘어났으나 생산능력의
8.7%에도 미치지 못하고 있었다. 용지 소요량에 대한 통계는 없지만 남조선의 용지 생산
량은 마포형무소나 군산제지에서 생산하는 선화지까지 합쳐도 없는 것이나 다름없었다.
　　수입도 여의치 않았다. 군정당국이 직접 용지수입을 주선해 이른바 마카오산 갱지가
공급되었으나, 달러가 부족할 때여서 출판사들이 갱지 수입대금을 모아 무역회사에 주
면 무역회사는 그 돈으로 강릉에서 오징어를 사다 마카오에서 판 대금으로 용지를 사
오는 형편[67]이었으니 용지고갈은 필지의 사실이었다.

---

67　〈특별 대담 교과서 인쇄·출판 산증인 이대의 장왕사 사장〉,《프린팅코리아》, 2002. 10., p. 79

"이 틈을 타서 괴물(怪物)같이 나타난 것이 '마카오' 갱지이다. 이들 수입품은 거의 모리배의 손을 거쳐서 고가로 다시금 중간상인에게 넘겨진 것을 출판사들이 구입하는 기본구조여서, 극히 일부 출판사만이 이런 용지를 사용할 수 있는 것이 그 당시의 실정이었다."[68]

한편 용지(모조지 60g 기준) 가격의 변동 추이를 보면 8·15광복 당시 1연의 소매가격이 600원이던 것이 1947년 말에는 1만9,000원으로 무려 3,166%나 올랐다. 그나마 절품상태여서 간혹 거래될 뿐이었던 것으로 공식보고되고 있다.[69] 당시의 용지사정에 따라 출판용지 사용실태를 시기별로 구분하면, 1945년 8월부터 이듬해 8월까지는 갱지(更紙) 시절, 1946년 9월부터 47년 8월까지는 선화지 시절, 같은 해 9월부터 48년 상반기까지는 다시 갱지 시절로 요약되고 있다.[70]

[도표 2-6] 용지가격 인상 추이

모조지 60g, 연당 기준

| 시기 | 가격(圓) | 지수(%) | |
|---|---|---|---|
| | | 1936년 기준 | 1945년 8월 기준 |
| 1945. 8. | 600 | 4,838 | 100 |
| 1945. 12. | 1,000 | 8,064 | 166 |
| 1946. 12. | 11,000 | 88,709 | 1,833 |
| 1947. 12. | 19,000 | 153,225 | 3,166 |

자료 : 조선은행 조사부, 《1948년판 朝鮮經濟年報》에 의해서 재작성

### 귀속 인쇄 · 제본기업을 지킨 최장수와 류형기

최장수는 1946년 2월 1일자로 조선서적인쇄주식회사(사장 野世溪閑了)의 관리를 맡았다. 조선총독부의 전속 인쇄소로 1923년 3월에 자본금 200만원(불입금 50만원)으로 설립된 조선서적인쇄(주)는 10여 대의 최신 활판인쇄기와 2색 오프셋 시설, 자동 제

---

68 朴淵禧, 〈出版文化에 對한 小考〉, 《京鄕新聞》, 1949. 3. 19.

69 조선은행 《朝鮮經濟年報》(1948년판), p. Ⅰ-226

70 崔暎海, 앞의 글

책기를 고루 갖춘 최대의 종합 인쇄소였다. 조선식산은행, 조선신탁, 조선화재해상보험, 한성은행, 조선상업은행 등 굴지의 금융업체들이 대주주로 참여한 이 회사의 규모는 경성 대도정(大島町, 용산구 용문동)의 대지 약 6,100㎡(2만여 평)에 건평 약 550㎡(1천 800평), 종업원 수 700여 명에 이르렀다고 한다. 주로 조선총독부 편찬 교과용 도서와 관보, 민력 등과 조선은행권, 유가증권에 이르기까지 각종 인쇄를 담당했던 곳이다.

광복 당시에 최장수는 이 회사의 판매과장 겸 교도과장이었다. 교도과는 해마다 50명의 인쇄기술자를 양성하는 일을 담당하는 부서였다. 그는 광복 당시에 조선인으로서는 유일한 중간간부 사원으로 직원들을 설득하여 인쇄시설을 온전히 보존할 수 있었다. 교도과장이었기 때문에 인쇄기술자들과 비교적 교분이 깊었던 것이 큰 도움이 되었다.

그러나 그는 처음부터 이 회사의 관리인(당시에는 사장을 그렇게 불렀다)은 아니었다.

8·15 이후 최장수는 이 회사의 유일한 조선인 임원이었던 방태영(方台榮)[71]을 관리인으로 추대했으나 미군정청의 요구로 곧 사임하게 된다. 김호연이 2대 관리인으로 취임했으나 그도 그해 9월 20일 조선인쇄가 맡고 있던 조폐기능을 정지시키면서 최장수가 3대 관리인으로 임명되었다고 한다. 최장수는 2년간 열심히 일하다 일제강점하에서 선광(鮮光)인쇄소[72]를 경영했던 조진주(趙鎭周)가 4대 관리인이 되면서 타의에 의해 이 회사를 떠나게 된다.

최장수가 이 회사를 그만두게 되었을 때 400여 명의 직원들이 관리인 파면을 반대하는 진정서를 군정당국에 제출하면서 이를 받아들이지 않을 때는 직원총의로 파업을 단행하겠다고 할 정도로 직원들로부터 많은 신망을 받았다.[73]

이 회사는 대한민국 정부가 수립된 뒤에 김영주(金泳柱)에게 불하되어 '한국인쇄주식회사'로 이름을 바꾸었으나 6·25전쟁 때 유엔군의 폭격을 당해 우수한 시설 일체가

---

71  앞의 책 《朝鮮銀行會社組合要錄》에는 취체역 회장으로 기록되어 있으나, 상무였다는 설도 있다.(이경훈, 《속·책은 만인의 것》), p. 405

72  화신상회 대표였던 朴興植이 평화당인쇄(주) 창업주 李根澤과 동업으로 1924년에 사무용품 인쇄를 위해 설립한 활판인쇄소로, 1930년대 중반에 두 사람이 갈라서게 되자 조진주가 인수했으나 《朝鮮銀行會社組合要錄》(1942)에는 대표가 일본인(酒井與三吉)으로 바뀌어 있었다.

73  《동아일보》 1946. 12. 26.

무참히 파괴되고 말았다. 서울을 점령한 북한 공산군이 유가증권을 남발할 것을 염려한 유엔군의 사전조치로 말미암아 피해를 입었다고 한다.

최장수

한편 관리인에서 해임된 최장수는 문교부에서 실업계 교과서회사 설립추진을 요청받고 그 일을 성사시키기 위해 동분서주, 1948년에 대한교과서(주)를 설립하고 그 회사의 상무이사를 맡아 회사조직, 인쇄공정 및 업무체계를 확립하는 일에 진력한다. 그 후 국정교과서(주)의 전신인 대한문교서적(1952년 7월 15일 설립)의 공장건립을 맡게 된다. 1955년에는 국정교과서 인쇄공장 관리책임자 자격으로 FOA 자금에 의한 기술원조 계획에 따른 연수생으로 문교부가 선발, 미국에서 교육을 받고 왔다. 1975년 7월에는 중·고등 교과서 인쇄(주) 설립을 추진해 이사로 취임(사장은 朴基衍)하기도 했다. 이렇게 교과서 출판의 전문가인 최장수는 1976년 국제출판협회 총회(교토)에서 한국 대표 자격으로 〈교과서의 국정화〉에 관한 주제발표도 한다. 개인적으로 요산문화사도 경영하면서 작고할 때까지 교과서 출판 전문가로서 전념했다.

신생사의 창립자였으며 감리교 목사인 류형기는 조선인쇄주식회사(당시 사장 小杉謹八)의 관리를 맡았다. 현재의 만리동 1가(당시 蓬萊町) 62~63에 있었던 이 회사는 제1차 한일협약이 체결된 1904년(광무 8년)에 조선에 진출한 일한서방(日韓書房)의 후신이다. 1919년에 조선인쇄주식회사로 이름을 바꾼 데 이어 1921년 9월, 자본금을 20만원으로 증자(원래 10만원)했다. 조선서적인쇄(주)에 버금갈 정도의 최신 활판 및 오프셋과 제본, 활자주조 시설을 갖추고, 양지도매도 겸하는 등 방대한 사업을 전개하던 회사였다. 정부수립 후에는 공보처 직영 인쇄소가 되었다.

1956년에 소인호(蘇仁鎬) 등에게 불하되어 정부간행물배급주식회사 인쇄공장의 간판을 걸었다가 1961년 5·16군사정변 이후에는 또다시 이학수(李學洙)에게 매도되어 광명인쇄공사와 고려서적주식회사로 새롭게 탄생한다.

류형기는 군정을 실시하기 위해서 미군이 진주해올 때 백낙준, 오천석, 정일형, 하경덕 등과 환영사를 실은 《코리아 타임스》를 만들어 인천항에 나갔던 것을 계기로, 군정청이 발족할 때까지 무보수 통역봉사한 인연을 바탕 삼아 자원해서 이 회사의 관리

류형기

를 맡게 되었다.[74]

조선인쇄는 당시 두 번째로 큰 인쇄소였기 때문에 그는 그때의 출판사들 중에서는 출판여건이 월등히 유리한 처지에서 출판활동을 할 수 있었다. 류형기는 우선 자신이 편자 겸 발행인이 되어 해방 직후 출판사상 최초로 본격적인《신생 영한사전》과《한영사전》을 출판하는 찬란한 업적을 세웠다. 1946년 10월에 발행한《영한사전》은 1,146쪽이나 되는 방대한 분량이었고, 866쪽인《한영사전》은 이듬해인 1947년 7월에 발행했다. 용지를 구하기 어려웠던 시기에 광복 2년도 안 되어 이처럼 방대한 사전을 두 권씩이나 출판한 것이다. 그는 이 사전에 주력하는 한편으로《신생 영작문》,《초급 소독문전》등 대학과 중·고등학교 부독본을 출판했다.《기독교의 진수》,《가정예배서》,《기독교사》,《구약문학개론》,《나는 이렇게 믿는다》,《영한대조 신약전서》,《성경주석》등 값진 종교서적도 열심히 집필, 발행했다.

지금의 서울 시청 앞 광장(태평로 1가)에 있었던 대해당(大海堂)인쇄주식회사와 동양오프셋인쇄주식회사(사장 播本恒太郎)의 실질적인 경영자는 하리모도 세이지(播本精一)라는 사람이었다. 1920년에 설립한 대해당은 일본인이 세운 최초의 활판전문 인쇄소이고 동양오프셋은 1929년에 세웠다. 이 두 회사는 8·15광복 후 이강렴(李康濂), 김창집(金昌集), 유명한 등이 접수해 고려문화사를 설립하고 당시 최고의 부수를 자랑했던 월간《민성(民聲)》(1945~1950. 5.),《어린이신문》(주간) 등의 잡지와 많은 도서를 펴냈다. 최고의 설비와 기술을 갖춘 이 인쇄시설은 6·25전쟁 때 절반 남짓이 파괴되고 남은 것은 고려문화사가 해산되면서《자유신문》에 매도되었다.

조선단식인쇄주식회사(사장 江口寬治)는 요시다(吉田寬二郎)란 사람이 오프셋 인쇄와 특수인쇄 전문 인쇄소로 1941년에 설립한 회사이다. 활판인쇄 시설은 소책자를 인쇄할 수 있을 정도에 지나지 않았지만 오프셋 인쇄만큼은 하이델베르크 인쇄기 2대를 비롯해 다양한 규격의 인쇄기 및 제판시설 등을 완비하고 우편엽서, 기차표, 초등학교용 그림책 등을 주로 인쇄했던 곳이다. 재무구조 면에서는 조선인쇄(주)를 능가했다는 주

---

74  류형기,《은총의 팔십오년 회상기》, 서울 한국기독교문화원, 1983, pp. 137~146

장도 있다. 8·15광복 후 사장 오창근(吳昌根), 전무 김종국(金鍾國)이 접수해 경영하면서 방계회사로 고려서적주식회사를 설립해 월간《소년세계》,《아동구락부》및 중·고등학교 미술 교과서와《상업경제》등을 발행하다가 해산되었다. 앞에서 말한 이학수의 고려서적(주)는 오창근과 김종국의 고려서적(주)를 인수한 것이다.

서울 중구 남창동 남대문시장 안에 있던 조선행정학회인쇄소(사장 大谷 保)는 1922년 2월에 조선 관계 법규편찬 및 월간《조선행정》등을 발행하기 위해 제국지방행정학회 조선본부란 이름으로 창설된 활판인쇄소였다. 1934년에 주식회사로 개편하고 1938년에는 30만원을 증자, 자본금 40만원의 대회사로 성장한다. 1940년에 조선행정학회인쇄소로 상호를 변경한 회사인데, 해산한 뒤에는 김경수(金慶洙), 김현상(金顯常), 양한석(梁漢錫), 신진현(申鎭鉉) 등이 접수해 협진(協進)인쇄공사로 이름을 바꿔 경영하고 있었다. 6·25 전에 조선어학회 편찬《조선말 큰사전》(전6권) 중 3권을 이 인쇄소에서 조판·인쇄했을 정도로 시설이 좋은 편이었다. 당시 활발한 출판사들 중에서 이 인쇄소와 거래하지 않은 곳이 없었을 만큼 많은 거래처를 확보하고 있었다. 6·25전쟁 중 피난지 부산에서 협진인쇄공사(김경수), 제일인쇄소(김현상, 양한석), 태성사(신진현)로 분리되었다.

'위폐사건'을 일으킨 조선정판사는 일제강점기 때 제일 큰 지업상과 인쇄 잉크상을 경영하면서 활판과 오프셋 인쇄를 하던 합명회사 근택상점(近澤商店) 인쇄부를 좌익계열의 거물이었던 박낙종(朴洛鍾) 등이 접수해 경영하던 곳이다. 또 활판 인쇄소로는 뒤에 대한교과서(주)에 시설을 인계한 합자회사 다니오까(谷岡)상점 인쇄부를 비롯해 오오쓰카(大塚)인쇄소, 대성당(大盛堂) 등이 있고, 평판 인쇄소 가운데는 사또(佐藤), 수미(秀美), 모리나가(森永)인쇄소 등의 귀속재산도 한국인들이 접수했다.


## 해방기의 출판활동과 출판계

### 폭발하는 출판물과 출판통계의 혼란

이렇게 어려운 상황에도 불굴의 의지로 광복기의 출판인들은 다른 어떤 부문보다도 가장 활발한 기세로 약진을 거듭했다. 일찍이 경험해보지도 못했고 생각할 수도 없었던 서적과 잡지들이 일시에 쏟아져 나왔다. 우리말과 우리글을 되찾은 기쁨에서 온 국민은 우리 출판물을 무조건 환영했고 출판물마다 새로이 이목을 모으곤 했다. 지금 보면 활자도 제대로 갖추지 못한 채 형편없는 모양새이고 맞춤법 역시 통일되지 않은 무원칙한 것들이었지만 독자는 그런 것에 개의치 않았다. 도대체 얼마나 출판되었을까?

좌·우익 간의 사상적 대립은 무제한에 가까운 출판의 자유를 누리며 정치선전 팸플릿의 홍수시대를 이룬다. 나라가 정치사상적으로 복잡미묘하게 돌아갈 때였으므로 1945년에 발행된 출판물의 대부분은 100쪽 미만의 얄팍한 책들이 차지했으며 특히 선동적이고 선전적인 좌익 공산계열의 출판물들이 적지 않은 비중을 차지하고 있었다. 이들 가운데는 20쪽 내외의 정치 팸플릿도 많았다. 일반도서는 고작 묵은 지형으로 중쇄하는 정도이고 신간은 활발하지 못했다. 일제강점기에 발매금지를 당해 서고에서 잠자고 있던 책들도 다시 생명을 얻어 날개 돋친 듯 팔려나갔다.[75]

신간제작이 어려운 형편이라 일제강점기에 만들어놓은 묵은 지형 또는 출판권의 무질서한 양도나 매매가 성했다. 이에 따라 발행자가 임의로 내용을 개조하거나 제목을 바꾸어 발행하는 등 저작자의 권리를 침해하는 사례도 적지 않게 발생하고 있었다. 특히 일제강점기에는 저작자들이 저작권 자체를 출판사에 양도하는 일이 잦았는데, 이런 것들에 대한 저작권의 귀속여부에 관한 논란도 자주 일었다. 이런 성격의 판권을 가장 많이 보유하고 있던 출판사들은 당연히 일제강점기에 출판이 활발했던 한성도서나 박문출판, 영창서관 등이었다. 이들 중에서 한성도서는 저자에게 금일봉을 주고 계속 발행했고 박문은 5% 인세를 추가로 지급하는 등 도의적으로 원만히 해결하고자 노력하고 있었으나 대부분은 여러 출판사의 손을 거쳐 저작권이 이리저리 매매되는 형편이었다.[76] 그래서 분류처럼 쏟아져 나오는 '출판물의 홍수' 속에서 '단순한 영리행위'를 겨냥한 '저속한 도서' 출판현상에 대한 비판적 경계와 출판의 창작성 회복을 위한 자성과 비판의 소리도 높았지만 그것은 '잠깐'이었다.

광복 이후 최초의 출판물이 무엇이냐에 관한 주장은 아직까지 정설이 없다. 일설에

---

75 동명사는 판매금지 조치를 당했던 《임진록(壬辰錄)》 1,000여 부를 이때 판매해 동명사 재흥(再興)의 계기로 삼았다.(최한웅, 《庸軒雜記》, p. 131 참조)

76 姜尙雲, 〈出版界의 一面과 三面〉, 《民聲》(제6권 제1호 신년특대호), 1949. 1., pp. 28~29

는 정음사에서 낸 권덕규(權悳奎)의 《조선사(朝鮮史)》(원제는 朝鮮留記)란 주장[77]이 있으나 이 책은 발행일자가 1945년으로만 되어 있어 근거가 미약하다. 서지정보에 밝은 산기(山氣) 이겸로가 근거 없이 이런 주장을 했을 것 같지는 않으나 현재로서는 확인할 길이 없다. 현존하는 광복 초기에 출판된 서적 가운데서 발행일자가 명시된 것으로는 조광사(朝光社)에서 발행한 월추산인(月秋山人) 편 《조선동포에게 고함》이 가장 앞서 나왔다. 이를 이어 같은 9월 중에 6개사에서 모두 10종이 발행[78]된 것을 실물을 통해 확인할 수 있다.

광복기의 출판통계는 [도표 2-7]에서 보는 것처럼 1945년 말까지 4개월 동안 61종의 단행본이 출판된 데 이어 이듬해인 1946년에 552종, 1947년에는 957종, 1948년에는 1,176종이 출판된 것으로 조사, 집계되고 있다.[79] 정부수립으로 출판환경이 안정된 1949년에는 1,767종으로 수직상승했으나 그러한 상승추세는 이듬해 6·25전쟁으로 말미암아 꺾이고 만다. 9·28 수복 때까지 적치 3개월간은 완전 공백기를 보내게 된다. 수복 후에도 연말까지 3개월간 겨우 18종이 출판되었을 뿐이다.

그러나 1950년까지의 출판통계는 아직도 완벽하게 정비되지 못한 상태에 있다. [도표 2-7]에서 보는 바와 같이 공신력 있는 세 기관에서 발표한 이때의 출판통계를 볼 수 있

---

77  李謙魯, 〈積功 10年, 첫 人物傳 發刊〉, 《出版文化》(1982), p. 29

78  지금까지는 1945년 9월에 발행된 서적으로 4종의 목록이 《대한출판문화협회 40년사》(1987년 간)에 소개되었을 뿐이다. 그런데 필자가 조사한 바에 따르면 발행일자가 1945년 9월 5일로 명시된 《朝鮮同胞에게 告함》이 가장 빠른 것으로 파악되고 있고, 그 외에 1945년 9월에 출판된 서적 9종을 포함해 모두 10종이 출판된 것으로 확인되고 있다. 다만 일부 서적은 발행월일이 기재되어 있지 않거나 국립중앙도서관이 편찬한 《韓國書目 1945~1962》의 예에서 나타난 바와 같이 소장처에 따라 서지사항이 자세하지 않은 경우가 있어 좀 더 확인 작업이 필요한 형편이다. 1945년 9월에 간행된 10종의 서지정보는 다음과 같다.
    - 月秋山人 편, 《朝鮮同胞에게 告함―자주독립과 우리의 진로》, 1945. 9. 5., 朝光社 발행, B6, 72쪽, 3원
    - 조선어학회, 《한글맞춤법 통일안(새판)》, 1945. 9. 11., 조선어학회 발행, 54쪽, 1원
    - 李泰俊, 《王子好童》(上), 1945. 9. 15., 南昌書館 발행, B6, 180쪽, 30원(李承萬 장정)
    - 李泰俊, 《王子好童》(下), 1945. 9. 18., 南昌書館 발행, B6, 374쪽, 22원(李承萬 장정)
    - 弘文書館 편, 《無雙 明心寶鑑》, 1945. 9. 20., 弘文書館 발행, A5
    - 신태화 편, 《조선역사》, 1945. 9. 30., 三文社 발행
    - 周時經 저, 《周時經先生 遺稿》, 1945. 9. 30., 三文社 발행, A5, 177쪽, 20원
    - 동사 출판부 편, 《한글통일조선어문법》, 1945. 9. 30., 三文社, B6, 98쪽, 20원
    - 劉斗應 역, 《탐정괴기 루팡전집 ① 천고의 비밀》, 1945. 9., 삼우출판사 발행, 165쪽, 20원
    - 李光洙, 《流浪》, 1945. 9., 弘文書館 발행, 205쪽, 50원

79  이두영, 〈유형별로 본 우리 출판 100년〉, 이중한 외, 《우리 출판 100년》, 서울 현암사, 2001, p. 97

는데 각 소스별로 각각 다르게 기록하고 있다. 현재 가장 널리 활용되고 있는 출협의 통계를 비롯해 정부의 공식적인 통계자료조차 불확실한 자료를 제시하고 있거나 '미상'으로 표시하는 등 체계적이지 못하다. 광복기의 출판통계가 이처럼 일관성도 잃고 있고 신뢰성이 떨어지고 있는 것은 큰 문제가 아닐 수 없다. 같은 출협에서 발행한 자료들 중에서도 수치가 일치되지 않는 부분이 여러 군데서 발견되고 있는 실정이다. 이런 현상은 1960년 초반까지 계속되다 출협이 납본을 대행한 1962년부터 통계가 체계적으로 개선, 발전되기 시작한다. 그러므로 광복 직후 출판통계는 이제라도 책임 있는 기관에서 확실한 근거에 의해 공식적인 통계를 확정, 공표해둘 필요성이 절실한 실정이다. 참고로 《4282년판(檀紀) 경제연감(經濟年鑑)》에는 《대한민국 통계연감》과 똑같은 내용의 1940년과 1946~1948년 출판통계(자료 공보처)가 수록되어 있다.

[도표 2-7] 광복기 출판통계(1940~1950)

| 연도 | ① 대한민국 통계연감[80] | ② 문교부 통계[81] | ③ 출판연감[82] | ④ 이두영 조사[83] |
|---|---|---|---|---|
| 1940 | 60 | – | – | – |
| 1945. 8.~ | – | 202 | – | 61 |
| 1946 | 552 | 708 | 1000 | 552 |
| 1947 | 957 | 733 | 950 | 957 |
| 1948 | 1,176 | 1,157 | 1,200 | 1,176 |
| 1949 | 1,767 | 1,757 | 1,754 | 1,767 |
| 1950. 6. 이전 | – | – | – | 458 |

자료 : ① 대한민국 통계연감 : 제3회 《대한민국통계연감 1954년판》(내무부 통계국, pp. 276~277)
② 문교부 통계 : 안춘근, 《한국출판문화사대요》(1987, p. 489)에서 재인용
③ 출판연감 : 《한국출판연감》(2012년판 p.118)의 〈광복 이후 출판통계〉
④ 이두영 조사 : 위 세 가지 통계자료를 비롯해 여러 문헌에 단편적으로 기술된 통계들을 비교조사해 가장 신빙성이 높은 자료를 근거로 작성한 것

---

80 《대한민국통계연감》은 제1회(1952년판)가 1953년 10월에 공보처 통계국에서 발행되었다. 제2회(1953년판)부터 제9회(1960년)까지는 내무부 통계국에서, 그 이후는 경제기획원(제10회, 1963~1990)과 통계청이 개청한 뒤에는 통계청이 계속해서 매년 발행하고 있는바, 제3회판(1954, pp.276~277)에는 1940년 및 1946~1948년, 1954년도 '도서출판' 통계가 24개 분야로 나누어 각각 수록되어 있다. 이 통계 작성자는 한국은행 조사부로 되어 있다. 이어 제4회(1957년)판에 1952~1956년도 통계가 기재되어 있다. 제5회(1958년)판에도 1952~1957년도분이 각각 문교부에 의해 듀이십진분류법에다 우리나라 실정을 반영해 아동도서와 학습참고서를 추가한 12개 분야별로 작성한 통계가, 제6회(1959년)판에는 1958년도분만 13개 분야로 나누어 기재되어 있다.

## 출판경향의 변화

출판량을 볼 때 1946년 대비 1949년의 연간 총 발행종수는 4년 사이에 약 3배나 성장했다. 자재의 빈핍, 생산설비의 낮은 가동률에다 사회적 혼란과 경제적 침체 등 열악한 환경을 무릅쓰고 '책의 혁명의 시대'[84]라고 불러도 좋을 만큼 출판은 매우 급속한 성장을 지속한 것이다.([도표 2-7] 참조) 이렇게 활기차게 출판활동이 전개되는 가운데 출판경향도 시기별로 많은 변화를 보여왔다. 이때의 출판경향의 변화를 당시에는 이렇게 정리하고 있다.[85]

"출판경향으로 지난날을 회고한다면 1945년 8월부터 1946년 9월까지는 정치사상 팸플릿 시절이었으며 46년 9월부터 소위 만화 시절, 그리고 교과서 시절이어서 참고서 시절, 영어서적이 한판을 치렀으며 한글 책과 역사책은 여전히 많이 간행되었다. 1947년부터는 시집, 유행가와 좌익서적이 최고도에 달했으며 48년부터는 한영사전, 영한사전, 한글사전 등이 사태가 났다. 이 사전 사태는 아마 금년을 통과하고야 말 것이다."

정치사상 팸플릿이라고 해서 모두 좌익서적만은 아니었다. 우익진영에서도 민족·자주·독립국가 건설이나 새 시대의 나라와 민족의 진로를 논한 것들도 적지 않았다. 그렇지만 1946년 7월 5일까지 불과 1년도 안 되는 기간 동안 출판된 202종의 서적 가운데 좌익서적이 66종으로 가장 많았다고 밝힌 조사[86]가 말해주듯, 광복 초기에는 좌익서적

---

81  1961년 10월 6일자로 문교부가 발표한 〈1948~1959년간의 출판통계〉에 근거한 것으로, 이 통계는 1945년의 출판량 (202종)에 대해 그 대상 기간을 "1945. 8. 15.~1946. 7. 5."이라고 주기하고 있다. 당시는 미군정청 경무부 및 상무부에서 출판사무를 담당할 때였기 때문에 문교부가 직접 작성한 것이 아니고, 온락중(溫樂中, 조선좌익출판협의회 의장)이 집필한 《해방조선연보》(민주주의민족전선 편, 문우인서관 발행, 1946)에 수록된 통계를 그대로 인용한 것으로 보인다.

82  《한국출판연감》의 〈광복 이후 출판통계〉는 대한출판문화협회가 해마다 당년도 출판통계를 추가해 갱신 수록하고 있는바, 이러한 양식의 출판통계는 《출협 40년사》(1987)에 처음 소개되었다. 그 후에 발굴된 《출협회보》(속간호, 1956. 4. 26.) 등 여러 자료에서도 광복기 5년간의 통계를 찾아볼 수 있으나 이들 각각의 통계수치들과 《한국출판연감》의 그것은 불일치를 보이고 있어 신뢰성이 의심된다.

83  이두영, 앞의 책

84  이중연, 《책, 사슬에서 풀리다》, 서울 혜안, 2005, p. 37

85  崔暎海, 〈出版界의 回顧와 展望〉, 《出版大鑑》, 조선출판문화협회, 1948. p. 6

86  민주주의민족전선 편, 《조선해방연보》, 문우인서관, 1946, p. 383. 한편, 오영식은 현존하는 실물을 토대로 집계한 연도

이 큰 비중을 차지하고 있었다.

광복 직후 좌익서적이 많이 출판된 것은 좌익의 선동·선전활동이 우익에 비해 상대적으로 활발했기 때문이다. 선전·선동을 위한 좌익서적들은 "50쪽 내외의 얇은 46판 크기의 번역서가 주류를 이뤘다"[87]고 해도 지나치지 않았다.

그렇지만 정치, 사회 등 사회과학 서적의 성장세는 시간이 흐르면서 정체되고 있어서 전체에서 차지하는 비중도 해마다 급격하게 줄어들고 있었다. 정치 관련 서적은 1946년부터 1949년까지 4년간 43종에서 57종으로 겨우 14종밖에 늘어나지 않았다. 같은 기간 동안 전체 출판종수는 318%가 증가한 데 비해 이 분야는 겨우 32%밖에 성장하지 못했다. 1946년에는 75종이나 출판되어 일시적으로 가장 큰 비중을 차지했지만 이듬해인 47년에는 20종으로 감소하는 현상을 보이는 등 굴곡이 심했다. 좌익활동에 대한 규제가 출판에 직접적인 영향을 미친 때문으로 보인다. 정치사상 서적은 독자들로부터도 점차 외면을 받고 관심권 밖으로 밀려나면서 좌익 출판사들의 도태를 가져왔다. 정부가 수립된 뒤에는 정치사상 서적이 근본적인 질적 변화를 일으킨다.

정치사상 서적은 번역물이 많은 편이었던 데 비해 문학은 창작물이 단연 우세를 보인 것도 이 무렵 출판경향의 한 흐름을 형성하고 있었다.

그때도 출판의 대종은 역시 문학서였다. 당시의 출판지표는 문학서 출판이 맹렬한 기세로 성장했음을 보여주고 있다. 1946~1949년의 소설 출판종수는 29종에서 197종으로 6.8배나 수직상승하는 놀라운 성장세를 보이고 있다. 시집도 19종에서 66종으로 3.5배나 늘었다. 평론이나 수필집에 이르기까지 문학서는 이 기간 중에 4.5배로 성장하면서 문학사에 빛나는 명작들이 다투어 출판되었다. 문학서 출판이 활발했던 배경으로는 일제강점기 출판하지 못했던 작품들이 신간제작 여건이 개선되자 경쟁적으로 출판된 점도 한 이유로 꼽을 수 있다. 문학서 출판은 정치적인 선동·선전용 출판물과 달리

---

별 단행본(서적)의 발행종수로는 1945년 128종, 1946년 719종, 1947년 743종, 1948년 945종, 1949년 876종, 1950년 (6·25전쟁 이전) 440종, 발행연도 미상 25종 등 총 3,876종의 목록을 제시해, 이 기간의 출판활동에 관한 중요한 단서를 제공했다.(오영식,《해방기 간행도서 총목록》참조)

87  정진숙, 〈남기고 싶은 이야기들―출판의 길 40년(52)〉,《중앙일보》, 1985. 6. 14.. 실제로《민주주의와 조선 건설》(조선 정판사)은 24쪽이었고《일본공산당 선전강령규약》(우리문화사)은 29쪽이었다. 이렇게 정치선전을 주종으로 한 출판물들은 극히 일부를 제외하고는 판형이 '규격소(小)'로 표기될 정도로 경박단소한 것이었다.

좌파에서 '주도'하지도 못했다.[88]

인물전기나 회고록 등도 출판종수의 성장을 이끌었지만 1949년에는 역사서도 24% 성장에 그치고 있었다. 1946년에 영어 학습책 9종(노어와 중국어 학습서가 각각 1종인 것에 비하면 압도적이다), 새 창가(유행가집 포함) 6종이 나온 것도 특징적인 흐름으로 꼽을 만하다.

1949년에는 만화가 109종이나 출판된 것으로 집계되고 있다. 48년 이전에는 만화를 별도로 집계하지 않고 아동에 포함시켜왔다. 아문각(雅文閣) 대표 겸 출협 부회장 이석중이 "해방 이후 홍수같이 쏟아져 나온 아동도서 중에는 그 제1위를 점령한 것이 모험담과 만화책들이었다"라고 지적한 것[89]처럼 만화는 일찍부터 활발했는데, 이런 만화 출판행위는 '저질만화 출판으로 영리만 추구하는 모리배'라는 비난을 받았다.

**[도표 2-8] 광복기 분야별 출판 추이**

단위 : 종

| 분야(종별) | 1940 | 1945 | 1946 | 1947 | 1948 | | 1949 |
| | | | | | 《통계연감》 | 《출판대감》 | 《학생연감》 |
|---|---|---|---|---|---|---|---|
| 총류 | 8 | – | 106 | 161 | 105 | 44 | 82 |
| 철학 | 1 | 2 | 7 | 17 | 30 | 30 | 20 |
| 종교 | 2 | – | 16 | 20 | 28 | 31 | 80 |
| 사회과학 | 25 | 33 | 146 | 168 | 121 | 126 | 166 |
| 순수과학 | 0 | – | 9 | 20 | 1 | 1 | 0 |
| 기술과학 | 1 | – | 15 | 21 | 21 | 24 | 38 |
| 예술 | 0 | – | 5 | 18 | 25 | 25 | 20 |
| 어학 | 3 | 4 | 9 | 11 | 14 | 17 | 53 |
| 문학 | 6 | 9 | 77 | 148 | 245 | 273 | 344 |
| 역사 | 9 | 13 | 59 | 64 | 52 | 58 | 73 |
| 아동 | 3 | – | 77 | 75 | 98 | 105 | 161 |
| 학습참고서/교과서 | 2 | – | 26 | 234 | 436 | 423 | 604 |
| 합계 | 60 | 61 | 552 | 957 | 1,176 | 1,157 | 1,641 |

주 : 1949년의 경우 《대한민국 통계연감》은 1,767종, 《출판대감》은 1,754종인 데 비해 《학생연감》은 1,641종(25개 분야)으로 기록하고 있다. 그러나 분야별로 발행종수를 기재한 자료는 《학생연감》이 유일하므로 여기서는 이에 근거해 '한국십진분류법'에 의거, 재분류해 분야별 출판경향의 흐름을 비교할 수 있도록 했다.
자료 : 《대한민국 통계연감》, 《출판대감》(1948) 등에서 재작성

88   이중연, 앞의 책, p. 64

89   李錫重, 〈兒童圖書의 出版〉, 《出版大鑑》, p. 7

재미있는 것은《정감록》처럼 혹세무민하는 책들도 눈에 띄고 있다는 점이다. 또《김일성장군전》,《안중근사기》,《성웅이순신전》등의 책도 있는 한편,《표준말모음》,《역사교본》,《조선역사》,《친일파의 비애》,《대한독립운동사》등도 상당수의 독자층을 확보하고 있었다.

신생사(柳瀅基), 국제출판사(金乙漢) 등은 영어사전을 펴냈고 1948년부터는 대형 전집물의 기획출판도 시도되기 시작했다. 한성도서는《조선문학전집》(전10권),《한도(漢圖)영어총서》(계속 간행) 발행에 착수하고 박문출판사는《경제학전집》(전30권), 아문각의《조선민속학총서》(전8권)를 비롯한 전집물과《자본론》(전8권, 서울출판사),《세계사교정(世界史教程)》(전4권, 백양당) 등 방대한 저술출판으로 이어졌다. 이런 현상은 "예년에 못 보던 새로운 현상과 경향"으로 "출판사업이 근대적으로 기업화하고 있는 증거"라는 긍정적인 평가[90]를 받았다. 이해에 을유문화사의《조선말큰사전》과 함께《표준 조선말사전》이 아문각에서 출판된 것도 출판의 질적 향상을 보여준 큰 수확 가운데 하나였다. 출판 형태 면에서도 다양한 모습을 보이기 시작했다. 1947년부터는 저렴한 문고 출판 붐이 일어나 낙양의 지가를 올렸다.《박문문고》(박문출판사),《을유문고》(을유문화사),《정음문고》(정음사),《협동문고》(조선금융조합연합회),《민중문고》(민중서관),《대성문고》(대성출판사),《연학문고》(연학사),《혁명문고》(혁명사),《인민문고》(노농사),《대중문고》(삼중당) 등이 1946년부터 문고본 시대를 재현하고 있었다.

이 땅에서 문고 출판은 근대적인 출판산업 초창기에 육당 최남선이《6전소설》,《십전총서》를 간행한 것에서 비롯된다고 할 수 있다. 그러나 현대적 개념에서의 문고는 일제강점기인 1939년부터 박문출판사의《박문문고》, 학예사의《조선문고》출판으로 본격화되었으나 일제의 탄압으로 제대로 꽃을 피우지 못했다. 해방기의 문고 출판은 이렇게 우리 출판역사에서 한(恨)처럼 남아 있는 문고 출판의 두 번째 시도인 셈이다.

이때 출판된 책들은 대부분이 선화지에 인쇄한 100쪽 내외의 소책자들이었지만 우리말로 된 책이라면 무엇이든지 나오는 대로 삽시간에 다 팔려나갔다. 광복 초기에는 종당 발행부수도 1만부를 넘었으나 1946년부터 5천부대로 감소했다.

---

90  張萬榮,〈1948년의 문화계 회고 : 출판〉,《경향신문》, 1948. 12. 28.

## 부상하는 선두주자들

출판사와 신간 발행종수가 해마다 급증하고 있었으나 출판실적을 낸 출판사는 많지 못했다. 1949년까지 등록된 798개 출판사 중에서 미군정 기간 동안 출판실적이 있는 출판사(출판된 도서를 납본한 실적이 있는 출판사)는 458개사뿐인 것으로 조사보고되고 있다.[91]《출판대감》의 도서목록에 근거한 이 조사에 따르면 10종 미만을 발행한 출판사는 무려 420사(전체의 91.7%)이며 3년 동안 단 1종밖에 출판하지 못한 출판사도 250사나 되었다.

연도별 출판실적을 보인 출판사는 1945년 40개사, 1946년 216개사, 1947년 212개사, 1948년 165개사에 지나지 않는다. 즉 전체 등록 출판사 대비 1945년에는 88.9%가 출판활동을 했으나 1947년에는 36.5%, 48년에는 20.8%만이 출판실적을 기록했다. 출판사 수는 계속 증가했으나 출판활동을 전개한 출판사는 오히려 점점 줄어드는 현상을 보이고 있는 것이다. 당시의 출판사들이 출판의욕만 앞세웠을 뿐 극심한 정치적 혼란과 경제파탄으로 인한 자금난과 구매력 감퇴 및 대금회수 부진, 시설부족과 용지난 등으로 대부분 존립조차 어려운 실정이었음을 알 수 있다. 많은 출판사가 문을 닫았고 또 실패한 출판사도 부지기수에 달해 사업체로 존립이 가능한 출판사는 크게 보아도 1백여 출판사에 지나지 않았다.

그렇지만 이들도 대부분 가내수공업 수준에도 미치지 못하고 있었다. 출판사들의 규모라야 크다는 곳의 사무실이 30㎡ 내외이고 작은 곳은 12㎡ 내외이며 종업원도 사장까지 2, 3명의 소규모로 시작했다.[92] 미군정 초기부터 가장 활발하게 출판활동을 펼쳤던 정음사의 경우도 해방되던 해에는 사장과 정환철 단둘이 북창동에서 간판을 걸었다가 이듬해 정월에 가서야 비로소 사환 1명을 둘 수 있었다고 한다.[93]

많은 재물과 노력도 헛되이 살림밑천까지 날린 출판인이 수백명에 달했지만, 정상적인 출판경영의 희망을 바라보기 힘들었다. 각고의 노력과 자본, 수완이 필요했다.

그런 가운데 6·25전쟁이 발발하기 직전까지 5년 남짓한 시기의 출판사별 출판실적

91    조대형,《美軍政期의 出版研究》, 중앙대신문방송대학원 석사학위 논문, p. 97

92    鄭鎭肅,〈出版의 길 40년 (51)〉,《중앙일보》, 1985. 6. 12.

93    정환철,〈오메가 시계〉, 崔暎海先生華甲紀念頌辭集發刊會 편,《歲月도 江山도》, 서울 정음사, 1974, p. 219

을 살펴보면 해방기를 대표하는 출판사들의 면모를 짐작할 수 있다.

6·25전쟁이 발발하기까지 약 3,800여 종의 서적이 출판된 것으로 추정되는 가운데, 다음에 소개한 82개사의 출판량이 무려 2,075종에 이르고 있다. 이 조사는《출판대감》[94]과 국립중앙도서관이 조사한《한국서목(韓國書目)》등의 목록 및 개인소장 도서목록들을 종합해 실물을 근거로 작성한 것이므로 완벽하지는 않지만 매우 신뢰도가 높은 자료라고 할 수 있다. 82개사 가운데 공보처와 경북 학무국 등 2개의 정부기관을 제외하면 나머지 80사가 상업출판을 목적으로 한 순수 출판사들이다.

[도표 2-9] 광복기 출판사별 출판실적

| 구 분<br>(출판사 및 발행종수) | 출판사 명 |
|---|---|
| 100종 이상 출판<br>(2사, 총 342종) | 을유문화사(175), 정음사(167) |
| 50종 이상 출판<br>(6사, 총 382종) | 금용도서(78), 동지사(67), 박문출판사(64), 동방문화사(62), 삼중당(60), 조선서적인쇄주식회사(51) |
| 30종 이상 출판<br>(10사, 총 367종) | 문화당(41), 조선교학도서주식회사(41), 백양당(39), 한성도서주식회사(38), 대성출판사(37), 동명사(36), 민중서관(35), 조선아동문화협회(34), 조선기독교서회(33), 선문사(33) |
| 20종 이상 출판<br>(16사, 총 382종) | 조선금융조합연합회(29), 조선공업문화사출판부(28), 숭문사(27), 연학사(27), 건국사(25), 영창서관(24), 동심사(23), 삼문사(23), 서울출판사(23), 아문각(23), 중앙출판사(23), 청구출판사(23), 고려문화사(22), 덕흥서림(21), 신생사(21), 노농사(20) |
| 10종 이상 출판<br>(48사, 총 602종) | 국제문화협회(19), 《서울신문》출판국(19), 수도문화사(18), 문우인서관(17), 조광사(17), 탐구당서점(17), 국제출판사(16), 세문사(16), 신학사(16), 동문사서점(15), 정문관(15), 대양출판사(14), 조선문화연구사(14), 국민음악연구회(13), 백민문화사(13), 백양사출판부(13), 일성당서점(13), 가톨릭출판사(12), 대한민국공보처(12), 모던출판사(12), 웅변구락부출판부(12), 조선과학문화사(12), 청년사(12), 홍문서관(12), 국제문화관(11), 계몽사(11), 동문사(11), 문교사(11), 문조사(11), 병학연구사(11), 산호장(11), 상호출판사(11), 서울문화사(11), 우리문화사(11), 제일출판사(11), 창인사(11), 현우사(11), 건설출판사(10), 경북학무국(10), 경향잡지사(10), 경향출판사(10), 민교사(10), 생활사(10), 영인서관(10), 일한도서(10), 조선문학사(10), 조선어학회(10), 조선출판사(10) |

주 : 잡지 제외
자료 : 오영식 편저, 《해방기간행도서총목록 ─ 1945~1950》

---

**94** 가장 신빙할 만한 해방기 중요 출판사료로 평가받고 있는 이 책(1948년 4월 15일 발행)에는 1945~1948년까지의 출판목록이란 제목으로 총 1,720종의 도서목록이 46개 분야별로 수록되어 있다.

## '출협'의 창립과 출판질서 확립

출판인들은 열정 하나만으로 어려움을 극복해가며 스스로 자립의 토대를 이룩해갔지만 날이 갈수록 일개 출판사가 혼자서 해결하기 어렵고 복잡한 과제들이 한꺼번에 제기되고 있었다. 용지난 해소책, 도매상 할인문제, 일서(日書) 중판과 거물 친일인사들의 저작물에 대한 출판규제 등 출판인 상호 간에 협력해서 해결하지 않으면 안 될 과제들은 시급하고 절실한 문제들이었다. '백지장도 맞들면 낫다'고 너나없이 힘을 합해 공동보조를 취해나갈 필요성에 공감했다.

최영해(정음사), 김창집(고려문화사), 김형찬(건국사), 노성석(박문출판사) 등은 박문출판사 사무실에서 협회 설립의 뜻을 모으고 1945년 12월 10일, 이에 동조하는 서울 시내 60여 출판·잡지사 대표들이 미군정청 회의실에서 '조선출판문화협회(현재의 대한출판문화협회, 약칭 '출협')'의 설립을 결의한다.

출협은 1947년 2월 25일 영보빌딩에서 발기인회 겸 창립총회를 열었으나 회칙 심의 과정에서 '건국에 방해가 되는 출판물의 제재조항'을 명시하는 문제를 놓고 좌익계열의 완강한 반대로 이날은 '신 회칙기초위원' 15명만 선출하고 휴회를 선언했다. 3월 15일 YMCA강당에서 다시 속개된 창립총회는 "남조선에 있는 150여 출판사를 망라해 출판자유를 확보하고 건국도상의 문화발전을 도모"한다는 강령과 지난번 문제가 되었던 회칙을 채택하고 정식으로 발족했다. 123개사가 정식회원으로 가입했다. 정부수립보다 1년 반이나 먼저 좌익계열의 출판사들까지 끌어들이는 지도력을 발휘해 당시 출판활동을 제대로 하고 있던 출판사들을 빠짐없이 참여시켜 대동단결을 과시하는 데 성공한 것이다. 김형찬(金亨燦, 건국사), 최준(崔埈, 국제문화협회), 김준수(金俊秀, 동심사), 이계하(李癸河, 創人社), 윤석중(을유문화사), 지봉문(池奉文, 조선문학사), 이민(李敏, 노농사), 성인기(成仁基, 대성출판사), 이정래(李晶來, 동광당) 이수형(李琇馨, 獻文社), 이석중(李錫重, 雅文閣), 권혁창(權赫彰, 서울출판사), 정현웅(鄭玄雄, 《서울신문》 출판국), 김경배(金慶培, 文建社), 노영근(盧泳根, 東省社), 추종수(秋鍾洙, 해방출판사), 김호선(金鎬善, 硏文출판사), 오억(吳億, 생활사), 김정수(金正修, 학생사) 등을 위원(이사)으로, 검사위원(감사)으로 김시필(金時必, 금용도서), 최장수(崔長秀, 조선도서문구주식회사), 이응규(李應奎, 박문출판사)를 각각 뽑았다. 이들은 즉석에서 위원회를 열고 투표로 초대 위원장(회장

한국을 대표하는 출판단체 중 제일 먼저 설립된 대한출판문화협회 창립 60주년 기념식(2007. 3. 15.)

이 아니라 위원장으로 불렀다)에 김창집(金昌集) 고려문화사 편집이사, 부위원장에 최영해와 조벽암(趙碧岩, 건설출판사)을 선출했다. 초대 사무국장으로는 김호선이 선임되고 최영해의 배려로 북창동 정음사 사옥에서 사무를 개시했다. 사무국은 총무부, 조사통계부, 경리부를 두어 출판계 실태를 파악하고 거래제도 및 출판질서를 확립하는 데 역량을 집중했다.

정부수립보다 1년여나 앞서 어느 분야보다도 재빨리 출판계의 구심체가 될 출협을 창립해 스스로 현안과제들을 해결하고자 노력한 것은 여러 측면에서 중요한 의미를 지닌다. 출협의 창립은 날이 갈수록 심화되고 있는 당면과제들을 시급히 해결하지 않으면 안 되는 절실함이 가장 큰 이유로 작용했지만, 출판 지도자들의 높은 문화의식의 발현으로 보아야 할 것이다. 밖으로는 강력한 이익집단으로서의 역할을 수행하면서 내부적으로는 자율지도 기능을 가진 자치관리 단체로서의 협회를 만들어 무질서를 조직적인 체제로, 비공식적인 것을 공식적인 것으로, 부동(浮動)에서 안정을 꾀하고자 한 것이다. 좌익계열의 출판사들이 먼저 '조선좌익서적출판협의회(左協)'를 만든 것도 출협 설립을 촉진하는 계기가 되었다. 그러나 출협의 기본정신은 좌우통합을 지향한 범출판 단체였다.

당시 출판계의 리더들은 좌익계 출판인들도 출협으로 끌어들여 상호협력하면서 공동발전을 이룩하기를 바랐다. 나라 전체가 이데올로기를 바탕으로 갈라져 첨예하게 갈등을 겪는 상황에서도 출판계에서만은 좌우익 간의 정치적·사상적 대립이 격화되지는 않았다. 다른 문화예술 단체에 비해서는 좌협과 출협 사이에 알력이나 반목 같은 것도 심각하지 않은 편이었다. 사상적으로 좌우대립이 심각해지면서 개인들도 각자의 노선을 분명히 할 필요가 있었기 때문에 내면적으로는 치열한 경쟁과 줄다리기는 있었어도 출판인들은 기본적으로 공존하는 자세를 보이고 있었다. 좌익계 출판인 중에서는 진짜 공산주의자들이라기보다는 대중을 위해 일한다는 명분을 가진 지식인으로서 좌익 성향을 띠고 있었던 부류도 많았다. 그러나 출협 초창기 임원을 역임한 좌익계열의 출판인들은 대부분 월북해버렸다.

좌익계 출판사들과의 통합시도는 6개월 만에 결국 실패로 끝나버린 것으로 보아야 할 것이다. 좌익계열의 부위원장 조벽암과 김호연 사무국장이 창립되던 해 10월에 스스로 물러났다.[95] 아직 협회의 기틀이 잡히기도 전의 일이었다. 어쩌면 예견된 결과였는지도 모른다. 좌협 회원들은 그들 자신들의 세력확장을 위한 파괴적인 선전공세에만 혈안이 되었을 뿐 처음부터 출판계 전체의 공동발전적인 과제해결에는 관심을 두지 않았다.

정부가 수립된 1948년 4월에 열린 제1차 정기총회를 통해 출협은 좌익계 출판인들을 전원 축출하고 민주주의 출판이념에 입각한 출판인들만의 단체로 성격을 분명히 한다. 새 이사(위원)로는 유자후(柳子厚, 동방문화사), 계용묵(桂鎔黙, 首善社), 이대의(동지사), 최대용(崔大鎔, 法政社), 이창익(한성도서), 이병준(민중서관), 이건춘(李建春, 靑丘문화사), 배정국(裵正國, 白楊堂), 윤경섭(尹景燮, 宣文社) 등을 선출했다. 좌익계열의 임원 가운데서 이민, 조벽암, 지봉문, 이수형, 추종수, 정현웅, 김경배, 노영근, 김호선, 김준수 등이 물러났다. 신임 사무국장에는 강주진(姜周鎭, 1917~1994, 뒤에 중앙대 교수를 거쳐 국회도서관장이 됨)이 선임되었다.

이후 출협은 현안과제들을 해결하고자 온갖 노력을 경주, 업계에 대두된 과제들을 하나씩 해결해나간다.

출협이 미처 조직이 안정되기도 전인 창립 초기부터 역동적으로 사업을 펼친 것은 높이 평가할 만하다. 지금까지 출협의 활동을 되돌아보면, 첫째 출판자유의 신장, 둘째 출판인의 권익옹호, 셋째 출판하기 유리한 환경 만들기에 온갖 노력을 경주해왔다.

그러한 활동 중에 특기할 만한 활동을 꼽자면 제일 먼저 임화(林和)의 시집《찬가》가 수도경찰청에서 발매중지 조치를 당했을 때 그 부당성을 지적한 대응을 들 수 있다. 출협은 이때 이데올로기나 정치색을 떠나 출판의 자유와 출판권 내지 사유재산 보호차원

---

95 강주진의 증언에 따르면, 사무국장 김호선은 김창집 위원장과 별로 친한 편도 아니었고, 좌익에 줄이 닿았던 사람이라 정음사 2층을 사무실로 빌려 써야 했기 때문에 자연히 사람이 바뀌게 되었다고 한다.(이경훈,《속·책은 만인의 것》, 서울 보성사, 1993, p. 336)

에서 전문적으로 접근했다는 점에서 성숙함을 드러내 보이고 있다.《찬가》는 1947년 2월에 5,000부를 출판해 납본을 필한 뒤 팔고 있던 중 5월 말경 수도경찰청에서 발매중지 조처를 당했다. 그때는 이미 3,500부가 팔린 뒤였다.《찬가》의 판매금지 처분은 해방후 첫 판매금지 조처라는 사실과 임화가 남로당의 수뇌간부라는 점에서 정치적 파장이큰 사건이었다. 문학가동맹을 비롯한 단체들이 금서조처의 부당성을 제기하면서 금서조치를 철회하고 표현의 자유를 보장하라고 거칠게 항의했다. 출협도 사건 발생 직후군정장관에게 서한을 보내 '선처를 요망'하는 조치를 취했다. 그 내용을 보면 첫째, 법정절차에 따라 정상적으로 공보부로부터 발행허가를 받고 납본도 필했는데 경찰이 발매중지를 취하게 되면 출판업자는 그 허가를 믿고 출판할 수 없다, 둘째, 허가된 간행물에 대한 책임을 묻는다면 발행인이나 저자가 아니라 공보당국에 먼저 물어야 한다, 셋째, 출판물의 저작권·발행권은 저자와 출판인의 재산적 권리에 속하므로 당국이 함부로 사유재산을 침해해서는 안 된다, 넷째, 문학가동맹의 성명이 발표되자 다시 발행인을 소환해 저자와 동행해 조사를 받으라는 것은 '감정에 치우쳐 행동한다는 인상을 준다'는 요지였다.[96] 여기서 중요한 것은 금서조치의 파장이 확대되면 정상적인 출판활동이 위축될지도 모른다는 위기의식을 가지고 출범한 지 불과 3개월도 되지 않은 출협이출판계 현안문제에 신속하게 대처하고 나섰다는 적극적 기능 수행태도이다. 특히 출판인의 입장에서 출판의 자유에 대한 침해로만 보지 않고 책의 판매금지 조치를 '재산권'의 문제라는 시각을 가지고 대응한 점을 주목하지 않을 수 없다.《찬가》는 "치안을 교란시키는 작품이 있다"는 이유로 7월 18일 포고령 2호 위반으로 불구속 송치되고, 8월 10일에는 문제가 된 작품 〈동포여 깃발을 내리자〉 등 2편을 삭제하고 팔아도 된다는 최종판결을 받았다.

출협은 또 창립하고 보름 만인 3월 31일, '출판자유를 보장할 것을 요구하는 진정서'를 군정장관 앞으로 냈다.[97] 군정은 무제한에 가까운 출판자유를 보장했다. 그런데 출협이 이런 진정서를 내게 된 데는 이유가 있었다. 좌익언론의 준동이 날이 갈수록 극성을

---

96 《문화일보》, 1947. 6. 4.
97 〈出版自由 保障, 出版協會서 陳情〉,《獨立新報》, 1947. 4. 2.

부리는 데다 격심한 용지난을 해결할 길이 없자 군정당국은 정기간행물을 허가제로 바꾸고 신규허가를 중단함으로써 난국을 헤쳐나가려는 고육책을 동원했다. 그런데도 휴간하는 잡지가 날로 늘어났다.

1947년 3월 27일 군정청 공보부가 "정기간행물의 신규허가를 일체 중단하고, 기존의 허가받은 간행물도 월간은 3개월간 등 간종별로 일정 기간 이상 휴간하면 자동적으로 허가를 취소하겠다"고 정기간행물에 대한 특별조치(공보부령 제1호)를 발표한 것이 서둘러 진정서를 내게 된 발단이 되었다. 출협은 즉각 공보부를 방문해 "용지사정이 절박한 때인 만큼 용지를 구하지 못해 휴간한 정기간행물의 허가를 취소하는 것은, 출판사업을 보호하고 발전시켜야 할 책임이 있는 군정의 방침에 상반되는 처사"라며 5개항을 요구하는 진정서를 3월 31일 제출했다. 출판계가 용지난을 겪고 있는 것을 해결하지 못한 정부의 책임이 더 크다는 점을 지적한 것이다. 5개항이란 ① 제지공업을 확충할 것, ② 종이를 시급히 수입할 것, ③ 용지를 원만히 배급할 것, ④ 용지와 인쇄사정으로 말미암은 휴간은 이를 묵인할 것, ⑤ 출판자유를 보장할 것 등이었다. 그로부터 한 달이 채 지나지 않은 4월 29일에도 "확호한 용지정책을 수립하라"는 요지의 성명서를 발표하고 조속히 출판용지를 배급해 출판자유를 보장하라"고 촉구한다.[98]

용지난이 다소나마 해소되기 시작한 것은 정부수립을 전후해서 제지공장의 가동률이 조금씩 높아지면서이다.

금융·세무대책위원회를 구성해 금융지원 및 출판업(또는 출판물)에 대한 면세청원운동도 벌여나갔으며, 인세율 조정과 출판권을 존중하는 기풍의 조성, 일제강점기에 나온 일본어 도서 중판 및 친일파 거두의 저서에 대한 출판거부 운동도 창립 초기의 중요한 과제였다. 1948년 2월에는 기관지《출판문화》를 창간하고,《출판연감》편찬도 기획, 추진하지만 여건이 여의치 못해《출판문화》제7호 특집 형식의《출판대감》발간[99]으로

---

98 〈危機에 直面한 出版界 確乎한 用紙政策을 樹立하라〉,《文化日報》, 1947. 4. 30.

99 《출판대감》(B5판, 108쪽)은 해방기 출판사료 가운데 가장 신빙할 만하고 종합적으로 정리된 것으로 자타가 인정하고 있다. 이 책에는 발간 당시까지 출판된 도서목록을 비롯해 1949년 1월 15일 현재 정부에 등록된 출판사 명단, 인쇄소와, 서점 명단, 해방 이후 일반도서, 잡지, 아동도서 출판계 동향 및 용지사정, 출판통계, 출판 관련 법규, 출협 소사 등이 모두 망라되어 해방 이후 4년간의 출판계를 일목요연하게 알 수 있도록 잘 정리하고 있다. 참고로 이 책은 고려문화사가 무료로 제작을 담당했으며, 정가는 400원(圓)이다.

대신, 현대출판사의 중요한 자료를 남기는 업적을 이룩한다. 정진숙은 미국 시찰과정에서 의회도서관 등에서 한국출판물을 수서하는 데 기본적인 자료로 이《출판대감》을 활용하고 있는 현장을 목격하고 큰 보람을 느끼고 돌아와서《출판연감》편찬을 서두른다. 그렇게 편찬된 것이 1963년판《출판연감》이다.

출협의 이러한 활동으로 외형적인 체제와 질서를 잡아가는 듯했다. 대한민국 정부의 출범에 맞추어 제2차 정기총회에서는 이름도 '조선'이란 말을 버리고 '대한출판문화협회'로 바꾸어, 현안과제의 해결과 업계 친화단결을 위해 의욕적인 활동을 펼치던 중 6·25전쟁의 소용돌이에 휩싸여 협회기능도 한동안 마비상태에 빠지지 않을 수 없었다.

### 조선좌익서적출판협의회의 성격과 기능

'좌협'은 문자 그대로 좌익계통의 서적을 주로 출판하는 출판사들만의 모임이었다. 앞에 적은 조벽암, 권혁창, 추정수, 이수형, 김준수, 노영근, 지봉문, 이민 이외에 윤병익(尹秉益, 동무사), 홍구(洪九, 우리문화사), 임철(林哲, 인민평론사), 강대옥(姜大玉, 인민사), 박종대(朴鍾大, 청년사), 박한석(朴漢奭, 신인사), 김일출(金一出, 신문화연구소), 최승우(崔昇宇, 조선 맑스·엥겔스·레닌연구소) 등이 좌협의 회원이었다. 성인기(成仁基, 1905~1966, 대성출판사), 이정래(李晶來, 1899~1989, 東光堂)도 회원이었다는 주장[100]이 있는데, 이들에 대해서는 좀 더 확인이 필요하다. 이 두 출판인은 건국 이후에도 오랫동안 활동해왔다. 《조선일보》편집국장과 부사장 등을 역임한 성인기는 출협의 부회장으로 피선(1949)되기도 한 사람이다.

좌협이 언제, 어떻게 설립되었는가에 대해서는 그 실체가 명확하게 밝혀져 있지 않았기 때문에 지금까지 정설이 없었다. 광복 직후부터 좌익의 출판활동은 우익진영보다 상대적으로 활발했다. 그런 배경에서 좌협도 출협보다 먼저 결성되었는데, 당시 좌협의 출범사실을 알리는 기록은 어디에서도 찾지 못하고 있었다. 다만 1946년에 조직되었다는 증언[101]이 정설처럼 굳어져왔지만 최근에는 이보다 1년 정도 앞선 시기로 보

---

**100** 趙誠出,《韓國印刷出版百年》, 서울 보진재, 1997, p. 447

**101** 강주진,〈出版의 王子〉,《세월도 강산도》, 정음사, 1974 ; 趙誠出은 1946년 9월에 만들었다고《한국출판인쇄백년》에서 주장한다.(p. 447)

는 견해가 제기되고 있었다. 즉《책, 사슬에서 풀리다》(2005)의 저자 이중연은 "1945년 10월 무렵을 실제 출범 시기로 볼 수 있을 것"(56쪽)이라고 주장하고 있고, 오영식도 《해방기 간행도서 총목록》(2009, 19쪽)에서 "1945년 하반기에 결성되었기에 1945년 존재 가능성을 열어놓았다"고 언급한 바 있다. 그 근거로《출판대감》의〈도서목록〉에는 1946년 2월에 이미《유물변증법과 맑쓰주의》(프리릿히 엥겔스 저, 규격 소, 14쪽, 2.50원)가 좌협 명의로 발행된 바 있고, 4월에는 좌협이 편역한《중국공산당 최근의 동향》(우리서원, 규격 소, 93쪽, 25원)이 출판된 사실을 지적하면서 "이 책들의 제작 기간을 감안하면 좌협의 활동이 시작된 것은 늦어도 1945년 10월경이었을 것"이라는 주장이다. 그런데 좌협은 이미 1945년 12월 10일, 군정청 회의실에서 60여 출판사 대표들이 모여 조선출판문화협회 설립을 결의했을 때 좌협을 대표해서 12명의 발기인 중 한 명으로 선출될 정도로 출판계의 한 축을 대표하는 기관으로 인정받고 있었다. 그러나 좌협의 설립일은 정확히 알 수 없었다.

그런데 필자는 최근 더 정확하게 그 실체를 파악할 수 있는 자료를 발굴했다.[102]《중앙신문》의〈조선좌익서적출판협의회〉라는 1단짜리 기사에 따르면 "과거 일본제국주의의 압박으로 박해를 받던 좌익서적의 출판을 동일한 계통으로 통제해《맑스》,《레닌》주의 이론을 대중에게 보급하기 위해 일전에 서울 모처에서 '동무사', '해방사' 등 좌익서적 출판 관계자 대표가 모여 협의한 결과, 조선좌익서적출판협의회를 창립했으며 본부 사무소는 서울 안국정(안국동) 행림서원 안에 두기로 했다"며 역원(役員) 명단까지 보도하고 있다.[103] 이 기사로서는 정확한 창립일자는 알 수 없지만 '일전에'란 표현은 바로 '며칠 전'을 뜻하는 말이고, 당시 보도관행이나 정보의 신선도를 중시하는 뉴스 가치를 감안할 때 10월 30일경으로 짐작된다. 동무사의 대표는 윤병익(尹秉益)이고 해방사는 등록상 공식명칭은 '해방출판사'이며 대표는 추종수(秋鍾洙)지만 추교철(秋敎哲)로도 불렸다.

좌협의 소재지인 행림서원은 뜻밖에도 광복 직후 조선공산당 '재건준비 사무실'의

---

**102** 〈朝鮮左翼書籍出版協議會〉,《중앙신문》(제2호), 1945. 11. 2.

**103** 《중앙신문》, 1945. 11. 2.

하나였으며 조선공산당의 '공개된 연락장소'이기도 했다. 박헌영의 은신처로 이용되기도 했던 중요한 곳으로, 우리서원 맞은편 자리였다.

이런 보도가 나간 뒤, 우리서원(全禹鎭)은 《중앙신문》(1945. 11. 15.)에 '좌익서적출판협의회 총판매소'란 설명을 달고 좌협과 좌익서적 광고를 게재한다. 우리서원이 신문광고에 좌협의 존재를 알리는 문구를 삽입한 것은 이것이 최초이다. 다른 신문에서는 볼 수도 없는 광고이다. 그 후 우리서원은 여러 차례 광고를 하면서 〈좌협월보〉와 판매목록을 배부하고 있다며 적극적으로 좌협활동을 홍보하고 있다.

이로 미루어 좌협은 설립 초기부터 어떤 형태로든 회지(會誌)도 정기적으로 발행했으나 〈좌협월보〉나 좌익 출판사들의 판매도서 목록은 현재까지 한 번도 발견된 일이 없다. 또 우리서원이 좌협 회원들의 총판매소 역할을 했다면 그것은 해방 직후 최초의 서적도매상인 삼중당과 비슷한 시기에 도매업에도 진출한 것이 된다. 좌협 회원사의 총판매소인 우리서원은 좌익 서점 겸 출판사로 행림서원 바로 맞은편, 관훈동 144에 있다가 경운동 69번지로 옮겼다. 1946년 6월 16일에는 10여 명의 청년들에게 피습을 받기도 했다.[104]

발족 당시 좌협의 조직을 보면 의장 겸 기획부장 온락중(溫樂中, 1901~?), 번역부장 이철(李哲), 출판부장 김양수(金陽壽), 배포연락부장 이창훈(李昌勳), 도서부장 이상호(李相昊)이며 기획부원으로 최성세(崔成世), 최승우(崔昇宇), 이철(번역부장), 김순룡(金順龍) 등 4명이 있었다. 이러한 조직체제로 미루어 출판난체로서뿐만 이니라 좌익 선전·선동을 목적으로 공산주의 서적의 번역·집필·출판을 담당하는 다목적 기구로 출발했음을 알 수 있다. 실제로 좌협은 앞에서 언급한 것처럼 출판사 등록도 하고 번역과 감수, 출판활동을 한 사실을 책을 통해 확인할 수 있다.[105] 《출판대감》의 〈출판사 명단〉(1949.

---

104 《독립신보》 1946. 6. 18.

105 좌협은 출판 2종, 번역과 감수 각 1종씩의 출판활동을 한 것이 현재 확인되고 있다. 좌협에서 발행한 도서목록을 《출판대감》은 3종, 오영식의 《해방기간행도서총목록》은 2종을 수록하고 있는데 1종만 중복되고 나머지는 각각 다르다. 《유물변증법과 맑스주의》(F. 엥겔스, B6, 14쪽, 2월 50전, 1946. 2. 발행)는 직접 발행한 책으로 두 자료가 일치하고, 《출판대감》에서 좌협 발행으로 기재한 《중국공산당 최근의 동향》은 좌협 번역부가 번역하고 우리서원 출판부가 발행한 책이다. 좌협이 번역한 것으로 《출판대감》에 수록된 《연합정부론》(1945년 4월 개최된 중공 제7차 대표대회에서의 모택동 정치보고, A5, 117쪽, 임시정가 10원, 1946. 3. 1. 발행)은 실물에 따르면, 표지에 좌협이 감수한 것으로 되어 있고 판권에는 신여근(申如勤)이 번역했으며 출판사명 기재 없이 발행인이 돈암정 499의 1에 주소를 둔 김홍한(金洪漢)으로 되

1. 15. 현재)에는 온락중이 대표로 등록한 좌협의 출판사 등록번호가 496호 '안국동 157번지'로 되어 있으나 정확한 등록일자는 나와 있지 않다.

좌협은 출판활동이 활발한 편은 아니었으며 정부수립을 즈음해서 좌익서적에 대한 독자들의 관심이 멀어지고 좌익활동도 제약을 받는 동안에 자동소멸했다.

온락중, 조벽암 등은 널리 알려진 바와 같이 좌익정당·단체의 주요 인물이었고 실무책임자로 보이는 이철도 인민공화국, 남로당에서 활동한 점으로 미루어 좌익정당과 긴밀한 관계가 있었음을 짐작할 수 있다.

온락중이 좌협 설립과정에서 어떤 역할을 했으며 어떤 경위로 의장까지 맡게 되었는지 현재로서는 알 수 없지만 그는 널리 알려진 바와 같이 좌익정당·단체의 주요 인물이었다.

온락중은 김제에서 태어나 와세다(早稻田)대학을 졸업하고 중앙고등보통학교(중앙고교의 전신) 교사로 있었으며, 1927년 1월 하순경 고려공산청년회('공청') 회원이 되었다. 공청은 조선공산당을 결성한 다음 날 훈정동 박헌영의 집에서 만들어진 조직이며 조선공산당의 지도를 받았다. 1928년 2월 제3차 조선공산당 검거사건(일명 ML당 검거사건) 때 김준연(金俊淵) 등과 함께 체포되어 〈치안유지법〉 위반으로 징역 5년 6월을 선고받고 서대문형무소에서 복역했다. 그는 이 사건의 중심인물로 알려져 있다.[106] 1945년 9월 서울시 인민위원회 위원으로 선임되었고, 반파쇼공동투쟁위원회 선전부장을 지냈으며, 1946년 2월에 결성된 좌익세력의 통일전선체인 민주주의민족전선 중앙위원 등으로 활동[107]했다. 이런 좌익활동 배경이 좌협의 의장으로 선임되는 데 작용했을 것이다. 그는 남조선신민당, 조선공산당과 조선인민당, 이 3당이 합당할 때 박헌영 중심의 남조선신민당에 반발해 여운형의 사회노동당에 동참하여 중앙위원에 선출되었으나 정세가 사회노동당에 불리해지자 1947년 1월 남조선노동당과 합당할 것을 주장했

---

어 있으며, 총판매소가 우리서원으로 표시되어 있다. 오영식은《청년에게 주는 연설》(레닌, A5, 31쪽 3월 50전, 1946. 2. 1. 발행)을 좌협 발행으로 제시하고 있다.

106 《東亞日報》, 1928. 2. 8.

107 1946년 1월 19일 '민주주의민족전선'이 결성될 때 좌협도 29개 정당단체의 하나로 참가했다 (《中央新聞》, 1946. 1. 21.자 보도 참조)

다. 그는《노동자정치독본》(문우인서관, 1946),《조선해방의 국제적 경위와 미소공위(美蘇共委)사업》(문우사, 1947),《북조선기행》(조선중앙일보사, 1948),《몽중록》(조선중앙일보사, 1948) 등을 직접 집필했다.

또 좌협 핵심인물 가운데 하나로 알려진 이철도 인민공화국, 남로당 등에서 활동했다. 그는 군정기 검찰총장과 정부수립 후 초대 법무부장관을 역임한 이인(李仁)의 친동생으로, 경성법학전문학교와 경성제대에서 불어를 전공했으며 박헌영, 박갑동의 직계로 알려져 있다.

역사학자 김성칠(金聖七)과는 전문학교와 경성제대 동창으로 매우 절친한 친구였다. 김성칠에 따르면 그가 좌협의 일을 그만두었을 때 자기 집에서 며칠씩 묵어가는 일도 있었고 돌아갈 때는 생활비도 보태주었다고 한다.

김성칠은 이철이 6·25전쟁 당시 서울인민위원회 문화선전부에서 일할 당시 잠깐 만났을 때의 실망과 배신감에 대해 비감 어린 소회를 일기에 남긴 바 있다. 이철은 이렇게 해방 직후 인민공화국-좌협-남로당순으로 활동하다 6·25전쟁 당시 월북했다고 하는데, 6·25전쟁 중에 사망했다는 주장도 있다.[108] 좌협은 이런 정황으로 미루어, 좌익정당, 특히 남로당과 긴밀한 관계를 가지면서 좌파진영의 선전 및 출판활동 조직의 일환으로 활동했던 곳이다.

좌협이 좌익계열의 출판사를 대표하는 단체로 널리 알려지게 된 것은 1946년 말경에 회원사 간의 중복 출판을 피해 출혈판매로 인한 이윤감소를 지양하자는 점과 이를 통해 용지구득난도 다소나마 극복하자는 것을 직접적인 활동으로 표방하고 나서면서부터이다. 당시는 좌익활동에 대한 미군정의 규제가 차츰 강화되는 때[109]였고 좌익 출판사 사이에서도 '중복 출판'으로 인한 경쟁이 심해지고 있는 현실을 타개하기 위해 '비민주적 출판의 배제'를 내세우며 대외활동을 강화하기 시작했다.

---

108 그의 6·25전쟁 당시 활동에 대해 경성법학전문학교와 경성제대 동창으로 절친한 친구 사이였던 국사학자 김성칠은 그의 저서《역사 앞에서》(창비, pp. 128~137)에서 월북한 것으로 자세히 기록했고, 박갑동은《서울 평양 북경 도쿄》(기린원, p. 161)에서 "6·25 때 그가 중공군의 일제사격을 받아 억울하게 죽음을 당해 지금도 가슴 아프다"고 기술하고 있다.

109 남한에서 공산주의자들에 대한 통제는 1946년 초부터 시작되었다.(서대숙, 〈김일성의 권력장악 과정〉,《한국현대사의 재조명》, 서울 돌베개, 1982, p. 196

좌익서적에 대한 독자들의 관심이 줄고 출판활동이 위축되기 시작한 위기감도 작용했을 것이다. 당시 좌익의 중복 출판 실태를 보면 《맑스·레닌주의 경제학교정》(전4권)은 이민의 노농사와 지봉문의 조선문학사가 발간했고, 《스탈린선집》(전8권)은 노농사와 박종대의 청년사, 조선 맑스·엥겔스·레닌연구소 등 3사가 경합하는 상황이었다. 또 《모택동·주덕선집》(전4권)은 신인사와 신문화연구소가 경쟁하고 있었다.

그래서 자체 내의 통제기능을 강화한 조직으로 확대개편한 것[110]이 46년 말 무렵의 일이었다. 이렇게 해서 "좌익서적계에서 상호경쟁을 낳을 수 있는 2중출판을 피하고 출판에 앞서 번역이나 저서를 불문하고 원고검토를 실시해 노선이 아니면 영업적 손실을 감당하면서도 출판하지 않는 노력을 기울인 결과, 좌익서적은 질적 향상을 보게 되었으며 동시에 양적으로 제한을 받았기에 66종에 그쳤던 것"이라고 자체평가[111]할 수 있었던 것으로 보인다.

이렇게 볼 때 좌협은 초기에 좌익 출판인들끼리 선전선동을 목적으로 좌익세력 산하의 출판기구로 조직, 운영하면서 좌익 출판사들의 활동을 조정하는 기구로 활동영역을 확대한 것으로 보인다. 어찌 되었든 좌익계 출판사들이 우익진영보다 한발 먼저 좌협이란 단체를 통해 조직적으로 활동을 꾀한 것만은 분명한 사실이다.


### 정부수립으로 안정을 찾아가는 출판계

제주4·3사태, 여순반란사건 등 시국은 여전히 어수선한 가운데 1948년 5월 10일, 유엔의 감시 하에 남한만의 총선거가 실시되고 자유민주주의 국가의 정체성을 명시한 〈헌법〉이 7월 17일 공포된 데 이어 마침내 8월 15일에는 단독정부가 수립되었다. 일제

---

110 좌협의 기능 확대개편은 다음과 같은 노선에 따른 것으로 보인다. 즉 좌익계열의 문화활동은 "광복 1주년을 맞이해 광복 직후 각 분야에서 자발적·자주적으로 시작한 문화운동의 목표와 방향을 재검토하고 그 과정에서 수립된 기본노선에 기초해 통일적인 기관을 가지기에 이르렀으며 동시에 민족통일 태세가 그 투쟁의 중요한 일익을 담당할 태세를 갖추는 데 1년의 시간이 소모되었다. 이제 거대한 문화운동의 전환점에서 앞으로의 문화운동은 임무를 확고히 세우고 문화를 인민대중 속으로 뿌리 깊게 확산시키기 위한 구체적인 실천과 활동계획의 방향 위에서 전개될 것이다."(민주주의민족전선 편,《조선해방연보》〈제11장 문화〉, 서울 문우인서관, 1946 참조

111 민주주의민족전선 편,《해방조선—자주적 통일민족국가 수립 투쟁사 Ⅱ》, 서울 과학과사상, 1988, p. 506. 이 책은 1946년 10월 문우인서관이 발행한《조선해방연보》를 2권으로 나누어 재발간한 것이다. '출판계의 1년' 등을 정리한 이 책의 제11장 〈문화〉는 온락중이 집필한 것으로 알려져 있다.

로부터 광복된 지 만 3년 만에 군정이 철폐되고 비로소 완전한 독립국가로서의 대한민국이 탄생한 것이다. 초대 대통령으로 이승만(李承晩)이 선출되었으며, 곧이어 미국, 프랑스, 영국, 자유중국 등 세계 각국이 연달아 우리나라를 승인했다. 그러나 이것으로 한국 문제가 완전히 해결된 것은 아니다. 북위 38도선 이북에서는 같은 해 9월 9일에 공산사회주의를 표방한 김일성 정권이 대두되어 남북분단의 고착화가 한층 더 강화되었기 때문이다.

대한민국은 국민의 재산권과 경제활동의 자유를 보장하는 민주주의와 시장경제체제를 채택했다. 민주독립국가의 성립으로 미군정에 이어 출판의 자유가 계속 보장되었고 민주주의와 시장경제라는 건국의 기초이념을 토대로 오늘날과 같은 안정과 번영을 이룩할 수 있었다. 새로운 대한민국 정부에서 출판행정을 담당할 부서로는 일반도서와 교과서, 저작권은 문교부가, 정기간행물은 공보실로 나뉘었다. 정부는 공산주의 사상을 용인하지 않았으며, 사회주의 계열의 서적출판과 판매를 일체 불허했다. 이때를 전후해서 좌익계열의 출판사들이 대부분 월북했다. 이승만 대통령의 완강한 배일사상을 반영해 일어 중판 간행도 하지 않기로 출판인들 스스로 결의했다.

출판활동은 점차 안정을 찾아갔다. 그러나 출판계의 일반적 상황은 계획출판이라고 할 만한 것이 별로 없었다. 한글로 원고를 쓸 만한 저자도 적어서 여전히 원고난이 해소되지 못하는 때였기 때문에 그때그때 원고가 확보되는 대로 출판했다고 할 수 있다. 자금 면에서도 기업석인 운영을 하는 출판사가 드물었다. 그럼에도 다행히 일부 출판물들이 적중하거나 교과서와 학습참고서 출판을 통해 성장하는 출판사들이 나타나기 시작했고 이런 출판사들의 활동으로 광복 이후에 출판된 방대한 양의 출판물들이 전국서점을 장식할 수 있었다.[112]

대한민국 정부수립(1948. 8. 15.)

112 "해방 후 3년 동안 출판된 국내 출판물이 공산주의 선전용 팸플릿을 비롯해 5만종을 넘고 있으나 대부분이 실로 내용을 무시한 잡서(雜書)에 속하는 것들"이라 "관계당국과 출판업자들의 대책수립이 촉구된다"는 언론보도를 볼 수 있다. 그러나 5만종이란 숫자는 믿을 수 없는 수치이다. 그리고 5만종에 대한 근거도 구체적으로 밝히지 않고 있는 점으

이해부터 갱지생산량이 늘어나고 가격도 떨어지기 시작해 출판물은 대부분 갱지를 사용했다. 이때의 갱지가격도 연당 7, 8천원(圓)이었으니 1946년의 2만원대에 비하면 상당히 떨어졌다. 인쇄와 제본설비도 정상을 되찾아 제작과 장정도 크게 향상되었다. 그렇지만 인건비, 인쇄비 등 제작비가 인상된 데다 판매율이 저하된 때문에 평균 발행단위는 점점 줄어들고 있었다. 따라서 책값은 인하되지 않았다. 출판사의 출고율도 75% 선으로 굳어지고 있었지만, 서적상과의 거래는 원활한 편이 못되었다. 판매대금 회수문제는 항상 고민의 대상이었다.

## 교과서 출판으로 시작한 현대출판

### 학교교육의 시작과 교과서 출판

교과서라는 출판유형의 개발은 역사적으로 교육에 대한 가치이해와 관심증대, 그리고 교사들의 체계적인 훈련계기를 마련함으로써 어떠한 교육이론보다 대중교육을 실현하는 데 크게 공헌했다. 그러면서 출판시장의 규모를 확대하고 출판산업 기반을 안정적으로 이끌어내는 기회를 제공했다는 출판사적 의의를 지니고 있다. 교과서는 계획출판이 가능한 품목이고 교과서 시장은 지속적으로 성장해온 분야다.

동서와 고금을 불문하고 출판 선진국들의 출판역사를 보아도 초기에는 반드시 교육용도서출판의 단계를 거쳐 출판발전을 이룩했음을 알 수 있다. 우리나라도 여기서 예외일 수 없다. 1970년대 전반까지만 해도 교과서와 학습참고서 등 교육용 도서가 출판시장의 50%가 넘을 정도였으니, 오늘 우리 출판산업은 교육용 도서의 힘에 의해 그 기반을 굳건히 다질 수 있었다고 해도 지나치지 않다. 그만큼 출판인들이 우리 교육발전에 이바지한 공로가 지대했다고도 할 수 있다.

신생 독립국가로 발전하는 데 가장 중요한 요소가 인재양성이라는 사실에 착안한 우리 출판인들은 광복기 급증하는 교육수요를 충당할 교과서 개발을 서둘렀다. 1945

로 미루어, 정확한 수치라기보다는 그만큼 많은 양의 책들이 쏟아져 나왔다는 당시 상황을 강조한 것으로 읽힌다.(《동아일보》1948. 7. 23.(2) 참조)

년 9월 24일 초등학교가, 이듬해 10월 1일에는 중등학교가 문을 열었다. 적지 않은 학교가 미군정이 지정한 날에 문을 열 수 없었다. 그날 개교를 했어도 실제 수업은 이루어질 수 없는 상황이었다. 우리말로 된 교과서가 하나도 없었기 때문이다.

본격적인 민족교육이 시작되면서 가장 먼저 부딪힌 문제는 한글로 된 교과서를 서둘러 만들어내는 일이었다. 일제강점기에 일본어로 작성된 교과서는 8·15광복 후 모두 수거되어 소각되거나 바다에 버려졌기 때문에 교과서를 확보하는 일은 시간적으로 매우 긴급을 요하는 다급한 상황이었다. 그렇지만 짧은 기한 안에 한국어로 된 교과서를 편찬한다는 것은 현실적으로 매우 어렵고 힘겨운 과제였다. 한글로 교과서를 집필할 저자가 크게 부족한 상황에서 시설·기술·용지도 없었다. 군정당국은 "조선어로 상당한 교육재료를 활용할 수 있을 때까지 외국어를 사용해도 무방하다"는 비상조치를 발표했다. 일본어 교과서 사용을 용인하겠다는 것이었지만 그럴 수는 없는 일이었다. 교과서 출판에 관한 한 무정부 상태나 크게 다르지 않은 환경에서, 출판인들은 "대학교수가 어떻게 교과서를 집필하느냐"고 거절하는 학자들을 설득해 어렵사리 임시교재를 엮어 등사판으로 찍고 철사로 꿰맸다. 모두 수개월씩 밤잠을 잊은 채 수(手)작업으로밖에 할 수 없는 형편이었다.

국가의 교육이념도, 교육과정도 아직 정해지지 않았고 교과서 제도나 정책에 대해서는 논의조차 시작하기 훨씬 이전의 일이었다. 오로지 2세 교육을 위해 출판사가 저자와 협의해서 과목도 정하고 교과서의 내용도 창작해냈다. 교과요목이 모두 결정된 것은 1946년 12월이고 이듬해 1월에 교수요목집이 책으로 나와 교과목과 과목별로 가르칠 내용의 줄거리가 제시되었다.

미군정 학무국이 1945년 9월 11일부터 업무를 시작해 제일 먼저 편찬한 교과서는 국어와 국사에 관한 것이었다. 조선어학회가 편찬한《한글첫걸음》과《초등국어독본(상)》은 11월 15일에야 인쇄가 끝나고 11월 20일에 군정장관에게 제출되어, 1946년 3월까지 각각 133만부와 60만부를 무상배포할 수 있었다. 학무국의 폴 앤더슨(Paul Anderson) 미 육군대위와 사병 1명, 한국인 1명이 2.5톤 군용 트럭에 교과서를 싣고 1946년 1월부터 3개월간 전국 방방곡곡 5,000마일을 순회하면서 그 많은 부수를 배분했다. 그러므로 1945년 말까지는 초등학교 국어 교육마저 제대로 이루어지지 못했던 것이다. 진단학회는《국사교본》을 편찬해냈다. 군정청에서도 교과서 개발을 서둘렀다. 1946년 2월 현재 집필이 완료된 교과서는 [도표 2-10]과 같다. 당시 학무국 편수과의 한국인 책임자는 최현배였다.

그때부터 출판계가 학술단체 등과 힘을 합쳐 1946년 2월까지 초등학교 10개 과목, 중학교용 국어독본과 교사용이 나오게 되어, 11월까지 500여 만부를 전국에 배포했다. 많은 출판사들이 어려운 제작여건을 무릅쓰고 이렇게 열성적으로 교과서 출판에 매달려 짧은 기간 안에 그만큼이나마 교과서를 공급할 수 있었다. 정가도 자유롭게 책정할 수 있었고 판매도 자유로웠다.

[도표 2-10] 군정청의 교과서 집필상황(1946. 2. 현재)

| 교과서 종류 | 대상 학생(용도) | 원고집필 완료일자 | 인쇄일자 |
|---|---|---|---|
| 한글 | 국민(초등)학교 | 1945. 9. 1. | 1945. 11. 15. |
| 국어독본 I | 국민(초등)학교 | 1945. 9. 1. | 1945. 11. 15. |
| 국어독본 II | 국민(초등)학교 | 1945. 12. 2. | |
| 국어독본 III | 국민(초등)학교 | 1945. 12. 2. | |
| 국어독본 | 중학교 | 1946. 1. 28. | |
| 국어독본 교사용 지침서 | 교사용 | 1945. 10. 1. | 1946. 1. 15. |
| 공민 | 국민(초등)학교(1~2학년) | 1945. 12. 16. | |
| 공민 | 국민(초등)학교(3~4학년) | 1945. 12. 16. | |
| 공민 | 국민(초등)학교(5~6학년) | 1945. 12. 16. | |
| 국사 | 중학교 | 1945. 12. 11. | |
| 음악 | 국민(초등)학교(1~6학년) | 1945. 12. 20. | |
| 글씨본 | 국민(초등)학교(1~2학년) | 1946. 2. 15. | |
| 지리 | 국민(초등)학교(5학년) | 1946. 2. 15. | |
| 국사 | 국민(초등)학교(5~6학년) | 1945. 10. 15. | |

자료 : Bureau of Edu., *History of Bureau of Education* ; From 11 September 1945 to 29 February 1946, Part VI. 5

그러나 교과서 부족사태는 날이 갈수록 더욱 심각해져만 갔다. 학생 수가 폭발적으로 늘어났기 때문이다. 해방과 더불어 국외로 나갔던 국민들의 귀환, 사회주의 체제를 피해 남한으로 이주한 북한 주민 등이 몰리면서 인구가 급증했고 그에 따라 교육대상

인구도 계속 늘어만 갔다.[113] 교육열도 어느 때보다 뜨거웠다.

해방 당시 136만 명이던 초등학생 수가 1년 후에는 216만 명으로 늘어났고 정부가 수립된 49년 무렵에는 240만 명이 넘었다. 1948년의 교과서 부족현상을 보면 초등학교용이 41종에 2,338만2,000여 부가 필요한데 해방 후 3년간 실제 발행된 부수는 117만 부에 지나지 않았으며 중학교에서의 필요량은 360만 부가량이었지만 그 양의 50분의 1에 지나지 않는 겨우 7만2,000여 부밖에 발행하지 못해 부족현상이 더욱 심화되고 있었다. 조선교육연합회는 불필요한 출판물을 통제해서라도 교과서를 출판하도록 해달라는 진정서를 1948년 1월 16일 군정장관, 민정장관, 문교장관, 상공장관에게 제출할 정도로 다급한 실정이었다.

미군정하의 교육당국은 30여 출판사의 대표들을 불러 이러한 교과서난(難)의 해소책을 협의했으나 용지재고가 바닥난 상태에서 묘안이 있을 수 없었다. 군정당국에서는 날로 악화되는 용지사정을 감안해 용지배급권을 행사해 불요불급한 도서의 출판을 억제하는 한편, 일부 출판사에 대해서는 용지수입을 알선해 교과서의 제작 등 꼭 필요한 출판지원을 통해 건전한 출판사의 육성에 힘쓴다.

정부가 수립되면서 교과서 부족사태도 어려운 고비를 넘기는 듯싶었다. 교과서 생산·공급이 다소 안정을 찾아갈 즈음 6·25전쟁이 터져 교과서 공급은 다시 한 번 심각한 차질을 빚게 된다. 1950년의 신학기는 6월이었다. 신학기에 맞추어 차질 없이 교과서를 적기공급하기 위해 출판사마다 24시간 작업을 해가며 나름대로 온 힘을 쏟아 제작한 것들이 공급도 못해보고 모두 잿더미로 변해버렸다.

1950년 9월 28일 서울이 수복되고 전황이 유리하게 돌아가자 피난지 학생들을 위한 종합학교가 문을 열었고, 수복학교도 점차 안정되어 수업을 시작하자 교과서 인쇄작업은 다시 눈 코 뜰 새가 없었다. 그런데 이른바 교과서 파동이 일어났다.[114] 어찌 된 셈인지 교재공급이 시급한 전시인데도 문교부가 일부 특정업자에게만 교과서 발행을 위촉

---

**113** 당시에는 국어와 국사의 국민교육이 학생들뿐 아니라 전 국민에게 절실한 실정이어서 수요를 따라갈 수 없었다. 또한 문맹퇴치를 위한 성인교육도 활발하게 전개될 때였다. 이 많은 대상을 교육시키기 위한 모든 것이 부족했고, 문맹퇴치를 위한 공민교육용 교재는 전혀 개발도 되지 못하고 있었다.

**114** 鄭鎭肅, 〈그때 그 일들 (13)〉, 《동아일보》, 1976. 3. 20.

한 것은 뜻밖이었다. 많은 업자들이 들고 일어나 항의하며 분분한 물의가 있었던 것은 당연한 일이었다.

이듬해에 문교부는 전쟁 중 물가가 오른 것을 감안해 교과서 정가를 전년도(1950년) 대비 9배로 올리라는 공문을 보내왔다. 그해에는 교과서 지형을 가지고 피난 온 출판사가 많지 않았다. 그 때문에 경쟁도 치열하지 않았고, 교과서 지형을 들고 온 몇몇 출판사들은 톡톡히 재미를 보았다. 1952년 신학기 때는 교과서 출판 분위기가 과거와는 전혀 달랐다. 전시 중인데도 용케들 서울에서 지형을 가져와 출판사마다 교과서 제작에 열을 올렸다. 교과서 제작의 과당경쟁은 물론이고, 무원칙한 외상판매로 인한 대금회수의 차질로 말미암아 도산하는 출판사가 속출했다.

문교당국과 출판사들은 대책회의를 거듭했고, 마침내 1952년 11월 11일, 다음해 신학기부터 교과서 공급을 공평하게 전담할 한국검인정도서공급주식회사를 창립했다. 피난 중 부산 묘심사에서 문교 당국자와 출판인들이 교과서 공급체제 구축방안에 대해 하루 종일 난상토론 끝에 한국검인정도서공급주식회사를 설립하기로 결의하고, 그자리에서 밤늦게 발기인총회를 가졌다. 당시 교과서의 원활한 공급은 가장 절박한 출판정책 과제였다. 생산은 각 출판사가 책임지고 공급만은 이 회사에 맡기되 전국 각 시군에 지정공급소를 두어 현금으로 판매하고 출판사에 대한 대금정산은 5일마다 한다는 룰이 정해졌다. 이때의 주주는 27명이었고 교과서 종수는 420종이었다. 초대 사장은 민장식이었고 이병준, 정진숙, 이계하, 백남홍, 홍석우, 변우경, 변호성, 이강렴, 이대의, 최영해, 신재영, 최상윤, 주재중, 예동수가 이사로, 김명섭이 감사로 각각 선임되었다. 이와 같이 공급회사가 창립되자 교과서 생산자금으로 5개 시중은행에서 50억원을 융자받아 주주들의 실적별로 분배했다.[115] 이에 힘입어 1953년 신학기에는 교과서 공급이 순조로울 줄 알았는데, 주문부수가 공개되자 주문량이 많은 출판사와 그렇지 못한 출판사 간에 다툼이 일어났고, 끝내는 일부 출판사의 '교과서 판매보류'라는 소동이 벌어졌다. 판매가 보류된 출판사는 민중서관, 장왕사, 백영사, 동국문화사, 일심사 등 5개사였다. 판매보류 소동은 다행히 5일 만에 수습되었지만, 이로 인한 교과서 공급은 일

---

115   이대의, 《나와 검인정교과서》, 서울 중앙출판공사, 2002, p. 33

시적이나마 혼란을 겪지 않으면 안 되었다.

피난지에서도 출판사들은 만난을 무릅쓰고 학기에 맞추어 교과서를 공급하고자 최선을 다했지만 교과서 문제는 50년대 말에 가서야 겨우 안정을 찾을 수 있었다. 전후 교육여건이 비교적 빨리 정상화될 수 있었던 배경에는 교과서의 적기공급에 진력한 출판인들의 노력이 컸기 때문이다. 한국 출판산업이 6·25의 전재(戰災)로부터 재빨리 소생할 수 있었던 배경에는 교과서 출판이 큰 힘이 되었다. 교과서 출판은 영세한 출판사의 안정에 큰 도움이 되었다. 50년대 출판계를 왕성하게 주도한 출판사들은 대부분 교과서 판매경쟁에서 성공한 곳들이었다.

그런데 특기할 점은 이때의 교과서들은 처음부터 하나같이 가로쓰기 체제였다는 점이다. 누가 지시한 것도 아닌데, 일제강점기의 교과서나 광복 당시 일반도서는 전부 세로짜기였던 것과 비교하면 큰 변화요 발전이 아닐 수 없다.

### 교과서 제도와 공급체계 확립과정

형식적으로나마 검인정 제도가 도입된 것은 정부가 수립된 뒤인 1950년이다.[116] 문교부는 그때까지 출간된 모든 중·고등학교 교과서들을 제출해 검정을 받으라고 했다. 문교부는 제출받은 교과서 중에서 좌익사상이 내포된 것을 빼고는 거의 합격시키거나 수정지시를 내렸다. 한 과목에 몇 종까지 합격시킨다는 제한이 없을 때여서 수정지시대로 수정해 다시 신청하면 대부분 합격되었다. 정가도 사정해주었다. 이를 '검인정교과서'라 불렀다. 그리고 앞으로는 반드시 문교부에 교과서 검인정 출원을 신청케 했다. 수시 검정제도였다. 이때 검정에 합격한 것은 제1차 교육과정이 적용된 1956년까지 계속 사용되었다. 그때는 서점들이 책값을 먼저 맡기고 제작되는 대로 보내달라는 시절이었기 때문에 책을 팔려고 애쓸 필요가 없었다. 채택운동도 하지 않았다. 뒤에서 자세히 살펴보겠지만, 저마다 자기 출판사의 교과서를 채택시키려고 과당경쟁을 벌이기 시작한 것은 1956년 제1차 교육과정에 따라 교과서의 전면개편이 이루어지면서부터이다. 과목당 교과서의 종수가 제한되기 시작한 것은 1965년의 일이고, 이를 계기로 교과

---

**116** 검인정교과서 제도를 규정한 최초의 〈교과용 도서 검인정 규정〉은 1950년 4월 29일 대통령령 제336호로 제정·공포되었다.

피난 중 부산 묘심사에서 하루 종일 설립방안을 놓고 토론을 벌인 후 밤늦게 결론을 낸 한국
검인정도서공급(주) 발기인총회(1952. 11. 11.)

서 채택경쟁은 더욱 치열해졌다.

한국검인정도서공급(주)는 1953년 8월 서울로 환도했다. 주주 수는 신규로 19명을 더해 모두 46명이 되었고, 교과서도 48종이 추가되어 420종에서 468종으로 늘어났다. 1956년 1월에는 교육과정이 전면개정됨에 따라 검인정교과서도 모두 개편되었다. 그 바람에 신규 검인정교과서는 916종으로 늘어났고, 주주의 수도 66명이 되었다. 1956년의 새 교과서 판매경쟁은 치열했다. 교과서의 전면개편이 이루어지고 교과서 출판사 수도 늘어나자 66개 출판사는 죽기 살기로 채택운동을 벌였다. 채택료의 지출도 막대했다. 그러나 실제로 출고된 부수는 주문부수의 절반 정도에 머물렀다. 교과서 물려주기 전통이 그런 결과를 빚었다. 이를 예측하지 못한 각 출판사들마다 재고가 산더미같이 쌓이면서 다시 한 번 전 교과서 출판사들은 도산지경에 빠졌다. 회의를 거듭하면서 살길을 모색했다. 그래서 얻어진 결과는 선전(채택) 방지책으로 판매실적을 주식으로 고정하고 풀(fool)제로 운영하는 방안이었다. 다시 말하자면, 판매뿐 아니라 생산까지 공동으로 하자는 것이었다. 공동생산을 하게 되면 계획생산이 가능해 재고를 줄일 수 있고, 판매실적을 주식으로 고정하면 경영합리화도 기할 수 있다는 계산이었다. 그러나 당년도 실적만 가지고 주식의 비율을 결정하는 방법에 불만을 터뜨리는 사람들이 있어 합의를 보지 못해 무차별적인 채택경쟁은 1957년에도 되풀이되었다. 일부 업자가 구속되는 사태까지 벌어졌다. 정말로 모든 출판사는 기진맥진한 상태가 되었다.

이러한 교과서 채택경쟁은 이때부터 학습참고서 채택경쟁으로 발전해 온갖 비리와 탈법이 이어지면서 출판인의 긍지와 위상을 저하하는 요인으로 작용했다.

문교부의 양해 속에서 72명의 교과서 발행 출판사들은 1957년 7월 한국검인정교과서주식회사('검인정회사')를 새로 발족시켰다. 이때 사장으로 정진숙이 선출되었다. 또한 최상윤과 이강렴이 부사장으로 선임되고 상임감사 이중남을 포함해 이사 20명에 감사는 모두 3인이었다. 새로운 이사로 이규성, 서복환, 이계하, 한만년, 백만두, 주인용, 신성생(申聖生), 박해봉(朴海鳳) 등이 등장해 교과서 업계의 판도가 크게 변화하고 있음을 실감케 했다. 검인정회사의 설립취지와 목적은 교과서의 공동생산·공동판매를 위한 일종의 트러스트(trust) 조직이었다. 1957년의 판매실적을 기준으로 주식 비율을 결정하되, 판매실적 60%, 발행부수와 정가 30%, 조정주식 10%로 지분율을 정해 배당키로 하고 공동생산, 공동판매 체제를 구축했다. 당시의 교과서 종수는 925종이었고, 이의 공급을 담당할 판매업자로 전국에서 유수한 서점 225개를 선정하는 등 주도면밀한 체제를 갖추었다. 하지만 당장 쪼들리고 어려운 자금사정을 해결하는 일은 또 다른 문제였다. 신학기 교과서 공급에 차질을 빚지 않기 위해 대책 마련에 부심한 결과 신학기를 지불날짜로 하는 지불보증서를 검인정 회사 명의로 발행해 고비를 넘기도록 했다.

출판사별 지불보증서의 금액은 검인정회사에 입고된 재고도서의 정가대비 30%를 기준으로 산출해 책정했다. 대부분의 출판들은 일종의 약속어음과 같은 이것을 다시 소액으로 나누어 제작비와 용지대 등을 지불하는 데 사용했다.

문교부는 그럼에도 선전파동으로 교과서의 생산·공급의 차질을 빚을까봐 염려해 검인정회사 업무를 행정적으로 뒷받침할 수 있는 보장책을 요구했다. 그리하여 1958년 3월에는 한국검인정교과서협회가 창립되었다. 초대 회장으로 이대의가 선출되었는데, 이때의 문교부장관은 장왕사의 저자인 최규남(崔奎南)이어서 문교부와의 관계를 원만하게 유지하면서 교과서 발전을 기할 수 있었다.

5년마다 교육과정이 개정되면서 교과서 개편도 주기적으로 이루어지고, 이에 따라 교과서 출판사들이 학교별로 갈리면서 검인정회사도 중등교과서회사(1965년 설립)와 고등교과서회사(1967년), 실업교과서(1972년), 한국교과서(1974년)로 분리된다. 유신체제하에서는 검인정교과서 제작·공급에 소요되는 시간, 경비, 인력과 잡음을 없애고 학부모의 부담을 경감시킨다는 이유에서 검인정을 국정교과서와 유사한 단일본(單一本)

화하는 경향도 나타나게 된다. 이에 따라 1973년 사회 교과서를 시발로 이듬해까지《사회과부도》(검인정 9종을 단일화),《과학》(14종),《체육》(12종),《수학》(16종),《영어》(17종) 등 6개 과목 70여 종의 검인정교과서가 각각 1종으로 단일화되어 발행되었다. 경쟁이 그만큼 줄 수 있었다. 이때의 교과서 수는 875종이었고 그중 단일본은 중등 7과목 16종, 고등은 6과목 12종, 국정국사 2종이었다.

유신 말기인 1977년 2월, 이른바 '검인정교과서 사건'이 발생한다. 무려 110여 억원의 세금이 전 주주에게 부과되었고, 모든 검인정교과서 발행권은 취소되었다. 117개 출판사가 하루아침에 도산위기에 몰리지 않을 수 없게 되었다.[117] 전국의 243개 서점들도 검인정교과서 공급권을 잃게 되어 경영의 어려움에 직면하게 된다.

검인정교과서 사건은 그 당시 어마어마한 탈세와 불법이 있는 것처럼 보도되었으나, 1990년 9월 대법원에서 이때 추징당한 세금은 전액 '무효'판결이 남으로써 그렇지 않다는 사실이 확인되어 명예가 회복되고 납부한 세금도 환급받았다. 비록 14년 동안이나 끈질긴 투쟁을 벌인 끝에 명예가 회복되고 추징당한 재산의 일부를 회수했다지만 피해를 당한 출판인들 마음의 상처는 결코 아물 수 없었다. 이 충격 때문에 출판을 아예 중단해버린 출판인들이 적지 않았다. 심지어 그 충격으로 사망한 출판인도 있다. 무엇보다 이 사건으로 우리나라의 출판문화는 10년 이상 후퇴했다고 보는 견해가 지배적이었다. 30여 년간 축적해온 자본과 기술, 경험이 한순간에 무위로 돌아갔으며, 교과서에서 나오는 이윤으로 발행해오던 단행본과 학술서적 등 채산성이 낮은 우수도서의 출판마저 힘들어졌다. 교과서 공급권을 빼앗긴 서점들의 경영도 어려워졌다. 출판계가 초토화되다시피 되었다.

이를 계기로 교과서 제도도 근본적인 변화가 일어났다. 초·중·고교 교과서의 유형(類型)을 종래의 국정과 검인정 대신에 제1종(연구개발형)과 제2종(자유경쟁형)으로 분류, 우선 79학년부터 검인정교과서를 개편해 사용하고 국정은 연차적으로 개편하는 것을 골자로 하는 교과서 제도 개선방안을 문교부가 마련해 시행에 들어갔다. 민간 출판사가 발행할 수 있는 2종 교과서의 검정신청 자격도 강화되었다. 이러한 개선방안은 또

---

117  회사별 주주는 각각 중등 58사, 고등 86사, 실업 67사, 한국교과서 96사였는데 중복된 회사를 빼면 117이다. 이들이 해마다 생산·공급한 검인정교과서는 3,500만부에 달했다. 이 사건으로 117개사 중 96사가 교과서 업계를 떠났다.

교과서 공급과정에서 서점을 배제하고 각 시도 교육청을 통해 직접 공급한다는 방침도 담고 있었다.

## 국정교과서 발행체제의 발전

한편, 국정교과서의 발행체제가 확립되어간 과정을 간략히 살펴보자. 국정교과서는 말할 것도 없이 문교부가 저작권을 가지고 발행 및 공급까지 책임지고 있다.

국정교과서의 이권화를 방지하고 교과서 발행정책의 철저한 집행을 위해 그 발행 및 판매권을 일원화하는 것을 원칙으로 일부 업체에 번각발행권을 위탁해 보급토록 했다. 1950년 현재 국정교과서를 번각발행하는 회사는 문교서적(초등국정), 대한교과서(사장 金琪午, 1900~1955, 고등국정), 대한서적공사(사장 金宗奎, 초등국정), 교학도서(사장 崔相潤, 초등교사용 도서) 등 4개사였다. 광복 직후 6·25전쟁이 일어나기 전에는 초등 국정교과서를 조선서적인쇄주식회사(조진주)에서 맡아 생산해오고 있었다. 그러나 실제로는 이 회사의 시설부족으로 초등국정 전 과목의 생산을 담당하지 못해 그중 일부의 발행업무를 민간 출판사에 대행시켰었다. 그러다가 전쟁이 나자 더는 이 회사에 의존할 수 없다고 판단한 정부는 출판인들을 모아 입찰을 시켜 생산·공급권을 준 것이다. 입찰에 낙찰되어 생산된 국정교과서를 판매하기 위해 1952년 7월에 만들어진 회사가 대한문교서적주식회사('문교서적', 초대사장 趙東植)이다.

문교서적은 나중에 국무회의 의결로 사학재단과 정부가 공동출자(정부 51%, 사학재단 49%)한 국정교과서(주)로 이름을 바꿨다. 1953년 2월부터 교육과정의 제정과 병행해 초등학교 국정교과서의 개편작업이 진행되었다. 그리하여 1954년부터 이태에 걸쳐 매년 3개 학년씩 개편을 완료했다. 1955년 한국재건단(UNKRA)과 국제연합교육과학문화기구(UNESCO)의 원조로 인쇄공장을 건설해 초등학교용 교과서를 생산하기 시작했다.

대한교과서(주)의 탄생은 1947년 무렵 문교부 최현배 편수국장이 출판인 50여 명을 불러 실업계 교과서를 생산·공급할 수 있는 회사 설립을 요청한 것에서 비롯되었다.

앞에서 언급한 것처럼 일반 교과서에 관한 한 출판인들의 노력에 의해 짧은 시간에 일제의 사고방식과 교육정책을 탈피한 우리 교과서 개발이 가능했고 급한 대로 수요를 충당할 수 있었다. 그러나 수요가 적은 실업계 전문 교과서는 실업교육을 통한 산업부흥 기반을 시급히 마련해야 함에도 소량생산이 불가피해 제작에 따른 경영부담이 컸다. 따라서 실업 교과서의 개발은 정부가 실현해야 할 중대 당무였으며 과제였다. 최장수가 처음부터 이일을 성사시키기 위해 동분서주했다. 그러나 선뜻 참여하는 출판사들이 없어 난항이 거듭되고 있었다. 다행히 일제강점기부터 문화당을 창설(1936년 설립)해 인쇄·출판에 전념해온 김기오의 결심을 얻어 1948년 9월에 회사 설립 등기를 마칠 수 있었다. 이응규, 신재영, 황종수,

대한민국 건국 후 최초의 문교부 국민학교 정식 1학년 국어 교과서. 《바둑이와 철수》보다도 먼저 발행되었고, 현재 국내에 잔존 수량이 몇 개 안되는 매우 희귀한 교과서이다.(한국교과서 소장)

김창집 등 뜻있는 출판인 10명의 발기인과 전국의 국정교과서 공급인 150여 명이 대거 주주로 참여했다. 주식을 전국적으로 공모한 것은 교과용 도서의 효율적인 공급관리와 교육수단으로서의 공기(公器)적 역할을 중요시한 까닭이다. 초대 경영진은 사장 김기오, 부사장 이응규, 전무 이구종(李耈鍾), 상무에 최장수였다. 문교부(장관 安鎬相)는 이회사가 설립되자 중·고등학교 국정교과서 국어 과목의 생산·공급권을 일임했고 대한교과서는 중·고교 국정교과서까지 생산·공급을 전담하게 되었다.

김기오는 일찍이 일제에 저항해 3·1독립운동과 신간회 활동에도 참가한 경력이 있는, 배짱도 있고 대담성이 있는 사업가이다. 그는 1936년부터 문화당을 설립, 출판과 인쇄업에 종사하고 있었다. 1955년 1월 창간, 현재 간행을 계속하고 있는《현대문학》과 《새소년》(1964. 5. 창간) 등을 창간한 잡지인, 인쇄·출판 분야의 전문인을 양성한 교육자이기도 했다.

이 회사가 교육발전과 출판문화 향상에 이바지한 공은 실로 다대하다. 6·25전쟁 중에는 전시교재 4종 12책을 생산, 보급함으로써 전시 중의 교육사업에 기여했다. 1962년부터는 문교부의 우량 번역도서를 발행해왔으며 한국학술진흥재단이 주관하는 번역도서도 번각발행했다. 최근에는 상호를 미래앤으로 바꾸고 전문도서와 일반도서, 아동도서 등 출판활동의 폭을 의욕적으로 넓혀가고 있다. 제작기술 발전 부문에서도 1968년에 국내 최초로 가로짜기체 활자(대교체)를 개발해 교과서의 가독성을 높이는

데 이바지한 데 이어 1987년부터는 전면 전산조판 체제로 전환했다. 이와 함께 전자동 제판시설, 고속 다색도 윤전인쇄 체제, 전자동 제본체제를 구축함으로써 시설의 현대화를 실현했다. 1999년 5월에는 국정교과서(주)를 흡수, 합병해 연구소 등 교과서 전문시설을 확충하고 교과서박물관도 개관했다. 이러한 발전은 설립자의 유지를 계승, 오랫동안 경영을 맡았던 김광수(金光洙, 1925~2013, 호 牧汀) 전 사장의 노력에 힘입은 바 크다.

돌이켜보면 출판계 창업 제1세들이 교과서 출판을 통해 어렵게 출판의 기반을 다질 수 있었다. 그렇게 배양된 힘으로 일반도서, 그것도 대학교재에서부터 시작해 일반 출판사들이 손대기 어려운 학술도서를 출판해 수많은 저작자들을 발굴양성하고 출판영역을 확장시켰다. 오늘날의 다채롭고 풍성한 출판산업의 발전을 가져온 원동력은 이렇게 교과서 출판이 있었기에 가능했다. 또한 국가발전을 이끈 인재들을 양성한 공로도 과소평가해서는 안 될 것이다.

## 백가쟁명의 잡지계

### 사회의식 선도하는 교양적 잡지시대

백화난만하게 족출하는 잡지는 언론출판의 자유를 실감케 해주었다.[118]

잡지계 역시 일반도서 출판과 마찬가지로 새로운 의욕과 열정으로 출빌했다. 출판의 자유가 보장된 가운데 이루어진 새 출발은 희망의 출발이었고 광명의 그것이었다. 각 분야에서 분출하는 정치적 야망과 이데올로기 간의 치열한 갈등이 날로 심화되어가는 사회 분위기에서 새로운 국가건설의 의지를 강렬하게 표출하는 활기찬 모습이었다. 간종(刊種)도 다양했다. 광복에서 6·25 이전까지는 당시 정치사회 상황과 똑같이 모든 가능성의 주장과 실험의 시기였다.

출판의 자유를 선언한 미군정은 법령 제19호를 통해 신문, 잡지 등 정기간행물 등록제를 실시했다. 그러나 불과 7개월 만에 허가제로 변경하는 법령 제88호를 공포(1946.

---

118  조선통신사, 《1947년판 조선연감》, 1946, p. 309

5. 29.)해 모든 정기간행물을 재등록 절차를 통해 정비한 데 이어 신규허가를 전면금지하는 조치를 단행했다. 그리고 모든 정기간행물은 등록된 간행주기를 지키지 않으면 등록을 취소하겠다는 방침도 발표했다. 신문, 잡지의 난립을 방지하고 용지난을 해소하기 위해 불가피한 조치라는 것이 표면적인 이유였지만, 좌익계열의 기만적인 선동·선전을 규제하려는 데 더 큰 목적이 있었다. 그러나 이러한 조치는 출판의 자유를 훼손하는 심각한 사태가 아닐 수 없었다. 그에 따르는 부작용도 적지 않았다. 이에 대해 출판계는 "이는 우수한 출판물의 신규간행을 저해하며 지가를 폭등시키는 동기가 될 것이며 고경(苦境)에 처한 출판사업에 도리어 제재를 가하는 가혹한 조치"로 규정했다. 이어 "(이러한 조치는) 납본을 위한 간행, 혹은 명맥도 없는 일부 간행물의 연명을 도와줄 뿐 우량 간행물에는 치명적 타격을 주는 불합리한 정책"임을 지적하는 성명서를 발표하는 동시에, '정기간행물 허가취소 요건 강화방침의 완화' 및 제지공업 확충과 지류 수입 촉진, 출판자유의 보장 등 5개항의 진정서를 공보부에 제출,[119] 출판계의 입장을 대변했다. 간행주기를 제대로 지키지 못하는 가장 큰 이유 중 하나가 심각한 용지 구득난에 있음을 강조한 것이다.

이런 과정 속에서도 잡지출판은 여전히 역동적인 모습을 보였다.

1945년 10월부터 쏟아져 나오기 시작한 잡지는 해를 넘기면서는 더욱 활기를 띠어 월간잡지가 140여 종, 주간이 60여 종을 헤아릴 정도로 많은 잡지들이 쟁패를 다투는 형국이었다. 이런 열기는 6·25전쟁을 당하기까지 전국에서 계속되었다. 출판사 대부분이 서울에 집중되고 있는 데 비해 잡지는 전국에서 다채롭게 발행되는 특성도 보였다. 정치적 색채가 강한 정론지적 성격의 주간지 형태의 잡지가 많은 편이었지만, 국가와 민족의 장래를 걱정하며 일반인을 선도하는 격조 높은 내용으로 대중을 이끌어가는 잡지들도 폭넓게 발행된 것을 이 시기의 특징으로 꼽을 만하다. 잡지의 다양성을 증명하는 독자의 세분화와 배포지역의 집중성 등이 이때 벌써 나타나기 시작했고, 범람과 혼란 속에서도 사회의식의 제고를 책임지는 교양적 잡지시대를 연출하는 특성을 보였다고 평가할 수 있을 것이다. 이미 정론지적 종합지·여성지·아동지 등 당연한 성격의 잡

---

119 《동아일보》, 1947. 4. 1.

지만이 아니라 학생지·전문지에서 기관지·지방지까지 다양한 잡지들이 발행되었고, 발행부수 또한 적은 양이 아니었다.

[도표 2-11] 광복기 정기간행물 등록현황

| 구분 | | 1947[1] | 1948[2] | 1948. 8.[2] | 1949. 5. 1.[2] | 1949. 7. 8.[2] |
|---|---|---|---|---|---|---|
| 총계 | | 247 | 248 | 304 | 276 | 284 |
| 통신 | 일간 | 6 | 6 | 8 | 6 | 8 |
| | 주간 | − | − | 3 | 3 | 3 |
| 신문 | 일간 | 56 | 54 | 64 | 58 | 55 |
| | 주간 | 53 | 55 | 63 | 60 | 68 |
| | 격일간 | − | 2 | 2 | 2 | 2 |
| | 주 2회간 | − | 4 | 4 | 4 | 4 |
| | 주 3회간 | − | 2 | 1 | 1 | 1 |
| 잡지 | 월 6회간 | − | 1 | 1 | 1 | 1 |
| | 순간 | 9 | 14 | 8 | 6 | 6 |
| | 월 2회간 | − | 4 | 6 | 7 | 7 |
| | 월간 | 123 | 105 | 143 | 127 | 128 |
| | 계간 | − | 1 | 1 | 1 | 1 |

자료 : 1) 내무부 통계국, 제3회 《대한민국통계연감》(1954)
　　　 2) 金允植, 〈출판문화육성의 구상〉, 《신천지》(1949. 11.). 시인 김윤식은 당시 공보처 초대 출판국장

## 다양한 잡지들의 범람과 혼란

해방되던 해에 나온 주요 잡지로는 《건설주보》(조벽암, 1945. 11.~?), 《조선주보》(朴鍾善, 1945. 10.~?), 《한성시보》(미상), 《선구》(洪鍾夏, 1945. 10.~12.)가 있으며 《선봉(先鋒)》(梁在健, 1945. 10.~1946. 4.), 《백민(白民)》(金 松, 1945. 1.~1950. 6.), 《민성(民聲)》(柳明韓, 1946. 4.~50. 5.), 《여성문화》(郭夏信, 1945. 12.~?), 《새동무》(金元龍, 1945. 12.~?), 《문화창조》(金容浩, 1945. 12.~?) 등 모두 34종이 분류처럼 창간 또는 복간되었다.

제호부터 백의민족임을 강조한 《백민》은 창간 당초 종합교양지를 지향했으나 미구에 기세등등하게 계급문학론을 선전·선동하는 좌익계열의 문학·문화지에 맞서서 민족진영의 순수문학론을 옹호·대변하는 문학지의 역할을 감당하게 된다. 그러나 애석하게도 6·25전쟁으로 인해 1950년 5월호(통권 22호)를 마지막으로 종말을 고하고 말았다.

미군정이 법령 제88호로 정기간행물을 허가제로 변경할 때까지 《대조(大潮)》(李弘基,

1946. 1.~1948. 11.),《여학원》(金正修),《예술부락》(趙演鉉),《신천지(新天地)》(鄭玄雄, 1946. 1.~1954. 9.),《학풍(學風)》(민병도, 1948. 9.~1950. 6.),《주간 소학생》(尹石重, 1946. 2.~1950. 6.),《혁신(革新)》(姜周鎭) 등 33종의 새로운 목록이 추가되었다. 그 가운데는 일제강점기에 강제로 중단되었다가 복간된《개벽(開闢)》(金起田, 1946. 1.~1949. 3.),《조광(朝光)》(方應模, 1946. 3.~1948. 12.)도 끼여 있었다. 미군정 법령 제88호는 5월 29일에 나왔다. 이 법령이 나온 6월 이후에도 많은 잡지들이 족출했다. 이때 나온 잡지들 중엔《건국공론》(鄭泰永, 1946. 2.~1949. 9.)《문학》(李泰俊, 1946. 6.~1948. 7.),《국제정보》(金乙漢, 1946. 6.~?),《진학》(金正修, 1946. 6.~?),《가톨릭청년》(尹亨重, 1946. 6.~?),《향토》(최영해, 1946. 7.~1948. 6.),《새사람》(田榮澤, 1946. 6.~?),《이북통신》(李北, 1946. 6.~?),《부인》(金正修, 1946. 9.~1949. 3.) 등이 눈에 띈다. 출판전문 신문인 주간《조선출판신문》(사장 鄭鍾甲, 편집 겸 발행인 楊美林, 1947. 8. 창간, 전 朝洋社 崔成原이 인수, 1948. 11.부터 순간《독서신문》으로 제호 및 제호 변경 발행)과《문화시보》도 이 시기의 정기간행물 목록에 이름을 올린 것이 이채롭다.

광복 직후 쏟아져 나온 대표적인 잡지들

종합잡지 중에서는《신천지》와《민성》이 쌍벽을 이룬 가운데《신세대》가 발행을 계속 이어가고《개벽》,《대조》,《조광》등은 발행이 순조롭지 못했다. 문예지로는《문학》이 48년 8월경부터 자취를 감추어버렸고,《문장》(1948. 10.)도 복간호를 내자마자 종간되고 말았으니 오로지《백민》만이 끝까지 분투하고 있었다.《주간 소학생》도 월간으로 변경한 뒤에 아동잡지는《소년》,《어린이》(복간),《진달래》,《어린이나라》들이 경쟁하고 있었다. 《학풍》도 만난을 무릅쓰고 학술지로서 위상을 굳혀가고 있었다.

이때의 잡지들은 대부분 서점을 경유하지 않고 거리에서 판매되었는데 모든 잡지들이 발행 즉시 매진될 정도로 독자들의 반응도 뜨거웠다. 그러나 부침이 무척 심했다. 광복의 감격과 무제한에 가까운 언론출판의 자유는 새로운 의욕으로 용솟음치도록 부추겼으나 여건이 뒷받침되지 못해 대부분 단명했다. 용지조달이 어렵고 인쇄시설이 부족해 제때 발행하지 못함으로써 결호가 잦거나, 창간호가 종간호가 된 종수조차 파악하기 힘들 정도였다. 48년에 들어서자 잡지발행권을 팔고 사는 이른바 '판권시장'이 형성되는 기현상이 벌어지면서 발행인의 변동이 끊이지 않았다.

어려운 여건 속에서도 10여 종의 잡지를 중심으로 점차 체제를 잡아가던 잡지계도 6·25전쟁으로 여지없이 초토화되고 말았다. 정기간행물에 대한 정부의 공식적인 통계는 1947년이 되어서야 비로소 집계되기 시작한다. 그나마의 통계조차 6·25전쟁으로 한동안 중단되었다가 1953년에야 다시 집계되기 시작했으며, 1949~1952년까지의 정기간행물 통계는 공백으로 남아 있다. 잡지의 발행부수가 감소하면서도 종수가 증가하고 있는 데 기존 잡지의 부진 속에서도 새로운 잡지의 창간에 의해서 판매부수는 확대되는 양상을 나타냈다.

## 일원공급 체제를 갖추어가는 출판유통시스템

### 전국 공급망을 구축하는 도매상들

8·15광복 이전의 출판유통시스템은 대부분 출판사가 직영하는 판매(소매)소가 직접 전국서점과 거래하는 체제였다. 예를 들면 회동서관, 한성도서, 박문서관, 영창서관, 이문당, 덕흥서림 등이 출판 겸 도·소매상을 겸하고 있었다. 1942년 현재 전국에는 595개 서점이 있었으나 광복을 전후해서 대부분의 서점들이 문을 닫고 도·소매를 근간으로 하는 출판유통시스템도 와해되고 말았다.[120] 2차 세계대전 말기에 서적공급이 제대로

---

120  필자가 발굴해 분석한 일본서적배급주식회사('일배')의 〈소매점명부〉(1942년 말 현재)에 따르면 당시 조선에는 경성부를 비롯한 전국 14개 도에 모두 595개의 서점 명단이 수록되어 있다. 그중 조선인이 경영하는 서점은 91개로 추정된다.

이루어지지 않아 대부분의 지방서점들이 고사했기 때문이다. 광복으로 일본인들의 서점도 자연 문을 닫았다.

광복이 되자 비온 뒤의 죽순이 솟아나듯 속출하는 출판사들이 경쟁적으로 쏟아낸 책들은 서점에 갖다 줄 겨를도 없이(그럴 서점도 없었다) 모두 가두에서 판매되는 것이 광복 직후의 상황이었다. 서적판매가 호조를 보이자 얼마 되지 않아 서점도 점차 늘어나고 일반 단행본들이 이들 서점을 장식하게 되었다.

이렇게 책이 잘 팔리고 거래도 활발한 상황에서 출판사와 소매서점 간의 공급이 원활하지 못해 많은 어려움이 야기되자 이들의 편의를 도모하고자 1945년 11월에 삼중당 서재수가 서적도매상을 시작한 것이 현대 서적도매상의 효시로 기록되고, 거래질서가 체계화되는 등 출판유통시스템이 구축되는 첫출발이 되었다. 삼중당은 과거 일본서적배급주식회사('日配')에서 근무한 신장호(申章鎬, 1914~2011, 뒤에 보문각이란 출판사를 세워 독립한다) 등을 끌어들여 막강한 체제를 갖추었다. 곧이어 이에 질세라 관훈동에서 이웃해 일성당(一成堂)이란 출판사와 서점을 경영하고 있던 황종수도 46년 1월부터 신간서적 도매업에 진출한다.

일성당서점은 한발 먼저 도매업을 시작한 삼중당과 광복 초기 서적도매 부문에서 부동의 기반을 확보한다. 1947년 들어서자 삼중당이 도매업을 폐업할 의향을 비치더니 급기야 4월에는 광화문에 있는 유길서점(申在永, 1915~1983)에게 주요 사원을 인계했다. 신재영은 당시 우리나라 서열 4위의 재벌로 알려진 포목상 김희준(金熙俊)이란 사람을 동업자로 끌어들여 서적도매업계의 판도를 바꿔 놓는다.

신재영은 종로 1가 60번지 김희준 포목점 자리로 점포를 옮기고, 황종수는 이에 맞서 고양군에 있는 전답 1만여 평을 처분해 마련한 자금으로 그해 9월에 전 조흥은행 본점 맞은편 다동 12번지로 이전해 '조선서적판매주식회사(書販)'를 새로 설립한다. 그리고 일성당의 도매업무를 통합, 회사체제를 일신한다. 공칭자본금 1천만원에 고급인력을 간부사원으로 확보한 서판은 일성당이 쌓아놓은 신용을 기반으로 일약 신간서적과 잡지

신재영

전문 대형 서적도매상으로 부상해 신재영이 경영하는 유길서점과 '양대산맥'을 형성한

다. 이 두 서적도매상은 당시 전국에 산재한 350여 서점과 주요 출판사들의 대부분을 거래처로 확보해 출판시장을 장악하고 거래조건, 대금결제 방식 등을 확립하면서 출판유통 체제를 본격적으로 구축해나간다. 당시 지불은 매달 15일과 30일마다 팔린 금액을 정확하게 현금으로 출판사에 지불하는 것을 원칙으로 했다. 선금거래도 상당한 비중을 차지했다. 황종수와 신재영은 영업 면에서는 한 치의 양보도 없이 치열한 경쟁을 벌였다. 황종수에 따르면, 두 사람은 각별한 친구 사이로 공정한 거래규칙을 확립하기 위해 날마다 머리를 맞대고 정보를 교환하면서 숙의하는 등 매우 가깝게 지냈다고 술회하고 있다.[121]

이 밖에 문연서점(文硏, 權周遠), 영창서관(永昌, 劉章烈), 청구서점(靑丘, 朴商完), 한양각(漢陽閣), 숭문서점(崇文, 韓鏞善), 한양서적도매공사('韓圖'), 보문서점(寶文, 崔壽煥) 등도 도매점을 연달아 개설해 다자간 경쟁체제를 구축해나갔다. 청구서점은 유길서점보다 먼저 창업했지만 삼중당과 비슷한 시기에 서적도매를 접었다. 을유문화사도 1947년 3월부터 종로 1가 종로빌딩에 문장각(文章閣)이란 판매부를 신설해 서적도·소매업에 발을 들여놓았다. 1947년에 설립된 수선사(首善社)는 명동에서 출판과 도매(수선서림, 白麟濟) 겸영을 시작하고 충무로 한영서점(漢榮, 朴漢榮)도 비슷한 시기에 도매에 뛰어들었다. 박문서관은 유수한 출판사들의 출자를 받아 서적도매주식회사를 창설했으나 얼마 못 가 해산하고 소매서점만 계속했다. 이렇게 7, 8군데 군소 서적도매상들이 서판과 유길서점의 아성에 도전했지만 영향력은 미미했다. 따라서 경영도 쉽지 않았다. 두 대형서점의 시장점유율이 이들 군소 도매상들보다 월등히 높았던 데다 시장규모에 비해 도매상이 수적으로 과다현상을 빚을 우려도 있었다. 왜냐하면 도매기능의 능률과 유효성이라는 유통활동을 평가하는 기준에 근거해볼 때, 겨우 525개 서점이 전국 각지에 산재해 있기 때문에 출판사가 직접 거래하는 경우에 비해서 거래총수 최소화의 원리나 전체로서 집중저장의 효과나 재고비용을 절약하는 저(低)코스트의 효과는 크지 않았다. 상적·물적 기능이나 반품 등을 감안할 때 오히려 중복거래와 도매마진에 의한 유통비용 부담만 가중되는 측면도 있었다. 다만 서점 입장에서는 도매상에게 재고를

---

121  황종수, 《나의 出版小話》, 서울 보성사, 1990, p. 80

떠맡김으로써 재고부담을 줄일 수 있었다. 특히 지방서점들로서는 배송시스템이 갖추어지지 않은 상황에서 전체적인 재고 및 물류비용 부담을 줄일 수 있는 이점이 컸다. 따라서 당시 출판유통 과정을 보면 구체적인 수치는 없지만 유통우회도(W/R비율)가 높았던 점에 비추어볼 때 서적도매상의 존재는 대단히 중요했다.

그랬기 때문에 서울의 두 대형도매상을 통해 전국서점에 서적이 원활하게 공급되는 중앙집중적인 일원공급 체제에 의한 현금결제 방식과 고정할인율제의 기틀이 확립된, 우리 나름의 고유한 출판유통시스템이 구축되어가고 있었다. 그러나 6·25전쟁으로 말미암아 거래질서가 무너지고 유통기능은 마비되어 그간의 노력이 일시에 수포로 돌아가고 말았다. 전쟁 중에 서적유통시스템을 바로잡아 보려고 했으나 이미 걷잡을 수 없는 국면으로 빠져들었다. 황종수도 6·25전쟁으로 막대한 재산상의 타격을 감당하지 못해 재기에 실패한다. 그는 이때까지의 경험을 살려 1958년에 한국출판협동조합 설립의 산파 역할은 물론이고 6년 동안 이사장직을 맡아 초기 조합의 공동판매 사업의 기틀을 다지며 유통시스템 재건을 위해 큰 기여를 했다. 유일하게 유길서점만이 1960년 초반까지 서적도매업을 계속하고 있었다.

### 전국에 포진한 525개의 서점

서적소매상 업계를 보면 다음 표에서 보는 바와 같이 1948년 4월 현재 남한에만 525개 서점의 명단이 파악되고 있다.[122] 신속하게 서점망이 확보된 셈이다. 당시 인구비례로 보면 서점 수는 약 3만8,000명당 하나 꼴이다. 당시의 소득수준이나 문자해득률, 독서인구 등을 종합적으로 평가할 때, 2만6,500명당 서점 하나가 있는 오늘의 현실(2010년 현재)에 비해 결코 적은 수가 아니다. 그러나 소재지가 불확실하거나 대표자의 성명조차 확인되지 않고 있는 서점이 전체의 반수를 차지하고 있는 점으로 미루어 서점 수가 완벽하게 파악되고 있었다고 보기는 어려운 실정이다. 그럼에도 이만한 수의 서점이 짧은 기간에 생겼다는 것은 당시 출판업이 얼마나 역동적으로 발전해가고 있었는가를 보여주는 징표의 하나가 아닐 수 없다.

---

122 《出版大鑑》에 수록된 서점 명단에 의함

서울에는 종로에 38개와 중구 32개 등 모두 70개의 서점이 있었는데, 종로 2가에서 6가에 이르는 대로변, 충무로와 명동 일대에만 각각 16개가 밀집, 서점가를 형성하고 있었다. 동화, 화신, 한일 등 3개의 대표적인 백화점들도 하나같이 서적부를 두고 있었다. 그 가운데서도 박문서관(서적판매 업무는 노성석의 처남 芮東洙가 맡고 있었다), 영인서관(姜寅永), 영창서관(劉章烈), 문예서림(金熙鳳), 문연서점(權周遠), 백양당(裵正國) 등이 출판사와 서적 도·소매업을 겸하고 있었다. 광화문의 유길서점 자리에서는 한용선(韓鏞善)이 숭문사(崇文社)를 개점, 역시 서적 도·소매와 출판을 겸했다. 민교사 전무를 지낸 이강호(李江浩)는 육영서점을 경영하다 장학출판사로 변신했고 윤시중(尹時重)도 충무로 4가에서 출판사를 겸한 동문사서점을 창업했다.

부산에서는 부산서적보급협회 이사장을 지낸 평범사의 이활원(李活愿, ?~1963), 신생사의 정재표(鄭載杓)가 서련 부회장으로 활약하는 등 두각을 나타냈다. 나중에 서울로 상경해 태백사라는 출판사를 경영한 김경조(金慶祚)도 부산 대한도서에서 상무이사로 활동하기 전에 이미 동명서관이란 서점으로 입신했고, 교사를 하다 영지문화사를 차려 중·고교용 검인정교과서 출판으로 크게 성장한 백만두(白萬斗)도 광복 초기에는 마산에서 육영당서점을 창업해 출판인의 길을 걷기 시작했다. 대구에서는 김원대가 이미 소매서점을 건실하게 경영하고 있었다. 그는 전시 중에 서적도매업에도 진출, 부산 대한도서와 정면으로 진검승부를 벌였다. 경북출판협회 회장을 역임한 신삼수(申三洙, 1911~?)도 철야당(哲也堂)서점을 경영했다. 광주에서는 김중기(金仲寄)가 창업한 삼복서점이 눈에 띈다. 대부분의 서점들이 출판으로 전업하거나 전쟁을 겪으면서 흐지부지

해방기의 대표적인 지방서점 모습(왼쪽은 대구의 계몽사, 오른쪽은 천안의 동방서림)

된 데 비해 삼복서점은 최근까지 3대에 걸쳐 충장로를 지키는 특이한 기록을 세운 것도 기억해둘 만하다. 경기도 46개 서점 중에는 황해도 연백 백천(白川)읍의 2개 서점이 포함되어 있다.

이렇게 전국적으로 서점이 증가하자 서울을 비롯한 일부 지방에서는 공동의 이익을 도모하기 위해 지역별로 서적상 단체들이 결성되기 시작한다. 서울서적상조합이 탄생하고 서울조합의 주동으로 전국서점들을 규합해 1949년 8월 7일, 전국서적상조합연합회('書聯')가 탄생한다. 서련의 초대 임원으로는 서울조합의 창립자이자 회장인 이병인(李秉仁, 삼화서점, 1912~?)을 회장으로, 부회장에는 서울의 김희율(金熙律, 금강당서점)과 이성환(李聖煥, 혜문당서점), 부산서적보급협회장이며 신생사 대표인 정재표(鄭載杓), 광주서적상조합장 김창일(金昌一, 전남서점) 등을 각각 선출해 공동의 이익추구를 위해 교과서 공급, 잡지 공동구매 방안 등을 모색하기 시작한다.

6·25전쟁이 발발하기까지는 서울의 대형도매상을 통해 전국서점에 원활하게 공급되는 중앙집중적인 일원공급 체제에 의한 현금결제 방식과 고정출고 할인율제의 기틀이 확립되어가는 출판유통시스템이 구축되고 있었다.

**[도표 2-12] 지역별 남한 서점 분포실태** 1948년 현재

| 지역 | 서점 수 | 주요 대도시별 서점 수 |
|---|---|---|
| 서울 | 88 | 종로 38, 중구 32, 용산 5, 마포 4, 서대문 3, 영등포 3, 동대문 2, 성동 1 |
| 경기 | 46 | 개성부(府) 5, 인천(부/시) 10, 수원(읍) 7 |
| 강원 | 18 | 춘천(부/읍) 2, 강릉(읍) 4, 영월(읍) 3, 삼척(읍) 2, 횡성(읍) 2, 평창(읍) 2 |
| 충북 | 30 | 청주(부) 7, 충주(읍) 7, 제천(읍) 6, 증평(읍) 3 |
| 충남 | 42 | 대전(부) 9, 공주(읍) 5, 홍성(군/읍) 4, 서산 3, 강경 3, 조치원 3 |
| 전북 | 65 | 전주(부) 18, 이리(부/읍) 10, 군산(부) 7, 김제(읍) 5, 정읍 5, 고창(읍) 5 |
| 전남 | 74 | 목포(부) 16, 광주(부) 15, 순천(읍) 5, 여수(읍) 4, 장흥(읍) 3, 강진(읍) 3 |
| 경북 | 63 | 대구(부) 21, 상주(군/읍) 6, 안동(읍) 5, 김천(읍) 5 |
| 경남 | 87 | 부산(부) 19, 진주(부) 7, 거창(읍) 7, 마산(부) 6, 울산(읍) 5 |
| 제주도(島) | 12 | 제주 7, 서귀포 2, 애월 1, 한림 1, 모슬포 1 |
| 합계 | 525 | |

자료 : 대한출판문화협회 발행, 《출판대감》(1948)에 의해 작성

## 공급질서의 확립

해방 직후 몇 개월간은 판매자 시장(seller's market)을 형성할 정도로 호황을 누렸기 때문에 지금으로서는 상상조차 할 수 없을 정도로 정확한 거래제도가 정착되어갔다. 초기에는 서점에서 미리 책값을 예치해놓고 필요한 때마다 책을 가져갔다. 출판사와 도매상 간의 거래는 위탁제였지만 출판사나 도매상과 소매서점 간의 거래에서는 철저하게 현금거래가 이루어졌던 것이다.

도매마진이 5%였고 소매서점의 경우 서적 20%, 잡지 15%의 이익이 정확하게 지켜졌다. 지방서점은 여기에 운임을 별도로 부담했다. 대금결제에는 은행보다는 우체국을 통한 대체계좌 또는 우편환이 주로 이용되었다.

서재수와 황종수, 황종수와 신재영은 이러한 거래제도를 확립하는 데 공이 큰 사람들로 평가받아 마땅하다. 교통망이 제대로 정비되지 않은 때여서 배송체계는 마비된 상태였다. 지방으로의 배송은 우편(소포)을 활용했지만 그마저도 시간이 많이 걸려 일부 지방에서는 서점인들이 직접 서울에 와서 등짐으로 책을 날라야 했다. 독자들에게는 정가판매가 성실하게 여행되었다. 때로는 표시된 정가에 운송비를 가산해서 판매되기도 했다. 그런데도 책은 만들기가 무섭게 팔려나가곤 했다. "당시 서점인들도 도서공급을 건국사업에의 동참으로 믿고 이렇게 땀을 흘렸다"고 한다.[123]

그렇지만 시장상황은 점차 악화되어가고 있었다. 판매가 저조해지면서 1946년만 해도 1만부에 육박하던 평균 발행부수가 1947년에는 3~5천부로 줄어들더니 1948년에는 1천부대로 크게 감소했다.

점차 금융기관의 질서가 잡히고 열차 편을 이용하는 배송제도가 재개되니 출판계도 난립, 경쟁이 치열해지고 선금예치제는 어느새 외상위탁제로 바뀌었다. 지방서점 발송도 출판사가 비용과 작업을 담당하게 되었다. 책발송에도 세심한 신경을 쓰지 않으면 안 되었다. 광목을 사다가 가위로 오려 꼬리표를 만들고 그 꼬리표에다 수신처를 먹으로 쓴 다음 초(洋燭)를 입혀 발송했다. 소화물로 철도 편을 이용하기는 하지만 서울-부산 간이 일주일이나 걸리는 것이 예사였다

---

123 鄭鎭肅, 〈出版의 길 40年(59)〉, 《중앙일보》, 1985. 6. 29.

인플레이션과 품귀현상도 극도에 달했다. 천장을 모르고 치솟는 용지값, 인쇄비 앙등에 비례해서 책값도 오르지 않을 수 없었다. 그러나 상품의 특성상 소비자 물가만큼 따라 오를 수는 없었기 때문에 경영수지는 날로 악화되어갔다. 3년 동안에 서울의 소비자물가지수는 10배가 올랐으나 1945년에 평균 37전(錢)이던 책값도 1948년에는 1원 85전으로 무려 5배나 오르고 있었다. 하루가 다르게 오르는 물가 때문에 책값을 책정하는 일이 대단히 어려웠다. "물가에 대한 궁여지책으로 당시의 출판사들은 인쇄할 때 정가란(欄)을 비워두었다가 책이 판매될 때 시세대로 '임시정가'를 고무도장으로 찍어 출고"[124]해야 하는 상황이 벌어졌다.

책값 인상과 반비례해서 판매량이 격감하고 판매된 도서대금도 제대로 수금이 되지 않자 정상궤도를 확립해가던 유통질서는 서서히 문란해지기 시작했고 출판계는 침체국면으로 빠져들어갔다. 출판종수가 늘어남에 따라 재고량도 증가하고 출판사 대 도매상, 도매상과 소매서점 사이의 거래금액 팽창은 도매상의 부담을 가중시키는 현상을 초래하고 있었다. 이를 우려한 황종수는 "소매서점에 대한 거래한도를 실시해 무제한 외상출고를 방지할 것과 우수도서 중점주의로 취급해 신속한 자금회전을 도모하자"는 요지의 제안[125]을 하고 나섰지만 대세를 바꾸지는 못한다.

출고율을 비롯한 출판업자 대 도매상, 도매상 대 소매서점 사이의 모든 문제는 결국 자유경쟁 체제에서는 도저히 해결하지 못할 어려운 상황으로 빠져가고 있었다.

황종수는 위의 글에서 이 문제를 해결하기 위해서는 정부가 전 출판사와 시직도매상, 소매서점을 망라하여 서적도매를 일원화한 중앙공급기구를 만들어야 한다는 의견을 이때부터 벌써 제기하고 있었다. 그렇게 함으로써 공급률은 물론 출판사에 대한 대금결제, 소매상의 지급보증 등 거래제도를 일시에 확립할 수 있을 것이라고 보았다. 일본 일배(日配) 시대의 일원공급 체제를 본받아야 한다는 의식이 표출되기 시작한 것이다. 1980년대 후반까지도 이러한 발상에서 벗어나지 못하여, 일원화된 대형 출판유통기구 설립을 출판산업 발전의 유일한 방안으로 믿고 이에 매달리게 된다. 그러나 그것

---

**124** 鄭鎭肅, 앞의 글(57), 1985. 6. 24.

**125** 이경훈, 《속·책은 만인의 것》, p. 350

은 강제통합이라는 방법이 아니고서는 자유시장 경제체제에서는 이루기 어려운 과제였다.


# 출판시장의 기반을 넓혀가는 독자층

## 급신장하는 학교교육

8·15광복 이후 학교와 학생 수는 큰 폭으로 증가하고 교육여건도 크게 개선되었다. 광복 당시 남한에는 3,542개 학교(초등교육 3,037교, 중등교육 394교, 고등교육 21교)가 있었으나, 초등학교 취학적령(6~12세) 아동의 55%는 미취학 상태에 있었다.

그러던 것이 1947년에는 학교 수가 129%, 교원 279%, 학생이 154%나 증가하고 있다. 이에 따라 광복 전후 45%에 지나지 않았던 초등학교 취학아동은 60.5%로 늘었다.(1947. 7. 말 현재) 중등학생 수도 33.4%(161,927명 중 54,114명)를 차지하게 되었다.

초·중등 교육을 받은 한글세대가 대규모로 탄생한다는 것은 사회변화에 큰 역동성을 부여했다. 출판시장이 확대될 수 있는 조건이 조성되어갔다.


[도표 2-13] 미군정기 교육실태 추이

| 시기 | 학교 수(교) | 교원 수(명) | 학생 수(명) |
|---|---|---|---|
| 1945. 5. 31. | 2,964(100) | 14,876(100) | 1,701,245(100) |
| 1945. 12. 31. | 3,206(108) | 25,413(171) | 1,716,534(100) |
| 1946. 9. 30. | 3,491(118) | 33,774(227) | 2,198,114(129) |
| 1947. 9. 30. | 3,833(129) | 41,435(279) | 2,474,733(145) |

주 : ( ) 내 숫자는 신장률(1945. 5. 기준)
자료 : USAMGK, 〈South Korean Interim Government Activities NO. 29, Feb. 1948, Part Ⅳ, Section 2, Table 4〉, cited from Bureau of Research and Special Education, Department of Education


## 성인교육과 문맹퇴치

미군정기 교육에 있어서 주요한 특징의 하나는 사회교육이 활성화되었다는 점이다. 당시의 남한 내 8개 도(道)의 13세 이상 총인구 1,025만명 중 77%에 해당하는 793만

명이 미취학자였다.[126] 이들 대부분이 문맹자였음은 말할 것도 없다.[127]

국민의 다수가 낮은 취학률과 일제강점기 우리말 말살정책에 의한 식민지교육으로 말미암아 한글을 해독하지 못하는 형편이었기에 높은 문맹률이 출판업의 성장발전을 저해하는 근본적인 요인이었음은 말할 것도 없다. 높은 문맹률은 새로운 국가건설에 있어서도 장애가 되었다.

우리말과 글을 해득하지 못하는 사람들을 위한 성인교육의 필요성을 인식한 군정청은 초기부터 학무국에 성인교육과를 두어 사회교육에 힘을 기울였다. 성인 및 미취학 아동을 대상으로 문맹퇴치 내지 국문 해득교육을 목표로 한 사회교육은 오히려 학교교육보다 더 활발하게 전개되었다고 할 수 있다. 사회교육은 성인과정과 청년과정, 그리고 보충과정으로 나누어 군정당국과 민간에서 각각 주도했다. 군정당국에서 주도한 것이라도 실제 운영은 민간에서, 주로 공민학교를 중심으로 이루어진 경우가 많았다. 성인교육 시책요강에 맞추어 공장에서도 노임공원을 대상으로 성인교육을 실시했다. 소년원 및 형무소(교도소)에서도 실시되었다. 여성을 대상으로 한 직업훈련 및 생활개선교육의 하나로도 실시되었다. 그 결과 광복 당시 21%에 지나지 않았던 문자해득률이 1947년에는 59%로 급격히 향상되었다.[128] 출판시장을 형성할 수 있는 발판의 한 축이 형성되기 시작한 것이다.

[도표 2-14] 미군정기 남한의 문자해득률 증가 추이

| 시기 | 13세 이상 추정인구(명) | 문자해득률(%) | 문맹률(%) |
|---|---|---|---|
| 1945. 8. 31. | 10,255,960 | 21 | 79 |
| 1946. 8. 31. | 13,087,905 | 58 | 42 |
| 1947. 8. 31. | 13,320,913 | 59 | 41 |

자료 : USAMGK, 〈South Korean Interim Government Activities NO. 31, April 1948, Part Ⅳ, Section 2, Table 1〉, cited from Bureau of Research and Special Education, Department of Education

---

126  조선통신사 편,《1948년 조선연감》, 서울 조선연감사, 1947, p. 304

127  Bureau of Edu., *History of Bureau of Education ; From 11 Sept. 1945 to 28 Feb. 1946*, Part Seven, Appendix Ⅴ

128  조선은행조사부 편,《朝鮮經濟年報》(1948. p. Ⅲ-20)는 1947. 7. 현재 남한 10개 시도의 '국문 해독자 비율'을 59%로 기록하고 있다.

문맹은 당연히 책을 못 읽지만 그렇다고 책을 읽는 데는 글을 읽는 능력(문해력, literacy)만 있으면 되는 것은 아니다. 책을 사거나 빌리려면 돈이 있어야 하고, 일에서 벗어난 시간이 있어야 한다. 책을 읽게 하는 사회적 유인은 더욱 중요하다. 이들에게 어떻게 독서습관을 길러줄 것인가 하는 문제와 파탄지경에 이른 경제상황을 어떻게 극복해 구매력을 증진시킬 것인가 하는 일은 여전히 중요한 과제였지만, 광복 초기의 상황은 이런 문제와 크게 상관이 없었다. 읽을 수 있는 힘을 가진 인구의 확보가 중요했다.

### 도서관의 재건

한편 광복 이후부터 6·25전쟁이 발발하기 전까지 혼란한 사회현실 속에서도 도서관계는 일제 도서관 제도의 잔존과 더불어 서구식 도서관 제도가 도입되는 시기였다. 서구식 도서관 교육제도에 의거해서 사서가 양성되고 전문단체가 결성되는 등 현대적 도서관 운영을 위한 기반들이 조성되어갔다.[129]

해방 직후 남한의 도서관 현황을 살펴보면 국립도서관을 비롯해 19개의 국공립도서관과 15개의 사립도서관을 합해 모두 34개가 있었다. 이들 가운데 공공도서관의 경우 일제강점기에 세워진 것이 대부분이고 광복 이후에 건립된 것은 5개관에 지나지 않는다. 반면에 사립도서관은 15개관 중 13개관이 광복 이후에 설립되었다. 일제강점기 말기 전국에 공공도서관 41개, 학교도서관 16개, 특수도서관 8개 등 총 65개관에 비하면 해방기에 도서관도 황폐함을 면치 못하고 있었음을 알 수 있다.

[도표 2-15] 광복기 도서관 실태

| 관종 | 광복 직전(남한) | 1946. 10. | 6·25 직전 | 1956 |
|---|---|---|---|---|
| 공공도서관 | 41 | 19 | 21 | 16 |
| 대학도서관 | 16 | 10 | 16 | 57 |
| 특수도서관 | 8 | 8 | 8 | 27 |
| 합계 | 65 | 37 | 45 | 100 |

자료: 《出版年鑑》(대한출판연감사, 1957)에 의해 작성

---

**129** 이연옥, 〈한국 공공도서관 운동의 전개—해방 이후부터 한국전쟁까지를 중심으로〉, 《한국도서관정보학회지》(제31권 2호), 서울 한국도서관정보학회, 2000

군정청이 교화과(뒤에 문화과로 개편)를 설치해 도서관 사업을 지속적으로 추진했으나 당시에는 사립도서관 설립운동이 더욱 활발했다. 당시 도서관은 사회교육의 중심기관으로서의 면모는 갖추기 시작했으나 그 실질적 내용에 있어서는 아직 출판시장으로서의 기능을 기대할 단계가 되지 못했다. 국립도서관은 1945년 10월 15일 소공동 총독부도서관 자리에서 개관했다.

### 독서계층의 부상과 인기도서들

우리글로 된 책에 굶주렸던 독자들은 책의 내용을 가리지도, 책값을 묻지도 않고 무슨 책이든지 무조건 열광했다. 따라서 생산·판매부수는 엄청났다. 책을 만들기 무섭게 판매되어 '사흘이 멀다고 중판'되었다. 판을 거듭하면서 수만부, 많게는 수십만부씩 판매되는 경우도 드물지 않았다.

《신판 조선역사》(최남선, 삼중당, 1946)는 10만부가 넘게 팔렸고, 《조선역사》(김성칠, 조선금융조합연합회, 1946)는 5만부를 예상했으나 1년 만에 6만부가 팔렸다는 기록이 있다. 《백범일지》(김구, 국사원, 1947)는 초판 5천부를 찍었으나 출판 후 1년 반 사이에 7판이나 거듭했다. 《3·1기념시집》(조선문학가동맹 시부 편, 건설출판사, 1946)은 시집인데도 불과 3개월 만에 3만부가 넘게 팔리고 매진된다. 이광수의 작품은 《유랑》(홍문서관, 1945)이 '번개처럼' 팔리는 등 대중의 인기가 높았기 때문에 업계는 친일파 저서의 출판을 배격하는 분위기였으나 이를 따질 바가 아니었을 정도로 그의 출판권을 획득하기 위한 경쟁은 치열했다.[130] 1948년에는 처음으로 번역서가 베스트셀러 대열에 이름을 올린다. 국제문화협회가 출판한 《나는 자유를 선택했다》(상·하, 크라브첸코, 1948) 초판 3천부가 1주일 만에 모두 매진되고 그해 말까지 3판을 찍었다. 이 책의 인기는 이듬해에도 계속되는 가운데 일본인이 쓴 《내가 넘은 삼팔선》(藤原 데이, 수도문화사, 1949)도 이에 못

---

130  친일파의 저술·작품출판에 대한 사회적 비판에 대해 해방기에 서적도매상을 경영한 문연서점 주인 권주원(權周遠)은 다음과 같이 당시 실정을 말하고 있다. "반민분자의 서적을 출판함은 양심의 거리낌을 받지만 딴 책을 출판하면 수지가 안 맞는 걸 어떻합니까? (…) 이(광수), 최(남선) 양인의 책을 찾는 사람이 많습니다. 반민자의 서적을 몰수하던지 발매금지를 하던지 간에 적당한 조처가 있었으면 좋겠습니다"(《조선중앙일보》 1949. 2. 11). 그러나 한성도서(주)(사장 이창익)는 사옥이 전소되어 경영의 위기에 봉착해 있을 때, 출판구너를 갖고 있던 《흙》을 다시 찍으면 재기할 수 있다는 주위의 권고에도 불구하고 "친일파의 책을 해방된 조국에서 간행할 수 없다"며 찍지 않았다고 한다.

지않은 인기를 누렸다.

독서열기는 점차 고조되고 있었다. 국립도서관의 열람자 수나 열람책 수도 개관이래 꾸준히 증가하고 있었다. 《동아일보》는 국립도서관의 이용실태를 자주 보도하고 있는데 이에 따르면 1946년 3월의 열람자 수가 1만1,906명이었으나 9월에는 2만622명으로 늘어났다. 그중에 여성은 고작 687명에 지나지 않는 것으로 집계되었는데 이 숫자마저도 점차 줄어드는 경향을 보이고 있어 '독서와 역행하는 여성'이란 제목(1946. 10. 15.)으로 여성독서의 문제점을 지적하는 기사가 나오기도 했다. 도서관에서의 독서경향은 개관 초기부터 어문학 서적이 단연 1위를 차지했다. 그런데 2위로 이학과 의학, 3위로 조선과 만주, 몽골, 러시아 문학이 올라오는 다소 의외의 현상도 보인다. 이런 경향은 1년 내내 그대로 유지되고 있었다.

1946년 하반기에는 '만화 시절'이었다고 할 만큼 만화나 유행가집이 인기를 끌기도 했다. 1947년부터는 문학서가 사회과학 서적을 앞질러 출판의 주종을 이루는 현상이 뚜렷하게 나타나기 시작하고 있음을 볼 수 있다. 선동·선전용 정치서적이 독서계의 관심권에서 멀어지고 있었다.

우리글을 읽고 쓸 수 있는 인구가 늘어나는 것과 반비례해서 종당 발행부수는 급격히 줄어갔다. 광복기의 책값이 다른 물가에 비해 쌌지만 물가는 오르고 실질 노동임금은 하락하는 상황에서 책은 생필품 대열에서 제외될 수밖에 없었다.[131] 광복 직후에 최하 5천부에서 1만부를 발행하던 일반 단행본이 1946년 하반기부터는 5천으로 떨어지더니 1947년도에는 다시 3천부로 급전직하했다.[132] 1948년도에 들어서서는 1, 2천부가 단행본의 평균 발행부수로 정착되고 말았다.

독자들의 태도에 변화가 일어나기 시작한 것이다. 출판종수가 늘자 독자들은 가려서 읽기 시작했다. 독자들의 자율적인 선택은 '좋은 책'을 향하고 있었고, 1948년의 독서계는 선택을 통해 분화되어갔다. 무슨 책이든 잘 팔리던 시대가 지나감에 따라 새로

131  이중연, 《책, 사슬에서 풀리다》, 서울 혜안, 2005, p. 74

132  趙相元은 《책과 삼십년》(서울 현암사, 1974, p. 48)에서 "부수로는 대개 단행본들이 1만부씩을 찍었고, 이것이 1947년에 들어서면서 점차 5천부 선으로 하락한 것"으로 기억하고 있다. 시간적으로 약간 시차가 있는데, 개인적인 경험의 차이로 이해할 수 있다.

운 기획출판이 시도되기 시작했고 질적인 변화의 계기를 가져왔다.

## 광복기에 책은 얼마나 팔렸을까

출판종수와 발행부수, 책값 등을 근거로 대략적인 당시 출판시장 규모(생산액)를 추정해보면 괄목할 만큼 급성장세를 보이고 있었음을 짐작할 수 있다. 1945년은 4개월 남짓한 기간의 생산액이 약 180만원(圓)에서 200만원 미만이었을 것으로 추정된다.

이때는 앞에서 언급한 바와 같이 팸플릿 형태의 값싼 소책자가 주로 발행되었기 때문에 종당 발행부수는 1만부 선이었다고 하지만 출판시장이 제대로 형성되지 못한 상황이었다. 그러나 출판사들이 체제를 갖추고 본격적인 활동을 시작한 이듬해부터는 용지의 품귀현상과 가격 폭등현상을 빚은 데다 인플레가 극심했다. 따라서 책값도 지난해에 비해 급등하는 가운데 발행종수도 크게 늘고 있지만 전체 시장규모는 5천만원을 넘지 못했다. 그럼에도 1947년에는 출판시장 규모가 5억원대로 수직상승한다.

[도표 2-16] 광복기 출판시장 규모(추정) 추이

| | 1945 | 1946 | | 1947 | | 1948 | |
|---|---|---|---|---|---|---|---|
| | 9~12 | 상반기 | 하반기 | 상반기 | 하반기 | 상반기 | 하반기 |
| 평균가격 | 3.0 | 5.45 | 15.34 | 129.77 | 136.20 | 228.08 | 334.00 |
| 1945년 기준 인상률(배) | 0 | 1.80 | 5.10 | 43.2 | 45.2 | 76.0 | 107.0 |
| 전년 대비 인상률(%) | 0 | 81.7 | 181.5 | 745.9 | 49.5 | 67.5 | 46.4 |
| 면당 가격 | 0.04 | 0.07 | 0.20 | 1.12 | 1.05 | 3.70 | - |
| 1945 기준 인상률(배) | 0 | 1.60 | 5.0 | 28.0 | 26.0 | 92.5 | - |
| 전년 대비 인상률(%) | 0 | 75.0 | 185.7 | 460.0 | - 6.25 | 152.4 | |
| 서울 도매물가지수(%)* | 100 | 688.24 | 1,459.09 | 2,126.10 | 3,327.92 | - | - |
| 추정 시장규모(백만원)** | 1.83 | 28.7~57.4 | | 381.5~635.9 | | 330.5~661.0 | |

주 : *서울 도매물가지수는 조선식산은행 〈식산은행월보〉(1949), 제4권 제3호, p. 7에 의함
   ** 추정 시장규모는 생산액을 기준으로 최소와 최대치를 추정한 금액임
자료 : 조대형, 〈미군정기 출판연구〉에 의해 작성

이때까지는 책을 만들기가 무섭게 팔려나갔던 기간이다. "책이 독자를 찾아가 빌붙는 게 아니라 독자가 제 발로 책을 찾아오는 그리운 시절"[133]이었다.

"(서점이) 출판사에 선금을 맡겨두었다가 그 금액 한도 내에서 책을 찾아가며, 돈이 떨어지면 또 선금을 맡기곤 하던 출판계 호시절이었는데, 그 돈도 한 장 한 장 세지 못하고 부피로 재서 적당히 받던 전설 같은 시절"[134]이 한동안 계속되었다.

그런데 48년에는 출판환경이 상당부분 개선되었음에도 종수는 전년 대비 23% 내외 밖에 신장되지 못한 반면, 평균 발행부수는 오히려 2천부 미만으로 떨어진 데 영향을 받아 생산액은 반 토막이 나고 만다. 1949년도 출판시장 규모는 생산액 기준 최소 5억원, 최대 10억원으로 추정된다. 이는 1945년에 비해 무려 300배 이상 확대된 것이다. 그러나 이 기간에 생긴 엄청난 인플레를 감안한 1945년 9월의 불변가격으로 산출한 실질적인 시장규모는 크게 줄어든다. 1사당 평균생산액이 많지 않았음을 감안할 때 아직 출판자본의 형성과는 거리가 멀었지만, 출판시장 점유율은 상위 10사 내외의 일부 출판사에 집중되어 오늘날보다도 양극화 현상이 더 심했음을 알 수 있다.

---

**133**  이주순, 〈그날이 어제인데〉, 崔暎海先生華甲紀念頌辭集 發刊會 편, 《歲月도 江山도》, 서울 정음사, 1974, p. 207

**134**  정환철, 〈오메가 시계〉, 앞의 책, p. 219

# 제3장

# 전쟁의 참화를 딛고 새로운 출발

## 시련과 좌절로부터의 탈출을 위한 몸부림

### 1950년대의 상황과 출판

1950년 6월 25일, 북한 공산군 남침으로 민족 최대의 비극 6·25전쟁이 발발했다. 전쟁은 말 그대로 급작스레 일어났고, 소련의 지원과 엄청난 화력을 앞세운 북한군의 침략을 받은 국군은 초기 교전에서 일방적으로 밀렸다. 그런데도 "황해도 해주(海州)를 점령했다"는 식의 터무니없는 정부 거짓방송에 속아 국민은 속절없이 당해야 했다.

뒤늦게나마 유엔을 통해 미국 등 우방국의 군사적 지원을 받아 전세를 뒤집을 수 있었다. 6·25전쟁은 국제사회의 도움으로 공산세력의 공세에서 자유를 지켜낸 전쟁이었다. 1953년 7월, 휴전협정 체결까지 3년 1개월에 걸친 전쟁의 소용돌이는 비단 150만명에 이르는 인명손상뿐 아니라 경제사회적 기반의 철저한 파괴를 불렀다. 전쟁으로 인한 경제적 피해는 남한에서만 생산시설 42%, 공장건물 46%가 파괴되는 막대한 것이었고, 사회간접자본을 비롯 산업활동 중추 부문을 대부분 잃었다. 6·25전쟁은 한반도를 폐허로 만들었고 1951년의 국내총생산은 1949년에도 크게 미치지 못했다.[1] 전쟁피해액은 1953년의 GNP보다 105%나 컸다. 당시 한국경제

---

1   李憲昶,《韓國經濟通史》(제4판), 서울 해남, 2011, p. 422

재건을 자문했던 네이슨(Nathan)협회는 전쟁피해액이 2개년 국민소득에 달할 것으로 추정했다.[2]

출판업이 완전히 궤멸적 타격을 받았음은 말할 나위조차 없었다. 전쟁 후에도 오랜 기간에 걸쳐서 국가발전에 치명적인 지장과 시련을 초래했다.

전쟁의 결과, 남북한 사이의 적대의식과 상호불신은 돌이킬 수 없는 상처가 되었다. 이로 말미암아 1945년의 국토분단은 정권(정부)의 분할(1948)을 거쳐 민족의 분할(6·25전쟁)로 고착화되었다.

6·25전쟁은 반공 이데올로기를 강화함으로써 중도세력이 설 수 있는 가능성을 완전히 없애버렸다. 6·25전쟁으로 게릴라를 포함한 모든 좌경세력은 완전히 궤멸되어버리고 남한의 정치질서가 자리 잡혔으며, 반공이념이 확고한 제1공화국의 기반을 다지는 계기가 되었다.[3] 이승만 대통령은 권위주의적 정치로 각종 선거와 두 차례의 개헌을 통해서 독재체제를 강화해나갔다. 1948년에 제정된 〈국가보안법〉 적용이 한층 강화되고 정부에 비판적인 《경향신문》을 폐간시키는 등 국민의 기본권을 침해하는 행위도 자행되었다. 극심한 물자부족에다 화폐개혁 실패로 심화된 인플레이션은 더욱 가중되어 경제는 파탄지경에 이르렀다. 출판도 이런 상황에서 예외일 수는 없었다. 이 모든 것이 출판도 함께 떠안아야 할 고통이었음은 말할 것도 없다.

정부수립과 함께 〈헌법〉상으로는 '출판의 자유'를 보장받았다. 그러나 정부는 정부수립 이전의 좌익 출판물에 너해 전쟁 중 월북하거나 납북된 저술인의 저술까지도 무차별적으로 판매금지 또는 앞으로의 출판을 불허해 출판영역의 폭을 좁혀버렸다.[4] 그리고 영세하고 빈사상태에 빠진 출판업 육성책의 일환으로 '영업세 면제'를 요청하는 출판계의 호소는 묵살해버린 채 오히려 출판활동을 제약하는 법령의 제정을 기회 있을 때마다 시도하는 등 정부시책과 출판활동과의 갈등요소는 누적되어가고 있었다. 한글

2  김적교, 《한국의 경제발전》, 서울 박영사, 2012, p. 11

3  최장집, 〈과대성장국가의 형성과 정치균열의 구조〉, 《한국사회연구(3)》, 서울 한길사, 1985

4  〈越北作家作品 出版禁止, 文教部서 指示〉, 《東亞日報》, 1957. 3. 3(4). 이 기사에 의하면 문교부는 신학기를 맞이하여 좌익계열 작가들의 저서가 출판 혹은 판매될 우려가 있으므로 출판업자들의 세심한 주의를 촉구하는 동시에 관계당국에 엄중한 단속을 의뢰하였다고 보도하고 있다. 출판 및 판매금지된 월북작가들의 명단은 A급(6·25 이전 월북자)은 임화(林和) 등 38명, B급(6·25 이후 월북자)는 홍구(洪九) 등 23명이었다.

맞춤법을 둘러싸고 1953년부터 정부가 일방적으로 추진해 야기된 3년 반 동안의 '한글 간소화 파동'이 출판에 후유증을 미치고 1957년에 제정된 〈저작권법〉조차 저작물의 공정한 이용을 보장할 출판인의 권리에 대한 배려 없이 저작자의 권익만 강화한 탓에 출판계가 입은 타격은 더없이 컸다. 특히 이 법의 시행으로, 일제강점기에 문인 등 저작자들의 요청에 따라 그들의 생활안정을 도모하기 위해 편의적으로 취득한 저작권들이 일체 인정받지 못함으로써 한성도서, 박문출판사, 영창서관 등 노포 출판사들의 도산이 앞당겨지는 결과를 초래하기도 했다. 이렇게 정부는 불황에 허덕이고 있는 출판계를 육성·발전시킬 출판진흥정책을 강구하기는커녕, 언론출판을 규제하기 위한 〈출판물 임시조치법〉 제정을 추진한다거나 출판된 도서의 발매금지 및 부실 출판사의 등록취소 같은 관 위주의 행정만 지속함으로써 '규제일변도의 출판정책'을 고수해왔다는 부정적이고 편향된 평가만을 낳았다.

## 출판공백 상태에 빠진 전쟁 초기

6·25전쟁은 우리 출판사에 있어서 넘기 힘든 시련과 좌절의 질곡이었다. 그러나 전쟁의 폐허 위에서 자력으로 재기를 위해 몸부림친 결과 시련을 출판산업 발전을 위한 또 하나의 변곡점으로 만들었다.

모든 출판활동의 중심지였던 수도 서울은 전쟁이 일어난 지 불과 3일 만에 적의 수중에 점령당했기 때문에 출판계가 입은 피해는 실로 막대했다. 출판설비와 자재, 재고도서와 지형 등은 물론 유가증권이나 현금 하나 챙기지 못한 채 피난도 못 가고 3개월간이나 숨어 지내야만 했다. 9·28수복까지 3개월간은 전 출판계가 완전히 공백상태에 있었다. 마침 6월 신학기에 대비해 출판사마다 전력을 다해 교과서와 교재제작에 몰두했었고 일부는 공급을 마친 상태였기 때문에 출판계가 입은 정신적·경제적 타격은 이루 말할 수 없이 컸다.

공산군은 그 책들로 바리케이드를 쳤고 후퇴할 때는 불을 지르고 도망가는 바람에 재고도서도, 건물도 전부 타버려 거래장부 등 회사서류나 금고에 남겨두었던 유가증권과 현금까지 전부 소실되고 말았다. 847개 출판사(1949년 말 현재)가 정도의 차이는 있을지언정 똑같이 당한 고난이고 고통이었다.

부산까지 피난했던 정부는 3개월 만인 10월 27일 다시 서울로 환도했다. 전쟁은 여전히 계속되고 있었지만 유리하게 전개되는 전황에 용기를 얻은 출판사들은 하나둘씩 재기의 길을 모색했다. 10월 16일에는 초등학교와 중학교가, 11월 11일에는 대학교가 각각 서울에서 수업을 다시 시작했다. 공보처의 출판사 재등록 실시 방침에 따라 재등록한 출판사 수는 185개사였다. 정부가 출판사 재등록을 받은 것은 전쟁 중 월북한 출판사를 가려내기 위한 의도도 있었다. 출판사 가운데서는 배정국(백양당)과 지봉문(조선문학사)만이 수복 직전에 마지막으로 월북한 것으로 판명되었다. 어수선한 분위기와 어려운 여건 속에서도 12월 말까지 겨우 18종의 단행본이 출판되었다.[5] 그중에서 《나는 이렇게 살았다─수난의 기록》(을유문화사), 《내가 넘은 38선》(수도문화사), 유진오의 《고난의 90일》 같은 베스트셀러가 등장해 전쟁으로 만신창이가 된 출판인들에게 적지 않은 위안과 재기할 수 있는 용기를 주었다.

[도표 3-1] 출판 관련 산업의 전쟁 피해상황

| 산업 | 피해액($1,000) | | | |
|---|---|---|---|---|
| | 건물 | 시설 | 원자재, 제품 | 합계 |
| 제조업 전체 | 51,006 | 63,815 | 441 | 115,262 |
| 인쇄 | 908 | 1,537 | 0.3 | 2,444 |
| 제지 | 1,403 | 3,935 | 2 | 5,339 |
| 비중(%) | 4.5 | 8.5 | 0.5 | 6.7 |

주 : 비중은 인쇄, 제지 합계액이 제조업 전체에서 차지하는 비중
자료 : 한국은행, 《경제연감》(1955)에 의해 재작성

## 부산과 대구에서 재기 위해 몸부림

중공군의 개입으로 전황은 다시 불리해지고 1951년 1월에는 또다시 수도에서 철수하는 정부를 따라 출판사의 피난길이 시작되었다. 일부 출판사들을 제외한 대부분이 거의 모든 것을 버리고 대구와 부산으로 흩어졌다. 정음사, 을유문화사, 문화당(金琪午), 조문사(邊庚傑), 민중서관, 문예서림, 동국문화사(申在永), 민교사, 수도문화사(邊宇景),

5 《出版文化》(속간호), 1952. 4. 25., p. 7

한성도서, 일성당, 홍지사(朱在中) 등 70여 사가 부산에 임시 사무실을 마련했다.

삼중당, 박문출판사, 백민문화사, 대양출판사, 장왕사, 백영사, 동명사(崔漢雄), 탐구당, 동아문화사(黃俊性), 대동문화사(金鍾湜), 장문사(壯文社, 申台熙), 정문관(正文館, 李允成), 삼지사(三志社, 李會伯) 등 60여 사는 대구에서 제각기 피난짐을 풀었다. 교과서를 주로 출판했던 출판사들은 대구, 일반도서 출판사들은 부산에 모였다고 할 수 있다.

그렇지만 피난 초기 3~4개월 동안은 출판활동이 정지상태나 다름없는 공백기가 지속되었다. 그해 4월경 전황이 다소 유리한 상황으로 전환되고 난 뒤에야 비로소 피난 온 출판사들이 출판에 손을 대기 시작했다. 자연스럽게 출판물 제작은 대구, 판매는 부산 중심으로 역할분담이 이루어졌다.[6] 그사이 대구, 부산 등지에 본거지를 둔 출판사들만이 참고서, 사전, 소설류와 아동만화를 간행하는 한편, 현지 서점은 피난 온 출판사들로부터 묵은 지형과 반출한 서적을 싼값에 사서 상당한 재미를 보고 있었다. 그러나 그것은 일부의 현상일 뿐 그동안 재고서적을 팔기만 하고 공급이 뒤따르지 못해 얼마 되지 않아 이들 재고마저도 바닥이 나고 말았다.

1951년 말까지 등록된 출판사는 359개사에 달했으나 실제 출판활동을 한 곳은 126사에 지나지 않았다. 연간 800종에 가까운 도서가 출판되었지만, 그중 60%는 교과서와 참고서 및 만화였다. 15%가량은 소설과 유행 가요집이었으니 그 밖의 출판물은 미미한 실정이었다.

이런 상황에서 52년 3월 중순경 서울을 재탈환하고, 통행증을 소지한 사람에게는 서울 출입이 어느 정도 가능하게 되자 일부 출판사들은 트럭이나 군용차에 편승해 서울에 남겨놓고 온 서적·출판자재·인쇄기 등을 피난지로 실어왔다. 오고 가는 길의 위험은 말할 것도 없고 며칠이 걸릴지 예측할 수 없는 모험이었다. 모든 물건이 귀하던 때라 무엇이든지 가지고 온 물건들은 정가의 2~3배를 받고 현금으로 파는 데도 오히려 품귀현

---

6   전쟁 직전 부산에는 단행본을 제작할 수 있는 활판 인쇄소가 하나도 없었고, 대구에는 협진인쇄소(朱仁龍), 청구출판사(李亨雨, 1949년 창업) 등 4, 5개사가 조판·인쇄시설을 가지고 있었다. 1·4후퇴 때 서울에서 전화를 모면한 인쇄시설 약 3분의 1이 피난지인 부산과 대구로 옮겨갔는데, 이때를 전후해 부산에서는 관북인쇄소(李學洙, 1951년 7월 창업, 광명인쇄공사·고려서적 전신), 민중서관인쇄국(李炳俊, 1952년 3월 설비 착수)이, 대구에서는 선미인쇄소(공군인쇄창, 소장 崔枝洙, 1952년 초 개설), 청문사(윤태룡―홍원상사인쇄, 조재균―백왕사인쇄소) 등 우리 출판사에 반드시 기록되어야 할 인쇄소들이 탄생한다.(조성출, 《韓國出版印刷百年》, pp. 455~463 참조) 한편 대표적인 서점으로는 부산에 평범사(李活愿), 신생사(鄭載杓) 등이, 대구에는 계몽사(金源大), 문성당(주인용) 등이 도·소매를 겸해 활약하고 있었다.

상까지 빚는 기현상이 벌어졌다. 전황이 사실상 휴전상태로 들어감에 따라 민심도 차츰 안정되었고, 재고서적이 소진되었기 때문이었다.

부산 동국문화사에 임시 사무실을 마련한 출협은 1951년 5월 이사회 개최를 시작으로 활동을 재개해 이러한 출판활동을 지원한다. 10월에 정부와 협의해 '전시출판요원증'을 발급해 출판사들의 활동을 지원하는 기민성을 발휘하기도 했다. 이렇게 마련한 자금으로 일부 출판사들은 남보다 손쉽게 재기의 발판을 마련할 수 있었다. 출협은 또 국방헌금 50만원과 전방부대 및 상이군인 정양원 등에 위문도서를 모아 전달해 군의 사기를 높이는 사업도 벌인다. 이듬해에는 피난지에서 사단법인 인가(1952. 3. 26.)를 받았고 《출판문화》 속간호를 발행(1952. 6. 5.)했다.

전반적으로 침체되고 누구나 고단하게 지내는 피난시절, 1951년 9월 신학기를 앞두고 교과서 공급이 절박한 상황에 다다른 문교부는 10여 출판사를 지정해 국정교과서 발행을 위촉하는 특혜를 베풀었다. 이들에게는 각각 1억원이나 되는 거액의 융자까지 주선하는 혜택을 주었다. 인쇄요금과 용지대는 급등하고 인쇄설비는 크게 부족한 때라서 이런 혜택을 받지 못한 출판사들이 크게 반발해 이른바 '교과서 파동'이 벌어졌다. 그래도 출판계는 교과서와 참고서 발행에 열중하느라 무더운 여름을 제법 활기차게 보낼 수 있었다. 그러한 가운데서 피난 2년째인 이해의 서적 판매상황도 다소 호황을 보였으니 신간을 내기만 하면 즉시 제작비 정도는 회수할 수 있었다. 일종의 출판권 사용료를 내고 지형을 빌려 찍는 일이 빈번하게 일이났고, 이런 관행을 활용해 신생 출판사들이 탄생하는 기회가 마련되었다. 지형 사용료는 5~10% 내외였는데 60년대부터 괄목할 만한 성장으로 출판발전에 이바지한 출판사들 가운데는 이렇게 탄생한 출판사들이 적지 않았다. 출판실적도 일약 1,393종으로 늘어났다. 전년 출판실적(786종)에 육박하는 607종이나 신간 발행종수가 증가해 출판 분야도 제법 다양해지는 경향을 보였다.

그러나 호황도 잠시, 곧 재고가 쌓이면서 판매질서가 무너지기 시작했다. 당시 다소 기틀이 잡혀 있던 서점들은 너나없이 경쟁적으로 도매에 손을 대기 시작했다. 도매서점의 난립은 공급과잉 현상을 빚고 판매는 부진해 재고량이 늘어나자 판매대금 결제가 순조롭게 이루어지지 못하고 할인율만 계속 높아갔다. 설상가상으로 가장 활발했던 대형 도매서점인 부산의 대한도서공급주식회사 창고가 부산 역전의 대화재로 보유 재고

도서를 소실당하는 사고가 발생하고 다른 도매서점들의 도산도 잇달았다.


## 파탄에 직면하는 출판계

### 화폐개혁으로 곤경에 처한 출판사들

1953년에 화폐개혁을 단행해 100원(圓)을 1환(圜)으로 교환했다. 그렇게 해서 물가는 명목가격이 100분의 1로 평가절하되었지만 1953년 2월의 화폐개혁은 오히려 경제적 불안과 물가고를 가중시키는 결과를 초래해 출판계를 더욱 곤경에 빠뜨렸다.

출판이 다시 공백기에 빠질 우려가 커지는 극도의 어려운 상황에서 휴전을 맞았다. 천만다행이었다. 하나둘씩 모든 것이 초토화된 서울로 환도해 재건의 의지를 가다듬느라 분망한 한 해였다. 대구와 부산이 출판활동의 본거지였던 토박이 출판사와 서점들 중에서도 상경 대열에 동참을 결행한 곳이 적지 않았다.

서울은 문자 그대로 폐허였다. 잿더미 위에서 다시 출발해야 하는 현실은 무척이나 난감했다. 출판인들의 의욕은 넘쳤으나 여러 가지 애로에 부딪혀 부진상태에 빠졌다. 전쟁의 여파로 용지난 등 출판자재는 빈핍하고, 제작비는 계속 급등했으며, 유통망의 붕괴와 판매부진, 대금회수의 지연과 이에 따른 서점과의 거래악화 등 악순환이 가중되었다. 지류생산 통계([도표 3-2])를 보면 부진한 생산실적으로 등귀현상이 가시지 않고 항상 출판인들을 괴롭힌 정황을 알 수 있다. 판매에서의 애로는 특히 심각했다.

돌이켜보면 우리 출판은 대책 없이 창졸간에 당한 개전 초기 3개월을 제외하고는 전쟁의 혼란 속에서도 불굴의 정신으로 출판활동을 멈추지 않고 활발하게 움직였다고 할 수 있다. 그렇지만 전쟁의 참화는 상상을 초월할 정도로 참담했고, 재기는 힘들었다. 일사불란한 체제와 질서를 잡아가던 출판유통시스템이 붕괴되고 거래질서가 극도로 문란해진 것은 전쟁의 피해 가운데 가장 큰 피해였다. 유통체제의 붕괴는 그 후 오랜 기간에 걸쳐 출판발전의 발목을 잡는 족쇄로 작용했다. 출판량이라도 전쟁 전의 수준으로 회복할 수 있기를 염원했지만 발행종수 통계는 좀처럼 상승기미를 보이지 못하고 일진일퇴를 거듭하기만 했다. 1953년에 신규등록한 출판사는 76개소였던 데 비해 무실적으로 등록을 취소당한 출판사는 89개사나 되었으니 당시의 상황을 짐작할 만하다. 총 출판사 수는 461사로 집계되었고 출판실적은 직전 연도보다 21%나 감소한 1,110종에 지나지 않았다.

[도표 3-2] 전쟁 전후 지류 생산실적 추이                    1946=100%

| | 1947 | 1948 | 1949 | 1950 | 1951 | 1952 | 1953 |
|---|---|---|---|---|---|---|---|
| 지류 생산실적(1000톤) | 83 | 84 | 213 | 150 | 62 | 266 | 261 |
| 평균생산지수(%) | 186 | 224 | 317 | 204 | 160 | 335 | 483 |

자료 : 한국은행 《경제연감》(1955)에 의해 재작성

### 환도 이후 더욱 악화된 출판상황

1953년 환도 이후 출판계는 재기의 굳은 결의와 각오를 다지며 재출발했으나 현실은 오히려 피난 시절만도 못했다. 출판계가 난관과 부진에 빠진 요인을 정리해보면 다음과 같다.

첫째는, 용지 등 출판자재와 제작비가 환도 이후에 더욱 급격하게 올라갔다. 부산 피난시절에는 갱지 1연(連) 값이 최고 2천원 내외이던 것이 54년 봄 서울에서는 3천원에도 사기가 힘들었다. 쪽당 최고 200원이던 조판비(46판)도 300원 이상으로 올랐다. 인쇄요금도 연당 600~700원이던 것을 서울에서는 1천400원, 1천500원이나 받았다. 제본비도 거의 배가 올랐다. 1955년에도 또 제작비가 50% 이상 올라갔는데 책값은 인상분의 50%도 반영할 수가 없었다.

판매가 부진한 데다 판매대금을 회수할 수 없는 것을 둘째 요인으로 지적할 수 있다. 판매는 출판의 사활이 걸린 문제다. 독자들의 구매력과 구매욕구, 판로확충에 따르는 제약과 애로가 유례없이 악화된 것이다. 판매업자와의 거래는 더욱 심각한 지경이었다. 6·25전쟁이 일어나기 이전에는 도매업자에의 할인율이 25%로 고정되다시피 했던 것이, 피난지 부산에서는 35%까지 올라가더니 환도 후에는 37%를 넘어 결코 감내하기 어려운 40%를 요구하는 기현상을 빚어내고 있었다. 그런데도 저조한 판매동향은 개선될 전망이 보이지 않았다. 전혀 희망이 없었다. 통화량 증발과 물가상승으로 화폐개혁

효과는 도로아미타불이 되어버렸다.

[도표 3-3] 책값의 동향 추이(1950~1956)

단위 : 圓, 圜

| 연도 | 1950 | 1951 | 1952 | 1953* | 1954 | 1955 | 1956 |
|---|---|---|---|---|---|---|---|
| 쪽 단가 | 3.57 | 30.70 | 46.60 | 0.76 | 1.46 | 2.30 | 3.20 |
| 전년 대비 인상률(%) | 53.2 | 760 | 51.8 | 63.0 | 92.1 | 57.5 | 39.1 |
| 지수(%) | 100 | 859 | 1,305 | −78.7 | −59.2 | −35.6 | −10.4 |

주 : * 1953년은 화폐개혁으로 화폐단위가 100분의 1로 평가절하되었으나 화폐개혁 전의 가격으로 환산해 산출했음. 그러나
　　이 이후의 화폐단위는 환(圜).
자료 : 《1957년판 출판연감》

따라서 인플레이션이 높은데도 1956년의 평균 책값은 50년의 90% 수준에 지나지 않았다. 책값의 인상이 이렇게 억제되어 출판사의 수익성이 크게 악화된 데 반해, 판매대금이 회수되지 않아 출판경영의 빈사상태는 더욱 가속화되었다. 결제기일이 점점 지연되어 미수금만 늘어날 뿐이었다. 예년에는 하한기(夏閑期)가 지나면 가을부터 경기가 다소 호전되는 기미가 나타났었는데 그런 경기변동 사이클은 사라져버린 지 오래였다. 불황은 더욱 심해질 뿐이었고, 도산하는 업체들이 속출했다.

마침내 1956년경부터 도-소매서점 간의 거래는 정돈(停頓)상태에 빠지고 출판사와 서점의 거래도 완전히 마비되었다. 폐업하는 도매상이 줄을 잇고 소매서점들은 무책임하게 재고도서를 할인판매하는 것으로 연명책을 강구하려 하고 출판사는 정가의 50%도 안 되는 폐지값으로 투매(投賣)에 나섰다. 이 틈을 타고 책의 노점들이 발호하기 시작, 상황을 더욱 악화시키는 악순환이 되풀이된 것이다. 많은 출판사들이 해마다 출판실적이 없다는 이유로 등록을 취소당했다. 1953년에서 1955년에 이르는 3년 동안 무실적을 이유로 등록이 취소된 출판사는 무려 374개사나 되었다.

그리하여 출판사들은 새로운 각도에서 활로를 타개하지 않으면 안 되었으니 대부분이 학습참고서에 매달리게 되었고, 검인정교과서를 둘러싼 경쟁만 치열해졌다. 1956년에는 검인정교과서 개편을 둘러싸고 물의가 끊이지 않았다. 처음으로 과목당 검인정교과서의 종수가 제한되었기 때문에 경쟁은 말할 수 없이 치열했다. 을유문화사, 정음사 등 일부 출판사들이 이 어려운 시기에 성장할 수 있었던 것은 말할 것도 없이 검인정교

과서의 뒷받침이 컸다. 교과서에 대한 관심은 다른 한편으로 대학교재 발전에 큰 도움을 주었다. 대학교재는 검인정교과서처럼 해마다 막대한 수입을 거둬들이지는 못하지만 장기간에 걸쳐 수익을 올릴 수 있다는 매력 때문에 또 다른 블루오션이 되었다. 법문사, 박영사, 일조각, 민중서관, 장왕사, 진명문화사(安鍾國), 일신사(尹珖模) 등이 대학교재를 통해 급성장할 수 있었다.

특히 초등학교 학습참고서 출판은 1956년부터 붐을 이루어 각종 '전과'며 '수련장'의 각축장이 되었다. 검인정교과서 출판사를 포함해 많은 출판사들이 학습참고서 시장 쟁탈전에 열중했다. 경쟁은 검인정교과서 발행권을 갖지 못한 출판사들까지 가세해 더욱 치열하게 전개되었는데 동아출판사가 대기업으로 성장한 것은 바로 학습참고서가 그 밑바탕이 되었기 때문이다. 60년대 이후 학습참고서 출판은 중학생용을 거쳐 70년대에는 고등학생용으로 경쟁의 폭이 확대되었다. 따라서 1950년에서 1957년에 이르는 기간은 출판계가 부진한 가운데 교과서와 학습참고서에 의존해서 출판시장의 성장을 이룩한 시대로 특징지을 수 있다. 50년대의 출판구조는 이들 교육용 도서에 힘입어 60년대 출판이륙을 통한 기업화의 기반을 조성한 측면이 있다.

### 출판행정, 문교부로 이관되다

이처럼 출판계가 어려움을 겪고 있던 1955년, 〈정부조직법〉 개정으로 공보처가 다루어왔던 출판행정은 저작권, 영화검열, 방송관리 업무와 함께 문교부로 이관되었다. 교과서 행정을 관장해오던 문교부 편수국에서 일반도서에 관한 출판업무도 담당하게 된 것이다. 출판계는 이러한 정부조직 개편을 대체로 환영하는 분위기였다. 당시 출판문화 발전을 주도해가는 출판사들은 거의가 교과서 출판으로 경영기반을 다져가고 있었다. 출판계 실정을 잘 알고 있는 문교부가 출판행정을 담당하게 된 것은 다행스런 일이란 기대를 이들에게 가지게 했다. 사실 공보처는 정기간행물 행정만으로도 벅찬 감이 있었다. 그런데 출판행정의 이관과정이 순탄하지만은 않았다. 정부의 의도를 무시하고 국회 심의과정에서 대폭 수정된 정부조직 개편 내용에 대해서 정부는 불만이 많았다. 특히 공보처가 관장해오던 방송, 영화와 출판을 문교부로 이관하도록 개정한 부분에 대해서 정부는 국회와 근본적으로 이해가 달랐기 때문에 강력

166

하게 반발하고 있었다. 〈정부조직법〉이
1955년 1월 24일 정부로 이송된 뒤에도
정부는 공포를 미뤄가며 시간을 끌다 2
월 7일에야 마지못해 공포했다. 〈정부조
직법〉은 즉시 시행하도록 되어 있음에
도 공보처는 4개월이 지나도록 업무인
계를 계속 거부하다 6월에 들어와서야
방송관리를 제외한 출판, 저작권, 영화

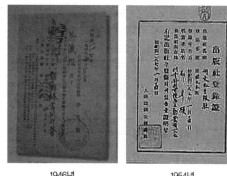

1946년         1954년

출판사 등록증의 변모

검열 업무만 인계한 것이다. 이로 인해 나라는 한동안 시끄러웠다.

새로 출판행정을 맡은 문교부에 대해 출판계는 출협을 중심으로 출판사와 서점에
대한 영업세 감면, 융자알선, 도서운송료 인하, 출판상(賞) 제정과 우량도서 추천제도
마련, '독서주간' 설정 등 출판경기를 회복시킬 특단의 조치들을 강력하게 요청했다. 문
교부도 이러한 출판계의 요구에 따라 문교부가 독자적으로 시행할 수 있는 것부터 서
둘러 대책을 강구했으나 '언 발에 오줌 누기'였다.


## 전쟁의 폐허 속에 탄생한 출판인들

### 새 출발을 주도하는 신진세력

그런데도 출판사 수는 계속 늘어만 갔다. 1950년부터 1957년까지 새로 등록한 출판
사 수만도 805개사에 이른다. 53년에 이어 54년과 55년에 대규모 등록이 취소되었는
데도 1957년 현재 출판사 수는 717개사로, 50년 대비 532개사의 순증을 보이고 있다.[7]
어려운 환경 속에서도 새로운 출판인이 대거 등장한 것이다. 실제로 출판실적을 보인
곳은 그렇게 많지 못했다. 51년에 출판활동을 한 곳은 겨우 126사에 지나지 않았다. 57
년까지 출판사들의 부침이 특히 심했다. 혹독한 불황에 시달렸기 때문이다.

---

7   그러나 이러한 숫자는 현재 통계적으로 확인되고 있는 전체 출판사 수와 일치하지 않는다. 전체 출판사 수의 집계발표
    시기가 해마다 일정하지 않았기 때문이다.

[도표 3-4] 출판사 신규등록 상황(1950~1957)

| | 1950 | 1951 | 1952 | 1953 | 1954 | 1955 | 1956 | 1957 |
|---|---|---|---|---|---|---|---|---|
| 신규등록 | 77 | 97 | 48 | 62 | 179 | 130 | 123 | 89 |
| 취소 | − | − | − | 89 | 152 | 133 | − | − |
| 출판사 수 | 185 | 359 | 387 | 461 | 584 | 505 | 594 | 717 |

자료 :《出版文化》(속간 제5호, 1960. 11. 25., p. 2) ;《한국출판연감》(2011년판)에 의해 작성

1950년에서 1957년 사이에 출현한 출판인들을 광복 이후 출판 제2세대라고 부를 수 있다. 이들은 창업1세대와 교체한 세대가 아니라 제1세대 출판인들과 함께 광복기 출판을 통해 건국과 민족문화를 일으키는 일에 동참했던 실무진들이 대부분 독립한 것이다. 창업1세대들의 출판이념과 전통을 이어받으면서 젊은 패기와 투지로 우리 출판의 영역을 새롭게 개척한 그들의 정신적 동지들이다. 전쟁으로 폐허가 된 민족출판을 다시 일으키기 시작하는 것을 계기로 창업, 전후 출판재건 대열에 합류한 세대들이다. 이들 가운데 돋보이는 업적을 일궈낸 유능한 출판인들이 특히 많이 눈에 띄고 있다. 이들 신진세력이 60년대 중반부터 출판계의 리딩 그룹을 형성하면서 업계발전을 이끌었다. 전쟁으로 만신창이가 된 출판산업을 다시 일으켜 세우고, 출판의 창조적 역량을 한층 더 강화해 훗날 출판대국으로 가는 기반을 확립한 주역이라고 할 것이다.

이 기간에 등장해 두각을 나타낸 주요 출판사들을 등록연도순으로 꼽아보면 다음과 같다. 이들 가운데는 한때는 화려하게 각광을 받았으나 이미 역사의 뒤편으로 사라져 간 출판사가 적지 않다. 그러나 대를 이어가며 지금도 성장을 계속하고 있는 곳도 많다. 우리 출판의 역사성을 보여주고 있는 것이다.

▷ 1950년 : 一心舍(洪鳳珍 → 洪哲和), 平凡社(李活愿), 螢雪文化社(張河麟), 鄕文社(羅末善 → 羅重烈)

▷ 1951년 : 敎學社(楊澈愚), 南山堂(權基周 → 권성덕 → 권현진), 東洋社(丁斗燮), 文硏社(權周遠), 壯文社(申台熙)

▷ 1952년 : 文泉社(洪淳晶), 大衆文化社(→ 博英社, 安洹玉 → 安鍾萬), 東亞文化社(→ 新太陽社, 黃俊性), 正陽社(尹 瑛), 文洋社(→ 徽文出版社, 李明徽), 希望社 (金鍾琓)

▷ 1953년 : 東丘出版社(李重求), 文豪社(李鍾泰), 博友社(朴商璉), 思想界社(張俊河), 韋聲
文化社(→法文社, 金性洙 → 裵孝善), 世光出版社(朴信埈 → 박세원), 修學社(李
在根 → 李泳鎬), 新丘文化社(李鍾翊 → 金井一), 一潮閣(韓萬年 → 金始妍)

▷ 1954년 : 普文閣(申章鎬), 壽文社(姜壽炳), 아데네사(崔枝洙), 英志文化社(白萬斗 → 白文
英), 人間社(朴巨影), 正文社(尹憲), 精硏社(鄭秉謨), 香隣社(→ 鍾路書籍, 張河
龜), 親友文化社(朴海鳳)

▷ 1955년 : 耕智社((韓昌奎), 大東堂(李重南), 富民文化社(鄭鎭海), 女苑社(金命燁), 進明文
化社(安鍾國), 好樂社(羅相信), 弘人文化社(李基玉)

▷ 1956년 : 新雅社(鄭錫均 → 정현걸), 一志社(金聖哉 → 김문수), 日新社(尹珖模), 章源社
(趙壽源), 電波科學社(孫永壽 → 孫永一), 春潮社(李相五), 弘字出版社(鄭達溶)

▷ 1957년 : 敎育資料社(→ 韓國敎育出版 → 꼬망세, 崔元植 → 최남호), 成文閣(李聖雨), 新
楊社 (邊泰寬), 一文書館(→ 中央出版公社, 金俊錫), 太白社(金慶祚), 向學社(盧
鳳九)

• → 표시는 출판사명이 변경되었거나 대표자가 대물림한 곳. 제3자에게 인계된 곳은 제외했음.


## 60년간 한 우물만 판 영원한 현역 양철우

양철우(楊澈愚, 1926~현)는 피난지 대구에서 1951년 6월, 도서출판 교학사(敎學社)를
창립한다. 창립이라고 하지만 그는 이미 1949년에 '교육연구사'란 간판을 걸고 초등학
교 3학년 《사회생활 부도》를 처녀출판한 바 있으니 엄격히 말해서는 창업 제1세대에
속하는 출판인이다. 1947년부터 이규성(李奎星, 1919~1997, 판화가, 예명 恒星)이 설립한
문화교육출판사[8]에서 출판경력을 쌓았다. 대구로 피난 가서도 이규성과 문화교육을 재
건, 초등교과서 개발을 계속했는데, 생산시설의 미비로 제작이 원활치 못하자 자신이
직접 제본시설을 차려 운영한 경력도 가지고 있었다.

교학사로 상호를 변경해 재출발한 첫해에 초등학교용 《자연학습도감》을 펴내면서

---

8  문화교육출판사는 필동 1가에서 1947년 9월 20일에 등록(등록번호 185)해 6·25전쟁이 일어나기까지 《초등미술—도화
와 공작》(1948), H. 리드의 《예술과 사회》, 계용묵 창작집 《청춘도》, 한상진의 《서영미술사—먼나라 미술의 발달》등을
출판했다. 창업자 이규성은 60~80년대에 서울과 파리에서 활발한 작품활동을 펼친 판화가이다.

양철우

본격적으로 사업을 시작했다. 이어 출판한 1, 2, 3학년용《쓰기》와《모범수련장》등이 연달아 성공을 거둔다. '돌다리도 두드려보고 건너'는 그의 신중한 성품이 성공으로 이끈 큰 자산이었다.

그로부터 60여 년이 지난 오늘에 이르기까지 서두르지 않고 성실함으로 오로지 출판사업 외길만을 걸어왔다. 구순을 앞두고 있는 지금도 여전히 경영일선에서 젊은이 못지않은 감각과 혈기로 왕성한 출판활동을 벌이고 있는 중이다. 교학사는 흔히 교과서와 학습참고서 전문 출판사로 깊게 각인되어 있다. 교과서와 학습참고서로 입신에 성공한 것은 틀림없는 사실이다. 교학사의 학습참고서는 부모에게서 그 자녀에 이르기까지 2대, 3대에 걸쳐 교육의 길잡이, 학생의 동반자로서 제2의 교과서 역할을 해온 것에 큰 자부심을 가지고 있다. 그러나 교학사는 명실상부한 종합출판사이다.

초·중·고교생을 위한 학습참고서 출판을 비롯해 100여 종의 중·고교용 검인정교과서와 각종 사서류, 아동문고, 원색도감류, 대학교재 등 모든 분야의 도서출판에 심혈을 기울이고 있다. 이렇게 출판 분야는 참으로 넓고 다양하다. 시대발전과 더불어 끊임없이 변신을 거듭, 21세기 디지털과 글로벌 시대에 맞추어 어학, 컴퓨터 분야 도서개발에도 열을 올리면서 출판영역을 계속 넓혀가고 있는 중이다.

최근에는 17년 각고의 노력을 쏟아붓고 100어원의 거금을 투자해《한국사대사전》(전10권)을 펴냈다. 이를 두고 주위에서는 국가적인 사업을 일개 출판사가 해냈다고 찬사를 아끼지 않고 있다.

교학사의 성장과정에서 중요한 발전의 계기가 된 것은 1955년 서울로 본사를 옮기고, 그 이듬해인 1956년부터 초등학교 전 학년을 대상으로 한《표준전과》와《표준수련장》을 펴낸 일이라고 할 수 있다. '전과'는 전 과목을 다룬다는 의미에서 붙인 이름이다.《표준전과》는 1953년 동아출판사에서 먼저 출간한《동아전과》, 민중서관《국민전과》와 함께 1980년대까지 초등학교 참고서 시장을 선점하기 위해 치열한 경쟁을 전개해 드디어 최후의 승리자가 된다.《표준전과》는《동아전과》와 달리 최초로 과목별 분류를 시도하면서 분책시대를 열었다. 교학사의 대표 브랜드인《표준전과》의 가격이 1980년대까지는 주요물가의 지표로 활용될 만큼 중요한 인기품목이었다.

1979년 8월에는 중림동, 당산동 등지에 흩어져 있던 인쇄공장을 금천구 가산동(당시 구로구 가리봉동)으로 이전, 통합을 계기로 대대적 시설확충을 꾀하여 1984년 주식회사 체제로 법인화한다. 1991년부터 용옥장학문화재단을 설립해 우수학생에게 장학금을, 교사들에게는 연구비를 지급하고 학술단체 지원사업도 펼치고 있다.

2000년에는 온라인 학원학습시스템인 '교학학원 에듀밸리' 사업본부를 출범시켰다. 2004년 어학교육 학원인 월드에듀케이션어학원을, 2009년에는 '수학교육연구소'를 각 각 세웠다. 이어 '국어과 교수학습연구소' '교수학습자료실'을 개설, 운영하고 있다.

이렇게 교학사의 주요 사업 부문은 날로 확장되어 2010년 현재, 출판, 온라인 교육, 프랜차이즈, 인쇄, 연구 지원사업과 장학사업으로 구성되어 있다.

장학사업은 단순히 기업이윤의 사회환원 의지를 넘어 "남에게 도움을 줌으로써 자기가 성공할 수 있다"는 양철우의 철학의 표현이다. 그는 또 출판계에서 효성이 남다른 사람으로 널리 알려져 있다.

## 학술서적 출판의 대명사 안원옥

안원옥(安洹玉, 1924~1992)은 박영사의 창업자이다. 지금은 그의 장남 안종만(安鍾萬, 1945~현)이 가업을 계승, '박영사'라면 모르는 사람이 없을 만큼 누구나 인정하는 한국의 대표적인 학술 출판사로서의 명성을 더욱 드높이고 있다.

안원옥

창업자 안원옥은 출판계에 투신하기 전에 고향인 김제에서 교편생활을 했다. 그가 교직을 버리고 출판계에 투신한 동기에 는 박봉의 교직생활로서는 책 읽는 즐거움도 누릴 수 없는 데 다 하고자 했던 고시공부도 할 수 없어서, 공부도 더 하고 문학에 대한 욕심으로 출판사 나 서점을 해보고 싶은 마음이었다고 술회한 바 있다.[9] 그는 어려서부터 문학에 천부적 인 소질을 인정받고 있었으며 유명한 독서광이었다고 한다. 그러나 막상 전쟁 중에 부

---

9  안원옥, 〈보람에 산 出版人의 告白的 自傳 ― 집념으로 이어온 30년 ①〉,《讀書新聞》제391호(1978. 8. 27.), p. 15

산으로 피난을 가보니, 경험이 전혀 없는 시골내기로서는 발붙일 곳이 아무 데도 없었다. 마침 일한도서 서복환(徐福煥, 1925~1986)의 호의로 편집부장이란 직함을 얻었으나, 회사는 사장과 단둘뿐이어서 저자섭외 및 편집, 교정, 제작은 말할 것도 없고 발송과 수금까지 도맡아 하지 않을 수 없었다. 그것이 오히려 출판업무 전반을 빨리 익힐 수 있는 기회가 되었다. 1년 후에 부모로부터 물려받은 전답을 팔아 직접 출판에 뛰어들었다. '대중문화사(大衆文化社)'로 등록하고 부산시 부평동에 간판을 달았던 때가 1952년 11월 18일이다.

대중문화사의 처녀출판은 투르게네프 원작《첫사랑》이었다. 전시의 출판상황은 열악하기 그지없었다. 조판시설이 전무하다시피 했기에 조판을 해서 출판한다는 것은 극히 지난한 일이었다. 자금도 넉넉지 못했다. 다행히 시인인 김용호로부터 책값의 1할에 해당하는 사용료를 지불하고 지형을 빌려서 어렵게 출판에 뛰어들었다. 박영사의 처녀출판물《첫사랑》은 이렇게 태어났다.

전쟁이 한창 진행 중이었던 때는 제작비가 없어 출판을 못 하고 창고에서 먼지를 뒤집어쓰고 있던 지형을 싼값에 사거나 소유자에게 사용료를 지불하고 빌려서 출판하는 방법이 성행했다. 그러나 어렵게 출판한 첫 작품은 완전히 실패였다. 책이 귀한 때라 대부분의 신간은 출판만 하면 2, 3천부는 한두달 만에 매진되던 때였음에도 '수준이 높다'는 이유로 도매상에서 사주질 않아 1년이나 걸려서 겨우 팔았다. 잇달아 낸 세 가지 책의 운명도 마찬가지였다. 감당할 수 없는 빚이 어깨를 짓누르고 있어서 도통 잠을 이룰 수가 없었다. 그때 안원옥은 용기를 잃고 심한 좌절과 실의에 빠져 결국 죽음을 생각하는 지경에 이르렀다고 고백한 바 있다.[10] 그러나 죽을 용기로 살아야겠다고 다시 한번 마음을 가다듬었다. 그리고 출판의 방향을 바꾸어 문학출판에서 인문·사회과학 계통 출판에 도전했다. 이때 출판한 것이 일본학자가 쓴《물권법》(我妻英 저, 安二溱 역)이다. 이 책은 한 달 만에 3천부가 완전히 매진되었다. 이로써 그동안의 적자를 메우고 오히려 여유자금까지 손에 쥘 수 있었다. 이에 용기를 얻어서 이영섭의《민사소송법》, 박일경《헌법》, 최대교의《형사소송법》등을 연달아 출판한다. 또한《소월시 감상》(장만영,

---

10  안원옥, 앞의 글

박목월 편)을 내어 1년에 3만부나 파는 대박을 쳤다. 이것들이 바탕이 되어 오늘날까지 사회과학 계통의 대표적인 출판사로 사세가 욱일승천하듯 뻗어나갔다. 사무실을 잠시 대구시 포정동으로 이전(1954. 2.)했다가 정부가 서울로 환도함에 따라 1954년 7월 서울 종로구 견지동으로 옮겼다. 동시에 상호를 '박영사'로 바꿨다. 그것은 단순한 상호변경이 아니라, 그동안 지향했던 '대중을 위한 출판'에서 널리 영재를 키우겠다는 의지를 가지고 '학술출판'으로 일대 방향전환을 했음을 의미한다.

박영사가 이 나라 학문발전에 이바지한 바를 부인할 사람은 없을 것이다.

지금까지 박영사가 출판한 학술전문 도서와 대학교재만도 5천종을 헤아린다. 심혈을 기울여 편찬한 《경제학대사전》(1964), 《경영학대사전》(1973), 《정치학대사전》(1975) 등 크고 작은 사전들은 박영사의 성가를 더욱 높였다.

이러한 업적을 이룩한 배경에는 저자들이나 거래처에 '한번 약속은 하늘이 무너져도 지키는 사람'으로 소문난 안원옥의 신실한 성품이 있다. 이것이 큰 힘을 발휘했기 때문이다.

그는 자신의 출판역정을 담은 자전적 고백 〈집념으로 이어온 30년〉을 《독서신문》에 연재한 바 있고 사사 《博英社 50年》을 통해 필생의 업적을 정리해놓았다.

### 한만년, 가장 훌륭한 한국의 대표 출판인

학술전문 출판사로 정평이 나 있는 일조각 대표 한만년(韓萬年, 1925~2004, 호는 久峯)은 수많은 우리 출판인 가운데서 '한국을 대표하는 가장 훌륭한 출판인'으로 자타가 공인하고 있다. 일조각은 한국의 대표적인 출판사로 세계의 저명한 출판사와 일찍부터 어깨를 나란히 하며 이름을 날렸다.[11]

보성전문 경상과와 서울대 정치학과를 졸업한 그는 1948년 탐구당에 입사함으로써, 출판계에 입문했다. 1953년 일조각

한만년

을 창립, 처음에는 대학교재 출판에 집중했으나 이내 방향을 바꿔 '한국학' 관련 학술전

---

11  일본 고단샤(講談社)의 국제부장과 일본 서적출판협회 국제위원을 역임하면서 폭넓은 국제출판 업무에 종사해온 出川沙美雄는 그의 저서 《物語 世界の書籍出版社》(도쿄, 日本エディタ―スク―ル出版部, 1982)란 책에서 세계적으로 저명한 14개국의 대표적인 출판사 100개사의 프로필을 소개하고 있는데, 우리나라에서는 유일하게 일조각을 소개하고 있다.

문 서적 출판만을 고집했다. 그는 한국학에 대해 각별한 소명의식의 소유자였으며, 그가 이 분야에 기여한 공로는 국내외에서 높이 평가받고 있다. '한국학'이란 개념조차 없었던 때였으니 한국학이란 용어가 그로 인해 생겨났다고 할 수도 있을 법하다. 이기백의 《한국사신론》(1967), 김용섭(金容燮)의 《조선후기농업사 연구》, 양주동 《고가연구》, 신용하(申龍廈)의 《독립협회연구》 등 한국학 관련 서적 1천500여 종을 포함해 2천500여 종에 이르는 역사학과 사회학, 법학, 의학 분야 전문도서를 발간, 한국학 출판에 관한 한 최고의 권위와 전통을 자랑하는 출판사로서의 명성을 일구어냈다. 이병도, 이희승 박사의 회갑기념 논문집도 기념비적 출판물로 꼽힌다. 이 두 권은 회갑기념 논문집의 효시에 속한다.

그는 한국학이 세계적인 이해와 공감을 얻기 위해 어떤 방향으로 가야 할 것인지에 대해 "한국 사람들만 보는 한국학이 되어서는 안 된다"는, 전문학자들의 시야를 넘어서는 탁견을 가지고 이를 몸소 실천한 출판인이다. 특히 《한국사신론》 영어판을 널리 보급함으로써 한국 역사를 이해할 수 있는 세계적인 교과서로 만드는 등 한국사를 해외에 제대로 알리는 일에 골몰했다. 1987년부터 2012년까지 25년간 반연간지 《한국사시민강좌》 통권 50호를 펴내 한국사의 대중적 이해확산에도 힘썼다. 명망 있는 출판사라면 모름지기 학술계간지를 한두 종은 가지고 있어야 한다는 소신을 가지고 있는 그는 또 학술계간지 《어문연구》도 펴내 한국어문학 분야의 발전에도 이바지했다.

그가 심혈을 기울인 또 하나의 분야는 의학이었다. 이 분야 저술인력이 미처 충분히 양성되기 이전인데도 저자발굴에 앞장섰다. 예컨대, 이비인후과학 분야의 최신이론을 소개한 《두경부외과학》은 적자를 무릅쓰고 계속 증보판을 펴내 이 분야의 빼놓을 수 없는 명저로 독보적인 평가를 받았다. 그가 낸 의학서적들은 모두 수지타산을 생각하지 않고 우리 의학의 진보만을 목표로 함으로써 수입서적과 번역서 일색인 의학서적을 한국화하는 기반을 닦았다.

그는 평생 이렇게 출판외길을 걸었지만 책을 만든다는 것은 애당초 수지가 맞지 않는 일이라고 마음을 비웠다. 이윤추구를 목적으로 하는 기업인이 아니라 '출판인으로서 내고 싶은 책을 내는 것에 만족한 문화사업가' 가운데 한 사람이었다.

이와 같이 문화, 교육, 출판에 관한 높은 식견과 덕성을 갖춘 모범적인 출판인이었기

174

에, 비즈니스에서도 시종일관 출판인으로서의 품위와 자존심을 지키려는 자세를 가다듬을 수 있었다고 본다. 출판인으로서 탁월한 전문성을 발휘해 출판인의 사회적 위상을 높이는 데 기여했을 뿐만 아니라 후배 출판인들의 '우상'이었다. "좋은 책을 만들되, 잘 만든 뒤에는 자존심을 갖고 팔아야 한다. 베스트셀러는 마약과 같으니 추구하지 말자"는 그의 출판경영 방침이자 철학이었으며 후배 출판인들에게 늘 당부하는 지침이기도 했다. 후배들이 뜻있는 사업을 펼치는 데 요람 역할도 마다하지 않았다.《창작과 비평》과《문학과 지성》두 문학계간지가 모두 일조각을 통해 창간되었고, 두 잡지가 각각 독자적인 경영기반을 마련할 때까지 간행을 책임지며 재정적 후견인 역할을 다했다.

출판을 통한 한국학 진흥에 힘쓴 그는 75년 '월봉(月峰)저작상'을 제정해 매년 한국학 분야에서 주목할 만한 업적을 낸 학자를 시상함으로써 이 분야 연구자들의 사기를 북돋우기도 했다. 선친의 호를 따 이 상의 이름을 '월봉저작상'으로 정한 것은 아버지의 독립정신을 계승해 출판업을 한다는 의지를 보여준 것이다. 선친 월봉 한기악(韓基岳)은 상하이 임시정부 법무위원을 지냈으며 1920년《동아일보》창간 동인으로《동아일보》발행인,《조선일보》편집국장 등을 역임한 언론인이자 독립운동가였다.

출판인으로서 탁월한 업적을 세운 그는 무엇보다 출판 지도자로서 '우리 출판의 미래를 개척하는 일에 최고의 공헌을 한 출판인'으로 기록되어 마땅할 것이다. 그는 높은 신망을 바탕으로 대한출판문화협회장을 여섯 차례나 지내면서 업계발전에 큰 공적을 쌓았다. 또한 장기적인 안목과 통찰력으로 우리 출판산업이 발전할 수 있는 체제를 구축하는 일에 남다른 열성과 역량을 발휘했다. 그는 '출판의 과학화'를 우리 출판의 비전으로 제시하고 자립, 자강, 자존을 주장하며 60년대 중반 자립갱생을 주도했다. 오늘날 우리 출판이 출판대국으로 부상할 수 있었던 토대가 그의 손에 의해 이루어졌다고 해도 결코 지나치지 않다. 그는 한국출판금고의 입안자이며 그 설립을 주도한 사람이다. 60년대 유네스코가 개발도상국들의 출판발전 프로그램을 입안·주도할 때는 유네스코가 주최한 출판전문가회의에서 한국출판금고 설립 구상을 발표해 세계적인 관심을 불러일으켰다. 물불 가리지 않고 뛰어다니며 여당을 움직이고 야당의 호응을 이끌어내 출판업이 영업세 면제 업종의 혜택을 받을 수 있게 만든 장본인이 바로 그다. 오늘날 책에 대한 부가가치세가 면제될 수 있는 토대가 이때 만들어졌다고 할 수 있는데 출판영업세가 면제되기 직전까지만 해도 출판은 사치품목 제조업종으로 취급받고 있었다. 출판인들의 힘을 결집해 출판계의 오랜 숙원이었던 출판문화회관을 건립하는 리더십도 발휘했다. 그의 출판발전을 위한 열정은 출판산업 내부로만 향하지 않았다는 점이 그를 더욱 위대한 출판인으로 꼽는 이유이기도 하다. 출판발전을 이룩하려면 저술인 양성과 독서인구 증대에 힘을 기울여야 한다고 그는 굳게 믿었다. 그는 저술인의 저술의욕을 고취해야 출판발전은 물론 국가도 발전시킬 수 있다는 신념으로 저작자에 대한 원고료와 인세소득세를 면제해줄 것을 강력하게 요구, 이를 관철시키기도 했다.

그가 회갑에 즈음해 펴낸 《일업일생(一業一生)》(1984)은 출판외길을 걸어온 출판인으로서 자신의 출판철학과 신념을 밝힌 글을 모은 책이지만 출판인으로서 그의 삶을 간결하게 압축한 말이기도 하다.

### 한국학 출판진흥에 모범을 보인 올곧은 출판인 김성재

김성재

김성재(金聖哉, 1927~2005)는 서울대 재학 중 학원사에 입사해 학생잡지 《학원》 초대 편집장을 지냈고 《서울신문》 교정부 차장 등을 거쳐, 무일푼으로 1956년 6월에 일지사를 창업했다. 그는 충북 목천 아우내장터 부근에서 태어나 세 살때 서울로 옮겨졌다가 여섯 살 때 다시 신의주로 가서 그곳에서 유소년기를 보낸다. 다시 서울로 유학, 경복중학교를 졸업하고 서울대에 진학했지만 가난 때문에 중퇴하고 교사생활을 시작한다. 광복 직후 잠시 동안이지만 경기도 고양군 벽제면에서 초등학교 교사생활을 한 것은 별로 알려지지 않은 사실이다. 교사생활 도중 중등학교 교원자격시험과 학원사의 전신인 대양출판사 입사시험에 동시에 합격했다. 교사를 계속할 것인지를 고민하다가 과감하게 편집인의 길을 택했다. 이렇게 그는 출판과 인연을 맺었다. 출판인의 인격과 책의 품격을 그는 누구보다 소중하게 생각하는 출판인이었다. 남달리 책의 품격을 집요하게 고집하는 그는 《학원》 창간 2호의 표지그림 문제로 경영자와 의견이 맞지 않아 미련 없이 편집장 자리를 내던진다. "책은 그 자체의 품위뿐만 아니라 유통 면에서도 품위를 지켜야 출판인의 인격도 존중받을 수 있다"는 고집을 평생 굽히

지 않는 원칙주의자였다. 그로서는 결벽증에 가까우리만큼 편집과 교정에서 제작 하나 하나에 이르기까지 세심한 신경을 쓴다. 판매에서도 마찬가지다. 출고율을 5%만 낮추어도 분명히 1, 2천부는 더 팔 수 있는 것을 뻔히 알면서도 자기원칙을 버리지 않았다.

지금은 한국학 관계 전문출판사로 널리 알려져 있지만, 첫 출판물로 대학입시를 위한 국어참고서를 펴낸 것을 비롯, 초기에는 학습참고서와 교과서를 출판했다. 빚을 내서 시작한 출판이라 위험부담이 적은 학습참고서로 시작할 수밖에 없었다고 그는 말한다. 그의 표현대로라면 그는 '막다른 골목'에서 '오기'로 1할 변으로 빚을 내어 스물여덟 살에 출판사를 차렸다. 그렇게 시작한 학습참고서 출판이라지만 그가 쓰고, 펴낸《고교 국어》는 장기간 국어 참고서 업계에서 내용이나 판매성적에서 추종을 불허할 정도로 권위를 자랑했다. 참고서로 자금이 모이자 교과서로 영역을 넓혔다. 어느 정도 사업기반이 굳어지자 비로소 평소 신념대로 문학, 예술, 아동 등 주로 인문학 분야에서 다양한 도서를 개발해왔다.

그는 학술서적에 대한 대중적인 기반이 취약한 풍토에서 '출판의 뿌리는 학술출판'이라는 일관된 신념으로 1970년대 이후부터 50년 넘게 학술 교양서적 출판에 몰입해 왔고 한국문학·한국사학·미술사학·불교사학 등에 이르기까지 한국학 분야 전반에 걸쳐 학술발전과 출판문화 향상에 크게 공헌한 출판인으로 평가받고 있다.

학술출판에 관한 그의 고집스런 열정은 1975년 한국학 학술 계간지인《한국학보》를 창간하면서 더욱 빛을 발했다. 그가 작고하던 2005년까지 적자를 무릅쓰고 한국학 연구자들에게 논문발표 기회를 제공함으로써 한국학 연구의 수준을 한 단계 끌어올린 것이다.《한국학보》의 발행은 한국학 전문 출판사로서 불멸의 명성을 얻는 밑거름이 되었다. 종래의 학설과는 다른 새로운 해석 및 주장을 펴는 글만을 게재한《한국학보》는 한국학의 튼튼한 토대를 마련하는 데 기여했다는 평가를 받고 있다. 자금난으로《한국학보》간행이 중단위기에 처했던 2000년, 한 사업가가 출판비용을 대겠다는 제안을 해왔으나 그는 이를 정중히 사절했다. "공공기금도 아니고 개인 사업가의 돈을 빌려 한국학 학술지를 낼 수는 없다"는 것이 이유였다. 그리고 '빚을 내서라도 계속 출간하겠다'고 스스로에게 다짐했다. 오자 하나 용납하지 않는 일, 발간을 앞둔 책에 문제가 발생하면 투자비용에 연연하지 않고 단호하게 파기했던 그의 올곧은 출판철학과 신념, 출판인으로서의 자존심을 지키려 한 기개는 남들이 흉내 내기 어려운 경지였다.

작고할 때까지 출판인으로서보다는 편집자로 불리기를 더 바랐던 학구적인 성격의 그는 '간추리다'란 순수 우리말을 찾아서 국어사전에 올리고 표준어로 삼도록 하는 독특한 업적을 남기기도 했다. 우리말을 소중하게 생각하는 열의만으로 사라져가는 우리말을 되살리기는 쉽지 않은 일이다.

출협 부회장, 한국출판금고 이사 등 출판 관련 단체 임원을 역임했을 뿐 아니라 국제적으로 아·태 지역 어린이 그림책 일러스트레이션 심사위원을 오랫동안 역임했으며, '아시아 지역 공동출판 프로그램 기획회의' 한국 대표로도 활약하는 등 유네스코 출판 전문가로서 아시아 지역 출판문화 발전을 선도한 공로가 크다.

대표적 출판물 중 정문기(鄭文基)의 《한국어도보(韓國魚圖譜)》, 김원룡(金元龍)의 《한국고고학개설》, 《한국미술사연구》, 안휘준(安輝濬)의 《한국회화사》, 강경숙(姜敬叔)의 《한국도자사》 등은 한국학 분야의 고전으로 꼽힌다. 전경수(全京秀)의 《한국문화론》, 최재석(崔在錫)의 《한국고대사회사연구》와 《한국가족제도사연구》, 김윤식(金允植)의 《근대한국문학연구》, 《한국현대문학사상사론》, 김용숙(金用淑)의 《조선조궁중풍속연구》, 신용하(愼鏞廈)의 《한국근대사회사연구》, 강경숙의 《분청사기연구》, 진홍섭(秦弘燮)의 《한국의 불상》, 《한국미술자료집성》(전7권), 주남철(朱南哲)의 《한국주택건축》 등도 이 분야 연구를 개척하거나 한 단계 수준을 올려놓은 역저로 평가받고 있다. 시리즈물로 《조지훈전집》(전7권), 《미당 서정주문학전집》(전5권), 《사료로 본 한국문화사》(전7권) 외에 《한국의 사찰》(전20권), 《교양인을 위한 신서》 등 기획출판한 책이 2,000종이 넘고 있으니 일일이 꼽는다는 것이 부질없는 일이다.

말년에는 자신의 경험을 바탕으로 중앙대 신문방송대학원, 연세대 언론홍보대학원에 출강해 후진을 양성하는 한편, 《출판의 이론과 실제》(1985, 현재 8판), 《출판현장의 이모저모》(2000), 역서 《편집자란 무엇인가》(1993) 등의 출판전문 저서와 함께 《알기 쉽게 간동그린 한글맞춤법》, 《모범 고전》 등의 검인정교과서도 집필했다. 《출판의 이론과 실제》는 중판 때마다 수정과 증보를 거듭하면서 국내저술의 '출판 개론서'로서는 정전(正典) 대우를 받고 있다.

178

## 사회과학 출판의 선두주자 김성수

김성수

김성수(金性洙, 1922~2007)는 1952년 서울대 법과대학을 졸업하자마자 위성(葦聲)문화사를 설립해 어학, 문학 등의 인문과학과《위성문고》등을 다양하게 출판했으나 초기에는 어려움을 겪었다. 1957년부터 법문사란 이름으로 새로 출발, 50년대 후반에는 이미 법학 서적 계통의 대학교재를 중심으로 기반을 확고하게 잡았으며 60년대 초부터 고도성장을 이어갔다. 당시는 군사정변으로 〈헌법〉이 개정되고 〈비상조치법〉이 나와 법 개정이 빈번했다. 고시를 위시해 공무원 신규채용, 승진시험 제도가 강화되어 법서의 수요가 급증할 때였다. 그 여세를 몰아 한국을 대표하는 지성을 산출한다는 신념으로 60년 이상의 역사를 쌓으며 사회과학 계열 전문 출판사로 입지를 굳혔다. 법학, 행정학, 정치학, 사회학 등 각 분야를 망라한 학술서적과 2종교과서를 합해 5천여 종이 하나같이 독자들의 호평을 받았다. 현재도 매년 100종 이상의 신간들을 출간함으로써 학술발전에 일익을 담당하고 있는 출판사이다. 그동안 대학교재를 비롯한 사회과학 전 분야의 서적을 출판해 한국 사회를 지탱하는 동량을 배출하는 데 일조했다는 자부심을 갖고 있다.

대표적인 출판물로는《법률학사전》을 비롯해《생산관리론》,《정치학》,《지형학》,《경제학원론》,《거시경제학》,《한국행정론》,《무역실무》,《친족상속법》,《미시경제학》,《마케팅원리》,《광고원론》,《성격심리학》,《경제학 들어가기》,《통계학》,《경영혁신과 조직개발》,《인간행동의 이해》,《GIS지리정보학》,《헌법학원론》,《행정법Ⅰ,Ⅱ》,《21세기 경영학》,《노도쿄제학》등이 있다.

이들 가운데 특히 권영성의《헌법학원론》, 이상규의《신행정법론》, 박동서《한국행정론》, 조순의《경제학원론》등은 70~80년대의 고시준비생들에게는 없어서는 안 될 필수 기본 도서였으며 서점가의 최고 베스트셀러였다. 70년대 후반에는 민중서관 출판물 중 사서(辭書)류를 인수해 민중서림을 설립, 100여 종의 사서를 꾸준히 개정함으로써 사서 전문 출판사로서의 위치도 굳혔다. 김성수는 69년에 수출산업이 국가경제 발전을 위해 큰 역할을 할 것으로 판단, 정부의 장려를 받아 오양수산을 설립하고 원양어

업에 진출한다. 이 분야에서도 선두자리를 놓치지 않을 정도로 크게 성공, 재벌기업의 반열에 올랐다. 그러나 타개하기 직전에 오양수산을 사조산업에 넘기고 무대 뒤로 사라졌지만, 법문사만은 여전히 전통을 이어가고 있는 중이다.

대부분의 출판사는 오너가 대표를 겸하고 있는 것과 달리, 김성수는 1984년 말에 법문사 회장에 취임해 경영 2선으로 물러나면서 회사를 배효선(裵孝善, 1937~현)에게 맡겨 오늘에 이르고 있다. 배효선은 교사생활을 하다 법문사 공채 1기로 1960년에 입사해 정상의 자리에 오른 독특한 경력의 출판인이다.

법문사가 지향하는 바는 앞으로도 계속 사회과학 분야의 양서들을 출간해 급변하고 있는 이 분야의 출판방향에 발 빠르게 대응하면서 좀 더 우리 사회에 기여할 수 있는 좋은 책을 만들어내고자 하는 것이다.

김성수는 60~70년대에는 젊은 나이에 검인정교과서 회사 사장, 한국출판협동조합 조합장 직무대행 등으로 출판계 공동발전을 위해서도 헌신했다. 특히 출협의 상무이사를 역임하고 출판문화회관 건립 당시에는 모금분과위원장으로 출판계의 숙원사업인 회관건립에 크게 공헌했다.

### 기획편집의 전형을 보인 이종익

이종익

1990년 정초, 출판계는 충격적인 소식을 듣고 다들 놀라워했다. 일찍이 우리나라 출판기획의 대가로 손꼽혀온 신구문화사의 이종익(李鍾翊, 1923~1990)이 강원도 어느 고갯길에서 교통사고로 변을 당한 것이다.

그는 출판으로 성공해서 신구전문대학을 세웠다. 학교일에 발 벗고 나서다 보니 자연히 출판 쪽에 소홀해질 수밖에 없었다. 그러나 그의 본령은 역시 출판이었다. 오랜만에《한국풍속지리대계》라는 야심작을 기획하고 손수 자료를 수집하러 신구전문대학 교수 몇 사람과 강원도 정선으로 떠난 학술탐사 여행길에서 뜻밖의 죽음을 맞은 것이다.

이종익도 역시 전란 중인 1951년, 피난지 부산에서 출판사업에 투신했다. 경기도 파주 태생으로 선린상업과 일본 스가모(巢鴨)상업학교를 거쳐 1948년 서울상대 경제학과를 마친 다음, 강원도 홍천농업학교에서 1년간 교사로 있다가 서울로 올라와 박문출판사 편집부에서 출판을 익혔다. 그 뒤 1·4후퇴 때 제2국민병으로 소집돼 마산까지 갔다가 마산공업학교에서 다시 국어를 가르치기도 했으나 출판에 미련을 버리지 못해 많은 출판인들이 몰려 있는 임시수도 부산으로 가서 출판사를 차렸다.

그가 신구문화사 명의로 처음 출판한 책은 이광수의 《무정》과 김동인의 《젊은 그들》이었다. 박문출판사에서 지형을 빌려 찍어낸 것이다. 이후 그는 박문출판사 시절의 편집국장이었던 아동문학가 이원수의 동화집을 펴내는 한편, 운영난에 허덕이던 어린이 잡지 《소년세계》를 인수해 발행(1952. 7.~1955. 11.)하기도 했다.

54년에 백철의 《문학개론》을 출판한 것을 계기로 그의 출판인생은 확고한 방향을 잡아 일취월장한다. 출판의 방향을 국문학 분야에 주력하기로 작정한 것이다. 상과계통 출신이면서도 국문학 분야를 전문 분야로 택했던 데는 그 자신이 국어국문학회 창립회원이었던 점도 크게 작용하지만 평생의 동지 정병욱의 영향이 매우 컸다. 국문학으로 방향을 잡으면서 이병기·백철의 《국문학전사》, 이병기의 《가람문고》, 정병욱의 《시조문학사전》과 《고전시가론》, 장덕순의 《국문학통론》, 이응백의 《국어교육사연구》 등 많은 역저들을 쏟아놓는다.

신구문화사의 출판목록은 화려하다. 그중 각광을 받은 책만 꼽아도 열손가락이 모자란다. 신구문화사의 베스트셀러는 소설이나 에세이류가 아니라 오랜 시간과 머리를 짜내 공들인 기획출판물이란 데 특성이 있다. 예를 들면 《세계전후문학전집》(전10권), 《현대한국문학전집》(전18권), 《영미어문학총서》(전10권), 《한국의 인간상》(전6권), 《한국인명대사전》 등이 있다. 이 밖에도 《한국현대사》(전9권), 《한용운전집》(전6권), 《세계의 인간상》(전12권), 《노오벨문학전집》(전13권) 등 탄탄한 기획력을 보여주는 책들이 많다. 이런 기획력은 60~70년대에 수많은 준재들이 신구문화사의 편집진을 거쳐갔음을 반증하는데 그것은 이 무렵 이종익을 정점으로 한 인적 구조와 직장 분위기가 지극히 진취적이고 발랄했었다는 사실과 무관하지 않다. 20대 후반의 나이에 《세계전후문학전집》을 기획, 편집을 책임졌던 이어령은 이종익을 가리켜 "불모의 땅에 보습을 대고 씨를 뿌린 사람"이라고 평한 바 있다. 그는 한국출판금고 이사로서 《독서신문》을 창간하기 위해 '독전대장'이란 별명을 얻을 만큼 주식 모집활동에 남다른 열성을 보이기도 했다.

## 최초로 세계적인 출판기업을 꿈꾼 민영빈

민영빈

현재 출판사와 영어 전문학원 운영, 외국어 시험 시행, 사이버 교육, 유학알선 등을 주요 사업으로 하는 외국어 교육 전문업체인 YBM의 민영빈(閔泳斌, 1932~현) 회장은 탁월한 출판인이요 잡지인이다. 그는 국내 출판인들 가운데서 비즈니스 감각이 가장 뛰어난 출판기업인으로 정평이 나 있다. 회사명 'YBM'은 민영빈 회장의 영문 이니셜이다.

영어 출판하면 국내외 출판계에서 그를 떠올릴 만큼 확고한 위상을 확보한 지 오래된다. 그의 영어 사랑은 가히 숙명적이다. 황해도 해주 태생인 그는 전쟁 중 월남해 고려대 영문과에 편입한다. 재학시절에 벌써 교내 영자 신문 창간을 주도했다. 등사원지에 타이핑을 해서 창간한 영자 신문이 지금도 계속 발행되고 있는 것에 대한 흔쾌함이 대단하다. 외국 유학을 하지 않은 영문학 전공자로서 국내 최초로 학위논문을 영어로 썼으며 영자 신문《코리아 리퍼블릭(현 코리아 헤럴드)》기자를 계속하면서 27세 때부터 대학에서 영문학을 강의한 사실도 알 사람은 다 알고 있다. 우리나라 사람으로서는 최초로 영문 사설을 쓴 언론인으로 언론사에 기록되고 있기도 하다.

그런 그가 기자 겸 논설위원이던 1961년 4월 시사영어사를 세우고 국내 최초의 영어 학습 월간잡지인《시사영어연구》판권을 인수해 5·6월호 합병호를 발행한다.

오늘의 YBM이 출판사업에 첫발을 내딛는 순간이었으며 사실상의 재창간이었다. 출판사를 설립하게 된 동기가《시사영어연구》를 창간(1959)한 후배(歐文社, 裵宗浩)로부터 이 잡지의 인수를 권유받은 것이다. 설립 초기에는 여전히 논설위원으로 활동할 때였기 때문에 그의 선친 민봉호(閔鳳鎬, 1909~1964)에게 경영을 맡겼다가 선친의 별세로 사장에 취임, 본격적으로 출판의 세계에 투신한 것이 1964년 4월이다.

이때부터 그는 "지금은 출판의 기업화가 요구되는 때다. 모든 출판인은 경영기술을 살린 현명한 방법으로 좋은 책을 많이 만들어 국민교육에 이바지하는 것을 가장 큰 사명으로 삼아야 한다. 이익을 못 내면 좋은 책을 계속해서 낼 수 없기 때문에 출판사업도 이익을 내야 한다"는 출판철학을 실천해왔다. 또한 "21세기에는 우리 출판계도 이 좁은 땅을 벗어나 세계를 무대로 뛰어야 한다. 최소한 그런 야심을 가져야 한다"고 우리 출판이 나가야 할 방향을 제시하며 이를 몸소 실천하고 있다. 그는 이러한 철학과 탁월한 사업수완을 발휘해 YBM을 우리나라 출판산업 최초의 다국적 복합 출판기업을 지향하는 출판그룹으로 키워냈다.

YBM의 현재 수입구조를 보면 사업다각화를 했음에도 외부에서 짐작하는 것과는 사뭇 다르다. 출판이 전체 연간매출의 50%를 차지하고 있어서 명실공히 출판기업으로서의 본령을 튼튼히 지켜가고 있다. 나머지는 학원 25%, 기타 25%의 수익구조를 형성하고 있다. 전체 매출의 과반을 차지하고 있는 출판사업 분야는 일찍이 《시사영어연구》를 비롯한 《영어세계》, 《데이트라인》, 《오디오 매거진》, 《시사일어》, 《뉴스위크 21》, 《내셔널지오그래픽》 한국어판을 창간했으며, 일간 영자 신문 《Korea Daily》를 발행해 자신의 꿈을 실현하고자 힘쓴 역사도 가지고 있다. 지금은 사전, 토익(TOEIC) 교재, 토플(TOEFL) 교재, 검인정 영어 교과서, 영어 학원용 전문교재, 영어 및 일본어 학습서 등 다양한 출판물들을 간행한다. 오디오와 비디오, 멀티미디어를 활용한 출판물들을 다채롭게 출판해 영어 교육의 새로운 방향을 제시하면서 우리나라를 영어 강국으로 이끌었다. 읽기와 쓰기, 문법중심 영어 교육이 대세였던 1970년대부터 듣기와 말하기 위주의 영어 학습법으로 외국어 교육의 흐름을 바꿔놓은 것은 순전히 YBM의 공로라고 해도 지나치지 않다.

YBM은 1970년 국내 최초 오디오 영어 학습교재인 《English 900》을 출시해 영어 교육의 일대혁신을 이룩하면서 세계적인 출판기업으로 도약하는 기틀을 마련한다.

1982년 YBM이 주식회사로 전환하면서 그는 대표이사 회장에 취임하는 한편, 이때 처음으로 미주 지사를 설립했다. 이어서 미국 로스앤젤레스와 캐나다 밴쿠버, 베이징, 마닐라 등지에도 직영학원을 개설했으나 사업환경 변화에 대응해 해외 사업조직은 신축적으로 운영되고 있다. 외국어 시험 분야에서는 같은 해인 1982년에 실용영어능력시험 TOEIC을 시행했고 지금은 YBM 산하의 한국토익(TOEIC)위원회가 토익과 일본어, 중국어 시험을 주관하고 있다. 1982년 첫 시행 당시 한 해 TOEIC 응시자 수가 1,395명에 지나지 않았으나 현재는 230만명을 넘어 계속 기록을 갱신하며 세계 1위 자리를 지켜가고 있는 중이다. 일본(200만명)이 2위지만 절대수치로 보나 인구비례로 볼 때 현격한 격차를 보이고 있는 것이다. 이에 한 걸음 더 나아가 시험 운영사에서 개발사로 발전한 지 오래되었다.

학원 운영 분야에서도 타의 추종을 불허한다. 1983년 국내 최초로 강사 전원이 미국인으로 구성된 ELS학원(현 YBM어학원)을 열어 출판과 학원운영을 통해 공교육을 지원하고 있다. 2012년 현재 전국 YBM어학원 체인망에는 강사만 약 2,200명이 있는데 그중에 원어민 강사가 700명(영어 600명, 일어와 중국어 100명)이나 된다. 2000년에는 직접 공교육에도 뛰어들어 한국외국인학교(KIS)를 세워 명문으로 육성했다. 이를 기반으로 2010년부터는 제주도 외국인학교도 수탁운영하면서 장차는 해외 캠퍼스를 설립해 동북아 네트워크를 구축한다는 비전을 하나씩 실현해가고 있다.

출판인으로서 그는 앞서가는 시대감각과 뛰어난 영어 실력으로 한국 출판산업의 국제화에도 많은 기여를 해왔으며, 국제출판협회(IPA), 국제잡지협회(FIPP)에서 한국의 지위를 격상시키는 역량을 발휘했다.

그는 전체를 보고 판단하는 단순명쾌한 논리와 판단력, 그리고 과감한 결단력과 추진력으로 우리 출판의 국제화를 이끌었다. 1968년, 한국잡지협회가 국제잡지연맹에 가입, 이사국이 된 것은 오로지 그의 힘으로 이루어진 일이다. 개인적으로도 국제잡지연맹 이사로 활동했으며 2002년의 FIPP 아태 지역 잡지인대회를 서울로 유치하고 이 대회 조직위원장을 맡아서 성공적으로 개최한 바 있다.

그는 60년대부터 세계 각지에서 개최되는 출판 관계 국제회의에는 우리나라 대표로 참석해 국제적인 감각과 교류의 폭을 넓혀왔다. 특히 저삭권 판세 회의에는 빠지지 않고 참석해 한국의 입장을 설득시키기 위해 노력하는 한편, 국내 출판계에 대해서는 앞으로 저작권도 국제교역의 중요한 대상으로 부각될 것이므로 세계저작권조약 가입에 대비해야 한다는 점을 강조해왔다. 그가 출협 회장으로 재임(1981~1983)할 때는 이러한 출판환경 변화에 대비해 국내 〈저작권법〉 개정안을 마련해 공청회를 개최하는 등 정부로 하여금 시대환경에 적합한 〈저작권법〉 체제를 갖추도록 저작권 전문가로서의 높은 식견을 발휘하기도 했다.

한만년, 유익형(汎文社, 柳益衡)과 환상의 콤비를 이루며 한국출판의 과학화를 주창하고 출판산업 실태를 조사, 장기 발전계획 수립 및 추진을 주도해 우리 출판산업이 세계 출판강국으로 도약하는 발판을 마련한 공로는 우리 출판의 역사에서 오래 기억되어야 할 것이다. 지은 책으로는《The April Heroes》,《고급 현대 영작문》과 자서전《영어강국 KOREA를 키운 3·8따라지》가 있다.

이외에도 50년대에 등장한 출판인 가운데는 자신의 전공이나 경험을 바탕으로 전문분야를 어렵게 개척해 출판발전을 이끈 사람이 많다. 이를 배경으로 50년대 중반부터 우리 출판에서는 전문화를 지향하는 성향이 강하게 나타나기 시작했다.

남산당 권기주(南山堂, 權基周, 1910~1988)는 1938년에 조선총독부가 시행한 보통문관시험에 합격하고 국립감화원(영흥학교) 서무주임과 교유를 거쳐 광복 후에는 군정청에서도 계속해서 경험을 쌓았다. 1947년 1월에는 그동안의 경험을 살려 남산소년교호상담소를 창설, 청소년 문제 해결에 앞장서서 일하면서《아동심리학》등 후생교육 분야 출판을 개척했다. 보건사회부 후생총무국장을 사임한 때가 1948년 10월 말일이었으니 2년 전부터 미리 전직을 준비한 것이다. 1951년에는 도서출판 남산당을 별도로 등록, 약사들에게 없어서는 안 될 지침서인《약전(藥典)》을 비롯해 국내 최초로《동의보감》을 완역하는 기록을 남겼다. 보건의학 도서 출판을 개척하는 한편으로 70년대 중반까지 농촌에서 반드시 갖추지 않으면 안 되는《민력(民曆)》과《토정비결(土亭秘訣)》을 출판해 명문당(金赧濟)과 시장을 양분한다. 남산소년교호상담소는 현재 출판사로서의 역할을 다하고 역사에서 사라졌지만 남산당은 그의 아들 권성덕(權成德)을 거쳐 지금 3대 사장 권현진이 전통을 이어가고 있다.

향문사 나말선(鄕文社, 羅末善, 1919~1989)은 해방 후 한때 대양출판사에 몸담았다가 1950년 우리글, 우리 것을 표방해 향문사(鄕文社)를 설립했다. 초창기에는 고전문학과 대학입시 문제집 등을 독특하고 치밀한 편집으로 출판해서 7~8년간 출판시장을 석권했다. 6·25전쟁 중에 납치되었다가 구사일생으로 탈출한 후 출판의 방향을 바꾸어 농학도서 개발에 전념해왔다. 1958년 4월의《수도작(水稻作)》으로 시작한 농학도서 출판에 전념해 작고할 때까지 30여년간 원예학, 임학, 축산학, 잠사학, 농공학 및 농화학, 식품학, 작물학, 생물학 등 미치지 않은 농학 분야가 없다. 특히 그러한 과정에서 농학 도서 저자가 부족한 현실을 극복하기 위해 전국의 농학 교수를 망라해 공동집필케 함으로써 저작자 발굴 양성 및 저작풍토 조성에 기여한 업적은 높이 평가된다. 그중에는 《대한식물도감》(이창복),《식경대전(食經大典)》,《한국식생활연구사》등의 귀중한 수작도 들어 있다. 또 그는 농학 발전에 대한 애착과 열의로 개화기부터 1979년까지의 농학 관계 문헌을 모은《한국농학주요문헌목록집》같은 자료집을 간행해 관계자와 기관에 기증하는 등 농학 도서 발전에 헌신했다. 일찍부터 그는 대한항공에서 근무 중이던 큰 아들 나중열(羅重烈)을 향문사로 불러들여 옆에 두고 출판을 가르치고 훈육하는 등 뒷일에 대비하여 그 전통을 이어가도록 했다. 나중열은 가업을 더욱 충실히 이어가기 위해 대학원에서 출판학을 전공한 정통 출판인이다.

권기주와 나말선은 창업 1세대에 속하는 출판인이지만 50년대에 괄목할 만한 업적을 보인 출판인들이다. 두 사람은 한국출판협동조합 설립을 주도하고, 설립 초창기에는 조합의 조직과 기반을 다지는 한편, 업계의 중지를 모아 출판유통 구조 개선과 공급질서 확립에 기여한 공을 높이 평가받고 있다.

이재근(李在根, 1922~1981)도 1953년 수학사(修學社)를 설립, 가정학 분야의 학술도서 개척자로 독보적인 업적을 남겼다.《가정경제》,《가정관리학》등 가정학 관련 이론서 개척에 대한 열정으로, 서양식 생활문화에 경도되어 가는 현실 속에서《한복생활》,《한국음식》등을 개발 보급해 전통적인 한국 가정의 올바른 생활규범 전승과 이론정립에 앞장섰다. 수학사는 비교적 일찍 2세 경영체제를 굳힌 출판사에 속한다. 큰아들 이영호(李泳鎬)가 창업자 사후 곧바로 경영을 이어받아 가정학 분야에서 활동영역을 확장하면서 보폭을 넓혀가고 있는지도 어언 30여 년이 넘었다. 이제 그도 중진 출판인으로 성장, 왕성하게 활동 중이다.

류국현(柳國鉉, 1925~현)은 1958년 3월에 교문사(敎文社)로 첫발을 내딛었다. 선린상고를 비롯한 중·고교에서 교사생활을 하다 학원사를 통해 출판에 입문했다.

독립해서 처음 만든 책은 학원사와의 경합을 피하기 위해 그의 장기인 학습참고서류 출판의 유혹을 뿌리치고 출판한 학교운영과 관련된 학교장의 지침서들이었다. 이상옥의《설화 한국의 역사》(전12권)는 교문사의 대표작이다. 영어 교과서는 당시 조직과 판매망이 막강한 출판사들과의 경쟁에서 시장의 과반을 차지할 정도로 단연 톱이었다. 그때 영어 교과서 출판사 수는 무려 21개사나 되었으니 그 위력을 짐작할 만하다. 다른 출판사는 생각하지도 못했던 교사지침서를 교사들에게 제공한 것이 주효했다.

그렇게 반백년이 지나 후배 출판인들이 뽑은 '20세기 한국의 출판인 13인'의 한 명으로 추대되기도 했다. 그때 함께 추대된 13명 중에 10명은 이미 고인이 되었지만, 그는 교문사의 경영을 큰 아들 류제동(柳濟東)에게 맡기고 서예와 한시에 몰입, 유유자적한 생활을 즐기고 있다. 종합출판사를 지향한 유제동은 왕성한 출판활동으로 교문사의 사세를 크게 확장시켜가는 모범적인 2세 경영자로 평가받고 있다.


# 신화를 써가는 신예 잡지인들

## 전란 속에서 꽃피는 잡지문화

1950년대는 우리 잡지사상 특기할 만한 시기였다. 6·25전쟁의 참화를 겪고 전후 파탄지경에 이른 국가상황의 어려운 여건을 견뎌야 하는 시기였는데도 탁월한 잡지인들이 등장, 화려하게 잡지문화를 꽃피웠기 때문이다.

6·25전쟁 발발에서 9·28 서울 수복까지의 기간은 광복 직후보다도 더 황폐한 지경이었지만, 피난시절 부산에서는 우리 잡지사에서 가장 뚜렷한 위치를 차지한《희망》(金鍾琓, 1951. 6.~1963. 5.),《신태양》(黃俊性, 1952. 8.~1961. 2.),《학원》(金益達, 1952. 11.~1961. 9., 1962. 3.~1969. 2. → 朴在緖, 1969. 3.~1978. 9.),《사상계》(張俊河, 1953. 4.~1970. 5.) 등이 창간되어 잡지출판에 새로운 활력을 불어넣었다. 즉 잡지가 계몽적·문화적 가치로서만 인식되던 관점에서, 상품적 가치라는 또 하나의 속성을 가지고 있다는 점을 인식하기 시작한 것은 이 잡지들의 힘이었다. 이런 변화의 선구적 역할을 담당한 것이《희망(希望)》이었다. 이는 경영 면에서 최초로 성공한 대중지로서 8만부까지 부수를 끌어올렸다.《희망》은 피난지에서 창간된 잡지 중에서 가장 먼저 성공한 잡지로 꼽히고 있다.

전쟁이 치열하게 전개되고 있는 시기에 피난지에서 잡지를 발행한다는 것은 기적을 낳는 일이라고 해도 지나치지 않다. 인쇄시설은 고작 타블로이드판 4쪽짜리 신문도 제대로 발행하기 어려운 형편이었다. 글을 쓸 수 있는 필자들도 산지사방으로 피난 중이라서 원고수집도 지극히 어려웠다. 그런데도 몇몇 잡지가 날개 돋친 듯이 팔리는 이변을 낳았다. 광복 이후 전쟁이 일어나기 전까지의 혼란스런 잡지계 분위기에 비해, 내용도 충실해지고 쪽수라든가 용지의 향상 등 체제도 갖추는 등 면모를 일신한 잡지출판의 신기원을 이룩했다. 《신태양》이나 《희망》은 종합지를 지향하면서도 오락이나 읽을 거리를 많이 게재했다.

전쟁의 폐허를 딛고 잡지의 신화를 창조한 1950년대 창간된 대표 잡지들

그러니까 이 두 잡지는 대중오락지라 할 수 있는데 창간되자마자 놀라운 판매성적을 보였다. 《학원》과 《사상계》도 독자들의 뜨거운 환영을 받아 그 역사가 70년대까지 이어지면서 잡지의 위상을 뛰어넘어 한국 문화의 가장 창조적인 실체가 된다.

전란으로 휴간에 들어갔던 《신천지(新天地)》《서울신문》朴鍾和, 1946. 1.~1954. 6.), 《문예》(毛允淑, 1949. 8.~1954. 8.) 등 일부 잡지들도 속속 속간되었다. 《신사조(新思潮)》(발행인 金后今, 1950. 5.~1964. 3.), 《여성계》(김종완, 1952. 7.~1954. 3.), 《사상》(白樂濬, 1952. 8.~1952. 11.)과 《사상계》(1954. 4.~1971. 10.), 《새벗》(대한기독교서회 金春培, 1952. 1.~1971., 1978~1980. 12. 휴간, 金永鎭이 인수해 1981. 12. 복간, 2002. 9. 휴간), 《자유세계》(趙炳玉, 1952. 1.~1953. 6.), 《현대공론》(반공통일연맹, 1953. 10.~1955. 1.) 등도 연달아 창간되어 독자들의 뜨거운 환영을 받았다. 호남 지방이나 제주도에 흩어져 있던 잡지인들도 조심스럽게 잡지의 싹을 다시 틔우기 시작했다.

### 세분화되는 잡지출판

1953년 봄을 전후해 환도와 휴전을 계기로 잡지는 더욱 활기를 띠기 시작한다. 나라 전체의 분위기도 전쟁의 폐허로부터 복구와 재건에 나서게 되자 새로운 기운이 일고, 매체로서 잡지에 대한 인식도 점차 높아져갔다.

그러나 잡지출판의 지속적인 흐름을 알 수 있는 정확한 자료는 없다. 오로지 신문·

통신을 포함해서 1953년부터 1958년까지 공보부에 등록된 정기간행물의 추이를 살필 수 있을 뿐이다. 그나마도 전쟁 기간인 1950~1952년까지와 1955년의 정기간행물 등록자료는 현재 찾을 수 없다. 또 현존하는 통계자료조차 등록된 정기간행물을 간종별로만 일괄집계한 것일 뿐, 정기간행물의 형태에 따라 신문과 잡지가 구분되지 않고 있다.

[도표 3-5]에 따르면, 1958년 현재 정기간행물의 총수가 558종이나 된다. 1953년에 411종이던 정기간행물이 이듬해인 1954년에는 299종으로 급격히 감소했다가 다시 증가하고 있다. 1958년에는 1954년 대비 259종이 늘어난 것이다. 연차적으로 볼 때 주간신문은 점진적으로 감소하는 추세를 보이는 대신 월간의 신규등록이 지속적으로 증가하고 있다. 이들의 74%에 해당하는 414종이 서울에서 발행되고 있다. 이들 가운데 서울에서 발행되는 정기간행물을 간종별로 보면 월간 306종(73%), 주간신문 72종(72%), 기타 71종(73%)이며 그다음을 신문(16종)과 일간통신(14종)이 차지하고 있다. 지방에서 정기간행물이 제일 많이 발행되는 지역은 경남인데 모두 36종 가운데 월간이 24종이나 된다. 강원도(8종)와 제주(6종)가 가장 적게 발행되고 있다.

[도표 3-5] 정기간행물 등록현황(1953~1958)

| 간종 | | 1953 | 1954 | 1955 | 1956 | 1957 | 1958 |
|---|---|---|---|---|---|---|---|
| 총계 | | 411 | 299 | – | 465 | 508 | 558 |
| 일간 | 통신 | 16 | 14 | – | 14 | 14 | 14 |
| | 신문 | 40 | 45 | – | 43 | 42 | 42 |
| 주간 | 신문 | 124 | 130 | – | 119 | 108 | 100 |
| 월간 | | 177 | 179 | – | 224 | 264 | 306 |
| 기타 | | 54 | – | – | 65 | 80 | 96 |

주 : '기타'엔 월간 이하의 정기간행물(신문·잡지)이 모두 포함된다.
자료 : 내무부 통계국, 《대한민국통계연감》 각 연도판에서 작성

잡지가 대부분을 차지하고 있을 것으로 집작되는 월간지는 56년부터 해마다 40여 종씩의 신장세를 나타내고 있다. 1958년의 558종 중 과반이 넘는 306종(54%)이 월간이고 주간신문(100종) 중에도 상당량의 잡지가 포함되어 있을 것으로 집작된다.

환도 후의 잡지의 특성으로 세그먼트성이 두드러지게 나타나기 시작한다. 세그먼트

성이란 독자를 성별, 연령, 직업, 흥미관심과 취미, 라이프 스타일, 소득·자산 등 특정의 관심영역과 관련된 내용에 따라 세분화하는 것을 말한다. 잡지의 세그먼트성은 '종류의 다양화', 곧 잡지 마켓의 세분화라 할 수 있다. 이는 50년대 중반에 우리나라에서도 잡지가 진화하기 시작했음을 의미한다. 56년 말 현재 185종의 잡지를 분야별로 살펴보면 잡지의 세그먼트성이 확연하게 나타나고 있음을 볼 수 있다.

**[도표 3-6] 잡지의 분야별 발행실태(1956)**

| 시사평론지 | 15종 | 산업경제지 | 16종 | 오락지 | 12종 | 종교지 | 15종 |
|---|---|---|---|---|---|---|---|
| 학술지 | 8종 | 문예지 | 8종 | 여성지 | 11종 | 영화지 | 3종 |
| 음악지 | 2종 | 체육지 | 5종 | 법률지 | 5종 | 과학지 | 2종 |
| 사진화보 | 7종 | 의학지 | 5종 | 종합지 | 20종 | 행정기관지 | 19종 |
| 단체기관지 | 13종 | 기타 | 19종 | 합계 | 185종 | | |

자료 : 《한국잡지총람》(1972년판), 한국잡지협회

이 시기에 창간된 《문학예술》(吳泳鎭, 1954. 4.~1957. 12.), 《새벽》(朱耀翰, 1954. 8~1960. 12.), 《현대문학》(金琪午 → 金光洙 → 양숙진, 1955. 1.~현재), 《여원》(金益達, 1955. 10.~1956. 5., → 金命燁, 1956. 6.~1970. 4.), 《자유문학》(한국자유문학가협회, 1956. 6.~1963. 4.) 등이 잡지계를 화려하게 장식했다. 이때 창간된 잡지 중에는 비록 발행인이 중간에 바뀌기는 했지만 70~80년대까지 발행된 것이 적지 않다. 《현대문학》은 오늘날까지 한 번도 결호 없이 발행되면서 잡지사상 최장수 기록을 계속 갈아 치우고 있다.

이 무렵 각 인쇄소는 벤톤기계를 수입해 활자부터 일신하고 인쇄기계도 새로 설치해 잡지 지면의 청신함을 보였는데, 내용 면에서도 전쟁의 공포와 불안, 암울하고 고달픈 전쟁 후의 분위기에 과감히 도전하려는 의지를 담은 것이 이때 나온 잡지들의 공통된 특징이다. 한편에서는 전쟁 분위기가 가져오는 찰나주의적 사고방식과 잘못 수입된 서구 실존주의 사조가 횡행하여 국민을 오락과 향락으로 이끌어갔다. 한층 오락과 향락성이 짙어져 《아리랑》(서재수, 1955. 3.~1980. 7.), 《야담》(1955. 7.~1966. 2.), 《명랑》(1956. 11.~1980. 7.) 등 대중지의 황금시대를 이룬 것도 이때의 한 흐름을 형성했다. 대중오락지가 선정적인 기사로 범람하는 한편 건전한 교양잡지는 하나같이 적자운영에 허덕이

190

고 있었다. 대부분의 잡지 발행부수가 5천부에서 1만부를 기록했지만, 1957년을 전후해 잡지계는 의외로 환도 후의 어려운 출판환경에서도 특이한 현상이라고 할 만큼 '붐'을 이루고 있었다. 《아리랑》은 발행인이 서재수에서 이월준(李月俊)과 박세경(朴世敬)으로 세 번이나 바뀌었지만 1980년대 중반까지 최장수를 기록하는 잡지가 되었다.

### 한국잡지협회 창립과 서점과의 갈등

전쟁의 소용돌이 속에서도 피난지에서의 어려운 역경을 무릅쓰고 창간된 잡지들이 국민들의 정보욕구와 고갈된 정서를 채워주는 중요한 매체로 등장, 각광을 받자 서점업계는 그에 역행하는 횡포를 노골적으로 드러냈다. 부산의 서점들이 단합해 판매수수료 인상을 요구하고 나선 것이다. 그들의 요구는 정가의 40%를 판매 수수료로 달라는 것이었다. 이는 잡지사보다도 더 많은 이익을 챙기겠다는 말이었다. 이러한 자기들의 요구를 들어주지 않으면 잡지판매를 거부하겠다는 고압적인 자세였다. 더욱 참을 수 없는 서점업계의 태도는 미국의 시사주간지 《뉴스위크》나 《타임》의 마진은 20%에 현금거래를 하면서도 국내잡지에 대해서는 40% 마진에 위탁거래라는 악습을 고집하는 것이었다. 40% 마진을 주게 되면 정가인상이 불가피해지고 결과적으로 독자의 부담을 가중시켜 발행부수의 감소를 초래함으로써 모처럼 활기를 찾아가던 잡지발전이 기대하기 어려운 국면에 처할 것은 불을 보듯 뻔한 노릇이었다. 게다가 용지수급 사정도 원활치 못하고 제작비는 계속 오르기만 하는 상황이었다.

이러한 급박한 상황에 처한 잡지인들은 공동대처 필요성을 절감하게 되고, 그것이 결속의 계기가 되어, 급기야 1952년 9월 20일 한국잡지협회 창립으로 이어졌다. 희망사 김종완을 회장으로, 신태양사 황준성을 부회장으로, 학원사 김익달을 상무이사로 선임했다. 협회 설립과 동시에 잡지계의 현안과제인 용지배급을 받게 되었고, 판매할인율 인상요구 저지운동을 전개했음은 말할 것도 없다. 40% 위탁율을 현행대로 30%를 고수하여 도매점 5%, 소매서점 25%제를 실시하기로 결의하고, 이를 정식으로 서점업계에 통보했다.

당연히 서점업계로서는 반발이 심했다. 거래제도를 하루아침에 바꾸겠다는 잡지협회의 처사는 그들의 권익을 무시하는 것이라고 비난하며 반발했다. '서련'을 중심으로 한 서점업계의 조직력과 단합역량은 막강했다. 서련은 잡지《희망》에 대한 불매운동을 전개하고 나섰다. 그뿐 아니라, 서련은《희망》과 비슷한 성격의《신시대》란 잡지를 창간해《희망》 대신《신시대》를 진열해놓고 적극 판촉활동을 벌였다.《희망》은 가두판매로 이에 대응했다.《희망》이 가두판매로 힘겨운 대항을 이어가기를 3개월, 다행히 영향을 받지 않고 오히려 판매부수가 늘어나는 경향을 보이자 서련은 결국 한발 물러서고 잡지협회의 의도가 결실을 맺게 된다. 서련이 인기나 자금 면에서 상대가 되지 못한《신시대》를 3개월 만에 자진폐간하는 선에서 타협이 이루어졌다.[12] 잡지협회와 서련 간의 판매 수수료율을 둘러싼 이때의 갈등이 이른바 '제1차 잡지파동'이라 불린다.

환도 후 이듬해 12월에도 똑같은 이유로 '제2차 잡지파동'이 재연된다. 이번에는 서련 소속 서울의 대형서점들이 마진 인상을 요구하며《학원》을 비롯한 인기잡지들을 팔지 않기로 단합한 것이다. 전국의 도매상들도 이에 호응할 기세였다. 잡지협회는 긴급 이사회를 열어 공동대처하지 않을 수 없었다. ▷《학원》과《희망》 등의 발매날짜를 같은 날로 맞추고 ▷ '한국 잡지 특별 판매주간'이란 현수막을 내걸고 시내 중심가 20여 개소를 선정해 가두판매로 대응키로 결의했다. 종을 울려 독자들의 관심을 유발하고 인기작가의 사인 판매도 병행했다.[13] 마침 '제1회 학원문학상'을 발표하고 그 작품을 실은《학원》1954년 1월호는 지난 송년호보다 1만부나 더 많은 5만부를 발행했는데 서점들로부터 판매거부의 주 타깃이 되었다. 그런데 가두판매 첫날 화신백화점 앞 가판대에서만 600부의 판매실적을 올리는 이변이 일어났다. 사태가 이쯤 되자 그날로 파동은 일단락되었다. 서점들이 완전히 굴복한 것이다. 훗날 최덕교(崔德教)는 "그것은《학

---

12  제1차 잡지파동의 결말에 대해서는 잡지계와 서점업계의 말이 약간 모호하고 엇갈리는 부분이 있다. 즉 잡지 측에서는 "서적상과의 판매 마진율 조정협의에서 끈덕진 위협에도 굴하지 않고 그들의 요구인 4할 위탁제를 무너뜨리고 거의 현행대로 고수하는 데 성공했다는 것은 협회가 창설된 후 가장 큰 성과였다"는 기록(《한국잡지협회 45년사》, p. 102)과 "마침내 잡지협회 주장의 정당성을 시인, 우리의 의도는 결실을 보게 되었다"(金鍾琬,〈亂中出版雜記〉,《출판문화》, 1986. 6., p. 13)고 한 데 반해, 서련에서는 "잡지협회에서 원상복구함으로써 협회가 성립되었다"(李秉仁,〈전국서적상연합회 小史〉,《4290년판 出版年鑑》, 4290. 4. 30., p. 372)고 적고 있다. 여기서 그 결과를 놓고 주목되는 대목은 김종완이 '잡지계의 숙원인 판매할인율 인하운동'이란 표현을 썼고, 서련에서는 '원상복구'란 말을 사용했다는 점, 다른 하나는 똑같은 이유로 '제2차 잡지파동'이 일어난 배경과 그 결과로 미루어 잡지 측의 주장이 옳은 것으로 판단된다. 이는 당시 서점 측에서 모든 출판물에 대해 계속해서 거래할인율 인상을 요구해오던 때이므로 그 결과는 중요한 의미를 지닌다고 할 수 있다.

13  金鍾琬,〈亂中出版雜記〉,《출판문화》(통권 제248호), 1986. 6., p. 13

원》을 사랑하는 중·고생들의 한바탕 시위였다"고 회고한 바 있다.[14] 앞의 두 잡지와 같이 가두판매에 동참한 잡지는《신천지》,《신태양》,《스튜던트 다이제스트》,《소년세계》,《새벗》뿐이었다. 협회의 결의를 모반하고 서련 측에 협력한 일부 잡지도 있었다고 한다. 잡지협회를 창립해 이렇게 판매 수수료율을 둘러싼 연합전선을 구축해 할인율을 조정하고 용지수급에 관한 난제를 해결하며 발행일 및 정가, 쪽수 조정 등 상호협의와 협력을 통해 잡지계의 공동발전을 도모할 수 있었던 것은 큰 발전이었다.

잡지협회는 그 후 휴지기에 들어갔다가 군사혁명 정부의 사회단체 해산조치에 따라 해체되는 비운을 맞았다. 5·16 이후 그동안 면제받아 온 잡지출판에 대한 영업세가 부활되고 용지난 및 융자알선의 필요성 등 중대한 현안과제들이 대두되었다. 이에 적극대처하기 위해서는 다시 힘을 모아 잡지협회를 부활시켜야 한다는 의견이 모아져, 1962년 10월 26일 김창엽(《고시계》), 서재수(《아리랑》), 김익달(《학원》), 김종완(《희망》), 황준성(《신태양》) 등 17명의 잡지 발행인이 모여 '한국잡지발행인협회' 창립총회를 개최하고 초대 회장에 김익달을 선출한다. 1966년 제5차 정기총회(10. 16.)에서 지금의 '한국잡지협회'로 명칭을 변경하고, '잡지의 날' 제정, 잡지금고 설치, 잡지회관 건립과 잡지박물관 설립,《한국잡지100년》편찬·발행을 단행했다. 국제잡지연맹(FIPP)에 가입, '2002년의 FIPP 아태 지역 잡지인대회'를 개최한 것을 비롯해 대만, 일본, 중국과의 교류를 활발하게 전개하는 등 다양한 사업을 펼치면서 잡지문화를 이끌어가고 있다.[15]

### 전쟁에 시달리는 국민들에게 《희망》을 안겨준 김종완

이 시기에 우리 잡지의 역사를 수놓은 전설 같은 잡지인들의 신화를 기억하지 않을 수 없다. 그 첫 번째 자리는 전쟁이 한창 때인 1951년 피난지 부산에서《희망》을 창간한 김종완(金鍾琓, 1925~현)이 차지한다.

25세의 청년 김종완은 신문기자 출신으로 잡지출판에는 실

김종완

14  崔德敎,〈30대 청년 김익달 어른〉,《학원밀알》제18호, 2005. 11., pp. 95~96

15  《한국잡지협회60년사》, 한국잡지협회, 2012., pp. 84~162 참조

무경험이 전혀 없이《희망》을 창간했다. 인쇄시설도 제대로 갖추어지지 못한 피난지에서 잡지 제작과정도 제대로 알지 못하는 상태에서 잡지출판에 뛰어들었으니 창간호 발행은 초인적인 노력의 결정이었다고 할 수 있다.

당시는《동아》,《조선》,《서울신문》등 주요 일간지들도 피난지에서의 속간을 엄두도 못 내고 오로지 지방지인《부산일보》,《국제신문》등만이 중앙지의 역할을 대행하고 있을 때였다.

당시 책의 신간은 말할 것도 없고 중간(重刊)조차 거의 없는 상황에서 감히 잡지발행에 뜻을 두고《희망》이란 잡지 창간을 위해서 불철주야 심혈을 기울이기 시작했던 것이다. 출판에 대해서는 기본 상식조차 갖추지 못한 문외한이었기 때문에 책의 제작은 물론 그에 부수된 모든 것이 백지상태였다. 부산 초량동에 소재한 빈약한 조판소에서 주야로 계속 작업한 끝에 15일 만에 B5판 160여 쪽의《희망》창간호를 발행했다. 인쇄공장이라고 해보아야 허울에 지나지 않는 조판소들뿐이었다. 당시의 인쇄시설인 4·6 전지 반절 활판 인쇄소 3개소, 표지, 화보, 목차 등을 인쇄할 오프셋 공장 2개소, 제책소 2개소를 동원해 1개월 만에 겨우 창간호 5천부를 발행했다. 정가책정에 특히 고심했다고 한다. 정가 3,000원의《희망》은 발행 5일 만에 매진되는 이변을 낳았다. 그는 훗날 "집필자는 물론 내용 면에 있어서 좋은 반응을 얻은 결과였고, 체제 면에서는 별로 호감을 사지 못했지만 정가에서는 독자의 인정을 받은 셈이었다. 그리고 내일에 대한 희망을 갈망하던 혼란스런 전쟁의 와중에서《희망》이란 제호가 호감을 샀는지도 모른다"고 회고했다.[16]

김종완은 피난살이하는 국민들에게 희망을 주고자 잡지를 기획했다. 그것은 아무나 생각할 수 없는 일이었다. 김종완은 1953년 1월호 '권두언' 〈1953년에의 희망〉에서 이렇게 썼다.

"사람은 누구나 다 희망에 살고 또 희망으로서 끝납니다. 개체(個體)의 입장이 그러하듯이 한 사회 한 국가의 입장이 또한 그러한 것입니다. 그러기에 인류사회의 형성은

16  김종완, 앞의 글

곧 희망으로부터 희망을 위한 노력에서 움직이고 있는 것입니다. 오늘날 우리들의 공통된 희망이란 어떻게 하면 이 가열(苛烈) 처참한 전쟁을 명예롭게 완수해, 자유롭고 통일된 조국의 이름으로 살아갈 수 있을까 하는 문제입니다. (하략)"

《희망》은 호를 거듭할수록 발행부수의 증가를 가져왔다. 환도해서 1962년까지 10년 넘게 발행된 대표적인 대중잡지였다.

전쟁은 끝날 줄 모르고 피난살이의 고달픔은 더해갔지만, 청년 김종완은 《희망》 하나에만 만족하지 않고 1952년 7월에는 《여성계》(1952. 7.~1954. 3.)를 창간하고 1953년 7월에는 《문화세계》(1953. 7.~1954. 2.)를 내놓았으니, 전쟁 중에 3대 잡지를 발간하는 기록을 세웠다. 그는 여기서 그치지 않고 계속해서 《야담》(1955. 7. 창간), 《주간희망》(1955. 12. 26. 창간)을 창간했다. 60년대 이후에도 불사조처럼 시사종합지 《동서춘추》(1967. 5. 창간)와 《사담(史談)》(1986. 2. 창간) 등을 창간, 잡지인으로서 화려한 일생을 보낸다. 특히 《주간희망》은 신문사에서조차 주간지는 엄두도 못 내던 시절에 시내 곳곳에 무인 가판대까지 설치해놓고 판매했으니, 그의 안목과 사업수완에 모두들 놀랐다. 또 그 시절에 이미 고속 서적윤전기를 들여다 놓고 인쇄할 정도였다.

그는 단행본 출판에서도 출판에 대한 정열을 불태웠다. 신문사나 대규모 연구소에서도 엄두조차 내기 어려운 《해방 20년사》를 기획, 광복 이후 1970년대 중반까지 격동의 시간을 완벽하게 정리해놓았을 뿐 아니라, 《한국고전문학전집》(전5권)을 출판해 일본 출판시장에 상륙시키는 데도 성공한다. 우리 책의 일본 수출에 우리가 관심을 갖기 시작한 것이 이때부터이니 이 방면에서도 개척자다운 면모를 발휘한 것이다.

그는 출판계 공동발전을 위해서도 발 벗고 나섰다. 부산 피난시절 출협을 중심으로 출판인들이 협회 사무실에 모여 출판계 재활의 길을 모색할 때의 일이다. 도서 판매대금 회수가 부진하고 그나마 연수표나 어음이 제때 결제가 안 되어 부도가 다반사일 때였다. 대부분의 출판사가 판매대금으로 받은 어음·수표가 부도가 날 경우, 결제기한을 연기한 것을 새로 받고, 그것이 또 부도가 되면 그때 또다시 연기해주는 아량(?)을 베푸는 등으로 거래의 난맥상은 악순환의 연속이었다. 이렇게 거래의 악순환이 계속되고 있던 어느 날 부도를 내고 채무조차 변제하지 못하는 부실 서점인이 관권과 결탁해 도서공급권 독점을 획책한다는 사실을 알게 된 출협에서는 그 대책에 부심하고 있었다. 그때 김종완이 그 주모자와 공보처 주무 국·과장을 한자리에 불러 담판을 벌여 그들 스스로 그 계획을 포기케 해 사태를 일단락 짓는 일화를 남기기도 했다.

피난지에서 한국잡지협회를 창립, 초대 회장을 역임하면서 전쟁 기간 중 잡지발행의 어려움 타개에 힘썼을 뿐만 아니라 점점 무너지고 있는 거래질서를 확립하기 위해 지도력을 발휘해 잡지발전에도 큰 기여를 했다. 협회의 설립과 동시에 용지배급을 받아 냈고, 잡지계의 숙원인 판매할인율 인하운동을 전개했다. 40%의 마진율을 30%로 낮추어 도매점 5%, 소매점 25%제를 실시해 국내 잡지발전을 꾀한다는 취지의 결의문을 작성하고 서점업계에 협조를 요청했다. 말이 좋아 협조요청이지 정면대결을 선전포고한 것이다. 서점업계가 강력하게 반발하고 나섰음은 말할 것도 없다. 서점들이 집단적인 불매운동으로 대응해온 것이다. 직접적인 이익이 걸린 할인율을 앞에 놓고 갓 설립된 협회와 1949년에 설립된 서련을 중심으로 공고한 결집력을 보이고 있는 서점이 첨예하게 대결한 결과는 불을 보듯 뻔했다. 그렇지만 김종완은 배짱과 담력으로 서점업계와 정면대결하는 기개를 보인다. 그런 진검승부를 1952년과 1954년 두 차례나 펼치면서 초지를 관철해 잡지사의 한 페이지를 장식한 사람이 김종완이었다.

## 피난 문인들에게 용기를 준 잡지계 왕자 황준성

황준성(黃俊性, 1923~1989)은 많은 독자로부터 뜨거운 호응을 얻은 《신태양》을 창간하면서 혜성처럼 잡지계에 등장했다. 《신태양》은 1952년 8월, 피난지 대구에서 대중지로 창간되어 1954년부터는 본격적인 종합지로 그 내용을 바꾸었다. 잡지의 성격과 상관없이 피난 문인들의 숨통을 틔워준 잡지로 평가받고 있다.

황준성

소설가 유주현(柳周鉉, 1921~1982)이 창간 때부터 주간을 맡았고, 변영로·마해송 등의 글을 실어 광범위한 독자층을 확보했다. 표지는 컬러로 인쇄했고, 주요 내용별로 표제를 달았으며, '월간 타임'란을 두어 급변하는 국내외 정보를 게재한 점이 특징이다. 6·25전쟁으로 인해 경제적으로 어려운 상황 속에서도 소설·수필·희곡 등의 문학작품뿐 아니라, 시사정보·정치·경제 등에 관한 수준 높은 글과 독서 안내란, '미술·음악감상'란을 두어 종합잡지로서의 면모를 갖춘 A5판, 350쪽 내외의 충실한 내용에다 용지의 질도 향상되고 꾸준한 발행부수를 유지해 당시의 대표적인 종합 잡지 가운데 하나가 되었다. 이 무렵 《청춘》이란 잡지를 발행해 창간호 1만부가 매진되는 기적도 일으켰다. 그러나 전시하에 도색잡지가 웬말이냐고 해서 곧바로 폐간시켜야 하는 고통도 겪었다. 그러나 이 일은 황준성의 남보다 한 발 앞서가는 잡지감각을 보여주는 사례 가운데 하나라고 할 수 있다.

《신태양》의 정치기사를 가지고 국회에서 조병옥과 손도심 사이에 격론을 벌였다는 일화를 남길 만큼 한 시대의 화제를 만들어냈으나 경영 면에서는 판매수익을 모조리 재투자해도 늘 적자에 허덕였다. 잡지인으로서 황준성의 성공은 의외로 《실화》(1955. 3.~1962. 7.) 쪽에서 빨리 왔다. 환도해서 당주동의 협소한 편집실에서 두 번째의 잡지 《실화》를 탄생시켰는데, 한창 나갈 때는 최고 7만부를 찍었다. 특히 신태양사에서 나온 《흑막(黑幕)》과 《내막》은 흔히 월간잡지로 잘못 알려져 있으나 이는 《실화》의 임시 증간호로 나온 것이며, 단행본과 잡지의 중간 형태인 무크(mook) 스타일이다. 《흑막》은 〈압정 12년에 시달린 민주역사〉라는 부제가 말해주듯, 자유당 정권 사건사고의 비리를 폭로한 내용으로 나온 지 2개월 만에 10만부를 돌파하는 이변을 보였다. 《내막》은 5·16 후에 나온 것으로 〈민주당 정권의 내막〉을 다루었으나 《흑막》처럼 팔리지는 않았다.

황준성은 《명랑》(1957. 6.~1968. 7.)과 《여상》(1962. 11.~1968. 7.), 《소설공원》(1965. 6.~1968. 3.) 등을 잇달아 창간해 대중오락지 붐 형성을 주도했다.

황준성은 단행본 출판에서도 발군의 역량을 발휘한다. 그의 나이 24세였던 1947년에 '조선음악출판사'를 차리고 바이엘 등 기초 음악교본을 내놓았으나 8개월 만에 문을 닫고 1950년 1월 '동아문화사'를 열어 다시 출판을 시작했다. 그는 톨스토이의 《전쟁과 평화》 일어판을 직접 번역해 출판을 서둘렀다. 인쇄가 끝나고 제본소로 옮기는 도중에 6·25의 총성을 들었는데 책은 나오지도 못하고 사무실마저 폭격을 맞았으며 서울은 이내 피로 물들어갔다. 잡지와 달리 단행본에서는 이렇게 연달아 실패를 거듭하는 악운이 계속되었지만, 출판에 대한 꿈을 버릴 수가 없었다. 피난지에서 게오르규의 《25시》(상하 2권, 金松 역)로 출판에 다시 도전했는데 의외로 대구, 부산 지역 서점가에서 날개 돋친 듯 팔려나갔다. 초베스트셀러로 대박을 터뜨린 것이다. 이 책은 연속 10판을 찍어 3만부가 팔렸다. 뒤에 서라벌예대 학장이 된 김세종(金世淙)에게서 잡지출판을 권유받고 《신태양》을 발행하게 된 것도 이 무렵이었다. 잡지를 발행하면서 어려움에 봉착할 때마다 황준성을 구원해준 것은 단행본들이었다. 《25시》 말고도 《슬픔이여 안녕》(사강), 《저 하늘에도 슬픔이》(李潤福), 《내가 설 땅은 어디냐》(許槿旭), 《조선총독부》(전5권, 柳周鉉) 등 공전의 베스트셀러가 때맞춰 터져주어 신태양사의 명맥을 유지할 수 있었다. 이러한 단행본들의 성공에도 잡지출판을 통해 개발한 특유의 감각이 뒷받침되었다고 본다.

그는 월간 《신태양》을 고급 종합잡지로 탈바꿈시키면서 문화사업의 하나로 '효석(孝石)문학상'을 제정했다. 이 상은 연 2회 전·후반기로 나누어 전반기에는 신인상을, 후반기에는 기성문인을 대상으로 시상(기성상)하는 독특한 시상제도를 1956년 봄에 제정했다. 특기할 것은 《신태양》은 당시의 다른 잡지에 비해 10년이라는 장기간 발행했다는 점을 들 수 있다. 이 잡지는 1959년 6월 1일 통권 제80호를 마지막으로 폐간되었다.

또 하나 확실히 밝히고 넘어가야 할 것은 《신태양》에 대한 기록 가운데는 창간연대를 1949년으로 소개하고 있는 것들이 여기저기 보이는데, 이는 분명한 오류이다. 《신태양》은 두 가지가 있다. 황준성의 《신태양》보다 먼저 김세종을 발행인으로 1949년 3월에 창간되었다가 6·25전쟁으로 1950년 5월 통권 제10호로 종간된 동명의 잡지와는 완전히 별개의 잡지이다. 이 잡지도 대중오락적인 읽을 거리를 낳이 세재해 힌때 성공을 거두면서 대중오락지의 새로운 시대를 개척한 것으로 평가되고 있으나 6·25전쟁으로 인해 없어졌다. 창간호를 5,000부나 발행해 놀라운 판매고를 올렸을 정도로 두 잡지가 똑같이 성공을 거두었고 잡지의 성격도 비슷하기 때문에 혼동이 생기는 것 같다. 그는 《독서신문》에 출판인생을 회고하는 〈잡지 발간에 건 생애〉를 남겼다.[17]

잡지박물관에는 특별전시실을 마련(2012년 6월 현재)해 그의 잡지출판에 관한 업적을 기리고 있다.

---

17  黃俊性, 〈雜誌 發刊에 건 生涯〉, 《讀書新聞》(제404~408호), 1978. 11. 26.~12. 24.

## 청소년에게 꿈을 심어준《학원》

전쟁의 포성 속에 탄생한 많은 잡지인 중에서《학원》을 비롯
해 11종의 잡지를 창간한 잡지왕 김익달을 빼놓을 수 없다. 그
중에서도《학원》은 1952년 11월 창간된 중·고등학생의 교양지
로 1961년 9월호까지 통권 92호를 발행하고 휴간한다. 그러다
가 1962년 3월에 다시 속간, 1969년 2월호까지 내고 3월호부
터는 발행권을 학원출판사 박재서(朴在緖)에게 이양, 1979년까
지 내고 또다시 종간했다. 그 후에도 재기를 위해 온갖 방안을
모색했으나 뜻을 이루지 못하고 만다.

《학원》창간호

《학원》이 1952년 이후 1990년 완전히 자취를 감출 때까지 파란만장한 역사는 우리
나라 잡지사를 상징적으로 보여준다. 이 잡지의 창간 후 발행약사를 정리하면 다음과
같다.


▷ 1952. 11.~1968. 3., A5판 400쪽 내외, 학원사 발행(3회 휴간)

▷ 1968. 4.~1968. 12., A5판 400쪽 내외, 학원장학회 발행

▷ 1969. 1.~1978. 9., A5판 400쪽 내외, 학원출판사(대표 朴在緖) 발행

▷ 1978. 10.~1979. 2., A5판 440쪽 내외, 학원사에서 복간

▷ 1984. 5.~1985. 3., B5판 400쪽 내외, 지식인을 위한 교양지로 혁신하고 학원사
　발행

▷ 1985. 계간 1호(여름호)~계간 2호(가을호), 신A5판 400쪽 내외, 학원사 발행,

▷ 1987. 3.~1988. 4., B5판 280여 쪽, 고입을 위한 학습교양지로 성격전환, 학원사
　발행

▷ 1988. 9~1990. 10.(통권 343호), B6판, 164쪽, 민주일보·학원사 발행


《학원》의 인기는 가히 폭발적이었던 만큼 청소년 학생사회에 미친 영향력이나 업적
도 다대하다. 전성기에는 당시 최고 발행부수를 자랑하던 대표적인 일간신문보다 훨씬
많은, 한국 잡지 역사상 최고부수(8만5천부)를 기록하기도 했다. 간혹《학원》이 10만부

를 돌파했다는 기록이 있었으나 이는 사실이 아니다.[18] 학원사는《학원》이후에도 1955년 10월에 여성잡지《여원》을 창간, 1956년 7월호까지 내고 8월호부터는 당시 부사장 겸 편집주간이던 김명엽(金命燁)을 사장으로 독립시켜 여원사를 운영하게 한다. 그리고 1956년 1월부터 대학수험 잡지《향학》을 창간한다. 1960년 9월에는 초·중등학생을 위한 일간《새나라신문》, 1965년 3월에는《향학》을 개제해《진학》을 창간, 편집장이던 조우제(趙宇濟, 1931~1992)에게 발행권을 인계해 진학사를 창설시킨다.

1964년 5월에는 농촌생활 잡지《농원》을, 이듬해 1965년 4월에는 가정잡지《주부생활》을, 1972년 3월에는 중학생 잡지《중1생활》,《중2생활》,《중3생활》 등을 끊임없이 창간했다.

학원사는 잡지를 성공적으로 운영하는 동시에 사회적으로도 매우 의미 있는 세 가지 업적을 남겼으니, 첫째는 학원장학회를 설립해 장학생을 선발한 일이다. 학원장학회 출신으로 우리 사회 각 분야의 저명한 인사가 된 사람이 수두룩하다. 둘째는 '학원문단'을 열고 매년 '학원문학상'을 시상해 우리 문단을 화려하게 장식한 작가, 시인들을 많이 배출했다. 또 하나는 해마다 '전국 중·고등학생 미술전람회'를 주최해 '학원미술상'을 준 일이다. 이 미술전람회는 사정이 여의치 않아 3회로 끝났지만, 앞의 두 가지 사업은 오래 지속되었다.

### 50, 60년대 한국 지성을 대변한 《사상계》와 장준하

《사상계》를 발행한 장준하(張俊河, 1918~1975)는 일제강점기의 독립운동가이자 대한민국의 정치가, 종교인, 언론인, 사회운동가이다. 그는 부산에서 1953년 4월 1일자로 지식인 잡지《사상계》를 창간해 우리 잡지사에서 귀중한 한 페이지를 장식했다.《사상계》는 1950~1960년대 대학생들이나 지식층의 필수 휴대품이 되다시피 할 정도로 많은 영향을 미친 종합교양지로서, 비판적인 논조와 정치색이 짙었다. 1970년 5월호에 김지하의 담시(譚詩)〈오적(五賊)〉을 게재한 것이 문제가 되어 당국의 폐간처분을 받아 통권 205호로 강제로 폐간되었다. 당시로서는 최장수의 지령을 기록했고, 학계·문화계

---

18 崔德敎,《한국잡지백년》(제3권), 서울 현암사, 2004, p. 526

에 많은 문필가를 배출한 공적을 남겼는데, 1950~1960년대의 계몽적 민주주의와 자유민주주의에 기초를 둔 이념 지향적인 면에서 한국 잡지사에 높이 평가되고 있다.《사상계》의 잡지사적 의의는 무게 있는 보도와 논평의 저널리즘 기능을 유감없이 발휘하면서 지식인들의 여론과 생활정보의 전달기능에서부터 라이프 스타일을 제시했다는 점일 것이다.

장준하

창간호를 발행했을 때, 장준하는 그 잡지를 리어카에 실어 끌고 밀면서 각 서점에 직접 배포했다고 한다.《사상계》의 연원은 1952년 4월, 피난수도 부산에서 당시 문교부장관이던 백낙준이 전시의 혼란한 국민정신을 바로잡는 기구로서 '국민사상연구원'을 발족시키고, 그해 8월에 기관지로 창간한《사상》에서 비롯된다. 그때 연구원의 기획과장으로《사상》편집을 담당했던 이가 장준하이다. 이《사상》이 12월에 제4호를 내고는 폐간하자, 장준하는 생각을 가다듬어《사상계》를 계획했다.《사상계》창간호 '편집후기'에서 장준하는 "《사상》속간을 위해 편집했던 것을《사상계》란 이름으로 내놓게 된다. 동서고금의 사상을 밝히고 바른 세계관과 인생관을 수립해보려는 기도(企圖)는 변함이 없다"고 창간경위와 지향할 바 목표를 분명하게 밝히고 있다. 이런 정신에 입각한 편집의 기본방향은 ① 민족통일 문제, ② 민주사상의 함양, ③ 경제발전, ④ 새로운 문화창조, ⑤ 민족적 자존심의 양성으로 요약된다. 창간호 3천 부가 발간과 동시에 매진되고 전후 사상적 자양으로서 1950년대 지식인과 학생층 사이에 폭발적인 인기를 모았다. 1953년 11월호(제7호)까지는 부산에서 내고 서울로 환도해서는 12월호부터 발행한다. 광복군 출신의 독립운동가인 장준하를 비롯해 함석헌, 김준엽, 안병욱, 신상초, 선우휘 등《사상계》편집위원과 필진들 중에는 해방 후 월남한 이들이 압도적으로 많았기 때문에 서북 인사들의 잡지라는 평을 들을 정도였다. 지역성, 계급성뿐만 아니라 종교(개신교)와 이념(반공주의)에 있어서도 강한 결집력을 갖춘 여론 주도층이 필진의 주류를 이루었다.《사상계》의 사회적 영향력은 말할 수 없이 컸다.

《사상계》는 지식인 잡지에서 정치사회 상황의 변화에 따라 반독재 투쟁지로서 논조의 단계적 변화과정을 걸었다. 50년대에는 자유당 독재에 대한 가차 없는 비판을 통해 여론을 결집하는 데 크게 작용했다. 5·16군사정변 초기에는 '위급한 현실에서 불가피한 민족주의적 군사혁명'이라고 지지하며 1961년 7월호부터 '혁명공약'을 게재했으나 박정희가 민정 이양 약속을 저버리고 출마를 선언하자 63년 2월호부터 이를 삭제하고 군사정권에 대한 비판을 이어갔다. 한일회담을 대일 굴욕외교로 규정하고 반대시위의 이론적 교두보 역할을 하기도 했다. 한일협정 기본조약 비준 반대투쟁을 위한 논조는 마침내 반미운동으로까지 발전한다. 이렇게 자유언론 투쟁에 앞장섬으로써 1962년에는 막사이사이상을 수상하기도 했다. 여러 차례 학술논쟁다운 논쟁의 터를 제공해 학계의 관심을 불러일으키기도 했고, 함석헌의 〈생각하는 백성이라야 산다〉 같은 글로 인해 저자 함석헌은 〈국가보안법〉 위반혐의로 구속되고 발행인과 주간도 조사를 받는 《사상계》의 첫번째 필화사건을 일으킨다. 또 1959년 2월호와 1966년 6월호에 이른바 '백지' 권두언을 두 차례나 게재해 사회적 충격을 주는 등 날카로운 정치·사회 비평기사로 계속해서 독자들의 관심을 불러일으켰다.

그런 과정에서 동인문학상(1956년 제정),[19] 사상계논문상(1956년), 번역상, 신인문학상 등을 제정해 문인들의 활동무대를 넓혀주기도 했다.

정치인으로 변신한 장준하는 1967년 국회의원 선거에 옥중출마해 당선되었으나 '국회의원 겸직금지 조항'에 해당되어 1968년에는 《사상계》 발행인 자리를 편집위원이며 전 《조선일보》 주필을 지낸 부완혁(夫琓爀, 1919~1984)에게 넘겨준다. 그 후 계속되는 정치탄압과 경영난으로 어려움을 겪다가 《사상계》 18년의 역사는 어쩔 수 없이 막을 내린다. 그리고 장준하는 1975년 8월 등산길에서 의문의 추락사고로 세상을 떠났다.

### 여성잡지의 패턴을 확립한 여원사 김명엽

학원사 편집주간 겸 부사장으로 있으면서 《여원》의 체제를 확립한 김명엽(金命燁, 1915~1988)은 1956년 6월에 《여원》을 가지고 독립, 여원사를 창립했다. 그는 군산에서 태어나 전주에서 중학교를 졸업하고 대구사범대학을 다녔다. 대구사범을 졸업하고는

---

[19] 동인문학상은 대표적인 문학상으로 발전했으나 사상계사가 운영난에 빠지자 1967년 12회 시상을 끝으로 중단되었다. 그 후 12년의 공백 기간을 거쳐 1979년 동서문화사(東西文化社, 高正一)가 이를 부활시켜 동인문학상운영위원회를 구성, 동사의 출연(出捐)으로 계속되다가 1987년 제18회부터는 조선일보사에서 그 맥을 잇고 있다.

다시 전북 순창군에 있는 초등학교에서 교사로 사회생활의 첫
발을 내디뎠다. 광복을 맞이해서는 교사생활을 접고, 극작가 김
영수(金永壽) 등과 유한양행에서 새로운 꿈을 키우다 또다시 학
원사의 전신인 대양출판사 전무로 자리를 옮겼다.

훤칠한 키에 준수한 얼굴, 세련된 옷차림과 몸가짐으로 주부
들을 대상으로 한 여성지 발행인이 영락없이 제격인 사람이다.

김명엽

그는 70년 4월 통권 175호로 폐간될 때까지 여원사를 이끌면서
60년대 우리 잡지역사를 주도하며 여러 잡지와 단행본을 출판한 인물이다.

《여원》은 6·25전쟁 직후 어지러웠던 사회적 환경에서 학원사 김익달(발행인)에 의해
1955년 10월 창간한 여성종합 교양잡지이다.《여원》은 신태양사에서 발행하던《여상
(女像)》과 함께 1950년대 후반에서 1960년대에 걸쳐 우리나라 여성교양지로 크게 각광
을 받았으며, 특히 직장여성·여대생들에게 인기가 많았다. 60년대의 전성기에는 잡지
가운데 판매율 1위를 놓치지 않았는데 점두에서의 구독자는 남성들의 비중이 여성보
다 더 높아서 화제가 되기도 했다.

여성잡지라면 광복 직후《부인(婦人)》이 발행(발행인 金相德)되었지만 우리나라에 처
음으로 등장한 본격적인 여성종합지라는 점에서《여원》은 여성 생활문화의 창조와 보
급에 앞장섰을 뿐 아니라 체제와 제작에서 갖가지 새로운 기획을 시도해 한국 여성잡
지의 편집 패턴을 확립하는 등 잡지발전과 여성들의 교양을 높이는 데 큰 영향을 미친
것으로 평가받고 있다. 또 판형의 대형화를 과감하게 시도해 잡지의 구성요소인 판형
에도 진화를 보여주었다. 창간 무렵에는 A5판 180쪽 내외로 출발했으나, 67년부터 판
형을 B5판 200쪽으로 변형해 다양한 여성상을 제시하는 한편 경제, 정치, 통일과 관련
된 주제 등도 실어 지성을 가미한 여성지로서의 특색을 지니고 있었다. 여성의 권익신
장이나 주체적인 자각에 대한 의식을 표방하면서 비중 있는 특집과 주제기사 등을 다
루어 여성이 주체적인 목소리를 낼 수 있도록 계몽했다. 여성독자들의 수기, 수필, 독자
투고란, 문예란 등과 함께 교양·오락·생활정보·독자수기 등 다양한 내용으로 꾸몄다.
한편으로는 '여류현상문예작품모집' 및 '여원가정공원'을 설립해 정기적인 요리·꽃꽂
이 강습을 개최하는 등 다양한 여성교육에도 힘을 쏟았다. 그는《여원》이외에도 57년

에 종합지《현대》를 창간했으나 6호로 중단되었다. 또 우리나라 최초의 주간《TV가이드》도 69년에 창간했으나, 당시로서는 너무나 시대에 앞선 기획이어서 오래 계속하지 못했다.

게다가 안타깝게도 그 후 창간된《여성동아》,《주부생활》,《여성중앙》등과의 치열한 판매경쟁에 밀림으로써 경영난에 빠져 결국 종간의 비운을 피할 수 없었다. 80년대에 발행된《여원》은 김재원(金在元)이 신규등록해 동일한 제호를 사용한 별개의 잡지다.

단행본 출판에도 힘을 쏟아《현대여성생활전서》(전15권)를 비롯,《여원신서》등 수많은 양서를 간행하면서 출협 상무이사 겸 잡지분과위원장으로 봉사했다. 사단법인 한국잡지협회 발족의 실질적인 산파역을 맡았고, 발족 후에는 상무이사와 부회장을 역임하면서 김익달 회장을 보필했다. 이어 64년부터 잡지협회 3, 4대 회장에 선출되어 잡지문화 발전을 위해서도 많은 업적을 쌓았다. 그가 잡지협회 회장으로 재임하는 동안 '잡지의 날' 제정을 비롯해 일본 잡지 수입품목 재조정 및 신문사에 준한 전화요금 인하, 취재용 철도 무임승차권 발급제도 도입, 한국잡지윤리위원회 설립, 기관지《한국잡지회보》(월간) 창간 등 취재와 잡지발행의 사회적 여건을 조성하고 잡지의 위상을 제고하는 데 노력했으며, 외산용지의 수입을 추천받아 용지난을 해결하고 융자알선 등 현안과제 해결에도 공헌했다는 평가를 받고 있다.

50년대에 등장한 잡지인으로는 또 최원식(崔元植, 1921~2015)을 꼽을 수 있다. 1955년 5월 (주)한국교육출판을 창립한 그는 1955년 12월에《교육사료》, 1970년 6월에《교육관리기술》, 1988년 10월에《유아교육자료》를 차례로 창간하면서 교육전문 잡지의 영역을 지속적으로 넓혀나갔다. 특히 초등학교 전 학년 교사를 대상으로 학년별로 발행한《교육자료》는 수업연구 자료가 부족했던 50, 60년대의 교사들에게 없어서는 안 될 중요한 수업연구의 지침서 구실을 했다.

1962년 한국잡지협회가 새로 창립(한국잡지발행인협회로 발족, 1966년 '한국잡지협회'로 개칭)했을 초창기에는 2년 임기의 회장을 7회나 연임하면서 협회의 기반을 튼튼하게 굳힌 공로가 크다. 특히 그는 재임시에 용지공동 구매사업을 벌여 모은 기금으로 잡지회관 건립을 시작하고, 국제잡지협회 가입 및 일본, 중국 잡지계와의 교류사업을 개척하는 등 국제교류를 위해 헌신했다. 한편 '한국잡지 90년전' 개최 등 잡지언론의 중요성을 사회적으로 인식시킴으로써 잡지출판을 언론의 한 부문으로 확립하고 잡지언론 창달에 크게 기여했다.

한국사법행정학회 이종균(李鍾均, 1930~현) 회장도 1959년 월간《사법행정》을 창간, 전문지로서는 보기 드물게 2013년 창간 55주년 되는 장수잡지를 발행하는 정통 잡지인이다.《사법행정》은 전국의 법원과 변호사 사무실, 법무사 사무실 등에서 없어서는 안 될 잡지가 되고 있다. 한국사법행정학회는 사단법인체로 출발했으나, 판로가 협소한 현실을 극복하기 위해서는 개인자금을 계속 투입할 수밖에 없어 주식회사로 체제를 일신해 오늘에 이르고 있다. 그는 한국잡지협회 회장을 역임하는 동안 한국잡지금고를 설립했는데 자신은 재임 중의 가장 큰 치적으로 〈언론기본법〉이 폐지되고 새로운 〈정기간행물 등록에 관한 법률〉이 제정될 때 잡지도 언론의 하나로 명시하도록 한 것을 보람이요 자랑으로 여기고 있다.

## 출판유통시스템은 어떻게 붕괴되었는가

### 영세한 지방 도매서점의 난립과 혼란

출판량도 늘어나고, 미약한 대로 전국적인 공급망도 형성되어 지방과의 거래가 활발해질 무렵 6·25전쟁이 일어났다.

전쟁은 서울을 거점으로 하는 출판유통시스템을 붕괴시키는 대신, 지방서점들의 약진기회가 되었다. 전쟁 중에도 대구·부산의 서점들만은 그런대로 정상적인 판매가 이루어질 수 있었다. 이들은 한동안 피난 온 출판사들에게 활동의 터전을 제공하는 등 울타리 노릇까지 한다. 부산·대구 등지의 서점들이 재고서적을 팔기만 하고 신간공급이 뒤따르지 못해 서점재고가 드디어 바닥이 날 즈음에 서울이 수복되었다.

9·28수복 후 피난 중이던 출판인들이 위험을 무릅쓰고 트럭이나 군용차에 편승해 서울로 올라와, 남아 있던 재고도서를 가져다 판매했다. 그 과정에서 서울과 지방의 많은 서점들은 자본력이 부실한데도 너 나 할 것 없이 총판 형태의 위탁도매를 시작해 결국 도매서점의 난립을 가져왔다.

전쟁이 일어나기 전까지 지방의 서적도매상은 부산의 평범사(李活愿), 대구의 계몽사(金源大)와 문성당(朱仁龍) 등 손으로 꼽을 정도였으나, 전쟁으로 서울에서 막강한 영향력을 발휘하던 두 도매상, '서판'과 유길서점이 마비상태에 빠진 것을 기화로 1951년 말에는 부산의 평범사, 보문당(普文堂, 鄭外大), 문명당을 합해 대한도서공급주식회사('大圖'란 대형 도매상을 발족(사장 李活愿, 임원 林點壽, 金慶祚 등)시키고 서울, 대구, 광주, 대전 등에 지점을 개설해 전국적인 공급망을 구축한다. 이미 부산을 압도하며 영남 제일의 도매상을 자처하던 계몽사는 이를 중대한 도전으로 받아들이고 한국출판물판매주식회사('韓販', 사장 李準轍, 상무 김원대, 黃宗勳)를 설립, 이에 맞선다. 이듬해인 1952년에는 부산의 삼협문화사(三協文化社), 서울서점, 한풍서점(白鳳儀)과 대구의 대영당(大榮堂, 孫重台), 문장각, 본영당(本榮堂, 具本碩) 등도 새롭게 도매를 시작했다. 대전에서도 대양출판사가 대양서점(金益達)을 설립해 부산과 대구 등 영남 지방에만 국한되어 보급되고 있던 책을 충남북과 호남 지역 독자들에게까지 공급한다. 또한 환도를 전후해서는 광주에서도 전남서점(金昌一) 외에 3개의 도매서점이 생긴 데 이어 전주, 수원 등 전국적으로 군소 도매상 40여 개가 난립해 치열한 각축을 벌이는 상황이 전개되기에 이르렀다. 출판시장을 제대로 관리할 수 없는 전쟁이라는 비상상황에서 도매상의 난립은 과당경쟁을 불러일으켰고 과당경쟁은 무질서의 원인이 되었다.

### 연쇄도산하는 도매서점들

전쟁으로 도서공급이 원활하게 이루어지지 못하는 상태에서 이렇게 난립된 영세 도매상들이 얼마 지나지 않아 일제히 경영난에 봉착했음은 말할 것도 없다. 더구나 160여 출판사 출판물의 위탁판매를 담당함으로써 최대의 대형 출판유통기구로 부상한 대한도서(大圖)가 1953년 말에 발생한 부산의 대화재로 재고도서를 소실시키는 피해를 입었다. 이로 인해 판매대금을 지급치 못한 '대도'는 출판사들로부터 탕감 또는 결제를 유예받았으나 결국 도산하고 말았다. 대도의 도산은 자금의 궁핍과 경영난을 겪고 있는 출판사들에게 더욱 타격을 입히는 결과를 초래했다. 소매서점들은 도매상의 이런 상황을 기화로 덩달아 지불을 미루는 등 신용을 지키지 않는 사례가 늘어났다. 업계의 피해를 줄이기 위해 대도의 영업을 인수한 임점수(林点壽, 1923~2002)가 대한도서판매주식회사를 새로 출범시켜 부산에서 도매를 계속했다. 임점수가 새로 설립한 대한도서는 매달 한 차례씩 서울에 상경하여 판매대금을 결제하는 등 높은 신용과 적극적인 판매활동으로 부산 및 경남 지역의 서적도매를 도맡다시피 했다. 1990년대에 폐업하면서도 거래 출판사나 서점에 추호의 피해도 주지 않고 정확하게 정리하였으며 6·25를 전후한 50년대에 개업한 도매서점 중에서는 가장 오래 도매업을 유지한 모범적인 업체였다.

대구의 '한판(韓販)'도 초기에는 부산, 대전, 서울 지사를 차례로 설치하면서 활발하게 활동했으나 1년이 지나지 않아 파탄의 수렁으로 빠져들어가더니 급기야 1953년 말에 파산하고 말았다. '한판'의 설립과 경영을 주도했던 김원대는 나중에 "혼란기에 혼란만 더한 일대의 오점(汚點)이었다"며 자괴하는 심정으로 회고한 바 있다. 계몽사가 스스로 분석한 '한판'의 실패 원인[20]을 보면 그 당시 출판유통 구조가 안고 있는 문제점들이 모두 집약되어 있다고 할 수 있다.

1953년 7월 휴전협정이 성립되고 환도하는 정부를 따라, 고달픈 피난살이를 하던 출판계도 3년 만에 서둘러 서울로 돌아왔다. 서울은 문자 그대로 폐허였다. 잿더미 위에서 다시 출발해야 하는 현실은 무척이나 난감했다. 의욕은 넘쳤으나 여러 가지 애로에 부딪혀 점점 부진상태에 빠져들어갔다. 엎친 데 덮친 격으로 용지가격은 급등했고 조판, 인쇄, 제본 등 제작비도 크게 올라 심한 타격을 받았다. 판매에서의 애로는 더욱 심각했다.

그래도 서울에서는 대범(大凡)서점(金永遠), 대양서점, 문장각(을유문화사 영업부), 학림서림, 국문사서점, 보문서관(崔壽煥), 문화당(文華堂)서점(朴準善), 유길서점(申在永) 등이 도매를 시작한 데 이어 곧바로 삼신서적(朴允哲)과 대경(大京)서점, 덕흥서림(金駿煥), 서울서적도 이에 합류했다. 반면에 각 지방에서 활동하던 도매상들이 환도하자 나머지 잔류 지방 도매상들은 불과 2, 3개월 만에 전멸이나 다름없는 상태가 되었다.

---

20 '한판'의 실패 원인을 요약하면 첫째, 경영관리가 미숙했다. 조직 자체는 대형화된 법인체였지만 허점이 있었다. 예컨대 매출은 많았지만 판매대금이 제대로 회수되지 못했다. 둘째, 유통질서가 문란했다. 출판사들이 도매상에는 정상으로 위탁하면서 동시에 덤핑업자에게도 헐값에 넘김으로써 소매서점들이 덤핑업자와의 거래를 더 선호했다. 셋째, 채산성이 없었다. 당시 사채이자는 15~25%였는데 도매이윤은 10%밖에 되지 않았다. 넷째, 자금회전이 원활치 못했다. 매절이 증가하면서 재고가 누적되었고, 화폐개혁에 따른 자금순환의 지체와 판매부진이 겹친 가운데 소매상은 현상유지에 급급해 판매대금 결제가 지연, 장기화되었다.(《啓蒙社 四十年》, 1988, pp. 39~41 참조)

1954년 1월, 삼팔사(三八社) 등 152개 출판사들이 '부실'이란 판정을 받고 등록이 취소되었다. 정부수립 이후 두 번째 대규모 등록취소 조치에 해당되는 이 일로 말미암아 살얼음판 같은 서점업계는 더욱 어려워지게 되었다. 그해 여름을 지나면서 20여 도매서점이 자연도태되고 나머지 도매상들도 폐업 직전의 위기에 몰려 유통기능이 큰 혼란에 빠졌다. 등록이 취소된 출판사와 폐업하는 도매상들의 재고서적은 모두 동대문 영세서점으로 헐값에 넘어가 투매시장을 형성하는 부작용을 낳게 된다.

날로 심화되는 경제파탄으로 구매력 감퇴가 이어졌고 매출은 종전의 30%로 감소했다. 불합리한 과세제도도 서적도매상의 존립을 위협했다. 5% 마진으로 연명하고 있는 도매상에 대해 이익금을 기준으로 하지 않고 전 매출액에 세금을 부과하고 있으니 세금부담도 살인적이었다. 세목이 무려 8가지나 되었다. 당시의 이 같은 사정을《경향신문》[21]은 출판계가 "총 파멸의 위기"에 봉착했다고 숨 가쁘게 전하고 있다.

더는 견딜 수 없게 된 출판사들이 저마다 믿을 수 있는 서점들을 중심으로 총판 형태의 공급망을 형성, 지역별로 채권을 확보하기 위한 자구책을 강구하기 시작했다. 14개 중견 출판사들이 1956년에 '동인친목회'[22]를 구성해 부실한 도매상들과의 거래를 중단하는 등 거래원칙을 만들어 거래질서를 회복시키고자 안간힘을 다했다.

그러나 1956년 말에서 1957년 초반에 걸쳐 대부분의 도매상들이 연쇄적인 도산을 하게 되어 전국적인 도매상의 황폐화 현상은 더욱 가속되었다. 1963년, 일문사(一文社, 姜周煥)가 마지막으로 폐업함으로써 순수 서적도매상은 전무한 것이나 다름없는 상태가 오랫동안 지속되었다. 오로지 지역총판을 겸한 서점들이 도매기능의 일부를 감당할 뿐이었다.[23] 일문사는 원래 을문당(乙文堂)이란 이름으로 서울에서 창업한 건실한 도

---

21 《경향신문》, 1954. 11. 21.

22 대구에서 올라온 나말선(향문사), 정두섭(동양사), 이용호(백조서점) 등 세 사람은 1956년 10월 25일, 순수한 목적의 친목회를 조직하기로 합의하고 뜻 맞는 출판인들을 회원으로 포섭하기로 했다. 그리하여 1차로 11명을 영입해 11월 30일 동인친목회를 결성했다(회장 남산당 권기주). 57년 5월까지 13명을 더 가입시켜 현안 애로사항을 공동으로 타개하기 위한 사업을 전개할 것을 결의하고 우선 도서공급 체계를 바로잡기 위해 '공동판매, 공동수금'을 목표로 건실하지 못한 도매상과의 거래를 청산하는 한편 공동판매부 설치, 신용사업 등을 통해 사단법인 한국출판협동조합 설립의 여건을 조성하는 업적을 이룩했다.(《한국출판협동조합35년사》, 1993, pp. 31~35 참조)

23 1963년 현재, 전국에는 모두 68개의 서점이 총판을 겸하고 있었는데 이를 지역별로 보면 서울 10, 경기 6, 충북 3, 충남 5, 전북 7, 전남 9, 경북 11, 경남 3, 부산 4, 강원 7, 제주 3개 서점 등이었다.(《1963년판 한국출판연감》, pp. 863~864 참조)

매상이었으나 1962년부터 투매시장과 경쟁하기 위해 상호를 바꾸고 동대문시장 덤핑도매상들과 동일한 할인율로 상품을 공급하는 정책을 폈다. 이는 동대문시장의 일부 서점만이라도 거래를 정상화시키겠다는 데 그 목적이 있었다.

이에 출협도 적극 협력하여 처음에는 효과를 보는 듯했으나 때마침 시작된 정가판매운동에 참여한 일부 출판사들과 서점의 협조를 받지 못하고 또 동대문시장의 덤핑 공세까지 겹치는 양면의 협공에 손을 들고 말았던 것이다. 일문사의 실패는 동대문시장의 일부 서점들로 하여금 직접 출판을 하게 만든 요인으로 작용했다는 평가도 있다.[24]

전쟁의 여파로 인한 장기간의 불황, 도서공급 체계의 난맥, 그리고 출판인들의 무모하고 무절제한 판매경쟁 등으로 출판유통은 마비되다시피 만신창이가 되고 출판사의 경영도 질식상태에 빠져 들어갔다.


## 무너지는 거래질서

전쟁이 나자 전쟁 전의 판매대금을 수금하는 일이 초미의 당면과제였다. 출협은 부산 피난지 임시 사무실에서 1952년 1월 4일 긴급이사회를 열고, "6·25전쟁 전의 외상잔금을 단시일 내에 그 전액을 청산하기 바란다"는 내용의 〈6·25전쟁 전 외상미수금 청산결의〉를 하면서 서점인들의 신사도(紳士道)에 호소했지만 별다른 효과를 얻지 못했다. 자신의 도생에 급급한 서점들에게는 메아리 없는 외침이었다.

여러 가지 변칙적인 신종 거래 형태가 생겨나기 시작했다. 먼저 특정도서나 잡지만을 독점판매하는 총판제도가 성행했는데 총판과는 전에 없이 낮은 할인율을 적용하는 위탁으로 거래되었다. 총판이라는 새로운 제도에 의한 소규모 도매상의 증가는 날로 가속도가 붙었다. 현금거래하던 소매서점과의 거래에도 위탁판매제에 더해 매절제가 새로 생겨났다.

매절제란 할인율만 높여주는 허울에 지나지 않았다. 위탁이나 매절제는 피난 온 출판사들이 당장의 어려운 형편을 모면하기 위해 도매상에게 먼저 요청하면서 시작되

---

24  R기자, 〈서울의 書籍덤핑街〉,《出版文化》, 1967. 12., pp. 8~13 참조. R기자는 李斗暎

었다.

제각기 총판과 매절제에 의해 출판사별 또는 상품별로 독점권을 가진 도매상들이 늘어나자 도매상이 다양한 구색을 갖출 수 없다는 문제가 발생했다. 자신이 보유하지 못한 상품을 확보하기 위한 수단으로 도매상끼리 상품을 주고받는 교환판매 방식의 이른바 '빳땡'이라는 것이 성행하기 시작했다.

'빳땡'이란, 대금은 결제하지 않은 채 책의 정가금액만 환산해서 책으로 정산하는 거래 형태다. 따라서 독점공급권을 가진 총판에서는 재고의 공간이 발생했기 때문에 대금결제 의무가 발생하지만, 실질적으로는 판매된 것이 아니라 다른 도매상의 재고로 남아 있기 때문에 자금력이 약한 도매상으로서는 대금을 지불하지 못하는 사태가 발생하게 된다. 이에 따라 출판사 입장에서는 거래 도매서점에 자기 재고가 한 권도 없는데도 수금을 할 수 없는 상황이 벌어지게 된 것이다.

1952년경부터 나타나기 시작한 이런 판매방식은 도매상에 대한 불신과 연쇄도산의 씨앗이 되었다. 시간이 경과하면서 빳땡은 소매서점으로 확산되어 대금회수가 더욱 어려워졌다.

1960년대 초반에 이르러서는 동대문 덤핑 시장과 전국의 지방서점 사이에서도 이같은 거래가 자행되기에 이르렀다. 덤핑 서적과 정상적인 상품 간의 할인율조차 무시하고 성가만을 단순환산한 금액으로 교환되는 지경으로까지 확산된 것이다. 그러자 처음부터 덤핑을 목적으로 출판된 부실 저급도서가 전국의 정상적인 신간서점으로 유입되는 단계로까지 파급되는 바람에 출판사로서도 거래질서를 유지하기는커녕 유통과정에 있는 자기 상품조차 관리할 수 없는 상황이 전개되었다.

이렇게 매절, 위탁, 교환 등에 의한 가수요로 인해서 도·소매서점에는 재고만 쌓여가게 되었다. 서점업계의 매입과잉, 파행적인 난매행위는 출판유통 질서를 교란하고 출판사와 도·소매서점의 연쇄도산을 유발함으로써 출판산업 전체를 파탄으로 몰아갔다.

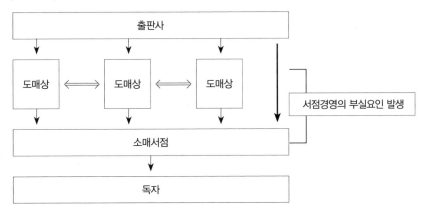

[도표 3-7] 50년대의 출판물 거래 유형

출판사

도매상 ⟺ 도매상 ⟺ 도매상

서점경영의 부실요인 발생

소매서점

독자

## 휴지조각이 되어버린 '거래규정'과 정가판매 제도의 붕괴

두 번째 나타난 현상은 할인율의 난맥을 꼽을 수 있다. 서점과의 거래악화로 판매대금 회수가 어려워진 출판사들이 자금의 압박을 받게 되자, 1952년 2월 10일에 열린 출협이사회는 이사 25명 전원이 연서한 다음과 같은 내용의 〈출판물 거래규정〉과 〈검인정교과서 판매규정〉을 제정해 모든 출판사와 서점에 통보했다.

〈출판물 거래규정〉

① 일반 출판물의 출판사 도매가격은 3할인, 검인정교과서는 2할인으로 함. 단, 발행부수 전부를 현금거래 또는 단시일 내의 예(豫)수표 거래로 인수하는 경우에는 거래 쌍방의 합의에 의한 별도할인율 협정도 무방함.

② 위탁서적 판매대금은 매월 3회에 나누어 지불하되, 동기간 중의 판매대금 전액을 반드시 현금으로 결제하기로 함.

③ 쌍방의 합의에 의해 발행된 예수표가 부도되는 경우에는 본 협회 전 회원은 당해 서점과의 거래를 정지키로 함.

〈검인정교과서 판매규정〉의 내용도 앞의 거래규정과 거의 같다. 다만 교과서의 특성을 반영해 ▷ 출판사는 원칙적으로 서점을 통해서만 검인정교과서를 공급하고, 부득이

학교에 직접판매할 때는 서점에 대한 할인율 이하로 거래할 것 ▷ 서적상은 정실관계를 떠나 공정하게 판매균형을 도모해야 하며 ▷ 반품은 인수일부터 20일 이내에 원 상품에 한한다 등의 조건을 추가하고 있다.

그런데 출협이 검인정교과서에 대해서까지도 이처럼 깊이 간여한 것은 당시에는 검인정교과서도 일반도서와 마찬가지로 출판사가 개별적으로 서점을 통해 판매하고 있었기 때문이다. 출협은 1951년 말경부터 '임시 판매비상대책위원회'를 구성하고 이와 같은 규정을 준비해왔다. 출협은 "이를 위반한 배신자는 출판문화 발전을 저해하는 자로 규정짓고 엄중한 제재를 가하겠다"는 굳은 의지를 천명하는 한편, 공보처에도 적극적인 지원을 요청하는 등 시행의지가 자못 강경했다.

그러나 이러한 출판인들의 의지와 노력은 제자리를 잡기도 전에 곧바로 시련에 부딪히게 된다. 즉 부산 서적도매업체들의 모임인 부산서적보급협회(회장 李活愿)가 그해 4월 5일부터 마진율을 35%로 올려줄 것을 요구하며, 이에 응하지 않는 출판사의 위탁을 거부해 심각한 분란을 야기했다.[25] 출판계는 당연히 30% 이상의 마진을 줄 수 없다고 거부해 갈등이 고조되었다. 이에 대해 출협은 이들 부산서적보급협회 회원 도매상들에 대해 ▷ 거래정지를 선언하고 일체의 위탁도서를 회수한다 ▷ 미(未) 청산 도서 판매대금은 위탁도서 회수일부터 10일 이내에 현금으로 결제한다 ▷ 해당 도매업자들은 악질 서적상으로 규정, 전 출판사에 공지한다 등 3개항의 강경한 결의서를 채택해 출판사 및 관련업계와 관계당국에 배포했다. 사회에서도 서적상의 주장이 부당하다는 여론이 들끓었지만, 그 원인도 멀리 보면 서울서 피난 온 출판사들이 가지고 온 서적들을 총판이란 이름으로 40~45%의 마진을 주면서 매절한 데서 시작되었다고 할 수 있다. 마진율 인상을 둘러싸고 벌어진 최초의 잡지파동도 이즈음에 일어났다. 서점들은 출판사의 어려움을 약점으로 악용, 출판산업의 장래는 아랑곳하지 않고 자신들의 배를 불리고자 혈안이 되어 있었다.

6·25전쟁 전에는 25%였던 도·소매 마진이 피난 때는 35%까지 올라갔고, 환도 후에는 다시 37%를 거쳐 40%가 되었다. 45%를 강요당하는 경우도 비일비재한 실정이었

<hr>

25 ① 〈出版業界에 風波惹起, 都賣商의 마진 引上要求〉,《東亞日報》, 1952. 4. 17.
  ② 〈出版文化에 赤信號, 書籍都賣商은 3割5分以下拒否〉,《京鄉新聞》, 1952. 4. 18.

다.[26] 심한 경우에는 투매에 가까운 50% 내지 55%까지 올라가는 때도 있었다.[27]

거래의 원칙도 룰도 없어진 것이다. 이렇게 서점 마진이 계속 늘어났으나 그렇다고 무턱대고 책값을 올릴 수는 없었다. 그런데 그나마 팔린 책의 대금회수조차 아주 어려웠다. 출판사만 그런 것이 아니라 지물상, 인쇄소, 제본소도 연쇄적으로 모두 곤경에 빠지게 되었고, 거래처 사이에 갈등의 골만 깊어갔다. 판매부진과 그에 따른 출판사와 서점거래의 악화로 현금거래는 어느새 외상거래로 변했다. 출고하고 몇 달이 지난 뒤에 받는 판매대금은, 개인이 지불책임을 지는 자가발행 어음으로 결제되는 것이 일반적인 관행으로 굳어져버렸다.

출판계에 어음제도가 생긴 것은 6·25전쟁 직후인데, 그전에는 그런 제도가 없었다. 51년부터는 연(延) 수표제도도 생겼다.[28] 구매력의 저하에 따른 판매부진, 공급망의 무산과 유통구조의 난맥으로 유통질서는 혼란에 빠지고, 판매대금 수금이 지연·부진해지면서 어음결제 기간이 점점 더 길어지자 도산의 위기에 몰린 출판사들은 그 자구책으로 지형을 처분하거나 재고도서를 투매하기 시작했다.

1953년 화폐개혁 이후의 경제적 불안과 전쟁의 여파로 인해 극심한 인플레까지 겹쳐 출판활동은 '서리 맞은 출판문화계'[29]가 되었다. 이렇게 되자,《한국일보》는 사설에서 "스스로 출판의 질을 높이고 단결해서 판매조합을 형성하든지 자본이 착실한 서적상을 선택해서 육성하는 한편 현금거래로 전환해야 한다"고 '출판계가 사는 길'을 조언하고 있다.《동아일보》도 '출판사업의 보호육성책을 강구하라'고 정부당국의 무관심을 통렬하게 비판하고 나섰다.[30] 출판계 현실이 사회적 관심의 단계를 넘어 깊은 우려의 대상이 된 것이다.

과당경쟁으로 인한 할인판매가 무분별하게 자행되어 1956년에 가서는 서점에서의 정가판매가 완전히 무너져버렸다. 서점에서의 할인판매는 출판사가 서점에 대한 출고

---

26  黃宗洙, 〈出版界의 現況과 그 打開策〉,《出協會報》(속간호), 1956. 4. 26., p. 2

27  權基周, 〈書籍業界에 드리는 公開狀〉,《出協會報》(속간호), 1956. 4. 26., p. 2

28  金源大, 〈8·15 이후 도서유통체제의 변천〉,《出版文化》, 1981. 8., pp. 18~22

29  《서울신문》, 1954. 10. 21.

30  《동아일보》사설, 1958. 3. 19.

율을 낮춰준 것이 발단이 되었다. 서점은 또 합리적인 판매전략을 강구할 생각조차 하지 않고 늘어난 마진만큼 독자들에게 할인해주는 방법으로 독자를 유인하는 안이한 판매전략을 구사했다. 출판사도 서점도 모두 정가제 붕괴의 공범이었다.

정가판매제의 붕괴는 거래질서 문란과 출판유통 체계의 파탄을 촉진하는 원인이 되었다. 그리고 그 후유증은 1977년 정가판매제가 시행될 때까지 출판발전의 걸림돌로 작용하게 된다.

[도표 3-8] 출판물 거래조건의 변화(1945~1960)

| 구분 | | | 광복~전쟁 전 | 피난 시절 | 1953~1960 |
|---|---|---|---|---|---|
| 거래방법 | 도매상 | 서적<br>잡지<br>교과서 | 위탁 직거래<br>(단일, 일원공급) | 위탁, 매절<br>총판(독점), 환매 | 무계획 위탁<br>총판(독점), 환매 |
| | 소매점 | 서적<br>잡지<br>교과서 | 현금<br>(부분적 외상) | 위탁<br>(출판사-서점<br>직거래) | 전면 위탁<br>전면 위탁<br>검인정교과서 공급소 지정 직거래 |
| 마진율<br>(%) | 도매상<br>마진 | 서적<br>잡지<br>교과서 | 5 | 10 | 10~12 |
| | 소매점<br>마진 | 서적<br>잡지<br>교과서 | 20(지방운임, 서점 부담)<br>15<br>20 | 30~35<br>(운임, 출판사 부담)<br>25→40<br>20 | 35~40, 45<br>(원칙과 룰 붕괴)<br>30(서점 잡지불매 운동 2회 전개) |
| 대금결제<br>방법 | 도매상 | 서적<br>잡지<br>교과서 | 월 2회(5, 20일),<br>현금결제 | 자가어음<br>(3~6개월) | 자가어음(3~6개월)<br>* 결제 지연 및 부도 빈발 |

자료 : 필자 작성

## 덤핑 시장의 창궐과 폐해

"수년래로 위기를 부르짖던 출판계는 금년 들어서면서부터는 파멸의 상태를 보이고 있다. 서적도매업자와 소매서점 간에는 상거래가 마비상태에 빠지고, 출판업자와 서적상 간의 거래는 완전 정돈(停頓)상태가 되었다. 그리하여 소매서점은 할인판매로 구명책을 쓰고, 도매업자는 파산을 당하고 폐점하지 않을 수 없게 되었으며, 출판업자는 5, 6할 내지 7, 8할로 덤핑을 하게끔 되었다. (그런데) 최근 동대문시장에는 전에 없던 서적시장이 번성하고 있으니 이 동대문서적시장이란 것은 파산을 당하거나 부채에 쪼들리

214

는 출판업자와 도매업자들이 서적을 휴지가로 투매한 데서 생긴 것인데 이것이 발전해 오늘에는 수십 헌(軒)의 서점이 생기고, 그것이 한몫 보는 형편이다. 서적을 사는 손님들이 이 덤핑 시장으로 몰려들고 있는데 정가의 3, 4할은 싸게 살 수 있다고 한다. 처음에는 안 팔리는 오래 묵은 책들뿐이었는데, 현재는 일류 출판사의 좋은 책들이 얼마든지 쌓여 있고 또 그것을 싸게 살 수 있다고 한다."[31]

당시의 출협 회장 김창집은 서적의 덤핑 판매가 자행되고 있는 실상을 이렇게 설명하면서 정부, 언론(신문)계에 지원을 호소하는 한편 출판계의 각성을 촉구했다.

덤핑의 본래적 의미는 일반적으로 시장에서 판로를 개척하기 위해 생산

90년대의 부산 보수동 덤핑 서점가(내용과 관계없음)

비 이하로 투매하는 행위를 뜻한다. 가격차별 정책의 일종으로 부당염매(不當廉賣)라고도 한다. 따라서 덤핑은 경제후생을 극대화할 수 없다는 점에서 바람직한 행위는 아니다. 그러나 50년대 중반에 형성되기 시작한 서적 덤핑 시장은 처음에는 기존 출판사의 재고를 헐값에 사서 싸게 파는 형식으로 시작되었으나 차츰 전혀 다른 비정상적인 방법으로 책을 생산·판매하게 되었기에 불량·저급도서를 대량으로 양산한다는 점에서 심각성이 더욱 컸다. 가장 두드러진 현상의 전형은 저속한 독자들의 취향에 영합한 저질의 내용이 출처조차 불명인 유령 저작자 이름으로 동대문 대학천 상가 주변에서 대량으로 생산되기 시작한 것이다. 그 책들은 표시된 정가의 반액 또는 그 이하의 값으로 노점이나 지방 영세서점을 통해 판매되었기 때문에 그것이 생산가 이하라고 할 수도 없었다. 제목만 정상 출판사가 발행한 책과 동일할 뿐 전혀 다른 내용인 경우가 비일비재했다. 물론 정상적인 출판사에서 처분한 지형을 싸게 사서 찍는 경우도 있었다. 이와 같은 책들이 범람해 정상적인 출판유통 질서를 문란케 하고 책의 품위를 떨어뜨려 양

31    金昌集, 〈出版時評 登錄은 600사, 활동은 50사〉, 《새벽》, 1957. 1., pp. 75~78

서출판을 위축시키고 건전한 독서생활을 저해함으로써 출판계의 '존립'을 위협한다는 데 문제가 있었다. 악화가 양화를 구축한다는 '그레셤의 법칙'이 출판유통에서 페스트처럼 창궐한 것이다.

현재의 출판유통 경로가 문란해지게 된 경위나 요인에 대해서는 여러 측면에서 설명될 수 있을 것이다. 그러나 광복 이후 오늘날까지의 출판유통 구조의 역사적 배경과 과정을 분석해보면 서적 덤핑 시장이 크게 작용했다는 사실에 이의를 제기할 사람은 없을 것이다.

휴전 이후 청계천 6가를 중심으로 한 동대문시장에는 피폐한 경제상황에서 초등학생에서 대학생에 이르기까지 교과서를 비롯한 학습용 도서의 구입 편의를 제공하기 위한 헌책방(古本店)이 다수 생겨났다. 도매상의 도산으로 파탄지경의 위기에 직면한 출판사들도 이들 영세 고본상들에게 재고를 헐값으로라도 팔지 않을 수 없었다. 이것이 그들로 하여금 '덤핑 시장'을 형성하게 만든 단초가 되었다.

세칭 '동대문시장'이라 불리는 서적의 덤핑 서적가는 최초의 발상지인 청계천변에서 종로 6가의 대학천을 복개한 위에 지은 덕성빌딩과 그 건물에 연한 소규모 영세서점 밀집지대인 '대학천 상가'가 본거지 구실을 했다. 이들과 달리 청계천 5가에서 6가 사이의 평화시장에 연쇄한 서점들은 예나 지금이나 주로 헌책을 판매하고 있었다. 1966년 현재 이 일대에서 덤핑 출판물을 생산 또는 판매하는 서점 수는 대학천 상가 내 약 80여 사, 동대문시장 내 14~15개사, 평화시장 내 60여 사 등 150여사에 이르렀는데, 그중 20여 사는 자사 출판물만 전담하는 총판점을 운영하고 있었다.[32]

한때는 창신동 등지에 출판사 사무실을 차려놓고 이 일대에서 도·소매를 겸하고 있었다. 한 보고에 따르면 1962년 당시 동대문 일대에는 2천여 종에 달하는 덤핑 출판물이 쏟아져 나와 유통되고 있었는데, 어떤 업체는 월간 용지 소비량이 2천연에 달한다는 보고도 있을 정도였다.[33] 이들은 도·소매서점으로서의 발판을 굳혀가며 전국적인 공급망을 형성, 행상·노점들과 연계하는 등 계속 그 판로를 확대해나갔다. 동시에 정상 서

---

32  R기자, 앞의 글, p. 9

33  《大韓出版文化協會30年史》, p. 218

적까지 제작비 이하의 가격으로 매입해 거래량을 늘리고 있었다. 이들은 주로 어음으로 결제하는 선불식 매절로 구입하고, 자신이 발행한 그 어음을 또 고율로 할인해주는 방식으로 출판사들의 수익성을 악화시켰다. 이들이 이처럼 방대한 규모로 창궐할 수 있었던 배경을 살펴보면 도서공급 채널이 마비된 데서 그 원인을 찾을 수 있다. '한판'과 '대도'의 서울 지사가 거의 동시에 자진폐업하고 1956~1957년경 연쇄적으로 도산한 도매상들의 재고도서가 대거 유입되어 이들을 신간서점으로 전환케 하는 계기를 만들어주었다. 그리고 그 여파는 도산위기에 몰린 출판사들이 위기돌파의 방편으로 보유재고와 지형을 투매하는 블랙마켓 구실을 했다.

아울러 동아출판사를 비롯한 인쇄소들의 활자개량과 인쇄시설의 일대혁신도 이런 현상을 더욱 부추기는 계기가 되었다. 제작환경의 급격한 변화는 출판사들이 보유하고 있는 지형과 재고도서들의 상품성을 일시에 모두 잃게 만들었다. 출판사들은 이 지형들을 헐값에 처분하지 않을 수 없었다. 지형의 처분은 동대문시장의 덤핑 서점들이 직접 출판할 수 있는 토대를 마련해주어 '덤핑 시장'은 생산단계까지 확산된 것이다.[34] 그리하여 출판시장에서는 덤핑 출판물이 정상 서적과 섞여서 싼 값에 할인판매되기 시작했다.

1961~1965년의 덤핑 출판물 전성기까지 정상 서적과 덤핑 출판물은 각기 별개의 채널을 통해 거래되었으나 차차 두 채널이 혼합되어 정상 서적의 판로는 말할 수 없이 어지러워졌다. 60년대 할부판매가 성행할 때는 부정유출된 전집물들도 이곳을 통해서 전국적으로 퍼져나갔다.

일부 몰지각한 지방 학교 도서관에서도 동대문 덤핑 시장에서 싼값에 도서를 구매해 정해진 도서관 설치기준만을 채우려 했기 때문에 서점의 피폐일로는 말할 것도 없고 정상적인 출판사에까지 피해를 입히고 있다는 지적[35]이 끊이지 않았다.

1970년의 조사보고[36]에 따르면 동대문시장과 대학천 상가 일대에서는 덤핑 서점이 100여 개로 늘어났으며 이들은 '대중출판문화협회'란 무등록 단체까지 조직해 상권을

---

34  R기자, 앞의 글, p. 12

35  朴允哲, 〈덤핑상의 범람으로 販賣體系 崩壞〉, 《出版文化》, 1965. 12, pp. 10~11

36  S기자, 〈르포 덤핑 시장〉, 《出版文化》 1970. 6., pp. 5~8 참조, S기자는 宋泰鉉

운영했다고 한다. 그리고 그 판매망은 부산의 보수동, 대구의 삼석동, 광주의 계림동을 비롯해 전주, 이리(현재 익산), 군산 등지에 덤핑 서점가를 형성하기에 이르렀다. 출협에서는 '덤핑대책위원회'를 설치해 대책마련에 고심했으나, 정상 서적의 도매상 부재로 인해 동대문시장의 시장잠식에 적절한 대응책을 마련할 힘이 없었다. 이들 덤핑 서점 가운데 일부는 70년대 말부터 도매상으로서 당당한 역할을 하게 되고, 판매대금으로 자신이 발행한 어음은 그 자리에서 고율(高率)로 할인까지 해주면서 자금경색에 시달리고 있는 출판사들의 고혈을 빨았다. 또 일부는 정상적인 출판사로 변신해서 오늘날까지도 버젓이 출판인 행세를 하고 있다. 이들은 당시 출판발전의 암적 존재들이었음에 틀림없다.

### 공동판매기구 설립 추진과 좌절

파탄의 위기에 봉착한 출판계는 진작부터 자구책을 강구하고 나섰으나 실패를 거듭하고 있었다. 마비된 유통시스템을 재건하기 위해 출판계가 공동으로 모색한 타개책이 공동판매기구를 설립하는 것이었다. 그것은 6·25전쟁 이전 체제로의 복구가 아니라 새로운 시대에 적합한 새 출판유통시스템을 건설하자는 것이었다.

출협 총회(제7차, 1953. 11. 19.)의 결의에 의해, 12월 6일에는 '전국출판인대회'를 개최하고, '한국출판물보급협회'를 설립했다. 이 협회의 회장으로는 서적도매상에다 오랜 경험과 지식을 두루 갖춘 황종수를 선출했다. 이 협회는 유통시스템의 정비를 위해 서울의 학림서점, 문화당, 문장각, 대도와 한판의 서울 지점, 국문사서점, 보문서관과 부산의 삼협문화사, 대구 문성당, 대전 대양서림 등 전국의 10개 도매상을 안배, 판매업소로 지정하고 이들과 〈거래규정〉, 〈판매대금청산세칙〉 등 거래조건을 성문화해 협회 회원들의 출판물을 우선적으로 공급토록 함으로써 유통체제와 거래질서를 바로잡고자 도모했다.

그러나 이미 때를 놓친 감이 있었다. 출판사끼리의 판매경쟁은 날로 더욱 치열해져 갔고 영향력이 큰 출판사들은 이미 각자의 실정에 맞는 독자적인 판매조직을 어느 정도 구축해가고 있을 때였기에 이러한 업계 공동노력에 방관적이었던 탓에 모처럼 마련된 이 방안은 제대로 운영도 해보지 못한 채 물거품이 되고 만다.

보급협회의 실패는 오히려 유통질서의 문란을 가속화하는 부작용만 낳았다. 이대로 가다가는 단행본 출판사들은 마침내 도산할 수밖에 없다는 위기감이 팽배했다. 무슨 방도든지 타개책을 마련하지 않으면 안 될 지경에 이르렀다. 1954년의 출협 제7차 정기총회(10. 3.)와 12월의 임시총회를 소집해 두 번째로 마련한 것이 '한국도서신탁공사'란 이름의 단일판매기구 설립(안)이었다. 이 설립계획은 전국에 20여 개 도매상을 정비해 단일판매기구로 편입시켜, 이들로 하여금 전국에서 발행된 서적을 일원판매케 하자는 것이다. 그 소요자금을 1억환(圜)으로 산정했다. 이 기구가 발족하면 판매대금이 미불된 서점은 이를 완전히 청산해야만 판매권을 확보할 수 있으므로 자금력이 약한 영세 소매상들은 자연스레 도태되어 공급구조가 정비될 것으로 기대했다. 그러나 이 공사의 설립추진도 여의치 않았다. 출협은 1955년 8월까지 1년 남짓한 기간을 이 판매기구 설립에 온 정력을 집중했지만 1억환이란 소요자금을 확보하지 못해 또다시 좌절의 쓰라림을 겪게 된다. 그렇지만 중요한 것은 60, 70년대에 우리 출판유통에서 절체절명의 핵심과제가 되었던 '단일'한 '일원판매기구'를 이때 벌써 구상, 추진했다는 점이다.

또한 이때부터 넓은 식견과 경험을 가진 출판인들로부터 혁신적인 유통구조를 구축하기 위한 방안들이 경쟁적으로 많이 나오기 시작한다. 서련에서도 1956년 12월 15일에 '한국도서신탁공급공사'를 발족시키지만 이것 역시 흐지부지되고 말았다. 서련은 그로부터 2년 전인 1953년 12월에도 독자적인 총판기구 '대한도서공급회사' 설립을 추진했지만 출판계가 도서보급협회를 발족시키자 자진해서 포기한 일이 있었다.

출판계가 이구동성으로 갈망하던 출판유통 구조 혁신의 전기는 1958년에 한 단계 발전한다. 공동판매 기능을 가진 사단법인 한국출판협동조합이 설립된 것이다.

## 한국출판협동조합의 출범

날이 갈수록 무질서해지고 파행을 거듭하는 유통체제를 바로잡기 위한 여러 시도들이 간단없이 전개되었으나 이렇게 맥없이 실패로 끝나기를 거듭하던 유통구조 개혁의 움직임이 구체화되어 1958년, 47개 중견 출판사가 도서공급 일원화를 목표로 사단법인 '한국출판협동조합'을 발족시킨다. 출판유통시스템 발전에 하나의 이정표가 놓인 셈이다. 이 조합은 14개 출판사가 모여 만든 동인친목회가 모체가 되었다.

당시는 공급체계의 난맥과 출판사들의 무모하고 무절제한 판매경쟁 등으로 출판경영이 질식상태에 빠져들고 있었다. 빈사상태에 빠진 출판사들은 저마다 도생의 길을 찾아 부심했다. 규모가 크고 비교적 안정된 출판사들은 독자적인 유통 채널을 구축하고 채권확보에 나섰으나 중소 출판사들은 그럴 만한 힘이 없었다. 지도력과 조직력을 갖춘 중견 출판인 14명이 자구책으로 1955년에 결성한 것이 동인친목회(회장 羅末善)였다.

동인친목회가 공동판매부 설치를 결의(왼쪽)한 데 이어 (사)한국출판협동조합 창립총회를 중앙 공보관에서 개최하였다.(1958. 4. 26.)

동인친목회가 도서공급 체계를 바로잡기 위해 제일 먼저 착수한 사업은 공동수금과 공동청산을 통해 판매대금 회수를 위한 채권을 확보하는 일이었다. 단합된 힘을 배경으로 전국의 부실한 도매상과 거래를 청산하고 건실한 도매상과 거래를 확대하는 데 주력했다. 구체적으로 1955년에 대구 학영사(대표 金又奉)와 부산의 서울서점(대표 白鳳儀)에 이어 57년에는 서울 삼신서적(대표 李炳俊, 朴允哲)과의 거래를 정리한 것이 그것이다. 이들은 또 친목계(契)를 시작했는데 차츰 규모가 커지면서 대출금을 수금액 중에서 월부로 회수하는 신용사업으로까지 발전시킨다. 이 친목계는 회원 상호 간의 결속력을 공고하게 만드는 촉진제가 되었고 더 큰 사업을 도모할 수 있겠다는 자신감을 북돋아 주는 계기가 되었다. 동인친목회는 1957년 2월 공동판매부 설치를 결의하고 실무작업에 돌입한다. 전국적인 판매조직 구축 및 공동판매요강 등을 논의하는 과정에서 공동판매소를 더 강력한 전국적인 판매기구로 발전시키자는 의견이 자연스럽게 모아졌다. 새로 발족시킬 판매기구는 그동안 주식회사 체제의 결성작업이 모두 실패한 전철을 되풀이하지 않기 위해 참여 출판사들이 평등하게 독자적 지위를 유지하는 협동조합 방식을 택하기로 합의했다. 그리하여 공동판매부 설립 추진기구와는 별도의 협동조합 설립위원회가 하나 더 결성되어 공동판매기구 설립은 한동안 투 트랙으로 나누어 급속도로 진행된다.

8월에는 서울 종로구 인사동 119번지(서적도매상 문화서점 자리)에 설립사무국을 개설하고 설립취지서, 설립요강, 가입신청서 등을 배포, 조합원 포섭이 시작되었다.

조합 설립추진이 구체화되자 동인친목회는 이들 기구에 흡수되어 발전적으로 해체되었다. 10월 26일에는 15개 출판사 220종으로 협동조합 공동판매소 개업식을 갖고 업무개시에 들어갔다. 12월 21일에는 발기회를 열고, 1958년 4월 26일 드디어 47개 출판사가 참여한 가운데 사단법인 한국출판협동조합 창립총회를 개최한다.

조합원 수는 61년 말 99개사로 늘어난다. 같은 기간 출자액도 117좌(1좌 5만환) 585만환에서 296좌 1,480만환(전액 불입)으로 증가했다. 불과 3년여 만에 조합원 수가 배를 넘겨 100사에 육박했다는 것은 공동판매기구에 대한 출판인들의 기대와 호응이 얼마나 지대했는가를 보여준 것이라고 할 수 있다. 창립 초창기에 이렇게 역동적인 발전을 이룩할 수 있었던 데는 치밀한 계획과 헌신적인 노력, 경험과 열정을 발휘한 권기주, 나말선, 윤영(尹瑛, 正陽社), 황종수 등 주도세력의 역할이 컸다.

조합의 탄생은 난마와도 같이 얽힌 출판유통시스템을 정비하고자 노력하는 과정에서 매우 의미가 큰 역사적 사건이었음에도 일원공급이란 조합이념을 실현하는 데는 한계가 있었다. 시장 지배력이 큰 출판사들이 전국서점과의 직거래를 계속하면서 일원공급을 기피해 조합이 유통시장을 주도하기는 처음부터 어려웠다.

〈한국도서출판 실태조사〉를 위해 출협 초청으로 1972년 4월에 내한해 20일간 출판·서점업계를 면밀히 조사한 미국 프랭클린 북 프로그램의 출판 전문가 M. 시웨크(Manuel Siwek)는 "한국출판협동조합만이 순수한 의미의 도매업을 하고 있다. 조합은 창립 당시 의도한 바와 같이 도서공급 질서를 바로잡는 데 확실한 가능성을 보였으나, 불행하게도 소기의 성과를 거두지는 못하고 있다. 출판업자 단계에서 이 조합의 매출액(시장점유율)은 전체의 3.4%에 불과하다"고 그 한계성을 지적한 바 있다.[37]

---

37  M. 시웨크의 〈韓國圖書出版實態調査 報告書〉에서 "협동조합 회원은 85사이다. 이 중에 14사는 초판 출판물의 전량을 조합에 보낸다. 이들 출판사의 종당 평균 발행부수는 2,000부 내외이다. 이 14개사는 오직 조합을 통해서만 판매한다. 나

조합의 힘만으로 복잡하게 다기화된 여러 출판유통 채널을 단순화하고 거래질서를 확립하기에는 한국 출판계의 시장규모가 훨씬 크고 복잡했던 것이다.[38] 그렇기 때문에 대형 출판유통기구의 필요성은 여전히 한국 출판산업의 절박한 현안과제였다.

이러한 과정에서 출판유통 구조 혁신의 기본 방향은 사회발전 추세에 따라 조금씩 변화되어갔다. 처음에는 단순히 출판시장에서 막강한 영향력을 행사할 수 있는 대형 일원공급기구의 설립에 초점이 맞추어졌으나 80년대에는 그러한 유통기구가 최소한 2~3개는 있어야 하지만 우선 하나라도 먼저 만들자는 의견이 지배적이었다.[39] 그리하여 1954년의 '한국출판물보급협회' 설립 이래 1996년 출판협동조합이 모체가 되어 드디어 한국출판유통주식회사(현 북센)를 설립하기까지 40여 년 동안 무려 30회에 가까운 도매기구 설립계획이 성안되고 추진되었으나 출판유통시스템의 확립이란 출판산업의 오랜 숙원과제는 아직까지도 미완의 상태로 남아 있다.

출판·서점업계가 276억원이란 우리 출판사상 초유의 거대한 자본을 조성해 '북센'이란 초대형 도매회사를 설립했지만 그마저도 기대에 미치지 못하고 지지부진한 결과가 되었다. 북센이 설립되었을 때는 이미 주요 출판사들이 현대적인 물류센터를 건립·운영 중이었고, 배송 전문회사들이 출현해 활발하게 움직이는 등 한국 출판산업의 체질이 크게 변해 있었다. 무엇보다 정보화의 진전과 새로운 배송체제의 확립, 그리고 전국적으로 체인화된 초대형 서점들이 다투어 등장해 높은 시장점유율을 장악하는 등 도매상 이용조건이 근본적으로 변질되고 있었다. 북센의 첨단 물류센터도 우리 실정에서는 지나치게 선진적이어서 제 기능을 발휘할 수 없었다. '첨단 물류센터 건립'이란 비전 실현에만 몰입한 나머지 출판사나 유통기관들이 첨단시설을 활용할 수 있는 적응 기간을 배려하는 경영전략을 마련하지 못했기 때문이다. 반드시 반(半)자동의 중간 발전단

---

머지 71사는 조합에 보통 출판량의 30% 정도를 보낸다. 출판사들은 또한 직접 소매서점에 판매하기도 한다. 소매상들은 직접 현금을 주고 더 싸게 구입할 수도 있고 담보물을 설정하고 출판사가 조합에 주는 것과 같은 가격으로 살 수도 있다. (…) 가격의 할인율은 도서의 종류에 따라 다르다. (…)조합은 72개의 지정 공급소하고만 거래한다. 지방 공급소는 지방 소매상에 대해 도매상 구실을 한다. 이 거래에서 지정 공급소는 그들이 조합에서 받는 할인보다 5~10%의 할인을 준다(…)"고 분석하고 있다.(《大韓出版文化協會30年史》, 1977, pp. 486~487 참조)

38  M. 시웨크는 위 보고서에서 "한 권의 책이 최종 구입자에게 도달하기까지는 무려, 그것도 줄잡아 17가지나 다른 길을 보여주고 있다"고 출판 공급구조의 복잡성과 공급제도의 무질서를 지적하고 있다.(앞의 책, p. 490)

39  林仁圭·李斗暎, 〈報告 圖書流通機構〉, 《出版文化》, 1978. 1., pp. 9~15

계를 거쳐 새로운 체제에 적응할 수 있는 과정이 필요했는데, 이런 과정이 생략된 아쉬움이 크다.

80년대 후반부터는 디지털 환경이 급속하게 전개되면서 출판유통시스템도 앞으로는 정보화 시대에 맞는 체제를 구축해야 한다는 쪽으로 방향이 선회되었다. 즉 컴퓨터의 보급과 정보처리 및 통신기술을 적극 활용해 현존하는 출판유통시스템의 체제와 기능을 유지·보완·강화한 출판유통정보시스템을 구축해야 한다는 주장[40]이 대세가 되어갔다. 그리하여 ISBN과 POS시스템이 1991년부터 운용에 들어가게 되었다.


## 50년대 출판의 한계와 기대

### 제자리걸음하는 출판량

지금까지 살펴본 바와 같이 빈사상태를 헤매는 출판계의 힘든 상황은 출판통계에서도 여실히 드러나고 있다. 정부가 발표한 출판통계 등을 종합해보면 1952년부터 60년까지 9년 동안 연간 발행종수는 1,000종대 초반에서 맴돌고 있었다. 전쟁이 한창 진행 중이던 1951년의 연간 발행종수가 800종으로 1947년도 수준에도 미치지 못한 것은 이해되지만 그 이후에도 계속해서 1949년의 기록을 밑돌고 있는 것은 당시 한 권의 책을 출판하기가 얼마나 힘들었는가를 여실히 보여주고 있다. 그나마도 같은 책의 초·중판 및 특제(하드커버)와 병제(소프트커버)를 각각 1종으로 집계한 것인데도 그랬다.([도표 3-9])

많은 출판사들이 안정성이 있는 교과서와 학습참고서를 중심으로 한 교육용 도서출판에 더욱 몰두하게 되었다. 학습참고서의 비중이 압도적으로 높아지기 시작했다. 1,434종이 출판된 1957년도의 학습참고서 출판종수는 전체의 37%가 넘는 535종이나 되었다. 이러한 추세는 해를 거듭할수록 더욱 두드러져갔다. 교육용 출판을 통해 확

---

40  출판유통정보시스템의 구축 필요성을 제일 먼저 주창한 사람은 이두영이다. 그는 〈출판유통정보시스템 구축방안에 관한 연구〉를 석사학위 논문으로 발표(1988)한 데 이어 《출판유통론》(청한, 1993)에서 이에 대한 구체적인 방안을 제시했다. 《출판유통론》이 출간된 이후 우리나라 출판유통시스템은 그 방향으로 급속하게 전개되기 시작한다. 그러나 90년대 중반 이후 출판유통정보시스템은 절반의 성공도 이룩하지 못한 채 제자리걸음을 하고 있다.

보된 자본력을 바탕으로 대학교재 출판시장을 본격적으로 개척·확대해간 것은 그나마 발전적인 측면이었다.

[도표 3-9] 연도별·분야별 출판통계 추이(1951~1958)　　　　　　　　　　　　　단위 : 종(種)

| 분야(종별) | 1951 | 1952 | 1953 | 1954 | 1955 | 1956 | 1957 | 1958 |
|---|---|---|---|---|---|---|---|---|
| 총기 | 45 | 5 | 8 | 19 | 33 | 41 | 35 | 87 |
| 철학 | 4 | 44 | 56 | 85 | 92 | – | 145 | 31 |
| 종교 | 11 | – | – | – | – | – | – | 95 |
| 역사 | 29 | 57 | 28 | 51 | 35 | 73 | 48 | 78 |
| 사회과학 | 42 | 182 | 151 | 274 | 253 | 355 | 209 | 271 |
| 자연과학 | 0 | 188 | 149 | 147 | 70 | 88 | 71 | – |
| 산업·기술 | 5 | 46 | 34 | 37 | 11 | 1 | – | 83 |
| 예술 | 20 | 37 | 30 | 47 | 31 | 20 | 19 | 50 |
| 어학 | 52 | 138 | 137 | 153 | 90 | 34 | 82 | 87 |
| 문학 | 132 | 239 | 404 | 578 | 328 | 257 | 216 | 280 |
| 아동 | 141 | 298 | 32 | 50 | 114 | 66 | 38 | 111 |
| 학습참고/교과서 | 305 | 159 | 81 | 117 | 251 | 499 | 143 | 291 |
| 총계 | 786 | 1,393 | 1,110 | 1,558 | 1,308 | 1,434 | 1,006 | 1,464 |

주 : 1) 1952년부터 분류방법을 듀이십진분류법으로 변경하고 이에 아동도서와 학습참고서를 별도 집계를 시작하고 있음. 이에 따라 52년도 통계는 53년판 통계연감(1,767종)에 비해 크게 줄었음
　　2) 아동은 만화 포함
자료 : 《출판문화》 속간호(52. 6. 5.), 〈서적출판 건수 통계표〉에 의해 재작성

그런데 1945년 광복 이후 1959년까지의 출판통계는 아직까지 정확하게 확립되지 못한 상태로 있다. 정부 출판통계로서 지금 확인할 수 있는 것은 두 가지가 있다. 하나는 내무부 통계국에서 발행한 《대한민국통계연감》에 수록된 것인데, 출협이 지금 발표하고 있는 출판통계는 이에 근거한 것이다. 통계연감의 편찬, 발행처는 내무부 통계국이지만 출판통계의 원자료는 한국은행이 작성한 것으로 되어 있다. 또 다른 하나는 1961년에 당시 출판행정 주무부서인 문교부가 발표한 1948~1959년의 출판통계다. 그런데 이들 통계는 자료마다 통계수치가 일치하지 않고 서로 상이함을 보이고 있어 신뢰도가 떨어진다는 데 문제가 있다. 《출협회보》(《출판문화》 속간호)에서도 1948~1955년간의 출판통계를 보도[41]하고 있는데 이 통계에서도 정부의 통계와 다른 수치들이 발

---

41 《出協會報》(속간호), 대한출판문화협회, 1956. 4. 26., p. 7

견된다. 이런 차이점은 통계대상과 기준, 집계방법이 각기 다른 데서 야기되었다. 여러 자료를 옮겨 적거나 조합하는 과정에서 발생한 오기와 착오로 추정되는 부분도 있다.

9·28 서울 수복 후 3개월간의 출판종수도 앞에서 언급한 바와 같이 18종과 15종이라는 두 설[42]이 존재한다. 1950년의 발행종수는《해방기 간행도서 총목록》에 기재된 목록의 발행일을 기준으로 집계한 416종과《출협회보》의 통계숫자 18종[43]을 합산하면 434종이 발행되었을 것으로 추정된다. 그러나《해방기 간행도서 총목록》은 6·25 이전에 출판된 목록만을 수록한 것을 전제로 삼고 있으나 이 책에 기재된 목록 가운데서 111종의 도서에는 발행일이 1950년으로만 기재되어 있어서 이들이 모두 6·25 이전에 출판된 것으로 보기도 어려운 형편이다. 다만《출협회보》나 김창집·황종수 등이 주장하는 18종 또는 15종은 9·28 수복 이후에 발행된 것이 틀림없다. 그동안 알려지지 않은 도서의 출간사실도 속속 밝혀지고 있는 만큼 이 시기의 불명확한 출판통계를 정비하기 위한 출판계와 학계의 각별한 노력이 요청되고 있다.

### 그래도 베스트셀러는 있다

험난한 여건 속에서도 출판계는 불사조처럼 출판재건을 위한 집념과 투지를 불태웠다. 극심한 불황에 시달린 이 기간에 많은 출판사들은 안정성이 있는 교과서와 학습참고서를 중심으로 한 교육용 도서 출판에 더욱 몰두하게 되었다.

이러한 출판계의 노력에 부응이라도 하듯 해마다 베스트셀러들이 연이어 터져 나와 출판인들에게 많은 용기와 의욕을 불어넣어 주었다. 김소운의《마이동풍첩》(고려서적, 1952), 방인근의《마도의 향불》(삼중당, 1952)은 포성이 가득한 피난지에서 태어난 베스트셀러들이다. 이듬해에는 설의식의《난중일기》(수도문화사, 1953), 정비석의《자유부인》(정음사, 1954)과 조흔파의《얄개전》(학원사, 1954)이 사회의 뜨거운 주목을 받았다.

---

**42** ① 金昌集,〈出版槪況-出版小史〉,《出版年鑑》(대한출판연감사, 1957, p. 736)와 ② 金昌集,〈韓國出版小史〉,《韓國出版年鑑》(대한출판문화협회, 1963, p. 34), ③ 黃宗洙,《나의 출판小話》(보성사, 1990, p. 98)은 각각 15종이라고 주장하고 있으나 이들 자료보다 먼저 발행된 ④《出協會報》(속간호, 1956. 4. 26., p. 7)의〈해방 후 한국출판통계표〉는 18종이 발행된 것으로 밝히고 있다. 이후 자료들은 이들 통계를 각각 인용한 것들이다. 1950년의 434종은 이 책에서 처음으로 추정, 제시한 출판량이다.

**43**《出協會報》(속간호), p. 7

1955년에는 한하운의 《보리피리》(인간사), 조병화의 《사랑이 가기 전에》(정음사), 유치환의 《생명의 서》 같은 시집들이 낙양의 지가를 올렸다. 1956년에도 불경기는 계속되었지만 이희승의 《벙어리 냉가슴》과 유진오의 《헌법》(이상 일조각), 정비석의 《홍길동전》(학원사) 등도 잘 팔렸다.

김진섭의 《생활인의 철학》(덕흥서림), 김동성의 《실낙원의 별》(전2권, 정음사)이 1957년의 베스트셀러 목록을 장식했다. 김소월의 《초혼》(박영사), 노벨문학상 수상작품인 파스테르나크의 《의사지바고》(여원사), 《고금소총》(민속학자료간행회)이 1958년의 베스트셀러가 된 데 이어 최요안 편 《마음의 샘터》(삼중당), 재일교포 소녀 야스모토 스에코(安本末子)의 눈물 어린 일기 《구름은 흘러도》(신태양사), 김소월 시집 《못 잊어》(박영사), 홍성유의 《비극은 없다》(신태양사) 등이 1959년의 베스트셀러 목록에 이름을 올리면서 그동안 볼 수 없었던 판매부수를 기록했다.


### '영업세 면제'와 '소득세 경감'을 호소

파탄 직전에 내몰린 현상을 타개하기 위해 공동판매기구의 설립 등을 모색하던 출협은 1956년 2월, '출판업에 대한 면세 청원서'를 국회에 제출한다. 제작비의 앙등과 구매력 감퇴 및 판매부진 등으로 인해 담세능력은 고사하고 존폐위기에 놓인 출판의 절박한 현실을 호소하며 '영업세 면제'와 '소득세 경감'을 요청하는 내용이었다.

당시에는 이미 잡지와 신문은 영업세를 면제받고 있을 때였기 때문에 일반도서와 잡지를 함께 발행하고 있는 출판인들의 주장은 당연한 일이었다.

해방 직후의 혼란과 6·25전쟁으로 천정부지로 물가가 뛰었던 인플레이션 현상도 1956년경에는 어느 정도 수습되어갔고, 원조에 의지해서 겨우 유지되던 경제도 전쟁이전 수준을 회복해 회생의 기미가 보이기 시작한 때였다. 정부는 경제기획 전담부서인 부흥부(復興部)를 신설(1955)하고 1956년부터 경제발전 장기계획을 세우는 등 나라 형편이 부흥기로 접어들고 있었다. 1954~1960년 연평균 경제성장률은 3.8%로 추계되었는데, 이 같은 성장률은 당시 다른 후진국에 비해서도 양호한 편이었다. 따라서 출판업이 직면하고 있는 상황이나 국가적 견지에서 정부가 출판업의 중요성을 인식하고 세제 면에서 지원, 육성할 때가 되었다고 판단한 것이다.

출판을 극악스럽게 탄압하던 일제강점기에도 창업 후 3년 동안은 과세하지 않고 배려해온 출판업이다. 이런 제도는 미군정 시절에도 이어져 내려왔으나 정부수립 이후 과세대상으로 변경되었다. 소득세도 그 세율이 매출액의 1천 분의 9로 매우 높은 편이었다. 미곡상은 0.3%, 비료 0.6%였으며 제조업 중에서 전기 공급업은 0.3%요 방직업은 0.4%인 데 비해 출판업의 소득세율은 그 몇 배가 넘는 0.9%를 적용했다. 출판계는 청원서에서 "문화건설의 기본 사업이며 민주주의 사회발전의 기초가 되는 출판업이 이들보다 높은 세율을 적용받는 것은 부당하고 국가적으로도 손실"임을 강조하고 있다.

언론에서도 사설이나 칼럼 등을 통해 이러한 출판계의 주장을 적극적으로 옹호하고 나섰다. 언론들의 논지는 영화조차 영업세를 면제해주고 있는데 정신생활에 있어 이보다 몇 갑절 중요한 도서출판을 도와주지는 못할망정 고율의 세금을 부과해 생산위축을 강요하고 있는 것은 '해괴하게 생각하지 않을 수 없'는 일이라거나 학술적·사상적으로 가치 있는 도서는 수요가 매우 국한되어 있기 때문에 출판으로 수지를 맞춘다는 것은 기대하기 어려운데 여기에 중세(重稅)를 과(課)하니 출판문화 사업, 아니 학술 전반이 위축되지 않을 수 없다는 의견들이었다.

그러나 국회나 정부의 반응은 '쇠귀에 경 읽기'나 마찬가지였다. 출판계는 끈질기게 면세운동을 펼치고, 우여곡절을 겪은 끝에 60년대 중반에 가서 영업세 면제의 한을 풀수 있었다. 1977년 7월부터 세제가 간접세로 전면개편되고 부가가치세(VAT)가 도입된 후에도 책은 부가세 면제상품으로 대우받고 있다. 출판업에 대한 정부의 보호육성책이 비로소 세제 면에서 구체적으로 반영되기 시작한 것이다. 선진국들은 정부가 정책을 통해 출판업을 지원하고자 할 때 자칫하면 출판의 자유를 침해할 소지가 많다는 특성 때문에 직접적인 지원은 가급적 피하고 있다. 그렇기 때문에 출판육성책에 세심한 주의를 기울이고 있는 선진국에서도 출판업에 대한 세제지원을 금융지원과 함께 가장 중시하는 출판정책 실현수단으로 활용하고 있다.

따지고 보면 우리나라 정부 안에는 잡지와 신문을 관장하는 공보부와 달리, 일반도서와 교과서 출판행정을 맡고 있는 문교부가 있어서 문화국 출판과와 편수국 편수과를 두고 있지만, 문교부가 출판행정을 관장해온 이래 출판문화 산업을 육성하려는 구체적인 노력을 기울인 일은 한 번도 없었다고 해도 지나치지 않다.

## 활자개량과 제작시설의 확충

김상문의 동아출판사는 1955년 벤톤(Benton) 주조기를 도입하고 새로운 자모를 개발해 활자개량에서 일대혁신을 이룩한다. 동아출판사의 활자개량은 인쇄업계에서 새로운 시설확충 경쟁에 불꽃을 튀기는 계기가 되었다. 활자개량 사업은 1956년에 이일수(李壹秀, 1926~2013)의 평화당에서도 벤톤 자모를 만들면서 빠르게 확산된다. 유기정(柳琦諪, 1922~2010)의 삼화인쇄도 평화당의 이 자모를 그대로 사용했다. 이어 대한교과서, 민중서관, 홍원상사(주), 광명인쇄, 삼성인쇄도 뒤질세라 벤톤 자모를 만들었다. 이로써 1883년 박문국에서 신식 연활자를 주조한 이래 70년 동안 사용해온 동양의 호수(號數)활자 체계를 대신해서 세련되고 미려한 서양식 포인트 활자가 우리 인쇄사에 새로운 장을 열었다.[44] 송조(宋朝)체 활자가 서서히 사라지고 종래의 명조체에다 고딕체 등 서양식 활자체계가 도입되면서 서체도 훨씬 다양해질 수 있었다.

평화당은 이근택(李根澤, 1896~1977)이 황해도 사리원에 1920년 설립했다. 광업과 제약업을 겸했던 초기에는 대서용지의 인쇄·판매에 주력했다. 1927년 서울 수하동으로 이전한 이 인쇄소는 그 무렵 박흥식(朴興植, 1903~1994)이 설립한 선광인쇄소(鮮光印刷所)와 합병해 선광인쇄주식회사란 법인체를 발족하고 일본인 인쇄업자들에 대항했으나 동업자인 박흥식이 화신백화점과 선일지물(鮮一紙物) 등 다른 사업에 주력함에 따라 선광인쇄주식회사는 해체되고 말았다. 이근택은 1933년에 다시 평화당을 설립하고 이듬해 사옥을 서울의 종로구 견지동으로 이전하면서 활판 인쇄소로서 기반을 닦는다. 1954년부터 새로운 규모의 활판 인쇄시설을 완비하고 국내 출판·잡지사들의 생산을 거의 전담하다시피 했다.

1980년에는 경기도 부천시에 제2공장을 마련하고 원색자동전자분해기인 스캐너의 도입 등 전 인쇄공정의 첨단화를 실현하면서 인쇄기술 개발에 앞장섰다. 1945년부터 최근까지는 창업자의 장남인 이일수가 대표이사로 경영을 맡아왔다.

활자개량의 숨은 공로자는 최정호(崔正浩, 1916~1988), 박정래(朴禎來, 본명 崔貞淳, 1917~?) 등이다. 두 사람은 우리나라 인쇄 서체의 양대산맥을 형성해온 활자 서체의 개

---

44  벤톤 주조기를 우리나라에 처음 들여온 곳은 국정교과서(주)로 1954년 가을의 일이었다. 그러나 일반 업계에까지 영향을 미치지는 못했다.

척자로 불린다. 이들은 아무도 알아주지 않는 활자 자모의
원도(原圖)를 작성하는 일에 일생을 바친 사람들이다. 최
정호는 해방 후 서울에서 도안 사무실을 차렸으나, 6·25
로 모든 재산을 잃고 대구로 피난해서 다시 도안 사무실
을 운영했다. 1955년 동아출판사 김상문 사장이 벤톤 주
조기를 도입할 때 최정호에게 서체 원도 제작을 의뢰했
다. 이어 보진재에도 원도를 제작해주었다. 최정호가 만

평화당인쇄(주) 정문

든 대표적인 서체는 명조체와 고딕체 등 8가지인데, 그는
연구비를 받고 일본의 사진식자기 회사인 사켄(寫研, 사진식자기
연구소)과 모리자와(森澤)에도 초기에 개발한 몇 벌의 서체 원도
를 건네주었다. 뒤에 두 회사의 사진식자기가 국내에 공급되면
서 최정호의 서체는 널리 보급되었다. 신문 활자체 개발에 공이
큰 박정래는 평화당의 자모 원도를 그렸다. 박정래는 1954년부
터 인쇄서체의 개발뿐 아니라 한때 자모 제조판매업을 했던 사

유기정

업가이기도 하다. 그는 1955년도 초등 교과서체 원도도 제작했
다. 1991~1995년 5개년에 걸쳐 세종대왕기념사업회가 문화부의 지원을 받아 한글 서
체를 개발할 때 그는 '교과서 본문용 한글 글자체', '한글 네모체', '옛 한글 글자체', '문
장부호' 등의 원도를 제작했다. 평생을 한글 서체의 제작에 바친 이들의 업적은 출판문
화와 인쇄문화 발전에 큰 받침이 되었다.

한편 50년대 중반 사진제판 기술의 활발한 개발과 병행해 1956년부터 동판인쇄술
이 새로 도입되어 1960년대 중반까지 근 10년 동안 우리나라 원색인쇄의 총아 노릇을
했다. 우리나라에서 동판인쇄술을 최초로 도입한 콤비는 유기정과 전차훈(全次勳)이다.
유기정은 1954년 처가인 평화당에서 나와 서울 종로구 와룡동에 삼화인쇄소를 차리고
활판인쇄를 시작했다. 그러다가 일본에서 동판인쇄술을 배워온 전차훈을 알게 되자 전
재산을 투입해 1대 1의 동업조건으로 그의 기술을 샀다. 이때의 동판인쇄의 대성공은
오늘날 삼화인쇄의 기틀이 되었을 뿐만 아니라 우리나라에서도 일약 색판(色版)인쇄가
풍미하는 계기가 되었다. 유기정의 선견지명이었다. 1961년 9월 본사를 서울특별시 중

활자개량에 공헌한 자모 원도를 그린 최정호(왼쪽)와 박정래(본명 최정순)

구 을지로 2가로 이전하고, 서독에서 도입한 오프셋 인쇄기와 사진제판 시설과 아울러 제본시설까지 구비해 국내의 각종 잡지·도서 등을 인쇄하게 되었다. 그 뒤 서울 구로공단 내에 또 하나의 공장을 마련하고, 8색 윤전기·스캐너원색분해기·컴퓨터작도기·전산사식기 등의 최신시설을 갖추고 연간 60만연(連:全紙 500장을 한 묶음으로 일컫는 단위)의 생산능력을 지닌 최대 인쇄소로 발전했다. 그가 중소기업협동조합 이사장을 거쳐 세계중소기업협회 회장과 국회의원을 역임하면서 우리나라 인쇄계 및 산업발전에 기여한 공로는 찬연히 빛나고 있다.

이렇게 인쇄업계에서는 활자의 개량뿐 아니라 최신 인쇄기계의 도입, 인쇄제책 설비의 개혁과 기술의 향상을 위한 인재양성 경쟁에 불이 붙었다.

이때의 제작시설 확충과 기술적 발전은 60년대부터 불어닥친 전집물과 사전 출판 제작 붐을 뒷받침하며 출판문화 수준을 향상시키는 힘이 되었다. 또한 외국 출판물을 조판해 수출할 수 있을 만큼 세계적인 수준으로 인쇄기술을 끌어올리는 기반도 마련되었다. 60, 70년대 우리의 인쇄물 보세가공 수출은 중요한 교역품목 중 하나였다.

그리고 이때를 전후해서 갱지와 백상지가 국내 제지회사에서 생산되기 시작했다. 그러나 그 양은 국내 수요를 채우지 못했고 가격과 질 양면에서 수요자의 욕구와는 너무나 거리가 먼 것이었다. 하지만 정부는 제지산업의 보호육성이란 미명 아래 외국산 용지의 수입을 금지함으로써 정부가 앞장서서 용지난을 부채질하기도 했다.

## 〈저작권법〉 제정과 출판

전문 5장 75조와 부칙으로 된 〈저작권법〉이 1957년 1월 22일 국무회의를 통과, 1월 28일 법률 제432호로 정식 제정·공포되었다. 국회 문교위원회가 1955년 중반에 발의해 1957년 1월 17일에 본회의를 통과하기까지 무려 1년 반이나 소요되었다.

이 법은 공포된 날부터 시행한다고 규정되어 있으나 시행령(대통령령 제1482호)이 1959년 4월 22일에야 공포되었으므로 공포일로부터 2년여 만에 실질적인 시행에 들어간 셈이다. 〈저작권법〉(안)이 발의되던 해 12월 19일에는 공청회도 개최해 사회에서도 상당한 관심을 가지고 진지한 논의를 벌인 데 비하면 발의에서 시행까지 만 2년이 넘는 시간을 소요한 것에 관해 그만큼 법률제정에 신중했다고 생각하기 쉽다. 그러나 실상은 국회나 정부의 무관심과 무성의가 지연의 가장 큰 이유였다.

그런데 이 법이 제정되기 전까지 우리나라에서는 일제강점기부터 시행해오던 〈저작권법을 조선에서 시행하는 데 관한 건〉(칙령 제338호)에 의존하고 있었다. 광복된 지 10여 년이 경과했는데도 일제의 잔재인 칙령이 유효한 형편이었으니 참으로 자괴(自愧)를 금할 길이 없는 일이었다. 거기다가 저작권 보호의 전제조건이 되는 저작권 등록이 이루어지지도 않고 있었고 등록사무를 관장할 관청도 없었다. 또 칙령이 규정하고 있는 '저작권조사회'조차 구성된 일이 한 번도 없었으니 실질적으로는 없는 것이나 마찬가지였다. 그래서 문화계나 학계에서 일찍부터 〈저작권법〉의 제정 필요성에 대한 논의가 무성했다. 제2대 국회가 개원했을 때는 국회에서도 정식으로 거론되는 듯했으나 특별한 움직임이 없이 임기가 끝났다.[45] 국제PEN클럽 한국본부에서도 1955년 11월에 〈저작권법〉의 제정을 촉구했으나 호응이 없었다. 광복 이후 10년이 경과하도록 〈저작권법〉 제정이 이렇게 지체된 것은 저작자들이 저작권 의식이 높지 않아 자기권리 주장을 등한시했고 관계당국도 무성의했기 때문이라고 해야 할 것이다. 이로 인해 학문적·예술적 민족문화 향상에 많은 지체가 초래되었다고 할 수 있다.

〈저작권법〉(안) 전문(全文)이 밝혀지면서 활발한 논의가 전개되었다. 논의의 선편을 제압한 분야는 출판이었다. 민교사 대표 민장식(당시 한국검인정교과서(주) 대표)은 언론

---

[45] 제2대 국회(1950. 5. 31.~1954. 5. 30.) 윤택중(尹宅重) 문교위원장은 위원장으로 선출된 직후 "〈저작권법〉, 〈출판물법〉 등 문화 관련 법령을 정비해 문화적 기본동력 함양에 최선을 다하겠다"는 포부를 밝힌 바 있다.(《동아일보》, 1953. 2. 11.)

기고를 통해 "이 법안이 그대로 통과된다면 출판문화 발전에 지대한 악영향을 미치게 될 것"이라고 통렬히 비판했다. 그는 "출판이 육성되어야만 저작자의 권리나 이익도 운위할 수 있는데, 일방적으로 저작권자만 옹호하면 출판은 위축이 불가피할 것"이라면서 구체적으로 수정·보완되어야 할 내용을 조항별로 수정안을 제시하고 있다.[46]

《한국일보》는 이튿날 사설로 동조하고 나섰다. 출협도 〈저작권법안에 대한 출협의 요망사항〉을 국회에 제출한다. 출협의 〈요망사항〉은 모두 20개 조항에 대해 수정방향과 이유를 구체적으로 지적하고 그 대안(代案)을 제시하고 있다.[47] "저작권법은 저작자의 권리보호 못지않게 저작물의 공정한 이용을 도모해야 한다"는 것이 기본취지였다. 특히 사후 50년까지로 되어 있는 저작권 보호 기간을 '사후 30년'으로 단축할 것을 강력히 요구해 이를 관철시켰다. 이 요망사항에는 또 출판권 설정 기간을 '3년'에서 '5년'으로 연장할 것, 저작권심의회에 출판권자도 포함시킬 것, 벌칙조항을 조정할 것 등도 포함되었다.

그러자 문총(文總) 제8차 중앙위원회(56. 1. 25.)는 법안을 전적으로 지지한다는 의사표명과 함께 '조속히 통과시킬 것'을 촉구하고 나섰다. 뒤에 열린 공청회마다 출판계와 문단이 정면대결을 벌이는 격이었지만, 다른 문화예술 단체나 이용자 단체들은 다소 미온적인 태도를 보이는 편이었다.

법리적인 측면에서도 열띤 논쟁이 지상을 통해 전개되었다. 서울대 정광현(鄭光鉉) 교수와 법안 발의자인 국회 이항녕(李恒寧) 전문위원은 《동아일보》를 통해 무려 5회에 걸쳐 지상논전을 펼치기도 했다.

어렵사리 제정·공포된 〈저작권법〉은 출판인들로서는 엄청난 악법이었다. 이 법은 출판인들의 권익을 완전히 무시하고 소작인 취급한 것이었다. 특히 치명적 독소조항이 들어 있었다. '부칙'에서 "서기 1945년 8월 15일 이전의 국어 또는 한문으로 된 저작자에 대한 저작권 양도계약은 이를 무효로 한다"고 규정한 조항을 출판계는 막지 못했다. 이는 명백히 사유재산권을 침해하는 규정인 데다 이슈가 되었는데도 그냥 넘어간 것은, 막지 못했다기보다는 간과한 측면이 크다. 문총은 이 부칙조항에 대해 앞서 언급

---

46  閔壯植, 〈著作權法案 是非一出版人 立場에서의 提言〉, 《경향신문》, 1956. 1. 4.

47  《出協會報》, 1956. 4. 26., p. 15

232

한 결의문을 통해 "왜정(倭政) 하의 저작물들은 ▷ 재산적 권리의 지위에 있지 못했고 ▷ 우리가 보호하려는 왜정 하 저작물들은 민족의식을 위해 공헌했다. ▷ 특히 왜정 하의 불행을 아직도 계속해서 겪고 있는 저작자와 그 가족 혹은 유족을 구제하자"며 적극 지지하고 나섰기 때문에 그 내용은 충분히 알려져 있었다. 이 규정으로 출판계는 심대한 타격을 받았다. 특히 일제강점기부터 출판을 해온 출판사들에게는 치명적인 것이었다.

이들 출판사들은 일제강점기에 생활이 곤란한 저자들의 요청에 따라 저작권을 양도받은 저작물들을 상당히 많이 가지고 있었는데 이러한 저작물들의 저작권이 한순간에 모두 무효가 되어버린 것이다. 이로 말미암아 한성도서(주)는 도산을 앞당기게 되는 직접적인 요인으로까지 작용했다.[48]

〈저작권법〉을 저작자 등의 권리만 보호하고 목적에 명시된 대로 저작물의 공정한 이용을 도모해 출판 등 문화산업의 향상발전에 이바지하도록 배려되지 못한 편향적인 법령으로 규정한 출판계는 시행된 뒤에도 끈질기게 문제를 제기했다.[49]

1982년에는 출협이 독자적으로 〈저작권법〉(안)을 성안하고 공청회도 개최해 각계의 의견을 수렴한 뒤, 정부에 법개정을 건의한 것은 이런 배경도 한 몫 작용했다.

〈저작권법〉의 제정·공포는 그 제정과정에서 논의가 활발했던 만큼 직접적 관련자뿐 아니라 일반인에게도 저작권 의식을 고양하는 계기가 되었다. 1959년부터는 저작권 침해 사례에 대한 판례가 나오기 시작했다. 서울지법은 유진(柳津)의 《영어구문론》 1천부를 불법출판해 우리나라 최초의 저작권법 위반사건으로 기록된 공판(재판장 鄭台源)에서 50만환의 부당이득을 취한 추덕문, 장재춘에 대해 징역 1년, 집행유예 2년을 언도했다.[50]

---

48  한성도서(주) 제5대 사장 이항진은 이렇게 증언하고 있다. "자유당 시절 〈저작권법〉이 국회에서 통과됐는데, 부칙에 '해방 전의 저작권 매매는 무효로 한다'는 조항이 들어 있었습니다. 당시 한성도서는 200여 종의 저작권을 가지고 있었지요. 그것도 사실 사고 싶어서 산 것이 아니라, 문인들이 생활이 곤란하니까 인세를 받는 것보다 차라리 저작권을 사달라고 해서 산 것이었습니다. 그런 저작권이 전부 무효가 돼버렸으니 더는 출판할 의욕을 상실하고 만 거죠. 저작권도 사유재산인데 사유재산을 그렇게 부정할 수 없지 않느냐고 생각해서 처음에 믿지 않았지만, 결국 그 법안이 통과되더군요."(이경훈, 《속·책은 만인의 것》, 서울 보성사, 1993, p. 306 참조) 실제로 일제강점기에 '글쓰기'는 직업으로 성립될 수 없었기 때문에, 당시 이런 방식으로 저작권을 처리하면서도 출판사에 대해 오래도록 진정으로 고맙게 생각했다는 문인들의 회고·증언을 우리는 여러 곳에서 확인할 수 있다.

49  邊宇景, 〈著作權法의 是非―出版人의 立場에서 矛盾된 條項을 提示한다〉, 《경향신문》, 1960. 9. 5.

50  〈著作權法 違反事件 첫 判決〉, 《경향신문》, 1959. 1. 20.

한편 외국 저작권은 보호하지 않았기 때문에 외국 저작물의 중복번역은 날이 갈수록 늘어만 갔다. 이에 따라 문화계 일각에서는 국제저작권조약에 가입해야 한다는 주장이 제기되고 이를 주제로 공청회가 열리기도 했다. 그러나 문화적 수준이나 경제력에 비추어 잃는 것이 더 많았으므로 시기상조라고 판단한 정부로서도 해외 저작물을 보호하려는 강력한 의지는 없었다. 출판계의 강력한 반대의견을 수용한 측면이 컸다.

### 국제무대로 진출하는 한국출판

1957년 4월, 출협은 국제출판협회(International Publishers Association ; IPA) 회원으로 정식가입했다. 아시아에서는 제일 먼저였고 세계적으로는 23번째 회원이었다.

IPA는 '국제 간 또는 각 국내에서 완전한 출판의 자유를 확보하고 도서출판업에 관한 권리를 옹호 선양하기 위해' 1896년에 설립된 세계 유일의 국제출판 단체이다. 앞에서 말한 설립목적에 따라 예나 지금이나 출판의 자유가 보장되지 아니한 공산국가는 회원으로 가입이 허용되지 않고 있다. 또한 국가별로 오직 그 나라를 대표하는 하나의 단체만을 회원으로 받아들이는 것을 원칙으로 삼고 있다. 다만, 캐나다나 스위스같이 복수의 공용어를 사용하는 국가에 대해서만 예외적으로 출판언어별 단체에게 각각 가입자격을 인정하고 있다. 그러므로 출협이 IPA 회원이 되었다는 것은, 우리도 출판의 자유가 보장된 나라라는 것과 출협이 한국 출판계를 대표하는 유일한 단체라는 두 가지 사실을 국제적으로 인정받았다는 데 의미가 있다고 할 수 있다.

출판계가 지극히 어려운 상황임에도 세계 출판계의 흐름을 국내 출판발전의 활력소로 삼기 위해 출협 창립 10년 만에 바야흐로 세계무대에 진출해 출판문화 국제교류의 새 장을 열었다는 의의도 크다. 출협은 IPA 가입을 위해 그해 4월에 코펜하겐에서 열린 상임위원회에 김창집 회장, 신재영 부회장과 변우경, 이병준 두 상임이사를 파견해 가입교섭 등 활발한 외교활동을 벌여 만장일치로 승인을 받을 수 있었다. 출협의 IPA 가입 추진은, 김창집 회장이 가입 직전 연도에 미국 출판계를 시찰할 당시 만났던 뉴욕의 놀튼출판사 런트 사장의 권유를 받은 것이 계기가 되었다. 김창집은 귀국하자마자 곧 구체적으로 IPA 가입을 추진하기 시작했다.

그는 "우리 출판계가 국제적으로 많이 뒤처져 있을 뿐 아니라 최근에는 여러 난관에

**국제출판협회(IPA) 총회에 참석한 우리 대표들의 초기 활약상**

왼쪽 사진은 1958년 독일 뮌헨 총회에 참석한 이병준(민중서관, 오른쪽 첫 번째), 이대의(장왕사, 오른쪽 세 번째). 오른
쪽 사진은 스페인 바로셀로나에서 열린 1962년 제16차 IPA 총회 개회식 광경. 1,600여 명의 세계 출판인들이 모인 이
회의에서 한만년(일조각, 원내)은 부회장으로 피선되어 한국 출판계의 위상을 높였다.

빠져 있으므로 우리 출판의 발전과 세계 출판문화의 교류를 위해 국제기구에 가입할
필요를 느꼈기 때문"이라고 술회한 바 있다.[51]

　IPA 가입 목적을 달성한 우리 대표단은 두 달 동안 영국과 프랑스, 스위스, 이탈리아
출판계도 시찰하면서 미국에서 볼 수 없었던 제도나 활동사항을 목격하고 많은 자극을
받았다. 이들은 귀국 즉시 보고회를 갖고 적극적인 국제교류에의 강렬한 의지를 달군다.

　이듬해 IPA 총회에도 이병준, 이대의 두 출협 대표를 파견했다. 4년마다 열리는 정기
총회 때마다 빠짐없이 대표단을 파견해 한국 출판인의 지위를 향상시키고자 노력했다.
59년 제15차 정기총회에는 변우경, 김익달, 정진숙, 변호성, 서복환, 이계하 등 6명이 대
거 참가해 우리가 어떻게 6·25전쟁의 참화를 딛고 출판업을 재건했는지 그 실태를 소
개하고 세계 선진국 출판인들과 교류의 폭을 넓혀나갔다. 그리하여 1962년의 바르셀
로나 총회에서는 한만년 대표가 부의장으로 선출되었다.

　1976년 일본 교토(京都)에서 열린 제20차 총회에는 외환부족으로 해외여행을 극도
로 억제할 때인데도 28명이나 되는 대규모 대표단을 파견했다. 뿐만 아니라 이 회의에
서는 우리 대표가 주제발표도 할 수 있었다. 이웃나라 일본에서 개최된다는 이점을 십
분 활용해 사전에 발표를 교섭한 것이다. 그리고 일본 출판계와 교류기회를 갖는 등 우

---

**51**　金昌集,〈國際出協에 加入하고〉,《동아일보》, 1957. 6. 6.

| 제4회(1962) 도쿄국제도서전시회에 참석한 한국 대표들 | 제6회(1964) 도쿄국제도서전시회에 참석한 한국 대표들 |

리 대표단만의 독자적인 활동도 활발하게 펼칠 수 있었다. 이를 계기로 1980년의 스톡홀름 총회에도 20명의 대표를 참가시켰고, 주제발표의 기회도 계속 늘려나갔다.

1988년 런던 총회 국제위원회에서는 한국에서도 IPA총회를 개최할 때가 되었다는 이야기가 거론되기 시작하더니 드디어 2008년에 서울 총회를 우리가 개최할 수 있었다. 서울 총회는 약진하고 있는 우리 출판산업과 문화를 직접 홍보할 수 있는 기회가 되었으며 참가자들에게 깊은 인상을 심어준 성공적인 대회였다. 서울 대회가 있은 직후 우리 백석기(白錫基, 1936~현) 출협 회장(당시)이 IPA 부회장으로 선출되었다. 우리는 아시아태평양출판협회(APPA) 회장국을 여러 차례 역임하는 등 국제 출판계에서 지위는 나날이 향상되어 가고 있는 중이다. 그러나 세계 출판계의 흐름을 추종하던 단계에서 세계 출판을 이끌어가야 할 최근에 와서 오히려 국제회의에서의 발표자 수가 줄어드는 등 국제적인 활동에 소극적이 되고 있다.

1958년부터는 국제도서전시회에서도 한국 출판계의 이름을 알리기 시작한다. 우리 출판인들이 우리 책을 가지고 직접 해외에서 열리는 국제도서전시회에 참가한 것은 제1회 도쿄국제도서전시회(1958)가 처음이지만, 이미 1954년에 미국 워싱턴에서 열린 세계아동도서전에 10종의 도서를 출품한 바 있다. 그러나 도쿄전시회에는 김익달, 정진숙, 신재영, 한만년, 황준성 등 5명이나 대거 참가했다. 이를 계기로 국제도서전 참가 기회는 홍콩, 미국, 서독 프랑크푸르트 등으로 계속 확대된다. 우리는 이렇게 국제회의와 국제도서전시회에 적극 참가해 해외 출판계의 동향도 열심히 흡수하면서 한국 책을 홍보하고 국제 출판무대에서 호흡을 함께해 출판발전의 동력으로 삼고자 힘썼다.

당시 국제도서전시회에 참가하는 대표들은 자신의 여비나 전시회 참가비는 말할 것도 없고 다른 출판사가 발행한 출품도서 구입비까지도 부담해야 하기 때문에 부담이 컸다. 그러한 방식은 1980년대 중반 재단법인 출판금고에서 국제도서전시회 참가비를 지원해줄 때까지 계속되었다. 그러한 노력들이 축적되어 2005년 프랑크푸르트 국제도서박람회의 주빈국으로 초청받은 것을 비롯, 세계 주요 전시회의 주빈국 초청을 받아 큰 성과를 거두고 있다. 2012년 베이징전시회에서도 우리를 주빈국으로 초빙했다.

### '열정'만으로 일으킨 가내수공업

1953년 휴전 이후 분단이 고착화된 상황에서 전쟁의 피해를 극복해가는 한국출판산업의 재건과정은 사실상 제2의 창업이나 마찬가지였다. 어떤 면에서는 새로운 건설보다 더 힘들게 '다시 시작'하는 과정이었다. 가내수공업의 수준을 넘지 못했던 출판이었으나 파탄과 위기의 역경 속에서 나라의 안정과 더불어 차츰 기력을 회복할 수 있는 여건이 익어가고 있었다.

자유민주주의 시장경제 체제를 배경으로 느리게나마 국민경제가 형성되고 있었던 것이다.[52] 실제로 1953~1960년 GDP는 연평균 3.8%씩 성장했다.[53] 이는 당시 아시아 여러 나라와 비교할 때 결코 낮은 수치가 아니었고,[54] 1960년대 이후의 성장률에 비해서는 절반 정도에 불과한 것이지만 전후의 황폐한 경제여건을 고려할 때 결코 '정체' 또는 '후퇴'라고 부를 수 없는 것이었다. 전쟁은 또 많은 인구이동과 함께 사회적 신분의 평준화를 가져오는 등 전통사회의 구조가 해체되는 변화를 가져왔다. 전쟁에는 여성의 사회적 진출 촉진과 여성의 지위 향상의 계기가 마련되었다는 긍정적인 측면도 있었다.

인구증가는 치열한 경쟁을 유발했고 교육열을 무섭게 팽창시켰다. 사람들은 행복과 사회적 성취를 결정하는 요소로 교육을 가장 중요하게 여겼다. 해방 후 교육기회의 확대로 교육인구는 놀라울 정도로 크게 늘어났다. 이승만 정부는 초등학교 의무교육제를

---

52  교과서 포럼, 《한국 근·현대사》, 서울 기파랑, 2008, pp. 164~169 참조

53  한국 경제60년사편찬위원회, 《한국 경제60년사(1) 경제일반》, 서울 한국개발연구원, 2010, p. 10

54  1950년대 아시아 주요국의 GNP 증가율을 보면 태국 6.4%(1950~1960), 말레이시아 4.1%(1955~1960), 인도네시아 0.5%(1958~1960), 필리핀 5.5%(1950~1960), 인도 3.7%(1950~1960) 등이었다.(UN, Statistical Yearbook, 1967년판 참조)

도입했으며 정부예산의 10% 이상을 교육에 투자했다. 출판산업의 입장에서도 50년대의 경제사회 변화를 긍정적으로 평가할 필요가 있다.

전쟁에 따른 혼란과 정체를 무릅쓰고 1950년대 한국 사회는 국민교육이 비약적으로 발전해 60년대 이후 본격화되는 '근대화혁명'의 기반을 다질 수 있었다. 이러한 사회·문화구조의 변화 속에서 교육을 받은 한글세대가 대규모로 탄생했다는 것은 그만큼 국민들의 문화수요에 대한 기초체력이 건강해지고 출판시장이 크게 성장할 수 있는 토대가 잠재적으로 마련되고 있었음을 의미한다. 한글세대의 등장은 1960년대 후반부터 한국 경제와 출판산업이 비약적으로 발전하는 데 기본 동력이 되었다.

당연히 문맹률도 크게 떨어졌다. 1945년에 무려 77.8%에 이르렀던 문맹률은 1960년에 이르러 27.9%로 낮아졌다. 문맹률은 그 후에 더욱 급격히 떨어져 1966년에는 8.9%, 1970년에는 7%로 파악되고 있었다. 그러나 문자해득률이 늘어나는 것과 독서생활화는 별개의 문제이다. 독서의욕을 부추기는 사회적 분위기와 독서의 효용성을 체득할 수 있어야 하는데 당시 우리 사회에서는 아직 그런 유인책이 마련되지 못했다. 높은 경제성장을 이룩한 60년대의 우리 사회는 물질만능만을 추구했기 때문에 오히려 정신적 풍요의 중요성을 생각할 틈조차 주지 않았다. 그러므로 국민들의 생활 속에서 독서는 아직도 동떨어진 존재였다.

50년대 말까지 신문, 라디오, 텔레비전 등 대중매체의 보급은 매우 낮은 수준이었다. 1959년 전국적으로 라디오는 30만대, 텔레비전은 1천대를 넘지 못했다.

출판량의 성장이 부진한 가운데 교과서와 학습참고서 등 교육용 도서가 50년대 출판의 내적 경쟁력을 강화시키는 힘이었다는 점에서 50년대는 교육용 출판의 시대였다고 정의할 수 있다. 전쟁으로 피난살이를 하는 동안에 태어난 새로운 출판세대들은 창업 1세대들과 힘을 합쳐 전쟁으로 만신창이가 된 출판계를 다시 일으켜 세우고 마침내는 출판대국으로 가는 기틀을 다진 주체였다. 그들은 용기와 자신감을 가지고 과감하게 출판의 대중화 시대에 도전했다.

# 제4장

# 출판의 대중화 시대 개척

## 혁신과 도전, 돌파구를 열다

### 연속되는 정변 속의 불안정한 출판

1958년 들어서면서부터는 거의 빈사상태에 빠진 출판계에 새로운 변화가 나타나기 시작했다. '연속되는 애로와 파탄을 타파'하고 질곡에서 탈출하기 위한 새롭고 혁신적인 방향전환과 새로운 도전이 시작되었다. 그것은 무계획한 생산과 무모한 경쟁, 무질서한 판매가 결코 출판발전을 보장하지 못한다는 사실에 대한 각성이자 분발이며 시도이기도 했다.

연초부터 출판계 리딩그룹들은 심기일전의 자세를 가다듬어 기획에서 제작, 유통과 판매에 이르는 모든 과정에서 '출판의 기본에 충실할 것'을 '출판계가 나아가야 할 길'로 제시하고 스스로 실천에 앞장섰다.

첫째, 기획출판이 시도되어 정선된 내용을 새로운 유형의 상품으로 개발해 출판의 위상과 책에 대한 관심을 환기할 필요가 있다고 생각했다. 내용이 빈약한 수십 가지를 출판하는 것보다 우수한 서적 한 가지를 출판하는 것이 더 효과적이라는 사실을 명확하게 인식한 것이다. 전집, 사전 등 대형기획물 출판이 시도되고 문고 출판이 다시 등장했다.

둘째, 출판을 전문화해 출판사 나름대로 특색을 가질 필요성에 대해서도 깊이 깨닫기에 이르렀다. 이때부터 출판사의 성격이 차별화(전문화)와 종합화라는 두 가지 방향으로 분화되었다.

셋째, 서점에 대한 기대를 잃어버린 출판계는 유통시스템 붕괴에 따른 판매부진과 거래질서의 문란을 타개할 새로운 방법을 모색했다. 부실한 서점 의존주의에서 탈피해 확실한 판매 루트를 개발하기 위한 준비에 착수했다. 생활의 궁핍을 느끼고 있는 독자들에게 책구입에 따르는 심리적·경제적 부담을 덜어줄 수 있는 새로운 보급 채널로서 외국에서 성행하고 있는 이른바 할부 방문판매 제도를 도입한 것이 바로 그것이다. 기획출판이 그것을 가능하도록 뒷받침했다.

넷째, 그렇다고 서점을 완전히 도외시할 수는 없는 일이었다. 도·소매점의 역할과 기능을 더욱 명확히 규정하고 그에 걸맞은 이윤 보장책 등 서점 육성책에도 관심을 기울이지 않을 수 없었다. 그러나 이를 위해서는 서점 측이 이에 부응할 수 있는 역량을 갖추는 것이 무엇보다 중요한데, 서점들은 그럴 만한 힘이 없었다. 다만 지방의 일부 도시에서 그 지역을 대표하는 서점이 하나둘씩 등장하는 것에 만족해야 했다.

다섯째, 선전 및 홍보활동을 강화해 독서의 중요성에 대한 인식을 제고하고 독서 욕구를 자극하기 위해 광고활동을 적극적으로 펴나가기 시작했다. 전5단 광고가 신문에 게재되고 독자개발을 위한 업계공동 마케팅에 부심하기 시작한 것이다. 독서주간의 설정이나 도서전시회도 그러한 활동 가운데 하나로 이를 연례행사로 만들어갔다. 특히 독서주간을 출판계가 제창해 전국적인 독서운동으로 발전시킨 것은 이례적인 일이다.

여섯째 해외출판 동향에 민감하게 대응하면서 선진외국의 출판경영기법을 도입하고자 국제적인 교류활동에 적극적이 되었다.

이런 활동에 힘입어 출판계는 점차 활기를 되찾을 수 있었으며 장기간 계속된 판매부진에서도 벗어날 수 있는 환경이 마련되었다. 광복 13년 동안에 많은 애로와 난관을 극복하느라 비록 기업적으로 성공한 출판사는 많지 않았지만, 출판계는 이런 활동을 주도할 수 있는 내적 역량을 충분히 갖추고 있었다.

업계 분위기가 바뀌고 있었다. 이 무렵에는 '변화' '정돈'이라는 말이 자주 사용되었지만 1962년경부터는 '소생' '안정' 등이 당시의 출판을 평가하는 용어로 신문지상에 자주 등장했다. 출판인들만의 의지와 노력으로 자력갱생의 토대가 마련된 것이다. 1천 종대 전반에 머물러 있던 연간 출판량도 60년대 들어와서 3천종 내외를 넘나들 정도로 활성화의 기미를 보이기 시작했다.

2년 사이에 4·19혁명과 5·16군사정변을 연달아 겪는 등 비민주적인 방법에 의해 정권이 바뀌면서 사회는 긴장된 분위기가 장기간 지속되었다. 그 때문에 출판활동이 일시적으로 위축되었지만 즉시 안정을 되찾곤 했다. 오히려 경제·사회적 출판환경의 변화는 점차 출판의 역동성을 강화하는 유리한 국면을 조성하는 배경으로 작용했다.

1963년에 《한국출판연감》을 편찬, 발행해 활기를 찾아가던 당시 출판산업의 실태를 종합적으로 정리하는 작업이 이루어진 것도 이러한 자신감과 새 시대를 개척해나가려는 의지의 표현이었던 것으로 평가할 수 있을 것이다. '기본에 충실하려는 자세'는 이처럼 업계 분위기의 반전을 가져오고 성장을 앞당길 수 있었다. 이는 어려움으로 고통받고 있는 오늘의 우리 출판이 깊이 새겨야 할 교훈과 혜안이었다.

## 5·16군사정변과 출판체제 정비의 파장

우리 경제는 1958년 이후 새로운 침체에 빠져들고 있었다. GNP 성장률이 1957년 8.1%를 정점으로 해마다 현저하게 떨어져 60년에는 겨우 2.5%를 기록했다. 물가동향을 보면 1957년 기준으로 도매물가와 소비자물가 지수가 동시에 하강곡선을 그리고 있었다. 1957년부터 미국의 원조가 급격히 줄어든 데 기인한 것이다. 그런데도 자유당 정부는 이에 아랑곳하지 않고 부정부패와 비리를 자행하며 집권욕에만 눈이 어두워 국민의 삶을 더욱 고달프게 만들었다. 중소기업의 도산, 농촌의 피폐, 도시 실업자와 빈민의 증가, 물가앙등으로 국민의 좌절과 불만은 날이 갈수록 쌓여만 갔다. 사회적 혼란도 심화되고 있었다.

급기야 정·부통령을 뽑는 1960년의 3·15부정선거를 계기로 국민의 분노는 폭발하고 말았다. 4·19혁명이 일어나고 이승만 정권은 무너졌다. 민주당 정부가 성립되었으나 민주당 장면(張勉) 정권은 분열되고 무능했다. 정치적 갈등과 사회적 혼란은 국가체제마저 위협할 지경에 이르렀다. 집권 10개월 동안에 2,000건이 넘는 시위가 발생했지만, 장면 정권은 이런 사회적 혼란과 무질서를 제어할 능력이 없었다. 국민들은 민주당의 집권능력에 회의를 품고 불신하기 시작했다. 지식인과 학생들을 비롯한 많은 도시민들은 새로운 변화를 또다시 갈구하고 있었다. 5·16군사정변을 초래한 것은 어쩌면 당연한 역사적 귀결이었는지도 모른다.

결국 1961년 5월 16일, 박정희(朴正熙) 육군소장이 이끄는 군사정변이 일어났다.

5·16정변은 헌법절차에 따라 수립된 정부를 불법적으로 전복한 쿠데타였기 때문에 민주화 세력의 지속적인 도전과 비판에 부딪쳤다. 그렇지만 군인 특유의 추진력으로 경제, 사회, 문화의 모든 면에서 급격한 개혁을 성공적으로 추진해나갔다.

출판계에 대해서도 대대적인 등록취소와 체제정비를 추진하고 언론정화 작업을 통해 부실한 잡지를 정비해나갔다. 이러한 단호한 개혁조치들에 힘입어 초기에는 5·16을 호의적으로 받아들이지 않던 국민들도 지지하는 쪽으로 바뀌어갔다. 획기적인 사회개혁을 갈망하고 있던 지식인과 학생들은 5·16군사정변 성공의 지지기반으로 돌아섰다. 당시 군사정권은 경제발전이야말로 가장 시급한 국민적 과제라고 인식하고 '자립경제'를 강력히 추진했다. 경제개발5개년계획의 성공과 1965년의 한일 국교 정상화에 따른 대일 청구권 자금의 도입은 경제발전의 기반을 확립하는 계기가 되었다. 그에 따라 한국 경제는 1961년 이후 35년간 연평균 7~8%의 고도성장을 달성하게 된다. 그 결과 1961년에 82달러였던 국민소득이 1995년에 1만 달러를 돌파하는 급성장을 이룩했다.

1960년대 초 자유당 정부에서도 1960~1962년을 계획기간으로 하는 '경제개발3개년계획'을 준비하고 있었다. 그러나 이 계획은 4·19혁명으로 인한 자유당 정부의 붕괴와 함께 폐기되었다. 자유당 시절에 경제개발계획이 늦게 착수된 것은 이승만 대통령의 통치이념이 크게 작용했기 때문이다. 철저한 자유주의 시장경제 의식의 소유자였던 이승만은 경제를 계획화한다는 것은 사회주의국가에서나 있을 수 있는 일이라고 인식했기 때문에 우리 같은 자유주의국가에서 중장기 경제발전계획을 추진할 필요성에 기본적으로 의문을 가지고 있었다. 또한 원조에 의한 종속주의적 경제체제에 처해 있던 당시 이승만 정부로서는 경제를 계획화해야 한다는 시대적 요구에 시의적절하게 부응할 수 있는 입장도 아니었다. 민주당 정부도 '제1차 경제개발5개년계획'을 마련했으나, 군사정권이 다시 '제1차 경제개발5개년계획'을 수립, 실천에 옮기게 된다. 5·16정변은 권위주의적 통치에 대한 비판도 거세게 받고 있지만 그런 점에서 '근대화혁명'의 출발점이었다는 긍정적인 평가도 동시에 받고 있다.

그 파급효과는 출판산업 발전에도 긍정적인 영향을 미쳤다.

242

산업화 과정에 들어서면서 불평등이 완화되기 시작했다. 소득 불평등 정도를 나타내는 지니계수는 1960년대에 0.279를 나타냈다(1에 가까울수록 불평등 심화). 이러한 수준은 당시 주요 선진국과 비교해서도 양호한 것이었다.[1] 불평등 완화에는 무엇보다 고용진작과 소득증대라는 경제적 요소의 효과가 크게 작용했다. 이러한 소득증대와 불평등완화는 국민들의 전반적인 삶의 질을 향상시켰다. 따라서 가계(家計)에서 도서구입비가 차지하는 비중도 완만하지만 점진적으로 상향곡선을 그리기 시작한다.

1960년대의 10년간 한국에서는 전 세계 거의 모든 지역의 도시화율을 압도하는 '압축적' 도시화가 급속하게 진행되었다.[2] 1960년 도시인구 비율은 1949년의 17.2%에서 겨우 28%밖에 늘어나지 못했으나 1970년에는 불과 10년 사이에 43.1%로 높아졌다. 이 기간 아시아 지역의 도시화율은 21.2%에서 24.2%, 개발도상국 전체는 21.8%에서 25.8%로 증가했을 뿐이다. 이후에도 85년의 도시화율이 65.4%가 될 정도로 급격한 산업화과정을 거치게 된다. 도시화는 서울 중심으로 전개되었으며, 서울의 인구집중은 권력과 부의 서울 집중도 가속화했다. 동시에 직업별 취업자 수에 있어서도 한국은 농어민 등 1차산업 종사자는 1955년 80.2%에서 1960년 66.0%, 70년 50.7%로 계속 떨어진 반면 전문직·기술직 종사자나 관리·사무직 종사자는 배로 늘어났다. 판매직 및 서비스직 종사자도 크게 늘고 있음을 볼 수 있다. 문맹율의 감소에 이어 도시화와 직업별 취업자 수의 변화로 출판발전의 기본 조건들이 갖춰지면서 출판산업 역시 서울을 중심으로 하는 1극(極) 집중체제로 발전한다.

### 출판산업 구조개혁과 등록기준의 강화

출판이 극도로 어려운 상황에도 출판사 수는 계속해서 늘어났다. 이에 비례해서 이름뿐인 부실 출판사도 동시에 늘어만 갔다. 1959년에만 305개 출판사가 실적이 없다는 이유로 등록이 취소되었으나 전체 출판사 수는 834개사를 기록하고 있었다. 이러한 출

---

1  같은 시기 외국의 지니계수를 보면, 미국은 0.393, 일본이 0.336이었으며, 독일은 0.275, 영국은 0.252이었다.(이주영 외, 《한국현대사 이해》, 서울 경덕출판사, 2007, p. 232 참조)

2  강명구는 "전 세계의 도시화율 변화속도나 선진국, 후진국, 아시아 등 거의 모든 지역의 도시화율을 압도하는 급속한 도시화가 1960년대에 한반도 남쪽 부분에서 발생했다"고 평가하고 있다.(강명구, 〈1960년대 도시발달의 유형과 특징 : 발전주의 국가의 공간조작〉 ; 한국정신문화연구원 편, 《1960년대 사회변화 연구, 1963~1970》, 백산서당, 1999 참조)

판사의 증가추세는 군사정권에 의해 제동이 걸린다.

군사정부는 1961년 7월에 출판사 등록사무를 일시 중단시키고 정비작업을 서두른다. 그 결과 8월에는 출판실적이 없다는 이유로 서울(272사)과 지방(94사)에서 모두 366사의 등록을 무더기로 취소해 업계를 긴장시켰다. 그 기준은 1960년 1월 1일부터 그해 6월 말까지 18개월간 단 1종의 출판실적도 없는 출판사였다. 그중에는 30, 40종에 달하는 신간도서를 발행했음에도 문교부에 납본을 하지 않았기 때문에 등록이 취소된 출판사도 여럿 포함되어 있었다. 문교부 당국자는 활발하게 활동하는 출판사인 줄 알지만 원칙을 살리기 위해 그와 같은 조치를 취했다고 단호한 쇄신의지를 천명하면서 앞으로 납본의무의 철저를 기해줄 것을 바란다는 요지로 주의도 환기시켰다. 그 후에도 똑같은 이유로 대대적인 등록취소 조치가 잇달았다.

정부가 이와 같이 강경한 조치를 취하게 된 데는 난립된 출판계를 정화해 출판사 상호 간의 무익한 경쟁을 억제함으로써 출판문화를 건전하게 발전, 육성시키기 위한 체제정비 목적이 있었다. 덤핑과 모방출판을 통한 과당경쟁을 억제하겠다는 의지도 강했다. 이러한 조치는 출판산업의 세대교체를 인위적으로 촉진하는 한편 영세한 출판산업 구조를 개선하는 계기가 되었고 기업으로 발돋움하는 출판사들이 늘어나는 기회가 되었다.

혁명정부는 이를 위해 종전의 예규 또는 통첩에 의해서 시행하던 출판사 등록에 관한 기준을 강화한 〈출판사 등록에 관한 규정〉(문교부 고시 제154호)을 새로이 제정, 1961년 9월 28일에 공포했다. 전문 22조와 부칙으로 구성된 이 고시는 종전의 내규로 운용되던 출판행정과는 등록제도 등에서 크게 다른 혁신적인 내용들을 포함하고 있다. ① 등록신청시 첨부토록 하고 있는 금융기관 예금잔고 증명의 한도액을 20만환에서 300만환으로 대폭 인상했으며, ② 연간 1종 이상의 실적만 있으면 등록취소 대상에서 제외했던 기준을 강화해 그 기준을 2종으로 늘리고, ③ 등록사항의 변경신고를 의무화해 주소 등 등록사항 변경 발생일로부터 15일 이내에 신고하도록 하고, ④ 출판신고(납본) 시기는 반포 또는 판매 7일 전으로 못 박는 한편, 재판 이상의 중판도 이에 포함시켜 그 대상을 확대했으며, ⑤ 사상 및 풍기 또는 사회질서를 문란케 할 우려가 있다고 인정되는 도서를 심사하기 위해 도서사열위원회를 구성토록 했다. ⑥ 이 규정과 기타 출판도덕, 정찰제 판매제도(할인판매금지) 등을 준수한다는 내용의 '서약서'를 일제히 제출토록 하는 한편, 만일 이 서약을 충실히 이행치 않을 때에는 등록을 취소할 수 있도록 명시했다. ⑦ 1961년 9월 23일 이전에 등록한 출판사는 '서약서'와 변경등록 신고서를 10월 22일까지 각각 제출해야만 이 규정에 의해 등록된 출판사로 인정한다는 것 등이었다.

정부가 요구했던 '서약서'의 내용은 ① 출판도덕을 준수해 저자나 동업자에게 손해를 끼치지 않을 것이며, ② 사회 안녕질서와 공익을 해칠 우려가 현저한 도서를 출판하지 않을 것이며, ③ 부당한 정가를 기재해 할인판매를 하지 않겠으며, ④ 만일 이를 이행치 않아 등록을 취소할 경우에도 이의를 제기하지 않겠다는 것이었다. 실제로 정부는 1962년 3월에 서약서를 제출하지 않은 198개 출판사의 등록을 취소했다.

이러한 문교부 고시를 시행한 지 불과 3개월도 지나지 않아 이번에는 〈출판사 및 인쇄소 등록에 관한 법률〉(법률 제904호)을 제정, 1961년 12월에 공포했다. 문교부 고시보다 더 강력한 강제력을 가진 법률로서 출판사의 등록 및 관리업무가 강화된 새로운 체제가 확립된 것이다. 이 법률은 등록절차와 함께 등록취소 요건 및 납본의무에 관한 규정도 명시하고 있다.

이 법의 제정에 따라 1962년 3월 29일부터는 〈출판사 및 인쇄소 등록에 관한 법률 시행령〉을 제정·공포하고 등록사무를 서울시와 각 도로 이관했다. 새로 등록사무를 관장하게 된 서울시 교육국 문화과는 그해 5월 25일부터 31일까지 등록증을 일제히 갱신하면서 출판사에게 실적 보고서를 제출받았다. 이때 서울특별시장 명의의 등록증을 새로 교부받지 않은 출판사들의 등록은 자동말소되어 또 한번 출판사들이 무너기로 강제 퇴출당하는 수난을 겪었다.[3] 이 법은 민주화 이후 〈출판 및 인쇄 진흥법〉(법률 제6721호, 2002년 8월 26일 공포)으로 대체될 때까지 여러 차례 개정되면서 유신시대와 5, 6공화국 시절에는 출판을 탄압하는 도구로 악용되었다.

---

3   이때 등록이 취소된 출판사 수를 구체적으로 밝힌 자료는 현재 찾을 수 없다. 다만, 서울시는 갱신교부 기간 중 등록증을 새로 교부받지 않은 출판사는 50사에 이르고 있지만 교부 기간을 연장하지 않겠다는 방침을 출협에 알려왔다. 아울러, 서울시는 6월 8일부터 직접 출판사를 방문하여 실태를 조사하고 등록규정에 위배된 출판사에 대해서는 등록을 취소할 계획임을 밝히고 있다.(《출판문화》 제18호, 1962. 6. 20. 참조)

## 부실 저급도서 출판 강요하는 행정제도

이러한 출판정책과 철저한 집행은 궁극적으로 출판의 경영기반 안정을 가져오는 긍정적인 결과를 가져온 것으로 평가할 수 있다. 그러나 부작용도 적지 않았고 정부 뜻대로 이루어지지 못한 측면도 있었다.

먼저 출판의 양적 증대를 촉진했다. 출협이 처음으로 납본접수를 대행하면서 직접 출판통계를 집계해본 결과, 1962년의 출판실적은 2,000종을 훨씬 돌파해 2,966종이란 미증유의 대기록을 이룩했고 납본종수가 전년대비 무려 30%나 증가했다. 이는 출판경기가 호전된 것과 함께 납본접수 창구를 출판단체에 위임하는 납본제도 운용체제 개선이 기대 이상의 효과를 나타낸 덕분이다. 출판사별로 분석해보니 서울에 소재한 455개 출판사 중에서 초·중판을 합해 21종 이상의 실적을 기록한 출판사가 25사, 11종 이상 20종 미만이 42사, 2종 이상 10종 미만은 254사, 1종밖에 실적을 내지 못한 출판사는 70사인 데 비해 무실적 출판사는 49사에 이르렀다(62년도에 신규등록한 70여 출판사는 제외). 이들 가운데 가장 많은 발행종수를 기록한 출판사는 동아출판사로 총 225종을 발행해 전체의 7.6%를 차지했다. 출협은 이러한 사별 실적을 발표하면서 연간 2종 이상의 출판실적을 기록하지 못한 119개사는 무실적 또는 출판종수를 채우지 못한 것을 이유로 등록취소를 당하지 않을까 우려를 나타내고 있다.

무실적 출판사의 대대적인 정비는 출판종수를 증가시키는 데는 기여했지만 양적인 증가가 반드시 질적인 성장을 동반한 것은 아니었다. 오히려 질적으로는 저하되는 결과를 초래했다. 출판등록을 유지하기 위해 무리하게 2종 이상의 실적을 채우려다 보니 모방·중복 출판 및 부실·저급한 출판물의 남발을 야기하는 등 출판문화의 질적 저하와 불필요한 경쟁을 유발하는 부작용을 낳았다. 덤핑 시장의 창궐을 촉진한 원인 가운데 하나로도 작용했다. 이때부터 아동만화 출판이 활성화된 것도 이러한 정책과 무관하지 않았다. 아동만화가 1962년에만 1,318종이나 출판되는 이상 비대현상을 빚기 시작한 것이다. 이들 만화는 순전히 대본소용이었다. 대본소용 아동만화의 팽창은 어린이들에게 미칠 악영향을 우려하는 여론이 비등하는 가운데 80년대까지 지속적으로 증가일로를 보이게 된다. 당시 만화만을 전문으로 출판하는 출판사가 무려 14개사나 되었다.

1963년에도 출판종수가 3,042종(아동만화 제외)으로 증가했으나 이듬해에는 다시

2,750종으로 급격한 감소를 보였다. 출판사별 실적도 연간 2종 이상 납본한 출판사는 모두 262사인데 15종 이상의 실적을 가진 출판사는 26사에 지나지 않았다.

이토록 출판활동이 부진했던 것은 이해에 중·고교 검인정교과서 개편이 한꺼번에 이루어지면서 재력이나 인력이 건실한 출판사들이 교과서 개편작업에 전념하느라 일반도서 출판에 힘을 쏟지 못한 것을 첫 번째 이유로 꼽을 수 있다. 그다음 원인으로는 학생들의 데모로 신학기 출판 및 판매가 극히 부진했던 것을 꼽을 수 있다. 세 번째 이유로는 출판자재 및 제작비 앙등이 군소 출판사들의 출판의욕을 위축시켜 출판종수의 감소를 초래한 것으로 분석되고 있었다.

출판량의 성장추세가 이렇게 일진일퇴를 거듭하는 가운데 치밀한 기획에 의한 전집 출판과 문고 출판은 활기를 띠었고 정선된 원고의 수집과 정제된 제작으로 질과 양 면에서 출판발전의 토대가 잡혀가는 고무적인 경향이 나타나고 있었다. 중농정책에 힘입어 농업도서 출판량이 증가하고 의학과 공업계 전문도서도 체재와 내용을 갖추어갔다.

[도표 4-1] 주요국과의 출판량 비교

| 국가 | 1960 | 1961 | 1962 | 1963 |
|------|------|------|------|------|
| 미국 | 25,012 | 18,066 | 21,901 | 25,784 |
| 영국 | 23,783 | 24,893 | 25,079 | 26,023 |
| 서독 | 21,103 | 21,877 | 21,481 | 25,673 |
| 일본 | 23,682 | 21,849 | 22,010 | 22,887 |
| 소련 | 76,064 | 73,999 | 79,140 | - |
| 한국 | 1,618 | 2,290 | 4,284 | 5,268 |

자료 : UNESCO, 《Basic Facts and Figures》, 1965년판

60년대 초반 우리의 연간 출판량은 국제적으로 비교해서 결코 적은 것은 아니었다. [도표 4-1]에서 보는 것처럼 이른바 출판 선진국들과의 격차를 상당히 좁혀가고 있었다. 가장 많은 양을 출판하고 있는 소련은 당시 정부간행물과 학위논문도 모두 포함시킨 것인 데 비해 우리나라 통계는 만화 출판이 유난히 활발한 한국적 상황을 반영해 그것도 포함시켰다는 점이 특징적이다. 그렇다 하더라도 60년대 초반의 우리 출판통계를

주요 국가들의 격차를 빠르게 좁혀가고 있는 사실을 알 수 있다.

## 수요자 욕구와 거리 먼 국산용지

그 당시에는 제작설비도 계속 개선되고 있었다. 인쇄·제본설비의 향상은 순식간에 제작기술을 국제수준으로 끌어올려놓았다.

그러나 종이는 ICA 자금을 지원받아 갱지와 백상지가 국내 몇몇 제지회사에서 생산되기 시작했으나 국내 수요를 채우지 못했고 가격과 질 모두 수요자의 욕구와는 거리가 너무나 멀었다. 고율의 관세를 부담해야 하는 수입용지보다도 8~10%나 더 비싸게 주고 사야 하는 실정이었다. 수입 펄프에 의존해야 하는 국산용지 가격은 수입품보다 더 가파르게 인상되고 있었다. 그럼에도 정부는 제지산업을 육성한다는 이유로 1961년에는 용지수입 금지조치를 취했다. 이러한 금수조치는 ① 성수기를 앞두고 공급량 부족사태 유발, ② 지질의 저하, ③ 가격을 폭등시키는 요인으로 작용해 출판을 위축시킨다는 이유를 들어 출판계와 인쇄계는 이의 즉각적인 해제를 강력하게 촉구하고 나섰다. 출판·인쇄단체는 교과서회사 등 용지수요가 많은 대형 업체들과 진정단을 구성해 상공부와 문교부에 국산용지의 질과 가격에 대한 불만을 토로하며 금수조치의 철회를 요구했다. 정부는 백상지 등 일부 용지의 금수조치를 완화했다. 그러나 당시 제지산업 수준이 너무나 뒤떨어진 현실을 한순간에 다 해결할 수는 없었기 때문에 상당 기간 용지난에 시달리지 않을 수 없었다.

정부가 규제 일변도의 출판행정만을 추진한 것은 아니었다. 1961년 12월에는 서울특별시 문화상에 '출판 부문'을 신설해 을유문화사가 첫 번째로 이 상을 수상했다. 이어 1962년 3월에는 문교부가 〈우량 아동도서 선정규정〉을 발표하고 1차로 우량도서 27종을 선정한 데 이어 곧 2차, 3차로 우량도서를 선정해 양서출판 의욕을 고취하고자 노력했다. 62년도에는 문교부가 제1회 우량 출판사를 선정해 을유문화사, 민중서관, 동아출판사, 학원사, 문화교육출판사, 정음사, 박영사, 일조각 등 8개사를 표창했다. 두 번째 서울특별시문화상의 출판 부문은 학원사가 받았다. 한국일보사에서는 '한국출판문화상'을 제정하고 저작 부문과 제작 부문으로 나누어 시상하기 시작했는데, 제작 부문에서는 처음으로 민중서관, 현대교육총서출판사, 일조각, 삼화출판사가 수상했다. 사상계사 장준하가 막사이사이상 언론문학상을 수상한 것도 이해의 일이었다.

1962년 1월 1일부터는 문교부가 직접 취급하던 납본사무를 출협을 경유하도록 조치하고 납본부수를 종전의 2부에서 5부로 변경하는 내용으로 규정을 개정했다. 이러한 조치는 납본사무를 원활하게 하고 출협의 기능을 강화해 출판계의 더욱 발전적인 단합을 가져오도록 하려는 데 그 목적이 있었다. 출협의 납본업무 대행은 출협으로 하여금 내부적으로는 자율지도 기능과 이익단체로서의 역할을 강화하는 토대가 되었으며 결과적으로 출판발전에 주도적 역할을 발휘하는 계기가 되었다.

### 허울뿐인 〈도서관법〉

출판계와 도서관계가 강력히 주장해온 〈도서관법〉이 1963년에야 비로소 빛을 보게 되었다. 출판계는 〈도서관법〉이 제정·공포되면 불황타개의 활로가 될 것이고 출판의 질을 향상시킬 것이란 기대감을 가지고 적극 추진해왔다.

〈도서관법〉이 공포될 당시 우리나라 도서관의 현실은 참담함 바로 그것이었다. 그나마 대학도서관이 있었기 때문에 겨우 국가의 체면을 유지할 수 있을 정도였으며 정체된 상태와 크게 다르지 않을 정도로 발전이 더뎠다. 1955년의 공공도서관은 겨우 12개관에 47만6,000권의 장서를 보유하고 있을 뿐이었다. 그로부터 7년이 지난 1962년에도 공공도서관은 겨우 9개관에 13만권의 장서를 늘리는 데 그쳤을 뿐이었다. 학교도서관이 개설되기 시작했다는 것이 발전이라면 발전이었다. 그래서 도서관은 출판발전에 전혀 도움이 되지 못하는 상황이었다.

그런데 막상 제정·공포된 〈도서관법〉은 빈껍데기나 다름없었다. 정부의 의무조항이어야 할 공공도서관 설치나 그 시설기준에 관한 주요한 내용들이 초안과는 달리 단순한 권장조항에 그치거나 "노력해야 한다"는 식의 형식적인 것으로 바뀌었기 때문에 예산 뒷받침이 전혀 보장될 수 없는 공소한 문자의 나열에 지나지 않았다.

아무런 실효를 기대할 수 없게 된 〈도서관법〉은 실망만 안겨주었을 뿐 출판문화 향상에는 별다른 도움이 되지 못할 것이 분명했다. 공포된 다음날부터 개정을 촉구하는 소리가 높았다. 오히려 출판발전에 큰 영향을 준 것은 〈도서관법〉보다 1969년부터 시행된 중학 입학시험 제도 폐지라고 할 수 있다. 이를 계기로 어린이책 출판의 봇물이 터지기 시작했다. 그러나 외국 번역 내지 번안물이 대부분을 차지하고 있는 아동도서의 국내작가 양성이 시급하다는 문제점이 오래전부터 제기되는 가운데 아동도서의 질적 향상은 80년대에 가서야 비로소 조금씩 이루어지게 된다.

[도표 4-2] 도서관 실태 비교(1955 : 1962)

| 연도 | 관종 | 도서관 수 | 직원 수 | 열람석 | 장서 수 |
|------|------|-----------|---------|--------|---------|
| 1955. 9. | 공공도서관 | 12 | 113 | 1,784 | 476,844 |
| | 대학도서관 | 43 | 207 | 4,194 | 1,297,034 |
| | 특수도서관 | 15 | 103 | 526 | 187,374 |
| | 합계 | 70 | 423 | 6,504 | 1,961,252 |
| 1962. 3. | 공공도서관 | 21 | 211 | 3,908 | 604,231 |
| | 대학도서관 | 75 | 522 | 18,516 | 3,072,616 |
| | 특수도서관 | 46 | 245 | 1,658 | 553,884 |
| | 학교도서관 | 149 | 335 | 18,065 | 403,528 |
| | 합계 | 291 | 1,313 | 42,147 | 4,633,259 |

자료 : 《한국출판연감》, 1963년판

# 간섭과 자율의 틈바구니에서 성장하는 출판문화

### 기지개 켜는 출판계

1958년부터 1965년에 이르는 기간은 현대출판사에 있어서 기업화 모색기라고 할 수 있으며 출판산업의 기반 구축기라고도 할 수 있는 시기이다. 이 시기는 교과서와 학습참고서 등 교육용 도서출판에 의지한 힘과 창의와 모험정신을 발휘해 생산기반 확충과 새로운 체제구축을 시도하던 때였다. 국가적으로도 이른바 개발연대로 지칭되는 시기다.

정부주도로 장기 경제개발계획이 본격적으로 추진되기 시작하면서 농경사회는 수입대체공업화를 기반으로 한 산업화 사회로 전환되어갔다. 이러한 정책기조에 힘입어 우리 출판산업은 기업화의 기반을 조성하려는 측면이 강했다. 따라서 출판산업은 인력, 설비 및 자재의 빈핍을 극복해가면서 붕괴된 유통시스템의 복구를 시도하는 등 조금씩 안정기반을 다져나가는 일에 열중했으나 내부적으로 성장의 동인을 구축하는 데는 여전히 한계가 있었다. 1천종대 전반에 머물러 있던 연간 출판량은 60년대 들어와서 3천종 내외를 넘나드는 활성화의 기미를 보이기 시작했다. 그러나 이른바 '출판이륙'이 본격적으로 시작되려면 1970년대 중반까지 더 기다려야만 했다.

정국의 혼란과 데모로 인해 불안정한 사회정세가 여전히 출판발전을 가로막고 있었기 때문이다. 외국에서 우리나라를 '조용한 아침의 나라'라고 불렀던 때도 있었지만, 당시의 나라 사정이나 출판계 상황은 결코 조용하지 못했다. 1964년부터 그 이듬해까지 한일 국교 정상화를 반대하는 데모로 인한 장기간의 휴교조치는 출판시장에 찬물을 끼얹는 결과가 되어 그 전망을 암울하게 만들었다. 같은 시기에 미국 달러에 대한 원화 환율이 130원에서 270원으로 배 이상 평가절하되는 바람에 용지 등 출판용 원부자재 가격의 폭등을 가져와 출판계는 생산원가 상승에 시달리고 있었다. 조판비 상승과 은행 금리 인상도 생산원가를 급격하게 앙등시키는 요인이 되어 출판경영을 압박했다.

소득에 비해서는 책값이 비쌌지만 실질적으로 외국이나 다른 물가와 비교해서는 저렴한 편이었는데 책값의 인상은 공급과잉으로 인한 할인판매나 덤핑판매가 자행되고 있었기 때문인 것으로 분석되었다. 책은 잡지와 달리 우송료나 철도요금 등에서 정책적인 우대도 받지 못하고 있었다. 60년대 초반의 출판체제와 상황은 긍정적 요소와 부정적 요소, 희망과 난관이 한데 엉켜 헝클어진 극도로 혼란한 상태에 놓여 있었다고 할 수 있다. 이러한 상황은 점차 정비되어가기 시작했다. 1966년을 정점으로 우리 출판산업 체질은 그 이전과 이후가 확연하게 구별될 수 있을 만큼 큰 변화를 이룩하게 된다.

### 대형 기획출판의 시대, 막이 오르다

거의 빈사상태에 몰린 출판계는 1958년부터 분위기가 반전되어 갑자기 활기를 띠기 시작한다.

극도의 침체상태를 벗어나기 위한 최후 도전의 성격이 강하지만 교육용 출판을 통해서 확보한 자본력을 바탕으로 창의와 모험정신을 발휘해 치밀한 계획을 세우고 대형 기획출판을 시도한 것이다. 전집과 문고 등 대형 기획출판물들은 체재나 내용이 세계 수준에 육박할 정도로 우수할 뿐 아니라 그 선전과 판매활동이 매우 과감해 독자들의 관심을 불러일으키고 출판계에도 활기를 불어넣는 계기가 되었다. 자본력과 아이디어 경쟁이 치열했고 채산 면에서는 다분히 모험적이었지만, 이를 주도하는 출판사들은 경영의 개념을 도입한 새로운 체제와 마케팅 기반을 확충, 기업화를 모색해나갔다.

먼저 다양한 형태의 각종 사전류가 출판되기 시작했다. 그중에서 기념비적 출판물로는 한글학회가 편찬하고 을유문화사에서 펴낸 《큰사전》(전6권)을 가장 앞자리에 놓아야 할 것이다. 《큰사전》은 1947년 10월 9일 한글날에 첫째 권이 나온 지 꼭 10년 만인 1957년 한글날에 마지막 권이 완간되었다. 한글학회가 편찬을 시작한 때로부터 치면 30년이 소요된 것이고 그사이에 많은 우여곡절을 겪었다. 이 사전은 B5판 총 3만6,000여 쪽에 수록어휘는 무려 18만여 단어에 달하고 있으니 명실공히 우리나라 최대의 저작물이요 민족의 피어린 문화재라 하지 않을 수 없다. 한 민족의 언어는 그 민족의 사상·감정의 투영(投影)이니만큼 그 민족의 생활 전부, 즉 문화 전체가 담겨 있는 그릇이라 할 수 있고, 사전은 그러한 언어를 담는 또 다른 그릇이다. 《큰사전》의 완간은 우리말이 제 모습을 찾고 정리되는 데 크게 이바지했다. 《큰사전》을 계기로 을유문화사의 《표준국어사전》, 동아출판사의 《새국어사전》(국어국문학회 편) 등 대형 국어사전이 경쟁적으로 쪽출해 각축을 벌이게 된다.

이때 어학사전 출판 붐에 불을 지른 것은 민중서관이다. 민중서관은 《포켓 사전》을 언어별로 내놓기 시작한다. 기존의 사전들보다 수록어휘 수에서 배가 넘는 《포켓 사전》은 처음으로 인디언지(紙)를 사용한 미려한 인쇄와 고급스럽고 튼튼한 가죽장정에다 휴대도 간편해 폭발적인 선풍을 일으킨다. 민중서관은 《포켓 사전》 덕택에 매출액 랭킹에서도 5위 안에 드는 대형출판사로 성장한다. 그 여세를 몰아 무려 23만 어휘를 수록한 《국어대사전》(이희승 편, 국판 3,462쪽, 1962)을 간행해 모름지기 사전 출판에서 확고부동한 지위를 굳히는 한편, 우리 출판수준을 한 단계 높여놓았다는 평가를 받았다. 어학사전의 출판경쟁은 백과사전으로 확대된다. 학원사는 《과학대사전》에 이어 전6권이나 되는 거질(巨帙)의 《대백과사전》을 기획해 다음해인 1959년까지 2년 만에 완간하는 쾌거를 이룩함으로써 우리 출판사의 한 획을 긋는다.

동아출판사도 한 권짜리 대형 백과사전으로 경쟁에 합세하고 《백만인의 의학》 등 가정의학 백과사전도 경쟁이 붙는다.

한국 출판계를 주도하던 대표적인 출판사로 자웅을 겨루던 을유문화사, 정음사, 동

10년에 걸쳐 간행된 우리말 《큰사전》(전6권, 좌측)과 국내 최초의 본격적인 《대백과사전》(전6권, 우측)

아출판사가 거의 동시에 《세계문학전집》을 기획, 치열한 판매경쟁을 벌이기 시작한 것도 이즈음이다. 가장 먼저 착수한 정음사와 을유문화사 《세계문학전집》은 각각 전·후기 50권과 60권을 목표로 출발했고 동아출판사도 20권짜리의 방대한 기획물들이었다. 앞의 두 출판사가 간행한 《세계문학전집》은 나중에 전100권으로 완간했는데 그 규모의 방대함만이 아니라 우리의 시각에서 작품을 선정하고 우리나라에 처음 소개하는 작품이 많았다는 점에서 기획출판의 새로운 지평을 열었다는 평가를 받았다. 을유는 소설만이 아니라 수필·평론 등 비소설과 교양물이 다수 포함되는 특색도 보였다. 또 그때까지 일본어 번역판을 대본으로 중역되던 세계의 명작·고전들을 비로소 원전번역함으로써 번역문학의 질을 한 단계 더 끌어올렸다는 점에서 출판사적 의미를 더해주었다.

이에 대해 민중서관은 전36권 《한국문학전집》 간행으로 응수했고, 《김동인전집》(전10권, 동국문화사), 《한국야담사화전집》(전10권, 동국문화사), 《현대사상강좌》(전10권, 동양출판사), 《생활총서》(전7권, 학원사), 《전후세계문학전집》(전10권, 신구문화사) 등 다양한 전집과 시리즈들이 줄을 이으면서 대형출판의 붐을 조성해나갔다. 그리하여 전집을 중심으로 한 대형 기획출판은 1970년대 중반까지 전성기를 이루게 된다. 진단학회의 《한국사》(전7권, 을유문화사), 삼중당의 《춘원 이광수전집》(전20권), 《한국시인전집》(전10권, 신구문화사), 《효석전집》(전5권, 춘조사) 등도 이즈음에 출판되어 이목을 끌었다.

광복 이후 최초의 통사로 편찬된 《한국사》에 대해서는 동국문화사가 《전 한국사》(전5권)로 도전장을 내밀고 《설화 한국의 역사》(전10권, 교문사)와 학원사의 《세계문화사대계》(전6권) 등 대형 역사서가 경쟁을 불러일으키면서 출판의 다양성을 계속 확대했다.

이러한 중장본의 대형 전집물이 경쟁하는 한편, 문고 출판도 다시 시도되어 새로운

60년대 초반에 대형전집 출판을 계기로 발행된 사보(월간)들. 왼쪽부터 학원사, 삼중당, 을유문화사 발행

수요를 창출함으로써 전집출판 일변도로 흐르던 출판경향의 물꼬를 바꾸기 시작한다.

《양문문고》(양문사), 《교양신서》(신양사), 《박영문고》(박영사), 《위성문고》(법문사), 《경지문고》(경지사), 《교양사상문고》(상구문화사), 여원사의 《현대문고》와 《교양신서》, 《세계명작문고》(동국문화사) 등이 활기차게 목록을 늘려나갔다. 광복 직후에 문고 출판에 열을 올렸던 정음사, 을유문화사도 이 대열에 합세했고 일신사 등도 뒤따르며 또다시 문고 붐을 조성해 출판의 대중화 시대를 열어간다.

이러한 전집, 총서, 문고의 속출은 여러모로 출판계에 기대를 안겨주었다. 판매성적도 좋으려니와 출판사 자체로서도 장기간에 걸쳐 일관된 출판활동을 더 여유 있게 지속할 수 있었고, 혼란했던 거래질서가 차츰 회복되는 데 도움이 되었다. 전집, 문고 출판 전성시대의 조성은 책에 대한 독자들의 인식과 관심을 변화시키고 시장규모도 확대시켰다. 무엇보다 이러한 기획출판이 문화계에 끼친 공로는 내외문화에 대한 재검토 내지 재정리 기회가 되었다는 점이며, 어느 의미에서는 저술 및 번역이 비로소 본격적으로 이루어지기 시작했다고 해도 지나치지 않다. 그러나 기획의 한계를 드러내기도 했다. 전집이나 문고 출판의 목록이 늘어나면서 중복 출판으로 인한 출혈경쟁을 야기하는 사례도 많아지고, 일부에서는 독자로 하여금 책을 장식품화해 독서력을 저하할 가능성을 우려하는 목소리도 없지 않았다.

한편, 전집과 문고의 활성화는 일반 단행본과 서점에도 파급되었다. 국내 필자에 의한 사색적인 교양서가 꾸준히 인기를 끌었고 삼중당에서 국내 저작자들의 수필집 출판을 대담하게 시도하고 나섰다. 이에 군소 신진 출판사들도 비소설류 교양도서의 번역 출판에 열을 올리게 된다. 《영원과 사랑의 대화》(김형석, 삼중당), 《청춘을 불사르고》(김일엽, 문선각), 《사색인의 향연》(안병욱, 삼중당), 《문고판인생》(최신해, 정음사), 《뜻으로 본 한국역사》(함석헌, 일우사) 등은 장기간 베스트셀러 목록에 올랐다. 김형석, 안병욱, 함석헌, 최신해 등은 3만 내외의 고정독자를 확보해 신간을 낼 적마다 좋은 판매성적을 올리는 베스트셀러 저자로 명성을 날리기 시작했다. 이즈음 몇 년간의 독서 흐름을 보면 초기에 문학전집으로 시작해 개인전집으로, 다시 단편전집에서 사색적인 교양도서와 인물전기로 바뀌는 경향을 보였다. 문학가들의 현실인식은 분단문제로 확대되었다. 1960년 월간지 《새벽》을 통해 처음 발표된 최인훈의 《광장》(1960)은 4월혁명이 아니었으면 나올 수 없었던 작품이다. 김승옥의 《서울, 1964년 겨울》(1965), 이청준 등은 문체나 감수성에서 그 이전과 뚜렷한 차이를 보여주었다.

### 할부판매 제도의 성공

이들은 또 적극적으로 월부로 분할판매하는 할부방문 판매시대를 열어 나갔다. 할부방문판매 방법을 맨 처음 도입한 곳은 학원사이다. 학원사는 《대백과사전》 발간을 계기로 이제까지 없었던 방문판매에 의한 할부제도란 새로운 판매방법을 도입해 성공을 거두며 출판의 역사를 새로 쓰기 시작한다. 할부판매 제도의 성공은 오랫동안 판매부진에 시달려온 출판계의 새로운 희망으로 받아들여졌다. 곱박한 경제사정으로 고가의 책을 사기 힘든 독자들로서는 책을 먼저 받고 책값은 월별로 나누어 지불할 수 있고, 출판사로서도 여러 권의 전집도 낱권으로 발행·보급이 가능해 제작비 부담을 분산할 수 있었기에 출판사도 독자도 모두 선호했다. 그런데 판매상황을 살펴보면 사전이나 대형전집 등은 그 당시 새로운 주거문화를 이끌어가던 문화주택이나 서재를 가진 지식층, 사업가들의 장서용으로 팔리고, 문고는 학생층에 주로 팔려나가고 있었다. 1959년 10월 현재, 출판사별로 주요 출판물의 할부판매 비율을 보면 다음과 같다.[4]

---

4 《東亞日報》, 1959. 10. 21.

▷ 학원사 : 대백과사전 70%, 가정의학전서 50%

▷ 민중서관 : 한국문학전집 70%

▷ 정음사 : 세계문학전집 20%

▷ 동아출판사 : 세계문학전집 30%

▷ 을유문화사 : 세계문학전집 20%, 한국사 30%

이와 같은 추세는 우리도 유럽과 비슷한 수준에서 할부판매라는 새로운 판매방법이 정착되어가고 있음을 보여주는 것이다. 월부로 판매하는 방법은 이미 유럽 여러 나라에서 보편화된 판매방법으로 자리 잡고 있었다. 국제출판협회(IPA)가 그 무렵에 조사 발표한 바에 따르면 세계에서 할부판매가 가장 성한 곳은 스칸디나비아제국으로 스웨덴 출판시장의 40%, 핀란드의 25~33%, 스위스의 30%나 차지하고 있었다. 오스트리아도 사전이나 의학서적의 50%를 할부로 판매했고 미국 출판시장의 20%, 영국과 이탈리아는 각각 출판시장의 10% 내외를 할부판매가 차지하고 있었다. 독일도 비싼 책이나 연속적인 시리즈물은 할부판매 방법이 아니면 출판이 어려운 실정이라고 한다. 그러나 이 판매제도의 가장 큰 문제점은 중도해약자를 관리하는 것인데, 실제로 문제가 된 사례는 적다는 것이 IPA의 보고이다.

우리도 일반서점만을 상대해왔던 출판계가 월부판매라는 새로운 판매방법으로 새로운 시장을 개척하고 독서인구 저변확대와 교양의 시대를 연출하고 있었다. 이에 따라 다시 출판을 소생시킬 수 있다는 자신감과 기대를 가질 수 있었다. 그러나 여전히 구조적인 문제점이 있었다. 현실적으로 활동하고 있는 출판사는 전체의 극히 일부에 지나지 않는다는 점이었다. 불과 수십개 출판사가 출판계를 주도하고 있는 형편이어서 그 전도를 낙관만 하기 어려운 것이 현실이었다. 그 주된 요인은 첫째, 영세한 자본이요, 둘째, 시장이 협소하다는 점이었다. 소자본과 협소한 시장을 놓고 거의 비슷한 내용의 상품으로 선전방법과 시장확대를 위해 격렬한 각축전을 벌이는 형국이었다. 자본력과 기획력의 격심한 경쟁으로 출판의 질이나 체제혁신을 이룩하는 출판사만이 살아남을 것이고 이들이 출판의 기업화를 선도할 것으로 관측되고 있었다.

## 일서 수입과 번역의 범람

부정적인 경향도 함께 나타났다. 제2공화국의 출현으로 한일관계가 부드러워지면서 그동안 출판·판매될 수 없었던 일서(日書)가 수입되고 무비판적인 번역출판이 성행하기 시작했다. 《전후일본문학전집》, 《만가》, 《그대 이름은》, 《윤창》, 《인간의 조건》 등 일본 문학작품들이 경쟁적으로 무단번역되었다. 일본 소설은 출판되는 것마다 잘 팔렸다. 어떤 잡지사에서는 일본 소설 번역 특집호를 발행해 10일 만에 재판까지 낼 정도로 일본 대중소설은 인기가 높았다. 모두 저작자의 허락 없이 출판된 무단번역 출판이었다. 그것도 한 작품을 여러 출판사가 동시에 출판하는 경합출판의 사례마저 있어서 사회적 비판의 대상이 되기도 했다. 이러한 일서 번역출판은 민족적 자존심을 상하게 하고 모처럼 자리를 잡아가려는 출판윤리와 판매질서를 어지럽히고 있다는 지적이 거셌다. 일본 서적도 물밀 듯이 쏟아져 들어왔다. 일본 서적이 정식으로 수입허가된 것은 6·25 이후이다. 그때는 학술연구에 필요한 것만 허가해주었으나 이를 계기로 대중오락서까지 서점 점두에 범람하는 현상이 벌어졌다.

서양서는 1954년부터 정식 신용장에 의해서 수입되기 시작해 1956년부터는 ICA(미국국제개발국. 미국 국무성의 비군사 부문 대외원조를 취급하는 기관) 자금에 의해 1960년까지 무려 170만 달러가 배정되어 수입 전성기를 이루었다. 이 자금에 의해 대략 미국 50%, 영국 35%, 독일 8%, 프랑스 7%의 비율로 서양서가 수입되었다. 이때는 ICA 자금으로는 일서 수입이 허용되지 않고 오로지 정부의 수입불(弗)로만 일서를 수입할 수 있었는데 1956년의 일서 수입액은 10만 달러에도 미치지 못했다.

ICA 자금에 의한 양서 수입은 1960년 8월에 중지되었다. 그 뒤부터는 서적도 다른 수입품목과 같이 정부불(弗) 공매에 응찰이 가능케 되면서 외서수입 양상은 크게 변화한다. 외서수입을 위해 낙찰받은 외화의 약 70%가 일서 수입에 사용되기 시작해 일서 수입량은 증가하고 양서는 감소되기 시작한다.

그동안 가장 많은 비중을 차지하고 있던 미국 서적은 급격히 감소한다. 1961년에 환율이 650대 1에서 130대 1로 인상되었으나 원화 적립만으로 수시로 사용할 수 있게 되어 일서 수입은 더욱 활기를 띠었다. 수량을 기준으로 볼 때 일본 서적의 수입량이 미국의 배가 넘는 압도적인 우위(70% 대 20%)를 차지했다. 원가가 비싸고 수요자가 제한되

어 있는 양서와는 반대로 원가는 싸고 수요자도 많은 일서가 범람할 수밖에 없는 구조
였다. 그러나 이러한 통계는 정부의 추천을 받아 공식적으로 수입된 수입서적의 수치
일 뿐 서울을 비롯한 대도시 일서 전문점에서 유통되고 있는 양으로 미루어 여행자의
휴대품으로 혹은 선원들에 의해 비공식적으로 반입되는 양도 엄청난 것으로 추정되
고 있었다.

[도표 4-3] 50년대 외국 도서 수입 추이

| 연도 | 인문계(권) | 자연계(권) | 합계(권) |
|------|-----------|-----------|----------|
| 1956 | 100,000 | 57,471 | 157,771 |
| 1957 | 200,000 | 140,122 | 340,697 |
| 1958 | 459,986 | 287,711 | 747,697 |
| 1959 | 207,542 | 358,288 | 565,820 |
| 1960 | 450,560 | 394,044 | 844,604 |
| 1961 | 584,242 | 314,413 | 898,655 |
| 1962 | 704,915 | 775,115 | 1,482,040 |

자료 : 《출판문화》(1962. 9. 10.), 《1963 한국출판연감》

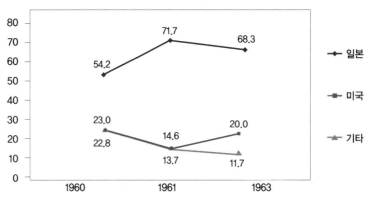

[도표 4-4] 60년대 주요 국가의 도서 수입 추이

주 : 기타 국가는 영국, 자유중국, 프랑스, 독일, 홍콩, 인도, 핀란드순
자료 : 《출판문화》(1962. 9. 10.)

가격, 장정과 제작수준에서 일본의 적수가 되지 못하는 우리 출판계로서는 즉각적인
매출감소로 나타났다. 폐해가 말할 수 없이 컸다. 한일 국교 정상화를 앞두고 예상되는
일본 문화 침투도 심각하게 우려하지 않을 수 없었다. 1961년의 일본 출판계는 21,847
종에 2억부가 넘는 출판량을 발행하고 있었다. 시장규모만도 약 1억2,423만 달러에다

수출규모도 830만 달러에 육박하는 수준이었는데 그중에 76%가 넘는 630만 달러어치를 아시아 지역에 수출하고 있었다. 이에 출협과 잡지협회는 원조자금에 의한 일서 수입을 원칙적으로 반대하고, 연구·참고도서에 한해서만 수입을 허락할 것을 정부당국에 건의하고 나섰다. 일본 출판계는 한국 내 일서 판매시장의 확대를 겨냥해 전시회 개최 등 판로확장을 기도했으나 출판계는 이를 단호하게 막아냈다.

이러한 외서수입 양상은 외국 서적을 찾는 독자들의 세대교체를 반영, 1976년부터 다시 양서(洋書) 수요가 급증한다. 일어가 아닌 영어를 제1외국어로 배운 젊은 엘리트들이 사회에 진출하면서 독자층의 변화가 나타난 것이다. 수입도서의 종류도 교양 대중문화 관련 도서 및 잡지에 대한 외국 의존도는 약화되고 전문서의 수입이 늘어난다. 또 82년 무렵부터는 각 대학에서 사용하는 외국 원서교재와 복사판이 대결을 벌인다.

### 번역출판의 혼전과 국제저작권조약 가입논란

일본 작품의 중복 번역출판 경쟁이 불씨가 되었음인지 이때부터는 독자들의 인기를 모은 작품을 모방한 유사작품의 출판도 성행하기 시작한다. 유사작품의 모방 내지 중복출판은 특히 판매성적이 좋은 번역출판의 경우에 더욱 심했는데, 이는 기획력의 빈곤과 좋은 작가, 좋은 작품의 공급이 제대로 이루어지지 못하는 데서 오는 현상으로 풀이되었다. 당시 모방·중복 출판의 사례를 보면 동일 작품을 3, 4개 출판사가 먼저 나온 책의 자구를 수정하는 정도로만 윤색해 출판하는 예가 비일비재했으며, 심한 경우에는 그대로 오프셋 인쇄한 복사판까지 있었다. 이런 작태가 발각되어 문제되자 번역자가 동명이인이라고 낯간지러운 변명을 하는 사례마저 있었다.

당시 모방출판의 대표적인 예로는 《삼국지》의 역자로 자유문인협회에서 문학상을 수상한 중견시인 이인석(李仁石)의 이름을 도용해 문단과 출판계의 물의를 일으킨 사건을 들 수 있다. 이런 행위를 한 백인사(百忍社)의 대표 장모(張某)라는 사람은 역자가 동명이인이라고 주장했다. 그런데 이 업체는 당시 발호하고 있던 덤핑 서적을 주로 출판하면서 종로 6가에서 서점도 겸하고 있던 출판사였다.

다른 한편에서는 무질서한 번역출판으로 국가적 이미지를 손상시킨다는 이유를 들어 국제저작권조약에 하루빨리 가입해야 한다는 목소리를 높이고 있었다. 국제저작권조약 가입문제가 사회적 이슈로 떠오르자 문교부는 공청회를 개최해 의견을 수렴하고 유네스코 한국위원회는 문인, 학자, 언론인과 출판인 등 문화계 인사 245명을 상대로 설문조사를 실시했는데, 116명의 응답자 중 106명이 가입을 찬성하고 9명만 반대(1명 기권)하는 놀라운 결과가 나타났다. 출판계는 언론계의 논조나 지식인 사회의 시기상조론을 배경으로 강력하게 반대의견을 관철해나갔다.

### 정가판매제, 추진과 실패

판매정책에 있어서도 일대 진전을 시도했다. 상도의 앙양을 위해서 유통업계 전반에 걸쳐 정찰제 판매를 강력히 추진하는 군사정부의 시책에 발맞추어 출판계도 '정찰제'란 이름으로 정가판매제를 추진하고 나섰다. 앞에서도 언급한 것처럼 정부는 이미 정가판매제 시행을 위한 사전준비로 이를 약속하는 '서약서'를 출판사로부터 받아놓은 상태였다. 이러한 일련의 조치들을 배경으로 출협과 전국서점의 집합체인 전국서적상조합연합회(서련)가 공동으로 '정가판매 실시'를 결의한 것이다.

먼저 서련이 "정부시책에 순응하고 상도의를 앙양하기 위해 출판물(서적)의 정가판매(정찰제)를 실시할 것"을 선언하고, 출협이 이에 호응하는 형식이었다. 출협은 "① 전국서적상조합연합회의 도서정가판매실시운동을 전폭적으로 지지한다. ② 각 회원은 출판계의 발전을 위해 이 운동에 적극 협조하기를 바란다"는 결의문을 채택하며 정가판매 실시를 적극 지원하고 나섰다. 도서의 정가판매제가 실시되어야만 오랫동안 불황에 허덕이고 있는 출판계도 경기를 호전시킬 수 있으며 정상적인 발전을 기할 수 있으므로 판매질서의 회복과 공급망의 정비는 시급을 요하는 절실한 과제였다. 그러므로 서점들이 먼저 정가제를 실시하겠다고 나서는 것은 너무나 당연한 일이요, 또 그렇게 해야만 했다. 당시는 인기 있는 출판물을 모방하거나 그대로 베껴 출판하는 행위가 성행했고 과다하게 높은 정가를 책정하고 할인을 많이 해줌으로써 독자를 기만하는 덤핑 불량도서가 너무나 많았다. 따라서 출판윤리적인 측면에서의 비판도 비등하고 있을 때였다.

그러나 정부의 강력한 의지는 수포로 돌아갔고 정가판매제 여행은 실패로 끝났다. 책뿐 아니라 다른 상품도 정찰제는 성공을 거두지 못했다. 통화개혁(1962. 6.)과 환율개정(1964. 5.) 등의 긴축경제 조치와, 이로 인한 물가상승은 가뜩이나 영세한 출판·서점 업계를 더욱 어려운 지경으로 몰아넣었다. 특히 환율개정은 전적으로 수입에 의존하는 용지가격의 급등을 초래했다. 이에 설상가상으로 한일회담 반대시위와 계엄령 선포에 따르는 각급 학교의 휴교조치는 도서에 대한 수요를 감퇴시켜 출판활동이 크게 위축되고 도서시장이 한층 얼어붙는 극도의 출판불황을 유발해 모처럼 시도된 정가판매운동은 좌절되고 말았다.

이 틈을 악용해 악질적 덤핑 행위는 독버섯처럼 더욱 기승을 부리게 된다. 지금까지의 덤핑 판매는 주로 정상적으로 출판된 재고도서를 처분하기 위한 수단으로 이루어졌던 데 비해, 이때부터는 아예 잘 팔리는 책만을 골라 처음부터 덤핑용으로 조잡하게 제작해 시장질서를 교란시키는 양태로 변했다. 서울의 종로 6가 덕성빌딩을 중심으로 한 이른바 '대학천 상가'는 이러한 덤핑 출판의 최대 온상이었다. 여기서 만들어진 덤핑 도서가 전국서점에서 정상적인 도서들과 맞교환되어 정상적인 출판물마저 대폭 할인판매되는 악순환이 한동안 계속되었다. 이들 중 한 업체는 월간 용지 소요량만도 2천연으로 추산될 정도였으며 이들이 전국적인 거래망까지 갖추어 정상적인 출판유통에 심대한 타격을 주고 있었다. 당시 출판계는 악화가 양화를 구축한다는 그레셤의 법칙이 그대로 적용되는 상황이었다. 이렇게 되자 출협은 1962년 2월 자체적으로 덤핑판매대책위원회를 구성하고 그 대책을 강구하기 위해 부심했다.

그런 가운데서 중농정책에 힘입어 영농기술 관련도서 출판이 눈에 띄게 증가해 60년대 전반은 농업 서적의 전성기를 이루었다. 또한 기술공학 도서의 양적 성장도 가져왔다. 현암사의《법전》이 중요한 상품으로 각광을 받기 시작한 것도 이때부터이다. 혁명정부가 쉴 새 없이 만들어내는 수많은 새로운 법률들에 대한 정보를 정확히 파악하고 즉시 활용해야 하는 사법기관과 판·검사, 변호사, 사법서사는 물론 사법고시생들에게《법전》은 없어서는 안 될 필수적인 도구가 되었다. 고급독자를 겨냥한《탐구신서》가 빛을 잃어가던 문고 출판에 대한 관심을 다시 불러일으키고자 힘을 기울였다.

유네스코가 권고한 기준에 맞추어 출판통계 체계를 선진화해 출판통계를 국제적으로 인정받게 된 것도 1968년부터이다.

**출판세대의 교체 본격화**

1958년부터 1964년 사이에는 해마다 300사 내외의 신규 출판사들이 출현하고 있었음에도 전체적인 출판사 수의 변동은 그리 크지 않았다. 군사혁명 정부의 사회·문화 각 분야에 대한 과감한 쇄신정책이 출판계에도 거세게 몰아쳤기 때문에 과거의 출판사 증가추세와 비교해서는 다소 완만한 증가세를 보였다.

이 기간 동안 출판계 정비 차원에서 세 차례에 걸쳐 대대적인 등록취소 조치가 잇따랐다. 이때 부실한 출판사로 규정, 등록을 취소시킨 출판사 수는 무려 869개사에 이른다. 두 차례의 실태조사를 통해 등록이 자동소멸된 숫자는 여기 포함되지 않았고 그 수가 구체적으로 공표된 것도 없다. 다만 정황으로 미루어 5개년 사이에 모두 1천개에 가까운 출판사가 등록을 취소당했을 것으로 추정되었다. 등록요건을 강화해 신규등록을 억제했기 때문에 1962년부터 1964년에는 신규등록 자체가 종전에 비해 비교적 적은 편이었다. 신규등록 수가 예년 수준으로 돌아선 것은 1965년부터이다.

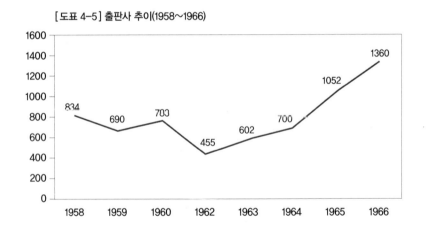

[도표 4-5] 출판사 추이(1958~1966)

정부의 이와 같은 인위적인 출판구조 강화는 출판인들의 세대교체를 촉진했다. 이 기간의 새로운 출판인력은 대략 두 그룹으로 나눌 수 있다. 출판계 출신과 처음으로 출판에 입문한 신규인력이다. 이들은 출판의 전문화를 지향하거나 기존의 출판인들에 비해 기업으로서 출판사를 경영하려는 의식이 강했다는 특성도 지니고 있었다. 신규 출판사의 대부분은 출판의식 면에서 혹은 체질적으로 전집 형태의 일반도서 출판에 강한 의지를 보이는 등 전(前) 세대가 교육용 도서에 치중했던 것과는 달리 다분히 상업주의적인 성격이 강한 양상을 나타내고 있었다. 고학력자들이 진입하면서 출판활동의 격도 높아지고 있었다. 특히 광복 이후 민주주의 시장경제 체제에서 정상적으로 민족교육을 받고 사회에 진출한 세대들이 출판계의 신진세력으로 대두되면서 그러한 경향은 더욱 두드러졌다. 이들 가운데 지금도 활발한 출판활동을 전개하고 있는 출판사들도 많이 있다. 1958년의 1사당 평균 발행종수는 1.5종에 지나지 않았으나 1966년에는 2.3종으로 늘어났다.

### 새바람 일으키는 젊은 출판인들

과학도서 출판의 선구자 손영수(孫永壽, 1926~2007)는 1956년 전파과학사를 설립했다. 그의 경력은 다채롭고 화려하다. 일제강점기인 1941년에 관립 조선무선통신학교를 졸업하고 전문 기술인이 되어 일본에서 해난구조회사와 해군선박구난본부 통신장으로 활동하다 광복을 맞이해 46년 11월에 귀국했다. 귀국 직후에는 잠시 고향인 포항 인근 초등학교와 중학교에서 교사생활을 하고 본령인 체신부 전파국으로 돌아가 있던 중 6·25

손영수

전쟁을 당해 곧바로 군에 입대한다. 장기(長技)를 살려 육군종합사관학교와 통신학교 사관과를 졸업하고 소위로 임관, 통신학교 교관, 육군본부 통신감, 행정실장 등을 거쳐 대위로 예편하는 동시에 생면부지의 세계인 출판에 뛰어든 것이다.

창업 초기에는 자신의 전문 분야인 무선통신에 관한 책을 주로 출판하다가 '과학이 진흥되려면 과학서적 출판을 활발하게 일으켜 과학인구 저변을 확대해야 한다'고 생각하고 출판범위를 확대한다. 그가 교양과학 도서의 개발과 월간《전자과학》의 발행을 비롯한 과학 전문잡지 발행을 2대 지주로 삼아 우리의 과학 후진성 탈피에 공헌했을 뿐 아니라 과학 저술가를 발굴하고 양성해 과학자와 일반대중을 접근시킨 공적은 대단히 크다. 교재나 전문도서가 아닌 일반인들을 대상으로 과학지식의 계몽, 보급, 생활화를 위한 과학도서를 출판한 것은 불모지나 다름없는 환경에서 동반자 없이 외롭지만 보람찬 씨뿌리기를 시작한 것이라 할 수 있다. 5·16 후 6년간 국가재건최고회의 부의장 공보비서관과 감사원장 비서실장 등의 직무를 맡았을 때에도 회사경영에서 손을 떼지 않았다. 좁은 시장, 필자의 부족, 특이한 제작여건 등 말할 수 없는 애로와 역경 속에서도 ① 꼭 있었으면 하는 책, ② 꼭 읽어야 할 책, ③ 꼭 읽히고 싶은 책을 출판하겠다는 한결같은 끈기와 절제로 30여 년의 세월을 지켜낸 것이다.

일반도서와 달리 과학출판은 2, 3년이면 지형(紙型)을 폐기해야 할 정도로 내용이 혁신되기 때문에 800여 종의 단행본을 냈으나 살아 유통되는 종류는 언제나 150종을 넘지 못할 정도로 판매에 시간적 제약을 받았다. 그런 가운데서도 과학도서 출판의 선구자로서 그의 진면목을 돋보이게 한 것은 '과학의 대중화, 생활화'의 기치를 내걸고 〈현대과학신서〉를 기획, 73년부터 본격적으로 교양 과학도서 출판을 개척하기 시작한 것이다. 73년 3월, 첫째 권《우주, 물질, 생명》을 시작으로 한 달에 2, 3권씩 쉬지 않고 기초 과학지식은 물론, 과학사, 의학, 환경오염, 에너지 문제 등 실생활과 관계되는 사물과 현상을 아주 평이하고 흥미롭게 풀어쓴 최초의 과학문고 139종을 출판해 우리 출판의 역사를 새로 썼다. 처음부터 비상한 관심을 모았던 우리나라에서 유일무이한 〈현대과학신서〉가 5년 만에 100권을 돌파했을 때 사회는 모두 놀라고 언론은 이를 대서특필하며 높이 평가했다. 하지만 그가 출판사를 사촌동생(孫英一, 1945~현)에게 인계하고 출판에서 손을 뗄 무렵에 되돌아보니, 초판 2,000부밖에 찍지 못하고 5, 6년이 되어도 그것을 다 팔지 못한 책이 18종이나 되었다는 말을 통해 알 수 있듯 분야의 특수성에 따르는 경영의 어려움은 대단했다. 가장 많이 나간 책이《2중나선》인데 고작 8판에 그쳤고, 4판 이상 찍은 책은 겨우 25종뿐이었다고 한다. 그런데도 그는 일본 고단사(講談社)와 저작권 계약을 체결하고 〈블루백 시리즈〉 한국어판을 78권이나 발행하고 〈과학문고〉도 30여권 출판하면서 전파과학사의 전통과 명성을 높여나갔다.

그는 1959년 5월에《전파과학》이란 이름으로 월간잡지를 창간, 과학 전문지의 독자 저변 확대에 몰입한다. 이후《전파과학》은 전파과학이 전자과학 분야로 흡수됨에 따라 69년 1월부터는 제호를《전자과학》으로 바꾸었을 뿐 1979년 12월까지 20년간 단 한 호도 결호 없이 통권 246호를 발행하는 기록을 세웠다. 창간호를 3천부 발행했던 잡지가 절정기에도 고작 1만부를 넘기지 못할 정도로 외롭고 험한 길에서 홀로 과학전문 잡지의 씨를 뿌렸다. 그사이 주간《전파신문》(1960년 7월 창간), 주간《과학신문》(60년 창간), 월간《과학과 생활》(60년 창간), 월간《전파계》(1969년 11월 창간)도 연달아 시도하지만 이들은 오래 버티지 못했다. 과학잡지가 세분화되기 시작한 것은《학생과학》등이 발행되는 80년대부터의 일이다. 이 땅에 컴퓨터가 보급되면서 그 종류는 한두종씩 늘어나지만 과학잡지는 오늘날에도 명멸을 거듭하고 있다.

《전자과학》은 1979년에 제3자에게 판권을 넘기고, 1989년 5월에는 그가 필생을 공들여 키운 출판사인 전파과학사도 종제(從弟) 손영일에게 넘겨 지금도 과학출판의 새로운 역사를 쓰도록 했다. 그는 손영일을 직원으로 채용해 과학출판의 요령을 익히게 한 다음에는 서점경영의 경험도 쌓게 하는 등 오랜 기간 후계자로 키우며 과학출판의 씨를 뿌렸다. 그는 과학지식의 보급을 위한 저술활동에도 진력해《과학의 기원》등 13종을 저술했으며, 한국과학사학회 평의원, 과학저술인협회 임원으로 출판 관련 과학진흥 활동에도 적극적으로 참여했다.

문종성(文鍾誠, 1924~1990)은 1955년부터 월간잡지《법정(法政)》의 출판부장으로 활동하다 1961년 도서출판 법통사(法通社)를 설립했다. 청도 태생인 그는 일본 요코하마(橫浜)에서 소학교를 졸업하고 일본 문부성이 시행하는 전문학교 입학 검정고시에 합격하는 저력을 보였다. 광복 이후 귀국해 대한민국 보통고시(2회)와 고등고시 예비고시(3회)에 연달아 합격했다. 그러한 전력을 밑천 삼아 처음에는 법학 서적 출판에 집중했다.

문종성

마침 5·16군사정권이 새로운 법령들을 쉴 새 없이 쏟아내지만 이를 체계적으로 이해할 해설서가 절대 부족한 현실을 직시하고《민법통람》,《사법행정학》,《고등고시용 육법》,《상법통람》등을 열심히 출판한다. 당시는 이미 일한도서(徐福煥, 1925~1986), 박영사, 법문사, 일조각 등 출판 1, 2세대들이 이 분야에서 확고한 기반을 다지고 있는 때였지만 그는 특유의 끈기와 뚝심으로 새로운 시장을 개척해 나름대로의 입지를 굳힐 수 있었다. 출판에 자신이 생기자 그는 독실한 불교신자답게《불교사전》,《선가귀감》,《보조법어》,《우리말 팔만대장경》등 1천 쪽이 넘는 방대한 불교 서적을 연달아 출판했다. 그런데 불교신자는 많았지만 아직 불교 서적은 시장이 제대로 형성되지 않은 때에 이는 무리한 투자였다. 과욕을 부린 셈이다. 한동안 자금난으로 고생하던 그는 심기일전해 1967년에 국민서관을 새로 설립, 방문판매용 어린이책 출판의 세계에 뛰어든다. 처음에는 조기교육의 중요성을 감안해 《디즈니그림동화》(전12권), 《어린이 생활학습》(전6권) 등 주로 해외에서 개발된 생활적응과 지능개발에 필요한 도서들을 우리 실정에 맞게 번안해 연령별, 기능별, 영역별로 펴냈다. 그러다가 우리 어린이 그림책이 외국 것을 답습하고 있는 현실을 타파하지 않으면 어린이책의 발전을 기대할 수 없음을 통감하고 이 일에 솔선수범한다. 국내 저자와 삽화가들에게 과감하게 투자하고 이들을 양성해 가며 《어린이 정서교육》(전13권), 《한국전래동화》(전20권, 테이프 포함) 등을 비롯한 《컬러 학습대백과》(전13권), 《학습사전시리즈》(전14권), 《이야기 과학전집》(전12권), 《소년소녀 세계문학전집》(전60권) 등으로 폭을 넓히면서 500여종을 출판해 우리 어린이책을 세계적인 수준으로 끌어올렸다. 월간 《자연과 어린이》(1984. 3.~?)라는 고급 어린이 과학잡지를 발행해 어린이의 탐구정신을 함양하고 현장학습 효과 증대에 기여한 업적은 높이 평가할 만하다. 사업영역을 확대해 불모지나 다름없던 유아용 교구교재 개발에도 기여했다. 업계 공동발전에도 매우 헌신적이어서 출협 부회장, 아동도서출판협의회 초대 회장 등을 역임하면서 출판산업 발전에도 열성적이었다. 출판협동조합 직원들을 위해 장학금을 쾌척, 자질향상의 계기를 만드는 미담도 남겼다.

1982년에 주식회사로 개편한 국민서관은 문종성이 서거한 뒤에 이유광, 이유숙 사장을 거쳐 현재는 아들 문상수가 대를 이어 활발하게 성장과 발전을 거듭하고 있다.

창조사 대표 최덕교(崔德敎, 1927~2008)는 우리나라 출판편집의 원로이자 대기로 정평이 나 있는 사람이다. 그는 오로지 혼자서 연구와 창의로 우수한 편집기량을 개발, 새로운 경지를 개척해 독보적인 편집자의 위상을 굳혔다.

최덕교

그는 6·25전쟁이 한창이던 1952년 12월에 편집사원 공채시험을 치르고 당당히 학원사에 입사한다. 학원사의 대표적인 업적으로 꼽히며 한국 잡지사의 신화로 남아 있는 월간 《학원》이 창간호 1만부가 완전 매진되고 둘째 권 12월호가 막 발행된 때 입사했다. 입사한 지 불과 4개월 만에 약관 26세의 나이로 월간 《학원》의 제3대 편집장을 맡았다(창간호 편집장은 훗날 일지사 사장이 된 김성재, 2대는 남소희). 선임 편집장들이 기라성 같은 이들이다 보니 더욱 책임이 무거웠다. "풋내기가 편집장이란 중책을 맡고 보니 잠이 오지 않았다"고 한다.[5] "당시 유명잡지의 편집장을 보면, 부산에서 발행되는 《희망》은 시인 공중인(孔仲仁), 《여성계》는 수필가 조경희(趙敬姬), 《문화세계》는 소설가 곽하신(郭夏信), 《새벗》은 아동문학가 이종환(李鍾桓), 《자유세계》는 문학평론가 임긍재(林肯載), 《사상계》는 발행인 장준하(張俊河)가 겸했고, 대구에서 발행되는 《소년세계》는 아동문학가 이원수(李元壽), 《신태양》은 소설가 유주현(柳周鉉) 등 모두 쟁쟁한 사람들인데 나만 백면(白面)의 풋내기였다. 전국을 통틀어보아도 잡지 '편집장'이 10명이 될까 말까였다"고 한다. 그런 풋내기 편집장이 매호 발행부수 기록을 갱신, 창간 1년 만에 발행부수 3만 5,000부라는 놀라운 기록을 세운다. 물론 그 후에도 발행부수는 계속 늘어나 국내 최고의 권위를 자랑하는 일간신문을 능가하는 신화를 만들어낸 것은 잡지역사에 전무후무한 일이 아닐 수 없다. 그의 회고에 따르면 한창 때의 최고 발행부수가 8만 5,000부였다고 한다. 자신을 스스로 '백면의 풋내기 편집장'으로 부른 그를 입사 4개월 만에 편집장으로 발탁한 김익달의 안목 또한 놀랍지 않을 수 없다.

편집자로서 그의 진면목을 유감없이 발휘한 업적은 1957년 우리나라에서 처음으로 6권이나 되는 방대한 규모의 《대백과사전》을 편찬해낸 일이다. 이때부터 사전(事典) 편찬의 신경지를 개척, 후진들에게 지대한 영향을 미쳤으며 그의 편집 스타일은 후배들이 추종하는 하나의 흐름을 형성한다.

10년간 많은 업적을 이룩한 뒤 부사장 겸 편집주간을 끝으로 63년 학원사를 떠나 창조사를 설립했다. 창조사를 운영하면서 탁월한 편집기술을 토대로 《한국성씨대관》(최덕교, 이승우 편)을 편찬해냈고, 《여명80년》(김기팔, 전5권), 100종에 이르는 《백과전서》 등을 펴냈다. 창조사 설립 초창기에 간행한 《생활영어》(로버트 박, 전3권)는 그가 세상을 뜰 때까지 최장기 베스트셀러로 창조사 경영의 대들보 구실을 했다. 학원사를 물러난 뒤에도 그는 창조사를 경영하는 한편 《농원》, 《주부생활》 등 학원사가 발행하는 잡지들의 편집고문을 계속 맡으면서 그 인연을 30여 년이나 더 이어왔다. 특히 학원사가 '학원장학회'를 설립할 당시부터 직접 장학생 선발에 간여해온 그이기에 이 장학회에 쏟은

---

5  최덕교, 〈30대 청년 김익달 어른〉, 《학월밀알》(통권 18호), 학원밀알장학재단, 2005, pp. 68~104

애정은 남달리 애틋하다. 2005년 부부의 이름을 따서 '순덕회' 명의로 학원장학회에 1억원을 기부한 것을 시작으로 해마다 1천만원씩을 출연했다. 그의 사후에는 가족들이 생전의 뜻을 헤아려 유산으로 남긴 창조사 사옥(당시 평가액 15억원)을 기부해 사회의 칭송을 받았다. 그는 자신이 한 일을 결코 세상에 알리지 않으려고 애쓴 사람이다. 그가 생전에 전 세계에서 발행된 고금의 백과사전을 수집해 모 대학에 기증, 백과사전 연구의 중심이 되도록 한 사실은 그 일을 도운 극히 일부만이 알고 있을 뿐이다. 출판계 내외의 숨은 일화에 정통해 '살아 있는 출판의 역사'란 말을 들었던 그는 말년에《한국잡지백년》(전3권, 현암사)을 집필해 우리 잡지의 역사를 정리하는 불후의 업적을 남겼다.

### 독자영역 개척하는 신진세력

유익형

유익형(柳益衡, 1930~1998)은 광복 이후 해외 유학생 가운데 제일 먼저 출판계에 투신한 사람으로 꼽힌다. 출판계에 투신해서는 영국인들도 인정하는 유창한 영어 실력, 해박한 해외 출판지식, 폭넓은 해외 출판인과의 교분 등을 활용해 한국 출판계의 국제적 위상을 높이는 데 남다른 역량을 유감없이 발휘했다.

그는 1954년 9월, 서울대 사회학과를 졸업하자마자 바로 미국 보스턴대학 경제학부로 유학을 떠났다. 귀국해서는《사상계》편집부국장으로 출판과 인연을 맺는다. 장준하가 막사이사이상을 수상한 직후 월간《사상계》의 인기가 상종가를 치고 있을 때였다.《사상계》필진을 중심으로 당시 한국 사회의 영향력이 큰 오피니언 리더들과 폭넓은 인적 네트워크를 형성한 것은 그가 나중에 출판계 리더로서 역동적인 활동을 전개하는 데 큰 자원이 된다. 그러나《사상계》편집부국장은 그가 오래 있을 자리가 아니었다. 그는 1961년 6월, 주식회사 범문사 이사로 취임, 가업을 이어받는다. 비로소 그가 있어야 할 자리를 찾아 출판인으로서의 본격적인 활동을 시작한 것이다. 범문사는 그의 부친 유영국(柳榮國, 1900~1999)이 1955년에 설립한 서적 수출입 회사이다. 주로 서양서를 전문으로 수입했다. 60년부터는 국내도서를 해외에 보급하는 사업도 펼쳤으니 범문사 70년의 역사는 곧 우리나라 출판물 수출입의 역사라고 해도 지나치지 않을 만큼 전통 있는 회사다. 회사경영에 자신이 생길 무렵 그는 영국 정부 초청으로 영국 출판계를 시찰하는 것을 시작으로 활동범위를 국제무대로 넓혀나간다. 영국 시찰에서 돌아오자 대표이사로 정식취임할 때까지 선대의 사업을 맡아 4~5년간은 회사를 성장시키는 일에만 전념했다.

그런 그를 출판계 전면으로 이끌어낸 사람은 한만년이다. 그는 1966년 도쿄에서 개최되는 유네스코 주최 아시아 지역 출판 전문가 회의에 함께 갈 요량으로 인사만 하고 지내는 사이인 유익형을 설득했다고 한다. 망설이는 그에게 첫째, 출판인으로서 국제회의를 한번 경험해보고, 둘째, 한국의 출판사도 개화기와 일제강점기 지배에서 벗어나 외국에서 공부하고 돌아온 2세가 자라났다는 것을 보여주며, 이 기회에 자신이 구축해놓은 일본 출판인들과 교분을 두터이 하면 앞으로 국제거래에서도 좋을 것 아니겠는가 하는 것을 이유로 들어 그를 설득했다고 한다.[6]

이 회의 참가를 계기로 두 사람은 의기투합한다. 이윽고 민영빈과 세 사람은 트리오가 되어 아시아개발자금(AID)을 유치해 선진해외 전문가의 관점에서 출판실태를 조사하고 이를 바탕으로 장기발전방안을 마련하는 등 60~70년대 우리 출판의 현대화를 주도하게 된다.

그는 오랫동안 출협의 국제담당 상무이사(1969~1978)와 부회장(1979~1980)을 역임하면서 국내외적으로 출판의 위상을 크게 높였다. 출협이 역사상 처음으로 '도서와 국가발전'이란 주제로 국제회의를 개최할 때 그 주제를 제인한 사람도 그였다. 30여 년이 지나서 한만년은 그때의 일을 다음과 같이 회고한 바 있다.


"그가 회의 주제로 '도서와 국가발전'을 제안했을 때 모두들 시의적절하다고 보았고 누구나 좋아했다. 모든 문제를 포함하며 언제나 참신한 주제일 수 있는 것이기에 그의 탁월한 식견과 표현에 놀라워하며 즉석에서 결정했다. 지금 생각해도 언제나 새롭고 앞으로도 지표가 아닐 수 없는 주제였다. 이렇듯 유 사장은 출판역사에 큰 획을 그었던 것이다."

---

6  한만년, 〈汎文社 柳益衡 社長을 보내면서〉, 《출판문화》, 1999. 2., pp. 34~37 참조

그는 물려받은 가업을 잘 수성했고, 1997년부터는 다시 아들 성권(成權)에게 경영을 맡기며 그 사업을 물려주었다. 유성권은 지금 글로벌 시대에 걸맞게 회사 이름을 ㈜이퍼블릭코리아로 바꾸고 사세도 몇 배나 키워냈다.

임인수

한림출판사 임인수(林仁秀, 1933~1996)는 누구보다 먼저 한국출판의 세계화를 꿈꾼 출판인이다. 서울대 사범대학을 졸업하자 교육계로 가지 않고 곧바로 가형이 경영하는 부산의 서적 도매상 대한도서(주)에서 출판과 인연을 맺는다. 1958년부터 4년간 출판의 생리를 익힌 후 상경, 출판사를 설립하며 독립한 때가 61년 1월이다. 처음에는 서구사(西歐社)로 등록했으나 곧바로 한림출판사로 이름을 바꾸어 컬러판 사진을 곁들인 시화집(詩畫集)《영원한 세계의 명시》(전30권, 1969~)를 출판해 독자들로부터 뜨거운 환영을 받으며 회사기반을 굳혔다. 이어《태평양전쟁》(전5권, 1969),《세계의 대회고록전집》(전25권, 1971) 등을 비롯해 한때는 박정희 대통령의 연설문집《영시의 횃불》등 제3공화국의 업적을 홍보하는 출판을 하기도 했다. 그러나 한림출판사의 출판사(史)적 업적은《Lets Learn Korean with Record》를 시작으로 현재까지 1천종에 이르는, 우리 전통과 문화를 세계에 알리기 위한 영문판 도서를 출판하고 있다는 점이다. 한림출판사는 《5000년 파노라마》,《한국학총서》(전6권),《한국의 무형문화재》(전3권),《한국문화시리즈》(전9권),《한국문화의 뿌리》,《한국음식대관》(선6권) 등 한국 문화 입문서를 비롯해《한국의 작가사전》,《김치》,《태권도》,《한국여행안내》,《판문점》등을 외국어판으로 펴내 한국 문화 해외보급의 첨병 역할을 했다. 아동도서의 출판에도 힘을 쏟아 1981년에는 '토이북'시리즈를, 1988년에는 일본의 후쿠인칸(福音館)과 계약을 맺고 60여 권의 세계 어린이 그림책을 간행했다. 또 전래동화의 한영 대역판, 독일어판 등을 간행해 해외보급에 힘썼다.

그는 우리 출판을 세계적인 사업으로 펼치기 위해 1975년에 미국 로스앤젤레스에 지점을 개설했다. 이듬해에는 뉴저지로 옮겨 '한림(Hollym)인터내셔널'이란 현지법인을 설립, 한국 도서출판의 현지화를 맨 처음 시도한다. 그가 한창 일할 나이에 미국 현지에서 출판사업을 추진하다 돌연사했을 때는 우리 출판이 큰 손실을 입었다고 모두들

애통해했다. 그가 작고한 뒤에는 한동안 전문경영인이 그의 유지를 받들어 회사의 전통을 지켜왔으나 지금은 큰아들 임상백(林相栢)이 회사를 발전시켜가고 있는 중이다.

이재영(李載英, 1925~1984)은 인천교육연구소 연구부장을 끝으로 교사생활을 청산하고 1960년 3월에 배영사(培英社)를 설립해 교육도서만을 전문출판했다. 그는《신교육학전서》(전10권) 같은 전문 이론서도 출판했지만, 교사경험을 살려《교육학용어사전》,《교육현장전서》(전10권),《유아교육전서》(전10권), 초등학교 1, 2, 3학년용《독서교실》(학년별 각10권, 전30권) 등 교육현실을 분석하고 진로를 제시한 교사용 교양도서를 주로 출판했다. 특히 200권 가까이 출판한 문고형《교육신서》는 배영사의 성가를 높여준 기획물이었다. 어렵게 사업기반을 다져가던 그는 사무실에서 갑자기 쓰러졌다. 평소 고혈압으로 고생하던 그가 작고한 뒤에는 전문경영인을 영입, 그의 유지를 계승하고자 시도했으나 전문출판의 노하우를 살리지 못해 끝내 간판을 내리고 말았다.

이들보다 조금 더 시대가 내려와서 60년대 중반부터는 전병석(田炳晳, 1937~현, 文藝出版社), 윤형두(尹炯斗, 1935~현, 汎友社), 박맹호(朴孟浩, 1934~현, 民音社) 등 젊은 출판인들이 새로운 감각으로 단행본 시대를 열어가기 시작한다.


### 명멸하는 출판저널리즘

출판정보지 발행은, 광복 직후부터 각양각색의 형태로 무수한 시도가 있었지만 아직까지도 뿌리를 내렸다고 보기 어렵다. 가장 먼저 발행된《조선출판신문》은 1947년 9월 1일, 반월간으로 창간(타블로이드 4쪽, 발행인 鄭鍾甲)했으나 48년 11월부터 최성원(崔成原, 朝洋社, 주간 楊美林)이 인수하고《독서신문》으로 제호와 간종을 변경해 6·25 직전까지 발행했다.

대한출판문화협회의 기관지《출판문화》(1948. 2. 창간, B5, 8쪽)의 출발은 순조로웠다. 7호 특집으로《출판대감》도 발행했으나, 8호 발행 직전에 6·25 발발로 중단되었다. 52년 6월에 속간 1호(B5, 14쪽)를 발행하고 또 중단 4년 만에 제호를《출협회보》(1956. 4., B5, 16쪽)로 바꿔 속간했지만, 재정사정 등으로 계속 뒤를 잇지 못했다. 1960년 9월에 원래의 제호 '출판문화'를 되살려 타블로이드판 신문 형태로 속간 3호부터 41호(1964. 11.)까지 발행하다가, 1965년 3·4월호부터는 잡지 형태로 체제를 쇄신, 지금까지 발행하고 있다. 월간《독서계》(발행인 李教範, 주간 金昌洙, 편집국장 趙誠出)는 1958년 7월호로 의욕적으로 출발했으나 얼마 가지 못했다.《한국잡지회보》는 잡지협회가 타블로이드 판 4쪽의 신문 형태로 1962년 12월 창간했다.《잡지계》(1967. 7.)부터 잡지 형태로 체제를 변경,《한국잡지계》(1968. 3.),《잡지신보》(1974. 2.),《잡지회보》(1980. 5.),《잡지뉴스》(1989. 6.)로 이름을 바꿔가며 발행하다 2008년부터 또다시《매거진저널》로 변경, 오늘에 이르고 있다.

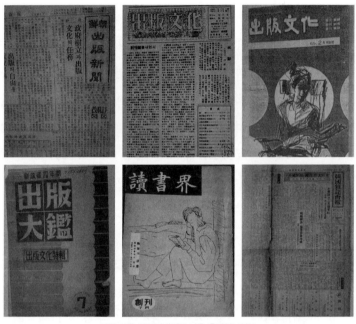

광복 이후 1960년대까지 나온 출판정보지들

50년대 후반부터 60년대 초반까지는 이렇다 할 출판정보지가 없었다. 출판단체의 기관지조차 명맥을 유지하기 어려워지자 학원사, 삼중당, 을유문화사가 대형 기획출판물의 발간에 맞추어 사보 형태의 출판소식지를 '월보'로 발행하며 공백을 메워보려고 했다. 학원사는 월보 발행을 끝낸 뒤에는《학원사 출판통신》(A5, 42쪽)을 월간으로 발행했는데, 발행 기간은 명확하게 밝혀진 게 없다. 필자는 1959년 4월호와 61년 11월호를 소장하고 있다.

이렇게 출판저널리즘이 지리멸렬한 가운데 신문광고료가 감당하기 어려울 정도로 오르고, 신간홍보의 어려움이 점점 더 가중되는 것을 타개하기 위해 1970년 11월, 주간《독서신문》을 업계공동으로 창간하면서 출판저널리즘은 비로소 신간정보 및 서평, 업계동향과 트렌드 분석을 통한 기록성과 방향성을 확보해나가기 시작한다. 3대 사장 김봉규(金奉圭, 1934~현, 삼성출판사)는 절정기 때 15만부까지 발행부수를 올렸다.《독서신문》의 대주주이자 업계 지도자들이 사유화를 우려해 갑자기 발행인을 바꾼 것은 판단착오였다. 그 후《독서신문》은 부진을 계속, 발행인이 여러 번 바뀌면서 창간취지와 목적은 퇴색해버렸다.

학원사가 월간으로 발행한 사보

## 진화하는 잡지출판

### 50년대 후반의 잡지

60년대를 보내기까지 우리의 잡지역사는 고난과 형극의 역사였다. '3호 잡지'란 말이 일상화되다시피 할 정도로 대부분의 잡지가 단명하는 불모의 땅에서도 새싹은 끊임없이 돋고 또 돋았다. 미처 자라지 못하고 땅에 묻힌 싹들은 뒤에 돋는 새싹들을 키우는 서름이 되어주었다. 한동안 잡지출판은 불탄 잔디밭에서도 새싹이 돋아나듯 활기차게 돌아갔다. 전란의 폐허 위에서도 잡지계는《희망》,《신태양》,《사상계》,《학원》등이 연달아 창간되어 선풍적인 인기를 끌었다. 전시 중의 침체된 사회 분위기에 활기를 불어넣을 수 있었던 것은 그런 수많은 잡지의 희생이 있었기에 가능했다.

50년대 후반부터는 잡지의 특성 중에 하나인 진화성이 나타나기 시작한 것이다. 진화란 종류의 다양화와 환경에의 적응에 의한 형태, 기능, 행동 등의 변화를 말한다. 이때부터 잡지는 편집체제도 본격적으로 갖추어가고 내용도 충실해져갔다. 지속적으로 인쇄설비가 개선되고 용지의 질이 향상되면서 쪽수도 증가일로를 걷는 가운데 새로운 잡지가 계속해서 탄생했다. 그중에《새벽》(朱耀翰, 1954. 9.~1960. 12.),《現代文學》(金琪午, 1955. 1.~현재),《女苑》(김익달 → 金命燁, 1955. 10.~1970. 4.),《自由文學》(한국자유문학자협회, 1956. 6.~1963. 4.), 《讀書界》(李教範, 1957. 7.~?), 《人物界》(1958.~?), 문예계간지《知性》(鄭鎭肅, 1958. 6.~12.), 《新文藝》(尹 瑛, 1958. 7.~1959. 10.), 《時事英語硏究》(裵宗鎬, 1959. 4.~1961. 4.) 등이 줄을 이어 창간되었음은 이미 살펴보았다.

　그렇다고 잡지출판의 여건이 근본적으로 개선된 것은 아니었다. 안정적인 기반이 마련되기까지는 아직도 갈 길이 멀었다. 끈질긴 도전과 모험으로 조금씩 여건이 개선의 실마리를 찾아가는 정도였다. 잡지 종수가 다양해지고 발행부수도 증가함에 따라 경쟁이 치열해지고, 거기에다 미국 원조가 대폭 줄어든 1957년부터 나라경제가 침체국면에 빠지자 잡지경영은 더욱 어려워졌다. 최고 발행부수를 자랑하던 대중잡지조차 부진을 면치 못했다. 《학원》도 57년 12월호를 내고 무려 5개월 동안이나 휴간기를 거쳐 58년 5월호를 속간호로 내야 하는 지경이었으니 잡지경영이 얼마나 어려웠는가를 짐작하기 어렵지 않다. 편집방침을 변경, 잡지의 성격을 바꾼다거나 잦은 판형 변경으로 도생의 길을 찾는 모험이 그치지 않았고, 발행인이 바뀐다거나 자연도태되는 잡지도 날로 늘어나는 등 부침이 매우 심했다.

　위기의 요인으로는 광고수입 부재, 구매력의 감퇴와 그로 인한 판매대금의 회수가 불확실하다는 점이 가장 컸다. 앞에서 살펴본 것처럼 도매상들이 부실해졌기 때문에 이들을 기피하는 대신 많은 소매서점과의 직거래로 돌아섰다. 자연히 유통비용 부담이 늘어났기 때문에 경영은 더욱 어려워질 수밖에 없었다. 공동판매회사 설립을 추진했으나 성립 일보 전에 와해되고 말았다. 잡지사 간의 상호불신을 극복하는 일이 공동이익을 추구하는 것보다 더 어려웠기 때문이었다. 근본적으로는 정기구독자의 부재로 부동(浮動)독자에의 의존도가 높은 것이 모험과 반품의 요인이기도 했다. 치열한 과당경쟁이 잡지경영을 압박하는 또 다른 요인으로 크게 작용했다. 잡지끼리의 경쟁은 크게 두 가지로 지적되었다. 하나는 발행일 경쟁으로, 다른 경쟁지보다 먼저 발행하려다 보니 두 달이나 앞서 발행되고 있었으며 이로 인한 여러 부작용이 파생되었다. 지나친 발행일 경쟁은 공보실의 강력한 경고로 다소 진정되었지만, 한 달 앞서 발행되는 것까지는 막지 못했다. 가격 면에서도 출혈경쟁이 극심했다. 당시 잡지가격을 조사해 보면《여원》만이 400환이었고 일부가 300환 내외였을 뿐 대부분의 잡지는 제작비가 급등했음에도 여러 해 동안 200환을 고수하고 있는 실정이었다. 셋째는 내용의 저속화가 급속하게 벌어졌다. 외설시비에 휘말려 《실화》(신태양사)가 58년 1월호의 부분삭제를 당해야 했고, 《흥미》(흥미사)는 음란 저속한 기사로 2월호 판매금지와 함께 3~5월호 발행금지 조치를 당하는 불상사도 발생했다. 《야담과 실화》는 58년 12월 폐간처분을 받았다.

## 신고제가 다시 허가제로

상황이 이런데도 4·19혁명으로 민주당 정권이 들어서고 정기간행물이 허가제에서 신고제로 바뀌면서 우후죽순 격으로 많은 잡지가 쏟아져 나왔다. 당시 잡지계를 비롯한 정기간행물 실태를 보면 '단군 이래 최대의 언론자유 시대'라고 말할 수 있을 만큼 무질서하게 잡지가 창간되었다. 4·19에서 5·16 사이에 발간된 정기간행물의 종수는 무려 1,400여종에 달했다. 사이비 언론매체가 발호하는 등 극도로 황폐해진 잡지윤리 제고가 초미의 사회적 과제로 대두된 것은 당연한 귀결이었다.

이러한 사회여론을 반영해 5·16군사정변으로 발족된 국가재건최고회의는 900여 종의 잡지를 강제로 폐간조치해버렸다. 잡지발행을 허가제로 환원하는 동시에 암적 존재였던 사이비 잡지를 일소하는 등 정부가 무질서한 잡지발행에 대한 정비를 단행한 것이다. 그리하여 1961년에 229종, 1962년 224종, 1963년 206종의 잡지만이 발행을 계속할 수 있었다. 이때 잡지협회도 강제로 해산당했다.

민주당 정권의 잡지를 포함한 언론정책이 자유당 정부의 규제적인 정책에 대한 반동으로 자유방임에 가까웠다면 군정 기간은 출판의 자유가 극도로 훼손, 축소된 하나의 수난기였고 새로운 개혁을 모색하는 시련의 시기였다.

군정이 끝나고 제3공화국이 수립되자 1964년 6월 3일 서울 일원에 선포된 비상계엄하에서 사전검열이 실시되었다. 해엄(解嚴) 후에는 언론규제 입법화의 규제정책에 직면하게 된다. 새로 제정된 법과 '자율적 규제강화 대책'에 의한 윤리위원회의 설립 등 이른바 '언론파동'의 소용돌이에 휘말리면서도 잡지창간이 다시 늘어나기 시작한다. 그리하여 1964년에는 월간지만 326종으로 대폭 증가한 이래 꾸준히 늘어나는 추세를 보였다. 1966년 말에는 400여 종의 잡지가 발행되고 있지만 기관지나 비매품을 제외하고 시판(市販)되는 잡지는 200여 종인 것으로 파악되었다.

5·16군사정변에 의한 군정 기간은 한국 잡지사에 있어서 획기적인 하나의 새로운 전

환점이 되었다. 이즈음에 새롭게 등장해 잡지문화를 선도한 잡지들을 살펴보면 종합지로는《지성》(삼중당, 1962. 7.~10.),《신세계》(1962),《세대》(세대사, 1963. 6.~1979. 12.),《신사조》(1963) 등과 복간한《신동아》(1964. 9.~현) 등을 꼽을 수 있다. 여성지로는《여원》의 아성에《여상》(신태양사, 1962. 11. 창간),《주부생활》(학원사, 1965. 4.~현)이 도전장을 내밀며 생활정보와 오락정보를 강화해 잡지계를 화려하게 장식한다. 여성지의 발행부수는 다른 잡지들에 비해 월등하게 많았다. 서점에서 여성지를 구입하는 독자들 가운데 남성들이 상당인원을 차지하고 있었던 것도 이채롭다. 전문지로는《시청각교육과과학교육》(1964) 등 교육지가 같은 해에 다수 창간되었다. 건축 중심의 문화잡지《공간》(1966. 11.~현재 'space'란 제호로 간행)이 전문지로서 성가를 높였고,《시사영어연구》(구문사, 1959. 4. 창간)를 1961년부터 시사영어사(현재의 YBM)가 인수해 독보적인 영어잡지로 성장시킨 후 그 여세를 몰아《영어연구》(1965)도 창간했다.《전기기술》(1964)도 기술잡지 분야에서 큰 발자취를 남겼다. 1959년에 창간된《사법행정》이 독주하다시피 하는 법률지 분야에는 1964년에《고시계》와《법정》이 도전장을 내밀며 경쟁을 벌였다.《기업경영》(한국능률협회, 1964),《은행계》(1966) 등 경영지가 새로운 잡지의 가능성을 열어갔고, 1955년에 창간된《현대문학》이 한때는《자유문학》과 경쟁을 벌였으나 1972년 9월에《문학사상》이 창간되기까지 큰 경쟁자를 만나지 않고 순조로운 항진을 계속해 나갔다.《학원》과《진학》(1965) 등의 학생지 분야는《여학생》(1965),《소녀시대》(1966) 등이 창간되어 여학생 전문잡지를 분화시키면서 50년대의《학원》이 누렸던 영광을 꿈꾸었다.《새소년》도 어문각에서 1964년에 창간되어《새벗》과 아동잡지 분야를 장악하고 있었다.

**[도표 4-6] 제3공화국 정기간행물 등록상황**　　　　　　　　　　　　　1964. 8. 25. 현재

| 간행물 구분 | 일간 신문 | 통신 | 주간 | | 월간 | 계간 | 기타 간 | 합계 |
|---|---|---|---|---|---|---|---|---|
| | | | 신문 | 잡지 | | | | |
| 기 등록 | 34 | 8 | 34 | 1 | 131 | 26 | 56 | 290 |
| 신규등록 | 1 | 1 | 25 | 5 | 139 | 8 | 16 | 195 |
| 합계 | 35 | 9 | 59 | 6 | 270 | 34 | 72 | 4.85 |

자료:《韓國新聞年鑑 1968》, 한국신문협회, 1968, p. 644

《사진》(1966), 《바둑》(1967), 《산》(1970)과 같은 취미생활 정보지들도 차례로 선을 보이기 시작, 잡지목록이 풍성해졌다. 대중오락지로는 《아리랑》(1957)에 이어 《로맨스》(1964), 《명랑》(1964)이 발행되고 있었다.

이 시기부터 잡지의 흐름은 개인적 취향의 발행정신에서 탈피해 경영의 합리화, 시장개척 노력, 판매망의 구축, 자체 PR 등을 통해, 잘 만드는 잡지는 팔 수 있다는 자신감을 심어주었다. 상업적 잡지로서의 의식이 계발되기 시작했다고 할 수 있다.

### 주간지의 등장과 잡지 대중화 단계 진입

이 시기의 특기할 만한 일로 주간오락지의 성공을 꼽아야 할 것이다. 동시에 1964년은 자본력이 약한 잡지계가 어렵게 개척해놓은 잡지시장에 막강한 자본력과 정보력을 가진 신문사들이 본격적으로 뛰어들기 시작한 해이다. 《신동아》가 1964년 9월에 복간한 데 이어 《주간한국》(1964)의 성공을 필두로 1968년에만 《주간여성》, 《선데이서울》, 《주간경향》 등 3개의 주간잡지들이 창간되어 주간잡지만 해도 11종으로 늘어났다. 신문사의 조직과 기동력을 발휘해 놀라운 발행부수를 자랑하며 68년을 기점으로 주간지 시대의 개막을 알렸다. 1969년 7월 현재 주간잡지의 총 판매부수는 전년의 4배, 약 120만부에 달하는 것으로 추정되었다. 1967년만 해도 서울에서 주간잡지가 통틀어 30만부 정도밖에 팔리지 않은 것을 감안하면 엄청난 양으로 늘어났다.

이처럼 상업주의 성향이 두드러졌으며 고급 주간잡지의 성공률은 미약했다. 1973년에 창간된 《서울평론》은 지식인 주간지로서 최초의 모범을 보였으나 주간지가 붐을 일으키는데도 성장을 보이지 못하고 2년 만인 75년 10월에 종간하고 말았다.

70년대로 가면 방송사들까지 합세한 언론사들이 주간지와 종합지, 여성지, 학생지를 가리지 않고 '언론사의 잡지 겸업시대'를 열면서 잡지문화를 바꿔놓는다.

잡지계는 물론 출판업계조차 신문사가 발행하는 주간지 때문에 대중성 있는 책은 팔지 못하게 되었다고 비명을 지르고 있었다. 도시화와 직장인들의 증가로 국민들의 생활양식이 주간단위로 변한 사회상이 반영된 현상이다. 그러나 주간잡지 붐은 장기적인 관점에서 많은 일반 대중이 활자문화(출판)와 친숙해지는 계기가 되었고 점차 고급서적으로 이동해 결과적으로 출판산업 발전에 긍정적인 영향을 미쳤다고 볼 수 있다.

일본에서도 1950년대 후반에 비롯된 주간잡지 붐이 그때까지 독서와는 거의 인연이 없던 대중에게 독서습관을 붙여주었다는 사실을 상기할 필요가 있다.

그러나 이들이 발행하는 주간지들은 지나치게 외설적이고 퇴폐적이란 비판이 더 컸다. 주간지 시대는 일단 1995년《주간경향》을 끝으로 쇠잔했다가 점차 안정기로 접어든다.

오늘날 주간잡지는《주간조선》,《시사저널》,《한겨레21》등이 경쟁을 벌이고 있는 중이다. 한편, 잡지협회는 잡지의 품격을 높이고 질적 향상을 도모한다는 목적으로 65년 7월 '한국잡지윤리위원회'를 발족시킨다.

이 시기는 방송매체의 확산 등 대중문화가 등장하는 기간이기도 했다. 특히 국영 KBS가 1961년에 텔레비전 방송을 개국해 TV 시대를 연 데 이어 서울 MBC라디오 (1961), DBS동아방송(1963), TBC라디오서울(1964)이 연달아 개국했다.《대한민국 통계연감》에 따르면 이처럼 TV와 민영 라디오 방송국들이 개국함에 따라 1959년에 겨우 15만대에 지나지 않았던 라디오 보급 대수가 1965년에는 178만3,000여 대로 늘어났고 1969년에는 300만대를 돌파해 대중문화를 선도하는 매체 구실을 했다. 70년대 이후 가장 영향력 있는 매체는 텔레비전이었다. 1961년 12월에 KBS TV 개국으로 1961년, 2만대였던 TV수상기가 69년에는 22만3,695대로 급속한 보급률을 보이며 잡지출판에 영향을 미치고 있었다. 특히 1965년의 한일 국교 정상화와 대일 청구권 자금의 도입은 경제발전의 기반을 확립하는 계기가 되었고 잡지광고 시장을 크게 확대시키기 시작했다. 이른바 개발연대로 지칭되는 이 기간의 대중매체 발달의 파급효과는 출판시장 규모의 확대 등 출판의 대중화에도 영향을 미쳤다.

## 매스미디어로서의 지위 획득과 잡지협회 재건

60년대 들어서면서 나름대로 어렵게 기반을 다진 잡지들 가운데 지령(誌齡) 백호를 넘어서는 잡지들이 나타나기 시작했다. 역사적인 지령 백호의 첫 테이프를 끊은 잡지는《학원》으로, 62년 10월호를 백호 기념호로 발행했다. 그다음 달에는《사상계》가 백호를 기념했고, 63년 4월호로는 문예지인《현대문학》과《아리랑》이 백호 기록을 세웠다.《여원》도 63년 12월호로 백호 잡지의 대열에 합류했다. 이렇게 여러 잡지가 백호를 넘어 발간되고 있다는 것은 광범한 독자의 지지 위에 그들의 전통을 확립했다는 증좌라고 볼 수 있다. 제작기술 면에서도 활자의 개량과 함께 원색인쇄가 가능해졌고 새로운 니크롬 동판(銅版)인쇄가 사용되었다. 따라서 잡지체제가 현저하게 개선되었다. 또 독자들의 잡지에 대한 비판력이 왕성해지고, 편집 참여의식도 강해졌다. 그리하여 잡지들은 '독자와 함께하는 잡지'라는 슬로건을 내세우게 되었고 독자수기 또는 작품모집 등의 방법으로 편집의 문호를 개방하기 시작했다. 고정독자 확보를 위해 다양한 교양강좌를 경쟁적으로 펼치기도 했다.

잡지도 하나의 매스미디어로서의 지위를 확보해나갔다. 오히려 신문이나 방송보다 시간적 지속성이 긴 광고매체로서 잡지의 중요성을 재인식하게 되었다. 사회적 이슈에 대한 깊이 있는 해설이라는 잡지의 공익적 기능 강화와 더불어 새로운 상품지식을 제공하려는 광고주와 편집자들의 노력으로 잡지광고 시장이 빠르게 성장하기 시작한 것이다. 잡지광고 비중이 증가하기 시작하자 종래의 문화의식에서 시작한 잡지발행 사업이 기업화의 길을 모색할 수 있게 되었다. 투기성이 줄고 치밀한 기획과 조사에 기반을 둔 합리적인 잡지발행의 가능성을 기대할 수 있는 기초적인 여건이 60년대 전반에 비로소 조성되고 있었다고 할 수 있다.

더구나 잡지발전의 심각한 저해요인으로 지적되었던 이른바 3대 현안과제인 ▷ 영업세 면제 부활 ▷ 용지수급 ▷ 융자알선 문제를 극복하고 발전토대를 확보할 수 있었던 것은 이러한 잡지출판의 신기운을 북돋는 기폭제가 되었다.

잡지계는 이러한 3대 현안과제를 해결하기 위해 부심했다. 구체적인 해결의 전제로서 '한국잡지발행인협회(현 한국잡지협회)'를 1962년 10월에 설립한다(회장 김익달, 1963. 1. 28. 공보부 설립인가). 현안과제에 적극 대처하기 위해 학원사 사장실에 모인 잡지 발행인들이 다시 힘을 모아 잡지협회를 부활시켜야 한다는 데 의견의 일치를 본 지 불과 한 달 만에 창립총회를 개최하고 정식출범하기에 이르렀으니 당시 잡지계가 현안과제 해결을 얼마나 절실하게 갈망하고 있었는가를 알 수 있다. 잡지협회는 설립하자마자 '잡지계의 긴급을 요하는 제반 요망사항'이란 제목으로 3대 현안과제 해결방향을 공보부에 건의한 데 이어 청와대, 재무부, 상공부 등에 대해서도 설득작업을 벌여나갔다. 용지수급 문제는 제지업계와의 담판이 결렬되자 방향을 돌려 금수(禁輸)조치 중인 백상지의 수입추천을 강력히 요구함으로써 적정한 가격에 적정 물량을 수입할 수 있었다. 그러나 영업세 면제는 쉽지 않았다. 잡지 영업세는 원래 면세되고 있었다. 그러나 1961년 8월 29일의 임시 각의(閣議)는 경제개발5개년계획 등 정부방침을 망라한 62년도 운영계획에 의한 세제개혁 요강에 따라 〈영업세법〉을 개정하면서 제9조 제2호를 '일간과 주간신문 및 통신업'에 한해서만 면세조치하고 월간 이하의 잡지는 제외해버렸다.

잡지인들의 노력으로 영업세 면제대상에서 제외된 지 2년 반 만인 1964년 3월 28일의 제41회 국회 본회의에서 "잡지의 신문 및 통신과 다름없는 언론의 사명을 띤 공익성을 이해하고 정부에 대해 면세조치해줄 것"을 만장일치로 결의함으로써 비로소 면세의 길이 다시 열리게 되었다. 그리하여 64년 공포된 〈영업세법 중 개정법률〉에서 "일간, 주간신문, 정기간행의 잡지와 통신업"(제9조 제2항)이 정식공포되었다. 2년여가 넘는 기간 동안 각고의 노력을 기울인 결과 잡지가 사회 공익매체로서 인정받게 된 것이다.

잡지에 대한 영업세 면제조치는 1971년의 〈영업세법 개정법률〉에 따라 제9조 제5항이 "정기간행물의 발행과 도서출판의 영업"으로 다시 개정되었다. 이에 따라 종래 면제영업(동법 제10조)이던 것이 비과세 영업(제9조)으로 개정되어 잡지도, 도서도 면세신청이라는 번거로운 절차를 밟지 않고 자동적으로 완전 면세업종으로 확립되었다.

한편 잡지협회는 1965년 10월에 개최된 제4회 정기총회에서 육당이 발행한 《소년》 창간일인 11월 1일을 '잡지의 날'로 제정, 선포하고 이듬해부터 잡지계의 가장 큰 잔치로 지켜나가기 시작했다. 첫 잡지의 날 기념식에서는 '한국잡지문화상'도 제정할 것을 결의해 현재까지 시행하고 있다. 68년에는 국제잡지연맹(FIPP)에도 정식가입했다.


## 잡지필화 사건의 특징

또 필화사건이 터졌다. 이번에는 문학평론가 임중빈(任重彬, 1939~2005)이 월간 《다리》 9월호에 기고한 〈사회참여를 통한 학생운동〉이 "북한의 활동을 고무찬양하거나 동조해 북괴를 이롭게 한 내용"이란 이유로 잡지 편집인 윤형두(현 범우사 회장), 발행인 윤재식(尹在植, 1936~현)과 함께 3인이 반공법 제4조 1항 위반혐의로 구속되는 이른바 《다리》지 필화사건'이 일어났다. 〈오적(五賊)〉 필화사건의 충격이 채 가시기도 전인 1971년 2월 12일의 일이었다. 이 잡지의 실질적 운영자인 김대중의 핵심참모 김상현

(金相賢)도 함께 조사받았다. 그것도 잡지가 발행된 지 석 달이나 지난 뒤, 마지막 직접선거였던 제7대 대통령 선거전(4. 27.)이 막바지로 치달을 때였다. 세상 사람들은, 김대중 신민당 대통령 후보 진영의 기를 꺾고 압박하기 위한 일종의 'DJ 교란작전'으로 야기된 필화사건으로 받아들였다. 당시 임중빈은 김대

1971년 5월 《다리》 필화사건의 피고인 문학평론가 임중빈(오른쪽), 주간 윤형두, 발행인 윤재식이 법정에 서 있다.

중 후보의 회고록을 집필 중이었고 윤형두가 운영하는 범우사는 선거용 홍보책자를 간행하고 있었는가 하면 발행인 윤재식은 대통령 후보의 공보비서였기 때문에 검찰의 구속, 기소조치에는 정치적 저의가 분명해 보였다.

이들은 그해 7월 16일, 서울지법 목요상(睦堯相) 판사에 의해 전원 무죄판결을 받고 풀려났다. 반공법에 걸렸다 하면 무죄가 나오기 힘든 군사정권 시절에 무죄판결은 지극히 이례적이었다. 검찰의 항소는 기각당하고 대법원에서도 무죄가 확정되어 반공법 대 언론자유의 싸움은 언론자유의 승리로 끝맺었다.[7]

월간《다리》는 〈오적〉 필화사건의 여파로《사상계》가 폐간된 직후인 1970년 9월에 창간해 1972년 10월, 유신이 선포되기까지 민중의 대변지 구실을 한 비판적인 잡지다. 이런 잡지의 성격 때문에 월간《다리》는 1년 동안 인쇄소를 무려 27차례나 바꾸어야 할 정도로 온갖 시련을 겪었지만, 창간된 지 얼마 되지 않아 발행부수가 6만부를 넘길 정도로 인기를 누리며 여론을 주도했다. 72년 1월호에는 "침묵만을 강요하는 이 어기찬 현실 앞에 더는 비굴할 수 없다"는 내용의 휴간사를 권두언으로 싣고 두 달간 자진휴간한 일도 있으나, 그해 4월에 복간해 10월호까지 낸 후 유신과 더불어 폐간되었다. 그 뒤 89년 9월호(통권 23호)로 다시 복간했으나 90년 6월호(통권 32호)를 낸 뒤 지금까지 휴간 중이다.

우리나라에서는 신문·잡지 등에 게재된 기사나 논설이 집권자나 정부 또는 사회의

---

7  한승헌, 〈사법정의 일깨운《다리》 필화사건〉(《한겨레》, 2009. 2. 1.). 이 사건에 대해서는 한승헌 선생 회갑기념문집,《분단시대의 피고들》(범우사, 1994)에 관계된 인사들의 증언을 통해 자세히 소개되어 있다.

비위를 건드려 그 필자나 발행자가 법률적·사회적으로 제재를 받은 필화사건들이 많아서 여러 잡지가 큰 곤욕을 치렀다. 잡지뿐만 아니라 단행본에 대한 판매금지나 압수 등 탄압과 필화사건은 민주화가 이루어지기까지 끊이질 않았다. "필화는 있어서 불행한 것도 아니고 없다고 다행한 것도 아니다. 전자가 의당 해야 할 비판과 저항의 살아 있음의 증좌일 수도 있고, 반면에 후자는 압제 앞에 항복한 침묵과 굴종의 반사적 현상일 수도 있"[8]는 이중적인 성격을 지니고 있다.

해방 후의 중요한 잡지 필화사건으로는 1952년 1월에는 김광주(金光洲)의 창작소설 〈나는 너를 싫어한다〉를 게재한 월간《자유세계》를 공보처(처장 李哲源)가 부산과 대구에서 전량 압수한 일을 들 수 있다. 법적 근거 없는 일이라는 잡지사(弘文社)의 항의를 받고, 공보처는 소설에 등장하는 주인공 '선전부장관의 부인' 중 '선전부장관' 이란 다섯 글자를 삭제하고 판매하도록 조처한 뒤 이를 언론사에 보도자료까지 돌렸음에도, 돌연 전문(16쪽)을 모두 삭제하도록 명령했다.

또 자유당 독재가 말기로 치달을 때 함석헌(咸錫憲)이《사상계》58년 8월호에 쓴 〈생각하는 백성이라야 산다〉로 〈국가보안법〉 위반혐의로 구속당했다가 20일 만에 석방된 필화도 유명하다. 59년에는 월간《야화(夜話)》7월호에 호남 사람들의 기질을 비난하는 〈하와이 근성시비〉라는 기사가 실리자 전라도 사람들이 크게 반발, 잡지 발행인 최상덕(崔象德)과 편집책임자 이종렬(李鍾烈), 필자 조영암(趙靈岩, 필명 金昌健으로 발표)이 구속되기에 이르렀다. 잡지가 발매되자마자 광주시민 5만여 명이 규탄결의내회를 열었고, 전남·북 도의회는 규탄결의안을 채택했다. 호남 출신 국회의원 50여 명은 공보처장에게 책임을 추궁하는 등 사태가 매우 심각하게 전개되었다. 잡지는 즉시 판매금지되어 회수되었으며 발행인과 편집인, 필자가 명예훼손 혐의로 구속되었다. 1심에서 편집인과 필자는 2년형이 언도되고 발행인은 무죄석방되었으나 상고심에서 편집인과 필자는 6월형으로 감형되었다. 국회에서는 공보처장으로 하여금 이 잡지를 폐간하겠다는 답변을 이끌어냈으나 잡지사 스스로 자진폐간하는 것으로 정리되었다. 필화로 인해 잡지 자체가 없어지는 첫 사례를 남긴 것이다.

---

8   한승헌,《권력과 필화》, 문학동네, 2013, p. 13

유주현(柳周鉉)의 〈임진강(臨津江)〉(《사상계》 1962. 7.)은 작가도 알지 못하는 사이에 일본 조총련(朝總聯)계 잡지에 실린 탓에 문초를 받았고, 구상(具常)의 희곡 〈수치(羞恥)〉(《자유문학》, 1963. 2.)도 연극으로 상연되었을 때 반공법에 저촉되는 부분이 있다 해서 문제가 되었다. 박정희정권 시기에는 필화사건이 끊이질 않았는데, 1972년 '10월 유신'이 선포되기 직전에는 특히 자주 일어났다. 1969년에는 《신동아》 필화사건'이 일어났다. 《신동아》 12월호는 원고지 200장이 넘는 방대한 분량의 특집기사 〈차관(借款)〉을 실었다. 차관의 도입실태, 차관배정과정, 차관도입의 공과 등에 대해 심층보도하면서 차관 일부가 정치자금으로 흘러들어간 정황을 폭로하여 박정희 정권의 도덕성에 일격을 가한 기사였다. 중앙정보부는 필진과 편집진을 〈반공법〉 위반혐의로 강제 연행하고, 이 기사가 "기밀사항으로 당시 세간의 '차관망국론(차관경제가 미·일에 대한 경제적 예속을 가중시켜 궁극적으로는 빈부격차가 심화된다는 이론)'을 퍼뜨려 결과적으로 북한을 이롭게 했다"고 주장하였다.

그러나 〈차관〉의 내용은 이미 보도를 통해 공개된 사실이라 처벌이 어렵자, 10월호에 실린 〈북괴와 중·소 분열〉 가운데 "남만주 빨치산운동의 지도자 김일성"이란 대목을 문제 삼았다. 이 일로 사주인 부사장 김상만(金相万), 편집인 겸 주필 천관우(千寬宇)를 연행했다. 사주까지 탄압을 받자 《동아일보》는 당국과 밀실담판을 벌여 오역(誤譯)을 인정하며 사과하는 사고(社告)를 냈다. 당국도 형사소추를 포기하는 대신 천관우, 홍승면(洪承勉), 손세일(孫世一)을 물러나게 하는 것으로 마무리 지었다.

김지하(金芝河)는 정치와 사회현실을 신랄하게 풍자한 담시(譚詩) 〈오적(五賊)〉(《사상계》, 70. 5.)과 장시 〈비어(卑語)〉(《창조》, 72. 4.)를 발표하여 두 번씩이나 구속되었다. 〈오적〉을 게재한 《사상계》는 5월호를 더 이상 판매하지 않는 조건으로 마무리되는 듯했으나, 이 작품이 다시 신민당 기관지 《민주전선》 6월호에 실리면서 김지하를 비롯한 사상계사 부완혁(夫琓爀) 대표, 편집장 김승균(金承均), 민주전선 편집장 김용성(金容誠) 등이 〈반공법〉 위반으로 중앙정보부에 연행되었다. 때마침 국제펜클럽 서울총회를 앞둔 시점에서 김지하가 구속되자 국내외 문인들이 김지하 구명운동을 전개하여 세계적인 문인 탄압사건으로 비화되었다. 이 사건은 "계급의식을 조성, 북한의 선전자료에 이용되었으므로 유죄를 인정 징역 1년, 자격정지 1년을 선고할 것이지만 정상을 참작하여 형의 선고를 유예한다"고 이적혐의를 인정하는 판결을 내렸다. 〈오적〉 사건 당시 중앙정보부는 3,000만원을 주고 잡지 소유권을 가져가려 했지만 부완혁은 "사형 당하는 것보다 안락사 시키는 것이 낫겠다"며 3,000만원을 받지 않았다. 그러나 〈오적〉을 실었던 《사상계》는 그 여파로 1970년 9월 29일자로 등록을 취소당했다. 문공부의 공식적인 취소이유는 인쇄소 변경등록을 하지 않았다는 것이었다. 이에 사상계사는 문공부를 상대로 등록취소처분 취소청구소송을 제기해 71년 10월 26일 서울고법 특별부에서 승소판결을 받았다.

〈비어〉와 천관우(전《동아일보》이사)·길현모(吉玄模, 서강대) 교수의 4·19 특집 대담기사를 게재한 천주교 기관지 월간《창조》1972년 4월호가 발행되자 중정은 "국가총력 안보를 저해함은 물론 천주교인들을 친야적(親野的)인 방향으로 유도하는 내용을 게재한 혐의"가 있다며 김지하를 다시 구속했다. 천관우와 길현모 등 필자는 물론 김수환(金壽煥) 추기경을 비롯한 김철규(金哲珪) 부주교, 가톨릭출판사 사장 겸《창조》편집책임자인 유봉준(兪鳳俊) 신부, 주간이었던 구중서(具仲書) 등 관련자들을 소환조사하고 이미 배포된 잡지를 회수토록 했다.[9] 이와 관련해 김수환 추기경과 김철규 부주교에게서는 "편집에 소홀했다"는 시인과 함께 "순수한 가톨릭 기관지로 전환할 것을 서약"하게 하는 한편 사죄와 향후 협조를 약속받았다. 편집책임자인 유봉준은 해임한 후 김택구(金澤龜) 신부를 사장대리로 임명토록 했지만, 김지하와 천관우 등에 대해서는 입건(반공법 등)할 수 있는 구증(具證)방법이 어려운 점을 고려하여 앞으로는 이와 유사한 행위를 하지 못하도록 강력한 제재를 가한 연후 동향을 계속 감시하겠다는 수사담당관의 의견대로 처리되었다. 국제적인 여론이 나빠지자 정부가 불분명하게 봉합해 버린 것이다. 그러나 추기경이 반성문 형식의 서약서를 제출케 한 필화사건은 세계적으로도 유례가 없는 일에 속할 것이다. 이 사건은 유신체제 선포 이전 정권에 비판적이었던 언론은 물론 종교계까지도 통제하고자 했다는 사실을 보여주는 사례에 속한다.

국가정보원 과거사건 진실규명을 통한 발전위원회(진실위)가 발간한《과거와 대화,

---

9  중정은 전국 시도단위 경찰을 동원하고 또 천주교 전국교구를 통해 4월호의 강력 회수에 나섰으나 총 발행부수 5,500부 (배포부수 4,788부) 가운데 2,274부를 회수하고 3,226부는 회수하지 못했다.(국정원 과거사 진실규명을 통한 발전위원회, 《과거와 대화, 미래의 성찰(V) 언론·노동편》, 국가정보원, 2007, p. 102)

미래의 성찰(V) 언론·노동편》은 위의 ①《신동아》(차관, 1968), ②《사상계》(오적, 1970), ③《다리》지 필화사건(1971), ④《창조》 필화사건(1972), ⑤《신동아》·《월간 조선》 제작 방해사건(1987)을 중앙정보부나 그 후신인 안전기획부가 공포를 조장하기 위해 불법 적인 수사와 공작을 벌였던 사건으로 인정했다.[10] 이에 대해《기자협회보》는 "당시 기사 가 실정법을 전혀 위반하지 않았음에도 불구하고 '〈반공법〉(80. 12. 31. 폐지)과 〈언론기 본법〉(87. 11. 11. 폐지) 위반 혐의를 뒤집어씌우기 위해 불법으로 꿰어맞추기식 수사와 물리력을 동원한 불법행위'로 인정한 것"이라고 규정했다.[11] 5대 필화사건 중에서《다 리》지 사건만이 유일하게 정식 재판절차를 거쳐 무죄 판결을 받았다.

《신동아》및《월간 조선》제작방해사건은 김대중 납치사건에 대한 '이후락 증언' 내 용의 게재를 저지하기 위해 중정 수사관 10명이 10월 20일 밤 9시경 동아인쇄공업(주) 윤전실을 점거, 강압적으로 인쇄·제본을 중단시킨 사건을 말한다. 기자들의 강력한 저 항이 벌어지고, 사태발생 뒤 일간신문에 보도되면서 비난여론이 비등하자 사건발생 8 일 만에 정부가 굴복하였다.

70년대 초반은 이렇게 잡지발행이 참으로 어려웠던 시대였다. 사회분위기도 불안하 기 그지없었다. 〈오적〉사건이 일어난 70년에는 전태일이 분신자살했고,《다리》지 필화 사건이 난 해에는 사법부 파동, 위수령 발동, 국가비상사태선언, 〈국가보안법〉개정안 변칙통과, 서울대와 전남대생 내란음모사건 등 지성인들로서는 도저히 받아들일 수 없 는 시국사건들이 1년 내내 줄을 이었다. 남북공동선언과 남북조절위원회 공동위원장 회의가 열리기도 했으나 10월 17일에는 '10월 유신'이 선포되고 긴급조치가 연달아 발 동되었다. 1974년에는 고문으로 조작된 민청학련 사건과 인혁당 사건이 발생하고 관 련자 8명이 사형을 당하는 최악의 사법살인도 일어났다. 정권은 이러한 조치들을 이용 하여 비판의 예봉을 꺾기 위해 곧잘 이적(利敵)의 올가미를 씌웠으며, 그러한 필화사건 은 6·29 이후 출판의 민주화조치가 있을 때까지 계속되었다. 그때마다 그것이 던지는 사회적 의미는 자못 심각하였고 세상의 비상한 관심을 집중시켰다.

---

10  국정원 과거사 진실규명을 통한 발전위원회,《과거와 대화, 미래의 성찰(V) 언론·노동편》, 국가정보원, 2007, pp. 66~113
11  《기자협회보》, 2007. 10. 26.

필화사건이라고 하면 외국에서는 대부분 명예훼손, 프라이버시 침해, 음란 등이 논란의 불씨가 되었는데 비해 우리나라에서는 권력이 정치적 의도를 가지고 용공이적의 안보관계법을 내세워 권력장악 및 안정에 이용한 시국사범의 성격이 강한 사례가 많았던 것이 특징적이다. 그로 인해 필자는 물론 발행인, 편집자들이 수난을 당하고 출판사의 등록이 취소되거나 판매금지로 인한 이중삼중의 피해가 막심했다. 또 하나의 특징은 처음 발표되었을 때는 별문제가 없다가 다른 매체를 통하여 다시 발표되었을 때 사건화되는 경우가 많았다는 점이다. 앞에서 살펴 본 것처럼 김지하나 유주현, 구상 등도 그렇고, 현대문학에 게재된 단편소설 〈분지〉가 북한의 기관지 통일전선에 실리면서 〈반공법〉 위반으로 처벌 받은 것이 대표적인 예에 속한다.

한국적 성윤리와 맞물려 음란성을 이유로 필화사건을 겪은 잡지는 《야담과 실화》가 〈한국판 킨제이보고서〉로 폐간처분 받은 것을 비롯하여 부분 삭제나 판매금지 당하여 소각되는 사례는 일일이 꼽기 어려울 정도였다.

# 제5장
# 출판산업화에의 열망

## 혁신전략으로 자력갱생을 도모

### 약진하는 60년대 후반의 출판산업

우리 출판산업은 60년대 후반에 들어와서 출판구조의 혁신을 통해 다시 한 번 도약한다. 1966년부터 1976년까지 10년간은 출판발전 과정에 있어서 산업화를 이룩한 매우 중요한 기간이다. 제1차 경제개발계획의 성공은 우리나라가 경제·사회·문화 모든 부문에서 구조변혁의 전기를 마련할 수 있는 힘이 되었다.

1962~1964년의 국민총생산은 연간 7%에 지나지 않던 것이 1965년 8.1%, 1967년에는 13.4%의 고도성장을 이룩해 산업구조의 현대화와 사회간접자본의 성장은 괄목할 만한 성과를 보이고 있었다. 가계 저축액도 조금씩 늘어나고 인플레도 진정되어 갔다. 1962년에 3,000만 달러이던 수출액은 1966년에 3억5,800만 달러로 열 배 이상 늘어났다. 나라의 경제가 이렇게 약진을 계속하고 있는 데 비해 영세한 출판업은 여전히 불안정한 상태를 벗어나지 못하고 있었다. 나라경제와 다른 산업이 약진하고 있는 것에 비해서는 상대적으로 산업규모가 점점 더 왜소해지는 상황이었다.

분단된 국토와 적은 인구, 낮은 독서율과 좀처럼 개선되지 않는 구매력, 그리고 고금리와 자금경색으로 인한 출판자금 확보의 어려움 등 그동안 출판계 발전을 억눌러

왔던 질곡과 장애는 좀처럼 개선되지 못하고 있었다. 여전히 영세성에 기인하는 많은 문제점을 내포하고 있는 한계상황과 희망적인 가능성이 혼재된 난맥상을 보인 것이 1960년대 중반까지 우리 출판의 자화상이었다고 할 수 있다.

초등학교(당시는 '국민학교'라 불렀다) 입학생 수는 적령기 아동의 95%를 차지해 선진국 수준으로 올라섰고, 중등학교나 대학 진학률도 개발도상국 중에서 으뜸가는 비율을 보였다. 이 같은 높은 교육열은 문맹자를 없애는 데 크게 기여해 읽고 쓸 수 있는 능력을 가진 인구의 비율도 전 국민의 90%가 넘었다.

전문인력 양성이 제2차 경제개발의 목표 가운데 하나로 설정됨에 따라 인력개발에 필요한 새로운 지식을 보급하는 수단으로서 출판발전이 시급한 과제로 부각되었다. 특히 농·공·광업 등 각 산업 분야를 발전시키는 데 적합한 기술이나 사회경제 부문에서의 전문도서에 대한 사회적 요구도 한층 증대될 것으로 전망되어 출판에 대한 경기예측도 보랏빛이 더욱 짙어져가고 있었다.

공업화를 추구한 제2차 경제개발5개년계획 기간(1967~1971) 중 지식이 바로 정보이며 생산력의 독립적인 요소로서, 정보자원은 매우 중요한 부분이라는 사실이 폭넓게 인식되었던 것이다. 출판산업은 이제 국가발전의 중요한 부문으로 자리매김하게 되었으며, 이를 통해 생산력 중에서 가장 중요한 요소인 사람에게 작용하는 과정을 통해 그 기능을 발휘하기 시작했다. '근대화'를 기치로 내건 정부의 의욕적인 국가발전계획의 추진과 사회·경제 전반의 활기찬 분위기에 힘입어 출판발전을 가능케 할 사회적 인프라도 축적되어가고 있었다. 이를 배경으로 "어둡고 그늘진 구석에도 근대화의 불빛이 스며들기"를 바라면서 기사회생의 가능성에 대한 열망과 희망적인 기대가 점차 충만해가고 있었다. 그러나 그러한 발전의 가능성만 보이기 시작했을 뿐 실제로 성장을 뒷받침할 능력은 아직도 턱없이 부족한 형편이었다.

때마침 "경제개발 못지않게 사회적 정신개발, 사회도의와 윤리의 재건이 필요하다"는 반성이 제기되고 경제개발과 균형적인 정신문화 향상을 강조한 정부의 '제2경제' 시책을 적극 활용해야 한다는 의지가 강력해졌다.

이런 기류를 타고 신규등록 출판사는 계속 늘어만 갔다. 1963년에 602개사이던 총 출판사 수는 1969년에 1,962개사로 늘어났다가 1970년에는 다시 1,016개사로 줄었다.

그런데도 초·중판을 합한 연간 도서발행 종수가 한때는 3천종대를 돌파하는 저력을 보이기도 했으나 2천종대에서 등락을 거듭하면서 부진을 면치 못하고 있었다. 1966년의 발행종수는 3,104종이던 것이 이듬해에는 2,216종(전년대비 71.4%)으로 격감하는 결과를 보였다. 1968년에는 다시 2,528종(66년 대비 81.4%)으로 증가해 다소 회복세를 보이는 듯했으나 1969년에는 또다시 2,482종(66년 대비 79.9%)로 반전되었다.

이렇게 일진일퇴를 거듭하면서 답보상태에 있던 출판량은 1970년대 접어들면서 급성장하기 시작해 1976년에는 드디어 연간 발행종수 1만종대를 돌파한다. 본격적인 출판이륙의 궤도에 진입한 것이다. 발행부수도 1976년에는 1972년 대비 무려 2.4배나 증가한 3,700만부를 넘어서는 대약진을 이룩했다.

그런데 1종당 평균 발행부수는 1966년의 2,413부에서 1971년에는 2,204부로 5년 사이에 9%나 감소할 정도로 퇴행을 거듭했지만, 76년에는 발행부수를 집계하기 시작한 이래 최고기록인 2,822부를 돌파했다. 1963년도에 5.05종이던 사당 평균 발행종수가 영세 출판사들의 다수 난립으로 1969년까지는 오히려 큰 폭의 후퇴를 거듭해 1.29종으로까지 줄어들었으나, 1970년부터 다시 반전으로 돌아서기 시작, 1973년에는 7.6종, 76년은 11.6종으로 크게 늘어났다. 이는 정부의 부실 출판사들에 대한 과감한 정리에 힘입은 바도 적지 않았다.

[도표 5-1] 출판사와 출판량의 증가 추이

| 연도 | 1963 | 1966 | 1969 | 1971 | 1973 | 1976 |
|---|---|---|---|---|---|---|
| 출판사 수 | 602 | 1,360 | 1,962 | 1,171 | 936 | 1,145 |
| 발행종수 | 3,042 | 3,102 | 2,522 | 2,917 | 7,123 | 13,334 |
| 사당 평균종수 | 5.05 | 2.28 | 1.29 | 2.49 | 7.6 | 11.6 |
| 발행부수 (천부) | – | 7,490 | 6,666 | 6,429 | 15,761 | 37,636 |
| 평균부수 | – | 2,413 | 2,643 | 2,204 | 2,212 | 2,822 |

자료 : 《出版白書》(대한출판문화협회, 1970. 12.), 《한국출판연감》(대한출판문화협회, 2013)

평균 발행부수는 책값의 책정에 결정적인 영향을 미치고 또한 출판시장 규모를 나타내는 바로미터이며, 사당 평균 발행종수는 개별 출판사의 기업화 수준을 측정할 수 있는 지표임을 감안할 때 이런 출판실적의 호전은 출판시장의 성장에 대해 희망적인 관측과 자신감을 불어넣어 주었다. 1960년대 후반의 출판경영 실태는 다른 제조업의 성장에 비해 상대적으로 심한 불균형 상태에서 왜소성을 극복하지 못하고 있었다.

그렇지만 잠재 성장력은 막강해 1960년부터 우리는 아시아는 말할 것도 없고 세계 출판량의 성장지수를 크게 앞서 나가기 시작했다.

[도표 5-2] 한국의 도서 출판량 증가추세 국제비교  단위 : 종, %

| 구분 | 1955 | | 1960 | | 1965 | | 1966 | |
|---|---|---|---|---|---|---|---|---|
| | 종수 | 지수 | 종수 | 지수 | 종수 | 지수 | 종수 | 지수 |
| 전 세계 | 285,000 | 100% | 364,000 | 127.7 | 450,000 | 157.9 | 460,000 | 161.4 |
| 아시아 | 70,000 | 100% | 83,000 | 118.6 | 85,000 | 121.4 | 95,000 | 135.7 |
| 한국 | 1,308 | 100% | 1,618 | 123.7 | 3,188 | 243.7 | 3,102 | 237.2 |

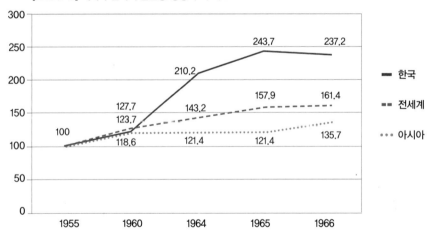

[도표 5-3] 세계와 한국의 출판량 성장 추이 비교

자료 : 《유네스코통계연감》, 《한국출판연감》 각 연도판에서 작성

로베르 에스카르피(Robert Escarpit)는 《출판혁명》에서 세계의 출판종수는 1952년에 약 25만종이던 것이 1962에는 35만종으로 10년 사이에 약 40% 증가한 것으로 분석하고 있는 데 비해 한국의 출판종수는 같은 기간에 1,393종에서 3,720종으로 167%나 증가해 성장률에서 국제추세를 크게 앞지르고 있다. 이를 다시 비교가 가능한 자료

를 가지고 분석해보면 앞의 [도표 5-2]와 [도표 5-3]에서 보는 것처럼 아시아 지역의 증가율 35.7%는 물론 전 세계 증가율 61.4%를 현저하게 능가한 137.2%의 성장률을 보이고 있다.

그러나 종당 평균 발행부수에서는 아직도 한국이 비교할 수 없을 만큼 열등한 위치에 있었다. 즉 선진국들의 평균 발행부수[1]는 영국 1만5,200부, 미국 1만3,900부, 프랑스 9,700부, 독일(서독) 7,700부이다. 그 외의 다른 나라들도 3,000~6,000부인 데 비해 한국은 1967년 현재 2,248부로 집계되었다. 이렇게 세계 여러 나라들과 비교할 수 없을 만큼 적은 양의 1종당 평균 발행부수는 도서가격이 상대적으로 비싸게 책정되지 않을 수 없는 요인의 하나로 작용하고 있으며 이는 한국출판업의 채산성이 선진외국에 비해 큰 어려움을 면치 못하고 있는 배경이 되고 있었다. 한국출판업이 영세성을 벗어나지 못하고 있는 이유는 결국 평균 발행부수의 열세에 있는 것이고 그것은 독서인구와 구매력의 문제로 귀결된다.

### 출판경영 실태

1960년대 중반의 우리나라 출판산업은 경제개발계획의 성공에 따른 경제성장과는 정반대로 위축일로에 있었음은 정부자료를 통해서도 확인할 수 있다.

경제기획원 및 한국산업은행의 광공업 센서스는 1966년부터 신뢰할 만한 자료를 내놓기 시작한다. 광공업 센서스는 출판업에 대해 대규모 자본이 필요한 장치산업인 인쇄업과 합산한 조사보고서를 작성하고 있다.[2] 이 보고서에 따르면 1966년의 제조업 생

---

1  Robert Escarpit, 林文榮 역《출판혁명》, 보성사, 1985, p. 80

2  우리나라에서《광공업센서스》는〈통계법 시행령〉제7조에 근거해 1963년 3월 12일자 경제기획원 고시 제10호로 제정 공표되어 1963년 3월 1일부터 시행된〈한국표준산업분류(광업 및 제조업 편)〉에 근거해 업종별로 조사집계하기 시작했다.〈한국표준산업분류(광업 및 제조업 편)〉은 출판업을 인쇄업과 함께 '인쇄, 출판 및 동 유사업'(중분류 ; 28류)으로 포괄적으로 분류하고, 그 하위업종의 분류항목으로 '서적 및 정기간행물 출판업'(세분류 ; 2820류)를 두어 모든 통계조사의 표준으로 삼도록 했으나 출판업만의 통계는 물론 '서적 및 정기간행물 출판업'의 통계조차 상세하지 않았다.《광공업 센서스 보고서》(한국산업은행)와《기업경영분석》(한국은행)에서 '서적 및 정기간행물 출판업'에 대한 정부의 공식적인 조사가 처음 이루어진 것은 1966년부터이다. '서적출판업'과 '정기간행물 출판업'이 분리(세세분류)되어 따로따로 조사집계되기 시작한 것은〈한국표준산업분류〉제4차 개정이 이루어진 1975년 12월 3일 이후이다. 따라서 출판산업에 대한 정부의 조사통계는 1976년부터 더 정확히 파악할 수 있게 된 것이다. 이때 표준산업분류에 따르면 "출판사는 자기가 인쇄하지 않더라도 발행출판의 업무에 종사하고 있으면 제조업"이라고 규정했다.

산액은 1960년의 6.99배나 증가한 데 비해 같은 기간 출판·인쇄업의 생산액은 5.64배로서 제조업 전반의 증가추세에 크게 미치지 못하고 있다.

**[도표 5-4] 도서 출판업의 경영 추이(1960~1968)**  단위 : 사, 1,000원, %

| 구분 | 업종 | 항목 | 1960 | 1966 | 1967 | 1968 |
|---|---|---|---|---|---|---|
| 사업체 수 | (A) 제조업 | 업체 수 | 15,204 | 22,718 | 23,833 | 24,109 |
| | | 지수 | 66.9 | 100.0 | 104.9 | 106.1 |
| | (B) 도서 및 정기간행물 | 업체 수 | - | 114 | 77 | 89 |
| | | 지수 | - | 100.0 | 57.4 | 79.0 |
| | | B/A | - | 0.5 | 0.3 | 0.4 |
| 종업원 수 | (A) 제조업 | 종사자 수 | 275,254 | 566,665 | 648,811 | 748,307 |
| | | 지수 | 48.6 | 100.0 | 145.1 | 132.1 |
| | (B) 도서 및 정기간행물 | 종사자 수 | - | 4,511 | 3,307 | 4,321 |
| | | 지수 | - | 100.0 | 73.3 | 96.0 |
| | | B/A | - | 0.8 | 0.6 | 0.8 |
| 생산액 | (A) 제조업 | 생산액 | 59,374,866 | 417,370,292 | 550,989,210 | 769,076,529 |
| | | 지수 | 14.2 | 100.0 | 132.0 | 184.2 |
| | (B) 도서 및 정기간행물 | 생산액 | - | 2,687,771 | 2,893,395 | 4,986,600 |
| | | 지수 | - | 100.0 | 107.7 | 186.0 |
| | | B/A | - | 0.6 | 0.7 | 1.2 |
| 출하액 | (A) 제조업 | 출하액 | 59,305,485 | 408,036,347 | 538,753,880 | 753,420,938 |
| | | 지수 | 14.5 | 100.0 | 132.0 | 185.0 |
| | (B) 도서 및 정기간행물 | 출하액 | - | 2,641,704 | 2,914,347 | 4,635,091 |
| | | 지수 | - | 100.0 | 110.3 | 175.4 |
| | | B/A | - | 0.0 | 0.7 | 1.1 |

주 : '도서 및 정기간행물'은 교과서를 포함한 것임
자료 : 한국산업은행, 《광공업센서스 보고서》 각 연도판에 의해 작성

그러므로 출판·인쇄업의 제조업에 대한 생산액 구성비는 1955년의 4.4%에서 지속적으로 감소해 1966년에는 2.9%에 그쳐 그 비중이 상대적으로 위축되는 추세를 보이고 있다.

《광공업 센서스 보고서》의 자료에 따르면 출판·인쇄업의 사업체 수 증가는 제조업 전반과 비슷한 추세를 보이고 있으나 종업원 및 생산액 규모는 제조업 전체에 비해 매우 적은 왜소성을 나타내고 있는 것으로 분석되고 있다. 업체당 또는 종업원 1인당 생산액 및 출하액도 제조업 전반에 비해 매우 왜소한 실적을 나타내고 있다. 그러나 1963

년까지만 해도 출판물의 형태별 구성비 중에서 교과서가 가장 큰 비중을 차지하고 있었는데 1966년부터는 도서와 교과서 잡지의 출하액 구성비가 각각 48% : 38% : 14%로 개선되었다. 이때부터 도서가 비로소 출판의 본령을 찾은 것이다.

## 늘어나는 단행본의 비중

1966년도의 출하액은 총 26억4,170만원으로 집계되고 있는데 이 가운데서 교과서가 9억9,126만원으로 전체의 37.5%를 차지한다. 잡지 등 정기간행물 생산액(3억7,792만원, 14.3%)을 제외한 순수 도서출판만의 생산액은 12억7,252만원(48.2%)인 것으로 집계되고 있다.([도표 5-4] 참조) 1사당 평균 생산액이 2,400만원도 되지 못하고 있다. 그러나 금액과는 전혀 다른 양상을 보이고 있는 부수로 본 출하량은 출판업의 어려움을 실증적으로 보여주는 또 다른 지표가 아닐 수 없다. 1966년의 경우, 전체 출하부수 7,086만1,132부 중에서 도서는 728만부(10.3%), 잡지가 500만부(7.1%)에 지나지 않고 나머지 5,857만부는 교과서였다. 그런데도 [도표 5-5]에서 보는 것처럼 교과서의 출하금액 비중은 다소 줄어들고 도서의 출하금액 비중이 48.2%로 늘어난 것은 일반도서 가격이 상대적으로 현저하게 앙등했음을 뜻한다. 1966년도 일반도서의 평균가격은 공식적으로 집계되기 이전이기 때문에 구체적인 자료가 없다. 그러나 한국출판협동조합의 자료를 분석해보면 1965년 조합에 입하된 신간도서의 평균가격은 140.72원이었고 1967년에는 267.23원으로 무려 90%나 인상된 것으로 분석되었다. 이는 같은 기간의 서울 소비자 물가지수(24.2%)를 월등히 상회하고 있는 것으로 위와 같은 출하동향의 추이를 여실히 반증해주고 있다. 그 기간에 용지가격은 국제시세의 1.5배 이상 앙등하고 있었으므로 도서가격 앙등의 가장 큰 이유는 용지가격의 등귀에 기인하는 것으로 보인다. 또 전집 등 중장화(重裝化) 경향과 서점의 할인판매 경쟁에 대응하기 위한 출판사들의 고정가 정책도 가격등귀 요인으로 작용했다고 할 수 있다. 또 큰 폭으로 인상되고 있는 신문광고료도 영향을 미쳤다. 이러한 도서가격의 급격한 인상은 구매력을 위축시켜 판매부진과 유통질서 혼란을 가중시키고 출판사의 경영 불안정 요인으로 작용하는 등 악순환이 연속되고 있었다.

출판업의 왜소성은 기업규모를 통해서도 알 수 있다. 한국산업은행의《광공업 센서

스 보고서》는 상시 종업원 수 5명 이상을 대상으로 집계하고 있다. 이에 따르면 1968년
의 도서출판업(이때의 표준산업분류에서는 출판업이 인쇄업을 포함하고 있었다)의 종업원 수
별 경영규모는 조사대상 89사의 절반이 훨씬 넘는 61.8%가 5~19명 미만의 사업체이
고 20~49명의 사업체가 20.2%, 50~99명과 100명 이상의 사업체가 각각 9.0% 분포를
보이고 있는 것으로 나타났다. 100명 이상의 종업원을 가진 9%의 사업체 대부분은 인
쇄업체다. 출협의 1968년도 회원사는 789개사인 점을 감안하면 위 통계에 들어가지 않
은 5명 미만의 705개사는 모두 출판사인 것으로 추정할 수 있다. 당시 20명 이상의 종
업원을 보유하고 있는 출협의 회원은 대부분 인쇄시설을 가지고 있는 출판사뿐이었다.
이와 같이 정상적인 기업의 형태조차 제대로 갖추지 못한 영세하고 재무구조가 취약한
업체들이 난립하고 있는 출판업은 자금경색과 구매력 부족 등으로 인한 경영난으로 파
탄상태나 다름없었다. 장기적으로 보면 제2차 경제개발5개년계획 기간의 제조업 전체
생산액은 2.65배가 증가했으나 출판·인쇄업은 1.82배 성장에 그쳤으니 당시 출판업의
경영상태가 얼마나 열악했었는지 알 수 있다.

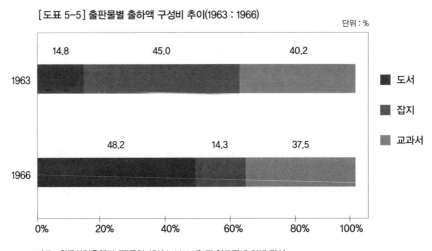

[도표 5-5] 출판물별 출하액 구성비 추이(1963 : 1966)

단위 : %

도서
잡지
교과서

자료 : 한국산업은행의 《광공업 센서스 보고서》 각 연도판에 의해 작성

한국은행의 《기업경영분석》을 보아도 출판사의 재무구조가 대단히 부실한 점이 여
실히 드러나고 있다. 상시 종업원 수 5인 미만의 중소출판·인쇄업의 자본구성을 보면
전체 출판·인쇄업 평균 수준을 현격하게 밑돌고 있음을 보여준다.

매출이익률은 66년의 5.62%로부터 매년 급격한 하강추세를 보이고 있다. 67년에는 3.41%, 68년에는 2.0%로 계속 낮아지고 있다. 낮은 책값과 영업비의 과중한 부담이 이런 낮은 경제성의 요인으로 작용하고 있는 것으로 분석된다.

유통시스템의 미비와 거래질서의 문란, 서점에서의 지나친 할인판매 경쟁, 판매대금 회수기간의 장기화 등 당시의 출판유통 상황을 감안하면 충분히 납득할 수 있는 지표라고 할 수 있다.

중소규모의 출판·인쇄업 경영의 자본활동성을 매출채권 회전률, 즉 매출액 대비 매출채권(받을어음+외상매출금)의 비율로 본다면 1967년에 7.55회, 1968년에는 5.93회로 대기업 수준을 훨씬 밑돌고 있다. 매출채권 회전률이 낮다는 것은 대금회수의 지연으로 인한 소요자금의 경색을 초래하고 자본효율의 저하, 나아가서는 어음할인으로 인한 이자부담으로 수익성 악화를 야기하는 요인이 되고 있다. 이런 현실은 출판계가 일원 공급기구의 설립을 주장하는 근거로 강조되었던 바와 같이 판매구조를 개선하고 판매방법 및 대금 지급조건을 합리화해 매출채권 회전률(자본활동성)을 제고시키지 않으면 자금경색으로 인한 경영난을 타개하기 어려운 실정이 지표를 통해 그대로 드러나고 있었다. 이처럼 낮은 수익성으로 인한 경영난 타개를 위해 타인자본 의존도가 상대적으로 점점 높아지는 것은 당연한 귀결이라 할 수 있을 것이다. 출판사는 서점에서 책값을 90~120일의 어음이나 연수표로 받는다. 이로 인해서 출판사는 편집, 제작, 유통비용의 융통을 위해서는 물론 장기간 미수금을 끌어안고 엄청난 고율의 자금을 차입해 쓸 수밖에 없는 실정이었다.

《기업경영분석》에 따르면 중소출판·인쇄업의 부채비율은 289.12%에 달했고 그 이자율 부담이 전체 경비에서 차지하는 비율도 무려 27%에 이르고 있어서 경영의 안정성이 심하게 위협받고 있었음을 알 수 있다. 따라서 영세한 출판경영을 짓누르는 핵심적인 요인은 금리였다. 은행융자를 이용하는 것이 유리한 줄 알지만 융자조건이 까다롭고 은행이 요구하는 수준의 담보능력이 없는 출판사들은 은행을 이용할 수도 없는 형편이었다. 당시 경제개발에 필요한 자금조달을 위해 정부가 고금리 정책을 강력하게 밀고 나갈 때였기 때문에 은행금리는 연 26~30%에서 오르내렸다. 부동산 같은 완전한 담보물이 없으면 그 이자율은 30%가 넘었다. 중소기업은행에서 융자해주는 중소기업자금 이자는 연 15% 내외로 비교적 쌌지만, 출판업자에게는 그림의 떡일 뿐이었다. 업종별로 자금배정 순위를 정해놓고 자금사정에 따라 배정하는데 출판업은 30위 이하로 순위가 밀려나 있었기 때문에 차례가 오지도 않았다. 고리(高利)의 사채(私債)를 쓰지 않는 출판사는 하나도 없었다. 사채금리는 36~48%면 낮은 편이었다. 월 1할인 경우가 허다했다. 특단의 조치가 절실한 상황이었다.


## 출판의 과학화와 장기발전 전략의 실현

### 새로운 모색과 도전

1965년 11월에 열린 출협 제19차 정기총회는 〈한국출판윤리강령〉을 선포하고, 전임 이병준 회장의 후임으로 정진숙을 선출했다. 제16~17대(1962. 11.~1964. 10.) 회장을 역임한 바 있는 정진숙 회장이 롤백한 것이다. 부회장엔 황종수, 박상련(朴商璉, 1923~1993, 博友社 대표)이 각각 선출되었다.

다시 회장에 선출된 정진숙 회장은 지금이야말로 출판의 장기적인 발전에 필요한 체제정비를 서둘러야 할 때라는 인식과 의지가 확고했다. 정 회장은, "재원조달이 가능한 범위에서, 지금까지와는 다른 차원에서 더욱 적극적인 협회를 운영하고 싶다"는 의지를 표명한다. 그리고 임원들에게 새로운 사업을 적극적으로 개발, 추진해줄 것을 당부한다. 처음 다섯 달 동안은 정기총회에서 긴급안건으로 의결된 '신문의 출판광고료 인상 저지대책', '중소기업협동조합법 시행령 개정추진', '용지대책', '도서출판윤리위원회 설립' 등 현안과제들을 서둘러 마무리하는 일에 집중한다. 이듬해 3월부터는 본격적으로 장기적인 종합 출판진흥 대책 마련에 착수했다. 만성적인 불황구조를 극복하고 안정을 향한 전기를 마련하기 위해서는 종합적이며 장기적인 관점에서의 발전전략과 좌표를 설정해서 추진해야 한다는 점에 착안한 것이다.

출협은 이때 '출판의 과학화'를 한국출판의 비전으로 제시했다. '출판의 과학화'란 비전은 두 가지 방향으로 구체화된다. 하나는 주먹구구식 아마추어리즘에서 탈피해 경영의 합리화를 도모할 수 있도록 유도하겠다는 것이었다. 그것은 가내수공업적인 출판의 틀에서 하루빨리 벗어나야 한다는 의지의 표명이기도 했다. 책을 펴내는 사업을 통해 광복된 새로운 조국을 건설하는 일에 헌신하겠다는 열정만을 가지고 맨손으로 시작한 출판사업이었지만 성년을 맞이한 이제부터는 기업으로 성장시켜야 한다는 의지를 담을 수 있을 만큼 우리 출판업도 성숙한 것이다.

다른 하나는 장기적이고 종합적인 관점에서 출판산업의 발전목표와 전략을 수립해 추진한다는 것이었다. 무엇보다 도탄지경에서 벗어나지 못하고 있는 출판업 육성을 이끌 체제와 구조를 정비하고 출판체질을 개선할 필요가 있다고 판단했다.

출판의 과학화는 업계 현실을 전문가의 관점에서 과학적으로 분석해 문제점을 도출하고 이에 대한 대안을 마련하는 일부터 착수했다. 이에 따라 1960년대 중반부터 부지런히 외국의 전문가들을 초빙해 우리 출판산업 실태에 대해 과학적인 조사연구를 실시한다. 다른 제조업 분야에서는 이러한 일에 미처 눈뜨지 못하고 있을 때였으니 가히 선구적이었다고 할 수 있다.

1966년부터는 출판통계 체제를 개선한다. 새로운 출판통계 체제로 한국십진분류법에 의해 출판종수와 발행부수, 그리고 면수 및 가격을 분류·집계할 수 있어서 구체적이고 현실적인 출판동향의 파악이 가능해졌다. 오늘날 우리가 활용하고 있는 출판통계의 체제는 이때 골격이 갖추어졌다. 1968년에는 출판통계에 관한 유네스코의 권고를 받아들여 국제적인 레벨을 맞추었다.

## 출판산업 실태조사

선진국 출판 전문가에 의한 과학적인 조사연구 사업은 1966년에 처음 시작된 이래 70년대 초반까지 연속해서 세 차례나 집중되었다.

최초의 출판산업 실태조사는 1966년 6월, AID의 지원을 받아 미국 울프경영연구소의 '한국 도서개발 사업 현황 조사단'을 초청해 한국에 있어서의 출판산업 실태와 발전방안을 조사한 것이다. 이 실태조사의 목적은 ① 한국 도서개발 사업 현황조사, ② 한국 출판계의 당면한 문제점 도출, ③ 이러한 문제점을 해결하기 위한 현실적인 방안 및 AID 극동 개발국이 지원할 수 있는 사업 제시 등에 두었다. 경제학자, 도서개발 전문가, 도서관인, 출판인 등 4인으로 구성된 이 조사단은 3주간에 걸쳐 한국 도서산업을 광범위하게 조사했다.

이 조사는 우리 출판계로서는 해외 전문가에 의한 최초의 과학적이고 종합적인 실태조사로서 많은 문제점과 정책대안들이 제기되었다. 그 내용들은 우리의 실정에서 수정보완해 정부에 출판진흥책으로 건의하게 된다.

한국의 출판산업 발전을 모색하기 위해 출협의 요청으로 AID(미국국제개발처)가 파견한 한국 최초의 '도서 개발사업 현황 조사단'이 내한, 출판계 지도자들과 출판산업 발전방안에 대해 협의

그러나 이에 만족하지 않고 그해 10월에는 아시아재단의 재정지원을 받아 국민대학 국민경제연구소에 '한국출판의 판매실태 조사'를 위촉했다. 6개월간 도서보급 상황, 마케팅 실태 및 재무상황을 분석한 결과로서 한국의 도서산업 진흥을 위해 무엇보다 도서공급기구의 설립이 절실히 필요하다는 점을 강조하고 정부가 국가차원에서 도서개발 목표를 설정해 추진할 것과 출판업에 대한 재정지원 및 보호육성책을 강구할 것을 건의했다.

이러한 일련의 과학적인 조사연구를 통해 숙원과제들을 해결하고자 노력했으나 정부의 이해부족과 재정적인 어려움으로 소기의 목적을 거두지 못하게 되자 1972년 4월에 또다시 미국 프랭클린도서재단(Franklin Book Foundation)을 움직여 그 재단의 출판전문가 M. 시웨크(M. Siwek) 씨로 하여금 20일간 출판 및 서적상계 실태를 조사하도록 한다. 이 조사도 ① 도서공급 실태와 이에 관련된 문제점 도출, ② 출판금고의 역할과 사업방향 제시, ③ 도서일원공급기구의 가능성 타진, ④ 출판발전에 관한 종합적인 건의사항 등에 초점을 맞춘 보고서를 작성하기 위한 것이었다. 프랭클린도서재단은 아시아·아프리카와 중남미 지역의 출판산업에 대해 재정 및 기술지원을 목적으로 미국출판협회와 도서관협회가 설립한 비영리 민간기구이다. 1952년에 설립되어 1978년까지 총 113만 달러 규모의 사업비를 이 지역에 투자했다.

이들 보고서의 내용은 모두《대한출판문화협회 30년사》에 수록되어 있다.

그러나 조사비용을 지원받지 못해 조사계획을 포기해야 했던 경우도 있었다. 1968년 3월에는 〈한국도서개발수준조사〉 계획서를 작성해 USOM의 '신용기금(Trust Fund)'에 의한 재정지원을 요청했으나 실패했다. 4월로 임박한 〈도서와 국가발전〉에 관한 국제회의 준비관계로 충분히 사업의 취지와 필요성을 설득하지 못한 점도 있었다.

우리의 출판산업 수준이 외국과 비교해서 어떤 수준에 와 있는지, 보완을 서둘러야 할 부분은 무엇이며 앞으로 역점을 두어 추진해야 할 정책과제는 무엇인지를 도출하고자 계획된 이 조사가 실시되었더라면 출판진흥 전략을 수립하는 데 획기적인 계기를 가져왔을 것이다. 즉 이 조사계획서는 ① 국민 1인당 현재의 도서 공급량 분석 및 목표 설정, ② 도서개발기구의 현황과 활동방향, ③ 독서인구 구조분석 및 독서인구 개발방향, ④ 도서개발계획의 기본방향과 방법개발, ⑤ 국제저작권 대책 등을 마련하는 것으로 되어 있다.

이때를 즈음해서는 해외 출판 전문가들의 개인적인 방한도 잦았다. 특히 미국 출판계가 우리를 주목하고 있었다. 미국 최대의 맥그로우 힐 출판사 회장인 커티스 G. 벤자민씨가 조지 볼 경제사절단의 일원으로 1967년 3월 내한, 대한(對韓) 민간투자 가능성을 조사하고 갔다. 그는 출판인들과의 간담회 자리에서 "한국을 돕기 위해 왔다"면서 "높은 교육수준과 교육열, 광범위한 잠재 독자층, 훌륭한 출판기술 등을 지닌 한국 출판계의 미래는 매우 밝다"고 전제한 후, '장기원조계획'을 강구하겠다고 약속했다. 이에 우리 출판인들은 장기저리 차관이 절실한 상황을 설명했다. 미국교과서(주) 상무이사 어스딘 J. 맥카플레이 박사는 한국 출판계 및 교과서 출판에 대해 조언해주었다. 유네스코도 일본과 인도의 출판 전문가를 두 차례나 파견했다.

한편 국제기구가 개최하는 국제출판회의에도 열심히 참석해 국제적인 출판진흥 활동 동향에 관심을 기울였다. 이러한 일련의 활동들은 구체적이고 실천적인 우리 출판

발전전략을 개발, 추진하는 이론적 기반이 되었다

이들 일련의 보고서에서 공통적으로 강조된 한국출판금고 설립을 비롯한 출판산업 발전전략의 대부분은 '출판의 과학화'를 기치로 내건 우리 출판인들이 개발한 것들이었다. 비록 이들 보고에서 제시하거나 강조한 발전전략에 관한 아이디어들이 우리 출판인들에 의해 개발된 것일지라도, 그런 전략들이 외국 전문가들의 검토를 거쳐 그 효용성이 객관적으로 인정되고 그들에 의해 거듭 강조됨으로써 더욱 높은 설득력을 지닐 수 있었으니, 당시 출판 지도자들의 원려(遠慮)와 철학이 어떠했는지를 알 수 있다.

### '출판산업 종합발전계획'을 대통령에게 건의

드디어 출판계는 1966년 6월, 대통령 면담요청과 함께 '대통령 각하께 드리는 진정사항'이란 이름으로 4개 부문에 걸쳐 8개항의 장단기 종합발전 전략을 청와대에 보고한다. 비록 대통령을 직접 면담할 기회는 갖지 못했지만 청와대 담당비서관은 이 건의를 묵살하지 않고 출판 지도자들을 불러 여러 차례에 걸쳐 의견을 청취하는 등 적극적인 관심을 나타냈다.

구체적인 출판진흥 정책을 담고 있는 이 건의는 우리나라에서 민간단체가 종합적인 출판정책방안을 정부에 제시한 최초의 문건이라는 점에서뿐만 아니라, 오늘의 우리 출판산업의 선진적인 틀이 이로부터 비롯되었다는 점에서 역사적으로 중요한 의미를 지닌다. 출판발전을 위한 장단기 대책을 모두 4부로 나누어 제시한 이 건의의 내용을 보면, 오늘의 우리 출판이 있게 한 발전 모델이 이때 벌써 구체적으로 설계되었으며, 시차를 두고 이 건의서에서 제시한 방향대로 출판발전이 이루어져왔음을 알 수 있다.

▷ 제1부 '조국 근대화 과업에 기여할 출판문화 육성방안'에서는 ① 문화기획원 창설, ② 출판연구소 설치, ③ 국민독서 장려방안, ④ 독서기풍의 진작 대책을 구체적으로 제시했다. 출판정책을 수립, 집행할 기구로서 대통령 직속 국가도서개발위원회 설치와 출판문화 행정을 전담할 정부 부서로 문화기획원 또는 문화부의 신설 등을 그 핵심내용으로 담았다.

▷ 제2부 '출판기업의 육성방안'에서는 ① 출판사의 운영자금을 지원하는 방안으로 정부의 투자 또는 장기 저리융자에 의한 출판금고의 설립과 ② 출판 조성금 지급제도

의 운영을 요청하는 것이었다.

▷ 제3부에 해당하는 '출판문화회관의 긴요성과 그 지원 필요성'에서는 회관의 운영 계획에 중점을 두어 그 필요성을 제기하면서 재정적인 지원을 요청했다. 그러나 그 꿈은 우리가 잘 알고 있는 것처럼 출판인들만의 힘으로 이루어지게 된다.

▷ 제4부의 '당면과제'로는 ① 정기간행물과 동일한 영업세 전면면제와 ② 도서 우송료 및 철도운임의 감액 등 출판물 운송에 대해 우대조치를 강구해줄 것을 요청하는 내용이었다.

이와 같은 건의내용은 한국의 출판육성 정책의 기본 자료로 채택, 주무당국인 문교부에서 적극 추진했으나 처음부터 순조롭지는 못했다. 그러나 지금 되돌아보면 발전방안들이 모두 이루어졌음을 알 수 있다.

비록 문화정책을 총괄해 조정할 권능을 가진 부총리급의 문화기획원 설치는 이루어지지 않았지만 출판행정을 비롯해 문화예술을 전담하는 정부기구로서 문화공보부가 1968년에 개청되었다. 출판조성금 제도는 문화공보부 개청으로 출판행정이 문교부에서 이관되는 것과 동시에 추천도서 제도란 방식으로 실현된다. 그러나 학술도서에 대한 본격적인 지원은 최근에 이르러서야 시행되고 있다고 보아야 할 것이다.

문교부는 출판정책기구로 '국가도서개발위원회' 설치를 추진했으나, 정부 안에 각종 위원회가 너무 많다는 총무처의 반대로 좌절되었다. 또 문교부는 1968년도 정부예산에 출판금고 설치를 위한 3억원의 재정융자를 요구했으나, 경제기획원의 예산편성 과정에서 전액 삭감되었다. 68년 5월 정부·여당심의회에서는 출판금고 설치에 대해 합의했다는 신문보도가 있었으나 말뿐이었다. 출판금고는 우리가 잘 아는 바와 같이 1969년에 가서야 비로소 사단법인체로 설립되었다. 그것도 간판만이라도 걸게 해달라고 간청하다시피 해서 69년도 정부 보조금으로 겨우 500만원을 확보함으로써 업계에서 모은 자금을 합해 사단법인체로 설립할 수 있었다. 출판계가 처음에 요청한 설립기금 규모는 3억원이었다. 당시는 경부고속도로 건설이 한창일 때였는데 고속도로 건설비로 1km당 1억원 내외가 소요된다고 할 때였다. 한 나라의 출판산업 전체를 육성하는 일에 3km의 고속도로 공사비에 상당하는 재정지원에도 인색했을 정도로 정부는 출판산업의 중요성을 이해하지 못했던 것이다. 이렇게 발족한 출판금고는 지금 250억원의 기금을 보유한 출판단체로 성장했다.

마침 유네스코를 비롯한 국제기구와 해외 원조단체들도 출판이 국가발전에 긴요하다는 점에 인식을 같이하고 각국 정부에 국가적 차원에서의 출판발전 전략을 강구할 것을 적극적으로 권고하고 나섰다. 이러한 국제적인 흐름이 우리 출판 지도자들을 더욱 고무했다. 우리의 출판역량을 집중, 장기적인 종합발전 전략을 수립한 일이나 불굴의 집념과 투지로 혼돈의 출판체제를 혁신하고 정비함으로써 80년대의 출판산업이 급속한 성장을 이룩할 수 있도록 기반구축에 성공한 출판 지도자들의 지혜와 경륜, 업적은 높이 평가해야 할 것이다.

'도서와 국가발전'에 관한 국제회의.(1965. 4. 27.~29., 아카데미하우스) 이 회의에서 도서가 국가발전에 긴요한 도구임을 확인하고 국가 차원에서 출판발전계획을 수립, 추진할 것을 정부에 건의했다. 이때부터 정부는 한국출판금고 설립을 긍정적으로 검토하기 시작했다.

### 〈도서와 국가발전〉에 관한 국제회의

대통령에게 건의한 1966년의 장기적인 종합 육성방안의 실현이 지지부진하자, 1968년 4월에는 〈도서와 국가발전〉에 관한 국제회의를 개최했다.

도서가 국가발전의 도구임을 강조하고 업계가 제시한 출판산업 진흥책의 추진을 촉구하기 위한 방안의 하나로 개최된 이 회의에는 미국, 일본, 태국, 인도네시아, 자유중국의 출판 전문가와 국제도서개발기구의 대표 등 13명의 외국인과 국내 오피니언 리더들이 대거 참석했다.

이 회의는 무엇보다 한국에서 개최된 도서출판에 관한 최초의 국제회의로서 정책당국에 출판의 중요성과 출판계의 당면 문제점을 한층 뚜렷하게 인식시킬 수 있었다. 경제개발계획에 도서개발 부문을 포함시키는 정책의 필요성을 제기하고, 국가도서개발위원회의 구성과 출판금고의 설치를 참석자들이 거듭 촉구했다. 그러한 논의내용은 즉각 뉴스와 사설, 또는 칼럼을 통해 언론에 대대적으로 보도됨으로써 출판에 대한 사회와 국가의 관심은 높아지고 출판인의 지위도 향상되는 효과를 거두었다. 대외적으로는 국제저작권보호는 시기상조라는 우리의 주장을 표명해 미국 등 선진국으로 하여금 양해를 받아내는 기회도 되었다. 또 외국 대표들에게는 오랜 전통과 역사를 가진 한국출판 현실을 널리 소개하는 데도 좋은 계기가 된 성공적인 국제회의였다. 한국 출판계의 역량이 이와 같은 대규모 국제회의를 성공적으로 이끌 수 있을 만큼 성장했음을 확인하는 자리이기도 했다.

### '한국출판금고' 설립

모든 출판인이 한결같이 열망해오던 '한국출판금고'가 1969년 7월, 106개 출판사가 가입한 가운데 문화공보부 보조금 500만원과 회원 가입금(1사당 5만원) 418만원을 가지고 사단법인체로서 창립했다.[3] 한국출판금고(현 한국출판문화진흥재단)는 사단법인으로 발족하지만 출발 당시에는 그 정관에서 "〈출판금고법〉이 제정·공포되고 그 법률에 의한 출판금고가 설치되면 사단법인 출판금고는 자동해산하고 이에 흡수된다"고 명시해 궁극의 목표를 정부투융자에 의한 법정기관을 설립하는 데 두고 있음을 명백히 밝혔다.

이 기구가 필요로 한 창립 당시의 기금목표액은 3억원이었다. 이 기금을 정부의 투융자 또는 AID 자금이나 트러스트 펀드 등에 의한 외원(外援) 및 차관으로 조달해줄 것을 요구했는데, 그러한 기금 목표액의 산정기준은 연간 국내도서 총 매출액을 12억원으로 추정하고 연간 4회전되는 자금을 상정한 것이다. 이 기구가 기금을 완전히 조성해 기능을 발휘하게 되면 영세성에 허덕이는 출판사들의 자금회전이 원활하게 되어 고금

---

3 《韓國出版文化振興財團40年史》, 2010, pp. 86~101

리 금융부담에서 벗어날 수 있어 양서출판이 촉진될 것이고, 난맥상을 보이고 있는 출판유통 경로가 정비되어 새로운 판매기구를 통한 전국 공급망을 형성할 수 있어 원활한 도서보급이 촉진될 것으로 기대되었다.

출판금고는 문공부로부터 1970년 1,300만원, 1971년에는 1,710만원의 보조를 받고 회원 가입금까지 합쳐 4,600만원을 조성하고, 일원화공급기구 설치를 1차 사업으로 추진했다. 이후 출판금고는 우리가 잘 알고 있는 것처럼 공익자금 90억원을 지원받아 1986년에는 재단법인체로 개편한 데 이어 2002년부터는 한국출판문화진흥재단으로 이름을 바꾸어 오늘에 이르고 있다. 그동안 250억원이 넘는 기금을 조성해 창립 40주년을 맞이한 2009년 현재 6,406건 약 2,525억원의 일반 출판자금과 기획융자 103건 81억3,500만원을 저리로 지원해 출판산업의 경영기반을 구축하는 데 기여했다. 또한 기금운영 수입금으로 본격적인 고급서평지《출판저널》(반월간)을 발행하고, 모델 서점으로 '중앙도서전시관'을 개설 운영해 정가판매 실시 및 서점의 대형화와 경영의 현대화를 촉진했으며 출판산업 발전을 위한 조사연구 사업, 양서보급 및 독서운동 사업, 한국출판의 세계화 사업 등 다채로운 사업을 통해 우리 출판의 질적·양적 성장발전에 크게 기여할 수 있었다.

한국 출판계의 오랜 숙원과제인 '한국출판금고'(현 한국출판문화진흥재단)가 정부지원과 업계의 협조에 의해 사단법인체로 설립되었다.(1969. 7. 7., YMCA강당)

### 〈출판산업진흥법〉 제정 추진

한국출판금고가 설립된 직후, 출판계는 출판금고 설립과정에서 논의했던 〈출판금고법〉과 〈출판산업진흥법〉 제정작업에 착수하는 등 새로운 사업에 매진하게 된다.[4] 〈출판금고법(안)〉의 직접적인 목표가 금고를 법정단체화하기 위한 법적 근거를 마련하는 것이었다면, 〈출판산업진흥법률(안)〉은 출판금고와 함께 추진했던 국가도서개발위원회 설치가 무산된 데 대한 대응책으로 추진하게 된 것이 그 배경이다.

이 법률의 제정을 추진할 당시 우리나라에서는 경제개발의 성공적인 분위기를 배경으로 국가발전에 필요한 각종 산업지원법과 '주택금고' 설립 등 다양한 지원법령들이 활발하게 만들어지고 있었다.

출판문화 진흥책 전반에 걸친 제도화를 목표로 한 〈출판산업진흥법(안)〉은 두 가지 시안을 동시에 만들어 추진했다. 그 내용은 지금 읽어보아도 현행 〈출판문화산업진흥법〉보다 훨씬 더 참신하고 진보적인 것이었음을 알 수 있다. 출판진흥 방향에 대한 폭넓은 식견과 아이디어들을 구체적으로 담고 있어 만일 이러한 법령이 그 당시 제정, 시행되었다면 오늘의 우리 출판환경은 획기적으로 발전했을 것이다.

### 월부판매 제도의 공과

1960년대 후반은 대형 전집물의 할부판매가 최고 번영기를 구가했다고 할 수 있을 정도로 외형상으로는 출판업도 화려해 보였다.

대담한 제작비와 선전비의 과감한 투입으로 적극적인 상술이 시도되어, 종래의 소극적인 소규모 경영에서 탈피해 만족스럽지는 못하나마 그런대로 문화기업으로서의 발판을 마련하려는 출판계의 노력은 줄기차게 이어졌다.

대형 기획출판은 60년대 중반에 접어들면서 새로운 양상으로 발전한다. 낱권으로 제작해 전권 예약을 받고 각 권을 차례로 축차 발행해 할부판매하던 종래의 방식은 일변했다. 전에 보지 못하던 호화장정의 대형 전집물이 일시에 출판되어 한꺼번에 제공되고 대금은 할부로 받는 방식이 일반화되었다. 막대한 제작비와 선전비를 한꺼번에

---

4 《韓國出版文化振興財團40年史》, 2010., pp. 301~304

쏟아붓는 적극적인 전략이 도입된 것이다. 기획, 편집, 장정, 제작 등 기술은 나날이 향상되어갔다. 특히 고가의 호화본 출판이 과감히 시도되었고 컬러판 출판도 본궤도에 올랐다. 광고 선전용 팸플릿은 단행본보다 더 호화로웠다.

탐구당의 《원색 한국명인초상대감》과 《한국미술》(전3권), 동화출판공사의 《한국미술전집》(전15권), 《한국의 고미술(韓國의 古美術)》(광명출판사) 등과 같은 원색 호화 출판물을 비롯해 삼중당과 삼성출판사가 각각 발행한 《세계의 여행》(전6권), 《육당 최남선전집(六堂崔南善全集)》(전16권, 현암사), 일지사의 《서정주전집》(전5권)과 《조지훈전집》(전7권), 《한용운전집》(전5권, 신구문화사), 《한국사대계(韓國史大系)》(전12권, 삼진사), 《대한국사》(전12권, 신태양사), 동화출판공사의 《한국의 사상대전집》(전18권) 등은 전집 형태가 아니고서는 출판하기 어려운 높은 수준의 것들이었다. 성음사(省音社)가 레코드를 곁들인 《레코드 삼국지》를 처음으로 발행해 읽고 보는 책에서 듣는 책으로 형태적 혁명의 선편(先便)을 제압한 것도 같은 무렵이었다.

종래의 판매위주 장식용 전집출판에서의 탈피는 한 단계 향상된 새로운 출판유형으로 평가받아 마땅하다. 출판 유형이 궁극적으로 문화 유형의 표현이라는 전제를 내세운다면 출판에 임하는 출판인의 자세도 변화되었지만 이를 받아들이는 독자들의 문화의식 또한 높아졌음을 반영한 것이라 하겠다. 이런 경향은 한국 출판산업이 정상궤도에로 이행되어 가고 있었음을 말해준다.

이에 따라 일부 출판물들은 기업적으로도 크게 성공했고 출판문화의 질적인 수준을 높이는 데 기여할 수 있었다. 때마침 경제개발계획의 성공으로 경제가 호전되면서 책에 대한 독자들의 관심이 커지는 사회 분위기가 조성되어갔다.

출판사들 사이의 유사한 기획으로 아이디어 경쟁이 치열한 경합을 벌이지 않으면 안 되는 상황이 빈발했는데, 특히 경합출판의 시작은 박우사의 《인물한국사》(전5권)와 신구문화사의 《한국의 인간상》(전6권)이 첫 사례에 속한다. 이 두 책은 편집방향과 수록 인물이 대동소이한 것이어서 더욱 불꽃을 튀기는 판매경쟁이 치열했다. 《007시리즈》는 7개 출판사에서 모두 70여 권이나 양산되는 현상까지 빚었다.

방대한 규모의 전집물 전권이 일시에 출판되는 것이 성행하자 인쇄소 일이 폭주하는 현상까지 벌어졌다. 대담한 투자에 비해 완전판매 내지 자금회수 부진으로 다음 출판활동에 지장을 초래할 정도로 영세한 업계의 취약성은 여전했지만 그 정도의 어려움으로는 이처럼 과감한 출판의욕을 꺾지는 못했다.

책의 판매방식도 이른바 '기다리는 장사'에서 '공격적인 판매'로의 전환이 본격화되었다. 이는 출판의 산업화, 바로 그것이라고 해도 지나치지 않았다. 할부판매를 전담하는 '외판 센터'가 다투어 생겨났다. 이들 가운데는 전국적인 판매망을 가진 곳도 적지 않았으며, 이들은 판매와 수금·관리를 분리, 전문화했다. 외판 센터가 일정한 수량을 매절하는 동시에 판매원에게는 판매 수수료 외에 고액의 장려금을 지급하는 방문판매 제도도 도입되어 판매원 간의 경쟁을 부추겼다. 서적 외판원이 제각기 연고를 찾아 전국 방방곡곡, 가가호호를 부지런히 누비고 다녔다. 호화로운 대형 전집물의 할부판매는 새로운 수요를 창출했고 신간의 신속한 회전과 독서인구 증가 및 출판시장 규모의 급격한 확대를 가져와 출판의 산업화와 기업화를 촉진하는 기회가 되었다. 또한 전국서점에서 덤핑 출판물을 퇴출하는 부수적인 효과도 거두었다.

그러나 판매 촉진책으로 도입된 할부판매는 모순과 결함도 적지 않았다. 무엇보다 빼놓을 수 없는 것은 자금조달의 자주성이다. 할부판매에만 의존하던 업체들은 자금 면에서 영세한 업계의 취약성을 그대로 드러내기도 했다. 대담한 투자에 비해 판매성적이나 자금회수가 부진해 운영의 차질을 부르는 예도 적지 않았기 때문에 출판사가 판매원을 직접 관리하는 방식을 도입하는 출판사들이 늘어나는 한편, 부도로 도산하는 출판사나 외판 센터가 빈발했다. 눈앞의 매상에만 집착한 나머지 무원칙하게 전집이나 대형 기획출판물을 남발하는 안이한 기획은 유사한 내용의 경합출판으로 서적출판 본래의 모습을 타락시키기도 했다. 기획과 제작에 정성을 들이지 않고 형태만 전집 유형을 본뜬 무성의한 전집도 적지 않았다. 또한 연고판매에 의존하는 등 세일즈맨의 질적 향상과 판매 모럴의 확립이 절실한 과제가 되었다. 이러한 문제들로 인해 할부판매가 성행하면 할수록 사회적 지탄의 소리도 높아갔다. 한편, 할부판매의 번성은 출판사도 독자도 서점을 외면하는 역기능을 가져오기도 했다. 출판유통시스템의 근간이 되어야 할 서점의 기능을 약화시켜 서점의 사기를 저하시키는 등 서점의 황폐화를 가져온 것이다.

기반이 튼튼한 일부 지방서점들도 외판부를 설치해 판매경쟁에 뛰어들었지만 서점

수는 상대적으로 줄어들었다. 1966년의 전국서점 수는 852개였는데 외판 센터는 서울에만도 72개소가 성업하고 있었으니 외판 센터가 얼마나 번성했는가를 짐작하게 한다. 이는 또 서점의 상대적인 침체를 더욱 가속화했다. 설상가상으로 서점의 이익률은 날이 갈수록 낮아지는데 서점의 핵심상품인 학습참고서마저 출판사의 학교 채택 직납이 큰 폭으로 늘어났다. 교과서 공급권까지 서점을 배제하는 방향으로 바뀌어가면서 서점의 위축은 더욱 가속화되었다. 그리하여 역사가 오래되고 전통이 있는 대형서점의 폐업이 속출하는 사태가 줄줄이 이어졌다. 30~40년의 역사와 전통을 가진 대규모 서점들이 이때 대부분 사라졌다. 을유문화사 직매부도 이때 폐점했다. 서울의 일문사서점, 동광서림, 유길서점, 평화당서점, 덕흥서림, 삼신서적, 대전의 문방당서점, 마산의 문예서림과 조양서점, 원주 인문서관, 원주서점, 인천 삼중서점 등 그 지역의 대표적인 서점들이 1965년 한 해 동안에 문을 닫으면서 출판사에 막대한 피해를 끼쳤다. 춘천의 서울서점도 그해 주인이 바뀌었다. 논산, 김제, 상주, 부안 등 지방에서 서점 주인들이 야반도주[5]하거나 자살하는 충격적인 사건[6]도 벌어졌다.

전국 각지에서 문을 닫는 사태가 1970년대 초반까지 계속되었다. 그동안 힘겹게 쌓아올린 서점의 역사가 한 줄의 족적조차 남기지 못하고 사라진 현실은 역사의 완전한 소멸이었다. 그만큼 단행본 출판은 상대적으로 부진할 수밖에 없었다. 외판 센터의 난립과 경영부실, 수금의 부진 등은 마침내 출판사의 도산을 초래했고 외판제도에 대한 반성과 회의가 일기 시작했다.

### 단행본으로 회귀하는 출판계

대형 출판물의 할부판매에 대한 사회적 비판은 출판사들로 하여금 무엇이 할부판매에 최적의 기획인가, 그러한 서적을 어떻게 만들어 어떠한 방법으로 판매해야 할 것인가, 독자는 무엇을 바라는가를 탐구하고 반성하도록 만들었다. 결국 대형 전집물의 할부판매는 70년대의 조정기를 거치면서 안정적인 출판물 판매 채널의 하나로 자리를 잡아가게 되고 단행본 출판과 책의 경장화(輕裝化) 바람을 불러일으킨다.

---

5 《大韓出版文化協會 25年史》, 대한출판문화협회, 1972, p. 245
6 앞의 책(p. 252)에 따르면, 군산의 문학서원 대표(鄭正山)는 부채에 몰려 1970년 자살했다.

이러한 출판 행태의 새로운 흐름에서는 문예출판사(田炳哲, 1937~현), 범우사(尹炯斗, 1935~현) 등이 새로 등장해 단행본 출판을 선도한다. 단행본 출판의 횃불을 제일 먼저 들어 성공한 곳은 문예출판사였다. 1966년 가을,《데미안》을 출판해 서점가에서 폭발적인 인기를 모은 이래 연달아 베스트셀러를 만들어낸다. 얼마 후에는 민음사(朴孟浩, 1934~현)도 이 대열에 합류한다. 이들 세 출판사는 같은 해인 1966년에 창업해 단행본 출판의 새로운 흐름을 주도했다. 그동안 할부출판에 열을 올려왔던 출판사 중에서 삼중당은 소설과 비소설을 구분해 〈라이온 노벨스〉, 〈라이온 북스〉란 이름으로 신서판 출판에 착수했으며 삼성출판사 역시《미니북스》로 새바람에 가세한다. 1966년에는 한 소년의 수기인《저 하늘에도 슬픔이》(신태양사)를 비롯해 특별한 체험담이나 수기물의 판매성적이 좋은 독서경향의 일단을 보여주었다. 이즈음 김지하는 담시 〈오적(五賊)〉(1970)과 〈비어(卑語)〉(1972)를 발표했다가 반공법 위반으로 두 차례에 걸쳐 투옥되는 필화사건의 주인공이 된다. 그는 이 작품을 통해 전통적인 민요와 가사, 판소리 등의 형식을 현대감각에 맞게 살려놓았을 뿐만 아니라 판소리나 탈춤에 나오는 해학과 풍자를 참여·저항문학으로 승화시켰다는 평가를 받았다. 그 뒤 고향을 상실한 뜨내기 인생들을 그린 황석영의 〈삼포(森浦) 가는 길〉(1970), 공사판 노동자들의 고통과 투쟁과정을 생생히 그린《객지》, 조세희의《난장이가 쏘아올린 작은 공》(1978)도 삶의 기반이 파괴된 도시빈민의 삶을 통해 이 시대의 부정적인 사회를 고발하는 작품으로 많은 독자들의 사랑을 받으면서 서점의 활기를 북돋았다.

단행본 출판의 무드를 탄 문고의 재등장은 1969년에《을유문고》가 첫선을 보이면서 촉발되었다. 한 번에 10권씩, 이해에만 50권이 발행된《을유문고》는 그동안 몇 차례 시도하다가 중단되다시피 한 문고 출판의 정착 가능성에 대한 자신감을 심어주었다.

뒤이어 1972년 단행본 중심의 문예출판사가《문예문고》를, 서문당(瑞文堂, 崔錫老, 1935~현)이《서문문고》를 출간하면서 단행본과 문고 출판에 활기를 불어넣는다. 뒤따라 삼중당도 1975년부터 본격적으로 문고 출판에 뛰어든다. 1976년경에 이르러서는 무려 30여사에 1천여 종을 기록할 정도로 활기를 띤다. 그중《삼중당문고》는 연간 판매부수가 250만부를 넘어설 만큼 중·고교생들의 필독서가 되었다.

전파과학사의《전파과학신서》, 열화당의《미술문고》처럼 전문 분야만을 특화한 문고가 성공사례로 회자되는가 하면 《현암신서》같이 유니크한 기획출판물들도 나와 바야흐로 '문고시대'를 운위할 수 있게 되었다.

종래의 문고가 고전적 가치 중심의 기획이었다면 이때 나온 문고들은 새로운 지식의 신속한 전달과 염가제공을 모토로 삼은 것이 독자들로부터 큰 호응을 불러일으키는 요인이 되었다. 문고는 독자의 선호도에 전적으로 의존하지 않으면 안 되므로 개성을 더욱 뚜렷이 하고, 독자대상의 범위도 한정해 독서층을 깊이 파고드는 정책이 주효했다. 그러나 유사한 기획에서 오는 지나친 경합의 양상이 문고에서도 불식되지 않고 있음은 기획력의 취약성을 드러낸 결과라는 지적도 있었다.

한글세대가 그러한 변화를 촉진하고 곧이어 그들이 80년대 출판의 중심세력으로 전면에 등장하게 되는 우리 출판이 질적으로 크게 성장하는 모티브로 작용한다.

이러한 문고 출판은 경장화된 단행본과 함께 종래 외판위주의 판매방식에서 탈피해 점두판매로의 유통구조 개선에 중요한 역할을 담당하는 것으로 평가되고 있다.

### 한국학과 학술서 출판 활성화

이즈음 한국학 붐을 타고 한국학 연구자료의 영인출판에서부터 새로운 사관에 입각한 한국사의 저술, 그리고 한국학 도서의 외국어 번역출판이 활발하게 전개되었다.

마침 제37차 세계작가대회(PEN, 1970)가 서울에서 개최된 것을 계기로 문학작품집의 영역(英譯)을 비롯한 영문판 한국학 소개서와 《한국통사》의 영역본, 유네스코의 영문 《한국사》 등의 발행이 모두 이해의 수확이다.

리처트 러트 신부의 《한국민족사》(영문판)와 《한국도서해제》(전6권, 고대 민족문화연구소), 《한국학대백과사전》(전3권, 을유문화사), 《한국의 명저》(박종홍 외, 현암사), 《한국인명대사전》(신구문화사), 《한국동물명집》(전3권, 향문사), 《신재효 판소리전집》(민중서관), 《한국무가집》(창우사), 《한국교육목록》(전3권, 중앙대 출판부) 등의 자료집과 함께 《한국개항기의 상업연구》(일조각), 《조선후기농업사연구》(일조각), 《한국성씨대관》(창조사), 《일제하의 한국문화총서》(전5권, 민중서관), 《고려정치제도사 연구》(변태섭), 《한국현대사》(전9권, 신구문화사), 《한국복식사》(보진재), 《단재 신채호전집》(전2권, 동 간행위), 《한국여성사》(전3권, 이화여대출판부), 《한국학》(현암사), 《한국금융백년》(창조사), 《한국의 사상대전집》(전18권, 동화출판공사) 등과 유길준, 한용운, 서정주, 조지훈 등의 개인전집 등이 다수 편찬 간행되었다.

한편 국내 학자들의 권위 있는 연구저술이 비교적 많이 출판되어 출판의 질적 수준을 급격히 향상시켰다. 그중 탐구당, 박영사, 법문사, 일조각 등은 인문·사회학 분야의 학술서·전문서 등의 출판으로 확고한 지반을 굳혔다. 현암사는 고전의 현대화라는 주지(主旨) 아래 동양고전의 번역출판에 열을 올렸다.

이러한 경향의 변화는 독자들의 성향이 외형의 화려함보다 충실한 내용의 책을 갈망하고 있다는 증좌이자 한국 출판계의 나아갈 지표를 제시하는 새로운 경향으로 지적되었다. 따라서 새로운 양상의 독서층을 조직화해 육성하고 잠재 독서층을 개발해 독서인구 저변확대를 도모하려는 의지가 강렬해졌다. 이들에게 새로운 신간정보를 제공하려는 목표 아래 1970년 11월에는 주간《독서신문》의 창간을 보게 되었다. 이 신문을 발행하기 위해 출판업계 유지 출판사들이 십시일반으로 참여한 주식회사 체제의 회사가 발족되었다. 문공부는 주간지를 발행하려면 자가시설을 갖추도록 규정한 기준을 무시하고 예외적으로 등록을 받아주었다.

### 한국 도서 해외시장 개척에의 열망

한국의 도서수출은 70년대에 들어와서 활기를 띠기 시작했다. 그 이전까지는 주문에 의해 소량으로 수출하는 정도였는데, 휘문출판사는 재일교포 도서상인 고려서림(朴光洙)과 72년에《일한사전》과《한일사전》을, 희망출판사는 일어판《한국고전문학선집》(전6권)을 현지 출판사와 각각 공동출판해 저작권을 수출하는 형식으로 일본 출판시장 상륙을 꾀했

한국 도서의 일본 보급을 위해 삼중당이 도쿄에 개설한 '한국서적센터'

다. 삼성출판사가 81년 일본의 고단샤(講談社)와《조선총독부》(전3권)를, 탐구당은 일본의 마루젠(丸善)에 특설판매 코너를 설치하고 탐구당 발행 한국학 관계 도서와 시장성

이 있는 국내도서를 상설 전시판매하는 특약을 맺었다.

70년대에는 정부에서도 해외도서 보급을 지원하는 방안을 다각도로 강구해 실시했으나 기대에 미치지는 못했다. 70년에 정부 주선으로 미국, 독일, 월남 등 한국인이 많이 진출한 지역의 서점에 '한국 도서 코너'를 설치했으나 견본도서를 발송하는 것에 그치고 말았다. 73년에는 해외 여행자들에게 해외 홍보용으로 선정된 도서를 휴대하고 출국하도록 의무화해 한국 관계 외국어판 출판을 자극하려 했으나, 오래 시행하지 못했다.

삼중당은 73년 5월 30일 '한국서적센터'란 이름으로 도쿄 지사를 개점, 한국 도서의 판매를 시작함으로써 도서수출의 거점을 확보하는 쾌거를 이룩했다. 순수한 국내 출판자본에 의한 일본 상륙이 최초로 이루어진 것이다.

이보다 앞서 출협은 68년부터 60만 한국 교포가 거주하고 있는 일본에는 북괴나 중공, 소련 등 공산권 국가들이 발행한 도서전문 서점이 있는 점을 중시하고, 한국 도서의 해외보급뿐만 아니라, 정책적 견지에서도 '한국 서점'의 설치가 절실함을 주장하며 정부당국에 지원을 건의하고 있었다.

그리하여 75년도 대일 수출실적은 63만권 2억6,000만원(75년 11월 현재)에 이르러 수입량인 83만권 3억4,000만원에 거의 육박하는 수준으로 신장되어 과거 일본의 일방적인 도서무역에서 대등한 거래로 방향이 옮겨지는 조짐을 나타내기 시작했다.

1973년 현재 일본에는 한국서적센터와 고려서림이 한국 도서의 일본 지역 판매에 주도권을 잡고 있다. 이들은 전국적인 판매망을 구축해놓고 한국학 연구서, 각종 고전의 영인본, 교포용 한국어 교본, 영한·일한 사전류 등을 점두판매하거나 도서관 등에 납품하고 있다. 당시 단일품목의 수출실적으로 수위(首位)는 동화출판공사가 일본어판 《한국미술전집》(전15권)을 74년에 2,000질, 27만 달러($) 판매하는 실적을 올린 것이다. 이 책은 스위스의 드 리브르출판사와 불어판 3,000권 공동출판 계약(76. 6.)도 체결해 스위스에서도 출판, 판매되었다.《한국미술전집》의 대일 수출이 이렇게 성공을 거둔 데 이어 광명출판사에서도《한국고미술》을, 에밀레미술관은 민화모음집《한호(韓虎)의 미술》을 각각 1천부씩 일본에 수출했다. 동화출판공사는《한국미술전집》에 앞서 일본 동수사(冬樹社)와 일어판《현대한국문학선집》(전5권)을 수출, 73년부터 연차적으로 공동출판해, 기획에 따라서는 한국 도서의 해외시장이 얼마든지 확대될 가능성을 보인 본

보기가 되었다.

구미 지역으로의 도서수출을 보면 범문사가 각국 저명 도서관과 공급계약을 맺고 거래하고 있었다. 범문사는 미국 의회도서관, 하버드대학, 캘리포니아대학, 하와이대학 도서관 및 영국 런던대학 도서관, 독일 국립도서관, 호주 국립도서관 등에 한국학 관계 연구서와 고전 영인본 등의 신간과 신문잡지 등 각종 정기간행물을 공급하고 있었다.

국내에서 오랫동안 영문판 도서를 열심히 출판하던 한림출판사 대표 임인수는 1976년 1월에 대한출판해외판매(주)를 로스앤젤레스에 설치해 미국, 캐나다, 브라질 등 한국 교포들이 많은 지역의 한국 서적 판매망 확장을 꾀하던 중 갑자기 작고했고 이 바람에 대한출판해외판매(주)는 미처 업적을 내지 못하고 해체되었다. 이 회사가 목표로 하는 판로는 미국 내 8,000여 개 공동도서관과 한국학 연구자 및 2,000여 개의 연구소, 그리고 캐나다 브라질 등지 교포들이었다. 영문판 한국학 관계 연구서, 각종 고전 영인본, 사전류 및 정기간행물을 판매하고 그림과 도판 중심의 교포자녀용 아동도서의 현지출판도 계획 중이었다. 이 밖에 국내에 있는 동남도서, 한국서원 등이 각종 통계자료와 논문집, 신문, 잡지 등을 산발적으로 수출하고 있었다.

이와 같은 우리 한국 도서의 수출증가는 세계 각국의 한국학 및 한국 문화 연구열이 증가됨에 따른 것이며, 앞으로 국력의 신장과 세계적인 동북아권에 대한 관심이 높아질수록 그 증가추세는 더욱 가속화될 것으로 전망되었다.

한편 문화공보부는 1975년도 외서수입 추천액은 750만 달러로, 1974년에 비해 약 84만 달러가 늘어났다고 발표했다. 책수로는 239만2,524책이 수입되었다. 이 가운데 일본 도서는 75만2,352책, 양서가 164만172책으로 1974년의 일본 도서 80만2,084책, 양서 103만373책에 비교해볼 때 일서는 4만9,732책이 줄어든 반면, 양서는 6만 여 책이 늘어났다고 한다. 이때부터 외서수입에서는 일본 도서 수입량이 둔화되는 반면 양서가 높은 신장률을 보이는 추세가 날로 확대되기 시작했다.

### 출판인력 정예화 전략

'출판의 과학화'를 통한 아마추어리즘의 극복이란 기치를 내건 출판계는 70년대부터는 다양한 형태의 출판인 연수사업도 개발, 계속 발전시킨다. 정부의 지원에 의한 출

1973년 우리 출판역사상 처음으로 개설한 편집 실무자들을 위한 '편집연수 강좌'

판산업 구조개혁이 뜻과 같이 이루어지지 않자 이번에는 자체의 힘으로 혁신의 주체가 될 인재를 양성하는 방향으로 전략을 바꾼 것이다.

처음에는 공교육 기관에서 전문인을 양성해주기를 바랐다. 1968년에는 신설된 서울대학교 신문대학원에 출판학과를 설치해달라고 정부와 국회에 건의했으나 반응이 미온적이었다. 1973년에 우리 출판역사상 처음으로 업계가 직접 편집 실무자들을 위한 '편집연수 강좌'란 이름의 연수교육을 시작했다. 출판 종사자로서의 전문성과 자세를 갖추도록 하는 데 목적을 둔 이론과 실무중심의 일주일짜리 단기 코스였다. 현역들을 위한 재교육이었음에도 매회 수강생이 예정인원을 초과하는 성황을 이룬 가운데 1980년까지 918명의 수료자를 배출한다. 1981년이 되자, 이 단기 연수 강좌를 교육내용과 기간, 수강 대상자 등을 확대해 '편집인대학'으로 발전시켰다. 1986년에는 영업인 강좌까지 신설한 '출판인대학'으로 또 한 차례 발전적 개편이 이루어진다. 드디어 1989년부터는 '출판대학'이란 이름의 출협 부설기관으로 승격, 출판인의 사관학교를 표방하면서 6개월 과정의 본격적인 상설 출판인 양성사업으로 독립시킨다. 이렇게 개편될 때마다 교육내용을 확대해 체계화했고 정식으로 교재도 개발해 신인양성에 주력한다. 그러나 '출판대학'을 모방한 사설 편집 디자인 학원이 경쟁적으로 생겨나자 이들과 경쟁할 수 없는 협회의 역할은 끝났다고 판단, 1994년에 스스로 문을 닫는다. 이 과정의 수료자 가운데는 지금 출판인으로 탁월한 역량을 발휘하고 있는 출판인들이 적지 않다.

연수사업은 실무자들의 교육에만 머물지 않고, 경영자들에게도 폭넓은 지식과 국제적인 동향에 대한 이해를 통해 변화하는 출판환경의 본질을 규명해 출판의 정책방향이나 경영전략의 기초자료로 삼을 수 있도록 하기 위해 '출판 경영자 세미나'를 1978년에 개발, 최근까지 연례사업으로 개최해왔다. 출판 경영자 세미나는 경영자들의 친목도모를 겸해 2박 3일간의 숙박일정으로 운영되었다. 출판상황에 맞춰 시의적절한 주제를 선택하고 그 방면의 국내외 전문가들을 초빙해 심도 있는 내용으로 운영되었기 때문에 매번 논의된 내용을 언론에서 자세히 보도하는 등 사회적으로도 주목을 받았다. 또, 한 가지 주제만을 집중적으로 교육하는 '원 포인트 실무 강좌'를 수시로 개최하고, 해외 주요 연수 코스에도 적극적으로 수강생을 파견해 외국의 선진적인 출판기법을 국내에 접목하기 위해 노력했다. 유네스코 아시아문화센터(도쿄 소재)가 해마다 열고 있는 '아·태 지역 출판연수 코스'에는 개설 초기부터 특별히 우리만 참가인원을 늘려 참석시키는 섭외력을 발휘하기도 했다.

이런 활동은 출판학에 대한 관심을 자극해 이 땅에 세계 최초의 출판학회가 탄생할 수 있는 토양을 마련한다. 한국출판학회는 1969년 3월에 공식출범했다. 출판에 대한 학문적인 연구 분위기가 무르익으면서 공교육에서의 체계적인 출판 전문교육이 활성화될 필요가 커졌다.

1980년에 중앙대가 신문방송대학원을 설립하면서 처음으로 출판잡지 전공과정이 개설되고 1982년에는 혜전전문대학이 최초의 출판과를, 신구대학이 인쇄과를 각각 운영하면서 공교육 기관에서의 출판인재 양성의 역사가 본격화되었다. 전문대학에서 대학원 과정에 이르는 출판 전공과정이 전국적으로 20개가 넘을 정도로 활성화될 때도 있었지만, 지금은 출판교육이 부진을 면치 못하고 있다. 다매체 간의 패권경쟁이 치열해지면서 출판 전문교육의 필요성은 날이 갈수록 중요한 세계적인 이슈로 부각되고 있다. 우리도 산학이 협동해 공교육에서의 출판교육을 다시 활성화해야 할 것이다.

1987년에는 출협 창립 40주년 기념사업으로 협회 조사연구부 기능을 확대·개편해 한국출판연구소를 독립법인으로 발족시킨다. 출판계의 유일한 싱크탱크인 연구소 설립으로 숙원과제 또 하나가 20년 만에 해결된 셈이다.

### 성장과정에서의 고민과 갈등

70년대에 출판이 활성화되는 과정에서 출판계에서는 미풍양속을 해치는 외설출판, 낯 간지러운 표절, 덤핑 등 거래질서 파괴행위가 빈번하게 발생하고 있었다. 일종의 성장통이었다고도 볼 수 있는 이러한 사태는 출판계에 큰 상처를 안겨주는 동시에 출판의 수준을 한 단계 더 발전시키는 계기도 되었다.

그러한 사례 가운데 하나는 문화사업을 빙자한 비영리 단체의 출판산업 진출을 둘러싼 출판계의 충격과 저항이다.

문고 출판이 안정적 기반을 닦아갈 즈음, 1972년 새해가 밝자마자 문고 출판사들은 강력한 도전에 직면하게 된다. 비영리 재단인 삼성문화재단이 '실비 보급'이란 미명하에 일반문고 가격의 3분의 1도 안 되는 권당 70원이란 파격적인 염가(일반 상업 출판사의 문고는 200원 내외)의 문고를 판매하고 나선 것이다. 그 충격은 말할 수 없이 컸다.

문고 발행사는 물론 일반 출판사들의 충격은 경악과 분노, 바로 그것이었다. 재벌이 영세 출판계를 장악하겠다는 선전포고라는 비난이 물 끓듯 일어났다. 급기야 출판계는 '삼성문화문고 사태에 대한 비상대책위원회'를 구성해 삼성문화재단 측에는 즉각적인 중단을 요구하는 한편 정부가 삼성문화재단을 제재해줄 것을 강력히 요구하고 나섰다.

때마침 파리에서 개최된 국제출판협회(IPA) 총회의 의제로 〈상업 출판사 대 비영리 기관의 출판문제〉가 제기가 된 기회를 활용해 국제적인 여론을 적극적으로 조성하고 나섰다. IPA 총회는 이러한 사례가 대중의 이익에 해를 끼치고 순수 상업출판의 발전을 저해함은 물론 마침내는 기업출판의 존립마저 크게 위협하게 된다는 점을 지적하는 결의문을 채택했다. 이 결의문은, 정부의 재정지원을 받거나 면세 등의 혜택을 받는 기관이 공개시장에서 상업 출판사와 가격경쟁을 하는 것은 부당하다는 점을 강조하면서 정부의 강력한 대책을 촉구하는 내용을 포함시켰다. 출판계는 이러한 IPA의 결의를 정부와 삼성문화재단을 압박하는 수단으로 유효 적절하게 활용했다.

6개월을 끈 분쟁은 정부의 중재로 재단 측이 "상업 출판사에서 출판하기 어려운 국내저술 출판에만 치중하겠다"고 하는 선에서 겨우 수습되었다. 이는 완전한 해결이라기보다는 "상업 출판사가 도저히 상대할 수 없는 가격의 출판행위는 출판대상 품목에서 제한한다"는 선에서 봉합된 것이다. 삼성문화재단은 나중에 이 문고의 가격을 상업 출판사의 문고 가격에 근접하는 선까지 인상함으로써 출판시장 진입의 저의가 있었음을 노골적으로 드러냈다. 영화나 음반 등 다른 산업이 출판업에 진입한 예는 과거에도 있었지만 이런 식은 아니었다. 이 충격적인 사태는 출판계의 자위책으로 경영합리화와 체질강화의 필요성이 강조되는 계기가 되었다.

표절, 기획의 모방, 거래질서를 파괴하는 불공정 거래행위, 지형(紙型)의 2중 매매행위 등 출판계 내부에서 야기된 심각한 문제들도 끊이질 않았다.

책값이 저렴해지고 독자들의 관심이 문고나 단행본으로 집중되면서 전집 출판계의 유통질서는 심하게 몸살을 앓는다. '정가'와 '보급특가'란 형식으로 독자를 현혹하는 기만적 이중가격을 표시하는 등 전집의 변태적인 할인판매가 성행하는가 싶더니 '끼워팔기'가 극성을 부리게 된 것이다. (70년대의 전집 판매에서는 정가를 높게 책정해놓고 '보급특가'란 표현으로 서점에서와 비슷한 수준에서 할부로 할인판매하는 수법이 일반화되고 있었다.)

1974년 한 출판사가 《세계문학전집》(전30권/낱권 불매) 가운데 20권을 예약하면 나머지 10권은 무료로 기증하겠다고 대대적인 광고를 하며 예약주문에 나서자 출판계는 큰 파란에 휩싸인다. 세계문학전집은 출판시장의 인기상품 가운데 하나인 데다 10여 출판사가 판매경쟁을 벌이고 있었기 때문에 출판계 전체에 미치는 충격이 대단히 컸다. 또 다른 출판사가 똑같은 방법으로 이에 대항하고 나서면서 사생결단의 판매경쟁은 불붙었다. 할부판매에 의존해 《세계문학전집》을 판매하고 있던 나머지 출판사 영업부장들은 이런 판매경쟁에 반발해 집단행동 움직임을 보일 태세였다. 결국 출협 회장이 나서서 거중조정을 통해 겨우 수습했다.

처음 《세계문학전집》의 덤핑 판매에 나섰던 출판사는 그 후에도 《세계문학전집》 중에서 "대표작만을 정선했다"면서 또다른 《세계문학전집》(전20권, 정가 6만4,000원)을 만들어 거의 반값인 3만3,600원에 팔았다. 이에 그치지 않고 《세계문학사상100선전집 Great Books》(전100권)은 '회원에 한해서'란 명분(회원은 신청서만 내면 되는 형식적인 것이었다)으로 평균 700쪽 내외의 책을 제작비도 안 되는 399원에 판다고 대대적인 선전을 해 독자들을 현혹했다. 아동도서도 똑같은 방법을 동원했다. 《딱다구리 Graet Books소년소녀 세계문학사상100선전집》(전100권)은 권당 199원에 팔았다. 당시 비슷한 아동서의 가격은 800~1,000원이었으니 사태의 심각성은 이를 나위 없었다. 이런 질서 파괴적인 행위는 《파스칼 세계대백과사전》(전30권)을 집중적으로 판매한 90년대 말까지 거침없이 자행되었다.

2000년대 들어와서는 《세계문학전집》 등 대형 전집물을 쇼핑몰을 통해 정가의 50%에 대량판매하는 방식으로 양상이 바뀌었다. 방송매체를 통한 이런 덤핑에 가까운 할인판매 행위는 주로 대한민국의 대표적인 출판사들이, 시장성이 큰 인기도서를 대상으로 자행했기에 전체 출판계에 미치는 영향은 매우 충격적이었다. 특히 경합하고 있는 출판물을 보유한 출판사들은 당해 출판물의 판매를 포기해야 할 지경으로 피해가 컸다. 〈출판문화산업진흥법〉에 의한 '도서정가제'의 맹점에도 원인이 있었지만 출판계를 이끌어가야 할 지도급 출판인들이 앞장서서 이런 파렴치한 행위를 자행하는 처사는 출판유통 질서를 교란시키고 출판계를 위축시키는 충격파를 던져주었다. 또한 책값에 대한 독자들의 부정적인 이미지를 심어주는 결과를 초래했다.

1970년대에는 다른 출판사의 책 내용을 표절하는 사례도 빈번하게 벌어졌다. 대표적인 표절사례 몇 가지를 꼽아보자. 한국도서잡지윤리위원회(이하 '간윤')는 1973년 8월에 범아서관(汎亞書館)이 낸 《한국성씨대관》이 창조사(創造社)의 《한국성씨대관》(崔德敎, 李承雨 편, 1971)의 책명과 성씨(姓氏) 배열순서, 서술내용을 그대로 표절했다는 제소를 받고 심의한 결과 제소내용을 모두 인정, 당국에 '제재'를 건의했다. 당시 당국은 출판사 등록청인 문화공보부를 가리키며, 윤리위의 '제재건의'를 받은 출판사는 대부분 등록취소되었다.

한진출판사(韓甲振)는 《세계명작 탐정시리즈》(전50권, 1979. 5.)를 발행하면서 계림출판사(林義欽)의 《소년소녀 세계추리명작 단편시리즈》(전50권, 1978. 6.)을 기획, 편집, 장정은 물론 판형과 내용까지도 모방출판해 물의를 빚었다. 계림 측의 주장에 따르면 주로 코넌 도일의 단편을 중심으로 제작한 이 시리즈 50권 가운데 45권이 동일한 작품일 뿐 아니라 독창적으로 바꾼 제목까지도 거의 유사하게 불법사용해 누가 보아도 모방한 것임을 알 수 있다는 것이다. 계림은 "동일한 제호 또는 유사한 내용을 2개 이상에서 경쟁출판해서는 아니 된다"는 〈출판윤리실천요강〉을 들어 간윤(刊倫)에 제소해 두 출판사가 치열한 공방전을 벌였다. 60년대에는 우연히 비슷한 내용의 유사 기획출판의 경우에도 격렬한 윤리논쟁을 벌였던 것에 비하면 윤리의식이 더욱 박약해진 노골적인 부정경쟁의 사례라고 할 만하다.

79년에는 표절시비가 어느 해보다 많은 편이었다. 인물연구소(任重彬)는 청람사(青藍社)가 원저작자에게 독점 번역권을 얻어 출판한 《모모》(미카엘 엔데, 차경아 역, 1977. 10.)의 해설과 오식(誤植)까지 그대로 베낀 사건이 일어났는데 이는 가장 충격적인 사실이었다. 이 사건으로 출협은 인물연구소를 제명, 회원자격을 박탈하고 윤리위는 문공부에 제재를 건의했다.

《모모》의 표절사건이 일어난 것과 거의 같은 시기에, 이번에는 청조사(靑潮社)와 계원(桂苑)출판사가 존 K. 갈브레이드의《불확실성의 시대》를 동일한 지형으로 출판해 동시판매하는 초유의 사건을 일으켜 사회적 물의를 빚었다. 출판계는 또다시 아연실색했고 언론들은 일제히 독자를 우롱하는 무책임한 행위라며 비판하고 나섰다. 두 책이 다른 점은 역자와 출판사 이름, 판형, 정가 그리고 한쪽은 활판 인쇄본인데 다른 쪽은 오프셋으로 찍었다는 차이뿐, 쉼표 하나 틀리지 않았다.

상황을 조사해보니 동서문화사가 동일한 지형을 만들어 두 출판사에 동시에 팔아넘긴 데서 일어난 일이었다. 같은 책이 여러 군데서 번역출판되어 경합하는 것도 바람직스럽지 못한 일(당시 5개사에서 거의 동시에 출판, 판매되었다)인데,《불확실성의 시대》건은 같은 지형을 두 출판사에 팔아넘긴 동서문화사의 책임이 컸으며 두 출판사는 피해자라고 볼 수도 있다. 그러나 두 출판사도 출판질서를 어지럽히는 일인 줄 알면서도 지형을 함께 인수한 책임을 벗어날 길이 없었다. 다른 경쟁사들의 관점에서 보면 이들 두 출판사의 행위는 제작비를 덜 들여서 판매에 유리한 위치를 차지할 속셈인 것으로밖에 볼 수 없었기 때문이다. 또한 출판양식의 천박함을 드러낸 것이기도 했다. 심지어 언론은 새삼스러운 일이 아니라며 출판계의 부조리한 실태를 낱낱이 비판했는데,《동아일보》(1979. 3. 9.)는 관련 기사에서 10여 년 전 일본 역사소설《대망》이 같은 역자의 이름으로 두 출판사에 나와 업계나 식자층에서 출판풍토의 무질서를 개탄했다고 과거의 일까지 거론하며 출판풍토의 건전치 못함을 통렬히 비판하고 나섰다.

이에 출협은 긴급 이사회를 열어 업계 지도급 출판인 10명으로 자체 내의 윤리위원회를 구성해 이 문제를 논의한 끝에, 인물연구소는 제명,《불확실성의 시대》관련 3사는 미리 제출한 자퇴원서를 수리하는 방식으로 해당 사 모두를 징계했다. 동시에 출판계와 독서계에 경각심을 환기시키는 출판계의 '견해'를 발표해 사회적 이해를 구했다. 간윤(刊倫)도 인물연구소는 제재를 건의하고 3사에 대해서는 경고조치했다.[7] 그동안에는 판매 행태와 관련해서 문제가 발생해도 대부분 조용히 해결하는 것이 통례이다시피 했

---

7  〈出版의 倫理, 學者의 良心〉《京鄕新聞》1979. 3. 14. ; 사설,《讀書新聞》1979. 3. 4.(417호), 3. 25.(420호), 4. 1.(421호), 4. 15.(423호), 4. 22.(424호) 참조

는데, 이번에는 공개적으로 제명 등의 강경한 제제를 취한 것은 사안의 심각성에 기인한 점도 있지만 출판계가 그만큼 성숙했음을 보여주었다고 할 수 있다.

1979년에도 유난히 많은 도서와 잡지, 만화 등이 간윤에서 제재를 받았는데, 출판이 양적으로 팽창하는 과정에서 불가피한 '성장통'이라고 하기엔 출판계가 입은 내상(內傷)이 너무 컸다. 이러한 행위는 기획의 빈곤으로 인한 경합 출판물에서 더욱 심했는데 경제발전에 따른 소득증대에 비례한 만큼 독서 구매력이 증가하지 못한 데다, 당시는 석유파동 등의 여파로 수요가 현저히 감퇴되어 재고가 누적되고, 자본의 회전이 악화되었기 때문에 쉽게 출판의 양식을 저버린 행위를 저지르게 된 것으로 분석된다.

## 문화공보부 신설과 출판정책

### 출판행정의 문화공보부 이관

정부조직법의 개정으로 그동안 논의되어 온 문화공보부가 드디어 1968년 7월 24일 개청을 보게 되었다. 이로써 문교부 편수국 발행과의 업무 중에서 저작권과 함께 '부정기 간행물 및 출판사에 관한 업무'가 12년 만에 다시 공보부가 다루던 정기간행물과 함께 문화공보부로 이관되었다. 문화공보부는 문화국 내에 '부정기 간행물 및 저작권을 담당하는 출판계'와 '정기간행물 및 언론정책을 다룰 발행계'를 포용하는 출판과를 두어 출판행정에 대한 강한 의욕을 보였다.

문화공보부 현판식(1968. 7. 25.)

문화공보부는 개청에 즈음해 ▷ 문화·예술행정을 통해 기업으로서 출판사의 성장과 자율적인 윤리활동을 지원함으로써 자유롭고 건전한 출판문화 발전과 민주언론의 신장에 기여하고 ▷ 저작권 질서를 확립함으로써 창작활동을 보장하고 ▷ 점진적인 인쇄문

화의 향상으로 문화발전의 기틀을 마련한다는 기본 목표를 설정했다. 그리고 주요사업으로,

① 출판문화 지원육성을 위한

    ㉠ 출판금고 설치 ㉡ 출판상 제정 ㉢ 우수 출판물의 선정 보급 및 지원 ㉣ 문고 출판 권장 ㉤ 도서전시회 개최 ㉥ 도서공급 체계 확립 지원 ㉦ 용지 주선

② 출판문화의 자율적 규제 및 불건전한 출판사의 정비를 위한 방안으로

    ㉠ 출판윤리위원회 설치 운영 ㉡ 불법 출판물에 대한 단속 강화 ㉢ 저작권자의 권익보호

③ 저작권심의회 운영을 강화해

    ㉠ 국제저작권기구 가입에 대한 연구 ㉡ 인세 조정사업 추진

④ 출판문화의 국제교류 사업으로는

    ㉠ 국제도서전시회 참가 ㉡ 외국(도쿄)에 한국 서점 개설 ㉢ 자유우방과의 도서교환 등을 추진하겠다고 발표했다.

첫 사업으로 하루에 약 50종씩 대량으로 쏟아져 나오는 아동만화의 정화와 질적 향상을 위해 8월 31일 한국아동만화윤리위원회를 발족시켰다. 지금까지의 만화업계는 업자가 두 그룹으로 나뉘어 대립하고 있었다. 이에 따라 만화가들도 둘로 갈라져, 서로 다른 두 개의 자율심의기구를 가지고 있었으나 심의는 형식적인 것에 불과했다. 따라서 문화공보부는 새로운 출판정책에 따라 엄정한 사전심의를 통해 어린이 만화의 질적 향상과 질서 확립에 노력했다.

10월에는 '청소년을 위한 우량도서'를 선정 발표했다. 각계의 전문가들로 구성된 심사위원들의 면밀한 심사를 거쳐 전국 출판사가 자천한 362종 837권 가운데서 43종 276권이 선정되었다. 또 양서출판 의욕을 고취하는 방안으로 제12회 전국도서전시회 개막식전에서 정부 표창식도 함께 가졌다.

▷ 대통령 표창 : 을유문화사 정진숙

▷ 국무총리 표창 : 학원사 김익달, 어문각 김광수

▷ 문화공보부장관 표창 : 정음사 최영해, 일조각 한만년, 출협 사무국장 이경훈

## 1970년을 '출판진흥의 해'로 설정

오랜 준비 끝에 1969년 3월 31일 '한국도서출판윤리위원회(圖倫)'가 발족되었다. 이 윤리위원회는 발족에 즈음해 "황폐해가는 정신세계를 순화해 제2경제의 구현과 민족문화 중흥의 기틀"이 되겠다는 취지를 밝히면서 저작자는 더 훌륭한 저작을, 출판인은 그러한 정신적 자산의 결정(結晶)을 신의와 성실로 보호해줌은 물론 문화 전달자로서의 인식을 새롭게 할 것을 다짐하고 나섰다. 대한출판문화협회가 1965년에 스스로 〈출판윤리강령〉을 제정·선포한 지 5년 만의 일이다. 출판윤리위원회의 설립 필요성은 오래전부터 제기되었다. 만화 이외에도 잡지, 신문윤리위원회는 진작에 설립되어 활동 중이었다. 그런데도 업계는 윤리위원회의 발족을 미루면서 출판의 자유를 침해하거나 정부의 부당한 간섭을 배제할 수 있는 방안을 강구하는 방법을 고심해왔다. 그런 방안의 핵심은 윤리위원회가 재정적으로 자립할 수 있는 기틀을 마련하는 것과 위원회의 결정사항이 충실히 준수될 수 있는 권위와 제도적 장치를 마련하는 일이었다. 그러한 대책으로 출판사에서 회비를 징수하고 결정사항을 준수하겠다는 의지를 나타내는 서약과 함께 판권란에 '윤(倫)'이란 기호를 삽입, 표시하도록 합의를 이룬 뒤에 발족했다.

그런 의미에서 1969년에서 1970년으로의 전환은 혼돈에서 정착으로의 전기를 마련한 해였다. 강력한 출판시책의 집행으로 출판산업은 표면상 크게 활기를 띠었으나, 기업경영 면에서는 격랑에 시달린 1969년이었다. 기획 면에서 비슷한 출판물이 경합해 혼란을 빚었으나 외판제도에 대한 반성과 함께 도서의 질적인 경쟁을 보이기 시작한 1970년은 안정으로의 전환기로 규정되었다.

이 무렵의 두드러진 출판경향은 때마침 신문학 60년을 맞이한 기념 출판물을 들 수 있는데 정음사의 《신문학60년대표작전집》(전6권), 을유문화사의 《한국신소설전집》(전10권), 삼중당의 《한국대표문학전집》(전12권), 어문각의 《신한국문학전집》(전51권), 성음사의 《한국장편문학대계》(전18권), 일조각의 《한국시선》 등의 문학전집이 다채롭게 출판된 일이다. 그러나 이러한 문학전집에서는 동일작가의 동일작품의 수록권리를 싸고 저작권 분쟁이 일었으며, 또 지나친 판매경쟁을 불러오기도 했다.

또 한국의 재발견 또는 한국학 연구열을 반영한 탐구당의 《조선왕조실록》(제49권)이 영인, 출판되기 시작하고, 정부의 고전국역 간행사업을 추진하기 위해 조직된 민족문화추진회가《고전국역총서》첫 권을 간행했다. 범문사의《한국미술사》, 고대 민족문화연구소의《한국문화사대계》(제7권) 등 연구서도 조심스럽게 출간되기 시작했다. 시사영어사에서 영어 회화 레코드 북이 첫선을 보인 것도 이채로운 출판경향이다. 시사영어사의 레코드 북은 한국의 도서산업이 시청각 시대를 여는 단초가 되었고 또 우리나라 외국어 교육방법에 혁신을 가져왔다. 레코드 북은 원래 1966년경 성음사(洪順豊)가《일본어 회화 레코드 북》등 외국어 회화와《가요반세기》등을 출판하면서 시작되었다.

이러한 추세에 맞추어 문화공보부에서는 1970년을 '출판진흥의 해'로 정하고 다음과 같은 지원사업을 밀고 나갔다. 정부가 이와 같이 적극적이고 대규모적으로 출판업을 지원하는 것은 처음 있는 일이어서, 출판계의 호응도 컸으며 따라서 순조롭게 추진될 수 있었다.

① '새로 나온 책' 상설전시 : 국립중앙공보관에 '새로 나온 책' 상설전시장을 개설하고, 납본도서를 30일간씩 전시해 신간을 안내하도록 한 것인데 2월 11일 개관되었다.

② '공통도서권' 발행 : 도서를 선물로 주고받는 기풍을 조성하기 위해 3종의 '공통도서권'(100원권, 300원권, 500원권)을 발행, 우선 서울 시내 일원에서 통용토록 한 국내 최초의 도서상품권이다. 3월 1일부터 출판금고에서 발행하고 19개 가맹서점에서 판매가 개시되었다. 이 '공통도서권'의 가맹서점은 종로서적센터, 양우당, 광화문서림, 동양서림, 동신서림, 숭문사, 문예서림, 장안서림, 중앙서림, 대도서림, 양지서림, 고려서림, 이화서림, 무림서관, 문호당서점, 대동서림, 삼지서림, 서울서점 등 지역을 고루 안배해 지정했다. 이들 서점은 할인판매가 자행되고 있는 상황에서 당시로서는 도서판매가 정상적으로 이루어지고 있는 대표적인 서점에 속하는 곳들이었다.

③ 해외 선전용 영문판《선정도서목록》제작 배포 : 국내 도서 중 해외 수요가 예측되는 한국학 도서를 선정, 해제를 붙여 영문으로 발행한 해제목록으로 이것 또한 한국도서의 해외시장 개척을 지원하기 위해 처음으로 발간한 것이다. 이 사업을 위해 문공부가 제작비 100만원을 보조하고 출판문화협회가 제작을 담당했는데, 수록도서 선정위원회를 사계 전문학자들로 구성해 작성했다.

④ 해외에 국내도서 판매 센터 설치 : 영문판 도서목록의 발행과 더불어 한국 도서의 해외수출을 촉진하는 한편 국위를 드높이기 위해 국내도서 판매 센터를 확보토록 해외

공보관에 시달했다. 그리하여 서독, 미국, 월남 등지에 서점을 확보하고 견본도서를 발송했다.

⑤ 부실 출판사 정비 : 부실·불량 출판사를 정비하기 위해 소재불명, 무실적 출판사, 납본 불이행 출판사 등을 조사해 등록취소한 조치이다.

⑥ 출판금고 육성 : 기금확충을 위해 국고 보조금을 증액한다.

⑦ 전국 성인독서경시대회 개최 : 국민 독서 생활화의 방편으로 독서경진대회를 개최한다.

⑧ 전국도서전시회 지원

⑨ 모교와 연고지에 책 보내기 운동 전개

⑩ 해외 여행자에게 국내도서 휴대 의무화

⑪ 국제도서전시회 참가 적극화

⑫ 독서 캠페인의 전개 등이 그 주요 사업내용이다.

**출판 영업세와 저자 인세의 완전 면제**

1971년도 정기국회에서는 〈영업세법〉 중 제9조(비과세 영업)에 "정기간행물의 발행과 도서출판의 영업"이란 조항을 삽입해 출판업도 영업세 부과대상에서 제외하는 것으로 개정했다. 출판계의 오랜 숙원이었던 출판업에 대한 영업세가 참으로 많은 우여곡절을 거쳐 면제영업으로 확정된 것이다. 이로써 파탄지경에서 헤매고 있던 출판업에 비로소 소생의 중요한 발판이 마련되는 출판세정의 획기적인 조치가 아닐 수 없었다. 그것은 문자 그대로 하나의 혁신이었고 출판인들의 끈질긴 노력으로 쟁취한 소중한 소득이었다.

세제상의 우대조치는 금융 지원책과 더불어 가장 기본적인 출판 육성책의 출발점이다. 정부의 출판정책은 자칫 출판의 자유를 침해할 소지가 있기 때문에 선진국에서는 섣불리 출판 진흥책을 마련하지 않는다. 그런 가운데서도 오로지 가장 중요하고 보편적인 출판 진흥책으로 활용되고 있는 것이 세제와 금융 부문에서의 우대조치이다. 출판업은 국가경쟁력을 키우는 기간산업이므로, 세제 면에서 정책적으로 지원을 해주는 것이 출판진흥에 있어 가장 실효성이 큰 제도요 정책이란 신념과 철학을 가지고 영국,

스위스, 스페인, 호주, 브라질 등지에서 오래전부터 세금을 면제하는 제도를 시행해오고 있다.

출판계가 출협을 중심으로 면세청원 운동을 시작한 것은 창립 직후부터이다. 신문·잡지 등 정기간행물은 이미 면세영업으로 지원을 받고 있을 때였다. 출협은 '영업세 면제 추진위원회'를 설치하고 끈질기게 요구하고 있었으나 전후 복구사업에 급급해 별 성과를 얻지 못하고 있었다. 5·16 이후에는 경제개발에 필요한 내자조달을 위해 각종 세원을 발굴하는 데 부심하고 있을 때여서 이러한 청원을 받아들이기 어려운 형편이었다. 오히려 출판업에 대한 영업세율이 1963년에는 1,000분의 4에서 1,000분의 7로 배 가까이나 인상되었다. 그동안 지지부진했던 '출판업에 대한 영업세법 면세'를 성사시키는 일이 더욱 절실해졌다. 계속해서 심각한 운영난에 허덕이던 출판계는 영업세 면제와 소득세율의 인하를 더 강력하게 요구하고 나섰다.

1965년에는 비로소 집권당인 공화당의 지원을 얻을 수 있었다. 완강하게 반대하는 재무당국과 당정 간의 어려운 협의과정을 거쳐 우여곡절 끝에 1965년 12월 1일 늦은 밤 연말 국회에서 〈영업세법〉 제9조 제2항에 '대통령령이 정하는 출판물 이외의 영업'이란 문구를 삽입하는 데 성공했다. 즉 "관보발행의 대행, 정기간행물의 발행과 '대통령령이 정하는 출판물' 이외의 출판의 영업"이라는 조건부 면제를 규정하는 개정안이 정기국회 본회의를 통과한 것이다.

그러나 그것으로 출판계의 절실한 바람이 성취된 것은 아니었다. 출판업에 영업세를 면제해줄 의사가 없는 정부가 〈시행령〉을 개정하는 과정에서 법의 개정취지와는 전혀 반대되는 형태로 탈바꿈시켜 표현한 것으로 보아 정부의 반대의지가 얼마나 강한 것이었는지를 알 수 있다. 〈영업세법 시행령〉 제6조의 2에서 정부는 과세대상이 되는 출판업에 대해 "법률 제9조 제1항 제2호에서 규정하는 면제영업 이외의 영업은 국정 또는 검인정교과서, 성경과 '문교부장관이 인정하는 우량도서 이외의 출판의 영업'으로 한다"로 규정해 공서양속을 해하는 부실 저급한 도서를 제외한 모든 도서출판의 영업을 면세범위로 하자는 개정취지를 왜곡해버린 것이다. 따라서 〈영업세법〉을 개정한 취지가 무색해져버렸다. 여기서 특히 '우량도서'의 기준이 문제였다. 대통령령이 정하는 출판물이 어떤 것들인지 구체적으로 나열하면 간단히 해결될 일을 다소 추상적인 '우량도서'만 면제대상으로 하겠다는 것이었다. 문교부는 '우량도서'를 규정하기 위해 〈우량도서인정규정〉을 여러 차례 기초했다. 그러나 '우량도서'의 기준을 어떻게 구체적으로 정하느냐 하는 문제를 해결하지 못해, 모처럼 마련된 '조건부 면세' 개정안은 사문화되고 말았다.

1967년 2월 출협은 또다시 전면 면제의 입법취지를 살려 관련 조항을 다시 개정해줄 것을 국회에 청원하는 한편 적극적으로 관계 요로에 건의활동을 전개했다. 이번에는 아예 '출판 영업세 면세조항 불이행에 대한 청원'으로 목표를 정하고 그 대상범위도 출판업 및 판매업으로 확대해 서점업도 면제대상에 포함해줄 것을 요구했다. 그러자 '면제신청을 해서 면제받으라'는 것으로 내용이 개정되었으나 판매업은 여전히 면제신청 대상에서 제외되었다. 한동안 새로 개정된 규정에 따라 번거롭지만 면제신청을 할수밖에 없었다. 그러면서 신고면세는 실질적으로 도움이 안 된다는 이유를 들어 출판계는 계속해서 완전면제를 해줄 것을 요구하고 나섰다.

이런 과정을 거쳐 출판 영업세를 조건 없는 전면 면제영업으로 규정하는 〈영업세법 개정 법률안〉이 1971년 국회를 통과해 30년이 넘는 끈질긴 면세추진 운동은 출판계가 희망한 대로 일단락되었다. 출판업은 영업세 면세에 이어 출판물 거래에 있어서도 원천징수의 무지정 대상에서 제외되는 특례를 받았다.

그러나 서점 영업세는 출판업이 면제되고 있음에 비추어 당연히 비과세 영업으로 고쳐져야 하고, 최소한 미곡상과 같은 대우를 받아야 한다는 것이 출판·서적상계의 일치된 주장이었다. 서점 영업세의 세율은 1,000분의 20에서 1,000분의 15로 인하되었다. 서점 영업세율의 인하는 국민의 정신적 양식인 도서를 보급하는 서점망의 확장과 기존 서점의 보호육성이라는 방향에서 출판업 진흥책으로는 크게 미약했다.

영화를 비롯해 신문·잡지 등이 이미 50년대 중반부터 면세업종으로 대우받아 온 것과 비교하면 대단히 늦은 감이 있다. 그래도 이때 이러한 세제상 보호조치가 인정되었기 때문에 영업세가 폐지되고 부가가치세(VAT)가 도입되는 세제의 근본적인 개편과정에서도 책은 부가가치세 면제상품(영세율 적용)으로 지정받아 오늘에 이른 것이 여간 다행스러운 일이 아닐 수 없다. 그리고 이런 우대조치는 우리 출판업이 성장하는 과정에서 직접적이고 실질적인 효과를 가져왔다.

한편, 저작자의 양성이란 차원에서 출판계의 끈질긴 설득으로 1975년부터 시행할 세제개혁에 있어서는, 저작자의 인세(royalty)에 대해서도 원고료와 같이 전면 비과세소득으로 규정되었다. 원고료에 대해서는 1961년 박정희 최고회의 의장의 결단에 따라 이미 소득세를 면제받고 있었다. 1975년 당시 정부는 〈소득세법〉을 개정해 그동안 면제되고 있던 원고료와 인세소득에 대해서도 오히려 과세할 방침을 정해놓고 있을 때였는데 반대로 소득세 면제대상으로 바꾸는 데 성공한 것이다. 원고료와 인세소득에 대한 비과세는 저자개발이 시급한 때에 저술의욕을 고취하고 연구활동을 지원한다는 견지에서 상징적인 의미가 컸다. 또한 저작자들의 인세소득에 대한 면세운동을 출판인들이 앞장서서 전개했다는 점에서도 큰 의미가 있었다.

### '문예중흥 5개년계획'과 출판산업 지원

제3차 경제개발계획 기간인 이 시기에 있어서 정부의 주된 도서개발 목표는 도서의 질적인 면과 제작기술에 있어서, 그리고 기업적인 측면에 있어서 서로 균형과 조화를 이루면서 향상발전할 수 있도록 체제를 정비해, 출판산업이 처한 취약성과 구조적 모순을 개선하도록 행정적 지원을 한다는 점을 기조로 삼았다.

그러나 1972년 10월 17일, 박정희 대통령은 유신체제를 선포하고 헌법을 개정했다. 유신헌법에는 국정 전반에 걸쳐 긴급조치[8]를 발동할 수 있는 권한이 포함되어 있었기 때문에 명령에 의한 행정이 지배하는 행정국가가 전면에 등장한 것이다. 유신체제에 의해 대통령에게 부여된 절대권력은 근본적으로 국민의 자발적 동의에 기초한 적법성을 확보할 수 없었기 때문에 처음부터 국민적 저항이 만만치 않았다. 따라서 명령에 의한 행정이 지배하는 유신체제에서는 실질적인 지원보다는 규제가 더 많았다. 이러한 때에 문예중흥5개년계획이 발표되어 그동안 이렇다 할 정책적 지원은 받아본 일이 없

---

8  긴급조치는 1972년 10월 17일부터 7년간 존속하는 동안 모두 아홉 차례나 발동되었다. 그 가운데서 출판자유를 직접적으로 제약한 긴급조치의 결정판이라 할 수 있는 것은 1975년 5월 13일에 발동한 제9호였다. 이 조치는 유신체제를 비판하거나 비방하는 일체의 행위에 대해 법관의 영장 없이 체포, 구금, 압수, 수색할 수 있는 권한이 포함된 것이었다. 그 내용 중 출판과 관련된 부분을 보면, 집회·시위 또는 신문, 방송, 통신 등 공중전파 수단이나 문서, 도화, 음반 등 표현물에 의해 대한민국 헌법을 부정·반대·왜곡 또는 비방하거나 그 개정 또는 폐지를 주장·청원·선동 또는 선전하는 행위와 이러한 내용의 표현물을 제작·배포·판매·소지 또는 전시하는 일체의 행위를 금지하는 것이었다.

었던 출판산업으로서 기대하는 바가 적지 않았다.

〈문화예술진흥법〉을 제정, 1972년 8월 14일 공포한 정부는 그해 10월 11일 '한국문화예술진흥위원회'를 설립하고, 10월 17일 제1차 문화예술중흥5개년계획을 발표한 다음날에는 '문예중흥선언'을 발표했다. 〈문화예술진흥법〉의 제정과 한국문화예술진흥원의 설립은 출판계가 한국출판금고의 설립을 추진하는 과정에서 아이디어를 내고 문공부를 설득해 추진되었는데, 한국문예진흥원이 발족되기까지 그 설립기금을 출판금고가 부담하는 등 주도적인 역할을 담당했다. 따라서 정진숙·한만년이 출판계를 대표하는 문예진흥위원으로 선임되고 문예중흥5개년계획에 출판지원사업이 포함되는 것은 지극히 당연한 일이었다. 제1차 문예중흥5개년계획은 먼저 출판산업의 현안 문제점을 다음과 같이 지적하고 있다.[9]

"1973년 4월 말 현재 전국의 출판사 수는 1,266사이다. 이들은 정부가 1972년 2월과 1973년 3월, 2회에 걸쳐 실시한 출판사 실태조사 결과에 따라 등록을 취소시킨 부실 출판사 1,064사를 제외한 것인바, 다음과 같은 몇 가지 자료만으로도 국내 도서산업의 취약한 경영실태를 알 수 있다.

▷ 타인자본 운영사 전체의 3분의 2

▷ 종업원 4인 미만사 88%

▷ 연간 10종 미만의 발행사 80%

다음은 부실한 출판사에 의한 덤핑, 저속한 도서의 출판, 외판행위의 성행 등으로 도서의 공급체계가 지극히 문란하다는 점이다. 따라서 양서출판 지원, 도서 일원화 공급체계의 확립을 목표로 발족한 한국출판금고의 기금 목표액 3억원 중, 73년 현재 5,000만원밖에 조달되지 못해 그 기능을 다하지 못하는 것으로 지적받는다. 더욱 우려되는 바는 국민의 독서기풍이 조성되어 있지 못하며, 저속한 외래문화의 침윤으로 최소한의 독서인구마저 확보가 어려워진다는 점이다."

---

9  文化公報部, 第1次 文藝中興5個年計劃說明, 1973. 10. 18., pp. 48~51 참조

당시의 정부는 이러한 판단으로 1972년 이래 급격한 성장추세에 있는 도서 발행실적의 안정적인 성장과 출판산업의 균형 있는 발전을 위해서 의욕적인 사업을 문예진흥5개년계획에 포함시켰다.

▷ 문예진흥5개년계획의 도서산업진흥사업계획
　　① 출판금고 기금으로 5억원을 확보하며, 계획 기간 중 문예진흥 기금에서 매년 1억원씩 지원 적립한다.
　　② 국내외 도서 전시관을 설치해 보급을 촉진한다.
　　③ '출판대상'을 새로 제정해 표창함으로써 양서출판 의욕을 고취한다.
　　④ 인쇄기술자의 해외 파견 훈련
　　⑤ 우량도서를 선정 보급하여 독서기풍을 진작하고 양서출판 의욕을 고취하다.
　　⑥ 한국도서잡지윤리위원회 운영지원
　　⑦ 국제도서박람회 참가지원
　　⑧ 1면(面) 1서점 설치 추진

출판산업의 내실을 확충하고, 난맥을 이룬 도서공급 체계를 개편해 일원화하고, 독서기풍을 진작함으로써 양서출판을 촉진해 출판산업을 육성하겠다는 의지를 표명한 것이다. 돌이켜보면 정부수립 이래 출판산업 정책은 없었다고 해도 지나치지 않을 정도로 소극적이고 미온적인 것이었음을 상기한다면 대단히 발전적인 것이라고 할 수 있다.

그러나 계획 기간의 총 투자규모 249억여 원 중 출판문화 진흥을 위한 예산액은 겨우 7억5,000만원만 배정된 것은 출판진흥이 형식에 치우진 것이라는 출판계의 강력한 비판을 받았다. 그마저도 시행단계에서는 지원규모가 크게 축소되었다.

출판금고 기금지원은 총액 5억원에서 3억원으로 삭감되어 집행되었으며, 우량도서 보급사업도 74년에 30종을 선정하고 1,500만원 상당의 도서를 구입한 데 이어서, 75년에는 29종 147책을 선정했으나 1,000만원어치의 도서만을 구입해 실질적으로는 사업규모가 전년보다 30%나 축소되었다. 76년에는 35종 62책에 대해 1,000만원을 구입비로 책정해서 집행했으나 이마저도 77년부터는 중단할 방침이어서 출판계에 실망을 안겨주었다.

국제도서박람회 참가를 위해서도 겨우 연간 300만원 정도의 지원금이 집행되었을 뿐이다. 결국 문예진흥5개년계획의 출판진흥 사업은 생색내기에 그치고 말았다. 그리고, 규제는 오히려 더욱 강화된다.

### '출판계 정화 3단계 대책'

1972년 10월 유신선포 이후 정부는 그해 12월 26일에는 출판사의 등록취소 조항과 벌칙조항을 강화하는 내용의 〈출판사 및 인쇄소 등록에 관한 법률〉을 개정했다. 정부는 또 1973년 5월 불법, 부량 출판물을 일제단속하고 출판계 정화 3단계 대책을 강력히 집행했다. 정부의 출판 육성책은 형식적인 데 비해 여전히 강압적인 규제 일변도의 정책기조가 유지되고 있었던 것이다.

이 대책에 따라 서울 시내 일원에서 압수한 출판물은 국내 간행물 1만621책, 외국 간행물 3,093책, 계 1만3,714책이나 되는 엄청난 양이었다. 이를 분석 검토한 내용을 문공부는 이렇게 발표했다.

① 단속 간행물의 유형
▷ 음란저속 70% ▷ 사진·해저판 9% ▷ 표절·번소 7% ▷ 가공저자(架空著者) 6%
▷ 도서명칭 변개 5% ▷ 각종 도용 등 저작권 침해 3%
② 유형별 단속 출판사의 실태
▷ 등록된 부실 출판사 75% ▷ 등록취소 출판사 15% ▷ 유령 출판사 10%

이 조사를 통해 유령 출판사, 등록취소 출판사들이 지하 판매망을 가지고 음란저속 간행물 등 불량도서를 상습적으로 발행하고 있으며, 또 일부 부실 출판사는 국내 간행물을 무단복제, 표절, 변조하는 사례가 무차별적으로 자행되고 있는 것으로 밝혀졌다는 것이다. 큰 출판사들이 지형 또는 판권 등을 무책임하게 양도, 전매함으로써 제호를 바꾸어 출판하고 판매질서를 어지럽힐 소지가 있음도 지적되었다. 또 일부 출판사가 덤핑의 본거지인 동대문 대학천 상가에 점포를 확보, 덤핑에 가담함으로써 도서공급질서를 문란케 하고 있음도 판명되었다.

이러한 조사결과를 바탕으로 정부는 ▷ 자율정화 기간(6월 1일~8월 31일) ▷ 지도계몽 기간(8월 2일부터 1개월) ▷ 집중단속 및 법적조치 기간(10월 1일~12월 31일)의 3단계로 나누어 출판업계를 정화하겠다는 계획을 발표했다. 제1단계에서는 출협과 서련의 주도 아래 자율적으로 위와 같은 유형의 출판물을 출판 보급하지 않도록 지도계몽하고, 제2단계에서는 출판사 실태조사와 내무부와의 합동으로 불법 불량 출판물을 전국적으로 단속해 이의 시정을 유도한다. 3단계에서는 불법 불량 출판물을 발행한 출판사는 등록을 취소하고 상습적으로 이러한 출판물을 집필·출판·판매한 저자, 출판사, 서점주에 대해서는 의법조치함으로써 불법 불량 출판물의 본거지를 정화해 점진적인 출판질서를 회복한다는 것이 그 내용의 골자였다.

이 정화사업 계획에 따라 1974년 5월에는 전국 출판사 실태조사를 실시해 부실 출판사를 정리했으며 1974년 6월에는 성인만화 출판사들에게 일제히 주의를 환기하는 한편 불량 출판물을 발행한 인창서관(仁昌書館)은 등록을 취소하는 단호한 조치를 취했다.

그 후 긴급조치 9호가 1975년 5월 13일 발효되었다. 이 긴급조치에 의거 '국가보안을 저해할 우려'라는 막연한 기준에 의해 출판과 판매에 대한 새로운 규제가 시작되었다. 정부는 장차 긴급조치 9호가 해제될 것에 대비해 규제조치를 강화하는 내용의 〈출판사 및 인쇄소 등록에 관한 법률〉 개정안도 국회에 제출했다.

이 개정안에 따르면, 납본 의무규정을 지키지 않거나 법에 규정한 문공부장관의 명령을 위반하는 출판사에 대해 등록을 취소할 수 있도록 하는 한편, 당국이 출판물 내용 중 일부를 삭제하거나 유치시킬 수 있는 법적 근거를 마련하고 벌칙도 대폭 강화한 것이었다. 다행히 이 개정안은 지나치게 출판활동을 위축시킨다는 언론·출판계의 비판과 강력한 반대로 국회에서 심의가 보류되었다.

### 자립·자강·자존의 자력갱생 정신

문화공보부를 설립해 출판진흥을 제도적으로 뒷받침하려는 의지를 나타내기 시작한 정부는 유신체제를 배경으로 오히려 지나치게 간섭함으로써 출판자유를 제약해 자유로운 출판활동이 위축될 위기적 상황에 직면했다. 그러나 출판산업은 더욱 강한 자력갱생의 의지를 발휘하며 약진을 계속해나간다. 구습을 타파하고 새로운 기축(機軸)을 창조하고자 노력한 출판인들의 도전정신에 의해 우리 출판의 역사는 한 걸음씩 전진하고 있었다.

1976년의 우리 출판산업 시장규모는 연간 출판량이 1만종을 돌파해 1만3,334종, 3,700여 만부에 이르고 출하액도 462억원으로 크게 성장했다. 이는 10년 전인 1966년에 비해 발행종수는 4.3배, 부수는 무려 11배나 늘어난 것이다. 같은 기간 출하액은 무려 16배나 커졌다.

한국 출판산업이 이렇게 단기간에 급속한 성공을 이룩할 수 있었던 것은 사회·정치·경제·문화적 발전과 무연할 수 없지만, 우리 출판 특유의 저돌적인 기질을 바탕으로 한 투지와 돌파력, 협동정신이 이를 가능하게 한 것도 분명하다. 이러한 저력을 발휘할 수 있도록 시의 적절하게 인도한 출판지도자들의 지도력 또한 탁월했다. 중요한 고비 때마다 올바른 선택과 결단을 할 수 있었던 지도자들의 현실을 올바로 인식하는 식견과 미래를 내다보는 통찰력이 이러한 우리의 도전정신을 이끌어냈다. 당시 출판계 리더들은 근본적인 구조혁신이 없이는 출판산업의 성장·발전을 기대하기 어렵다는 절박한 의기의식과 강한 자립의지를 가지고 있었다.

"돌이켜보면 우리 출판산업은 평화스럽게 자란 행복한 도징의 성년이 아니고, 고아처럼 외롭게 고투(苦鬪)하며 자수성가한 것이다. 그리하여 우리는 이제 사회와 국가의 좀 더 올바른 평가를 받기 위해 더욱 노력하는 동시에 사업의 안정을 위해 현재의 기반을 더욱 군혀야 한다."[10]

출판계가 이런 의지를 실현하는 과정에서 특히 한만년, 민영빈, 유익형 세 사람의 활동은 높이 평가되어야 할 것이다. 세 사람은 역사적 통찰력과 강력한 추진력, 국내외에 걸친 광범위한 인적 네트워크를 바탕으로 누구나 공감할 수 있는 비전과 장기적이고 종합적인 발전전략을 개발하고, 이를 강력한 의지를 가지고 추진해나갔으며, 유네스코

---

**10** 정진숙,《출판문화》권두언(1967. 1.)

를 비롯한 국제기구들이 지향하는 출판발전 전략을 이해하고 그것을 우리 현실에 적용할 방안을 강구하고자 고심했다. 그리하여 출협을 중심으로 조직적으로 이런 목표들을 달성할 수 있었다. 당시 출협의 형편으로는 이러한 활동에 소요되는 비용조달이 불가능한 처지였지만, 외원(外援)기관의 지원과 정부와 정계의 협조를 이끌어내는 정치력을 발휘했던 것이다.

그리고 마침내 "정부의 문화정책적인 보호의 대상 권외에서 자력으로나마 발전해왔던 것임을 출판인 모두가 자부"[11]할 수 있었고, "우리들이 도서출판에 쏟은 정력은 한마디로 줄이자면 자립, 자존, 자강을 위한 것이었다. 출판협회에 모여 출판문화의 창달을 위해 힘써왔으며 오늘날과 같은 국력의 신장에도 크게 이바지해왔다. (⋯) 회원 출판사의 자립·자존·자강이 출판협회와, 나아가 나라의 자립·자존·자강으로 연결되고 또한 정신문화 계발에 이르는 첩경이라 믿는다"[12]라고 당당히 말할 수 있게 된 것이다.

이렇게 우리 출판발전에 기여한 수많은 출판인들의 투철한 철학과 비전, 탁월한 업적을 높이 평가하고 현창할 때 우리의 바람직한 출판정신이 고양되고 전통이 계승될 수 있을 것이다.

---

11  한만년, 〈좀 더 빛을〉,《서울신문》, 1967. 1. 21.
12  한만년, 〈대한출판문화협회 제32차 총회 개회사〉,《출판문화》, 1979. 1.

# 제6장
# 상업출판 시대의 화려한 개막

## '이륙'하는 출판산업

### 출판의 급속한 성장궤도 진입

경제개발과 근대화 혁명은 한국인의 삶의 질을 크게 개선했다. 특히 70년대의 중화학 중심의 공업화와 중동 건설 붐 등에 힘입어 경제는 고도성장을 하고 새마을운동으로 국민들의 삶은 질적인 향상을 실감할 수 있게 되었다.

도농 간의 경제적 격차를 줄이기 위해 낙후된 농업과 농촌개발 정책으로 적극 추진된 새마을운동은 점차 도농 구분 없이 소득증대, 생산기반 조성, 복지후생과 함께 정신계발 분야로까지 확대되었다. 경제개발 위주의 국가발전 전략이 정신문화를 경시하고 물질만능의 그릇된 풍조를 낳았다는 반성의 토대 위에서 정신계발에도 정책적 관심을 기울인다는 취지의 '제2경제운동'의 확대로 문화향수 기회가 증대되면서 출판발전을 위한 사회적 분위기도 호전되기 시작한 것이다.

1973~1979년의 제조업은 연평균 16.6%라는 경이로운 성장률을 기록할 정도로 한국 경제는 고도성장을 거듭하면서 소득의 증대를 가져왔다. 지하실을 둔 단층 내지 이층 양옥이 도시 중산층의 가옥으로 보급되면서 주거환경도 크게 향상되었다. 출판발전을 견인하는 요소의 하나인 도시화도 활발하게 진행되었다. 1960년 28%이던 도시인

334

구 비중은 1970년 41%로 증가했다. 특히 서울 인구가 폭발적으로 증가했다. 교육수준도 크게 개선되었다. 1961~1987년에 중학교 진학률이 38%에서 100%로 높아져 초등학교 졸업생 전원이 중학교에 진학했다. 같은 기간 고등학교 진학률은 21%에서 80%로, 대학 진학률은 6%에서 29%로 증가했다.

이러한 사회환경의 호전은 출판활동의 활성화 토대를 제공했다. 출판산업의 가장 중요한 변화는 해방되던 해에 태어난 해방둥이들이, 우리글로 자기의 사고와 생각을 표현할 수 있는 저술능력을 갖춘 출판의 창조자 내지 수요계층의 주도세력으로 등장하고 있었다는 사실이다.

당시 여공들의 독서량이 여대생보다 많았다는 조사보고도 있을 정도로 독서인구의 성장이 눈에 띄게 이루어졌고, 그 결과 광복 이후 세대인 최인호의 소설《별들의 고향》이 7만부, 한수산의《부초》가 4만부씩 팔리면서 베스트셀러의 기준을 높였다.[1]

연간 출판종수가 2천종대를 넘지 못하던 것이 1972년의 출판량은 무려 4,469종에 1천만부를 넘어 발행종수에서 전년 대비 53%, 발행부수 69% 증가라는 일찍이 경험해 보지 못한 경이적인 급성장을 기록한다. 이 무렵의 출판부수는 출판종수 증가율보다 두 배나 빠른 속도로 증가하고 있다. 예컨대 1974년에 비해 1978년의 출판통계는 종수가 2.15배 늘어난 데 비해 발행부수는 무려 4.28배나 증가하고 있다. 따라서 종당 평균 발행부수도 같은 기간 1,945부에서 3,864부로 두 배 가까이 늘어났다. 출판량은 계속해서 수직상승하면서 질적인 향상도 함께 이룩한다. 드디어 이 땅에서도 경제발전과 더불어 '출판이륙 현상'이 본격적으로 시작된 것이다.

출판이륙이란 출판종수의 확대현상 등 계량적인 수법을 이용해 출판발전 과정을 더욱 설득력 있게 해명하는 사회사적 용어이다. 미노와 시게오(箕輪成男)는 출판이륙 현상의 배경으로 학문의 흥륭, 경제발전, 기술혁신, 경영기술과 제도, 교육보급 등과의 관계를 분석해 설명하고 있다.[2] 그러나 각국에서 제2차 세계대전 후에 로켓이 발사된 것처럼 상승해서 정보시대에 돌입한 것으로 나타났지만 출판이륙 현상의 시점은 나라마다 일정하지 않다고 한다. 영국과 미국에서의 출판이륙은 경제적 이륙 다음에 일어나

---

1  《대한출판문화협회40년사》, p. 171
2  箕輪成男, 安春根 역, 《國際出版開發論》, 서울 범우사, 1989, pp. 23~48 참조

고 있으나 독일과 프랑스에서는 경제적 이륙보다 훨씬 선행해서 일어나고 있다. 일본은 출판이륙이 경제이륙보다 약간 선행하고 있지만 거의 근접하는 수준이라고 했다.

출판시장 규모도 급격하게 성장궤도에 진입하기 시작했다. 1970년부터 지속적으로 상승세를 보이던 시장규모가 77년에는 수직상승했다. 70년 출하액(51억8,000만원) 대비 77년은 무려 9배 가까이나 커진 약 492억원으로 집계되고 있다. 8년 동안 해마다 70년도 한 해의 출하액만큼씩 출판산업 규모가 성장한 것이다. 출하액 성장세는 GNI 성장추세와 궤를 같이하고 있다. 다만 같은 기간의 1사당 생산액 증가 추이는 출판산업 전체의 출하액보다는 조금 낮은 수준인 7배로 분석되고 있다. 이는 소규모 영세 출판사가 절대다수를 차지하기 때문에 우리 출판산업이 규모의 경제를 실현하지 못하고 있는 것을 나타내며, 그만큼 출판사의 기업화가 쉽지 않은 것을 말해주고 있다. 73년까지는 1인당 생산액이 1사당 생산액과 비슷한 추세를 유지했으나 그 후에는 그 격차가 크게 벌어지고 있다. 노동생산성이 출판산업의 성장률에 비해 떨어지고 있는 것이다.

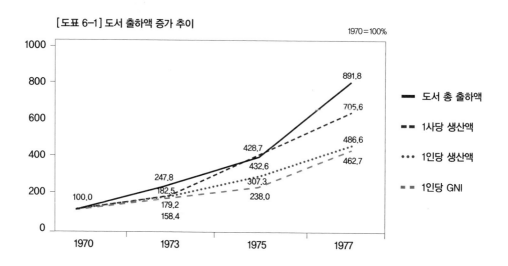

[도표 6-1] 도서 출하액 증가 추이

## 양산체제와 업계판도 변화

이와 같은 출판의 증가추세와 함께 점차 대규모 출판사들의 역할비중이 높아가면서 양극화 현상이 더욱 심화되었다. 1978년의 경우 1,920개 출판사 중 연간 1종 이상 발행 실적을 기록한 출판사는 모두 798개사였다. 그중 기업화 과정에 있다고 볼 수 있는 16

종 이상의 출판실적을 기록한 출판사는 전체의 9.2%인 177개사밖에 되지 않았다. 즉 이들 177개사가 그해 전체 발행종수의 77%를 차지하고 있는데, 그 가운데서도 200종 이상을 기록한 10개사(0.5%)가 전체의 27%를 발행했다. 또 51종 이상 200종까지 발행한 48개사(2.5%)가 30%를, 16종 이상 50종까지 발행한 119개사(6.2%)는 20%를 담당한 데 비해 출판실적 15종 이하의 621개사(32%)는 전체의 19%만을 생산했을 뿐이었다.

이렇게 출판량의 격차를 보이며 출판계의 판도가 바뀌고 있을 때 기업화에 성공했거나 기업화 과정에 있는 비교적 안정된 출판사들은 출판 분야를 종합화 또는 전문화의 방향으로 설정, 성격을 분명히 차별화하는 경향이 더욱 뚜렷해지고 있다. 신생 출판사들의 대두가 두드러진 대신 20년 이상의 역사를 가진 출판사들의 활동은 상대적으로 침체 내지 둔화현상을 보이기도 했다. 그러한 배경은 1977년의 이른바 검인정교과서 사건의 여파로 분석되었다. 종래의 교과서 위주 출판사들도 일반도서 출판에 손을 대는 등 방향을 전환하고 있었다.

신규 출판사의 증가추세도 빨라졌다. 1971년에 1,171개이던 출판사 수는 이듬해엔 1,778개사로 급속한 증가세를 나타냈다. 1973년에는 부실 출판사라는 이유로 대거 출판사 등록을 취소당하는 바람에 936사로 대폭 출판사 수가 줄어들었다. 그러나 신규 출판사의 등록은 급속도로 증가해 1979년에는 다시 2,597개사로 늘어났다.

## 출판 분야별 협의회들의 군웅할거 시대

출판의 전문화는 출판 분야별 또는 업태별로 단체를 만들어 정보를 교환하고, 자신들의 문제를 스스로 해결하기 위한 움직임으로 발전했다. 특히 정부조직 개편에 따라 출판 분야별로 관련된 부처도 다양해졌기에 이들 행정기관과 원활한 관계를 유지하면서 공동의 이익을 도모하기 위해서는 각각 출협과는 별도의 단체활동이 불가피한 면도 있었다.

이러한 이유에서 1976년에 학습참고서발행자율협회(현 학습자료협회)가 제일 먼저 설립되었다. 설립과정에서부터 기능과 역할에 대해 문교부와 긴밀한 협의를 거친 이 단체는 초기에 출판사 간의 학습참고서 발행·보급과정에서의 과열경쟁을 방지하고 수업시간 중에도 학습참고서를 사용할 수 있도록 하기 위한 전제로서 학습참고서의 내용

에 대한 자율적인 심의와 가격의 조정 및 관리를 목적으로 했다.[3]

이듬해에는 단행본 출판사들을 중심으로 한국도서유통협의회가 만들어져 그해 서적의 정가판매제를 정착시키는 공적을 남겼다.[4] 1978년 3월에는 할부 외판용 전집 출판사들이 한국출판경영협의회를, 6월에는 과학기술도서협의회가 각각 발족했다. 특정한 목적을 수행하겠다는 명분을 가지고 경쟁적으로 결성된 이들 출판 분야별 단체들은 2010년 현재는 13개 단체에 이르고 있으며 각각 사단법인체로 발전했고 명칭도 협회로 변경해 초기의 설립목적과 성격에서 크게 변질되고 있다.

이렇게 1970년대 후반은 출판단체들이 세분화되고 기능적으로 전문화되어 각개 약진하는 시기로서, 자신의 존립기반을 다지면서 활동방향을 모색하는 개척기였다고 규정할 수 있을 것이다.

이들 단체 가운데는 국내에서 간행된 과학기술 도서만을 전시판매하는 '과학기술도서의 집'을 개설 운영한다거나 전문 분야의 도서목록을 제작 배포하는 등 나름대로의 활동으로 출판산업 발전에 기여한 측면이 있으나 오늘날에 와서는 대부분 단순한 친목의 수준에 그치고 있을 뿐 출판발전에 필요한 구체적인 사업을 펼치지 못하고 있다. 오히려 단체들의 군웅할거식 분화는 출판 분야별로 섹트화되어 업계의 분열과 갈등을 야기하고, 출판산업의 구심적 역할을 해야 할 핵심적인 기간단체의 기능과 위상을 약화시키는 등 여러 가지 역기능과 부작용을 낳는 문제점도 제기

과학기술도서출판협의회가 광화문에 개설한 전문서점 '과학기술도서의 집'(1978. 11. 1. 개관)

---

3 《대한출판문화협회 40년사》, 1987, p. 175
4 '한국도서유통협의회'는 1973년 6월에도 설립된 바 있다. 이 협의회는 일부 출판사가 자사 전집 출판물을 끼워팔기하거나 반값으로 할인판매해 출판질서를 문란시키는 행위를 정화하기 위한 목적에서 주로 전집물을 출판하는 19개 출판사들이 모여 설립했으며 회장은 趙相元(현암사)이었다. 이 협의회는 공동출고 방안 등 유통질서 확립방안을 집중추진했으나 별다른 성과를 내지 못하고 1년 만에 해산하고 말았다. 전집 출판사들은 뒤에 한국출판경영협의회를 결성한다.

되고 있는 실정이다. 따라서 오늘날에 와서는 이들 다양하게 분화된 출판단체들의 기능과 역할을 재조정하고 통합해서 업계의 핵심역량을 집중시켜야 한다는 취지에서 체제정비의 필요성이 강력하게 대두되고 있는 실정이다.

## 제작비의 급등과 '시설 현대화론'

1977년도 말부터 회오리바람을 일으키기 시작한 조판비, 인쇄비, 제책비 등 제작비의 앙등세는 1년 내내 계속되어 이듬해 말에는 100% 안팎의 인상률을 기록했다. 사실 제작비의 앙등현상은 이미 훨씬 이전부터 시작되고 있었다.

세 차례에 걸친 경제개발계획의 성공과 수출 드라이브 정책에 힘입어 70년대 후반의 우리나라 경제상황은 크게 호전되었다. 고도성장을 하고 있는 다른 산업 분야의 노동구조는 고임금을 바탕으로 유능한 인력을 흡수하고 있는 데 반해 저임금에다 노동집약형 수공업적 생산방식에서 탈피하지 못한 출판·인쇄·제책업계는 많은 기능인력을 이러한 고임금 지대로 빼앗기고 있었다. 유능한 편집인력은 붐을 이루다시피 발행되고 있는 기업체의 사보발행 분야로 유출되고 영업 부문 인력도 이들 기업의 마케팅 분야에서 빨아들이는 블랙홀 현상으로 인력난에 시달려야 했다. 그런데 이런 현상이 제작설비의 노후화가 심한 제작 부문에서는 더욱 심했다. 당연히 제작비의 앙등과 제작난이란 형태로 출판계에도 영향을 미쳤다. 제작비가 폭등하게 된 배경이다. 1974년 이래 조판비는 300~500%, 제책비는 250~500%나 올라서 책의 직접 생산비가 5년 사이에 36.5%에서 무려 46.9%로 10.4%나 높아졌다.

여기에다 1977년부터 도입된 부가가치세제에 의해서 출판사는 재고도서와 반품분에 대해서까지 직접 제작비 총액의 10%를 더 부담하게 되어 제작원가 부담률은 더욱 가중되었다. 이에 따라 초판 3,000부의 정가 구성비를 보면 1974년에는 3.6% 이익을 낼 수 있었던 문예물이 1977년부터는 무려 6.9%의 적자를 내고 있는 것으로 분석되었다.[5] 이런 적자구조를 흑자구조로 전환하기 위해서는 제작비 절감대책, 중쇄의 비율을 높이거나 발행부수를 늘릴 수 있는 마케팅 전략 및 유통시스템 개발이 절실한 상황이

---

5 《韓國出版年鑑》, 대한출판문화협회, 1979, p. 49

출판 제작설비의 현대화를 제창한 출협이 입력기를 일본에서 도입, 설치하고 '조판의 자동화와 입력기'란 주제로 제1회 컴퓨터 편집에 관한 연수회를 개최(1981. 10. 28., 출협 강당)

었다. 그런데 77년의 평균 발행부수는 2,634부이던 것이 이듬해에는 3,864부로 47%가량이나 신장되었음에도 정가 대비 원가비중은 여전히 전년도와 같은 수준의 적자를 나타내고 있는 것으로 분석되고 있다. 초판과 중쇄의 비율(부수 기준)은 7 : 3 수준에서 맴돌았다.

인쇄공의 고임금화는 조판의 사진식자화를 촉진했다. 재래식 활자조판은 자모조각, 주자, 문선, 조판, 지형, 연판 등 여러 공정을 거치기 때문에 넓은 면적과 많은 인원이 필요하고 잡다한 설비투자 규모가 클 뿐 아니라, 자금회전도 느린 편이다. 게다가 숙련된 인쇄 기능공을 양성하려면 7, 8년의 기간이 걸린다. 신규 취업 희망자조차 확보할 길이 없는 형편이었다. 이러한 때에 사진식자기가 도입되어 출판의 오프셋화를 촉진하는 계기를 맞는다. 사진식자기는 소자본으로 도입할 수 있고 여성을 단기간에 기능인력으로 양성할 수 있는 이점이 있어서 각광을 받았다. 출판사들도 다수가 이를 도입해 사용하게 되어, 80년대 초반에 벌써 2,000여 대가 국내에 보급되어 그 조판능력은 실로 방대한 양이 되었다. 초기에는 한글 서체와 문자 수용능력 등에 문제점이 없지 않았으나 곧 자동교정 및 편집기능까지 갖춘 제3세대 사식기가 등장해 출판사가 직접 조판하는 시대가 열린 것이다. 그러나 그것만으로는 제작난을 해결할 수 없었다. 책의 컬러화와 오프셋화로 인쇄시설의 질적 요구도가 더욱 높아졌고 이의 노후화와 수작업 의존도가 높은 제본설비의 기계화는 날이 갈수록 절박해지고 있었다.

이와 같은 상황에 이르자 출판계는 제작비 절감대책으로 때마침 개발 보급되기 시작한 컴퓨터조판시스템(CTS)의 도입을 서두를 필요가 있다고 판단하게 되었다. 이에 따라 제작시설의 자동화·기계화 등 제작설비의 근본적인 개선 필요성을 제기하면서 '출판산업 현대화 작업'에 대한 정부의 정책적 지원을 요구하고 나섰다. 구체적으로는 제작시설의 전근대성, 기존 인쇄시설의 노후화와 극심한 부족현상으로 초래되고 있는 제작비의 급격한 앙등과 출판활동의 위축을 방지하기 위해서 출판산업 및 인접 분야의 근대화를 위한 기금 150억원을 정부 특계자금에서 장기저리로 융자해달라는 것이었다.[6]

제작설비의 현대화란 과제는 비단 출판 분야에만 국한된 것이 아니고 활자매체 전반의 문제로서 정책적 차원에서 컴퓨터조판시스템 도입과 유통 현대화 등을 포괄해 재정 및 행정적 차원에서 다루어질 필요가 있었던 것이다.

80년대는 컴퓨터 기술의 보급에 따라 뉴미디어에 대한 관심이 더욱 고조되었다. 뉴미디어의 출현은 출판을 올드미디어 시대의 대표적 산물로 밀어 넣었다. 그러한 인식으로 인해 출판이 사양산업으로 전락할 것이란 미디어 콤플렉스가 전 세계적으로 확산되고 있는 가운데, 선진국에서는 컴퓨터 기술을 출판의 세계에서도 활용하는 방안이 다각도로 모색되고 있었다. 그중 하나가 컴퓨터조판시스템이다. 컴퓨터조판시스템의 도입 필요성은 제작설비의 현대화 차원에서 1978년부터 제기되었는데, 드디어 우리나라에서는 처음으로 아가페출판사가 1982년에 컴퓨터로 《성경성구대전》(전7권)을 편찬·발행했다.

이듬해에, 동아출판사·금성출판사·삼화인쇄 등이 컴퓨터조판시스템을 도입하며 출판의 컴퓨터 시대를 열었다. 1958년 동아출판사가 벤튼 주조기를 도입해 세련된 자체로 활자의 일대혁신을 이룩한 것이 인쇄업계의 시설과 기술혁신을 촉발해 1960년대의 왕성한 전집 출판물 제작을 감당할 수 있었던 것처럼 출판공정의 컴퓨터화가 실현됨으로써 80년대 이후 급속히 증가하는 출판물 수요에 대응할 수 있었다. 또한 제작 기간의 단축과 책값의 저렴화 효과를 가져오기도 했다. 조판시설의 컴퓨터화는 한글세대가 독서의 중심세력으로 등장하면서 시작된 가로쓰기, 표현의 한글화 추세와 맞물려 제작·편집기술 면에서 전통적인 출판행위에 혁명적인 변화를 실현했다.

퍼스널 컴퓨터(PC)가 개발되면서 컴퓨터의 소형화·저렴화·사용의 간편화가 이루어졌고 원고집필에서 조판, 인쇄에 이르는 출판의 제작환경은 본격적인 데스크 탑 출판(DTP)이라는 전자시대로 발전하게 된다. 1987년에는 서울시스템과 한국컴퓨터기술에

---

6 《대한출판문화협회 40년사》, 1987, p. 177

서 국내 기술진이 만든 전산편집시스템이 개발되었다.[7] 1989년 매킨토시에 편집용 소프트웨어 QuarkXpress를 장착한 시스템이 소개되면서 본격적으로 DTP 시대가 열렸다. DTP는 휴먼컴퓨터(문방사우), 코아기술(디자인 퍼팩트), 두얼시스템(한 페이지) 등 국내 컴퓨터 회사들이 경쟁적으로 편집 전용 소프트웨어를 개발, 외국의 그것들과 함께 급속하게 보급되면서 전산사식 시장을 삽시간에 잠식했다. 납(鉛)활자를 전혀 쓰지 않고 책을 만들게 된 것이다. 이 땅에 신식 연활자가 들어와 근대출판의 막을 연지 100여 년 만에 우리 출판은 다시 한 번 제작혁명을 이룩한 셈이다.

한편 컴퓨터 기술의 발전은 복사기의 대량보급을 촉진했고, 복사기의 대량보급에 따라 기업체나 연구소에서 저작권을 무시하고 출판물을 복사하는 행위가 무자비하게 자행되기 시작했다. 급기야는 대학가를 중심으로 전문적인 복사업자가 출현해 대학교재나 전문도서를 값싸게 대량으로 복사·판매하는 행위로 인해 대학교재의 판매가 위협을 받았다. 복사·복제기술 및 기기보급의 대중화에 따른 도서 구매력 감퇴 및 시장잠식의 피해는 날로 더욱 심각해져갔다. 이에 견디지 못한 출판계는 '무단복사대책위원회'를 구성해 83년부터 단속을 시작하는 등 자구책을 강구하고 나섰으나 〈저작권법〉에서의 '판면권(版面權) 신설' 등 더욱 합리적이고 항구적인 대책이 요구되었다.

### 어문정책의 변화와 한글화 촉진

한글세대의 등장은 출판에 있어서 책을 쓰는 사람, 만드는 사람, 읽는 사람 모두의 변화를 요구하게 되었고 이러한 변화욕구는 조판시스템의 컴퓨화와 맞물려 출판의 한글화를 촉진하는 계기가 되었다. 80년대 초반부터 일기 시작한 출판에서의 한글화는 단순히 본문에서 한자가 사라진 것을 말하는 것이 아니다. 오랫동안 굳어졌던 세로짜기 조판체제가 가로짜기로 바뀌었다. 이런 추세에 따라 많은 책들이 새로 조판하지 않으면 안 되는 부담을 안겨주었다. 나아가 표현의 한글화와 제목이 긴 책들의 등장을 가져왔으며 편집·레이아웃의 혁신적인 시도들을 자극, 다양한 편집체제를 정착시켰다.

출판의 한글화는 어문정책의 변화로 다시 한 번 확산되는 계기를 맞는다. 오랫동안

---

7 《정보화백서》, 서울 한국전산원, 1994. p. 288

개정여부를 놓고 논란을 벌여온 '한글맞춤법'과 '표준어규정'이 개정되어 1989년 3월 1일부터 시행에 들어간 것이다. 모든 출판물의 필름을 뜯어고쳐야 하는 일이 벌어진 것이다. 국어사전이나 아동도서, 학습참고서류는 특히 서둘러 수정하지 않을 수 없게 되었다. 당시 유통되고 있던 약 13만종의 도서를 새 맞춤법에 맞추어 수정하는 데 드는 비용만도 350억~400억원이 소요될 것으로 추정되었다. 그 많은 서적의 재고를 남겨놓은 채 일시에 수정한다는 것은 불가능한 일이므로 절판시킨 서적이 허다했다. 결과적으로 한글맞춤법과 표준어표기법의 개정, 그리고 그 후에 이루어진 '외래어표기법'의 변경은 한글화 추세에 맞지 않는 서적의 추방을 가속화해서 완전 한글화를 촉진했다.

## 유통질서 확립과 공급기구 추진

유통구조의 악화와 판매질서의 혼돈은 출판계의 정상적인 성장을 저해하는 가장 큰 장애요소가 되고 있었다.

이러한 유통구조의 미비와 공급체계의 난맥상은 외판 센터나 서적상에서 오는 과중한 할인을 감수하지 않을 수 없게 만들고, 급기야는 영업비의 과다지출을 초래해 수익성까지 저하시키고 있다.

한국출판금고가 모델 서점으로 개설한 국내최대의 '중앙도서전시관'(1972. 9. 5., 교육회관)

한국출판금고가 설치되면서 거론되기 시작한 '출판물공급기구' 설치에 관한 논의가 적극화되어 1972년에는 출판계의 중지를 모아 '도서일원공급기구 설립시안'을 작성하고, 71년 이 안을 놓고 출판·서적상계 대표들이 간담회를 개최해 의견의 통일을 기했으나, 소요자금의 재원마련 능력의 결핍으로 이러한 노력은 수포로 돌아가고 말았다. 그러나 출판금고 직영의 모델 서점을 전국적으로 설치해 도서일원공급기구의 기간조직으로 삼자는 아이디어가 현실화되어, 서울에 '중앙도서전시관'을 설치하고 점차 이를 지방으로 확대할 계획으로 1972년 9월 5일 개관했다.

이 전시관은 고질적 타성인 할인판매를 지양함으로써 서적상계에 새로운 기풍을 불어넣었고, 출판물의 유통질서도 바로잡고자 실시한 정가판매제가 기대 이상의 성과를 얻고 있었다.

여러 차례에 걸친 단일공급기구 설치안이 실패하자, 도서의 형태별·분야별·판매방법별로 시장을 조직화하고 기존 공급망을 계열화하는 것만이 유통질서의 확립과 정가판매제 실시를 가능케 할 수 있다고 판단해, 영업 실무자들이 주축이 되어 74년에는 문고만이라도 정가판매제를 실시할 것을 결의해 문고판매의 새로운 기운을 불어넣을 수 있었다.

73년 7월에는 외판용 전집물 전문 출판사 19사가 중심이 되어 외판제도의 합리적인 운영을 모색하기 위해 '한국도서유통협의회'를 조직하고 체제개편을 통한 체질강화 방안을 모색하기 시작했다. 그러나 공판기구 설립을 궁극의 목표로 조직된 이 모임도 1년여 만에 해체되고 말았다.

한편 출판계와 서적상계의 공식적인 간담회를 정례화해 정가판매제 실시, 마진의 통일, 도서유통 질서 확립의 구체적인 방안을 강구하기 위한 논의가 활발히 진행되었다. 그러나 정부의 경고에도 아랑곳없이 일부 출판사에서는 여전히 '특가'란 형식의 기만적인 이중가격 표시제도를 악용하면서 이러한 노력에 역행하는 행위를 자행해 도서가격에 대한 신뢰를 크게 떨어뜨리는 행위가 그치지 않았다.

출판·서적상계 대표들이 참가한 출판유통기구 설립방안에 관한 공청회(1982. 4. 22., 세종문화회관)

독자를 현혹하고, 도서의 품위와 도서가격에 대한 독자의 신뢰를 잃게 하는 '끼워팔기', '특별', '파격' 등의 수식어로 할인판매 및 이중가격을 표시한 광고가 급격히 늘어나자, 출협은 〈도서광고 윤리에 관한 준수사항〉을 마련, 73년 3월 5일부터 시행에 들어갔다. 또 75년에 등록취소 건의 및 일선서점에서의 할인판매 중지권고 등 단호한 조치를 취하며 자정노력을 기울여왔다.

할인판매나 선물부 판매 등의 변태적 판매행위는, 기획의 빈곤과 불황의 여파로 인한 수요감퇴로 재고가 누적되고 투여자본의 회수가 부진해지자 자기만 살려는 비윤리적 사고방식을 드러낸 데서 파생된 것으로 볼 수 있다.


# 세계 10대 출판대국 진입

### 3만종 1억부 돌파

80년대는 긍정적인 측면과 우려스러운 면이 혼재된 혼돈의 상태에서 역사상 가장 활기차게 역동적인 발전을 이룩한 시기이다. 80년대는 출판의 전성기를 구가했다.

1983년의 우리나라 연간 출판량은 드디어 3만종을 돌파했다. 1970년에 겨우 2,591종에 불과하던 연간 출판종수가 1976년에는 1만종의 고지를 넘었다. 해방 이후 우리글로 출판을 시작한 지 실로 30여 년 만의 일이다. 1만종대의 벽을 깨고부터 출판량의 증가추세에도 가속도가 붙었다. 76년부터는 연평균 48%씩의 성장률을 보여 80년도에 2만종을 넘어섰다. 2만종을 기록하기까지 4년이 걸렸지만, 3만종 고지를 정복하는 데 걸린 시간은 그로부터 3년밖에 소요되지 않았다.

발행부수의 성장속도는 더욱 빠른 것으로 분석되었다. 1970년도에 484만부이던 발행부수는 1억부로 늘어났으며 평균 발행부수도 1,883부에서 3,134부로 시장규모가 커졌다. 80년대의 출판에서는 컬러 방송의 개시와 과외금지 조치, 대학정원의 확대 및 대학교육의 대중화로 양적인 증대가 급속하게 이루어졌다. 80년대 출판산업은 유사 이래 최대의 호황기로 꼽힐 정도로 역동적으로 성장하고 있었다.

연간 발행종수 1만종 돌파는 단순히 양적 성취만을 의미하는 것은 아니었다. 이를 계기로 한국출판산업은 창의적이고 독창적인 출판문화를 창출하는 새로운 경지로 발돋움하며 안정적인 성장궤도로 진입했다. 한글세대의 등장이 본격화됨으로써 종래의 세로짜기는 가로짜기로 바뀌기 시작했으며, 일본식 출판용어를 탈피하고 기획과 편집에서도 우리 나름대로 독자적인 관점과 역량을 선명하게 드러낸다. 대표적인 사례로 《세계문학전집》을 꼽을 수 있는데 언제나 인기상품이었던 《세계문학전집》은 이때부터 우리 시각으로 선정한 작품들로 새롭게 편집되고 원전의 직접적인 번역으로 중역(重譯) 수준에서 벗어난다. 개론서 수준을 벗어나지 못했던 학술출판에서도 본격적인 전문 연구서들이 다투어 간행되고 한국학에 대한 연구성과들이 쏟아진다. 특히 어린이 그림책은 일본 것을 베끼다시피 했으나 80년대 중반 무렵에는 새롭게 양성된 신진 일러스트레이터들에 의한 우리 창작 그림책으로 면모를 일신한다. 제작에서는 북 디자인의 개념이 도입되기 시작했다. 이렇게 외국의 영향력을 벗어나지 못했던 우리 출판산업은 과거의 프레임과 단절, 탈피하고 70년대 중반부터는 내용과 형식에서 진정한 근대성과 주체성으로 새로운 질서를 확립해나간다. 80년대 중반이 되면 이러한 독창적인 우리 출판의 획기적인 탈바꿈 작업은 완성단계로 진입한다. 이렇게 우리만의 독창적인 출판의 세계를 확립함으로써 우리 출판은 광복 30년 만에 비로소 진정한 출판의 독립이 이루어졌다고 할 수 있다. 그러나 여전히 번역출판의 비중이 큰 것은 한계였다.

교과서와 잡지, 만화 등을 빼고도 해마다 전 세계 출판량의 5%에 육박하는 양을 발행하면서 프랑스나 스페인과 출판량의 순위를 다투는 세계 10대 출판대국의 반열에 올라선 것이다

세계 각국의 출판통계를 집계한 1981년판 《유네스코통계연감》에 따르면, 1979년 현재 우리가 연간 발행종수에서 세계 10위, 인구 1만명당 발행종수에서는 세계 8위를 각각 차지하고 있는 것으로 분석되었다.

1만명당 4.4종을 발행한 우리는 인구비례로 볼 때 놀랍게도 미국이나 프랑스(3.9종), 일본(3.8종)을 앞지르고 있었다. 불과 15년 전인 1963년에 세계 29위에 지나지 않았던 것과 비하면 참으로 눈부신 발전이 아닐 수 없었다. 연간 출판량 3만종 1억부를 돌파한 해가 근대출판이 시작된 지 꼭 100년이 되는 해였다는 사실도 상징적 의미가 크다고 하겠다. 그로부터 8년 후인 1991년 10월 2일에는 서울 올림픽공원에서 '우리 책 50만종 출판 큰잔치'가 화려하게 막을 올렸다. 광복 이후 1990년까지 우리나라에서 출판된 도서의 총 종수가 50만종을 돌파한 것을 기념하는 자리였다. 자신감이 고조된 출판업

계가 독서풍토를 한층 더 진작하기 위한 이벤트였지만 업계가 대동단결해 출판산업의 위상을 높이며 출판계의 오랜 숙원과제들을 해결하겠다는 의지를 결집하려는 의도도 있었다.

당시 정원식 국무총리와 이어령 문화부장관, 그리고 출판계 내외 인사 500여 명이 참석한 이 자리에서는 20세기 안에 양서출판 100만종 돌파를 약속하는 다짐과 함께, 출판문화산업단지 건설의지를 강조하는 영상 쇼를 선보여 참가자들에게서 뜨거운 갈채를 받았다.

[도표 6-2] 국내총생산(GDP) 대비 출판산업 비중(1999)

| | 영국 | 프랑스 | 독일 | 미국 | 일본 | 한국 |
|---|---|---|---|---|---|---|
| GDP 구성률(%) | 0.356 | 0.297 | 0.424 | 0.351 | 0.203 | 0.532 |
| 전년 대비 변동률(%) | 1.9 | −0.1 | 0.9 | 0.6 | 0.0 | −1.1 |

자료 : 각국 출판협회

60년대 중반 이후 출판산업 발전속도는 경제성장률을 앞질러 순항해왔다. 당연히 출판산업이 국가경제에서 차지하는 비중도 높아졌다. 국내총생산에서 출판산업이 차지하는 비중이 비교대상 국가 중에서 가장 높은 것으로 나타났다.([도표 6-2] 참조) 외환위기로 국가경제가 대단히 어려워진 때라서 출판산업도 전년 대비 마이너스 성장률을 기록해 추정 시장규모도 23억 달러로 축소되었을 때를 기준으로 분석한 것이다.

우리 출판이 이와 같이 짧은 기간에 왕성한 출판활동으로 괄목할 만한 성장을 달성할 수 있었던 힘의 원천은 ① 선진국 수준을 능가하는 교육보급과 높은 문해력(literacy), ② 구매력을 보장하는 소득수준의 향상과 경제력, ③ 읽고 쓸 수 있는 능력을 지닌 풍부한 인적자원, ④ 도시화와 운송 및 통신망의 형성, ⑤ '한글'이란 단일언어와 문자의 사용, ⑥ 문화를 숭상하는 민족성과 출판의 오랜 역사와 빛나는 전통 등이 그 배경이 되고 있는 것으로 분석되었다.

저술인력의 고갈로 원고난이 발생하자 문학서 출판사들은 문학계간지 발행을 통해 작가들에게 지면을 제공하고 그 작품을 출판으로 연결하는 한편 문학상을 제정해 신인발굴에 나섰다. 일부 출판사들은 한때 아마추어 저자들의 작품을 적극 발굴, 독자를 저자로 참여시켰고 이러한 책 만들기가 하나의 출판흐름을 형성하기도 했다. 89년도에 나온 정명화·경화·명훈 등 세 자녀를 세계적인 음악가로 키워낸 이원숙의 《너의 꿈을 펼쳐라》(김영사), 이계진 아나운서의 《뉴스를 말씀드리겠습니다, 딸꾹》(우석) 등이 그러한 배경 속에 독자들의 환영을 받은 책들이다. 90년대 초에 발행된 김우중의 《세계는 넓고 할 일은 많다》는 사상 처음으로 100만부가 넘게 팔리는 밀리언셀러 신화를 창조했다. 백과사전 경쟁도 치열하게 벌어졌다. 70년대 학원사의 《세계대백과사전》과 태극출판사의 《대백과사전》의 싸움이 10여 년 후에 선수를 교체해 동아출판사 발행 《원색 세계백과대사전》(전30권)과 동서문화사 《파스칼 세계백과사전》(전30권)이 사운을 건 일전을 벌였다. 결국 동아출판사의 경영권이 두산그룹으로 넘어가게 된 것은 이 사전 제작에 무리하게 많은 자금을 투자한 것도 하나의 요인으로 작용한 것으로 알려졌다.

서적의 형태에도 커다란 변화가 일어났다. 외형적으로는 컬러화·대형화 추세가 뚜렷하게 나타났다. 컬러TV 방송이 개시된 81년 이후 본문 속에서 사진이나 그림이 중요한 위치를 차지하기 시작했으며 이러한 시각화의 비중이 커지면서 지면의 컬러화 경쟁을 걷게 된다. 활자 위주의 편집방법에서 탈피, 단행본들이 다색도의 호화로운 모습으로 독자들의 미적 감각을 견인하기 시작한 것이다. 그동안 국내에서는 몇 개사만이 보유하고 있던 컬러 스캐너의 도입이 활발해진 것도 이때부터이다. 그러한 경향이 나타남으로써 교양도서나 아동도서에서는 물론 만화의 가능성에도 눈을 뜨는 계기가 된다.

80년대 중반에는 책의 형태적인 변화양상이 더욱 활발하게 일어났다. 카세트테이프를 곁들인 음향도서가 어학과 학습참고서 분야에서 각광을 받기 시작한 것이다. 이는 과외금지 조치에 따라 학습참고서가 개인교사의 역할을 대행할 수 있는 제작방법이 발전한 것이라 할 수 있는데, 전 과목을 세트화해서 할부판매함으로써 침체의 늪에 빠진 외판업계가 되살아나게 된다. 웅진출판사는 이러한 학습참고서 개발에 힘입어 매출규모에서 출판계 선두 그룹에 진입할 수 있었다. 국제화 바람을 타고 유행하게 된 영어를 중심으로 한 어학교재도 마찬가지였다. 《English 900》(전6권)을 비롯해 외국에서 개발한 영어회화 교재들의 국내 번각발행권을 독점하다시피 한 시사영어사(현, YBM) 등이 당시 카세트테이프 영어교재 열풍을 주도했다.

책의 판형도 다양화되면서 대형화를 지향하는 추세도 현저해졌다. 81년에는 A5(국판)판과 B6(46판)판이 주류를 이루었으나 89년에는 A5판과 그 2배 크기인 A4판과 B5판이 전체의 82%를 넘고 있다. 그 대신 B6판과 문고판형인 B40판은 겨우 명목만 유지하는 형편이 되었다. 80년대 초까지는 학술전문서나 대학교재는 A5판, 문학서는 B6판이 정형화되다시피 했었는데 80년대 말부터는 그러한 구분이 없어졌다.

초판과 중판의 구성비에서 중판 비중이 급속히 신장되는 추세를 보이고 있는 것도 또 하나의 특징적인 경향으로 들 수 있다. 80년까지만 해도 초·중판 비율은 6 : 4(발행부수의 경우 78 : 22)이던 것이 90년도에는 5 : 5(발행부수는 54 : 46)로 대등해졌다. 중판의 비중은 집계를 시작한 70년대부터 꾸준히 늘어나는 경향을 보여왔다. 중판 비중이 커진다는 것은 신간개발이 미약함을 말해주는 지표라기보다는 그만큼 생명이 긴 책이 많이 나오고 있다는 것을 의미한다. 그것은 또한 출판의 질이 향상되었고 출판사의 경영이 안정을 도모해가고 있는 사실을 확인해주는 징표이기도 했다.

그러나 한편에서는 인구비례나 절대적인 출판량을 기준으로 볼 때 외형적으로는 세계 10대 출판대국이 되었지만, 우리 출판이 과연 그러한 위상에 합당한 출판의 격을 갖추었느냐 하는 점과 출판 선진국으로서의 역할을 담당하고 있느냐는 점에서 '속 빈 강정' 또는 '외화내빈'이란 비판적 분석도 제기되고 있었다. 출판대국이 출판강국으로 성장하기 위한 출판인의 의식과 태도, 출판체제와 제도 등에서 아직도 갈 길이 멀었던 것이다.

### 제작기술의 진보와 전자출판의 대두

컴퓨터 기술의 보급은 조판을 비롯한 출판공정의 전산화와 출판매체의 전자화, 유통시스템의 정보화라는 세 가지 방향에서 이루어졌다.

뉴미디어의 출현은 출판을 시대에 뒤떨어진 올드미디어의 대표적 산물로 분류해버리는 그릇된 인식을 심어주었다. 그러한 인식 때문에 출판이 곧 사양산업으로 전락할 것이라는 미디어 콤플렉스가 확산되었다.

출판행위가 처음부터 기계 가독형으로 이루어지는 전혀 새로운 양식의 출현으로 컴퓨터는 출판산업의 새로운 국면을 조성했다. CD-ROM, CD-I 등 콤팩트 디스크형과 자기 테이프, 광디스크 등으로 대표되는 패키지계 매체, 그리고 통신계 미디어인 데이터베이스 등 다양한 전자출판물이 빠르게 시장을 넓혀가는 듯했다.

외국에서는 전자출판물이 1980년대 초에 이미 보급되기 시작했다. 우리나라에서 CD-ROM의 역사는 91년에 큐닉스가《성경 라이브러리》를 개발한 때부터 시작된다. 같은 해에 삼성전자가 내놓은 영어회화 교육용《다이내믹 잉글리쉬》와《액티브 잉글리쉬》가 추가되어 3종이 선을 보인 셈이다. 이듬해 6월, 전자출판협회가 창립되었지만, CD-ROM은 출판사보다 컴퓨터 메이커와 정보처리 회사에 의해 제품개발이 먼저 이루어졌다. 그 후에도 한동안 출판계보다는 컴퓨터 소프트웨어 업계가 개발을 주도해 나가는 양상을 보였으나 곧 세광출판사(박세원), 계몽사(김준식) 등이 그 대열에 합류했다.

CD-ROM의 출판은 2000년 현재까지 겨우 1,978종이 개발되었음을 감안할 때 결코 활발하게 진행되었다고 볼 수 없다. 오히려 연간 제작건수가 96년을 정점으로 서서히 감소하는 경향마저 보이고 있다. 따라서 이들 중에서 현재 시판 중인 것은 극소수에 지나지 않는다. 컴퓨터 관련 서적이나 통계자료집 등 가변 데이터를 다룬 책에는 그 내용을 담은 CD-ROM이 부록형식으로 곁들여지는 경우가 일반화되는 추세를 보였다. 판매는 일부 대형서점과 컴퓨터 기기 판매점에서 주로 취급했다. CD-ROM 같은 전자출판물에 대해서도 선별적으로 책과 같이 부가가치세를 면제하기로 1996년 말에 관계법이 개정되었다.

[도표 6-3] CD-ROM 발행현황

| | 1991 | 1992 | 1993 | 1994 | 1995 | 1996 | 1997 | 1998 | 1999 | 2000 | 합계 |
|---|---|---|---|---|---|---|---|---|---|---|---|
| 교양 | 1 | 1 | 4 | 13 | 45 | 60 | 30 | 23 | 21 | 33 | 238 |
| 실용 | | | 2 | 19 | 61 | 89 | 65 | 35 | 43 | 27 | 351 |
| 교육 | 1 | 2 | 15 | 62 | 102 | 224 | 165 | 110 | 120 | 70 | 871 |
| 예능 | | | 3 | 10 | 23 | 74 | 25 | 6 | 7 | 6 | 154 |
| 컴퓨터 | | | 4 | 22 | 58 | 69 | 43 | 36 | 17 | 74 | 323 |
| 정간물 | | | | 1 | 5 | 3 | 3 | 5 | 12 | 12 | 41 |
| 합계 | 2 | 3 | 28 | 127 | 294 | 519 | 338 | 215 | 230 | 222 | 1,978 |

자료 :《한국출판연감》(2001년판)

## 북 디자인 개념의 전개

70년대 중반부터 북 디자인의 개념이 출판의 한 영역으로 개척되기 시작, 책 만들기의 새로운 현상으로 정착한다. 종래의 도안은 디자인으로, 장정이 북 디자인으로, 컷 또는 삽화가 일러스트레이션으로 용어와 개념이 바뀌고 책이란 물체가 문자(내용)와 예술적 조형의 결합으로 발전한다. 책의 장식적 요소에 대한 관심이 높아지면서 편집 디자인(editorial design)의 패러다임이 바뀐 것이다. 그 후 북 디자인은 출판산업의 비약적인 성장과 맞물려 지난 30여 년간 빠른 속도로 성숙해왔다.

월간《뿌리 깊은 나무》는 창간(1976. 3.)할 때부터 우리나라 잡지로서는 가장 먼저 아트 디렉터와 그래픽 디자이너, 그리고 사진기자들로 구성된 미술팀을 운영하면서 한글전용과 가로짜기를 채용했다. 미술팀은 한글 글꼴의 재해석과 그리드시스템을 적용해 잡지를 편집하고 디자인해 잡지의 시각적 질을 높이면서 본격적으로 한국 북 디자인의 역사를 개척해간다. 이윽고《뿌리 깊은 나무》는 가장 영향력 있는 편집 스타일이란 평가를 받는다. 디자이너를 지정해 새로운 역할을 부여했다는 것은 기존의 시스템에 획기적인 변화의 물결을 몰고 온 하나의 사건이었다. 이런 새로운 시도는 발행인 한창기(韓彰璂, 1936~1997)가 앞장서서 직접 주도했다. 이를 본받아《정경문화》는 1981년 11월부터, 1989년 9월에 창간된《마당》도 아트 디렉터 제도를 도입했다.

이보다 조금 앞서 단행본도 '읽고 싶은 책에서 갖고 싶은 책으로'라는 경향에 따라 표지장정 및 판형은 예술품 또는 공예품의 가치를 추구하기 시작했다. 열화당, 민음사, 문예출판사, 홍성사, 평민사, 지식산업사 등의 책들은 이미 자신만의 고유한 색깔과 이미지를 표현하고 있었다. 73년부터《세계시인선》을 발행하기 시작한 민음사는 우리나라 시집 판형의 전형이 된 30절 판형을 개발한 데 이어 1989년경에는 국내 최초로 편집부에서 미술부를 분리, 독립시킨다.

출협은 북 디자인의 개념이 박약했던 1970년부터 1985년까지 전국도서전시회 기획행사로 '우수장정 콘테스트'를 개최하고 입상작품들을 특별전시해 장정과 책의 제작기술 발전을 북돋웠다. 그때만 해도 대부분의 국내 출판사들은 디자인에 크게 신경 쓰지 않았다. 장정이라고 해봐야 편집부나 인쇄소 도안실에서 활자와 그림을 적절히 배치하는 수준을 벗어나지 못하고 있었다. 지금이야 북 디자이너에 의한 책의 조형적 꾸밈을 중요시하고, 실제로 책의 디자인이나 에디터리얼 디자인을 전문으로 하는 디자이너도 많이 있지만, 비교적 최근까지 책의 얼굴인 표지구성이나 장화(裝畵)는 화가나 판화가의 영역이고, 본문은 편집자의 일이라고 생각하는 것이 일반적 인식이었다.

그러한 책의 예술적 조형성에 대한 구태의연한 고정관념에 바람구멍을 낸 사람들은 아직 '도안사'라 불리는 데 지나지 않았던 그래픽 디자이너들이었다. 그래픽 디자이너의 책 만들기 참입과정에서 주목되는 점은 그들은 거의 무보수로 작업했고, 사례를 하려고 해도 사양하기 일쑤였다는 점이다. 책에 디자이너의 이름이 기재되는 경우도 거의 없었다. 어디까지나 창조의 기쁨만으로 그러한 성과를 달성했던 것이다. 그들은 표지를 꾸민 문자나 레터링, 문인 취미적인 그림이나 사진, 기하학적 형상으로 오래 물든 손때를 그래픽 디자인으로 걷어냈다. 겉모양에서 본문에 이르기까지 책을 구성하는 온갖 요소(문자조판, 용지, 인쇄, 판형, 제본 등)를 철저하게 음미한 다음 하나의 소우주로서 책을 창조하는 자세는 그때까지의 북 디자인에 대해 생각하는 틀을 근본적으로 뒤집었다.

북 디자인에 대한 관심이 높아진 70년대 중반부터는 북 디자인을 본업으로 선언하는 디자이너들이 나타났고, 그들 가운데 각광받는 스타 디자이너들도 탄생했다. 그들 중에 정병규(鄭丙圭, 1946~현), 안상수(安尙秀, 1952~현), 김형윤(金熒允, 1946~현), 서기흔(1943~현) 등이 제각기 개성적인 작품활농으로 새로운 흐름을 창도하면서 출판물과 북 디자인의 관계는 점점 깊어졌다. 문인 가운데서는 김승옥, 오규원, 이제하 등이 특유의 재치와 감각으로 책 꾸밈의 수준을 높이는 데 많은 노력을 했다.

전문 직업인으로 북 디자이너가 본격적으로 인정받기 시작한 것은 80년대이다. 연간 발행량이 1만종을 돌파한 76년부터 3만종이 일상화된 80년대 초반의 베스트셀러 중에는 북 디자인이 우수한 책들이 두각을 나타내면서 북 디자인에 대한 인식은 한층 더 새로워졌다. 북 디자인의 좋고 나쁨이 책의 팔림을 좌우할 만큼 중요해진 것이다. 이때부터 디자이너를 채용하는 출판사들이 늘어나고 외부에 북 디자인을 의뢰해 차별화를 추구하는 양상으로 분위기가 바뀌었다. 그러나 초창기에는 아직 용어조차 제대로 확립되지 못한 상태였기 때문에 출판 디자인, 편집 디자인 등 여러 용어가 혼용되고 있었다. 81년 출협은 출판 전문가 양성을 위해 개설해 커다란 호응을 얻었던 '편집인 대학'에 〈레이아웃 입문〉이란 강좌를 개설해 본격적인 북 디자인 전파에 나섰다.

　한국 북 디자인의 개척자로 평가받고 있는 정병규는 프랑스 파리의 에콜 에스티엔에서 타이포그래피를 유학하고 돌아온 84년 국내 첫 디자인 전문회사인 '정병규 출판 디자인'을 설립한다. 이듬해에는《뿌리 깊은 나무》와《샘이 깊은 물》의 편집을 맡았던 김형윤도 디자인 중심의 편집회사를 차렸다. 교보문고는 1989년부터 1991년까지 '북 디자인상'을 운영했다. 그러나 3회로 그치고 말았다. 한글 서체 연구가인 김진평(金振平, 1949~1998)은 한글 꼴의 역사적 정리와 한글 디자인 교육에 많은 기여를 한다. 그는 서울대 응용미술과에서 학·석사 학위를 받고 합동통신사 광고기획실에서 근무하다 한국어판 〈리더스 다이제스트〉 아트디렉터를 맡았다. 그는 1981년부터 1998년 49세로 갑작스러운 죽음을 맞을 때까지, 서울여자대학교 교수로 재직하면서 한글 디자인 분야에서 가장 활발하게 실무와 연구를 넘나들며 눈부신 역할을 했다. 90년대 초반에는 안상수도 홍익대 교수로 임용되고, 서기흔도 경원대 시각디자인과 교수로 재직하면서 커뮤니케이션 디자인이 본격적으로 제도권에 자리 잡기 시작했다. 북 디자인을 주제로 한 세미나와 전시회도 자주 열렸다.

　95년경이 되면 국내에서 활동하고 있는 북 디자이너는 300명 내외인 것으로 추산될 만큼 북 디자이너의 층이 두터워졌다. 이들은 출판사 미술팀 소속이거나 전문대행사, 또는 프리랜서로 활동하고 있었으며, 표지 디자인은 물론 점차 본문편집까지 활동영역도 확대되기에 이르렀다. 최근에는 북 디자인이 타이포그래피, 에디터리얼 디자인 등으로 세분화되어 발전해가고 있는 중이다. 그러나 한편에서는 매너리즘에 빠진 학교 과제물 같다는 혹독한 비판이 제기되고 있다.

　현대출판에 있어서 북 디자인은 중요한 역할을 하고 있다. 북 디자인은 그림이나 사진 등을 정리, 배열, 편집 또는 계획해 책 내용의 시각화를 꾀하고 내용에 어울리는 의장(意匠)으로 독자의 흥미를 촉발하지만 내용 그 자체는 아니다. 그러나 북 디자인이라고 하는 아름다운 책을 창조하는 작업이 더해짐으로써 책에는 새로운 가치가 가미된다. 북 디자인은 조화·리듬·균형·대칭·대비·악센트·비율 등 미적 형식 원리를 응용해 보기 쉽고 읽기 쉬우며 이해하기 쉽도록 가독성과 이독성을 높여주는 구실을 한다. 이런 미적 효과와 통일감으로 저자와 독자를 이어주는 매개역할을 수행하고 있는 것이다. 북 디자인은 촉각적인 감각과의 일체감으로 독자로 하여금 유열(愉悅)을 느끼게 만든다는 점에서 '또 하나의 미디어' 구실을 하는 것이다.

독자가 책과 만날 때 가장 먼저 눈이 머물고 손으로 만져지는 것은 커버(재킷)이며, 때로는 함(케이스)이다. 90년대 후반에 이르러서는 여기에 띠지가 더해졌다. 북 디자인은 시각(視覺)으로 작용하는 동시에 신체적인 접촉에 의한 감촉의 형태로 판매에도 영향을 미치고 있다. 이처럼 디자인은 출판홍수 속에 한 권의 책이 다른 것과 차별되는 효과적인 수단으로 판매 최전선에서 더욱 중요한 전략적 위치를 차지하게끔 되었다. 북 디자인이 좋아서 책을 산다는 독자들은 계속 늘어나고 있는 실정이다.

북 디자인에는 시대의 가능성과 함께 제약도 많이 있어왔다. 책에는 그 시대의 문화가 응축되어 있다. 타이틀의 서체라든가 색채의 사용, 사용된 사진이나 그림, 도상, 표지나 재킷, 면지의 지질, 인쇄기술 수준 등 북 디자인만큼 시대색과 문화의 변화상을 나타내는 것은 드물 것이다.

폴 발레리(Ambroise-Paul-Toussaint-Jules Valéry)는 책이 갖는 이러한 물체성을 '책의 용자(容姿, Le physique du Livre)'라고 정의한 바 있다. 책의 용자를 보면, 판권장을 확인하지 않아도 발행시기를 대충 추측할 수 있는 것은 그 때문이다. 60, 70년대에 유행했던 케이스는 지금 호화본이나 사전 등 특별한 책에 한정적으로 사용되는 대신 재킷의 비중이 높아졌다. 인건비 인상과 기술사 부족 등이 제작원가를 높인 것이 케이스를 사용하지 않게 만든 이유 중 하나이기도 했다.

우리나라에서 현대적인 출판양식이 도입되기 시작한 초창기부터 이러한 책의 미술적 요소와 조형미는 북 디자인이 아닌 '장정'이란 형식으로 매우 중요하게 인식되는 가운데 꾸준한 발전을 해왔다. 원초적인 표현수단도 활자에 의한 활판인쇄의 전성기를 거쳐 사진식자에 의한 오프셋 인쇄, 그리고 오늘날에는 디지털 기술을 매개로 한 인쇄로 큰 변전을 거듭해왔다.

해방기에는 일제강점기부터 장정가로 활동해온 김환기(金煥基), 김용준(金瑢俊), 이주홍(李周洪), 정현웅(鄭玄雄) 등이 양과 질의 양면에서 뚜렷한 업적을 남기고 있다. 한상진(閑常眞), 김호현(金浩顯), 배정국(裵正國), 김영주(金榮注), 박래현(朴崍賢), 장만영(張萬榮), 남관(南寬), 이대원(李大源) 등도 장정에 탁월한 재능을 보였다. 이 시기의 장정을 주도한 대표적인 출판사는 을유문화사, 정음사, 백양당, 박문출판사 등을 꼽을 수 있다.

6·25전쟁기에도 백영수(白榮洙), 전성보(全聖輔), 변종하(卞鍾夏), 우경희(禹慶熙), 이순석(李順石) 등이 삽화와 장정의 품격을 높였다. 도쿄 우에노(上野)미술학교 도안과를 졸업한 이순석은 당시 우리나라에서 장정을 체계적으로 공부한 유일한 존재였다. 이들은 전쟁이 한창 때인 1952년 1월 초, 마침내 부산에서 대한출판미술협회를 창설, '출판미술'이라고 하는 독특한 분야를 구축하고 장정의 질적 향상을 위해 합동전시회 개최 등의 활동을 전개하기도 했다.[8]

출판미술협회 회장은 조능식(趙能植), 부회장은 백영수였으며, 박종화(朴鍾和, 문총 위원장)와 김창집(金昌集, 출협 회장)은 각각 고문과 명예회장으로 추대되었다. 출판미술협회를 결성한 일은 당시 출판미술이 차지하는 영역의 중요성을 상징적으로 웅변해주고 있다.

장정가와 출판사 및 인쇄소의 극진한 노력에 의해 북 디자인은 다각적으로 향상되었다. 물자가 귀했던 이 시기 표지의 지질은 모조지, 아트지, 마닐라지에 국한되고, 인쇄도 오프셋과 동판(銅版)이 보급되었지만 석판(石版)이 가장 많이 활용되어 원화(原畵)의 아름다움을 재현하지 못하는 아쉬움이 컸다.[9]

50년대 후반에는 가죽과 비닐이 장정재료로 사전 등에 많이 사용되었으나 출판경기의 침체로 장정의 발전은 지지부진한 상태가 70년대 초반까지 지속되었다. 당시는 경비절감 차원에서 편집부나 일부 도안실이 있는 인쇄소에서 그림과 문자를 적절히 배열해 표지를 구성하는 방식이었다. 문자로는 활자보다 레터링이나 붓글씨가 주로 활용되었다. 이런 방법과 관습 때문에 북 디자인이 본격적으로 도입되기 시작하는 초기에 디자이너를 표시하지 않는 배경으로 작용했다. 당시 이런 현상에 대해 화가 김훈(金薰)은, "해방 직후에 비하면 온갖 악조건 속에서도 출판인들의 왕성한 의욕과 끊임없는 노력으로 (장정은) 비약적인 발전상을 보이고 있다"고 평가하면서도 "표지의 중요성을 생각지 않는 출판물을 왕왕 보게 된다"며 "내용이 좋으니까 모양이야 어찌 되었든 잘 팔릴 것이란 생각으로 되는 대로 만들어낸다는 것은 출판문화의 의의를 조금도 생각하지 않

8 〈출미협 결성〉,《경향신문》, 1952. 1. 13.
9 《出版年鑑》대한출판연감사, 1957, p. 710

는 악덕상인의 행위"라고 도서장정에 대한 출판인들의 각성을 촉구하고 있다.[10]

한편, 삽화가들의 세계도 환골탈태한다. 86년부터 90년까지 출협은 세계적인 일러스트레이터를 초빙해 아동도서 편집자와 미술 대학생들을 대상으로 워크숍을 개최하고 세계의 권위 있는 그림책 콩쿠르 입상작들을 중심으로 우수 어린이 그림책 원화(原畵) 전시회를 통해 그림책 출판의 신기운을 조성한다. 기성 삽화가들에게는 해외 일러스트레이터들과의 교류기회도 제공해 어린이 그림책의 세계적인 흐름을 체험토록 했다. 출협은 이런 과정을 통해 일러스트레이터들을 중심으로 89년에는 한국출판미술가협회 창립과 전시회 개최, 작품도록 발행을 지원한다. 그리하여 그림책의 수준은 급속도로 향상되고 이때부터 국제대회에서 입상하는 일러스트레이터들이 다수 배출된다.

### 《출판저널》 창간과 서평활동의 활성화

출판량이 늘면서 독자들로서는 원하는 책의 선택에 어려움을 겪게 되고 출판사로서는 판매도서 목록의 종수는 해마다 늘어나는데 매출규모는 예상대로 오르지 않는 '풍요 속의 기근현상'이 일어나기 시작했다. 신간도서에 대한 정보제공과 서평활동의 중요성이 새로운 과제로 부각되기 시작한 것이다.

출협은 1979년부터 신간도서 정보지《오늘의 신간》을 월간으로 발행해 전국서점과 각급 도서관에 무료로 배포하는 사업을 시작했다. 출협 창립 32주년 기념일을 기해 발행을 시작한《오늘의 신간》은 납본된 신간도서에 20자 내외의 해제를 붙여 소개했는데 이러한 정기간행물의 발행배포는 처음 있는 일이었다. 언론들도 신간소개와 독서기사를 적극적으로 다루기 시작했다. 방송사들이 도서전시회의 공동 개최자로 참여하고 대형 독서특집 프로그램을 마련하는 등 관심을 보이기 시작하자 신문도 다투어 출판 면을 정기적으로 제작한다.

출판계 내부에서도 스스로의 서평작업이 전개되었다. 비교적 좋은 책을 내는 출판사란 평을 받고 있는 10개 단행본 출판사들이 1984년 8월 말, 공동으로 '오늘의 책 선정위원회'를 구성해 1년에 세 차례씩 30종 안팎의 도서를 선정, 합동광고 등을 통해 널리

---

10   金薰,〈印刷文化와 裝幀美術〉,《東亞日報》, 1959. 1. 30.

알리겠다고 나섰다.

1987년 7월에는 격주간지《출판저널》창간호가 선을 보였다. 1970년에 한국출판금고의 지원으로 창간한 주간《독서신문》이 실패로 돌아간 지 근 20년 만의 시도였다. 신선한 느낌을 주는 판형, 세련된 편집, 알찬 내용에 대한 학계나 독자들의 반응도 뜨거웠다. 그동안 우리 출판계에 출판정보지가 전혀 없었던 것은 아니지만 모두 기관지나 사외보 형식으로 발행되었을 뿐 이처럼 책에 관한 소식을 종합적으로 공정하게 다룬 본격적인 출판정보지는 이것이 처음이었다.

《출판저널》은 한국출판금고라는 비영리 법인이 직접 발행함으로써 영리를 추구하지 않았으며, 공정하고 고급한 서평뿐 아니라 출판 관련 주요 이슈와 트렌드 분석, 다양한 방식의 신간소개, 해외출판 현황과 출판의 역사에 이르기까지 참신한 기획과 광범위하고 격조 높은 내용을 다루어 영향력 있는 출판계 발신 오피니언 매체로서의 권위와 전문지로서의 성가를 쌓아갔다. 참신한 내용의 기획기사는 언론이나 도서관의 고급한 정보원으로서 막강한 위상을 보여주었다.

《출판저널》은 15년간 상업성에 연연하지 않는 독립적이며 공정한 자세에서 서평활동을 통해 이 시대의 학술과 출판문화의 청진기 구실을 하며 이 땅에 출판저널리즘의 새 지평을 열었다. 그러나 적자가 계속되고 있다는 이유만으로 출협에 발행권을 넘기는 형식으로 출판금고가 발행을 포기함으로써 2002년 6월 20일자 통권 326호를 사실상의 종간호로 막을 내리고 말았다. 그 당시 출판금고가 밝힌《출판저널》발행에 따르는 자금 중 연간 부족액 규모는 약 2억7,000만원이었고, 15년간 금고의 순수투자액은 39억원이 되지 않았다. 참고로 이때 금고의 기금은 249억원이었다.[11] 약 250억원의 기금을 가지고 출판산업 진흥을 주도하겠다고 설립된 한국출판금고였지만, 연간 3억원도 되지 못하는 적은 액수의 투자를 꺼려 "시장성에 매이지 않고 오로지 시대와 함께하는 공론지로서 출판정보지·서평지로서의 사명을 성실히 수행하도록 적극 뒷받침하겠다"는 창간 당시의 다짐을 스스로 파기한 것이다. 출판산업 규모로 보아서도 이런 매체 하나를 존속시키지 못하는 점도 안타까운 일이었다. 때문에 학계와 문화계에서 강한

---

11 《한국출판문화진흥재단 40년사》, p. 193

질타를 받았다. 출판금고와 업계가 공동책임을 면할 수 없었다.

## 출판사의 급증과 양극화 현상의 고착

6·29민주화선언에 따른 정부의 출판 활성화 조치(1987. 10. 19.)의 하나로 그동안 억제되었던 신규등록이 신고제로 전환될 당시 3,000개였던 출판사 수가 폭발적인 현상을 보이기 시작, 불과 10여 년 남짓한 사이에 10배 이상 늘어나 2010년 말 현재는 3만 5,626개사를 기록했다. '출판사 4만개 시대'가 초읽기에 들어간 느낌이다.

출판 활성화 조치 이듬해인 1988년도에만 새로운 출판사 수가 지난해 대비 무려 46. 4%나 되는 1,393개사로 늘어난 것을 비롯해 해마다 연평균 27.8%의 증가세를 보였다.

출판계에 새로운 신진세력들이 이토록 많이 몰려오고 있는 것은 지식의 대중화와 고학력 사회의 실현, 문화의 숭상, 출판활동에 대한 비교우위 전통 등이 출판의 매력과 결부되어 나타난 현상으로 풀이되었다. 자기주장에 대한 발언욕구가 강해지고 독자들의 관심이 다양화·개성화되면서 출판의 가능성에 대한 기대치가 높아진 것도 중요한 요인으로 작용한 것으로 분석하고 있었다.

그러나 출판산업의 경영상태가 악화일로에 있고 영세 출판사들이 주류를 형성하고 있는 구조에서 단순히 출판사의 수적인 증가는 자랑스럽기보다는 우려스러운 측면이 더 컸다. 출판사 수가 늘어난 만큼 출판활동의 내용이 질·양적인 면에서 보장되지 못한다면 결코 환영할 만한 일이 아니다. 그런 면에서 출판사 폭증현상은 긍정적이지 못한 측면이 강했다.

출판사의 증가는 오히려 무질서와 과당경쟁을 부채질할 소지가 크고 규모의 영세성을 가중시키며 부실 출판사를 양산하는 등 난립의 폐해만을 가속화하는 측면이 큼을 부정할 수 없다. 영세한 자본과 기획력이 부족한 출판사들의 난립으로 유사동종의 중복출판이 성행해 출판의 질적 저하를 초래하기도 했다. 출판사들이 모두 활발한 출판활동을 지속하고 있는 것도 아니었기 때문이다.

무실적 출판사의 대량출현 속도는 신규 출판사의 증가추세를 훨씬 앞질렀다. 휴면 상태의 출판사가 그만큼 늘어난 것이다. 출판사의 수도권 편중현상이 매우 심한 것도 바람직스럽지 않은 현상이었다. 전 출판사의 77%가 서울에 소재하면서 98%의 출판량을 책임지고 있었다.

이러한 추세에서도 알 수 있듯이 출판계는 신규진입이 자유로운 대신 경영기반이 취약한 탓에 많은 출판사들이 단명에 그치고 있다. 대형 베스트셀러를 내어 선망의 대상이 되었던 출판사 중에서도 소리 없이 사라진 예는 허다했다.

그러나 기업화에 성공한 출판사들도 적지 않았다. 삼성출판사가 문화 산업체로서는 최초로 1984년에 기업을 공개한 이래 계몽사, 웅진출판 등이 공개시장에 주식을 상장, 자본을 조달할 수 있었다. 출판사가 기업을 공개한 시기는 일본보다 우리가 앞섰다. 2010년도 우리나라 전체 매출순위 1천개 기업체 중에서 대교, 웅진, 동아출판사 등 6개 출판사가 포함될 만큼 성장한 것이다. 이들은 언론사의 매출액보다도 많은 실적을 올리고 있다. 대형 출판사에 대한 집중화율이 높아지면서 대형 대 영세 출판사 간의 양극분화현상이 점점 더 심화되어 일부 대형 출판사들의 위상은 고착되어갔다. 중하위권 출판사들의 건전한 발전을 지원해 출판산업의 체질을 강화하는 일이 절실한 과제로 지적되었다.

## 정가제 실시와 서점 활성화

1977년은 기능의 파행성과 영세성에서 벗어나지 못하던 서점업계가 새로운 변신을 예고한 해로 기록할 만하다. 그해 6월에는 종로 2가에 현대적 경영체제를 갖춘 7층짜리 동화서적(林仁圭)이 등장했고, 부가세 도입을 계기로 12월 1일부터 전국서점에서 일제히 정가판매를 실시하는 역사적인 사건이 벌어졌다.

정가제 실시를 안내하는 서점 모습

동화서적의 출현은 서점 대형화의 불을 당기는 신선한 새바람이었으며 서점업계를 깊은 잠에서 깨우는 계기가 되었을 뿐 아니라 문화적으로 충격적인 사건이었다. 동화서적이 개점하기 전에는 종로서적(張河麟)이나 중앙도서전시관만이 대표적인 대형서점으로 꼽혔는데 이보다 훨씬 큰 규모의 7층 건물 모두를 서점매장으로 개설하고 우리나라에서는 처음으로 회원제, 전화주문제 등 혁신적인 경영기법을 도입한 것이다. 이에 자극받은 종로서적이 그해 말 매장규모를 2,300㎡(약700평)로 늘렸다.

연간 발행종수가 2만종을 돌파한 당시 우리나라 서점의 현실을 보면 전국 2,954개 서점의 평균 매장면적은 20㎡가 되지 않았다.[12] 신간조차 제대로 진열할 수 없는 실정이어서 출판사들이 서점 진열매장 확보를 둘러싸고 치열한 경쟁을 벌이고 있을 때였다. 독자들로서도 원하는 책을 마음 놓고 선택할 수 있는 기회를 원천적으로 박탈당함으로써 출판사나 독자들이 똑같이 겪는 '풍요 속의 기근' 현상이 날이 갈수록 심화되어 엄청난 질량으로 창출되고 있는 우리 출판문화가 정당하게 평가받지 못하는 안타까운 현실이었다.

대형화의 필요성이 강조되고 있는 가운데 교보생명보험회사가 매장면적 3,600㎡(약 1,100평), 보유도서 100만권인 사상 초유의 초대형 서점 교보문고(李道先)를 1981년에 개점해 우리나라 서점역사의 새장을 열었다. 단일매장 규모로는 당시 동양에서 제일 컸다. 이처럼 큰 규모의 서점이 과연 채산을 맞출 수 있을까 하는 우려와는 달리 해마다 20% 이상의 매출신장 속에 문화적 명소로 자리를 굳힘으로써 서점 대형화의 가능성에 대한 확신을 심어주었다. 교보문고가 개점한 다음 해에는 전주에서 홍지서점(千炳魯)이 120㎡(35평)이 안 되는 매장을 330㎡(100평)으로 확장해 상주인구 40만의 중규모 도시에서도 대형 종합서점이 가능하다는 사실을 확인해주었다. 1985년 6월 교보문고는 인천, 대전, 전주, 광주, 부산, 마산 등 6개 도시에 지방점 개설을 추진했으나 이들 지역을 비롯한 전국 중소서점들이 생존권을 내세우며 무제한 철시 등으로 완강하게 반발하는 바람에 좌절되었다. 1987년에도 다시 한 번 지방점 개설을 시도하지만 여전히 거센 반대로 개점 하루 만에 또다시 문을 닫는 사태가 벌어졌다.

두 차례의 교보문고 지점 개설 시도는 기존 서점업계에 커다란 자극을 주었고 바로 이 같은 자극에 영향을 받아 전국서점들이 매장 대형화를 추진하게 되는 전기가 되었다. 그리하여 330㎡ 이상의 서점만도 1994년 현재 영풍문고, 서울문고 등 서울의 28개를 비롯, 전국적으로 85개를 헤아릴 수 있게 되었다. 그중 19개가 1994년도에 개점했

---

12 〈도서유통 현대화를 위한 경과보고〉, 대한출판문화협회, 1987, p. 1. 이 보고서는 《도·소매업 센서스 보고서》를 근거로 당시 "서점의 총 매장면적은 유통되고 있는 도서를 진열하는 데 필요한 면적의 29%에도 미치지 못한다"고 지적하고 있다.

다. 이 무렵부터 대형서점들은 전국적인 체인화·복합화를 통해 시장 장악력을 넓혀나가기 시작했다. 서점의 대형화는 그동안 안일하게 운영되어오던 서점경영을 혁신하는 계기가 되었다. 82년 5월 한국출판판매(주, 呂朝九)가 창립 20돌 기념으로 '서울 북 페어'를 연 것을 시작으로 교보문고, 종로서적, 중앙도서전시관 등에서 점내 전시회, 저자와의 대화 및 사인 판매 등과 같은 문화행사를 경쟁적으로 마련해 독자와 서점의 거리를 좁히는 데 큰 몫을 하고 있었다. 대형서점들이 《책방소식》(한국해외출판판매), 월간《교보문고》, 월간《영풍문고》 등 사외보를 발행하기 시작한 것도 이즈음이었다.

이처럼 서점이 오랜 침체에서 탈출할 수 있었던 데는 정가판매제의 정착이 결정적인 역할을 했다. 끝없는 할인경쟁으로 거의 공멸상태에 빠졌던 서점들이 1977년 12월 1일을 기해 전국에서 일제히 정가판매제를 실시한 것이다. 서점들이 적극적으로 참여하고 일부 출판사들이 책값을 인하조정하는 등 출판계의 적극적인 협조와 지원을 받으면서 정가판매제는 예상을 뛰어넘는 빠른 속도로 정착되었다. 〈독점규제 및 공정거래에 관한 법률〉이 시행(1981)되면서 도서는 '재판매가격유지 행위'가 예외적으로 인정되면서 법적인 보장도 받게 되었다.


## 민주화 시대의 잡지진화

### 신군부의 등장과 잡지 폐간조치의 충격

'10·26사태'의 발생으로 갑자기 권력의 공백이 생겼고 이로 말미암은 정치적 혼란은 정치·경제·사회 전반에 걸쳐 극심한 혼란을 가져왔다. 전두환을 정점으로 하는 새로운 군부가 정권을 장악한다. 이른바 '신군부'가 등장한 것이다. 1980년 5월 31일 "혼란을 극복하고 국가를 보위한다"는 미명하에 설치된 '국가보위비상대책위원회'는 강압적이고 비민주적인 조치들을 펼쳐나간다. 잡지를 포함한 언론과 언론인에 대해서도 대대적인 탄압이 시작되었다. 잡지가 신군부 언론장악 계획의 직격탄을 맞고, 언론탄압의 첫 번째 희생양이 되었다.

문화공보부는 1980년 7월 31일, '사회정화'라는 이유를 내세워 1,434종의 정기간행물 중 1,262종만 남기고 주간지, 월간지, 격월간지와 계간지 등 172종의 정기간행물에 대해 등록을 취소했다. 등록이 취소된 간행물은 유가지 120종, 무가지 52종으로, 일간과 통신을 제외한 전체 정기간행물 1,434종의 12%에 해당하는 양이었다. 등록이 취소된 간행물 중에는 《아리랑》(김삼용), 《명랑》(권우) 등의 대중잡지도 들어 있었지만 《뿌리 깊은 나무》(韓彰琪, 월간), 《씨올의 소리》(咸錫憲, 월간), 중앙일보사 발행 《월간 중앙》과 《창작과 비평》(丁海廉), 《문학과 지성》(金炳翼) 같은 계간지도 포함되어 충격을 주었다.

신군부에 의해 강제로 폐간당한 대표적인 잡지들

특히 1965년과 1970년에 각각 창간된 《창작과 비평》과 《문학과 지성》은 해방 후 세대에 의해 편집되고 또 그 세대에 의해 읽힌 최초의 '성공적'인 '에꼴'화라는 업적까지 남긴 당대의 지성을 대표하는 잡지였다. 우리 잡지사를 빛낸 격조 높은 이러한 잡지들이 강제로 간판을 내려야 하는 비운을 맞은 것은 문화적으로도 너무나 큰 손실이었다.

문공부는 이들의 등록을 취소하면서 ▷ 각종 비위, 부정과 부조리 등 사회부패 요인이 되어오거나 ▷ 음란, 저속, 외설적인 내용으로 청소년의 건전한 정서에 유해한 내용을 게재했으며 ▷ 계급의식의 격화 조장, 사회불안을 조성해온 것들, 그리고 ▷ 발행목적을 위반했거나 법정 발행실적을 유지하지 못했기 때문에 〈신문·통신 등의 등록에 관한 법률〉 제8조(발행실적 유지)에 의거한 조처였다고 밝혔다.

그러나 이러한 이유는 명분에 지나지 않을 뿐 실제로는 명백하게 언론을 장악하기 위한 강압적인 조치로 받아들여졌다. 창간 10주년 기념호를 준비하다 폐간조치를 당해 망연자실한 《문학과 지성》은 다음 날에야 공문을 통해 '발행목적 위반'이라는 통보를 받았지만, "훗날 정부에서 발행한 어떤 백서를 통해 일부 불온한 지식인 집단들의 활동 근거가 되는 잡지였기 때문이라는 진짜 이유를 확인할 수 있었다"고 한다.[13]

[도표 6-4] 신군부의 정기간행물 등록취소 조치상황

| 간종 | 총수 | 등록취소 | | | 비율(%) |
|---|---|---|---|---|---|
| | | 유가지 | 무가지 | 합계 | |
| 주간 | 121 | 15 | 0 | 15 | 12.3 |
| 월간 | 771 | 80 | 24 | 104 | 13.5 |
| 격월간 | 150 | 3 | 10 | 13 | 8.7 |
| 계간 | 223 | 8 | 8 | 16 | 7.1 |
| 연간 | 167 | 14 | 10 | 24 | 14.4 |
| 합계 | 1,434 | 120 | 52 | 172 | 12.0 |

주 : 1980. 7. 31. 현재

정부는 그해 11월 28일 또다시 신문·통신을 제외한 66종의 잡지등록을 취소하고 주간지 2종은 성격이 유사한 간행물과 통합하는 동시에 10종에 대해서는 등록사항을 변경토록 '제2차 정기간행물 정비'를 단행했다. 이번에는 유가지(28종, 전체 유가지의 8%)보다 무가지(51종, 전체 무가지의 5.4%)가 더 많았다. 이로써 사회정화 차원에서 정비한 정기간행물은 모두 등록된 간행물의 19%에 해당하는 251종이나 되었다. 그러나 이에 그치지 않고 11월 말까지 전국의 64개 신문·통신사 중 44개사도 통합 또는 폐간조치를 당했다. 이러한 '언론통폐합'은 형식적으로는 신문과 방송협회의 자율결의에 따라 추진되는 것처럼 포장되었지만 내용적으로는 이 또한 정권의 강압에 의한 강제적이고 비민주적인 조치였다.

신군부에 의한 제5공화국 정권의 언론장악 계획은 1980년 12월에 통과된 〈언론기본법〉 제정으로 일단락된다. 이 법은 정기간행물 등록제를 규정했지만 문공부장관이 발행정지 명령권 및 등록취소 권한을 행사할 수 있는 조항까지 두어 언론출판의 자유를 옥죄는 장치로 이용되다 6·29민주화 선언 이후에 비로소 폐지(1987. 11.)되었다. 길고 긴 암흑기가 계속된 것이다.

---

13  김병익, 〈책으로 쓰는 자서전 19 —《문학과 지성》폐간당하다〉,《출판저널》, 2001. 6. 5., p. 24

잡지계는 크게 위축될 수밖에 없었다. 이런 일련의 강압적인 조치를 당해 아연 긴장하지 않을 수 없게 된 잡지계는 자구책의 하나로 자진해서 정화에 나서지 않을 수 없었다. 매월 7종씩이나 발행하면서 부록경쟁을 벌이던 아동잡지들은 그 가짓수를 2종으로 줄이고, 단행본 형태의 부록으로 경쟁이 치열했던 여성지들도 연중 가계부만 한 번 발행키로 합의했다. 학생지는 아예 부록을 없앴다. 매월 30일 내지 45일이나 앞당겨 발행하던 것도 매달 1일에 그달치를 발행하기로 하는 등 발행일자도 조정했다.

잡지의 등록취소 조치에 이어 정부는 〈언론기본법〉이 정한 잡지의 신규등록 제도를 악용, 허가제처럼 운영하면서 새로운 잡지의 출현을 인위적으로 막았다. 이에 따라 출판사와 마찬가지로 잡지발행권이 하나의 막대한 이권으로 등장, 수천만원에 거래되기도 했다. 잡지창간이 불가능한 현실은 무크(mook)의 발행 붐을 가져왔다.

잡지등록이 완화된 것은 6공화국이 출범해 민주화 조치를 단행한 1987년이었다. 이에 따라 너무 많은 잡지가 일시에 쏟아져 나와 우려의 소리도 없지 않았다. 무크지의 대부분은 이때 월간잡지나 계간지로 변신했다.


### 전문화 · 기업화 단계로 진입하는 잡지

강압적인 언론통제 속에서도 80년대의 잡지계는 양적으로 크게 성장했고, 잡지사적으로 의미 있는 변화와 성장을 줄기차게 이어갔다.

강제폐간과 사실상의 허가제 운영으로 한때는 줄어들었던 잡지가 빠르게 증가, 1983년에는 80년의 대규모 등록취소 조치를 당하기 이전 수준을 회복해가고 있었다. 잡지협회 공식집계에 따르면 상업지는 월간 244종, 격월간 22종, 계간 38종 등 모두 317종이며 무가지는 1,049종으로 1983년 현재 총 1,366종이 발행되고 있었다.

이렇게 늘어난 잡지계의 두드러진 특징 가운데 하나가 전문지의 대거등장이다. 80년대 후반부터 대중지가 후퇴하는 양상을 보인 대신, 본격적인 전문지 시대로 접어들고 있었다. 《어문연구》, 《전자과학》, 《현대해양》 같은 학술전문 분야나 종교, 취미에서부터 국제문제를 다룬 것까지 전문지는 다채로웠다. 금융, 보건, 의약 등 고도의 전문성을 지닌 잡지에서부터 등산, 운동, 레코드, 낚시, 분재, 수석, 바둑, 우표 등의 취미생활에 이르기까지 실로 다양한 분야의 전문지들이 계속 선을 보인다. 또한 고도 경제성장을 배경으로 기업체들과 각종 단체가 다투어 사보(社報)와 회지(會誌)를 발행하기 시작해 전문화 추세를 더욱 가속화시킨다. 88년도 한 해 동안 신규등록한 정기간행물 78%를 전문지들이 차지하고 있음을 볼 때 90년대는 '전문지 시대'의 전성기를 맞고 있었다고 할 수 있다. 산업사회의 발전과 직업의 다양화, 직종의 세분화로 전문지식이 필요한 독자층의 욕구증대에 부응하기 위한 잡지출판의 전문화는 당연한 시대적 추세라고 할 수 있다. 그러나 독자 및 필자개발에 너무 소극적이고 안일하다는 비평도 없지 않았다. 독창적인 내용의 수준 높은 전문잡지를 개발하려는 노력도 아쉬웠다. 특정 분야의 잡지가 성공하면 유사잡지를 따라 제작하는 위험 회피적 경영으로 동종잡지 간 과열경쟁이 치열해지고 콘텐츠의 획일화를 초래해 경영악화 요인을 더욱 부채질하는 악순환이 거듭되었다. 또 대중잡지 출판 위주의 언론사들과 경쟁하기 위해서도 전문지의 매체 경쟁력이 더욱 강화되어야 할 필요성도 강조되었다.

매체의 발전과정은 처음 엘리트 단계에서 대중화 단계를 거쳐 전문화 단계로 발전하는 것이 일반적인 현상이다. 이를 언론학에서는 'EPS 곡선이론'이라 부른다. EPS 곡선이론을 우리 잡지 발전과정에 대입해보면, 이미 일제강점기에 엘리트 단계를 거쳤다. 광복 당시에 대중화 단계에 진입하고 있었다고 볼 수 있으며, 전쟁 직후부터 대중화 단계의 정점으로 치닫기 시작한 잡지는 70년대까지가 대중화의 개화기였다. 개성을 살린 내용과 편집경향도 세분화되어 다채로워지고 수준도 높아졌다. 그런 진보와 변화의 선봉에 섰던 잡지 중에는 《샘터》(1970. 4.~현)와 《뿌리 깊은 나무》(1973. 3.~1980. 8.), 《공간》(1966. 11.~2013. 3.)이 대표적이다.

《샘터》는 휴대가 간편한 포켓형 B6판 150쪽 내외의 '작은 잡지'였지만 '평범한 사람들의 행복을 위한 교양지'라는 슬로건을 내세우면서 생활과 밀접한 참신한 읽을 거리를 담은 잡지로 독자들을 사로잡았다. 《샘터》는 무엇보다 잡지 콘텐츠의 구성방식에서 뛰어난 전범을 보임으로써 대중지 발전에 기여했다.

《뿌리 깊은 나무》도 수준 높은 기사와 편집체제로 우리 잡지 패턴을 획기적으로 바꿔놓고 잡지의 품격을 높였다. 한자를 완전히 배제한 한글 전용과 가로짜기를 주도하면서 우리말 구사의 새로운 용례를 제시했고, 한국 잡지로서는 처음으로 전문 아트 디렉터 제도를 도입함으로써 잡지편집 체제와 디자인 측면에서 새로운 좌표를 제시한 기넘비적인 잡지란 평가를 받았다.

건축가 김수근(金壽根, 1931~1986)이 창간한 《공간》은 초창기에는 전통문화와 전통건축을 집중적으로 소개했지만 1997년 11월호부터 건축전문 잡지로 성격을 전환한다. 그러나 건축전문 잡지로서의 영역을 넘어 미술, 음악, 연극 등 문화전반을 아우르는 종합예술 전문지로서 전통문화의 재발견과 계승 및 현대의 예술활동 전반에 대해 논평, 기록하는 작업을 꾸준히 해왔다. 1968년 1월호부터 A4판에서 12절판으로 판형을 바꾸었으며, 2004년 아트디렉터 시스템을 도입하면서 잡지에서 디자인의 개념을 더욱 부각시켰다. 특히 표지 디자인은 혁신을 거듭했는데, 2007년부터 표지 전면에 내세웠던 멋진 건축물 사진이 사라지고 'SPACE'란 제호만으로 장식하다 2008년부터는 'A' 자 하나만을 크게 내세운 정사각형 판형과 함께 특유의 아이덴티티를 구축했다. 또 잡지의 품위를 높이기 위해 광고를 전혀 싣지 않은 것도 특이했다.

잡지 편집상의 가장 큰 변화는 80년대의 세로짜기 한문·한글 혼용체제가 한글 전용 가로짜기 체제로 완전하게 변했다는 점이다. 가로짜기를 하면서 자연스럽게 레이아웃 체제도 바뀌었다. 잡지의 시각화·컬러화가 급속도로 진행되었다.

한편, 경제의 급속한 신장에 따른 잡지광고 시장은 놀라운 성장을 거듭했다. 70년대부터 확대되기 시작한 잡지광고 시장은 80년대 들어와서 더욱 커졌다. 광고는 잡지의 가장 큰 수입원인 만큼 광고시장의 확대는 잡지세의 성쇠를 가르는 가장 중요한 요소라 할 수 있다. 1970년에서 1980년까지 잡지광고 수입은 8억원에서 108억원으로 13배나 신장되었다. 1984년에는 242억원으로 더욱 늘어났다.[14] 경쟁이 치열한 종합지와 여성지 시장에 대형 언론사들이 뛰어든 것도 잡지광고 시장의 확대와 잡지가 기업으로 성립할 수 있는 여건의 성숙을 보여준다. 상업지들은 판매부진과 제작비 상승에 따른 자금사정의 악화를 적극적인 광고수입 증대와 시장개척으로 타개해가며 점차 기업기반을 빠르게 안정시켜갔다. 《주부생활》, 《진학》 등 일부 잡지사들은 경영합리화에 성공하면서 70년대 후반부터 사옥을 마련했고, 《현대문학》, 《문학사상》 등도 기업으로 성공하고 있다는 평가를 받았다. 잡지 광고시장의 확대는 또 잡지 광고의 효과가 신문, 방송

---

14  申寅燮, 《韓國廣告史》, 서울 나남, 1986, p. 324

보다 지속적이란 점에서 광고매체로서의 지위와 역할을 확보하는 계기도 되었다.

그러나 거래제도의 난맥과 공급체계의 무질서 및 이에 따른 반품의 증가 등은 잡지 경영을 압박하는 요인은 여전했다. 잡지공동판매기구 설립에 관해서도 활발하게 논의를 진행했으나 서로의 이해가 상충해 실질적인 진전을 보지는 못했다. 다만 잡지금고를 설립해 자금난을 겪고 있는 잡지경영을 지원하는 체제를 갖추었지만 기금의 부족으로 소기의 목적을 달성하기에는 그때까지도 역부족이었다.

1997년의 외환위기(IMF) 이후 잡지시장에서의 대폭적인 광고물량 감소로 많은 잡지가 폐간되었다. 문화관광부 자료에 따르면 98년 잡지계는 750개 잡지사가 2,200종의 유가지를 발행, 연간 6,800억원의 판매와 2,400억원(전체 광고시장의 5%)의 광고매출을 합해 총 9,200억원의 시장을 형성하고 있다고 밝혔다.


## 언론사 잡지 겸업의 심각성

80년 이후 잡지계의 가장 두드러진 현상으로는 신문·방송사의 잡지발행 붐을 지적하지 않을 수 없다. 1988년 9월 말 현재 25개 언론사가 주간에서 연간에 이르기까지 무려 86종의 잡지를 발행하고 있었다. 신문·방송·통신 등 언론사치고 잡지를 발행하지 않는 곳은 하나도 없었다.

이로 인해 상업잡지가 입는 피해는 매우 심각했다. 정보의 독점은 물론 군소 잡지사들이 어렵게 양성해놓은 인력을 무자비하게 스카우트해가고 한정된 잡지광고를 빼앗아감으로써 잡지사의 존립을 위협할 지경이었다. 잡지계는 강력하게 반발하고 나섰다. 잡지협회는 신문사의 잡지등록 규제를 요구하는 성명서를 발표한 데 이어 86년에는 잡지발행업을 중소기업 고유업종으로 지정해 신문사와 대기업의 무분별한 잡지, 출판, 인쇄업 침투를 막아달라는 청원서를 국회에 제출했다. 1987년 8월에도 '언론 활성화에 대한 건의문'을 통해 언론사의 잡지발행은 별도 사업체로 분리해줄 것을 요구했다. 잡지업계의 이러한 요구에도 아랑곳없이 신문사들의 잡지업계 진입은 계속되었으며 가뜩이나 어려운 환경에 직면한 잡지계 발전에 장애를 초래했다. 그러나 지속적인 규제완화와 종합정보 기업화를 지향하고 있는 신문사들의 경영전략을 감안하면 신문사의 잡지진입은 앞으로도 지속될 것으로 전망되었다.

**잡지의 국제화와 인터넷 잡지 속출**

1987년 〈세계저작권조약(UCC)〉에 가입하면서 외국 잡지와의 저작권 계약에 의한 라이선스 잡지가 창간되기 시작한다. 1987년 9월에 월간《행복이 가득한 집》을 창간하면서 미국《Better Homes & Garden》과 판권을 제휴한 데 이어 90년대 중반부터는 시장개방의 물결을 타고 외국 유명잡지와의 라이선스 계약을 통한 '한국어판'이 경쟁적으로 쏟아져 나오기 시작했다. 주간지《뉴스위크》(1991. 10.), 격월간지《지오》(1992. 9.10.), 월간《엘르》(1992. 11.),《휘가로》(1999. 3. 11.),《메종 마리 끌레르》(1994. 11.),《에스콰이어》(1995. 4.) 등 라이선스 잡지가 연달아 창간되었다. 우리나라에서 라이선스 잡지의 역사는 매우 길다. 국내 최초의 라이선스 잡지는《가이드 포스트》이다. 미국 본사의 허가를 받고 1965년에 영한대역 월간지를 발행하기 시작해 지금에 이르렀고,《리더스 다이제스트》도 한국어판을 1978년 11월부터 2009년 12월호까지 발행했다.

유행처럼 확대되고 있는 라이선스 잡지는 1999년 현재 미국계 17종, 프랑스계 6종, 일본 4종, 영국 1종 등 28종에 이른다. 그러나 독자들의 외국 잡지를 선호하는 성향 및 오랜 기간 축적된 외국 잡지들의 제작기술과 노하우 등이 라이선스 잡지발행을 부추기고 있기 때문에 이는 계속 늘어날 것으로 전망되었다.[15]

또한 외국인과의 합자회사도 등장하고 있다. 디자인하우스사(李英惠)는 2000년 10월 국내 잡지업계 최초로 독일 굴지의 미디어 기업인 Burda와 조인트벤처를 구축함으로써 글로벌 기업으로의 발전기반을 확보했다. 가야미디어도 프랑스《마리 끌레르》본사에서 50%의 자본을 유치, 회사 명칭까지 'MCK출판회사'로 바꾸었다.

96년부터는 웹(web)을 활용한 인터넷 잡지 '웹진'(web + magazine의 합성어)《웹진 스키조》가 창간되고 그해《Image》,《한컴 온라인 매거진》등이 쏟아져 나오면서 본격적으로 온라인 잡지 발간이 시도된다. 처음에는 컴퓨터나 인터넷 통신사가 주로 웹진을 발간했으나 점차 전문적인 정보를 다루는 웹진으로 내용이 다양해지기 시작, 1999년에는 무려 40여 종으로 급속한 증가세를 보였다. 개인도 인터넷 잡지를 발행했고 사보도 인기였다. 모두 무료였다. 인터넷 잡지는 기존의 잡지를 인터넷 잡지로 변경하거나 순

---

15  2009년 12월 현재, 라이선스 잡지 수는 총 12개국 87종으로 집계되고 있다.(문화체육관광부,《정기간행물 현황, 2009》과 한국잡지협회,《2010 한국잡지총람》, pp. 88~91 참조)

전히 인터넷 잡지로 창간하거나 인터넷 잡지만 발행하다 전통적인 인쇄를 한 잡지도 함께 발행하는 등 세 가지 형식으로 입지를 넓혀나갔다. 한때 패키지형의 CD-잡지는 《Click》(전자신문사), 《X피플》(이래미디어), 《사이버 타임스》(CIDI) 등이 창간되었다가 독자들의 호응이 없어 바로 사라지고 말았다. 이 밖에 이메일 매거진도 전통적인 잡지의 영역을 넘보고 있어 기존 잡지업계는 어쩔 수 없이 새로운 전자시대에 부응해야 하는 새로운 상황에 직면하지 않을 수 없게 되었다.

## 잡지 100년의 정리작업

1996년은 이 땅에 잡지란 매체가 등장한지 100년이 되는 해이다. '잡지의 날'은 1908년 육당 최남선이 《소년(少年)》을 발행한 것을 기념해 제정했지만, 잡지 백년은 《대조선독립협회회보(大朝鮮獨立協會會報)》와 《친목회보(親睦會報)》가 처음 창간되어 잡지의 역사를 열어가기 시작한 1896년을 기점으로 삼았다. 《대조선독립협회회보》는 1896년 7월에 설립된 '독립협회'가 자주독립에 대한 공론을 널리 펼치기 위해 11월 30일에 창간한 잡지이며, 반월간으로 이듬해 8월 15일까지 총 18호를 발행했다. 《친목회보》는 같은 해에 조선 유학생들이 도쿄에서 창간했다. 이후 일제에 의해 나라가 강제로 합병되는 1910년까지 약 40여 종의 잡지가 발간된 것으로 알려져 있는데, 지난 한 세기 동안 많은 우여곡절을 겪으며 오늘날 보는 것처럼 백화난만한 잡지의 역사를 창조해냈다.

잡지계는 오래전부터 꾸준히 이러한 역사의 정리작업을 추진해왔다. '한국잡지박물관'을 개관한 것이 가장 의미 깊은 성과일 것이다. 잡지박물관은 잡지협회가 1년 반 동안 준비해 희귀잡지 108종, 일제강점기 언론탄압 관련 자료 50종, 창간호 700여 종, 잡지 관련 연구 및 참고자료 170종, 잡지부록 등을 수집해 잡지회관 2층에서 1992년 12월 1일 개관했다. 그 후 희귀하고 역사적 가치가 높은 잡지의 실물들을 열심히 보강해왔으며, 2010년 현재 소장잡지를 대상으로 '고(古)잡지 디지털화 사업'을 전개해 연구자료의 데이터베이스로 구축해놓고 있다. 2002년부터 여의도로 회관을 옮긴 잡지협회는 '한국잡지정보관'이란 이름으로 현대잡지를 모은 '한국잡지종합전시관'(1995년 개관)과 함께 잡지박물관을 운영하고 있다.

한국 잡지 100년을 기념하는 또 다른 사업으로 《한국 잡지 100년》(한국잡지협회,

한국잡지박물관 개관식(1992. 12. 1.)　　　　　　《한국잡지 100년》 출판기념회(1995. 3. 13.)

1995)을 편찬했다.《한국 잡지 100년》은 우리 잡지 100년의 역사를 한눈에 볼 수 있도록 신B5판의 대형판 320쪽의 전면 컬러, 양장본으로 출간한 새로운 스타일의 역사서이다. 최원식, 민영빈, 김병석 전임회장의 자문을 받아가며 정진석, 구현서 등이 정리를 맡았다. 이에 앞서 잡지협회는 잡지의 발자취를 정리하고 앞으로의 비전도 제시하는 '한국 잡지 90년전'(1986, 서울 대구)과 '100년전'(1993, 부산)도 잇달아 개최했다.

　이와 같이 잡지의 역사를 정리하기 위한 일련의 활동은 한국 잡지 70년을 맞이해 잡지협회가《한국잡지총람》(1967)을 발간한 것에서 비롯되었다고 할 수 있다. 최초의《한국잡지총람》은 비록 A5판 66쪽이 얄팍한 팸플릿에 지나지 않았지만 낭대 잡지계의 동향을 정리한 최초의 자료집이라는 점에서 의미가 컸다. 당시 간행되고 있는 잡지목록과 함께 〈한국 잡지의 발달〉(백순재), 〈66년의 잡지계〉(민영빈) 등의 논저도 실었다. 이 잡지총람은 내용의 충실을 기해가며 1972년, 1982년, 1989년, 1994년, 2005년과 2011년에도 각각 발간해 우리 잡지의 발달과정을 일목요연하게 살필 수 있는 역사적 자료가 되도록 했다. 이와 함께 잡지협회는 잡지계 동향과 협회활동을 알리기 위해《한국잡지협회보》를 1964년 12월에 창간, 현재는《매거진 저널(Magazine Journal)》로 발행해오고 있는데 그동안 모두 7차례나 제호를 변경해가며 내용과 면모를 일신해왔다.

### 시장의 조정을 받는 최근 잡지출판 산업

　현대 잡지는 어려운 여건 속에서도 TV, 신문, 라디오와 함께 4대 매체로서의 지위를 꾸준히 확대해왔으나 최근 인터넷의 부상과 잡지시장의 침체로 제5의 매체로 전락해 가고 있는 중이다. 판매부수 감소와 매출하락, 광고수익 감소 등 전반적인 잡지출판 시장상황이 잡지의 위상을 약화시키고 있다. 이에 따라 동종잡지 간 경쟁이 격화되면서 경영여건이 부실한 잡지들이 줄줄이 도태되는, 시장에서의 자율조정 기능의 작동을 받기 시작했다.

주요 잡지 245종을 대상으로 조사한 한국언론연구원의 연구보고서《한국의 월간잡지》(1993.12.)에 따르면 1980년대 잡지의 흐름이 90년대의 체제를 마련했음을 읽을 수 있다. 이 연구는 창간연도를 기준으로 볼 때 100종(40.8%)이 1980~1989년에 창간된 것인 데 비해 1980년 이전의 잡지는 43종(17.6%)에 지나지 않고, 102종(41.2%)은 90년 이후에 각각 창간된 것으로 분석되었다. 이들 잡지 중 10년 이상 발행하는 잡지는 불과 56종(22.9%)뿐이다. 152종 62%의 잡지는 창간한 지 6년이 채 안 되었다. 이는 많은 잡지가 창간은 되지만 쉽게 폐간되고 있는 심한 부침현상을 말해준다. 내용상으로나 기능적 효율로나 잡지가 자기 특성화를 이루지 못했을 뿐 아니라 매체변화라는 흐름에서조차 자기위상과 존재감이 미약한 상황을 벗어나지 못하고 있다.

세계화 시대를 맞이해 해외 잡지는 물론 다른 미디어와의 경쟁이 불가피한 상황에서 글로벌 경쟁력을 가진 잡지 전문인력의 양성이 긴요한 실정이지만, 전체 출판업 중 잡지산업 종사자 구성비도 2005년 이래 계속 감소추세를 보이고 있다.

그런데도 문화체육관광부와 각 시도에 등록된 월간 이하 잡지 수는 2006년도 4,661종에서 2009년에는 7,958종으로 늘어났다. 2009년 3월부터 일부 잡지의 등록업무가 시·도로 이관됨에 따라 2009년에는 일시적으로 폭등세를 나타냈으나 2010년도에는 크게 반전되어 6,047종으로 무려 2,000종 가까운 잡지들이 폐간의 불운을 당한 것으로 집계되었다. 경기가 나빠져서 매기(買氣)조정을 받는 측면도 있지만 디지털 정보유통의 발달에 따른 유·무료 정보의 범람 때문에 잡지에 대한 니드(needs)가 원천적으로 줄어드는 구조적인 변화에 직면하고 있기 때문이다.

2010년 12월 현재 6,047종의 잡지 중에는 월간이 3,936종으로 가장 많다. 그다음은 계간 1,161종, 격월간 542종, 연 2회 간 408종으로 이어지고 있다.

최근 잡지의 경향을 종합하면 몇 가지 특징적인 경향이 나타나고 있다. ① 과거에는

B5, B5변형판이 주류를 이루었으나 오늘날에는 A4, 또는 그 변형판으로 대형화되었다. ② 오프셋화하면서 판형의 확대와 더불어 잡지의 시각적 요소가 강화되어 사진, 일러스트 중심으로 컬러화되고 용지도 고급화되었다. ③ 라이선스 잡지 증가와 더불어 잡지명에 외국어 사용이 크게 늘었다. 외국어 타이틀은 독자들이 보기에 세련미나 매력적인 이미지가 강해 보이거나 독자의 감성에 대한 호소력이 강해 보이는 특성이 있다. ④ 가사는 물론 광고에 있어서도 소비 지향적이며 오락, 실리 지향적인 내용이 풍부해졌다. 라이선스 잡지가 늘어난 것도 그런 현상을 촉진했다.

120년 역사를 바라보는 우리 잡지계는 이 시대의 중요한 매체로서 그동안의 업적과 영예를 한층 더 빛내기 위한 변화가 요구되고 있다.

[도표 6-5] 잡지 신규등록 및 폐간현황

| 구분 | 신규등록 | | | | | 폐간 | | | | |
|---|---|---|---|---|---|---|---|---|---|---|
| 연도 | 월간 | 격월간 | 계간 | 연 2회 간 | 계 | 월간 | 격월간 | 계간 | 연 2회 간 | 계 |
| 2010 | 574 | 77 | 127 | 57 | 835 | 1,900 | 205 | 480 | 159 | 2,744 |
| 2009 | 1,665 | 192 | 411 | 164 | 2,432 | 273 | 26 | 55 | 33 | 387 |
| 2008 | 600 | 62 | 204 | 65 | 387 | 2 | 13 | 15 | 5 | 35 |
| 2007 | 562 | 71 | 118 | 35 | 786 | 320 | 43 | 67 | 16 | 446 |
| 2000 | 608 | 67 | 114 | 40 | 829 | 311 | 42 | 56 | 14 | 423 |
| 2000 | 286 | 27 | 51 | 15 | 379 | 256 | 33 | 59 | 13 | 361 |

자료 : 〈정기간행물 현황〉, 문화체육관광부, 2010. 12.

〈잡지 등 정기간행물의 진흥에 관한 법률〉(법률 제9098호)이 2008년 6월에 제정되고 그해 12월부터 시행되었기 때문에 앞으로 이러한 잡지출판 산업의 구조적인 취약점이 개선될 것으로 기대되고 있다. 이 법은 잡지의 건전한 발전과 진흥을 위해 정부가 5년마다 잡지산업 육성 기본시책을 수립, 시행하도록 의무화하고 있어서 앞으로 시설 및 유통 현대화, 우수잡지 선정과 보급, 전문인력 양성 등 생산성 향상 및 산업 경쟁력을 제고하기 위해 정부가 직접 지원할 수 있는 토대가 마련되었다. 또한 전문가들로 '정기간행물 자문위원회'를 설치, 운영하면서 잡지산업 진흥기반을 조성해갈 것으로 기대된다.

그러나 디지털과 네트워크 시대를 맞이해 저조한 디지털화를 잡지산업 발전의 과제로 인식하고 독자의 눈높이에 맞는 디지털 미디어로의 발전을 지향해가야 할 것이다. 세계 잡지산업은 모바일을 활용한 유비쿼터스 매거진으로 발전하면서 미디어 간의 벽을 허물어가고 있다. 디지털 네트워크 사회의 특성에 맞는 새로운 잡지산업에 대한 패러다임이 요구되고 있다. 더욱더 근본적인 문제는 잡지라는 종이매체가 머지않아 소멸될 것이란 미래학자들의 예측에 어떻게 대응할 것인가 하는 점이다.

## 출판산업의 전환기적 상황과 대응

### 현안과제 대응에 급급한 출판산업

90년대는 80년대 이상으로 사회·경제·문화 면에서 변화가 많은 시기였다. 컴퓨터의 보급과 정보기술(IT) 혁명이 경제·사회구조와 인간의 생활양식을 근본적으로 바꿔놓았을 뿐만 아니라 출판의 양상을 뿌리째 변화시켰다.

이처럼 급격한 변화에 쫓기다 보니 80년대처럼 장기적인 관점에서 선제적으로 대응하지 못하고 당면과제 해결에도 힘겨운 형편이 되었다. 직면한 과제에 대응하는 과정에서도 전문적인 식견과 통찰력 부족으로 인한 시행착오가 거듭되거나 패착(敗着)을 두는 경우마저 없지 않았다.

정부는 1993년을 '책의 해'로 지정했다. 출판계는 책의 해가 대망의 21세기를 앞두고 도약의 계기가 될 것으로 기대했고 역대 '문화의 해' 사업 가운데서 가장 성공적이었다는 찬사를 받았다. 그럼에도 출판산업 발전을 위한 기반정비와 구조개혁의 기회로 삼지 못하고 일회성 행사에 치중하다 보니 '빈 그릇에 소리만 요란한 행사'가 되어버렸다. 아이로니컬하게도 책의 해가 끝나자마자 그 이듬해부터 출판경기는 장기침체 국면으로 빠져들었으며, 설상가상으로 '대여점'과 인터넷 서점의 출현으로 심한 몸살을 앓는다. 한때 1만2,000개가 넘었던 대여점은 가격책정과 편집체제의 변화를 초래할 만큼 베스트셀러와 월간잡지의 출판, 판매에 큰 타격을 안겨주었다. 또한 할인판매를 경쟁무기로 삼은 인터넷 서점은 힘겹게 유지되고 있던 '출판물 재판매가격유지 제도'(약칭,

'재판제')를 붕괴로 몰고 갔다. 특히 인터넷 서점에서의 할인판매는 전통서점의 존립기반을 와해하는 결과를 초래했다.

인터넷 서점을 견제하고 재판제를 유지하기 위해 서점업계는 〈도서정가법〉 제정을 추진했으나 책의 소비자인 독서대중의 강경한 반대에 부딪쳐 뜻을 이루지 못할 즈음에 외환위기를 맞게 된다. 단군 이래 최대의 경제위기라는 환란은 도·소매서점의 연쇄 도산을 불러 출판유통시스템이 도괴 직전의 위기에 다다른다. 총체적 난국 속에 신음하는 출판산업의 절박한 상황을 타개하기 위해 대통령 특별지시로 500억원을 긴급 지원받지만, 고금리와 까다로운 대출조건 때문에 정작 자금난에 봉착한 출판사들에게는 '그림의 떡'에 지나지 않았고, 몇몇 대형업체의 운영자금으로 활용되었을 뿐 출판산업 구조개편의 계기도 살리지 못한 채 실패하고 말았다.[16] 대학가에서의 불법복사 행위는 강의용 교재마저도 복사하기 위한 대본만 팔릴 정도로 극에 달한다. 개방화 추세에 맞추어 출판시장도 개방되었다. 1995년에는 출판유통 시장이 개방된 데 이어 1997년부터는 출판 부문도 개방되었다.

미국에서 개발된 오픈 이북(open e-book)이라는 새로운 전자책이 던진 충격은 이 땅에도 몰아쳐왔다. e-북에 관해 소개하는 세미나에는 500명이 넘는 청중이 몰려왔다. 2000년도의 우리 출판계는 지금까지의 전통적인 책은 곧 종말을 고하고 전자책이 지배하게 될 것이란 공포감에 사로잡혀 극도의 위기의식이 지배하는 미디어 콤플렉스에 휩싸여 방황해야 했다.

이처럼 복합적인 변화의 소용돌이 속에서 장기불황에 어려움을 겪는 출판산업을 육성하기 위해 정부는 1999년부터 〈출판산업진흥법〉 제정을 서두르지만 그 추진조차 여의치 않았다. 이 법은 〈출판 및 인쇄 진흥법〉이란 이름으로 2003년에야 공포, 시행된다. 이미 〈도서관 및 독서 진흥법〉에서 출판을 활성화할 수 있는 방안을 다 마련해놓았는데 이를 활용할 수 있는 지름길을 버리고 먼 길을 돌아오려니 시간만 낭비하는 결과가 되었다.

화불단행((禍不單行)이라 했던가. 2000년의 출판산업에서는 더욱 어려움이 중첩되고

---

16 《대한출판문화협회 60주년 기념 10년사》, 대한출판문화협회, 2007, pp. 60~62

있었다. 출판산업은 유통 정보화 실패 등으로 서서히 역동성을 잃어갔다. 새로운 업태들이 다투어 출현한 90년대 후반 이후 출판유통 부문에서의 경쟁양상은 전통서점끼리 경쟁에서 업태 간의 경쟁으로 확대되고, 매출 지상주의에 빠진 출판사들은 새로운 업태들과의 합리적인 거래제도를 정립하지 못하고 부도덕한 거래 행태, 무모한 과당경쟁으로 치달았다. 출판유통 정보화를 현대화의 방안으로 절감하고 정부에서 거액을 지원받아 추진한 출판유통정보시스템 구축사업은 전문지식을 갖춘 인력확보대책은 뒷전으로 밀어놓고 출판 단체장들을 중심으로 추진하다 실무추진단 구성마저 실패하고 말았다. 출판유통정보시스템 구축사업이 실패하자 출판계는 더는 그 일을 추진할 엄두조차 내지 못한 채 지금까지 포기상태에 빠져 있다.

환경변화에 적절히 대응할 수 있는 21세기 한국형 출판 모델을 개발해 새로운 수요를 창출해야 하는 절체절명의 절박한 상황이었지만, 출판단체들은 구조적인 장기불황의 늪에 빠진 출판산업을 회생시킬 힘이 없었다. 유능한 리딩 그룹의 부재로 '출판 위기론'이 확산되고 있는데, 장기적인 비전과 종합적인 발전전략을 추구해야 할 출판계가 스스로 해결할 방도를 강구하고자 노력하지는 않고 오히려 정부로 하여금 '출판산업진흥기구'를 설립해 출판산업 발전을 주도해줄 것을 촉구하고 나서는 어리석음만 범했다.[17] 진흥기구 설립발상은 언뜻 생각하기에 참신한 아이디어인 것 같아 보이지만, 이는 업계가 자립·자강의 정신으로 출판산업을 일으켜온 60~70년대의 전통을 잃어버리고 정부의 간섭과 속박을 자청하고 나선 것이나 다름없다. 외국 출판산업이 의식적으로 정부나 정치와 거리를 두고 있는 것과는 대조적이다. 그리하여 스스로 산업기반을 강고하게 다질 자구적인 노력은 강구하지 않고 정부에 지나치게 의존적인 무책임한 태도를 버리지 못하고 있다는 비판을 받았다. 이러한 출판인의 자세와 태도로 세 차례에 걸쳐 정부가 마련한 '장기 출판진흥 정책'조차 성공으로 이끌지 못하고 유야무야되고 말

---

17 출협 등 13개 출판 단체장들은 2009년 10월 26일, '출판진흥기구 출판계추진위원회'를 발족한 데 이어 12월 30일에는 '출판진흥기구 설립을 촉구하는 범출판계 제안'을 문화부에 제출한 바 있다. 이 제안에 따르면 출판진흥기구의 기능 및 사업은 ▷ 출판산업 기반조성 ▷ 출판산업의 활성화 지원 ▷ 출판지식 자원발굴과 육성 ▷ 독서진흥 ▷ 출판 전문인력 양성 ▷ 세계화를 제기하고 있는바, 이에 대한 업계의 자체적인 발전계획은 전혀 없었다. 13개 단체는 대한출판문화협회, 한국출판인회의, 출판유통진흥원, 학습자료협회, 한국과학기술출판협회, 한국기독교출판협회, 한국서점조합연합회, 한국전자출판협회, 한국출판경영자협회, 한국출판문화진흥재단, 한국출판연구소, 한국출판협동조합, 한국학술출판협회(발표순)이다.(《출판문화》, 2010년 3월호, pp. 42~43 참조)

았다. 정부 주도로 출판진흥책을 수립하고 출판진흥기구를 설립해 출판산업의 발전을 주도하겠다는 발상은 오늘날 중국이나 베트남처럼 출판사업을 국영으로 운영하는 사회주의 체제를 유지하는 나라에서나 실시하고 있을 뿐이다. 서구 선진국들의 출판정책이 자칫하면 출판자유를 침해할 소지가 있다는 판단에서 세제와 금융 면에서의 지원책만을 조심스럽게 집행하고 있는 것과는 대조적이다.

〈출판문화산업진흥법〉의 '도서정가판매제'(제도적으로는 〈공정거래법〉상 '재판매가격유지 행위')에 관한 규정도 그 내용을 따지고 보면 입법취지와는 정반대 효과를 나타내고 있다. 현행(2014년 개정 전) 규정은 국가가 나서서 "출판사가 책정한 신간의 정가는 최대 19%까지 거품이 있는 가격이므로 그만큼 할인해서 구입할 것"을 국민에게 일깨워주는 것이나 마찬가지다. 이 규정은 발행된 지 18개월이 경과한 '구간'에 대해서는 할인율에 대한 제한 없이 무제한 할인이 가능한 제도였다. 그러므로 〈출판문화산업진흥법〉은 오히려 '책은 할인해서 사는 상품이란 인식'만 강화하는 결과를 낳았다. 이러한 제도는 결과적으로 출판물에 대한 재판유지 행위를 사실상 폐기하는 조치였으며 업계를 더욱 황폐화하는 결과만 초래했다. 그렇기 때문에 입법취지를 두 손 들어 환영했던 업계는 시행 1년도 지나지 않아 헌법소원 등으로 연합해서 공동투쟁에만 몰입할 뿐, 스스로 제도를 합리적인 방향으로 보완하려는 노력에는 소홀한 모순적 행태만을 드러내고 있었다. 이러한 제도의 변경으로 수익이 저감(低減)되는 실질적인 경영 위협요인이 발생하고 있음[18]이 불을 보듯 자명한데도 서점업계에서는 새로운 체제에 맞춰 거래조건 등에 대해 출판업계와 절충을 시도하려는 노력조차 전혀 없었다. 새로운 제도 시행에 따른 충격을 완화·보전해 동반성장하겠다는 출판·서적상계의 공동노력이 뒤따랐어야 마땅했다. 그런데도 이런 노력이 전혀 없었다는 것은 출판계가 환경변화에 얼마나 비전문적이고 안이한 자세로 대처했는가를 반증한다. 이는 출판산업계가 전문적인 식견을 지닌 인재를 양성하지 못한 데서 기인하는 아마추어적 행태라고도 할 수 있다.

90년 이후 지금까지 20여 년간 수시로 제기되는 당면과제들을 해결하는 일에만 급

---

18  개정된 〈출판문화산업진흥법〉(2009. 3. 25.) 시행 4개월 후인 그해 10월에 중견서점들의 모임인 한국서적경영협의회(약칭 '한서협') 월례모임에 참석해 필자가 확인한 바에 따르면 이 회의 가맹회원들은 6~8% 수익이 감소하고 있고, 독자들의 할인요구는 날이 갈수록 더욱 높아지고 있다고 했다.

급했을 뿐, 그러한 대중요법적 단기적 대책들조차 제대로 성과를 이룩하지 못했다. 철학과 역사의식의 빈약함으로, 제기된 복잡한 문제들에 합리적으로 사고(思考)하지 못하고 집단의식에 휩쓸려 단세포적인 반응만 드러낸 것이다. 역사적 전환기에 직면한 출판산업은 장기적인 비전과 종합적 발전전략을 제시하지 못했다. 가장 중요한 격변의 시기에 유효적절하게 대응할 수 있도록 체제혁신을 이룩하지 못함으로써 현실적으로 구조적인 장기불황을 극복할 수 있는 기회를 잃어버린 것이다. 매출 지상주의에 빠져 '사재기' 등 출판윤리를 저버리는 파행적인 행위만 난무한 이 시기는 현대 출판산업사에서 가장 실패한 기간으로 평가될 것이다. 오로지 파주출판도시 건설사업을 성공시킨 것만이 이 기간의 유일한 성과였다고 할 수 있다.

### 출판자유 투쟁과 '이념도서 파동'

정부수립과 6·25전쟁을 거치면서 우리나라엔 '금서(禁書)'가 무더기로 생겼다. 사회주의 이론서나 그 비판서는 말할 것도 없고 납(월)북 학자와 문인들의 저작물까지 출판, 휴대, 보관조차 금지시켰다. '금서'딱지가 붙은 이런 유(類)의 책은 읽어서도 안 되고 심지어는 그 저자의 이름조차 함부로 거론해서는 안 되는 매우 위험스러운 대상이었다. 학문과 예술발전에 진력해야 할 신생국가의 입장에서 출판의 금역(禁域)이 생긴 것은 지적 자산의 커다란 제약과 손실이 아닐 수 없었다.

유신 이후에는 정부에 비판적인 의식을 확산시키는 내용으로 변혁론을 부추기는 책이나 민주화 투쟁의 이론을 제공하는 진보적인 도서출판으로까지 규제대상의 폭이 더욱 확대되었다. 이런 체제 도전적인 도서들에 대해 정부는 불법·불온도서, 또는 음란 외설물이란 굴레를 씌워 '출판정화를 위한 불량도서 단속'이란 구실로 광범위한 탄압을 가했다. 이에 대한 저항과 투쟁의 역사도 민주화운동과 표리관계를 유지하면서 더욱 거세게 전개되었다. 언론이 제 기능을 다하지 못하던 80년대의, 출판을 통한 반(反)독재 민주화운동은 출판계의 새로운 인력으로 투입된 해직기자와 제적생 출신들로 형성된 이른바 '운동권' 출신 젊은 출판인들을 중심으로 치열하게 전개되었다. 당연히 혹독한 희생이 뒤따랐다. 문민정부가 들어설 때까지 끊임없이 야기된 압수와 구금, 출판사의 등록취소 조치에 대항하며 벌였던 출판자유의 쟁취와 출판영역을 확대시키기 위한

이념도서 출판은 1987년 전면해금을 맞기까지 판금과 해금의 악순환을 거듭하면서 출판인 구금, 출판사 등록취소 등 많은 우여곡절을 겪었다.

극열한 투쟁은 출판활동의 차원을 넘는 민주화운동, 바로 그것이었다. 이와 같은 '출판 민주화운동'의 흐름은 시간적 차이를 두고 단계적으로 변화, 발전되었다.

정부는 1982년 2월, 마르크스 연구서《칼 마르크스—그의 생애, 그의 시대》(平民社)의 시판을 허용했다. 그 당시 정부는 납본제도를 악용하여 정부의 비위에 맞지 않는 도서에 대해서는 납본필증을 발급하지 않음으로서 판매를 규제하고 있을 때였는데, 이데올로기를 다룬 책이라면 알레르기 반응을 보이던 정부가 평민사의 위 책에 대해 납본필증을 발급한 것은 놀라운 조치였다. 표면상 이유는 이데올로기 비판교육을 정식 교과목으로 채택, "대학생들 스스로의 힘으로 비판할 수 있는 지적 능력을 길러주어야 한다"는 것이었으니, 날로 더욱 거세져가는 '반독재 민주화운동'을 어떻게든지 조금이라도 약화시키려는 고육책이었다. 정부와의 사전협의가 이루어진 가운데 불과 2개월 사이에《소련공산당사》등 15종이 추가로 출판되었다. 그러나 그러한 조치가 금서에 대한 정부의 근본적인 정책전환을 의미하는 것은 아니었다. 필요한 책만 극히 제한적으로 허용되었을 뿐이었다.

마르크스의《자본》은 1986년에 가서야 공식적으로 번역출판이 허용된다.[19] 40여 년 만의 해금은 이데올로기 출판의 새로운 기폭제가 되었다. 운동권 출판사들은 이를 기화로 1987년경까지 정통 마르크스·레닌의 저술 내지는 마르크스·레닌주의에 입각한 사회주의를 찬양하는 좌경 이데올로기 서적들을 마구잡이로 쏟아내 정부와의 갈등을 한층 더 고조시킨다. 1985년부터 6·29선언이 있기까지 출판계와 정부당국 사이에 탄압과 저항의 악순환은 절정으로 치달았다.

한 조사보고에 의하면, 5, 6공화국 통치 기간 동안에 구속된 출판인이 110명, 판금, 압수된 서적이 1,300여 종에 약 300만부나 된다고 한다. 이 보고서는 또 출판물의 사전

---

**19** 마르크스의《자본》원전 전문이 1987년 9월 1일자로 이론과실천사에서 번역출판되었다.

검열이 줄기차게 기도되었으며 실제로 정부당국이 피하거나 숨기고 싶은 내용에 대한 수정요구도 다반사로 이루어졌다고 말한다. 심지어는 보복적인 세무사찰을 받기도 했고, 등록이 취소되어 원천적으로 출판의 길이 막혀버린 출판사도 11사나 되었다.[20] 출판인만이 아니라 서점 주인들도 불법연행된 사례가 5공화국에서만 48건에 이르고 이 중 16명은 구류, 입건 처분은 6명이나 되었다. 1986년 5월 1일부터 1987년 6월 이전까지 전국적으로 68개 서점에 대해 총 126여 회의 불법 압수수색이 실시되었고, 모두 6천여 부의 서적이 압수되었다.[21] 정부는 이런 출판탄압에 대한 비판적 여론을 피하기 위해 자율심의기구인 출판윤리위원회를 확대·개편, 이념도서에 대한 제재를 가하는 편법도 동원하였다.

이른바 '이념도서 파동'은 1985년 5월 1일, 서울대 앞 광장서적(李海萬)에서 영장 없이 665권의 도서를 압수한 것이 발단이 되었다. 이에 대해 출판·서점업계는 전에 없이 거세게 반발했다. 이념도서를 압수당한 서점은 압수도서의 반환을 강력하게 요구하고 나섰고, 피해 출판사들은 압수취소소송을 서울형사지법에 제기했다. 이러한 사실이 《동아일보》에 크게 보도됨으로써 사건은 사회적 이슈로 확대된다. 출협을 비롯한 출판계는 단속활동을 즉시 중단하고 압수된 도서의 즉각적인 시판허용을 다각도로 촉구하였다. 5월 20일에는 출판계를 대표하는 17명의 출판인들이 "출판문화의 발전을 위한 우리의 견해"란 이름으로 성명서를 발표하였다. 국내 출판계를 대표하는 지도급 원로 중진 출판인들 거의 대부분이 참여한 이 성명서는 사회적으로 큰 파문을 일으킨다. 국회는 '일제보다 더 악랄한 출판탄압'이라며 정부를 날카롭게 질타하고, 언론에서는 '영장 없는 압수행위는 사유재산권을 침해하는 행위'라는 비판기사를 연일 쏟아냈다.

이렇게 사건이 확대되자 이원홍 문공부장관은 임인규 출협 회장 등 출판계 지도급 인사 18명을 문공부로 초치, 불온·불법 출판물 단속배경을 설명하면서 유화책으로 출판발전을 위한 적극적인 지원책을 강구하겠다고 약속하며 격앙된 분위기를 진정시키려 한다. 그리하여 5월 31일 열린 제12대 국회 본회의에서, 이원홍 장관은 "1985년부터 3개년간 매년 30억원씩 90억원을 한국출판금고에 지원하여 기금을 100억원으로 확충

20  편집위원회,《한국출판문화운동사 : 1970년대 말~1990년대 초》, 한국출판문화운동동우회, 2007, p. 4
21  《출판탄압백서》, 한국출판문화운동협의회, 1987, p. 20

할 계획임을 밝히기에 이른다. 이에 따라 사단법인 한국출판금고는 해체되고 재단법인
으로 재발족하게 된다.

이런 와중에 '실천문학사'(1985. 8. 23.)와 도서출판 '이삭'(1985. 8. 27.)에 이어 12월 9
일에는 '창작과비평사'('창비')마저 등록이 취소되어 다시 한 번 충격을 주었다. 많은 문
학단체와 언론의 사설이나 칼럼은 앞다투어 창작과 비평사의 등록취소 조치 철회를 요
구했고 2,800여 지식인들도 연서한 건의서를 당국에 제출했다. 창비는 '출판 활성화 조
치'로 출판사 등록이 자유로워질 때까지 이름을 '창작사'로 바꾸어 힘겹게 출판활동을
이어가지 않으면 안 되었다.

1988년 무렵에는 그동안 금기시되어왔던 북한 출판물이 잇달아 복간된다. 1989년
말까지 1년 사이에 북한 원전 복간종수는 178종(영인본 제외, 중복출판 고려하면 144종)으
로 집계될 정도로 절정을 이룬다.[22] 이어 1990년부터는 외국이나 북한 원전에 기초한
국내 연구 성과물들이 활발하게 출판된다. 이로 인해 6공화국 시절인 1988년부터 1990
년 5월까지 총 29명의 출판인이 북한 출판물 발행혐의로 구속되고 약 5만여 권의 북한
출판물이 압수당했다. 일방적 정치선동에 치우친 북한 출판물들까지 여과 없이 곧바로
전달되거나 또는 자의적으로 내용이 개편(飜改), 첨삭되거나 겹치기 중복출판까지 경
쟁적으로 벌어지면서 무질서한 면도 드러냈다.

한편, 이념도서 출판을 둘러싼 정부의 탄압이 끊임없이 계속되는 과정에서 피해 출
판사와 구속 출판인 및 그 가족들은 공동으로 대응하기 시작한다. 1985년 5월 28일에
는 '출판자유수호대책협의회'를 결성하고 다른 민주화운동 단체들과 연대하여 구속 출
판인의 석방 및 출판자유를 요구하는 저항운동을 벌였다. 이듬해인 86년 6월 21일에는
한글회관에서 '한국출판문화운동협의회'를 정식으로 발족, 조직적인 저항과 투쟁을 펼
쳐나갔다.

이런 악순환은 1987년 민주화선언에 이은 출판 활성화 조치로 일단락되었다. 1987
년 10월 19일, 정부는 70년대 중반 이후 판금조치했던 도서 650종을 재심, 431종에 대
해 시판을 허용하는 것을 골자로 하는 '출판 활성화 조치'를 발표했다.[23] 이를 위해 정부

---

22  편집위원회,《한국출판문화운동사 : 1970년대 말~1990년대 초》, p. 113
23  《경향신문》, 1987. 10. 19.

는 인문사회과학 전문가 13명으로 도서심의특별위원회를 구성, 650종을 집중심의해왔다. 해금도서 431종은 "그 내용이 전혀 문제가 없는 것은 아니지만 법률상의 문제와는 별개로 출판문화 활성화와 자율화를 조장하는 차원에서 문제 삼지 않기로 한 것"이라고 정부의 입장을 밝혔다. 시판이 허용되지 않은 181종은 북한을 비롯한 공산주의 또는 공산주의자들의 활동을 고무찬양하거나 자유민주주의 체제 전복을 위한 계급투쟁 및 폭력혁명을 선동하는 위험한 도서로 지목, 실정법 위반여부에 대해 검찰에 사법심사를 의뢰했다. 그중에는 이미 위법도서로 확정판결을 받았거나 기소되어 재판에 계류 중인 16종과 월북 작가 작품 38종도 들어 있었다. 해금과 함께 출판사의 신규등록 조치도 개방하였다.

이념도서를 비롯한 출판금역의 해제는 노태우 대통령이 7·7선언을 발표하도록 만든 계기가 되었다는 점에서 민주화운동의 성공과 출판자유의 쟁취로 받아들여졌다. 사회과학 학술서의 대중화에 크게 기여한 면도 있다. 북한 이해의 객관적 자료를 제공한다는 긍정적 평가도 있으나 한편으로는 민주화 투쟁 과정에서의 무절제한 상업주의적 출판행위로 평가절하되기도 했다. 실제로 이념도서를 포함한 많은 책들이 정부로부터 판금조치를 당했다고 소문이 나면 그 책은 더 많이 판매되는 현상이 일어났고, 그래서 판금조치를 의도적으로 이용하려는 출판사들도 적지 않았다. 정부가 북한 출판물의 공개적인 출판행위에 대한 확고한 가이드라인을 제시하지 못하고 출판된 뒤에 제재를 가하거나 마지못해 묵인하는 모호한 태도를 취함으로써 출판계도, 정부도 혼란을 초래한 결과를 빚은 정부의 책임이 컸다.

당시 이념도서란 말은, 좌경 이데올로기 도서만을 의미하지 않고 반정부적이고, 체제 비판적인 것까지를 포괄하는 더욱 광범위한 개념으로, 80년대를 대표하는 상징적인 용어로 사용되었다.


## 이념도서는 가고 실용서가 뜨다

동유럽 국가들의 붕괴와 6·29선언 이후 6공의 민주화 조치로 이데올로기 출판이 갑자기 빛을 잃게 되지만 1980년대는 이념도서를 중심으로 한 사회과학서 출판의 시대였다고 부를 만큼 우리 지성사에 커다란 영향을 끼쳤다. 좌경 이데올로기 출판물이 민주화운동의 이론적 토대를 제공했고 언론이 제구실을 다하지 못하고 있을 때 사회계도 기능을 출판이 대신 감당했다. 출판자유의 고귀함을 일깨우는 기회도 되었다. 그러나 80년대 출판운동에 대한 평가는 엇갈리고 있다. 좌파 상업주의의 기세가 심했다는 비판이 그것이다.

이데올로기 출판이 쇠퇴하면서 빈자리를 실용서가 메꾸기 시작함으로써 책의 기능 변화를 보이기 시작한 것도 90년대에 나타난 새로운 경향이라고 할 수 있다.

1988년 7월 19일 월북 문인에 대한 해금조치가 발표됐다. 정한모 당시 문화공보부 장관은 이날, 그간 출판이 금지돼온 월북 작가 120여 명의 해방 전 작품에 대해 출판을 허용한다고 밝혔다. 그러나 북한의 공산체제 구축에 적극 협력했거나 현저히 활동 중인 홍명희(洪命熹, 최고인민회의대의원, 69년 사망), 이기영(李箕永, 문학예술총연맹위원장, 84년 사망), 한설야(韓雪野, 문예총위원장), 조영출(趙靈出, 조선문학예술총연맹부위원장), 백인준(白仁俊, 조선문학예술총연맹위원장) 등 5명만 그 대상에서 제외, 계속 제한한다고 발표했다.

납·월북 작가의 해금조치는 도서출판 깊은샘(朴玄淑, 1947~현)의 노력에 의해 실마리가 풀리기 시작했다. 정지용(鄭芝溶, 1902~1950)이 근대문학에서 차지하고 있는 중요성을 인식한 깊은샘은 1980년대 초반부터 강제로 납북되었음을 증빙하는 자료들을 모으고, 정지용의 유족을 앞세워 관계당국에 해금을 줄기차게 탄원해왔다. 때마침 국토통일원의 정책자문회의에서 납북자들의 해금 필요성이 제기된 것을 계기로《정지용—시와 산문》을 제작, 납본해놓고 또다시 해금활동을 전개했는데, 3개월 만인 1988년 1월 18일 납본필증이 발급되었다. 당시 납본필증은 판매허가서와 같은 구실을 할 때였다. 문공부는 납본필증을 발급하면서, "사법적 조치는 취하지 않을 방침"임을 밝혀 실질적인 해금을 시킨 것이다. 아울러 정지용과 함께 "김기림(金起林, 1908~?)도 해금을 건의해오면 같은 절차를 밟아 처리할 것"이라고 덧붙였다.

그리하여 그해 말까지 도서출판 깊은샘의《김기림—시와 산문》을 필두로《북으로 간 작가선집》(전10권, 을유문화사),《한국해금문학전집》(전18권, 삼성출판사) 등 50여 작가의 작품집 100종이 경쟁적으로 출간되었다.《이기영전집》의 출판계약을 체결한 풀빛(홍석)과 이기영의《두만강》을 임의로 발행한 사계절(강맑실, 1956~현) 간에는 저작권 시비가 일어나는 등 납·월북 작가의 출판경쟁은 저작권 분쟁을 불러일으켰다. 박태원(朴泰遠)의《갑오농민전쟁》저작권을 둘러싸고 깊은샘은 공동체(김도연)와 법정싸움을 벌였는데, 재판부는 1989년 12월 공동체에 벌금 500만원을 선고함으로써 유족과 출판계약을 맺고 출판한 깊은샘의 손을 들어주었다. 이 판결은 그동안 논란의 대상이 되어왔던 납·월북 문인을 포함한 북한 출판물의 국내출판에의 저작권 귀속문제에 대한 법원의 판결이라는 점에서 주목을 받았다. 재판부는 "헌법 제3조에는

1988년 1월《정지용—시와 산문》(깊은샘)에 대해 문공부가 납본필증을 교부함으로써 납·월북 작가들이 공식해금되면서 이들의 작품집이 봇물 터지듯 쏟아져 나왔다.

대한민국의 영토가 한반도로 되어 있어 북한 지역도 한반도의 일부이기 때문에 헌법에 따라 제정된 민법, 저작권법의 효력도 당연히 북한에 미친다"고 전제하고 "사망한 박씨의 저작권도 남한에 있는 유족에게 상속된다"고 판시했다.

이러한 분위기를 타고 금기시되어온 북한 방문기의 국내출판도 잇달았다. 나아가 북한 서적을 원전으로 한《북한조선노동당대회 주요 문헌집》이 첫선을 보인 이래《조선통사》,《조선근대역사》등이 출판사의 이름을 밝히면서 당당하게 공식출판되었다. 《고추잠자리》,《조선어사전》처럼 발행처가 밝혀지지 않은 것까지 포함하면 북한 서적은 1988년에만 23종이 출판된 것으로 조사되었다. 이러한 출판의 금역(禁域) 붕괴는 노태우 대통령의 7·7선언이 직접적인 촉발의 계기가 되었다는 점에서 민주화운동의 성공에 따른 출판자유의 성취로 받아들여졌다.《남부군》으로 대표되는 빨치산 관계 논픽션 및 소설류, 4·3사건을 소재로 한 출판물과《자본론》같은 마르크스·레닌의 원전 역간(譯刊), 재(在)중국·재일 한인 작가의 작품 등이 사회적 관심의 표적으로 떠오르면서 이런 종류의 출판에 더욱 박차를 가하게 되는데, 이는 민주화 바람과 더불어 통일의지의 확산이란 관점에서 출판활동의 발전된 양상으로 평가되었다.

이와 함께 5공 비리나 광주항쟁을 다룬 문학작품과 자료집, 정치세태를 풍자한 콩트집에 이르기까지 시대상황 변화를 민감하게 반영한 책들이 서점 점두에서 큰 자리를

차지했다. 그런데 이러한 순발력을 발휘한 출판 행태가 내포한 문제점을 들어 출판자유의 확대에 비례한 출판의 사회적 책임론이 제기되기도 했다.

90년대의 출판경향과 트렌드를 보면 독서의 목적이 교양주의에서 실용주의로 바뀌고 있었다. 독자들이 책을 통해 추구해왔던 독서의 정신적·교육적 기능은 약화되고 정보입수 및 오락의 도구로 활용하려는 경향이 강해졌다. 이런 경향은 여성보다 남성이, 20, 30대가 40대보다, 그리고 학력이 높을수록 두드러지게 나타났다.

90년대 초반의 독서계에서는 경제 에세이, 기업경영이나 미래 정보사회 진단서, 환경문제를 쉽게 풀어쓴 경제·과학 교양도서의 인기가 크게 오르면서, 80년대를 풍미하던 이념도서는 갑자기 힘을 잃고 소멸의 길을 걷게 된다. 마침 소련을 비롯한 동구 사회주의 국가체제의 붕괴는 이념도서에 대한 관심을 약화시키는 촉진제가 되었다. 그 대신 컴퓨터, 어학, 증권, 재(財)테크, 건강 및 취미·오락에 관련된 실용서의 강세는 육아, 요리, 태교, 성생활 등 여성용 실용서로 그 영역을 넓혀가더니 2천년대 초반까지 장기간에 걸쳐 이런 책들이 출판시장을 주도하게 되었다. 그 내용도 초기의 입문서 수준에서 점차 각 분야의 마니아(mania)를 노리는 세분화·전문화의 단계로 다양하게 심화·발전해갔다.

이런 독서목적의 변화를 반영해 편집체제도 변하고 있었다. 학술전문 도서의 경우에도 중간중간에 그 주제와 관련된 사례나 용어해설, 참고사항 등을 삽입해 더욱 다양하고 많은 정보를 제공하려는 잡지편집 방식이 서서히 도입되기 시작했다. 본문의 다색도화도 활발해졌다. 다원화된 사회의 다양한 욕구는 출판활동의 양식도 대량생산·대량판매에서 다품목 소량생산, 다빈도 소량 소비체제로의 전환을 촉진시켰다.

무엇보다 해방 이후 계속해서 가장 큰 비중을 차지해온 학습참고서가 양적으로 위축되고, 만화가 그 자리를 메워가는 양상도 특징적인 경향의 하나가 되었다. 학습참고서의 감소현상은 발행종수와 부수에서 동시에 나타났다. 즉 1990년에 피크를 이룬 학습참고서의 출판량은 이듬해 급격히 줄었다가 한때 반등하는 듯했으나 1994년부터는 계속 가파른 하강곡선을 그리고 있다. 그리하여 1990년 대비 2000년의 학습참고서 발행종수는 33% 선에 머물고 있으며, 발행부수는 같은 기간에 6분의 1로 감소했다. 따라서 90년도의 전체 발행량에서 학습참고서의 발행종수와 발행부수가 차지하는 비중은 각각 22.9%와 70.5%이던 것이 2000년에는 6.2%와 20.6%로 낮아졌다. 이렇게 학습참고서가 급격한 변화를 보인 것은 수능 위주의 대학입시 제도 변화도 요인이지만, 학습참고서의 출판 형태와 보급방법이 혁신적으로 변한 점도 간과할 수 없다. 회원제에 의한 첨삭 지도형 학습지가 90년대에 들어와서 빠른 속도로 보급되었다. 대교그룹의《눈높이》와 웅진그룹의《싱크빅》이 이러한 첨삭 지도형 학습지를 정기간행물 형태로 발행해 학습지 시장을 석권하고 있는 가운데 금성출판사, 재능교육, 교원 등이 추격하는 양상을 보이고 있다. 이러한 첨삭 지도형 학습지의 시장규모는 지금 일반도서출판 전체보다 더 큰 규모를 형성하고 있는 것으로 추정될 정도로 성장했다.

### 만화 출판에 대한 새로운 인식

90년대에 가장 괄목할 성장을 보인 출판분야는 만화 출판이다. 만화 출판은 1970년대 말부터 조심스럽게 변화가 일어나고 있었다. 스포츠 신문 등에 연재되던 성인용 만화가 79년에 단행본 형태로 탈바꿈, 서점가에 등장해 재미를 톡톡히 보면서 새로운 장르로 주목받기 시작했다. 우석출판사(金石中)와 백제(白祐榮) 등은《삼국지》(고우영),《고인돌》(박수동),《순악질여사》(길창덕) 등의 만화를 출판, 새로운 출판 분야 개척에 앞장섰다. 만화라면 60년대부터 대본소용 아동만화라는 등식과 70년대 저질·일본 만화의 불법 복제품이란 부정적인 인식에서 탈피, 만화 출판도 일반 교양도서와 같이 성인독자를 대상으로 하는 단행본의 한 분야로 격상, 서점용 만화시장이 열리게 된 것이다. 대본소용 아동만화가 침체되는 대신, 청소년용 일본 만화가 불법복사되어 음성적으로 유통되면서 말썽을 빚을 때였는데, 일본 만화는 학교 앞 문방구가 주(主) 공급처 역할을 했다. 따라서 대본소 위주로 형성되었던 기존의 만화 유통구조도 일반 단행본 유통시스템으로 점차 편입되어 갔다.[24]

1987년, 유럽 역사를 쉽고 재미있게 쓴 이원복의《먼나라, 이웃나라》(전6권, 고려원 미디어, 재판부터 김영사)가 300만부 이상 히트한 것은 이런 흐름에 불을 당겼다.

---

24  60년대부터 80년대까지는 이른바 '만화방'이라 불리는 대본소용 만화의 시대였다. 만화방은 전성기에 그 수가 2만여 개에 이를 정도로 번창했으며, 80년대 중반부터 '만화도 사서 보는 시대'로 접어들면서 4천여 개로 줄어들 때까지 한국 만화 출판의 산실이자 유일한 유통 채널 구실을 했다. 만화방 전성시대를 이끈 대표적인 작품으로는《엄마 찾아 삼만리》(김종래),《홍길동》(신동우),《땡이》(임창),《공포의 외인구단》(이현세) 등이 있다.

영상시대를 맞이해 만화가 정보전달과 판단력을 향상시키는 데 효과적인 표현수단이 될 수 있다는 인식이 확산되고 오락성을 중시하는 독서경향이 커지자, 유명 출판사들이 만화시장에 새로 뛰어들면서 만화 출판은 1996년경부터 급성장한다.

서점판매를 대상으로 한 만화 출판은 두 가지 흐름을 형성했다. 만화 잡지와 단행본을 함께 펴내는 서울문화사(沈相基), 대원(鄭旭)을 비롯한 글논그림밭, 이두 등 만화전문 출판사와 교양학술 만화를 내는 일반출판사로 나뉘었다.

일반 출판사 중에서 계림출판사, 금성출판사, 계몽사 등은 주로 아동대상 학습만화를, 삼성출판사, 두산 동아, 시공사, 김영사 등은 성인대상 대형 만화 시리즈 기획에 힘을 쏟았다.

도서대여점 확산으로 단행본 시장이 한계에 부딪히고 97년 출판시장 개방이 예정된 가운데 만화를 통해 사업을 다각화하려는 출판사는 계속 늘어났다.

그리하여 만화 출판은 2000년 현재, 전체 출판량 대비 발행종수의 26.6%, 발행부수는 무려 39.4%나 차지하는 제일 큰 분야로 성장한다. 그 이후부터는 서서히 진정세를 나타냈으나 2010년에는 종수에서 11.9%(부수 8.9%)를 차지할 정도로 확고한 비중을 형성하고 있다. 세계시장으로 뻗어나갈 잠재력이 큰 만화는 앞으로 계속 발전할 것으로 보인다.

만화산업은 그 자체가 막대한 경제적 효과가 있을 뿐만 아니라 전자오락 게임, 캐릭터 팬시상품과 광고, 관광산업에까지 연계되는 산업적 연관효과가 대단히 큰 미래 전략산업으로 인식한 정부가 만화산업 육성에 적극 발 벗고 나선 것도 이러한 흐름에 기름을 붙는 격이 되었다.

문화체육부는 만화산업을 21세기 전략산업으로 육성한다는 목표 아래 95년을 '만화에 대한 인식전환의 해'로 정하고 ① 기획·창작력 고양 및 우수인력 양성, ② 우리 만화의 세계화, ③ 관련 법·제도 정비, ④ 만화산업 기반구축에 초점을 맞추어 만화산업 종합 진흥계획을 마련했다. 그리고 대한민국 영상만화대상 제정, 대한민국 캐릭터 공모전, 서울국제만화페스티벌·애니메이션 공모전 개최, 만화 관련학과 개설 추진 등의 사업을 전개했다.

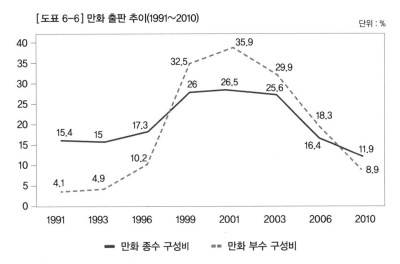

[도표 6-6] 만화 출판 추이(1991~2010)

단위 : %

자료 : 《한국출판연감 2011》에서 작성

### e-book 출현

지난 반세기에 걸친 디지털 기술의 발전은 다매체·다채널 경쟁체제를 확대하는 한편, 전통적인 책은 새로운 매체의 도전을 받는 불안한 관계가 계속되고 있다.

컴퓨터의 보급과 정보통신 기술의 발전으로 대두된 '컴퓨터에 의한 출판(CAP)'이란 의미로서의 전자출판(ep ; electronic publishing)이란 용어가 처음 사용되기 시작한 것은 1980년 국제출판협회(IPA ; International Publishers Association)가 전자출판위원회(EPC ; Electronic Publishing Committee)를 설치하면서부터이다. 1982년 영국에서 세계전자출판연구센터(IEPRC ; International Electronic Publishing Research Centre)가 설립된 뒤에는 전자출판이란 용어가 널리 확산되었다. 이후 1985년 애플(Apple)이 고해상도 레이저 프린터를 발표하면서 DTP(desk top publishing)가 가능해졌고, 어도비(Adobe)사가 'Page-maker'란 출판편집 프로그램을 개발하면서 본격적인 DTP 시대가 열렸다.[25]

우리나라에서는 2003년부터 시행된 〈출판 및 인쇄 진흥법〉에서 처음으로 '전자출판물'에 대한 법률적인 정의가 규정되었다. 그러나 미국에서는 전자적 콘텐츠뿐만 아

---

25  우리나라 최초의 DTP 방식으로 출간된 책은 1987년에 영진출판사가 출판한 《알기 쉬운 BASIC 프로그램 모음》이다. 이해에 300DPI 레이저프린터에서 한글 폰트가 개발되자, '보석글' 워드프로세서로 조판하고, 10MB 하드디스크가 달린 16피트 퍼스널 컴퓨터(PC)인 IBM-XT기종의 레이저 프린터로 인쇄했다.(이기성,《전자출판》, 영진출판사, 1988 참조)

니라 그 전자책을 읽기 위해서 개발된 단말기(device)도 전자책의 범주에 포함시키고 있다.[26]

1960년대에 학술잡지나 연구논문의 서지정보 데이터베이스(DB)가 출현하면서 '컴퓨터에 의한 출판'은 컴퓨터에 의한 '전자출판물(electronic publication)'로 그 의미가 확대되었다. 이때부터 80년대까지는 전자적으로 학술 데이터베이스를 구축한 시기로서 전자출판의 역사에서 여명기에 해당한다. 전자출판의 대두로 출판의 세계는 본격적인 변화의 소용돌이에 휩쓸리게 되었다. 출판사가 책을 만들고, 그 책을 서점을 통해 판매해서 얻은 수익을 토대로 또 다른 출판물을 만드는 활동을 통해 다종다양한 출판물과 높은 수준의 출판문화를 창조해온 전통적인 출판시스템이 근본적으로 변혁되어가는 모습을 보면서 사람들은 구텐베르크 이후 500년 만의 출판혁명이 도래했다고 했다. 데이터베이스(DB)는 한마디로 대형 컴퓨터에 책의 내용을 기억시켰다가 필요할 때마다 꺼내어 활용하는 장대한 전자도서관이라는 발상으로 발전했다. 그리고 곧 정보통신 기술의 발전에 힘입어 원격지에서도 이를 읽을 수 있게 되었다.

이어 1980년대 후반에는 '기억시킨다'는 점에 역점을 둔 CD-ROM(compact disc read only memory),[27] DVD(digital video disc)[28] 같은 새로운 전자출판물이 본격적으로 출현하면서 뉴미디어 시대가 열렸다. 우리나라에서 최초의 CD-ROM 출판물은 큐닉스가 1991년에 제작한《성경라이브러리》였다.

---

26  〈출판 및 인쇄 진흥법〉 제2조 제6호는 "전자출판물이라 함은 이 법에 의해 신고한 출판사가 저작물 등의 내용을 전자적 매체에 실어 이용자가 컴퓨터 등 정보처리 장치를 이용해 읽거나 들을 수 있도록 발행한 전자책 등의 간행물을 말한다"라고 정의하고 있다. 이에 비해, 미국 국립표준기술연구소는 "책을 보는 것과 유사한 형태로 표현되도록 화면에 표시되는 전자적 콘텐츠, 또는 전자적 콘텐츠를 표시하는 단말시스템 그 자체"로 정의하며, IDPF(International Digital Publishing Forum)의 전신인 OeBF(Open eBook Forum)는 "문자 저작물이 포함되어 디지털 형태로 출판되고 열람되는 콘텐츠로서 하나 이상의 고유한 식별자, 메타데이터, 콘텐츠 부문으로 구성되는 것 또는 그 전자책을 읽기 위해 개발된 하드웨어 디바이스 그 자체"로 정의하고 있다. 즉 이 두 기관의 정의에 따르면 전자책은 콘텐츠는 물론 전자책 콘텐츠를 사용하기 위한 하드웨어까지를 포함하고 있다. 따라서 구미에서 전자책이라고 하면 이러한 두 기관의 정의에 근거해 모든 통계 등을 작성하고 있다.

27  CD-ROM의 역사는 미국 글로리어(Grolier)사가 1985년 백과사전을 CD-ROM으로 개발하면서 시작되었다. 이후 1991년 5월 미국에서 CD-WORM이 개발되면서 출판이 종이와 잉크라는 소재에서 탈피해 전자기록 장치와 디지털 전자신호로 확대되었다.

28  1996년 가을부터 DVD 플레이어와 거의 동시에 발매되기 시작한 DVD는 처음에 digital video disc란 의미로 알려졌지만, 현재는 다매체로 활용할 수 있는 디지털 다기능 디스크(digital versatile disc)란 의미로 통용되고 있다. 당시 DVD 1장의 기록용량은 일반 CD의 6~8배 정도였다.

전통적인 서적에 비해 편리함과 장점을 많이 지닌 CD-ROM은 큰 기대를 모았다. 이와 함께 CD-ROM은 앞으로 전통적인 책의 대체물로 출판산업의 미래를 위협하게 될 것이란 우려와 두려움을 몰고 왔다. 그러나 1990년대 초반의 시장 형성기를 거쳐 1990년대 중반에 절정기를 이루었던 CD-ROM 출판은 예상했던 것과는 다르게 서서히 감소세를 보이기 시작한다. 현재는 어학을 비롯한 교육용 등 실용서나 백과사전류, 컴퓨터 SW, 통계자료집의 부록처럼 곁들여지는 형태로 그 명맥을 유지하고 있다. 그 대신 CD-ROM이 출현한 지 10여년 만에 월드와이드웹(www)을 기반으로 한 e-book 이란 전자출판 매체가 '전자책(electronic book)'이란 이름으로 등장해 출판의 새로운 장르로 자리 잡았다. 이윽고 90년대에 문자와 화상 및 음성정보가 하나로 통합된 멀티미디어 시대가 도래했다. 인터넷 붐이 일면서 온라인 정보유통이 시작된 95년 이후에는 인터넷 세상이 된다. 우리나라에서 온라인 전자출판의 선구자는 청림출판(高永秀)이다. 청림출판은 1991년부터 한국법률정보시스템을 설립하고 약 3만건에 달하는 판례정보와 법률 관련 뉴스, 법조인 인명자료 등의 법률정보를 데이터베이스로 구축, 제공하기 시작했다. 그 뒤를 예인정보기획(온라인 PC도서관), 엔터프라이스(스크린 북 서점), 서운관(전자도서관 도깨비방망이) 등이 이어갔다.

디지털 기술이 유비쿼터스 시대로 돌입하면서 등장한 e-book이라고 하는 새로운 형태의 전자책은 98년 미국에서 개발되었다.[29] e-book이 세상에서 비상한 관심의 대상으로 주목받게 된 계기는 스티븐 킹의 《총알 타기(Riding the Bullet)》(2000년)가 폭발적인 반응을 불러일으키면서부터다. 이 작품이 발표되자 불과 몇 시간 사이에 200만명 이상이 접속해 사이트가 마비되는 사건이 발생하면서 e-book의 가능성이 새롭게 부각되기

---

**29** e-book의 효시는 미국의 하트(Michael S. Hart, 1947~2011)가 인류의 자료를 모아서 전자정보로 저장하자는 취지로 시작한 구텐베르크 프로젝트((Project Gutenberg Literary Archive Foundation)라고 할 수 있다. 구텐베르크 프로젝트는 인터넷에 전자화된 문서(e-text)를 저장해놓고 누구나 무료로 책을 받아 읽을 수 있는 가상도서관을 만드는 것을 목표로 한다. 자원봉사자들에 의해 저작권 시효가 지났거나 저작권자의 동의를 얻은 책 3만4,000여 권이 저장(2010년 말 현재)되어 있으며, PDF, ePUB 등 다양한 포맷으로 제공되고 있다. 그러나 e-ink displayer를 사용한 개인용 단말기를 전자책(e-book)의 시작으로 본다면 최초의 전자책은 1998년 10월 말 벤처기업인 누보미디어(Nuvomedia)가 슈퍼체인 서점 반스&노블(Barnes&Nobles)에서 선보인 '로켓 eBook'이다. 이어 비슷한 시기에 Soft Book이 HTML기반의 동명 전자책 리더기를 출시해 인터넷으로 연결된 SoftBookstore를 통해 도서와 잡지를 서비스하면서 본격화되기 시작했다고 할 수 있다.

시작했다.[30]

우리나라는 IT 강국답게 초창기부터 전자책 출판의 선두주자가 되기 위한 붐을 조성하고자 열중해왔다. 1988년에 젊은 출판인들 중심으로 '전자출판연구회'가 결성되어 출판물의 제작과 유통 분야에서 컴퓨터를 활용하기 위한 실험들이 활발하게 이루어졌다. 1992년에는 출판사와 CD 드라이버 메이커, 소프트웨어 개발회사들이 공동으로 '한국전자출판협회(회장 許昌成)'를 설립해 전자책의 발전추세에 유효적절하게 대응해왔다.

2000년은 우리나라에서도 e-book 출판이 본격화되기 시작한 해이다.(초기에는 '디지털북'이라고도 불렀다) 국내 전자책 시장은 90년대 중반 PC 통신의 등장이 그 시초라고 할 수 있다. 1994년 예인정보시스템(조기원)이 텍스트 위주의 온라인 서적을 서비스하기 시작했고, 이후 스크린북, 초록배 등도 PC 통신 전자책 시장에 합류했다. 그러나 이들 초기의 전자책 회사들은 통신환경이 인터넷으로 바뀌면서 대부분 소멸되었다.

1999년부터는 인터넷 기반의 전자상거래를 바탕으로 ㈜바로북닷컴(배상비)이 업계 최초로 무협소설과 판타지 소설의 전자책 서비스를 개시했고, 단말기 개발도 본격화되었다. 이후 북토피아(김혜경), 와이즈북(오재혁), 에버북닷컴, 드림북, 한메(김영수) 등 전자책 제작·서비스 업체들이 선도하는 가운데 그 뒤를 이어 한국전자북, 노벨21 등이 후발업체로 참여해 초창기 전자책 시장을 개척했다. 이들은 인터넷을 통한 다운로드 방식으로 전자책을 판매하며 전용 뷰어를 통해 책을 읽는 방식을 취하고 있었다.[31]

2000년대 들어서자 초고속 인터넷 및 모바일 인터넷 기술의 고도화와 이동성을 높여주는 단말기들이 개발, 보급되면서 전자책에 대한 접근성은 더욱 높아졌다.

2000년 9월에는, 24개 출판사와 36개 IT 업체(솔루션·서비스·단말기 제조업체) 등 60개사가 한국전자책 컨소시엄(EBK ; Electronic Book Korea, 회장 金京熙)을 설립, 편집·제작·교육·홍보활동과 함께 전자책 포맷의 표준화(EBKS 1.0) 제정, 인증제도 도입, 전자

---

30 《총알 타기》가 온라인상으로만 읽을 수 있도록 발표된 첫날 아마존은 1.5초당 1회, 반스&노블에서는 2.5초당 1회씩 주문이 쇄도해 하루 만에 40만권이 판매되는 기록을 세웠다. 반면에 발매 이틀 만에 해킹당해 보안이 뚫리는 저작권 관리의 문제점도 동시에 제기했다.

31 〈출판계의 새 시장 전자책 출판〉, 한국전자책컨소시엄, 2001, pp. 16~18 참조

책 산업전 개최 등의 사업을 통해 전자책 붐을 조성하려고 많은 노력을 기울였다. 문화관광부도 자금을 지원하는 등 이들 사업을 적극 지원했다. 2004년부터는 인증받은 전자출판물도 일반도서처럼 부가세 면세대상에 포함시키기도 했다.

북토피아 도산 이후 출판사들이 공동으로 설립한 한국이퍼브 창립총회(2009. 9. 15.)

전자책의 생산·유통방식은 기술력과 생산기반이 없는 출판사가 제작에서 서비스까지 전 과정을 전자책 개발업체에 위탁하는 형태가 주류를 이루었다. 일부 저자 중에서 직접 전자책 제작업체와 계약하는 경우도 나타났다. e-book 솔루션을 보유하고 있는 바로북닷컴이나 와이즈북, 한국전자북은 추후 수수료(로열티)를 받을 전략으로 자사 솔루션을 무상으로 공개해 출판사들의 자체 제작을 유도함으로써 수익성 제고를 꾀하고 시장선점 경쟁을 벌였다.

한국출판인회의를 중심으로 75개 출판사들이 공동출자해 1999년 5월에 설립한 전자책(e-book) 제작·판매회사 ㈜북토피아(2000년 3월 정식 서비스 개시, 2009년 현재 주주는 120개 출판사)가 초창기 국내 최대의 전자책 회사로 두각을 나타낼 수 있었다. 그렇지만 경영이 부실해 창업 10년을 넘기지 못하고 58억원에 이르는 출판사 미지급 저작권료와 95억원의 부채로 2009년부터 법정관리에 들어갔다가 2010년 9월 2일 공식 파산선고를 받고 역사 속으로 사라졌다.[32] 이로 말미암아 많은 출판사들에게 경제적 피해를 입혔을 뿐만 아니라 원래 보수적이어서 전자책 출판에 소극적이었던 출판계에 e-book의 가능성에 대해서조차 실망과 불신을 불러일으키는 결과를 초래했다. 이는 과거 출판계가 공동출자해 설립한 출판유통정보회사 BNK(Book Net Korea)의 도산이 정보 네트워

---

32 북토피아의 자산 공매절차를 거쳐 2010년 10월 12일, 웅진계열의 전자책 사업체인 오피엠에스(OPMS, 대표 윤세웅)가 12만건에 이르는 북토피아의 콘텐츠를 인수해 서비스하기 시작했으나 겨우 1년 만인 이듬해 11월 28일 독자적인 서비스를 종료하고 오피엠에스의 e북 서비스인 '메키아'로 통합운영한다고 공시함으로써 1세대 e-book 서비스 북토피아는 완전히 사라지게 되었다. 오피엠에스가 북토피아 서비스를 종료한 가장 큰 이유는 북토피아의 불투명한 처사로 막대한 피해를 입고 실망한 출판사들이 저작권 연장계약에 응하지 않은 점이고, 서비스 권리이전이 불가능한 경우도 있었기 때문이라고 한다. 일부 사용자들도 서비스의 지속성을 보장받지 못하는 상황에서 전자책 콘텐츠의 구입을 꺼린 점도 이유로 작용했다.

크형 출판유통시스템 구축사업 자체에 대한 의욕을 상실시키는 요인으로 작용했던 것처럼 전자책 산업발전에 적지 않은 악영향을 끼쳤다. 그 무렵 다른 전자책 제작·유통업체들도 대부분 업종을 변경하거나 도태되었다.

이후 출판사들은 ㈜한국출판콘텐츠(KPC, 대표 신경열 더난출판사 대표), ㈜한국이퍼브(대표 조유식 알라딘 대표) 등의 전자출판 업체를 공동으로 설립했으나, 시판 중인 전자출판 콘텐츠 수는 아직 시장의 흐름을 주도할 단계로까지는 성장하지 못하고 있다. KPC는 2009년 7월, 김영사, 더난출판사, 문학과 지성사, 시공사, 창비 등 60여 출판사(제휴 출판사는 주주사 포함 180여개사)가 주축이 되어 2차 저작물 관리회사로 출범한 콘텐츠 공급회사로서, 네오럭스의 누트북닷컴(www. nuutbook.com)과 제휴해 서비스 중이다. 한국이퍼브(Korea Electronic Publishing Hub)는 2009년 9월, 예스24와 알라딘, 영풍문고, 반디앤루니스, 리브로, 북센 등의 대형서점과 한길사, 비룡소, 북21세기, 나남, 민음사 등 국내 주요 출판사, 그리고 중앙일보가 중심이 되어 설립했다. 최근에는 1인 출판(self publishing)에 의한 전자책 창업자들이 급증해 독자적인 비즈니스 모델을 추구하고 있다. 이런 움직임들은 전자책 산업의 원천 콘텐츠를 보유한 출판사들이 단순 콘텐츠 제공자의 입장을 떠나 전자책 시장의 주도적 주체자로서의 역할을 확보하려는 의지의 표현으로 해석되었다.

오늘날 전자책 시장 참여업체들은 크게 세 갈래로 나눌 수 있다. ① 콘텐츠를 보유하고 있는 출판사들이 전자책을 직접 생산·제공하고 있다. 일부 저자와 신문사도 이에 동참하고 있다. ② 교보문고, 예스24, 인터파크도서와 같은 대형 온·오프서점들을 비롯한 인터넷 포털, 통신사들이 디지털 콘텐츠를 유통시키는 역할을 맡고 있다. ③ 전자책 전용 단말기 제작업체들도 활동 중이다.

유통되고 있는 전자책(콘텐츠)은 시장성격에 따라 기본적으로 다른 양상을 보이고 있다. B2B시장(공공 및 대학도서관 시장)에서는 인문사회, 어린이, 문학 분야가 큰 비중을 차지하고 있다. 참여정부 시절부터 전자도서관 개설이 활성화되었기 때문에 시장규모도 비교적 큰 편이다.

B2B시장과 다르게 B2C시장은 재미 위주의 이른바 장르문학이 가장 큰 비중을 차지하고 있다. 장르문학이란 판타지 소설이나 로맨스, 무협소설 등을 가리키는데, 그중에

서 로맨스 〉 무협 〉 판타지순으로 많은 양이 출시되고 있으며 그 다음으로 문학 〉 경영·경제 〉 에세이 〉 산문의 분포를 보이고 있다.[33] 순수문학 작가들 중에서는 이문열이《하늘 길》을 2000년에 온라인으로 발표한 것을 비롯해 신경숙은 소설《바이올렛》을 종이책으로 내기 전에 전자책으로 먼저 발표해 반응을 떠보기도 했다. 박범신, 이순원, 공지영, 공병호 등 1급 작가나 저자들도 포털에 자주 이름을 올렸다. 그러나 미국처럼 신간 발매와 동시에 전자책도 발행해 판매의 시너지 효과를 노리거나 종이책 베스트셀러가 전자책으로 제공되는 경우는 극히 드물다. 간혹 전자책 시장에서도 스타 작가가 등장했다. 귀여니의《그놈은 멋있었다》가 우리 사회를 달구기도 했고, 로맨스 소설《나비지뢰》(이정하), 무협소설《권왕무적》(초우), 판타지 소설 홍정훈의《더 로그》, 공포소설 유일한의《죽음의 숲》등 인기 로맨스 작가의 신작이 나오면 하루 다운로드 수가 수만건을 기록할 정도로 네티즌들의 반응이 뜨거울 때도 있었다.

전자책 단말기 시장도 사정은 비슷한 실정이다. 삼성전자(SNE-80), 인터파크(비스킷), 아이리버(스토리), 예스24(크레마 터치), 네오웍스(누트), 북큐브(북큐브) 등이 전자책 단말기(리더기)를 출시했지만 1년간 이들 각 사의 총판매량이 1만대를 넘지 못하는 것으로 알려졌다.[34] 이렇게 전자책 단말기가 초기 시장형성에 사실상 실패한 이유는 기능에 비해 가격이 비싼 것이 첫째 원인으로 꼽힌다. 읽을 만한 콘텐츠 부족이 시장형성의 실패요인이란 지적도 많다. 그러나 미국이나 유럽은 태블릿 PC나 전용 단말기를 주로 사용하고 있는 데 비해 우리나라는 전자책 리더기로 스마트폰을 주로 사용하고 있는 점을 무시할 수 없다. 앞으로 단말기, 유통, 콘텐츠를 통합한 전자책 전용 단말기의 출시가 활발해질 것으로 예상된다.

1995년에는 국립중앙도서관이 중심이 되어 국가전자도서관 구축사업이 시작되었다.[35] 2002년이 되면 대학에서의 전자도서관 개설이 활발하게 진행되는 가운데, 국립 및 국회도서관, 법원도서관, 산업기술정보원, 한국교육학술정보원, 한국과학기술원 과

---

33  〈새롭게 주목받는 e북 시장 집중분석〉,《전자신문》, 2009. 10. 26.

34  〈기로에 선 e북 시장⋯5만대 판매 그쳐〉,《매일경제》, 2010. 8. 9.

35  국가전자도서관 구축사업은 1995년도에 초고속 공공응용 서비스 사업의 일환으로 '국내 학술화상정보 서비스' 웹사이트를 개설하고 국내 문헌목록 정보와 학술자료 200종의 본문을 DB로 구축해 1996년 3월부터 인터넷을 통한 서비스를 실시한 것을 기반으로 1997년도의 '전자도서관 시범사업'부터 6차에 걸쳐 추진되었다.

학도서관 등 국가 주요 도서관으로 확대되고 있었다. 2009년 5월에는 국립디지털도서관이 개관되었다. 새로 출범한 이들 전자도서관을 대상으로 한 전자책의 B2B시장이 조금씩 열리고 있었다.

우리나라 전자책 시장규모에 대해서는 두 개의 통계자료가 발표되고 있다. 문화체육관광부는 2010년 현재의 시장규모를 6,908억원이라고 발표[36]하고 있으나 세계적인 시장조사기관인 PWC(PricewaterhouseCoopers)[37]의 발표에 따르면 2억5,500만 달러(당해연도 12월 말 현재 대미 매매기준율로 환산하면 약 2,904억1,950만원)로서, 국내 출판시장에서 6.17%의 비중을 차지하고 있다고 밝혀 정부발표와 큰 차이를 보이고 있다.

두 가지 통계가 이렇게 커다란 차이를 나타내는 이유는 조사방법과 대상이 서로 다르다는 점도 있지만, 업체마다 영업비밀을 지키려는 의지가 강해서 부실한 정보에 의해 매출액을 산출하고, 실제보다 과다하게 발표하는 경우가 많기 때문인 것으로 보인다.

PWC의 자료를 더 구체적으로 살펴보면 우리나라 출판시장은 일반도서 15억8,700만 달러, 잡지 1억4,600만 달러(광고 제외)로 구성되어 있다고 한다.[38] 그중 전자책만은 2억5,500만 달러가 된다는 것이다.

이에 따르면 전 세계 전자책 시장(27억8,700만 달러)에서 우리가 차지하는 전자책 비중은 9.16%로서 미국, 일본 다음으로 3위를 마크하고 있는 것으로 분석되었다. PWC가 2010년의 우리나라 출판시장 규모를 중심으로 산출한 결과이다. 이 보고서에서는 우리나라 도서와 잡지시장 규모가 각각 세계 13위를 기록하고 있는데 그 비중은 도서 1.26%, 잡지가 0.5%를 차지하고 있다.[39]

---

36  〈2008년도 국내 디지털 콘텐츠 산업 시장보고서〉, 한국소프트웨어진흥원, 2008

37  1898년 런던에서 설립(현재 본사 뉴욕, 150개국에 지사). 회계, 감사, 컨설팅 등 전문 서비스 업체. '글로벌 엔터테인먼트&미디어 시장'에 대한 10년치(과거 5년간, 미래 5년간) 통계발표.

38  한국콘텐츠진흥원, 〈글로벌 엔터테인먼트&미디어 산업 현황분석 및 전망〉, 《KOCCA 포커스》 2011~2014호(통권 42호), p. 7

39  앞의 글, p. 25

[도표 6-7] 국내 출판시장 규모 추이 및 전망(2008~2017)

단위 : 100만 달러

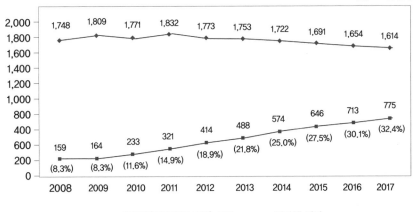

주 : 1) Consumer and educational book publishing의 시장규모
    2) 2013~2017년 수치는 PWC 전망치
    3) ( ) 안은 전체 도서출판 시장 중 전자책 비중
자료 : PWC(2013). 이주영, 〈전자책 시장현황 및 전망과 도서출판 시장의 가치사슬 구조변화〉,
    《정보통신방송정책》(통권 576호), 2014. 5.에서 재인용

그러나 PWC가 2013년에 발표한 2017년까지의 전망은 [도표 6-7]과 같다. 2017년 우리나라 출판시장 규모(잡지 제외)는 23억8,900만 달러로 추정되는데, 그중 전자책은 7억7,500달러(32.4%)가 될 것이라고 한다. 출판시장 전체의 3분의 1이나 되는 엄청난 비중을 전자책이 차지할 것이란 예측이다. 2010년 대비 전체 도서시장은 25.3%밖에 신장되지 않은 데 비해 전자책은 무려 2.3배가 넘게 증가할 것으로 전망하고 있다. 그런데 우리 전자책 시장규모는 콘텐츠 판매액뿐 아니라 전자수첩, 단말기 판매분, 유통액 등도 모두 합산된 것이므로 그중에서 순수한 콘텐츠 시장규모만은 얼마나 되는지 명확하게 밝혀지지 않고 있다. 다만, 2004~2012년 말까지 한국전자출판협회에서 인증받은 약 325만종의 전자출판물 중에서 종이책 단행본이 전자책으로 출판된 것은 겨우 5%(약 162,500종)에 불과[40]한 것으로 미루어 그 비중이 크지 않다는 사실을 짐작할 수 있을 뿐이다. 나머지 95%는 전자사전, 디지털 학술논문, 저널, 교육용 전자출판물, 애플리케이션 전자책 등이 차지하는 것으로 보인다.

---

40  문화체육관광부,《2012 콘텐츠산업백서》, 2013

전자책 시장은 기대와 우려가 공존하고 있어 앞으로도 신중한 대응전략이 요구되고 있다. 전자책 시장이 성장하면서 HW 업체, 통신사의 참여가 증가하고 있고 아마존 킨들의 성공요인을 벤치마킹한 다양한 모델들이 출시되었거나 추진 중에 있다. 전자책 제작 툴(tool) 제공이 증가하면서 1인 출판이 점차 활성화되고 있는 점도 발전 가능성의 긍정적인 요소이다.

정부정책도 전자책 산업 육성에 직간접으로 도움을 줄 것으로 전망된다. 교육부는 스마트 교육 도입정책과 함께 e-러닝의 활성화를 추진하면서 교과서의 디지털화를 진행하고 있는 데 이 사업이 계획대로 추진되면 전자책 활성화의 기폭제가 될 수 있을 것이다. 문화체육관광부도 2010년 4월, 향후 5년간 600억원을 투자해 2014년 7,000억원의 전자책 시장을 조성한다는 내용의 '전자출판 산업 육성방안'을 내놓은 바 있다.

여전히 해결해야 할 과제도 산적해 있다. 전자책은 아직도 사업화가 모색되는 단계라고 할 수 있다. 전자책 시장이 성립되려면 콘텐츠, 뷰어(viewer, reader), 포맷(format), 단말기(device) 등의 4가지 요소가 구비되어야 하는데, 현재로서는 이런 조건들이 모두 완벽하지 못하다는 문제점과 한계가 있다. 적은 독서량, 콘텐츠 부족과 비호환성 문제, 고성능 기기보급과 함께 증가하고 있는 불법복제, 경쟁의 격화 등 전자책 산업의 활성화를 저해하는 부정적 요인들도 적지 않다. 지금까지는 오리지널과 똑같은 복제물을 순식간에 제작한다거나 내용을 임의로 변개할 수 있는 디지털 환경을 고려해 콘텐츠에 대한 저작권 관리(DRM)를 비롯한 수익 모델을 보장할 수 있는 시스템 구축에 몰입해왔다.

전자책 시장은 앞으로 커질 것이 분명하므로 불법복제 방지책, 합리적인 수익구조와 인세율 등 비즈니스 모델이 반드시 서둘러 확립되지 않으면 안 될 과제이다. 그러나 이보다 더욱 중대한 과제는 근본적으로 성격이 다른 전통적인 출판유통시스템과 전자책의 그것을 어떻게 조정·공존시킬 것인가에 대한 관계 설정방향이며, 이에 대해 심각하게 대비하지 않으면 안 될 것이다. 전통적인 출판행위는 출판물을 만들어놓으면 독자가 그것을 서점이나 도서관과 같은 장소까지 가서 소유해야 물리적으로 소비가 완결되는 '구득원칙'의 구조이다. 그 결과 전통적인 책은 가치사슬을 이루고 있는 출판사 → 도매상 → 서점이 각각 독립된 단위로 존재하면서 동등한 위치에서 '수평적 분업 모델'이 운용되었다. 독자도 지리적으로 이용하기 편리한 서점은 있어도 자기 의지대로 전국에 산재한 서점 중에서 자유롭게 선택할 수 있는 권리가 보장되어왔다. 전자출판은 이런 구조를 일변시키고 있다. 읽기 위해서는 반드시 단말기가 필요하고 어떤 단말기로 읽을 것인가를 결정해야 한다. 그리고 TV나 라디오처럼 독자가 실재하고 있는 장소까지 콘텐츠를 가져다주는 '송달시스템'을 원칙으로 하고 있다. 산업조직론적 관점에서 전자책이 지금까지 오랫동안 유지되어왔던 전통적인 전달체제를 붕괴시키고 출판산업의 존립을 위협할 측면을 무시할 수 없다.

또 다른 측면에서 국내외 전자책 출판시장의 발전양상을 보면 아마존이나 애플의 예에서 보는 것처럼 단말기 메이커나 콘텐츠 배신 사업자별로 '수직통합 모델'이 굳어져가고 있다. 이들이 콘텐츠 배급 사이트도 운용하면서 그곳으로 독자들을 끌어모아 유통까지 '수직통합'을 이룬다면 단말기 메이커나 콘텐츠 배신 사업자가 전자책 시장을 컨트롤하는 체제가 될 것이다. 그렇게 되면 전자책 메이커인 출판사는 이들에게 예속되어 가격 결정권마저 이들 단말기 제조 및 콘텐츠 배급업체에게 빼앗길 우려가 크다. 그것은 출판시장을 다른 업계에 침식당하는 차원을 넘어 출판산업의 근본적인 기능 약화 내지 축소라는 더욱 원천적인 문제를 야기하는 것을 의미한다.

### 새 〈저작권법〉과 '국제저작권조약' 가입

1984년 2월 24일 발표된, 서울에서 열린 제3차 한미경제협의회의 공동 발표문에는 "한국 측은 저작권을 포함한 지적소유권 보호를 위한 정책방향에 관해 설명했다"는 구절이 들어 있었다. 이 막연한 표현의 실체가 "한국은 국제저작권 등에 관한 보호조치를 점진적으로 검토"하겠다는 약속이었으며, 협상 테이블에서 오간 구체적인 내용은 "외국인의 저작권을 보호하기 위해 상반기 중 국내 저작권법의 개정안을 작성할 계획"으로 저작권 제도개혁 스케줄까지 양해된 것으로 밝혀졌다. 우려했던 사태가 급기야 우리 앞에 현실로 다가온 것이다. 이튿날 신문들은 일제히 외국인의 저작권 보호가 국내 출판산업에 미칠 파장의 심각성과 외국, 특히 미국이 지금까지 취해온 방법과 현재의 태도에 대한 비판, 우리가 앞으로 취해야 할 행동방향 등에 관한 기사들로 1면 톱을 메웠다. 저작권 문제가 문화계 초미의 사회적 관심거리로 등장한 것이다.

저작권법 개정 내용을 둘러싸고 저작자 측과 이용자 간의 열띤 논쟁 끝에 새 〈저작권법〉이 1986년 말에 제정되었다. 1987년 7월 1일부터 새 법의 시행으로 저작권 보호 기간이 저작자 사후 30년에서 50년으로 연장되었으며 외국 저작물 보호규정의 신설을 비롯한 새로운 제도의 도입, 벌칙 강화 등 일신된 저작권제도는 출판환경을 크게 바꿔 놓았다. 또한 새 법 시행과 더불어 정부는 〈세계저작권조약(UCC)〉과 〈음반의 무단복 제로부터 음반 제작자를 보호하기 위한 국제조약(제네바협약)〉에 가입함으로써 그해 10 월 1일부터 두 조약이 자동 발효되었다.

세계저작권조약에의 가입(1987. 10. 1.)은 한국 출판발전에 있어서 또 하나의 변곡점이었다.

이로써 그동안 자유롭게 이용되던 외국인의 저작물 중 1987년 10월 1일 이후 처 음 공표되는 저작물에 한해서는 저작권자의 허락 없이 국내 이용이 불가능하게 되었 다. 해적 출판국이란 오명에서 벗어나 저작권의 세계 시민권을 획득한 대신, 경제적 부 담과 해외 지식의 수용에 많은 제약이 따르게 된 것이다. 국제저작권 가입문제는 이미 1961년부터 공식적으로 논의되기 시작했다. 70년대 이후에는 외국에서의 가입 압력이 더욱 드세졌으나 시기상조라는 판단으로 그동안 미루어왔던 것이다.

UR(우루과이라운드)협상 결과 탄생한 WTO(World Trade Organization)라고 하는 새로 운 경제체제 하에서 1996년부터 〈베른조약〉이 발효되는 동시에 외국인 저작권의 소급 보호 등 저작권 제도는 다시 한 번 큰 변화를 맞이했다.

국내 저작권법의 제정과 국제조약 가입이라는 저작권 상황의 변화는 출판물의 기 획·편집·제작기술을 향상시키고 우리 출판산업의 근본적인 체질변화를 재촉하는 결정적 계기가 되었으며 세 가지 새로운 상황이 대두되었다.

하나는 외국 도서의 국내 번역출판을 둘러싼 경쟁양상의 변화이다. 외국 저작권자와 정식계약을 맺고 출판하게 됨으로써 '해적국가'라는 오명을 벗었다. 무자격자에 의한 저질번역이나 베껴먹기식 번역출판은 사라졌지만 번역출판권을 획득하기 위한 출판 사간의 지나친 과당경쟁으로 외국 저작권자의 지갑만 부풀려주는 결과를 초래하고 있다. 한국 출판계는 외국 저작권자의 '봉노릇'만 하면서 국내 저술인 양성에 등한하다는 비판을 받았다. 그런 지적은 번역서의 비중이 해마다 큰 비중을 차지하고 있는 현실에 근거하고 있다. 전체 출판량에서 번역도서가 차지하는 비중은 다음 [도표 6-8]에서 보는 것처럼 국제저작권조약과 WTO 가입으로 외국 저작물을 소급 보호하기 시작한 직후인 1986~1989년까지와 1993~1996년까지만 일시적으로 감소되는 경향을 보였으나, 곧 그 쇼크에서 벗어나고 다시 해외 출판물에 대한 의존도가 계속 높아졌다. 오히려 2000년대 들어와서는 국제조약 가입 이전인 80년대 전반보다도 번역출판의 비중이 현격하게 높아지고 있다. 현재 번역출판은 전체 출판량의 25% 내외를 차지하고 있다. 이러한 우리나라의 번역출판 비중은 오늘날 세계에서 가장 높은 수준에 속한다. 특히 학술전문 도서보다는 문학서 번역의 비중이 높아서 해외 최신 학술정보와 이론의 도입기능은 약한 편이고, 저자의 국적 기준으로는 미국과 일본의 비중이 전체의 과반을 넘어 특정 국가에 대한 편중도가 지나치게 심한 점도 문제점으로 지적되고 있다. 따라서 우리나라 출판의 양태는 번역도서와 만화 출판이 전체의 반을 차지하게 되어 2천년대 들어와서 질적으로 저하되고 있다는 비판을 면하기 어렵게 되었다.

[도표 6-8] 국제저작권조약 가입 전후의 번역출판 추이(1980~2010)

| | 1980 | 1985 | 1990 | 1995 | 2000 | 2005 | 2007 | 2008 | 2009 | 2010 |
|---|---|---|---|---|---|---|---|---|---|---|
| 총 발행종수 | 13,062 | 19,756 | 20,903 | 26,207 | 25,632 | 35,992 | 33,804 | 36,558 | 36,456 | 35,515 |
| 번역종수 | 2,159 | 4,981 | 3,366 | 4,335 | 4,891 | 7,703 | 9,675 | 10,919 | 9,283 | 8,523 |
| 구성비(%) | 10.3 | 25.2 | 16.1 | 16.5 | 19.1 | 21.4 | 28.6 | 29.9 | 25.4 | 23.9 |
| 전년 대비 증가율(%) | 23.5 | 23.4 | 8.2 | −14.4 | 21.3 | 10.4 | 24.8 | 12.9 | −15.0 | −8.2 |

주 : 만화 제외
자료 : 《한국출판연감》 각 연도판에서 작성

외국 저작권 취득을 둘러싼 국내 출판사 간의 과당경쟁을 피할 수 있는 길도 모색되어야 할 것이다. 저작권 애드번스(advance)가 급격하게 올라가는 경향을 보이고 있어서 예컨대 미화 3천 달러 이상의 계약건수는 88년의 21건에서 93년에는 141건으로 5년 사이에 7배 정도 증가했다. 최근 어떤 저작물은 210만 달러를 주고 번역권을 취득해 출판계에 커다란 충격을 주었다. 그것은 작년의 최고 애드번스 금액을 상회하는 국내 최고의 선불금 사례에 속한다. 이를 계기로 국내 출판인끼리의 도를 넘는 경쟁으로 국제 저작권 시장에서 한국의 부정적인 이미지를 심어주는 정상적이지 못한 행위는 자제되어야 한다는 반성론이 강하게 제기되고 있다.

또 다른 하나의 변화는 국내도서의 해외 보급에 대한 강한 의지가 양성된 것이다. 저작권 수출실적은 해마다 증가세를 유지하고 있다. 해외 시장 개척의 가능성이 가장 커다란 분야로 인식되고 있는 어린이 그림책 분야에서는 UCC 가입을 전후해서 집중적인 노력이 경주되었다. 즉 1986년부터 외국의 저명한 일러스트레이터를 초빙해서 이 분야에 대한 워크숍과 해외 우수 일러스트레이션 작품 전시회를 연달아 개최함으로써 젊고 유능한 일러스트레이터를 양성해 삽화 수준에 머물러 있던 어린이 그림책의 질적 향상을 꾀한 것은 당시 한국출판의 성숙도를 보여주는 모범적인 사례로 평가되었다.

새로운 제도와 체제에 합당한 관행을 확립해나가야 할 필요성에 대한 대응은 우리 출판산업이 마련해야 할 세 번째 과제다. 고성능 복사기기의 대량보급으로 무자비하게 자행되고 있는 불법복사·복제에서 출판자의 권리를 보호하기 위해 80년대 후반부터 '판면권'을 신설하고 부과금제도 및 복제권 집중관리기구의 창설, 대여권제도가 하루 속히 도입되어야 한다는 소리가 높았으나 아직 완벽하게 실현되지 못하고 있다. 우리 저작권의 해외 수출을 더욱 촉진하려면 부차권의 처분 및 관리에 관한 권한을 출판자가 저작자에게 위임받아야 하고 그로부터 발생하는 인세수입의 분배방법과 기준에 대해서도 저작자와의 관계가 확립되어야 한다.

## 검인정교과서 제도의 위축과 부흥

1977년 3월에 발생한 이른바 '검인정교과서 사건' 이후 우리나라 교과서의 중핵을 이루고 있는 검인정교과서의 편찬 및 발행제도는 엄청난 변혁을 겪었다. '검인정교과서 사건'은 지난 30년간 발전시켜온 교과서 제도를 송두리째 파기하고 새로운 규정에 의한 교과서의 저작, 검정, 발행과 공급제도를 탄생시키는 교과서 정책과 제도의 전환점이 되었다. 이 사건의 발생 직후부터 교과서 제도의 근본적인 쇄신방안을 연구·검토해온 당시 문교부는 제3차 교육과정이 시행 중인 기간(1973. 2.~1981. 12.)임에도 1977년 7월 9일, 현행 국정교과서와 검인정교과서 제도를 모두 없애는 대신, 제1종(연구 개발형, 종전 국정)과 제2종(자유 경쟁형, 종전 검인정) 교과서로 구분하는 내용을 골자로 한 교과서 제도 개선원칙을 확정발표했다. 이러한 2원제 교과서 제도 쇄신은 교과서 제도 변화의 차원을 넘어 시장규모가 크지 않았던 당시 우리 출판산업 전체를 뒤흔드는 대규모 지각변동의 시발점이 되었다.

새 교과서 제도의 특징을 보면 첫째, 교과서 출판에서 1종의 범위가 대폭 확대되는 대신 민간 출판사가 참여할 수 있는 자유경쟁형 2종은 겨우 명맥만 유지될 정도로 대폭 축소되었다. 교과서 제도 쇄신방침에 따라 문교부는 초등학교와 중학교 및 실업계 고교의 모든 교과서는 문교부가 편찬·발행권을 가진 1종으로 분류했다. 인문계 교과서 27과목 중에서도 11개 과목을 1종으로 변경하고, 겨우 16개 과목만 민간 출판사가 문교부의 검정을 통해 발행할 수 있는 2종으로 남겨두었다. 종전의 국정에서 2종으로 전환된 과목은 하나도 없었을 뿐만 아니라 교과서 종수조차 전체 교과서 1,338종 중에서 668종으로 대폭 줄였다.[41] 이에 따라 2종 교과서 비율은 종전 65.2%에서 18.2%로 크게 줄어들었다. 지난 30년간 교과서 제도 발전에 진력해온 출판계의 업적은 완전히 부정당한 격이었고 출판업의 영역을 극도로 제한하는 광복 이래 최대의 변혁이었다. 그렇기 때문에 교과서 연구자들은 이러한 조치를 기준으로 제3차 교육과정을 전기(또는 제1기 ; 1973. 2.~1977. 8.)와 후기(또는 제2기 ; 1977. 8.~1981. 12.)로 나누고 있다.[42]

사실상 국정화로 회귀하는 이러한 교과서 정책에 대해 사회적 여론은 반대가 지배적이었다. 이구동성으로 획일적인 교과서에 의한 교육의 문제점을 지적하고, 다양성

---

41  새로 개편된 교과서 제도 쇄신방안에 따른 2종(검인정) 교과서 668책을 학교급별로 보면, 초등학교는 91책에서 79책으로, 중학교는 230책에서 52책, 인문계 고교는 402책에서 141책, 실업계 고교는 615책에서 396책으로 각각 축소되었다.
42  〈한국의 검인정교과서 변천에 관한 연구〉(한국교과서연구재단, 2002. 12.)는 제1기와 제2기라 부르고, 이종국은《한국의 교과서 변천사》(대한교과서(주), 2008)에서 전기와 후기로 나누고 있는데, 명칭은 다르나 기간은 동일하다.

있는 교육내용을 지향해야 한다는 논조였다. 특히 대한출판문화협회(출협)는 "교과서의 국정화는 교육의 획일화를 초래할 것임은 말할 것도 없고, 교과서 저술 및 표현의 자유에 대한 중대한 제한이며, 자유로운 출판기업 활동을 축소하는 조치가 아닐 수 없다"는 요지의 결의문을 발표하고, 이를 국회 등 관계요로에 전달하며 강력히 이의를 제기했다.

이 결의문은 또한 "우리나라 〈교육법〉과 동 시행령 및 1977년 8월 22일자 국무회의를 통과한 〈교과용 도서에 관한 규정〉이 초·중·고교의 교과목 중에서 1종 교과서로의 결정권을 문교부장관 재량에 맡기고 있는데, 이와 같이 중대한 교육정책은 문교부장관의 재량에 맡길 성질의 것이 아니므로, 이것을 입법사항으로 전환하는 교과서 관련 법령의 제정이 절실히 요청"된다고 주장하면서 교과서 제도의 재조정을 요구하고 나섰다. 그런데도 정부는 이러한 교과서 정책을 법적으로 뒷받침하기 위해서 〈교과용 도서 저작·검인정령〉(1967. 4. 17. 대통령령 제3018호)을 폐지하고 새로 〈교과용 도서에 관한 규정〉(이하 '규정')을 제정(1977. 8. 22., 대통령령 제8660호)했다.

둘째, 79학년도부터 5년간 사용할 고교 2종 교과서 전체의 개편작업을 한꺼번에, 그리고 단기간에 무리하게 단행함으로써 전체 출판산업의 제작비 앙등과 신간 제작난을 부채질하는 결과를 초래했다. 교과서 제도 쇄신방안과 동시에 발표한 '검정 실시요령'은 다음과 같다.

① 필요에 따라 발간해왔던 교과서별 '교사용 지도서'를 반드시 교과서와 함께 동일 저자가 편찬토록 의무화함으로써 가뜩이나 짧은 집필 기간에 과중한 부담을 부과했다.

② 과목별 종당 5책으로 합격본의 수를 제한해 교과서 시장의 과열경쟁을 불러일으켰다.

③ 검정 신청방법도 불과 8개월의 집필 기간밖에 주지 않으면서 78년 3월 31까지 완전 인쇄본을 제출토록 해 제작물량의 폭주와 함께 영세한 출판계로 하여금 막대한 자금을 일시에 투입하도록 강요함으로써 일반도서 신간발행의 침체까지 초래했다.(검정 신청에 소요되는 총 비용을 출판계는 50억원내외로 추산했고, 검정 신청본을 종전에는 프린트본을 제출케 했다.)

④ 검정 신청자격도 종전까지는 3년간 매년 2종 이상의 출판실적이 있는 출판사로

제한했던 것을 3년간 매년 5종 이상의 실적으로 그 자격을 강화했고, 검정수수료도 엄청나게 올렸다.

⑤ 교과서의 가격책정 기준도 정부가 원가를 엄격하게 관리하며 최소한의 수익만 인정했다.

이런 조건으로 이듬해 3월 말까지 검정 신청한 332책 가운데서 22과목 94책만 최종 합격본으로 발표되었다. 검정 결과는 매우 충격적이었다. 검정을 신청한 74개 출판사 중 합격본을 낸 출판사는 40개사에 지나지 않았고 34개사나 탈락했을 뿐만 아니라, 교과서 출판업계의 판도가 완전히 바뀌는 상황이 벌어진 것이다. 검인정교과서 출판의 권위를 자랑하던 전통 있는 출판사들은 한 권도 합격시키지 못할 정도로 대거탈락하고, 신진 출판사들이 무더기로 합격본을 내며 두각을 나타냄으로써 출판계에 새로운 강자들이 등장한 것이다. 저명한 저자들이 집필한 책들도 무더기로 탈락해 검인정교과서 저자들의 세대교체도 예상보다 훨씬 빠르게 이루어졌다. 일본어는 인정예정 종수(2종)에도 미달할 정도로 신청이 부진했고 에스파냐어는 한 건도 없어 검정신청 제도의 문제점도 드러냈다.

셋째, 2종 교과서의 발행과 공급구조도 바뀌었다. 40개 출판사들은 '한국2종교과서발행조합'을 설립해(1978. 8. 23.) 이 조합에 조합원으로 가입한 출판사는 교과서 제작 및 판매 등 발행업무와 조합경영에는 일체 간여하지 않는 체제를 만들었다. 이 조합은 '검인정교과서 사건'으로 해체된 검인정교과서(주)의 후신처럼 보이지만 기능과 역할은 영리활동을 목적으로 하는 회사체제가 아니었다. 뒤에 이 조합은 교과서 개편과정을 거치는 동안 '한국2종교과서협회'로 개편되었다가 다시 '한국검정교과서협회'를 거쳐 지금은 69개 회원사가 가입한 '(사)한국검인정교과서'로 전환해 산하에 4개의 초·중·고교 검정교과서발행조합을 거느리고 있다.

| 검정고시일 | 검정대상<br>(과목/책) | 과목당<br>합격종수 | 사용 기간 | 출판사<br>수 | 비고 |
|---|---|---|---|---|---|
| 77. 7. 29.<br>(3차 교육과정) | 고 22종/94책 | 5종 이내 | 5년(79학년<br>부터 사용)<br>2년 연장가능<br>(83. 12. 변경) | 40 | 12년 만의 검정<br>(1종, 2종 구분)<br>78. 8. 22. 합격본 발표 |
| 82. 4. 1.<br>(4차 교육과정) | 중 6/65<br>고 22/169 | 5종 이내 | | 36 | 지도서는 합격자에 한해서<br>별도 제출 |
| 87. 4. 6.<br>(5차 교육과정) | 중 9/45 | 5종 이내 | | 20 | 영/수/과학1→2종<br>1차 불합격자, 소송제기<br>(88. 2.) |
| 88. 4. 20.<br>(5차 교육과정) | 고 40/273 | 8종 이내 | | 59 | 5종 이내에서 8종 이내로<br>확대(8. 22.) |
| 92. 8. 31.(1)<br>(6차 교육과정) | 중 교과서 88/232<br>지도서 80/224 | 8종 이내<br>(2~8종 선정) | | 37 | 95학년부터 사용<br>공청회 통해 검정기준 공개<br>(초유) |
| 92. 12. 21.(2)<br>(6차 교육과정) | 고 59/605<br>(재검정 포함) | | | 57 | 96년부터 사용<br>- 보통교과 54<br>- 전문교과 5 |
| 95. 11. 23.(3)<br>(6차 교육과정) | - 초등 영어(3~6년)<br>4/12<br>- 고 재검정 51 | 8종 이내<br>종수제한<br>폐지 | 6년간으로<br>연장(3년<br>이내 연장<br>가능) | 8<br>53 | 1차 합격 53사<br>마감일 연기<br>97학년부터 사용<br>51과목 |
| 97. 10. 30.<br>(7차 교육과정) | 2종 1,<br>인정도서 15 | 종수제한<br>폐지 | 규정하지<br>않음 | | 인정도서 동시 검정 |
| 98. 12. 31.<br>(01. 1. 31. 중1)<br>(12. 11. 중2고)<br>(12. 10. 중3고)<br>(7차 교육과정) | 중 65/708<br>- 교과서 362<br>- 지도서 346<br>고 34/125/188<br>- 보통 116,<br>- 전문 9<br>- 교과서 542<br>- 지도서 351<br>합계 893 | | 01년부터<br>연차적 개발,<br>사용 | 중40<br>고56 | 검정업무 이관<br>초등 영어 1종화(2001년부터)<br>보상금 지급기준<br>연차별(수시) 검정<br>외험체제 개선<br>심사기준 개선<br>검정출원 자격강화<br>(2년간 20종~) |
| 2006. 9. 1. | 고 과학 | | | | 2년간 20종 이상 |
| 2006. 10. 31. | 초 · 중 · 고 영/수43종 | | | | 09학년~사용 |
| 2007. 8. 6.<br>(7차 교육과정) | 중, 10/43 | | 5년 | | 지도서 · 인정도서 동시 인정<br>공동인쇄, 발행 |
| 2007. 11. 28.<br>(2007 7차<br>개정 교육과정) | 고(보통), 18 | | 5년 | | 2년간 20종,<br>지도서 인정 발행<br>공동인쇄, 발행<br>이익금 차등배분 방식 검토 |
| 2008. 8. 30.<br>(2007 7차<br>개정 교육과정) | 중 · 고 52/312<br>(중 ; 216, 고 ; 96) | | 최초 사용<br>학년부터 5년 | | 편집인력 기준 및<br>출판실적 요건 제시<br>전문기관 감수제 시행 및<br>교과서 전문 출판사 육성 |

한편 1종 교과서의 발행은 개편될 때마다 입찰을 통해 민간 출판사에 대행시켜왔다. 초기에는 동아교과서(주), 고려서적(주), 동아서적(주), 대한교과서(주), 삼화서적(주) 등 5개사가 나누어 가졌다. 2008~2012년에 사용되는 유치원에서 초중등 국정교과용 도서 719책에 대한 발행 대행사는 기술평가 및 입찰을 통해 2007년 9월에 두산, 대한교과서(미래앤), 천재교육, 지학사, 교학사, 금성출판사가 선정되었다.

1977년에 제정된 〈교과용 도서에 관한 규정〉은 2010년에 이르기까지 모두 23차례나 개정되면서 교과서 제도를 발전시키고 점진적으로 검정교과서의 비중을 높이는 근거가 되어 왔다. 〈교과용 도서에 관한 규정〉의 개정에 따라 검정교과서가 편찬되어온 과정을 간략히 살펴보면 앞의 [도표 6-9]와 같다.

교과서 공급제도도 많은 변화를 가져왔다. '검인정교과서 사건'이 계기가 되어 정부는 1977년부터 국정교과서(주)를 공급 대행자로 지정해 98년까지 수행토록 했다. 정부의 공기업 민영화 계획에 따라 국정교과서(주)를 인수한 대한교과서(주)가 99년부터 2000년까지 이 업무를 이어받았으나 2001년에는 교과서 출판사가 공동으로 출자해 설립한 '한국교과서재단'이 맡는 등 관 주도의 공급대행 체제가 25년간이나 유지되어 왔다. 이러한 '공급 대행자 지정제도'는 교육인적자원부가 2002년 6월, '규정'을 전면개정하면서 '발행자 자율 책임제'로 변경해 2004년부터 검정교과서는 한국검정교과서협회를 통해 공급하도록 개선함으로써 발행자의 자율성을 보장하고 공급 서비스를 향상시키는 계기를 마련했다.

2000년대 들어와서 교과서 제도는 정부가 획일적으로 통제하는 규제정책에서 자율로 전환되는 추세에 있다. 교과서의 발전방향은 자유 발행제를 염두에 두고 국정에서 검정으로, 다시 검정에서 인정제로 나가고 있다. 이런 방침에 따라 교육과학기술부는 지난 2010년 1월 12일 '2010 교과서 선진화 방안'을 발표했다. 이 방안의 개요는 ① 교과서 발행체제를 국·검정 위주에서 인정중심으로 전환(2010년부터 국·검정 184종을 인정 전환)하고, ② 학회나 공공기관도 검정교과서 출원이 가능하도록 검정신청 자격의 완화, 심사의 투명성 제고, 교과서 선정의 공정성 제고 등으로 검정제도를 근본적으로 개선하고, ③ 미래형 교과서인 e-교과서를 종이책 교과서와 함께 보급하고, ④ 가격 자율화를 보장하되 교과서 질 개선과 무관하게 가격이 상승되는 것을 억제하기 위해 필요한 경우 가격조정을 권고할 수 있도록 한다는 것이다. 국정교과서는 축소시키는 대신 검정 및 인정도서를 계속 확대하는 방향으로 정책기조를 바꾸겠다는 것이고 이미 인정 도서가 교과서의 중심으로 자리매김하고 있다.

인정도서는 원래 교과서 개념에 포함시키지 않았으나(1960. 12. 폐지) 제4차 교육과 정기(1981. 12.~1987. 6.)에 이르러 국악고교 전문 교과서 9종과 고교 자유선택 과목인 철학, 교육학 교과서를 필두로 개발되기 시작했다. 제7차 교육과정기(1997. 12.~2007. 2.)에는 급변하는 정보를 다루는 고교 교과목이나 개별 학교의 실정에 따라 유연하게 교재를 선정해야 할 필요가 있다는 판단에서 고교 일부 교과목에 대해도 '인정도서심 의회의 심의 없는 인정 도서제'를 도입해 학교 단위에서 더욱 자유롭게 교재를 활용토 록 했다. 이에 따라 제7차 교육과정에서는 시·도 교육감의 인정심사를 받지 않아도 되 는 '심의 없는 인정도서'가 78책이나 되었다. 인정도서는 2001년 이후 계속 증가해 최 근(2009. 1. 현재 책수 기준)에는 그 비중이 16,3%(국·검·인정 구분종수 기준으로는 45%[43])나 될 정도로 급격히 높아지고 있다. 인정도서를 발행하고 있는 출판사도 248개사(2009. 8. 현재)에 이르고 있다. 교과서 및 참고서 시장에서 두각을 나타내고 있는 출판사들은 검 정교과서 개발인력과 노하우를 바탕으로 인정도서를 통해 수익창출에 나서면서 인정 도서 업계에서도 높은 점유율을 보이면서 대형 출판사 중심으로 시장구조가 편성되 는 과정에 있다.

[도표 6-10] 교과용 도서의 종별 구성비 변천과정(책수 기준)

단위 : %

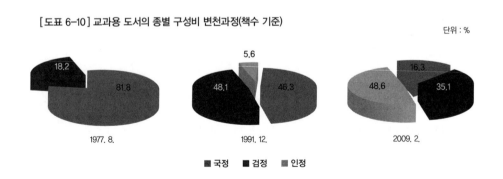

1977. 8.          1991. 12.          2009. 2.

■ 국정   ■ 검정   ■ 인정

---

**43**  이화성, 〈2010 교과서 선진화 방안 개요〉, 《교과서연구》(제59호), 2010. 3. 참조

검인정교과서는 흔히 '황금알을 낳는 거위'로 일컬어지고 있으나 실상은 그렇지 않다. 원가산정 기준이 요소별로 엄격하게 관리되고 있고, 수익이 공동배분되는 제도에서는 안정적인 수입원은 될 수 있지만 수익은 크지 않다. 불합격했을 때는 막대한 투자비용을 전액 날려버려야 하는 위험부담도 크다. 과거에는 검정교과서에서의 수익보다는 교과서를 저본(底本)으로 발행하는 참고서가 효자 노릇을 했다고 보아야 한다. 참고서 판매부수는 교과서 판매량의 70, 80%에 이르는 것으로 알려져왔다. 2007년 현재 검정교과서의 권당 평균가격은 2,615원이었는데 4,231만부를 발행해 시장규모가 1,106억원인 것으로 집계되고 있다. 같은 해 1억1,000만부를 발행한 국정교과서 판매대금도 1,309억원(권당 1,182원)이므로 국·검정교과서를 합한 판매대금 총액(2,415억5,200만원)은 당시 우리나라 단행본 시장의 10% 내외에 지나지 않고 있다.[44]

## '파주출판도시' 1단계 준공[45]

2007년 5월 4일, 파주출판도시(Paju Bookcity)의 상징적이고 중추적인 심장구실을 하고 있는 아시아출판문화정보센터 기본 시설의 하나인 호텔 지지향(紙之鄕)의 개관과 더불어 1단계 건설공사가 완료되었음이 공식선언되었다. 이에 앞서 전날에는 1단계 완성 기념 세미나를 '이 시대, 파주출판도시가 남긴 것'이란 주제로 개최해 파주출판도시 준공의 의미를 정리한 바 있다.

파주출판도시의 공식명칭은 파주출판문화정보산업단지로서, 출판문화 발전을 위해 국가가 지정하고 민간이 주도해 건설한 국내 유일의 산업단지이다. 파주출판도시는, 이 도시가 지향하는 기능과 역할을 의미하는 브랜드 이름이다. 파주출판도시는 책을 만드는 출판인과 삶의 시스템을 만드는 건축가가 의기투합해 지금까지의 도시개발과는 근본적으로 다른 철학과 이념으로 건설했고 도시건설 논의가 시작된 지 20년, 착공 10년 만이라는 짧은 기간에 1단계 건설목표를 성취해냈다. 독일의 라이프치히나 프랑

---

44  http : //collection.nl.go.kr/DC0104View.do(2014. 6. 17.)

45  '파주출판도시' 건설과정과 개요에 관해서는 출판도시 건설 20년의 역사를 담은《파주 책마을 이야기》(국·영·중·일·불 어판, 2008)과《비와 바람의 도시일지》(전2권)를 비롯해 다양한 기록물이 있으므로 이 책에서는 간략한 언급에 그치지만, 이 사업이 우리 출판사에서 차지하는 비중은 대단히 크다고 하겠다.

스 리옹과 같이 오랜 세월을 거치면서 자연스럽게 성격이 굳어진 책의 도시들은 세계 여러 나라에 있지만, 출판인들의 자발적인 협동화 사업을 통해 국가에서 전략산업단지를 목표로 계획적으로 건설된 사례는 어쩌면 파주출판도시가 세계 최초다.

파주출판도시는 경기도 파주시 문발동에 총 면적 150만㎡의 부지를 두 단계로 나누어 건설되고 있다. 문발동(文發洞)이란 행정구역상의 지명은 '문화 또는 글이 널리 퍼져 나가는 곳'이란 뜻을 가지고 있으며, 이곳은 일찍부터 이름난 학자, 문인, 행정가들을 많이 배출했다. 그러한 유서 깊은 지역에 건설된 출판도시가 자연과 어우러져 '새로운 문화를 창출하는 기지'로 발전해갈 것이란 메시지를 담고 있는 듯해 지리적으로 각별한 인연을 상기시킨다.

파주출판도시 전경

1단계 지구 875,340㎡는 생산시설 360,573㎡(35%), 유통시설 77,088㎡(9%), 문화시설 18,017㎡(2%), 지원시설 35,088㎡(4%), 공원녹지 87,838㎡(10%), 도로 176,943㎡(20%), 유수지와 수로(水路) 123,115㎡(14%), 기타 50,681㎡(6%)로 구획을 짓고, 그 안에 출판사 사옥과 출판물 생산설비 및 첨단출판유통센터, 쇼핑몰, 집합주택(타운하우스) 등 170여 동을 앉혔다. 출판도시는 국토교통부나 산업통상지원부가 관리하는 산업단지가 아니라 유일하게 출판행정의 주무부서인 문화체육관광부가 관장하고 있다. 21세기 세계화 시대를 맞이해 출판산업의 잠재적 역량을 충분히 발휘하도록 하는 기능으로서 국가가 할 수 있는 가장 중요한 역할은 필수적인 인프라를 구축하는 일임을 상기할 때, 문화산업의 중요성을 정부가 인식한 결과라고 할 수 있다. 이렇게 출판물의 기획, 생산, 유통 등 출판산업의 세 요소가 한 곳에 집적을 이룸으로써 더욱 좋은 책을 만들겠다는 경쟁의식으로 긴장감이 높아지며 일체감이 이루어내는 효과도 대단히 크다. 책의 생산 및 보급과정에서 중요한 비즈니스 인프라인 조직과 인력, 그리고 이를 뒷받침할 설비와 기술의 집적화에 따른 비용과 시간절약 효과도 매우 크다는 사실을 체험을 통해 실감하고 있다. 이런 효율적인 여건조성을 기반으로 출판 및 관련 업계 400개 회사, 고용인원 8,000명, 연간 매출액 1조7,000억원(16억 달러)의 문화산업 도시로 발전하고 있다. 그 경제적 효과를 보면 연간 약 200억원(1,800만 달러)의 비용절감 효과를 거두고 있는 것으로 분석하고 있다. 그러나 그 효과는 더욱더 과학적인 방법으로 분석되어야 한다(2014년 현재). 왜냐하면 어린이책 잔치, 북 시티 페스티벌 등 해마다 많은 관람인원을 끌어모으는 각종 행사, 해마다 개최되는 국제출판포럼과 동아시아 책의 교류 심포지엄 같은 국제학술회의, 그리고 다양한 공연 및 전시 등이 쉴 새 없이 개최되고 있어 출판문화뿐 아니라 우리나라 문화산업 전반을 선도하는 국제 출판도시로서의 브랜드 가치를 높이고 있기 때문이다. 또한 입주 출판인들의 경영의식도 변화해 서울의 좁은 사무실에서 일할 때보다 사업발상의 스케일이 훨씬 넓고 깊어지는 등 계량화하기 어려운 효과도 매우 커서 앞으로의 잠재력이 더욱 기대되고 있다.

오늘날 출판도시가 자리한 파주는 남북한 경제교류 협력의 거점으로 부상하며 비약적인 발전이 약속된 땅이다. 이 지역의 출판도시 건설을 계기로 함께 개발된 '헤이리'라는 예술마을이 문화·예술인들의 활동무대로 떠오르고 있으며, 그 주변에 신도시가 연이어 개발되고 도로가 신설되는 등 역동적인 발전을 이어가고 있다. 1991년에는 16만 명이 채 되지 못하던 상주인구도 2010년 말 현재 36만을 넘어섰다.

출판도시는 지금 2단계 지구(685,600여 ㎡) 건설이 진행 중에 있다. 2단계 지구는 1단계와 달리 영화업체들이 대거 동참해 출판과 영화, 활자와 영상의 행복한 만남을 통해 효율적인 협업을 확대해갈 것이다. 나아가 방송과 통신이 책과 결합될 3단계 사업도 완결될 즈음의 출판도시는 종합 미디어 시티로 거듭날 것이다.

### 저작권 수출 동향과 과제

한국 도서의 저작권 수출이 꾸준한 증가세를 보이고 있다. 아직까지는 해외도서의 저작권 수입이 압도적으로 많지만, 2000년대 들어와서 중국 등 아시아 시장을 중심으로 국내도서의 저작권 수출이 늘고 있다.

우리의 저작권 수출은 70년대 초반부터 시장개척을 위해 부심해왔다. 휘문출판사는 72년에《일한사전》과《한일사전》을 도쿄의 고려서림(朴光洙)에서 출판해 한국 저작권 수출역사의 첫 페이지를 열었다. 이어 희망출판사도《한국고전문학전집》(전6권)을, 삼성출판사가 고단샤(講談社)와 유주현의 장편소설《조선총독부》(전3권)의 판권을 81년에 각각 판매했다. 1974년에《한국미술전집》(전15권) 2천질(27만 달러)의 정식 L/C를 개설하고 일본에 수출한 동화출판공사는 스위스 드 리브르출판사에《한국미술전집》의 불어판 판권을 넘겨 한국 저작권 유럽 수출의 첫 관문을 뚫는 역사를 기록했다. 동화출판공사는 또 일본 동슈사(冬樹社)와《한국문학전집》(전5권) 일어판을 출판한 바 있다. 2000년까지는 이렇게 저작권 수출이 간헐적으로 이루어졌다.

출협이 구축한 '출판 저작권 수출 DB'에 따르면 2001년에는 겨우 20건에 불과하던 국내도서의 연간 저작권 수출실적이 2002년 284건으로 1년 만에 14배 급증한 데 이어 2008년에는 1,054건으로 1,000건을 돌파했다. 이어 2009년에는 1,427건, 2010년에는 1,477건으로 계속 늘어나는 추세에 있다

국내도서의 저작권 수출이 가장 괄목할 만한 성장을 보이고 있는 지역을 보면 주로 아시아 시장이 중심이 되고 있다. 중국 등 아시아 지역의 수출 건수가 전체의 94%나 되는 압도적인 비중을 차지한다. 2009~2010년 2년간 이루어진 출판 저작권 수출(총 2,904건) 실적을 국가별로 살펴보면 중국이 가장 많은 1,204건(41%)의 한국 책을 사들였다. 이어 타이(887건), 인도네시아(213건), 타이완(208건), 말레이시아(95건), 베트남(87건), 프랑스(70건), 일본(63건), 러시아(14건) 순이다. 최근 세계 저작권 교역의 중심이라고 할 수 있는 영미권에서도 국내작가들의 판권이 잇따라 거래되고 있는 것은 저작권 수출의 주목할 만한 질적 변화로 평가할 만하다.

분야별로는 아동책이 1,793건으로 전체의 62%를 차지해 출판 저작권 수출의 효자 노릇을 톡톡히 하고 있다. 이어 문학(351건)이 2위를 차지했으며 만화(347건), 언어(190

건) 등이 그 뒤를 잇고 있다.

특히 미국과 유럽 출판시장에서 한국문학이 주목받기 시작하면서 이러한 저작권 수출의 지형도가 새로 그려지고 있어 앞으로의 추이가 기대되고 있다.

출협이나 한국출판인회의 등 민간 출판단체의 노력과 한국문학번역원의 활동, 그리고 이런 활동들에 대한 정부의 적극적 뒷받침의 결과 한국출판의 저작권 수출은 이제부터 본격적인 궤도에 진입할 것으로 보인다.

**[도표 6-11] 연도별 출판 저작권 판매량 증가 추이**

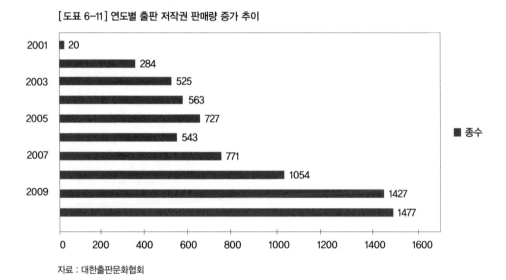

자료 : 대한출판문화협회

출판물 및 저작권의 수출은 어떤 상품수출보다 외화 가득률이 높을 뿐 아니라 국가의 이미지를 높여주어 위상제고나 경제적 지원효과가 대단히 크다. 외국의 선진문화와 학문, 예술의 교역량이 늘어나고, 미국의 교과서로 공부한 엘리트들이 세계경제를 지배하는 것에서 볼 수 있는 것처럼 저작권 교역이 국가발전에 미치는 영향의 지속력은 절대적이다. 그러나 우리의 출판 저작권 수출에 있어서 최대의 걸림돌은 언어적인 한계성에 있다. 우수한 번역자의 양성도 오래전부터 제기되어온 과제이지만, 우수한 우리 저작권 정보를 해외에 알리는 조직적이고 기민한 정보를 발신할 수 있는 체제구축이 더욱 요구되고 있는 시점이다. 지금은 한국문학번역원 등에서 적극적으로 한국도서를 소개하고 있지만, 저작권 수출이 본궤도에 진입하기 위해서는 수출 대상국가를 다변화하고 학술·문화 분야로 폭을 넓힐 필요가 있다. 외국 출판사와 기획단계부터 정보를 공유하면서 공동출판을 모색하는 일도 적극적으로 추진해야 한다. 가장 효과적인 방법은 미국처럼 시장이 크고 세계 출판시장의 창구가 될 수 있는 지역에 직접 출판사를 설립하고 출판활동을 전개하면서 저작권 수출시장을 적극 개척해가는 현지화 전략이다. 한국출판의 현지화 방안을 실천에 옮겨야 할 단계는 이미 성숙되었다. 컨소시엄을 구성해서라도 미국 중견 출판사와의 M&A를 통해 미국 출판시장 진출의 교두보를 확보하는 것이 현지화의 가장 효과적이고 빠른 길이라는 의견이 설득력을 얻고 있다.

### 남북한 출판 교류협력 시대의 전개

1988년 7월 7일, 노태우 대통령의 '민족자존과 통일번영을 위한 특별선언'(77특별선언)이 발표된 것을 계기로 민간 차원에서도 남북한 경제교류 협력의 역사가 시작되었다. 노태우 대통령은 이 선언에서 "분단의 벽을 헐고 모든 부문에 걸쳐 남북 교류를 실현할 것"을 천명했다. 이 선언에 이어 〈남북 교류협력에 관한 법률〉과 〈남북 교류협력기금법〉을 제정해 남북 경제 교류 및 협력의 실질적 기반이 마련되고 '남북 기본 합의서' 채택 등 제도발전이 지속적으로 이루어졌다.[46]

이에 따라 출판 교류협력의 길도 열렸다. 남북한 간의 출판 교류협력은 가장 진보적이며 이데올로기적인 동시에 사회에 미치는 파급효과도 매우 크기 때문에 정치적 영향

---

46  1988년의 '77특별선언'을 실천해나가기 위한 제도적 조치들은 다음과 같이 이루어졌다.
    -1989. 6. 〈남북 교류협력에 관한 기본 지침〉 마련
    -1990. 8. 〈남북 교류협력에 관한 법률〉 제정·공포
    -1990. 8. 〈남북협력기금법〉 제정
    -1991. 12. 남북고위회담에서 〈남북 사이의 화해와 불가침 및 교류협력에 관한 기본 합의서〉 채택
    -1992. 9. 〈남북 사이의 화해와 불가침 및 교류협력에 관한 기본 합의서의 제3장 남북 교류협력의 이행과 준수를 위한 부속 합의서〉 채택
    -1992. 5. 〈남북 교류·협력공동위원회 구성·운영에 관한 합의서〉 채택
    -1997. 4. 〈반출반입 승인대상 물품 및 승인절차에 관한 고시〉
    -1997. 6. 〈남북 사회문화 협력사업 처리에 관한 고시〉 제정
    -2000. 6 〈남북 공동선언〉(김대중 대통령 김정일 국방위원장 회담)
    -2000. 12 〈남북 사이의 청산 결제에 관한 합의서〉 채택
    -2003. 7. 〈남북 장관급회담 공동 보도문〉 발표
    -2007. 10 〈남북 관계 발전과 평화번영을 위한 선언〉(노무현 대통령 김정일 국방위원장 회담)
    -2007. 12 〈남북 경제협력 공동위원회 합의서〉 발표

을 가장 많이 받는 분야 중 하나다. 폐쇄주의로 일관해온 북한으로서는 이러한 출판교류가 자본주의 사상의 유입을 허용하는 결과를 가져오고, 마침내는 체제붕괴를 초래할 것을 우려하기 때문에 가장 거부적인 태도를 보일 수밖에 없는 대상이다.

출판 교류협력 사업은 그 특성상 문화교류와 경제협력이란 두 가지 성격을 겸하고 있으며, 구체적으로는 인적 교류와 저작권 교류, 출판물 교역 및 반출·입이 중심이 되고 있다.

남북 출판교류는 여강출판사(이순동)가 1992년에 북한 사회과학원 민족고전연구소와《리조실록》복제출판권 설정계약을 체결하기 위해 통일부에서 주민접촉 승인을 받은 것이 최초의 공식적인 기록이다. 따라서 이 책을 통해 여강출판사가 저작권 교류 실적의 첫 테이프를 끊었다. 그 후의 인적 교류도 주로 저작권 계약과 관련된 것이 대부분이다. 이념성이 적고 전문적인 북한의 학술서적이나 전자출판물을 공식경로를 거쳐 국내에 들여오는 사례들이 늘어나기 시작했다. 아직은 일방적이고 손으로 꼽을 정도로 적은 건수지만, 무단으로 북한 출판물을 복제해 보급하던 과거의 관행을 벗어나 합법적인 절차를 거쳐 북한 저작물을 이용하는 단계로 발전했다는 데 의미가 있다.

국어정보학회는 북한과의 학술교류를 통해《남북한 컴퓨터용어사전》을 편찬·발행했으며, 서울대출판부도 북한의《조선유적유물도감》의 이용을 허락받아《북한의 문화재와 문화유적》(2000)으로 출판했다. (사)평화문제연구소는 북한의 사회과학출판사와 공동으로《조선향토대백과》(전6권, 2003)를 공동출판했고, 도서출판 보리는《조선고전문학전집》(전100권)의 일부를 골라《겨레고전문학선집》(2004)을 출판한 바 있다.

그러나 북한과 직접 계약한 경우는 극소수에 지나지 않고 중국, 일본 또는 미국을 통한 간접교류 형식으로 이루어진 경우가 많았다. 누리미디어는 1998년부터 2년에 걸쳐 중국을 통해《고려사》등 고문헌의 번역본을 여러 종 들여와 CD-ROM으로 출간, 대학 도서관에 공급했다. 특히《발해사연구》는 북한에서도 책으로 출판되지 않았던 원고를 디스켓 형태로 넘겨받아 국내에서 CD-ROM으로 제작한 첫 케이스에 속한다.

1998년 6월 17일 출판물도 남북 교역 대상으로 고시되면서, 공식절차에 따른 남북한 간 출판물 직접교역의 길이 열렸다. 이로써 간접교역 방식을 빌려 이루어지던 북한 출판물의 국내반입 루트는 두 채널로 늘어났다. 북한과 직교역되는 도서, 음반 등 출판물은 〈남북 교류협력에 관한 법률〉 및 〈남북한 교역대상 물품 및 반출·반입 승인절차에 관한 고시〉 제3조에 따라, 통일부장관의 승인을 받아야 하는 품목이다. 반입신청과 승인과정에서 수정 또는 삭제, 활용제한 등의 조건이 부과되는 경우도 있다. 이보다 앞서 1994년부터는 인쇄용지가 북한으로 반출되기 시작했고 2000년대 들어와서는 인쇄·제본기기들도 반출대상 품목에 포함되었다. 이와 달리 제3국을 통한 간접교역 방식으로 국내 반입되는 북한 출판물은 직교역이 이루어지기 이전부터 문화체육관광부장관에게 '특수자료 취급' 인가를 받은 수입업체를 통해 특수자료 취급 인가를 받은 기관에만 제공되었다.

이렇게 출판물은 반출·입 승인기관이 둘로 나뉘어 있고, 승인기관별로 집계방식이 다르기 때문에 어떤 종류의 출판물이 얼마나 반출·입되고 있는지 전체적인 교역실태는 파악할 수 없다. 오로지 전체 교역금액과 물량만 무게(kg)로 집계되고 있다. 남북한의 교역액이 2012년에 최고조에 달해 19억7,100만 달러를 기록할 정도로 해마다 증가하고 있는 것과 달리 출판물 교역량은 연도별로 증감의 폭도 크고 전체적인 규모는 정체를 면치 못하고 있는 실정이다. 인도적 차원에서 도서기증 사업도 이루어졌으나 천안함 피격 이후에는 그것마저도 전면중단된 상태다. 전체적인 교역액도 2013년에는 11억3,600만 달러로 크게 감소했다.

출판물 교역이 이루어지고 있어도 남북한 주민이 직접 그 출판물을 접할 수 있는 기회까지 개방된 것은 아니다. 일반인에게는 남한에서조차 북한 출판물의 접근이 원천적으로 제한을 받고 있는 상황에서 북한 주민들에게 남한의 출판물을 향유할 수 있는 기회가 주어질 것으로 기대한다는 것은 현실적으로 불가능한 일이다. 북한 주민이 남한 출판물을 읽는다는 것은 생명의 위협을 느껴야 할 정도의 일임을 감안할 때 북한 당국의 태도가 획기적으로 바뀌지 않고서는 도저히 기대하기 어려운 일이다.

우리 출판물의 북한으로의 반출을 촉진할 여건을 조성하기 위해서는 이념성과 정치색 짙은 서적을 제외한 나머지에 대해 우리가 먼저 일반인들의 자유로운 구독이 가능하도록 과감하게 해제하는 방법도 검토할 때가 되었다.[47] 전면적으로 개방한다 하더라

---

47  정부 각 부처 차관급으로 구성, 독일의 통일 직후 통합과정을 조사한 바 있는 '통일대비 특별정책연수단'은 그 보고서에서 "북한 출판물, 문화·예술작품 등의 개방을 북한과 상호주의 원칙에서 추진하되 북측이 거부할 경우에는 우리라도

414

도 지금 당장 반입이 가능한 북한 출판물의 양도 충분할 것으로 보이지도 않는다.

서독의 경우에는 60년대부터 분단 이후에 발표된 동독 문학작품의 출판과 반입이 가능한 동독 출판물의 시중판매를 아무런 조건 없이 허용했는데, 그것이 오히려 서독 사람들에게 동독의 생활상을 이해시키는 효과까지 거둔 것으로 독일 정부는 평가하고 있다.[48]

출판물의 접근을 북한 주민에게 허용하더라도 현실적인 문제가 적지 않다. 남북한 간의 사용언어의 차이와 의미내용의 변질, 외래어의 지나친 노출빈도, 생소해 친숙하지 않은 문체 등으로 인해 남한 출판물을 직접 북한 주민에게 읽히는 데는 어려움이 큰 것으로 드러났다. 이런 문제는 남한에서도 크게 다르지 않다.

이런 언어의 이질화는 쉽게 극복할 수 있는 문제일 수도 있지만, 가처분 소득이 많지 않고 당장의 먹을거리를 걱정해야 하는 북한의 어려운 경제사정, 남북한 화폐가치의 큰 격차, 출판유통시스템의 미비 등으로 북한 주민들이 남한 출판물에 접근할 수 있는 길은 지극히 요원하고 제한적일 수밖에 없다는 현실을 무시할 수 없다.

남북한 출판 교류협력 사업에 있어서는 양측의 출판산업 발전을 촉진할 교류협력 방법의 다각화를 적극적으로 시도해야 한다. 통일여건 조성을 위해 남북 출판 교류협력을 추진할 대표성을 지닌 기구 간의 대화 채널을 구축하는 일이 가장 시급한 과제이다. 우리의 북한 출판 실태에 관한 정보는 현재 백지상태나 다름없다. 다만 북한의 어려운 경제사정으로 인쇄설비나 제본기기가 노후하고 용지조차 부족해서 출판사업이 대단히 위축되어 있다는 정도만 짐작하고 있다. 또 북한은 2001년 4월에 〈저작권법〉을 제정한 뒤 2003년 4월에는 〈베른조약〉에도 가입했고, 같은 해에 국제표준도서코드(ISBN)에도 가입했다.[49] 2000년대 초반에는 국제도서전시회 참가도 비교적 활발했으나

---

일방적으로 단행할 것"을 건의한 바 있다.(통일 대비 특별정책연수단 보고서 《독일통합실태연구》, 1992, p. 77)

48 《10년간의 독일정책 : 1969~1979년간 동서독 발전관계 중심(Zehn Jahre Deutschlandpolitik : die Entwicklung der Bezeihunggenzwischen der Bundersrepublik Deutschland unf der Deutschland Demokratischen Republik 1969~1979)》, 통일원, 1992. 7., p. 232

49 북한의 ISBN 국가코드는 '9946'이며, 2003년 8월 현재 26개사가 출판사 코드를 부여받았다고 국제ISBN센터에 보고서(country report)를 제출한 바 있다. 이 보고서는 또한 기간도서를 포함한 유통도서의 약 80%에 ISBN을 표시하고 있다고 보고했다. 그러나 바코드(Bar code)는 표시하지 않고 있다.(www. isbn-international.org/agencies/koreadpr 2004. 11. 3.)

최근에는 다시 소극적으로 돌아섰다. 이런 정도의 정보를 국제기구를 통해 간접적으로 입수하고 있을 뿐이다. 출판 지도자들 사이의 직접적인 교류를 통한 상호신뢰의 바탕 위에서 쌍방이 수용가능한 방안을 발굴해내고 우선순위를 정해 단계적·순차적으로 실현하는 접근방안이 바람직하다.

## 정보 네트워크형 출판유통시스템의 시도와 실패

### 출판유통시스템의 패러다임 전환

우리의 출판유통시스템은 ① 영세성, ② 과다밀집성, ③ 자본구조의 전근대성, ④ 관리능력의 부족과 이로 인한 저생산성, ⑤ 중복거래 등 거래의 무질서와 채널의 복잡성, ⑥ 비정상적인 거래관행과 불합리한 상관습 등이 문제점으로 지적되어왔다. 이로 말미암아, ① 상품관리의 부실, ② 과다송품에 따른 반품량의 증가, ③ 과중한 유통비용 부담, ④ 판매대금 결제의 지연 등 많은 문제점을 야기해 출판산업 발전의 견인차가 되어야 할 유통시스템이 오히려 지속적인 성장발전을 저해하는 질곡이 되어왔다.

이를 타개하기 위한 출판유통시스템의 구조개혁은 1950년대 후반부터 절실한 과제였다. 더욱더 정확한 표현은 광복 이후 우리 출판산업의 가장 간절한 염원이 대형 출판물 도매기구를 만드는 것이었다. 우리 출판 1세대들은 가장 이상적인 출판유통시스템의 모델을 일본에서 찾으려 했다. 도한(전 '東京出版販賣')이나 닛빵('日本出版販賣' 약칭) 같은 대형 도매상 중심의 유통시스템을 선망해왔고, 어떻게 일본의 모델을 우리의 것으로 만드느냐 하는 방책을 구하고자 끊임없이 분투해왔다. 도매기구 설립을 위한 40여 년의 노력은 90년대까지 30여 차례나 시도된 끝에 1996년도에 가서야 비로소 그 꿈을 이루었다. 자본금 276억원(주주 출판인 134명, 서점인 99명)이란 출판계 최대 규모의 한국출판유통주식회사(현 북센, 尹錫金) 설립에 성공하고 이를 통해 세계 굴지의 최첨단 자동화 시설을 갖춘 출판물류센터를 건립[50]함으로써 마침내 출판유통기구 설립의 염원

---

50 한국출판유통(주)는 2003년 3월 상호를 '주식회사 북센(Booxen)'으로 변경하고, 2004년 6월 출판물 종합 유통센터를 준공했다. 이 센터는 부지면적 82,500㎡, 연건평 49,587㎡에 3,000만권 보관이 가능한 완전 자동화 설비를 갖춘 아시아

은 일단 종지부를 찍었다.

그러나 80년대부터는 구미 지역의 출판유통시스템이 소개되고, 이어 유통 정보화를 중심으로 하는 정보 네트워크형 출판유통시스템을 구축해야 한다는 쪽으로 출판유통 구조개편의 방향이 바뀌고 있었다. 유통시스템 현대화의 패러다임이 그동안 줄기차게 주창되어왔던 대형 도매기구 설립방향에서 근본부터 바뀐 것이다.

정보 네트워크형 출판유통시스템이란 출판사와 도·소매서점, 물류회사, 광고업자, 금융기관 등 출판유통과 관련된 일련의 기업들을 하나의 통신망으로 연결해 협업체제를 구축하고 정보를 공유함으로써 출판유통 4자(출판사, 도매회사, 소매서점, 보관·배송회사)의 효율을 극대화하기 위한 체제이다. 우리 출판산업 규모는 이미 한두 개 도매회사만으로는 유통기능을 효율화할 수 없을 만큼 성장했다. 또 출판물의 형태와 내용도 다양해진 만큼 유통 채널도 앞으로 훨씬 더 다양해질 것이다. 이렇게 변화되는 유통시스템을 효율적으로 운용하기 위해서는 컴퓨터의 보급과 정보통신망의 발전을 기반으로 하는 정보화를 이룩하지 않으면 안 되게 된 것이다.

이러한 사회발전 추세를 배경으로 상품정보 및 수·발주, 판매, 보관, 대금결제 등 모든 거래정보를 컴퓨터로 관리하거나 주고받으며, 유통과정에서 발생하는 정보를 수집·가공·공유·활용하는 미래지향적이고 고도화된 체제를 구축해 출판유통시스템을 선진화해야 한다. 이를 위해서는 범업계 차원의 공익적 기구로서 '출판유통정보센터'를 설립·운영해야 한다는 것이 정보 네트워크형 출판유통시스템의 기본 구상이요 유통현대화 방안이다.

그러한 단초를 제공한 것은 '출협'에서 발행한 《구미의 출판유통》이란 조사보고서(이두영 지음, 1980)였다. 그 후 우리 사회의 정보화가 진전되면서 정보 네트워크형 출판유통시스템의 구축방향에 관한 구체적인 방안들이 활발하게 제시[51]되고, 업계에서는

---

최대의 출판물 유통센터다.

51  이두영이 계속해서 〈출판유통정보시스템 구축방안에 관한 연구〉(1988), 〈출판유통정보시스템화 방안〉(1990), 〈한국출판산업의 정보화에 관한 연구〉(1990), 〈정보 네트워크형 출판유통시스템 연구〉(1992), 《출판유통론》(1993) 등 정보네트워크형 출판유통시스템 구축방안에 관한 논저를 발표한 데 이어 젊은 연구자들이 1999년까지 이에 관해 모두 18편의 연구논저를 집중적으로 발표했다. 그중 우리나라 정보 네트워크형 출판유통시스템 구축작업에 크게 기여한 중요 학술논문만 간추려보면 ① 이병권, 〈정보화 시대에 대비한 출판 마케팅 전략〉(1994), ② 김종수, 〈유럽형 도서유통시스템을 통해 본 한국도서유통의 미래〉(1994), ③ 이상호, 〈출판유통 현대화를 위한 EDI구축에 관한 연구〉(1994), ④ 박성

그러한 방향으로 구조혁신 작업이 추진되었다.

대한출판문화협회는 1999년 6월 28일 '출판유통 현대화 및 정보화를 위한 워크숍'을 개최해 "출판 선진국으로 도약하기 위해 표준화된 출판유통정보시스템을 구축하기로 방침을 공식적으로 확정했다. 2000년 2월에는 〈출판산업 현대화를 위한 출판유통정보시스템 구축 기본계획〉을 마련, 이를 바탕으로 '출판유통 정보 센터 설립계획'을 정부에 제출하고 이를 위한 재정지원을 요청한다. 이 같은 노력 끝에 정부에서 30억원의 지원을 받고, 업계는 컨소시엄을 구성해 30억원을 조달한다는 계획으로 '출판유통정보시스템 구축사업'이 2001년부터 3개년 계획으로 추진되었다. 이 사업은 출판계와 서점업계, 물류업계 등 17명으로 구성된 출판유통 현대화추진위원회가 중심이 되어 다음과 같이 3단계로 추진되었다.

▷ 1단계 사업(2001) : 종합계획 수립 및 유통 정보화 기반구축 단계
▷ 2단계 사업(2002) : 도서유통시스템 개발 및 확장 단계
▷ 3단계 사업(2003) : 유통시스템 정착 및 서비스 체제 확립 단계

그러나 계획의 추진과 관리의 미숙으로 사업 기간을 2005년까지 연장해가면서 막대한 자금을 투입했으나, 판매도서 목록의 데이터베이스화, 범용 POS시스템 개발, 거래정보통신망을 통해 정보네트워크형 출판유통시스템을 구축하겠다는 사업[52]은 그중 한 가지도 실용화하지 못한 채 실패하고 말았다. 민자조달이 여의치 못했던 점도 있었다. 이와 때를 맞추어 한국출판유통(주)는 파주출판도시 안에 첨단설비를 갖춘 대규모 물류센터를 건립했으나 이마저도 제기능을 발휘하지 못하는 실정이 되었다.

업계대표들로 구성된 추진기구는 2003년 6월 사단법인 '출판유통진흥원'으로 전환

현, 〈출판유통 VAN 구축에 관한 연구〉(1995), ⑤ 윤일권, 〈개방형 서점정보시스템 구축에 관한 연구〉(1995), ⑥ 김봉모, 〈고객지향적 출판유통 경로에 관한 연구〉(1997), ⑦ 조병석, 〈출판유통 정보화의 현단계와 발전전망〉(1997), ⑧ 이재원, 〈출판물 유통을 위한 ISBN 정보시스템 설계에 관한 연구〉(1998), ⑨ 강선영, 〈한국출판산업의 정보화에 관한 연구〉(1999), ⑩ 한국출판학회의 〈한국 출판유통 정보화의 현황과 발전방향에 관한 세미나〉(1999), 대한출판문화협회, 〈출판유통정보시스템 구축 기본계획〉(2000) 등을 꼽을 수 있다.

52 출판유통현대화추진위원회, 〈출판유통정보시스템 구축─2차 연도 제안 요청서〉(2002. 10.) 및 《대한출판문화협회 60주년 기념 10년사─1997~2006》(2007), pp. 78~79 참조

되어 오늘에 이르고 있으나, 현재는 유통 정보화에 관한 사업을 구체적으로 추진하는 모습은 어디에서도 찾을 수 없다. 수많은 출판단체들이 갖가지 사업방안들을 제안하고 있지만 누구도 유통 정보화에는 관심조차 기울이지 않는 것처럼 보인다. 처음 이 사업을 주도했던 출협도, 출판유통진흥원도 지금은 이를 추진할 역량도, 의욕도 상실한 것 같아 보인다.

세계 10위권의 출판시장 규모나 출판량을 자랑하면서도 현대화된 유통시스템을 마련하지 못한 채, 거래제도를 비롯한 유통 행태는 여전히 후진성을 극복하지 못하고 있다. 무원칙·무질서의 극치를 보여주는 거래제도나 현금을 받고 판매한 상품대금을 어음으로 결제하는 대금결제 방식(유엔 가맹국 중에서 어음으로 물품대를 결제하는 나라는 20개국 미만의 개발도상국뿐이다), 생산량의 30%가 팔리지 않고 반품되는 현실을 당연시하는 반품 조건부 위탁판매 제도, 사실상 폐기된 재판제도 등 출판유통 현안과제들을 되돌아보면 지난 70년간 논의만 분분했을 뿐 완결된 것은 거의 없다. 오히려 역사가 뒷걸음치고 있다.

농민들조차 자가생산한 농산물을 인터넷을 통해 도시민과 직거래하는 세계제일의 IT 강국인데, 이미 선진국에서는 오래전부터 성공적으로 활용하고 있는 유통정보시스템에서조차 거금을 쏟아 부었으면서도 십수년 동안 아무것도 이루지 못하고 있는 것은 부끄럽기 그지없는 일이다.

정보 네트워크형 출판유통시스템 구축에 실패함으로써 출판산업 성장동력은 날로 힘을 잃어가고 있고, 유통환경은 최근 들어 더욱 악화, 또는 퇴보하고 있다. 예컨대 정보 네트워크형 출판유통시스템이 구축되면 '사재기'를 통한 베스트셀러 조작 같은 일은 꿈을 꿀 수도, 일어날 수도 없는 일이다. 정보 네트워크형 출판유통시스템이 구축되면 현재 유통되고 있는 약 80만종 도서의 단품별 전국 판매상황을 실시간으로 파악할 수 있기 때문에 특정 서점의 판매실적만으로 베스트셀러 순위를 조작하려는 발상은 원천적으로 불가능해지기 때문이다. 나아가 아직도 시장규모조차 정확하게 파악하지 못하고 매출액은 희망적인 수치만 나열하고 있는 현실인데 이 시스템이 구축되면 명확한 자료를 근거로 효율적인 발전전략을 구사할 수 있게 된다.

한편, 유통 정보화 기반사업으로 1991년 11월 1일부터는 우리나라에서도 국제표준

자료번호제도인 ISBN(International Standard Book Number)과 ISSN(International Standard Serial Number) 및 그 심벌마크로서 바코드가 '한국문헌번호'란 이름으로 책에 표시되기 시작했다. 서점에서는 이를 활용한 판매시점 정보관리시스템인 POS제도(Point of Sales System)가 동시에 도입·시행되었다. 국제표준자료번호제도(ISBN, ISSN)는 컴퓨터를 이용해 폭발적으로 증가하고 있는 각종 출판물마다 단품정보를 간단히 식별, 처리할 수 있도록 하는 국제적으로 표준화된 식별 코드이다. 우리나라에서는 〈도서관법〉에 의해 '한국문헌번호'란 이름으로 국립중앙도서관 한국문헌번호센터가 발행자기호의 부여 등 관리를 담당하고 있다.

**[도표 6-12] 한국문헌번호 부여 실태**

| 연도 | ISBN | | ISSN | |
|---|---|---|---|---|
| | 당해연도 부여 | 누적 부여 실적 | 당해연도 부여 | 누적 부여 실적 |
| 1991. 11.~12. | 744 | 744 | 463 | 463 |
| 1992 | 538 | 1,282 | 842 | 1,305 |
| 1993 | 583 | 1,865 | 338 | 1,643 |
| 1994 | 731 | 2,596 | 585 | 2,228 |
| 1995 | 537 | 3,133 | 337 | 2,565 |
| 1996 | 753 | 3,886 | 505 | 3,070 |
| 1997 | 791 | 4,677 | 427 | 3,497 |
| 1998. 8. | 527 | 5,204 | 331 | 3,828 |

자료 : 〈한국문헌번호제도의 발전방안에 관한 연구〉, 국립중앙도서관, 1998. p. 19

한국문헌번호는 [도표 6-12]에서 보는 바와 같이 출판사들의 적극적인 참여로 시행 첫해 2개월 동안에만 무려 744개 출판사가 발행자기호를 부여받으면서 급속하게 정착되었다.[53] 이듬해 서점에 입고되는 도서의 ISBN 표시율이 83.8%, 잡지의 ISSN 표시율은 59.2%로 각각 조사되었다.[54] 이로써 시행 만 2년도 되지 않는 짧은 기간에 제도 정착의 임계점(신간발행 출판사의 50%가 발행자기호 부여받음)을 돌파한 것으로 평가되었다. 일본이 이 제도의 실시율 30%를 정착시키는 데 7년이 소요되었는데 우리가 이처럼 단기간에 신속하게 정착시킬 수 있었던 데에는 이 제도 시행을 앞두고 적극적 계몽 등 의 치밀

---

53  이두영, 최건수, 현규섭,《한국문헌번호제도의 발전방안에 관한 연구》(국립중앙도서관, 1997. 12.), pp. 8~27 참조
54  한국출판연구소, 〈출판유통정보화 추진방향〉, (문화관광부, 1998. 12.), p. 100

한 추진전략을 구사한 것이 주효했기 때문이다. 국내에서는 ISBN과 바코드가 표시되지 않은 책은 책 자체에 결함이 있는 것처럼 인식할 정도가 되었다.

한국문헌번호가 부여된 도서와 정기간행물에 관한 신간정보는 데이터베이스를 구축해 처음에는 공중정보통신망(나우누리, 천리안, 하이텔, 한국출판유통, BNK)을 통해 일반인들에게도 제공했다. 또한 교보문고 등 전국의 90개 서점에서 한국문헌번호를 기반으로 POS시스템을 운영하기 시작했다. 통계청이 조사한 바에 따르면 POS시스템을 도입·운용하는 서점은 2006년의 478개(전체의 8.2%)에서 2009년에는 788개사(15%)로 급속하게 늘어나고 있었다.[55]

POS시스템의 도입으로 서점의 전산화 내지 정보화 기반이 마련되고 서점경영의 과학화와 현대화의 길이 열린 것이다.

그러나 POS시스템의 활용수준은 아직도 초보적인 단계에 머물러 있다. 점포 내에서 재고도서 검색 등 단품관리 외에는 대부분 판매정보 관리조차 현금출납기 이상의 기능을 발휘하지 못하는 수준에 머물러 있을 뿐이다. 당초 목표했던 것처럼 각 서점의 POS시스템을 연결해서 판매정보를 수집, 가공해 출판·서점업계가 공동으로 활용할 수 있는 정보화의 단계로는 발전하지 못하고 만 것이다. 자체적으로 POS 데이터를 경영정

출판유통 현대화 사업의 패러다임은 1980년대 후반부터 일본의 일원공급 체제 모델에서 정보화로 전환, ISBN과 POS시스템 도입을 적극추진해 1991년부터 시행한다.

---

55  통계청, 《도·소매업통계조사보고서》, 2007, 2010년판 참조

보로 활용하는 서점도 극소수에 지나지 않는다. 2009년 현재 컴퓨터를 1대 이상이라도 보유하고 있는 서점은 전체의 50%에 육박하고, 카드 조회기도 87%가 활용하고 있지만 유통 정보화의 길은 아직 멀기만 했다.[56]

### 서점 격감의 실태와 배경

1990년대 중반까지가 현대 한국서점 역사의 '발전기'였다면 그 이후부터 지금까지는 '변혁기'를 보내고 있는 중이라고 할 수 있다. 90년대 중반에 접어들면서 개방화와 함께 새로운 업태의 참입 등 서점업계는 거센 변화의 물결에 휩쓸리기 시작했다. 끊임없이 밀어닥치는 급격한 환경변화에 대응해 전통적인 서점들은 혹독한 시련을 견뎌내지 않으면 안 되었다.

당시는 '고도성장기에서 저성장으로의 전환'이란 말이 자주 쓰일 정도로 출판경기도 구조적인 장기침체에 빠지고 있었기 때문에 이제까지와는 근본적으로 다른 성격의 체질개선 기회를 맞고 있었다.

장기적으로 보면 서점업계는 6·25전쟁 이후의 '재건기'를 거쳤고 70, 80년대의 '발전기'는 출판산업의 고도성장에 힘입어 동질성의 단순확대 과정이었다고 할 수 있다.[57] 다시 말하자면 우리나라 서점업은 고비용 저효율적인 생업형 영세서점이 절대다수를 차지하는 구조였고, 이렇게 경영기반이 취약한 영세 서점을 보호해야 한다는 취지에서 대형점의 출현을 규제하는 유통정책으로 대형서점 발전이 억제된 가운데 영세서점들이 안존할 수 있었다. 이러한 점이 다른 출판 선진국들에 비해 서점밀도의 과다성, 규모의 영세성, 경영체질의 전근대성 등 우리 서점업의 구조적 특질을 만들어내는 요인으로 작용했다. 서점은 머천다이징 능력과 마케팅 활동이 미약해 구색과 서비스 면에서도 서점의 포지셔닝을 제대로 확보하지 못하고 있었다. 이러한 서점업계의 구조적 특질이 그대로 유지되면서 비슷한 유형의 개성 없는 서점 수만 양적 팽창을 계속해온 동

---

56  통계청, 앞의 책, 2010년판

57  우리나라 서점의 발전과정은 대략 개척기(1945. 8. 15.~1953 ; 전국적인 출판유통시스템 형성), 재건기(1953~1980 ; 6·25 전쟁 이후 생업형 영세서점 확대), 발전기(1980~1993 ; 대형화, 복합화, 전문화 과정), 변혁기(1994~현재, 서점시장 개방과 대형 할인점, 인터넷 서점 등 신 업태 출현으로 서점 수 급감)로 나눌 수 있다.

질성의 단순확대 과정이 그동안의 발전 패턴이었다.

서점의 발전기는 출판의 양적 성장이 최고조에 달한 때부터 시작되었고, 계속해서 서점경영에 유리한 환경이 조성되고 있었다. 출판물에 대한 부가가치세 면제에 이어 〈공정거래법〉에서도 '예외적'으로 재판매가격유지 행위를 인정함으로써, 서점들은 가격경쟁에 대한 부담 없이 적정한 수익을 보장받을 수 있었기 때문에 지속적으로 증가할 수 있었다. 재판유지 행위가 인정된 다음 해인 1982년에만 592개의 신규서점이 늘어난 것을 비롯, 1994년에는 전국서점 수가 5,683개를 헤아렸다. 서점 수가 인구 1만명당 2.93개 꼴을 기록한 것이다. 이는 일본의 2.24점보다도 많은 것일 뿐 아니라 미국이나 영국, 독일에 비해서는 무려 5배가 넘었다. 국토면적 10평방키로 미터($km^2$)당 1.28개 서점은 일본의 0.75점을 훨씬 뛰어넘는 고밀도를 나타내고 있었다.

그럼에도 서점매장의 확대는 절박한 상황이었고 질적 성장은 필연적인 과제였다. 비슷한 성격의 소규모 서점만 늘어나고 있었기 때문이다. 1984년의 서점 수는 3,679개로 1976년에 비해 20%가 증가했으나 평균 매장면적은 서점당 겨우 $52 m^2$(15.7평)에 지나지 않았다. 같은 기간의 도서 발행종수가 1만3,424종에서 3만3,156종으로 2.5배나 증가했기 때문에 진열공간이 절대 부족했다. 필요한 최소한의 매장면적 29%에도 미치지 못하는 실정이었다.[58] 신간도서가 제대로 진열조차 되지 못한 채 반품되는 절박한 상황에서 매장의 대형화가 절실했다.

사정이 이런데도 수적으로 절대다수를 차지하고 있는 영세서점들은 자신들의 생존권을 내세우며 대형서점의 출현을 극렬하게 막고 나섰다. 교보문고는 84년과 87년 두 차례에 걸쳐 부산, 대전, 울산, 인천, 광주, 전주 등 6개 도시에서 지점 개설을 시도하다가 서점들의 반대에 부딪혀 결국 백지화를 선언하기에 이르렀다. 교보문고만이 아니라 다른 대형서점들도 개점과정에서 똑같은 애로를 겪었다.[59] 이렇게 되자 매장의 대형화를 바라고 있던 출판계는 서점 스스로 매장확장에 노력해줄 것을 촉구하고 나섰다. 매장확대의 기폭제가 될 것으로 기대되었던 교보문고의 지방점 개설 시도는 좌절되었지만 전국 주요 도시에서 기존 서점의 확장 또는 신규서점의 대형화 바람을 일으키는

---

58  이중한, 이두영, 양문길, 양평, 《우리 출판 100년》, 현암사, 2001, p. 194

59  〈도서유통 현대화를 위한 경과보고〉(유인물), 대한출판문화협회, 1987. 8. 5. 참조

계기는 되었다. 매장면적 330㎡(100평) 이상의 서점이 88년 현재 30여 개뿐이었으나 1994년에는 85개로 집계되고 있었다. 1,000㎡(300평) 이상의 서점(98개)도 같은 기간 1.7%에서 2.4%(122개)로 증가한 것으로 정부는 밝히고 있다.[60] 생계유지형 서점 일변도에서 조심스럽게 대형화되는 동시에 기업화와 전문경영인 체제로 전환되기 시작한 것이다.

서점의 대형화는 단순히 책을 파는 상점의 차원을 넘어 서점의 기능을 확대하고 서점경영의 패러다임을 변화시켰다. 서비스 체제의 개선, 도서정보 제공의 과학화, 지역정보 문화공간으로서의 서점기능 확대라는 질적 향상의 새로운 과제를 부각시키면서 책과 함께 문구와 팬시 상품, 컴퓨터 기기, 비디오테이프, 음악 CD 등을 구비해 '원 스톱 서비스'의 편의를 제공하는 복합화와 체인화를 촉진했다. 동시에 서점의 인력 수급, 군소서점과의 균형 있는 공존 등 서점 스스로가 풀어야 할 현실적인 문제들도 제기했다.

서점의 전문화 경향을 촉발한 것도 서점의 개성화 내지 차별화를 가져왔다. 이를테면 컴퓨터, 종교, 음악, 예술 전문서점 등 특정 분야의 도서를 깊이 있게 진열 판매하는 소형 전문서점의 대두는 현대사회의 전문화 경향에 맞춘 새로운 시장창출이라는 점에서 긍정적인 경향으로 받아들여졌다. 특히 어린이 전문서점의 전국적인 확산은 서점 전문화의 불을 지피는 일로 평가되었다. 서점이 지역주민을 위한 문화 프로그램을 개발운영함으로써 지역문화 내지 정보교류의 장과 엔터테인먼트 센터로서의 구실을 담당하는 사회적 기능도 겸하기 시작했다.

설비의 현대화도 빠르게 진행되었다. 설비 현대화는 전산화, 곧 자동화를 말한다. 80년대 후반부터 서울의 출판사나 서적도매상과 지방서점 간 팩시밀리를 설치해 도서 수·발주를 신속·정확하게 처리하는 업무처리의 기계화가 이루어지기 시작했다. 1991년에는 '도서상품권' 제도가 부활되어 폭발적 인기를 얻음으로써 책을 선물로 주고받는 문화가 정착, 확산되면서 업계를 크게 고무시키는 분위기였다. 이렇게 새로운 차원의 질적인 성장과 발전궤도를 달려가던 서점업계에는 1994년을 기점으로 서점경영을 위협하는 변화들이 연속해서 대두되었고 심각한 위기와 침체국면에 직면한 서점들은

60  통계청,《도·소매업통계조사보고서》(1997~2010년판) 참조

걷잡을 수 없는 급감추세로 반전된다.

인터넷 서점, 대형 할인점과 도서대여점 등 새로운 업태의 출현으로 서점의 경쟁양상이 근본적으로 바뀌었기 때문이다. 종전에는 동종업체인 서점들끼리 경쟁을 벌였는데, 출판물 판매를 담당하는 새로운 업태들이 다양하게 출현함으로써 서점은 서점 간의 경쟁뿐만 아니라 새로운 경영기법을 내세운 이들 업태들과도 경쟁을 하지 않으면 안 되는 다자간 무한복합 경쟁이 치열하게 확대되는 가운데 서점업의 대외개방도 초읽기에 들어가는 형국이 되었다.

이런 거센 변화의 소용돌이 속에서 장기적인 불황과 날로 치열해지는 경쟁에 견디지 못한 서점들의 폐업이 속출했다. 항상 '신규서점'이 '퇴출서점'의 숫자를 초과하던 서점의 구조가 반전된 것이다. 모든 언론매체들이 다투어 기존 서점의 '폐업률'을 심각하게 보도했다.《한국출판연감》에 따르면 1994년의 5,683개점을 정점으로 급격하게 줄어들기 시작한 서점 수는 2009년 현재 1,825개만 남은 것으로 집계되고 있다. 이 기간 동안 연평균 약 250개 서점이 사라져 무려 3,858개 서점이 감소했다.([도표 6-13] 참조) 센서스에 의한 통계청의《도·소매업통계조사보고서》도 그러한 추세는 크게 다르지 않다.《도·소매업통계조사보고서》는 1996년에서 2009년 사이에 서점 수가 9,802개에서 5,253개로 46.4%나 감소된 것으로 집계하고 있다.

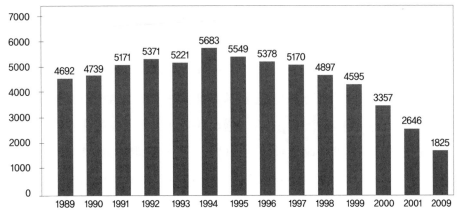

[도표 6-13] 서점 수의 감소 추이

자료 :《한국출판연감》에 의해 작성

1907년 종로서적 자리에서 문을 연 대한예수교서회(왼쪽 사진)와 1960년대까지 종로서적이 입주했던 대한기독교서회 건물(오른쪽). 기독교서회 건물 1층에는 종로서적이 1969년까지 입주해 있었다.(《대한기독교서회사》 참조)

서점 수만 아니라 종사자 또한 똑같이 감소추세를 나타내고 있다. 3만7,448명이던 종사자 수도 무려 58%가 줄어든 1만5,715명밖에 되지 않았다. 외형적으로는 서점을 중심으로 하는 출판유통 산업이 불과 15년 사이에 반 토막이 나버린 것이다.

서점업계가 요동치는 과정에서 유일하게 100년의 역사를 바라보며 한국을 대표하는 서점으로 자리를 굳히고 있던 종로서적이 2002년 6월에 도산한 것을 비롯해 대구, 광주, 울산, 진주, 여수 등 전국 주요 도시에서 그 지역의 문화거점으로서의 아이콘 역할을 하던 대표적인 서점들이 거의 모두 폐점하는 비운을 맞았다.

종로서적 100년의 역사는 1907년 미국 장로교 계통의 예수교서회가 종로 2가에 목조 기와집을 구입, 기독교 전문서점으로 출범시킨 것이 시초였다. 조선 말기부터 종로는 종각 주변 번화가를 중심으로 지전(紙廛)·서직포가 즐비해 선비들의 발길이 끊이지 않았던 곳이다.

종로서적은 이후 교문서관(1931), 종로서관(1948), 종로서적센터(1963)로 이름을 바꾸었다. 경성대학 법문학부 출신으로 당시 숭실대 교수(철학)인 장하구(張河龜)가 1963년에 인수, 동생(張河麟)과 함께 경영을 분담해 우리나라 최초의 현대식 대형서점 시대를 열었다. 일제강점기 이래 크게 변하지 않은 서점의 구태를 벗어나 우리나라 서점으로는 최초로 알루미늄 간판에 네온사인 간판, 대리석 바닥 장식, 천장의 샹들리에(chandelier)로 서점설비를 모두 바꾸었다. 주제별로 진열하고 서점 내 각종 표지판과 배경음악(BGM)도 도입했다. 처음으로 젊은 여성을 판매직원으로 채용하는 등 과감하고 혁신적인 시도를 도입해 서점의 새로운 이미지를 창출한 것으로 평가받았다. 이때부터 서점 이름도 책방 또는 서점에서 '센터'가 유행하기 시작했다.

69년에는 도로 확장공사로 기존 건물이 헐리자 바로 옆 성공회 빌딩을 임대해 맥을 잇다가 주식회사 체제로 전환했다. 77년 12월 서점 자율결의로 도서정가제를 시행할 때는 누구보다 앞장서서 주도적 역할을 맡기도 했다. 독자와 저자가 함께하는 프로그램 '작가와의 대화', '작가와 함께 떠나는 문학기행', '엄마와 함께 하는 책방 나들이'도 운영했다. 90년에는 사원 출신인 이철지(李徹之)를 사장으로 선임, 서점경영의 현대화를 주도하는 전문경영인 시대를 열기도 했다. 97년에는 국내 최초의 인터넷 서점(종로 인터넷 서점)을 개설하는 등 서점경영의 선진화를 이끌었다. 부도로 도산할 당시 매장면적은 5,000$m^2$(1,500평)가 넘었다.

이렇게 우리나라 대형서점의 효시이자 지성의 산실로서, 혹은 추억의 약속장소로서 한때 우리 출판문화의 상징처럼 여겨지던 종로서적이 창립 100주년을 얼마 남겨두지 않은 채 쓰러져버린 것은 출판계의 엄청난 손실이었고 문화계에 충격을 던져준 일이었다. 종로서적이 도산한 이유로는 80년대부터 계속된 노조와 사측의 강경한 대립, 이를 둘러싼 창업자 가족 간의 내부갈등, 주차시설·편의시설 미비 등 시대적 환경변화에의 부적응, 인터넷 서점의 등장으로 야기된 출혈할인 경쟁 등이 지적되었지만, 가장 큰 이유는 지식 정보화 시대에 폭넓은 지식과 정보를 필요로 하는 독자들의 욕구에 제대로 대응하지 못했기 때문이다.

종로서적이 도산하자 단행본 출판사들을 중심으로 2002년 6월 7일 성명을 통해 종로서적의 발전적 재건을 촉구했고, 11개 출판 관련 단체들이 '종로서적 살리기 추진위원회'를 결성되는 등 다양한 움직임이 일어났지만, 회생을 위한 구체적인 노력이 진행되지 못하고 결국 흐지부지되고 말았다.

광주(光州)에서 76년의 역사를 쌓아온 삼복(三福)서점(김성규)도 2008년 6월 본점을 폐쇄했다. 일제치하인 1932년 문을 연 삼복서점은 1945년 중앙초등학교 근처의 일본인 서점을 인수하면서 호남의 대표서점으로 자리를 잡았다. 1992년에는 광주의 중심 번화가인 금남로로 이전, 991$m^2$ 규모(3개층)로 확장하는 등 3대에 걸쳐 서점의 전통을 이어왔다. 한때는 하루 매출액이 2,500만원에 이를 정도로 활발했지만 입지여건의 변화로 인한 유동인구의 감소, 인터넷 서점의 공세 등으로 위축되어 역사의 뒤안길로 사라지게 되었다. 다행히 상무점과 운남점 등 2개 지점은 영업을 계속하기로 결정해 이름과 전통만은 이어갈 수 있게 되었다.

왜 재건기 이후 발전기를 거치면서 반세기나 넘게 축적되어 온 '서점경영'의 노하우가 이토록 맥없이 붕괴되어버린 것인가. 혹은 새로운 업태들의 출현으로 전통서점은 출판시장에서 그 존재가치를 잃어버렸기 때문인가. 서점 경영자들은 대량도산의 원인으로 ① 인터넷 서점의 할인판매(37.8%), ② 대형점의 출현(21.3%), ③ 할인점포의 확대(19.1%), ④ 경기침체(15.4%), ⑤ 서점인의 경영능력 부족(6.2%), ⑥ 기타, 잘 모름(0.2%)을 들었다.[61]

이러한 요인들은 곧 무절제한 할인판매 행위와 경쟁력이 취약한 서점체질에서 그 이유를 찾아야 할 것이다. 서점들이 재판제도에 안주하면서 상품지식의 부족과 서비스 개선에 등한했고, 개성화·차별화를 도모하지 못한 천편일률적인 행태와 모습을 다수 존립시켜온 구조가 서점의 대량폐업을 야기한 요인이다. 이른바 '마켓 슬랙 효과(market slack effect)'가 소멸되면서 '적자생존의 원리'만이 지배하는 구조가 되어버리자 경쟁력이 약한 서점들이 도산하지 않을 수 없는 바람 앞의 등불 신세가 되어버린 것이다.

일반적으로 시장성장률이 높을수록 경쟁의 정도는 약해지고 점포들의 대응도 늦어져서 시장에 경쟁의 느슨함(slack)이 생기기 때문에 생산성이 낮은 점포라도 생존할 수 있는 기회가 넓어진다. 즉 어떤 업종이든 시상규모가 계속해서 커지면 비효율적인 생업형 영세상점의 더 많은 시장진입을 유인하게 된다는 것이다. 높은 시장성장률이 만들어내는 이와 같은 효과를 유통이론에서는 '마켓 슬랙 효과'라고 부른다.

서점도 이 이론이 그대로 적용되어 왔다. 70년대에서 90년대 전반에 이르는 긴 기간 동안 대단히 높은 수준의 출판시장 성장은 유통시장에서 슬랙 현상을 만들어냈고, 그 결과 생산성이 낮은 생업형 영세서점이 많이 잔존할 수 있는 기회가 주어졌다.

---

61  출판유통진흥원,《한국의 출판유통실태조사 보고서》, 문화관광부, 2004

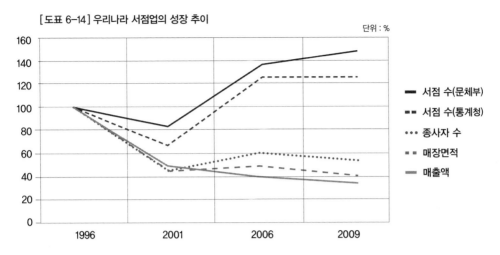

[도표 6-14] 우리나라 서점업의 성장 추이

단위 : %

- ━ 서점 수(문체부)
- ▪▪ 서점 수(통계청)
- ••• 종사자 수
- ▪ ▪ 매장면적
- ━ 매출액

자료 : 《한국출판연감》, 《도·소매업통계조사보고서》 각 연도판에 의해 작성

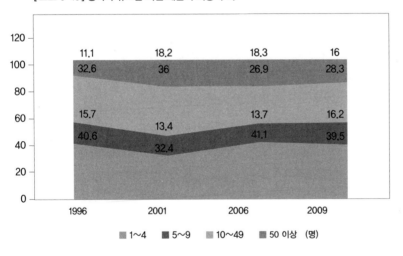

[도표 6-15] 종사자 규모별 서점 매출액 비중 추이

■ 1~4  ■ 5~9  ■ 10~49  ■ 50 이상  (명)

자료 : 《도·소매업통계조사보고서》 각 연도판에 의해 작성

    그와 같은 환경에서 동질성의 단순확대라는 성장 패턴을 유지해온 서점업은 90년대의 새로운 유통환경 변화에 직면해 이제까지와는 질적으로 전혀 다른, 즉 수적으로 서점이 급감하면서도 전체 매장면적은 늘어나는 변화, 발전양상을 보이게 된 것이다.

    그러나 서점의 수적인 감소현상은 앞으로 더는 계속되지는 않을 것이다. 서점 수는 크게 감소했지만 전국적인 총 매장면적은 1996년의 69만6,099㎡에서 2009년에는 99만3,669㎡로 약 43%나 늘어났다. 서점당 평균 매장규모가 71㎡에서 189㎡로 늘어난 것이다. 같은 기간 매출액도 1조4,561억6,300만원(서점당 평균 1억4,855만원)에서 2조1,594억7,700만원(4억1,109만원)으로 48.3%나 증가했다.

설비의 자동화와 매장의 대형화에 의한 노동생산성이나 물적 생산성도 크게 향상되었다. 그동안 서점당 매출액이나 종업원 1인당 매출규모가 일본의 11%에 지나지 않는 낮은 생산성이 문제점으로 지적되고 있었는데, 경영효율이 크게 개선되었다. 이와 함께 대형 대 중소형 서점, 서울과 지방서점 간의 양극화 현상이 더욱 극명하게 나타났고, 양자의 격차는 비교하기 어려울 만큼 벌어졌다.

그렇다고 상시 종사자 수 4명 미만의 생계형 영세서점이 절대다수를 차지하고 있는 서점업의 구조적 특질이 완전히 바뀐 것은 아니다. 상시 종사자 수를 규모별로 살펴보면 1996년에 83.3%이던 2명 미만의 생계형 영세서점의 비중은 2009년에 오히려 89.4%로 높아진 반면에 매장면적은 58.2%에서 47.9%로 줄어들었다. 그 대신 50명 이상의 대형서점 총 매장면적은 6.7%에서 18.9%로 3배 가까이 늘어났다. 생계형 영세서점은 날로 더욱 작아지고 대형서점은 상대적으로 더 커지는 빈익빈 부익부 현상이 벌어지고 있는 것에 대한 대책이 시급한 실정이 되었다.

### 인터넷 서점의 약진

인터넷 서점(또는 온라인서점)이란 '일반 시점에서 팔고 있는 책을 점포의 유무와는 상관없이 인터넷을 통해 판매하는 가상서점'을 말한다. 책을 사고파는 데 전통서점처럼 시간적·공간적 제약은 물론 국경도 없는 특성을 가지고 있다. 인터넷 전문서점과 전통서점에서 겸영하는 두 가지 형태가 있었으나 전자상거래가 활성화되면서 오픈 마켓 같은 인터넷 쇼핑몰 등으로 그 형태가 점점 다양해지고 있다.

우리나라에서 인터넷 서점은 1997년에 종로서적이 제일 먼저 개설하면서부터 대형서점들을 중심으로 빠르게 확산되었다. 대형서점들이 겸영하는 대표적인 인터넷 서점은 현재 교보문고(www.kyobobook.co.kr), 영풍문고(www.ypbooks.co.kr), ㈜서울문고(www.bandinlunis.com) 등이 있고, 인터넷 전문서점으로는 예스24(www.yes24.com), 인터파크

도서(http : //book. interpark.com), 알라딘 커뮤니케이션(www.aladdin.co.kr), 리브로(www. libro.co.kr, 2012년 폐업) 등이 2010년 현재 상위업체로 랭크되어 있다. 오픈 마켓으로는 G마켓, 11번가, 옥션 등이 대표적이다.

1999년은 이들 '인터넷 서점의 원년'으로 기록되고 있다. 직전 연도까지 인터넷 서점의 매출총액은 겨우 32억원으로 추정되었으나 이해에는 무려 269억원으로 직전 연도 대비 8배 이상 수직상승한 것으로 추정되었다.[62] 이러한 상황의 배경으로 두 가지를 들 수 있다. 하나는 인터넷 인구의 폭발적 증가에 있다. 97년 전체 인구의 1.5%에 불과했던 인터넷 이용자가 99년 말에는 22.4%로 증가되었다. 《한국인터넷백서》는 1999년 말 현재 인터넷 인구가 1,086만명이라고 밝히고 있다. 그중 남자만 631만명이 넘었다. 인터넷 인구의 폭발적인 증가는 자연스럽게 인터넷 서점의 매출증가로 연결되었다. 1999년의 청와대 경제대책회의가 전자상거래 활성화를 위해 정부조달 부문의 전자상거래를 의무화하기로 방침을 정한 것도 인터넷 상거래를 촉진하는 계기가 되었다. 교보문고의 1999년 한 해 매출액은 1,082억원이었는데, 이 가운데 인터넷을 통한 판매액수가 78억원으로 전체 매출액의 8%를 차지한 것으로 알려져 업계를 놀라게 했다.[63]

2000년은 우리나라 인터넷 서점들이 다시 한 번 대약진을 한 해였다. 인터넷 영풍문고는 전년 대비 850% 신장률을 보였다. 예스24와 알라딘, 와우북 등의 매출액도 급신장해 1·4분기에 벌써 직전 연도 연간 매출액을 상회하고 있었다. 예스24는 2000년 한 해 매출액이 160억원을 돌파해 직전 연도에 비해 무려 1,600%나 성장, 1일 매출액에서 교보문고의 인터넷 매출액을 앞질렀다. 회원 수도 30만명을 넘어섰고 1일 방문자 수도 6만여 명에 달하는 것으로 알려졌다. 알라딘도 99년 7월까지의 총 매출액이 3억5,000만원이던 것이 2000년에는 11월까지 80억원을 넘어섰다.

둘째 인터넷 서점은 할인판매를 통해 자리를 잡았다. 많은 회원을 확보했음에도 초창기에는 할인행위를 통해 서점의 구매고객을 빼앗아가는 역기능적인 요소가 많았기 때문에 비판도 컸다. '재판제도' 하에서 독자들의 구매 행태가 '책의 내용은 서점에서 직접 확인하고 주문은 인터넷 서점으로 하는 것'이 정석처럼 굳어가고 있었다. 〈출판

62 《한국출판연감 2001년판》, p. 138
63 양문길, 〈서점 100년, 출판유통의 발자취〉, 《우리 출판 100년》, 서울 현암사, 2001, p. 218

및 인쇄 진흥법〉이 제정되기 전까지 인터넷 서점들은 20% 안팎의 할인된 가격으로 책을 판매하고 있었다. 예스24의 경우는 정가의 37%까지 베스트셀러를 싸게 팔기도 했다. 예스24가 할인판매를 통해 교보문고 인터넷 판매액을 능가하자 교보문고도 정가판매 고수 입장을 버리고 인터넷에서의 할인판매로 돌아섰다. 〈출판 및 인쇄 진흥법〉은 인터넷 서점의 할인판매를 인정해 할인판매는 갈수록 더욱 심해졌다. 인터넷 서점들은 재판제도의 허점을 이용해 마일리지 확대적용, 최저가 보상제, 1+1 이벤트 등 극렬한 할인경쟁을 벌였다. 2003년 6월부터는 인터파크가 업계 최초로 1권 무료배송을 실시한 이후 2004년부터는 모든 온라인 서점에서의 무료배송이 일반화되었다.

인터넷 서점의 매출 추이를 보면 1997년에는 5억원에 지나지 않았으나 98년 32억원, 99년 269억원, 2000년 457억원, 2001년 731억원, 2002년엔 무려 1,410억원이란 놀라운 실적을 기록했다. 그 후 계속해서 시장점유율을 확대했고 2000년도엔 전체 출판시장에서 인터넷 서점의 시장점유율이 3.94%에 지나지 않았는데 2010년에는 39.0%를 기록, 10배 이상 증가했다. 이러한 인터넷 서점의 성장배경에는 할인판매가 절대적인 힘을 발휘했다.[64] 인터넷 서점이 출판산업 발전에 미치는 영향력은 말할 수 없이 커졌지만, 도서정가제를 붕괴시킨 주범이란 비난을 면키 어렵게 되었다.

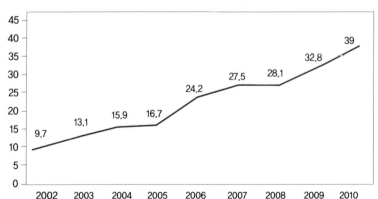

[도표 6-16] 인터넷 서점의 시장점유율 추이

주 : 오픈 마켓 매출액 포함
자료 : 《한국출판연감 2011》, p. 97

---

64 《한국출판연감 2011년판》, p. 97

이처럼 매출이 증가했음에도 인터넷 서점들의 수익구조는 좋지 못했다. 업체 간 가격경쟁이 너무 심해 박리다매 전략을 취할 수밖에 없다는 사정과 무료배송에 따르는 물류비의 압박이 컸다. 그렇기 때문에 2000년 하반기 접어들면서 주식가격 폭락과 벤처 열기의 냉각, 전반적인 경기침체가 심화되면서 경영상태가 급작스럽게 악화되었다. 그 바람에 일부 인터넷 서점들이 인수·합병을 서두르거나 도태되면서 업계가 정돈되는 과정을 거쳤다. 예스24는 2002년 와우북을 흡수합병했다. ㈜리브로는 누적적자를 견디지 못해 2010년 8월 ㈜대교에 매각되어 인터넷 서점은 빅 6의 경쟁체제가 굳어졌다.

인터넷 서점의 특징을 새삼스럽게 거론할 필요조차 없지만, 인터넷 서점의 경이적인 성장은 출판유통 채널의 분화를 가져왔다. 책을 사고파는 수단이 다양화되는 동시에 서점의 폐업을 촉진하는 결과도 초래했다. 인터넷 서점은 전통서점처럼 진열공간의 한계가 없기 때문에 이론상으로는 모든 책을 판매할 수 있다. 인터넷 서점을 이용하는 사람들에게 중요한 것은 서점의 지명도나 실적이 아니라 총망라한 데이터에서 자신들이 원하는 책을 찾아내는 데 얼마나 만족할 수 있느냐 하는 것이다. 이는 사이트상 중고서점을 병설하는 이유이기도 하다.[65]

인터넷 서점은 전통적인 오프라인 서점의 공간구조에도 변화를 가져왔다. 서점의 대형화다. 모든 책을 구비하기 위한 서점의 대형화는 인터넷 서점에 대항하기 위해 택할 수 있는 방법 중 하나지만 용이한 일은 아니다. 책을 사기 위해 서점에 가는 것이 시간과 교통비 낭비라는 인식도 점점 커지고 있다.

또한 책을 검색해서 원하는 책을 고른다는 시스템의 발달은 이른바 롱테일(The Long-Tail)현상을 통해 폭넓은 독자층을 발굴, 새로운 수요를 창출해내는 효과도 있다. 일반적인 소매점의 경우 잘 팔리는 상위 20%가 전체 매출의 80%를 차지한다는 파레토(Pareto's) 법칙을 중요시해왔다. 전통적인 서점에서도 재고 및 상품매장 진열공간의 제한문제로 베스트셀러같이 잘 팔리는 책만 잘 보이는 곳에 쌓아놓고 집중해 판매하는 마케팅 전략이 일반화하는 경우가 많았다. 인터넷과 새로운 물류기술의 발달로 인해 인터넷 서점의 경우 베스트셀러와 함께 그동안 간과되어온 비인기 서적들도 매출

---

65  예스24는 '본문 검색시스템'을 2005년에 개시했다. 알라딘은 2008년 2월에 '중고샵'을 오픈하기 시작, 2014년 3월 말 현재 17개 점포를 운영하고 있다.

비중이 높아져 전체 이익 면에서 많은 이윤을 창출할 수 있는 새로운 틈새시장을 만들어냈다.

초창기에는 시스템의 우열이 인터넷 서점의 경쟁력을 좌우했지만, 오늘날 시스템 수준은 거의 평준화되었다고 할 수 있다. 인터넷 서점은 또 우리 출판유통의 고질적인 병폐인 어음 대신 현금으로 판매대금을 결제하고 반품량을 감소시키는 결과를 가져왔다.

### 도매업 이용조건의 변질과 존립기반의 약화

지금까지 우리나라의 서적도매업은 생산 부문의 발전이나 소비수준의 향상에 상응하는 발전을 이룩하지 못했다. 이로 인해 출판사 및 유통업체가 상호신뢰를 바탕으로 하는 공생적인 관계가 제대로 형성되지 못했다. 오히려 밀어내기 등 일방적이고 불공정한 행위가 유발되고 있었으며, 상당 부문 무자료 거래관행이 행해지는 등 유통질서가 왜곡되고 있는 실정이었다. 그러한 상황에서 선진국에 비해 크게 낙후된 규모의 영세성, 저생산성 등으로 인한 서적도매업의 고비용 저효율 구조가 출판산업 발전을 저해하는 가장 큰 암적 요소로 지적되어 왔다.

1996년 현재, 4인 이하 도매업체의 비율이 50%가 넘고 있으며, 매장면적도 25%나 차지하는 가족단위 생계유지형이 많았다. 거시적으로는 도매업자 수가 증가해도 미시적으로 보면 영세 소규모 도매업자만이 증가하고 있었을 뿐이며 기능적으로는 상품력이나 판매력, 물류력이나 정보력 등이 모두 쇠퇴하고 있었다. 자본력도 약한 데다 위탁반품 제도에서 다품목 소량 나빈도 기래를 특성으로 하기 때문에 경영효율이 매우 낮았다. 그나마 1996년 이후 서적도매업 동향은 [도표 6-17]에서 보는 바와 같이 도매업자 수, 종사자 수 및 사업장 면적이 모두 감소하는 추세를 보여왔다.

이런 경향은 2001년에 저점을 찍은 후 2006년까지 서서히 회복세를 나타내는 듯했으나 그 이후로는 정체가 지속되고 있다. 다만 서적도매업에 대한 여러 지표 중 오로지 매출액만이 지속적으로 성장해 2006년에 최고정점을 기록했으나 그 이후로는 이마저도 감소세로 돌아섰다. 도매업의 발전 정도를 나타내는 유통우회도(도매 매출액/소매 매출액)도 15년 동안 0.85(1996)에서 1.03(2009)로 겨우 0.18이 늘어났을 뿐이며, 도매업체의 법인화율도 4.5%에 불과한 실정이다.[66] 이와 같이 불안정한 구도 속에서 서적도매업은 변동하는 수요에 대응하기 어려운 실정이었다. 그렇기 때문에 서적도매업끼리의 경쟁과 구축(驅逐)관계만 강화되는 측면도 강했다.

이러한 서적도매업계에서도 1995년 1월부터 출판시장이 전면개방되는 것을 계기로, 낙후된 출판유통시스템을 현대적으로 혁신하기 위한 구조혁신에 대한 관심이 높아지기 시작했다.

마침 유통시장 개방의 물결을 타고 고도의 경영시스템과 노하우, 자본력을 갖춘 해외 선진 출판유통 업체들도 세계 10위권의 큰 시장으로 성장한 우리 출판유통 시장 진입을 적극적으로 검토하고 있을 때였다. 실제로 일본 등 해외 출판유통 회사들이 한국시장 진출 가능성을 직접 조사하기도 했다. 이러한 동향에 대비해 국내 도매업체들에도 대형화를 목표로 자체적인 통합바람이 불었다.

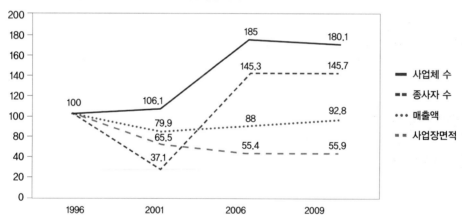

[도표 6-17] 종사자 규모별 출판물 도매업 성장 추이

주 : 〈표준산업분류〉에 따라 신문도매업이 포함된 수치임
자료 : 통계청, 〈도·소매업 통계조사보고서〉 각 연도판에 의해 작성

1992년부터 TF팀을 구성해 장기발전 계획을 구상해온 한국출판협동조합(李起雄)은 95년 정기총회에서 363개 조합원 출판사를 모두 주주로 참여시켜 한국출판유통(주)를

---

66  통계청 〈도·소매업통계조사보고서 1996〉 참조

설립키로 결의하면서 제일 먼저 유통체제 혁신작업에 시동을 걸었다. 출판조합 주도로 출판문화정보산업단지의 핵심시설인 출판물유통센터 설립계획과 연계해 추진된 한국 출판유통주식회사(尹錫金, 현, 북센)는 출판유통 구조개혁에 대한 기대를 모은 가운데 출판사·서점 239개사가 주주로 참여해 1996년 1월에 설립되었다.

4월에는 배송과 보관 전문업체인 뿌리와 날개(姜慶中)와 도매(판매와 수금) 전문업체인 서울출판유통(崔善鎬)이 합병해 도서유통을 일괄처리하는 새로운 ㈜서울출판유통을 발족시켰다. 서울의 보문당(이창섭), 청운서점 등 30여 개 도매상들도 독자적인 영역 확보를 위해 서울서적도매협회를 창설, 공동사업·시장조정 등 협업화의 방향성을 모색하고 나섰다.

서점의 잇따른 폐업도 이러한 도매상들 스스로의 구조혁신 바람을 촉진하는 요인으로 작용했다. 그러나 출판물 도매구조 혁신작업이 미처 정비되기 전에 서점 폐업사태는 도매상의 연쇄도산으로 이어지고 있었다. 96년부터 비교적 규모가 큰 것으로 알려진 서울과 지방의 도매상들이 잇달아 부도를 내고 쓰러졌다.[67] 급기야는 98년 2월 2일 39년 역사를 가진 송인서림(송택규, 연간 매출액 250억원)이 110억원에 이르는 부채를 감당하지 못해 최종 부도 처리되고 마는 사태가 빚어졌다. 매출순위 2위인 송인서림의 도산은 대형 도매상들의 연쇄부도를 예고하는 신호탄이었다.

연달아 고려북스(박종성), 한솔 등 또 다른 도매상의 부도로 이어지자 업계는 공황상태로 빠져들었다. 그런데 사태는 그것으로 끝나지 않았다. 송인서림에 이어 3월 2일에는 단행본 매출액 1위의 두매상 보문당(이정섭)마저 최종부도(부도액 132억원)를 내고 도산했다. 연간 매출액 500억원에 달하는 보문당의 부도는 출판·서점업계를 마비시키기에 충분했다.

출판계는 서둘러 긴급대책 마련에 나섰다.[68] 출협과 서련이 주동이 되어 유통구조 개혁을 위한 자금지원을 비롯해, 악성 어음제도의 합리적인 개선, 공공도서관의 도서구

---

67  양문길, 〈서점 100년, 출판유통의 발자취〉,《우리 출판 100년》, 서울 현암사, 2001, p. 210

68  외환위기를 겪게 된 1997년 말부터 이듬해 상반기에 이르는 동안 전국 70여개 대형 서적도매상 가운데 무려 25개 업체가 도산하면서 출판 유통망이 삽시간에 마비되는 유통대란이 일어났고, 신간 발행량과 판매량은 전년대비 20~30%나 급감해 계몽사를 비롯한 1천여 출판사와 1,500여 서점이 도산하거나 폐업했다.(이중환 외,《우리 출판 100년》, p. 212 ;《대한출판문화협회 60주년 기념 10년사》, p. 58 참조)

입 예산 확충 등 해결책을 정부차원에서 마련해줄 것을 요청하기도 했다. 이와 함께 출판·서점업계 내부에서도 출판유통의 전면적인 틀을 다시 짜야 한다는 인식이 확산되면서 과당경쟁, 할인판매 등 거래질서 개선을 위한 개혁의 목소리가 높았다.

정부당국이 붕괴위기에 봉착한 출판산업을 위해 500억원의 긴급자금을 지원하기로 결정하는 등 대책마련에 나서자 도매상 부도사태도 가닥을 잡아가기 시작했다. 송인서림은 한고서적과 합병해 변제를 마칠 때까지 채권단운영위원회가 운영을 맡아 재기했고, 고려북스는 시공사(전재국) 등의 자본을 끌어들여 동국출판판매(주)(최선호)로 재탄생했다. 보문당도 세종출판판매(주)로 개편해 재기를 시도했으나 여의치 못했다. 새로 출범한 한국출판유통(주)은 서울출판유통(주), 한양출판유통(주) 등을 차례로 통폐합한 데 이어 대규모 첨단유통센터까지 갖추면서 명실공히 최강자로 부상하는 등 도매구조가 혁신되었으나 이들이 업계에 미치는 역할은 기대에 미치지 못했다.

출판유통 환경과 구조변화로 도매기구에 대한 이용조건의 변질 등 출판물 도매업 존립기반이 크게 약화되었다는 점이 그 배경이었다.

전통적으로 출판사와 서점 간의 직거래율이 매우 높은 상황에서 생산 면에서는 다품종·소량생산을 한층 더 발전시키고, 소비수요 측면에서도 니드(needs)의 개성화·다양화·단(短)사이클화되어가는 환경변화에 대응해서 도매업자들이 생산과 판매 두 섹터를 결합할 능력이 부족했다. 그러는 사이에 출판사나 소매서점, 배송전담 물류업자 등 도매업자 이외에 다른 업종의 경영주체들이 도매기능을 효과적으로 확대·수행해가고 있었기 때문에 도매기구들은 더 힘을 쓸 수가 없게 되었다. 즉 90년대 초반부터는 ① 문화유통북스(이석표), 현대출판유통(조상호), 중앙일보출판유통 등 출판사들이 공동으로 물류센터를 건립·운영한다거나, 날개(曺魯鉉, 파주출판물류도 설립) 등 배송전문 업체들이 다수 출현해 물류기능을 효과적으로 수행하고 있었기 때문에 전통적인 도매업자의 기득권을 대부분 상실했다. 물류업자나 VAN 사업자 등 이업종(異業種) 기업에 의한 물류기능이나 정보기능의 통합이 기존 도매업자와의 경쟁을 격화시킨 것이다.

② 대규모 소매서점들은 다점포 전개에 의한 대량판매력을 실현했다. 또 POS나 EOS 등 정보처리기기에 의한 데이터를 활용해서 잘 팔리는 상품이나 점두재고를 적확하게 파악해 불필요한 재고를 방지하는 등 치밀한 인스토어 머천다이징(in-store merchandising)을 구사하기 시작했다. 이들 대형서점들은 대량 매입력(buying power)을 배경으로 가격, 구색 등의 서비스는 물론 다종목 다빈도 소량주문, 지정시간 배송 등 도매업자들이 수용하기 어려운 조건을 강하게 요구하게 되었다. 따라서 대규모 소매서점들은 이에 부응하지 못하는 도매업자들을 배제하면서 직거래 비율을 대폭 높여가게 되었다.

③ 고속도로망, 정보통신망 등 인프라스트럭처의 정비·충실화가 중앙과 지방상권을 융합하고 광역 물류활동이 원활해진 것도 출판사와 서점의 직거래를 더욱 촉진하는 요인으로 작용했다. 지역총판의 역할은 커졌다. 정보통신망의 정비는 소매서점과 출판사 사이의 온라인 정보 네트워크를 통한 수발주 정보교환을 촉진해 도매업자와의 새로운 경쟁관계를 유발했다.

④ 서점의 격감과 매출액 감소는 도매상에 의한 출판유통 분업체제의 해체를 가져오고 도매업자끼리의 경쟁도 날로 격화되어갔다. 경영부실을 예상하면서도 도매업자들은 출고가를 경쟁적으로 낮추어야 했으므로 판매수익률은 5% 내외로 떨어졌고 자금난에 시달렸다. 자금부족을 해결하기 위해 연 34%나 되는 고금리를 무릅쓰고 어음을 할인해 조달하는 등 악순환이 거듭되었다.

⑤ 대여점, 할인매장 등 새로운 업태들이 급증하면서 할인판매가 자행되는 등 출판물 재판제도 붕괴도 서적도매업 침체의 중요한 요인으로 작용했다.

이런 변화들은 기존 도매업자에 대한 새로운 경쟁이나 대체의 차원을 넘어 지금까지 도매업계를 유지 발전시켜온 수직적·수평적 분업질서의 근본적인 해체를 의미했다. 한마디로 1990년대의 서적도매상들은 채널 리더로서의 역할을 상실하고 있었다. 도매업자들이 기존의 틀 속에서 도매기능의 배분을 재편성하는 정도로는 이러한 환경변화에 적극적으로 대응해 성장할 수 없는 힘든 경쟁양상과 수요변동이 일어난 것이다.

(주)북센의 경우, 이 회사의 첨단시설이 출판유통 시장의 생리구조와 맞기 어려운 여건이었기 때문에 출판사나 서점 입장에서는 이 회사가 제시하는 거래조건에 응할 수 없는 측면이 있었다. 북센의 첨단물류센터는 보관, 배송 및 재고관리 등 서비스 단계별로 구분해 비용을 지불하는 시스템이지만 이를 이용하려면 부담이 너무 커서 현행 도서가격 구조로는 감당할 수 있는 한계를 넘어섰다. 이 같은 문제를 해결하려 했다면 출

판사들이 경영관리 체제나 마케팅 활동의 변화를 도모함으로써 추가부담을 감당하거나 북센 측에서 이를 상쇄시킬 효과적인 서비스를 새롭게 제공할 준비가 되어 있어야 했는데 그렇지 않았기 때문에 출판사나 서점에서 외면당했다.

한마디로 출판사에 대한 가장 중요한 기능인 판매의 편익제공뿐 아니라 판매비용 절감의 혜택을 제공할 수 있었어야 했는데, 첨단유통센터가 오히려 판매비용 부담을 가중하는 요인으로 작용하고 있었음에도 경영관리나 도서가격 정책, 마진 등의 측면에서 출판·서점업계가 적응할 수 있는 시간적 준비과정이 주어지지 못했다. 출판유통센터가 반자동을 거쳐 완전 자동화로 발전해가는 단계적 과정을 거치면서 점진적인 거래조건의 변화를 통해 적응하도록 유도했어야 하는데, 첨단유통센터의 건설이라는 도그마에 몰입한 나머지 지나치게 급진적인 혁신을 서두른 결과 과잉투자를 초래하는 결과를 가져왔다. 그 결과 이 회사의 상품력, 판매력 확보를 어렵게 만들었고, 그것은 시장에서의 영향력을 발휘할 수 없는 치명적인 약점이 되었다.

우리나라 서적도매업은 지금까지처럼 단순한 도매업자로만 머물러 있어서는 결코 서적도매업자로서 존립할 수 없다는 역설적인 상황에 직면했고 이에 따라 비즈니스 모델의 근본적인 혁신이 필요했다. 도매상의 이용조건 변화에 따른 역할과 기능 발전책을 강구하는 등 전략적으로 대응방안을 마련했어야 마땅했다.

첫째, 서적도매업의 리테일서포트 기능(retail support : 소매서점 지원 컨설팅 기능)을 강화할 필요성이 매우 커졌다. 이러한 소매점 지원기능은 대형서점의 출점과 인터넷 서점으로 매출부진에 시달리는 중소 소매서점이 살아남을 수 있도록 지원하는 데 불가결한 도매업의 핵심적인 기능이라 할 수 있다. 도매업자는 생산과 소매 사이에서 다양한 정보를 효과적으로 수집, 데이터베이스 기능을 발휘할 수 있는 이점이 있다. 출판사나 체인화된 대형서점에서 수집할 수 있는 정보는 자사가 취급하는 상품에 한정되어 있지만, 도매업자는 그러한 제약을 넘어 더욱 광범위한 정보를 수집할 수 있다. 그러한 정보 집약 효과를 살려 소매서점에 대해 팔리는 상품의 구색 맞추기, 신간정보의 제공 등 각종 지도·지원 서비스를 적극적으로 제공할 수 있다. 나아가 출판사에 대해서도 새로운 출판물의 기획·개발과 수익률 향상을 지원할 수 있다. 그렇게 하려면 정보 네트워크형 출판유통시스템이 구축되지 않으면 안 된다. 둘째, 일원화 공급 체제의 확립을 통해 기능적으로 도매업자 주도형 유통시스템을 구축하는 방안을 강구할 필요가 있다. 이는 도매업의 사업 콘셉트에 관한 문제이며 도매기능 고도화에 의한 대응방안이다. 지금까지 우리나라에는 엄밀한 의미에서 취급상품에 대한 소유권을 가지고 있는 서적도매상(book wholesaler)은 없었다. 도매업은 자기자본으로 상품을 구매해 자기 이름으로 판매하는 업종이다. 오로지 위탁 반품제가 변형된 외상 판매제를 활용한 중개상의 범위를 벗어나지 못하는 수준에서 출판물유통센터(book distribution center)로서의 에이전트 기능조차 충실히 담당하지 못해왔다. 도매기능 강화의 방향을 명확하게 확립해 영업방식이나 판매방법에서 새로운 유통환경에 적합한 서적도매업의 업태개념을 창출하는 것이 21세기 서적도매업이 나아갈 방향이다.

정부가 IMF 여파로 인한 출판산업의 붕괴를 막기 위한 유통구조 합리화 자금을 500억이나 지원하고 나섰을 때 안타깝게도 이를 정보 네트워크형 출판유통시스템 구축에 투자하는 등 유통구조 선진화에 효율적으로 활용할 수 있는 모처럼의 기회를 놓쳤다. 그 자금이 일부 업체의 운영자금으로만 사용되었을 뿐이다.

한편 서적도매상들의 연쇄부도는 단행본 출판사들이 공동으로 자위책을 강구하기 위해 한국출판인회의를 탄생시키는 계기도 되었다. 1998년 11월 2일, 294개사가 모여 정식발족한 한국출판인회의는 창립 초기 '출판유통 구조 개선 워크숍, 전국 도·소매 거래서점 실태조사, 출판·서적상계 공동의 '유통발전위원회' 구성, 표준 도·소매 거래계약서 개발 등 활발한 활동을 전개했다.


### 〈출판문화산업진흥법〉 제정과 재판제도

출판 산업계가 오래전부터 열망해 마지않았던 〈출판 및 인쇄 진흥법〉(전문 7장 28조, 부칙 8조)이 드디어 2002년 8월 26일에 법률 제6721호로 공포되었다. 이 법은 2003년 2월 27일부터 발효되었다.

〈출판 및 인쇄 진흥법〉은 ① 출판계로부터 민주화 이후 규제개혁 차원에서 행정편의적인 제도들에 대한 개선요구가 높았고, ② 인터넷 서점, 대형 할인점 등 새로 출현한 업체들에 의해 자행된 할인판매 행위가 서점업계로까지 확산되고 있는 상황에서, ③ 공정거래위원회는 업계의 완강한 반대를 무릅쓰고 1995년 이래 계속해서 출판물의 재판제도 축소방침을 단계적으로 실행에 옮기고 있었다.[69] ④ 출판산업계가 재판제를 파괴하려는 이러한 일련의 움직임에 강하게 반발하면서 이를 막을 수 있는 특단의 조치로 '도서정가제를 보장받을 수 있는 법'의 제정을 요구한 것이 이 법 제정의 배경이 되었다. 또한 ⑤ IMF를 전후해 야기된 유통대란 사태 재발을 방지하고, ⑥ 21세기 지식기반 정보사회의 진전에 따른 출판의 기능과 역할을 제고하기 위해서는 강력하고 진취적인 출판정책이 요구되었고, 이를 뒷받침할 제도적 장치를 마련하는 것은 시대적 요청이기도 했다.

문화관광부로서도 현행 출판 관련 법률은 민주화 요구에 부응하면서 출판·인쇄산업을 종합적으로 진흥시키기 위한 제도로는 미흡하다고 판단했다. 이에 따라 문화관광부는 1999년도 계획의 하나로 연내 '출판진흥법' 제정방침을 정하고, '출판진흥법(안) 제정을 위한 조사연구'를 출판문화학회에 의뢰하는 한편, 출판계에 대해서도 이에 대한 의견수렴을 요청해왔다. 출판계는 산발적으로 의견을 개진하기보다는 범업계적 차원에서 단일안을 제시하는 것이 바람직하다고 판단했다. 이에 따라 한시적인 기구로서 '출판문화산업진흥법의 올바른 제정을 위한 공동대책위원회'(상임공동대표 나춘호 출협 회장)를 발족시켜 법률안을 건의한 바 있다.(1999. 11.)

세 차례나 입법시도가 무산[70]된 끝에 의원발의 형식을 빌려 제정된 〈출판 및 인쇄 진흥법〉은 그동안의 출판정책의 기조를 '규제에서 진흥'으로 전환하는 것을 표방했다.[71]

---

69 공정거래위원회는 〈공정거래법〉 제29조 제2항에 따라 문화관광부와 협의해 '재판행위에 대한 고시'를 발표한 바 있고, 문화관광부는 〈출판 및 인쇄 진흥법〉 시행에 즈음해 이 고시대로 도서정가제 세부지침을 발표했다. 재판행위의 단계적 축소를 목표로 한 고시의 내용은 다음과 같다. ▷ 2003. 1. 1.~2004. 12. 31. : 모든 간행물 ▷ 2005. 1. 1.~2006. 12. 31. : 실용도서를 제외한 모든 간행물 ▷ 2007. 1. 1. 이후 : 실용도서, 학습참고서 Ⅱ(초등학생용)를 제외한 모든 간행물

70 심재권 의원 등이 2001년 11월 16일 발의해 2002년 7월 31일 국회 본회의를 통과한 〈출판 및 인쇄 진흥법〉이 제정되기 이전의 도서정가제 입법시도는 다음과 같이 추진되었다.

| '도서정가제' 입법 추진과정 | 입법화 추진과정 |
|---|---|
| 1999. 7. | 서련, 〈저작물의 정가유지에 관한 법률(안)〉을 문화관광부에 건의 |
| 1999. 11. 22. | 김승흡 의원 등이 〈저작물의 정가유지에 관한 법률(안)〉 입법을 발의했으나 문화관광위 소속 소위원회에서 법안상정 유보를 결의해 입법화 무산 |
| 2000. 6. | '도서정가제'를 포함한 〈출판 및 인쇄 진흥법〉을 정부입법으로 추진했으나 규제개혁위원회의 반대로 무산 |
| 2001. 3. 21. | 〈간행물 정가유지에 관한 법률(안)〉을 서련이 입법청원했으나 〈출판 및 인쇄 진흥법〉과 통합, 수정안으로 추진됨 |

71 〈출판 및 인쇄 진흥법〉 시행을 앞두고 문화관광부가 발표한 '〈출판 및 인쇄 진흥법〉 및 도서정가제 시행지침 안내'에 따

〈출판산업진흥법〉에 의해 보장받고 있는 도서정가제가 인터넷 서점의 할인판매로 유명무
실해지자 서적상들은 도서정가법 제정을 촉구하고 나섰다.

그러나 규제적 요소들을 변경해 출판자유를 신장시킬 수 있도록 한다는 입법취지와 다
르게 실질적인 내용에 있어서는 과거에 비해 크게 달라진 것이 없었다.

이 법의 주요 내용을 보면 〈출판사 및 인쇄소 등록 등에 관한 법률〉, 〈외국 간행물 수
입배포에 관한 법률〉 등을 폐기하고 이들 법의 핵심내용을 〈출판 및 인쇄 진흥법〉에 모
두 포함시켰다. 예컨대 출판사 및 인쇄소 등록제를 신고제로 고쳤을 뿐 납본규정 등 규
제적 조항은 그대로 두었다. "헌법에 규정된 출판의 자유를 최대한 보장하기 위한 획기
적인 규제완화 조치"라면서도 굳이 출판사의 신고를 받아야 하는 이유는 일체 설명이
없다. 또 〈청소년보호법〉상의 한국간행물윤리위원회 설치·운영의 근거를 이 법으로 이
관시킨 것도 규제적 성격에 속했다. 전적으로 정부의 지원금에 의존해서 운영되는 출
판물 심의기구인 윤리위원회는 민주화 시대에 당연히 해체하고 그 역할과 기능은 시민
활동에 맡겼어야 했다. 전자출판물에 관한 규정도 새로 포함시켰지만 행정절차 이상의
조항들이 포함되었다. 유일하게 이 법에 대한 기대를 갖게 한 것은 3년마다 출판 및 인
쇄산업 진흥시책을 마련하도록 규정한 것이다. 이에 따라 이듬해 5월에 '출판·인쇄문

르면, 이 법이 2003년 2월 27일부터 시행될 예정이라면서 "이번 〈출판 및 인쇄 진흥법〉 제정을 통해 출판 및 인쇄산업
이 종래 〈출판사 및 인쇄소의 등록에 관한 법률〉 및 〈외국 간행물 수입배포에 관한 법률〉 등 절차법이면서 규제중심의
법체계에서 진흥법으로 변경 제정되면서, 모든 다양한 문화산업의 발전에서 중심기반을 이루는 지식산업의 근간이 되
는 영역으로서의 출판산업을 중점 지원 육성하려는 의지를 담고 있다"고 강조한다.(http://www.mct.go.kr. 2003. 3. 20.)

화산업 진흥 3개년 계획'을 마련했다. 문예진흥 계획에 출판진흥 계획이 포함된 역사는 있었어도 출판·인쇄산업을 육성하기 위한 중장기 계획은 정부수립 이후 처음 있는 일이었다는 점에서 의미가 있었다. 그러나 도서정가제(재판제)만큼은 입법취지와 정반대로 완전히 무너뜨리는 결과를 초래했다.[72] 〈출판 및 인쇄 진흥법〉 제22조에서 규정한 이른바 도서정가제에 관한 내용의 요지는, 〈독점규제 및 공정거래에 관한 법률(공정거래법)〉 제29조 제2항의 규정에 해당하는 저작물을 판매하는 자는 정가로 판매해야 한다고 하면서도, 인터넷 서점만은 발행된 지 1년 이내의 신간도서에 대해 10% 범위 이내에서 할인판매(마일리지 및 경품은 불포함되지만, 배송료 2,000원에 해당하는 부분만큼 추가 할인할 수 있도록 요청하고 있었음)할 수 있도록 예외규정을 두었다. 더 큰 문제는 발매 후 1년이 지난 구간(舊刊)도서에 대해서는 할인율에 어떤 제한도 받지 않고 마음대로 할인해서 판매할 수 있도록 아무런 조건도 두지 않았다는 점이다. 만일 이를 어길 경우 300만 원 이하의 과태료를 물게 된다. 즉 출판물 유통의 중추적인 기능을 담당하고 있는 전통서점은 여전히 출판물에 대한 재판제도를 지켜 정가대로 팔도록 강제하고, 처음부터 재판제도를 어겨가며 할인판매를 통해 성장기반을 다진 인터넷 서점에 대해서는 할인판매를 허용하는 대단히 기형적인 체제를 만들어놓은 것이다. 전국 어디를 가나 동일한 가격으로 책이 팔리도록 한 것이나 중소서점이 대형과 가격경쟁을 하지 않도록 하는 재판제도에는 기회평등의 취지가 강한데, 국가가 이를 어기고 법률로서 인터넷 서점에만 특혜를 주는 꼴이 되었다. 게다가 문화관광부는 이 법의 시행에 즈음해 공정거래위원회의 고시에 근거한 9가지 항목에 이르는 '도서정가제 세부지침'도 발표해(2003.

---

72  문화관광부가 2000년 9월 9일 입법예고한 '〈출판 및 인쇄 진흥법〉 제정안'은 "모든 간행물은 정가판매를 원칙으로 하고 정가보다 싸게 판매하는 경우 500만원 이하의 과태료를 물리겠다"고 밝혔다. 그러나 문화관광부의 '〈출판 및 인쇄 진흥법〉 및 도서정가제 시행지침 안내'에 따르면, 제7항 '발행 1년 이내 도서의 정가판매 의무화'란 항목에서 "▷ 출판·서점업계의 유통을 정상화하기 위해 지난 1977년부터 시행되어왔으나 최근 도서의 할인판매가 확산되면서 도서유통시장의 혼란이 지속되어온 점을 감안, 공정거래위원장이 문화관광부장관과 협의해 지정하는 발행된 지 1년 이내의 도서에 한해 정가판매를 의무화하고, 이를 위반한 경우에는 과태료를 부과토록 했다. 다만, 인터넷을 통해 도서의 판매가 이루어지는 경우에는 전자상거래의 특성에 따른 유통상의 이익을 독자(소비자)에게 돌려주는 차원에서 정가의 1할 범위 내에서 할인해 판매할 수 있도록 허용, 서점과 차별화했다. ▷ 도서정가제 조항(법 제22조 제2항 및 제3항)은 동법 시행일부터 5년간 적용하는 것으로 했다. ▷ 또한 모든 간행물에는 책의 표지에 정가를 표시하도록 했다. 정가제가 적용되는 도서의 발행 1년의 기준은 매 판을 기준으로 해 발행일을 적용하도록 했다"고 설명한다.(http : //www.mct.go.kr. 2003. 3. 20.)

2. 27.) 2007년부터는 실질적으로 재판제도를 폐기하는 '일몰법' 체제를 분명히 했다.

〈출판산업진흥법〉에 의해 보장받고 있는 도서정가제가 인터넷 서점의 할인판매로 유명무실해지자 서적상들은 도서정가법 제정을 촉구하고 나섰다.

이렇게 똑같은 상품을 유통경로에 따라 시장에서 서로 다른 가격체계(一物二價)를 운용하도록 규정하는 것은 정책도, 제도도 아니다. 경쟁을 제한하는 방법도, 경쟁촉진책도 될 수 없다. 결코 재판제도를 탄력적으로 운영하는 방법으로 볼 수 없고, 오로지 거래질서의 문란과 서점의 존립을 위태롭게 만드는 불공정 거래 행위를 국가가 조장, 고착화하는 파행적 구조라 할 수 있다.[73] 오히려 이 같은 차별적 대우는 평등권을 침해하는 것이기 때문에 위헌의 소지가 크다. 할인판매 행위로 인한 도서정가제 붕괴를 막기 위한 수단으로 법제정을 추진했던 출판·서점업계가 이와 같이 잘못된 제도에 동의하는 우를 범한 것이다. 당연히 이를 어기는 범법자들이 속출하고, 곧바로 출판산업계는 법의 보완을 강력히 요구하고 나섰다.

그래서 2007년 7월 19일에는 출판과 인쇄를 분리, 새로 제정한 〈출판문화산업진흥법〉(법률 제8533호)은 서점도 신간도서를 정가의 10%까지 할인판매할 수 있도록 규정했다. 신간도서의 적용 기간도 1년에서 18개월로 연장했다. 10% 범위 안에서 신간도서를 18개월 동안 할인판매할 수 있도록 하고 그 이후에는 무제한 할인판매가 가능하도록 공식화한 것이다. 이를 위반했을 때의 벌칙조항은 그대로 두었다. 이러한 법 개정은 국가가 공식적으로 도서정가제(재판제도)를 철폐한 것에 다름 아니다.[74] 구간도서의 무제한 할인과 함께 신간도서까지도 발행일로부터 18개월간 10% 이내에서 할인해 사고파는 행위를 강제적으로 의무화한 것을 어떻게 도서정가 판매제라 할 수 있겠는가?

〈출판문화산업진흥법〉 제22조는 프랑스를 모델로 택한 것처럼 보이지만 프랑스의 그것과는 운용방법이 크게 다르다. 자유가격제를 운용하고 있는 대표적인 나라인 미국

---

73  예컨대 이두영은 "할인판매를 통한 반사이익으로 급성장한 인터넷 서점에게는 인라인 스케이트를 타고 달리게 하는 대신 서점은 발을 묶어놓고 뛰라는 것이나 마찬가지 형국"이라며 "출판물 재판제도는 이제 이 땅에서 사실상 폐기된 것이나 다름없다"고 비판했다.(이두영,〈인터넷 서점과 재판매가격 유지제도의 실시상황〉,《책과 인생》, 2002. 9. 참조)

74  외국에서는 우리나라를 영국과 함께 오랫동안 재판제도를 시행하다가 최근 이를 철폐한 나라로 분류하고 있다. 예컨대 일본 죠치(上智)대학의 시바노 교오코(柴野京子) 교수는 "영국이나 한국처럼 오랫동안 정가판매를 인정하다 폐지한 나라도 있다"고 분명하게 '폐지'라는 표현을 하고 있는데 이는 틀린 말이 아니다.(시바노 교오코,《書物の環境論》, 도쿄 弘文堂, 2012, p. 47 참조)

보다도 더 무원칙한 제도를 시행하는 나라가 되었다. 그런데도 우리는 이를 도서정가제 또는 재판제도로 오도하고 있다.

새로운 제도는 혼란을 더욱 조장하는 결과가 되었다. 오히려 1977년 12월, 업계가 자율적으로 도서정가제를 시행하기 이전보다 더 무질서한 할인판매가 자행되도록 법적으로 제도화하고, 서점의 수익만 감소시키는 결과를 초래할 것이 분명했는데도 이에 대한 보완대책 없이 시행되었기 때문에 서점경영은 더욱 피폐해져갔다. 그리고 계속해서 시장질서를 교란하는 요인으로 작용하고 있기 때문에, 논란이 그치지 않고 있다.[75]

〈출판문화산업진흥법〉 22조에 대해서는 2010년 말까지 3번이나 개정[76]되었지만 이런 방법으로써 정가판매제의 실현을 기대한다는 것은 연목구어(緣木求魚)일 뿐이다.

현행 제22조의 틀로서는 출판산업의 생산 – 유통 – 판매 부문 전체를 컨트롤하는 시스템으로서의 기능과 역할수행을 기대할 수 없다. 책값 자체도 문제지만, 가격제도에 의해 만들어진 거래제도 전체의 프레임이 근본적으로 문제가 되고 있는 것이다.

대부분의 도서가 실제로 할인판매되는 현실에서 책값은 할인을 전제로 책정된 것이므로 거품이 없다고도 할 수 없다. 출판사나 유통기관의 희생에 의해 할인판매가 이루어지고 있다고는 누구도 믿지 않을 것이다. 그것은 지금까지 법 제22조의 개정이 이루어질 때마다 출판 관계자들이 한결같이 책값의 인하 가능성을 언급해온 사실을 통해서도 반증되고 있다.

출판사가 책정하고 책에 표시한 가격에 대한 사회적 믿음과 실효성이 깨져버린 것이다. 그런데 기이하게도 책값의 적정성에 관한 논의는 이제까지 한 번도 제기된 일이 없었다. 책값의 적정성도 신뢰를 잃어버리고 가격 결정권 등 시장 지배력은 이미 책을

---

75  2013년 1월 9일, 최재천 의원이 발의한 개정안이 국회심의 도중 인터넷 서점과 전통서점 사이에서 '신·구간 관계없이 마일리지와 경품을 포함해 할인폭을 최대 15%'로 합의했고, 개정안은 합의된 내용대로 통과되어 새 도서정가제도가 2014년 11월 23일부터 시행되고 있다. 새 제도는 시행 전부터 매우 심각한 혼란을 야기했을 뿐 아니라, 앞으로 상당 기간 출판시장 규모의 축소(매출액 감소)를 초래할 것이다. 출판사로서는 재고도서 판매기회가 줄어들고 독자들에게는 책값이 실질적으로 인상된 것으로 받아들여져 구매기피 현상이 일어나고 서점의 매출 및 수익저하로 이어질 것이 불을 보듯 뻔하다. 특히 인터넷 서점의 매출감소가 두드러질 것이다. 독자의 구매력 감퇴현상이 법 개정 전인 현재 수준으로 회복하기까지 얼마나 시간이 걸릴 것인가에 대한 확신도 없다.

76  〈출판 및 인쇄 진흥법〉은 〈인쇄문화산업진흥법〉의 제정(2007. 6. 20.)으로 분법(分法), 법률명을 〈출판문화산업진흥법〉으로 바꾸어 오늘에 이르고 있다.

기획·제작·발행하는 출판사 측에서 책을 파는 쪽으로 실질적으로 옮겨가 있는 상황이 되어버렸다.

그러한 문제가 생긴 이유는 〈공정거래법〉상 예외적으로 인정받은 '재판매가격 유지 행위'의 취지와 내용을 올바로 이해하지 못한 우리 출판·서적상계가 환상을 버리지 못하고 지나치게 법에 의존하려는 고정관념에 빠져 있었기 때문이다. 우리 출판계는 하루 속히 그런 미망(迷妄)에서 빠져나와야 한다.

〈출판문화산업진흥법〉 제22조는 〈공정거래법〉보다 한 발 앞서 모든 출판물의 재판 행위를 실질적으로 철폐하는 결과를 초래하도록 만들었다. 그것도 당사자인 출판·서점 업계가 강력하게 원해서 그렇게 된 것이다. 출판산업계가 진정으로 정가판매제를 원했다면 처음부터 〈출판 및 인쇄 진흥법〉 보완을 강구할 것이 아니라 어렵더라도 〈공정거래법〉 제29조의 유지를 위해 정면대응했어야 옳았다.

우리는 이런 출판물 재판제도 또는 도서정가(판매)제에 대해 현재의 상황을 정확하게 인식한 뒤에, 앞으로 완벽한 제도를 철저하게 유지하도록 할 것인지 또는 철폐할 것인지에 대한 태도를 명확히 해야 한다.


## 다매체 경쟁 속의 독서 실태

### 개인독자들의 힘으로 키운 출판산업

우리나라는 책의 소비자로서 도서관의 존재를 중요하게 생각하지 않아왔다. 책의 소비자는 오직 개인독자일 뿐이었다. 말하자면 도서관이 발달하지 못한 우리나라는 지금까지 직접 사서 읽는 국민만을 출판시장으로 상정하고 출판활동을 전개할 수밖에 없었다. 따라서 국민들의 독서량과 도서구매량에 집착하지 않을 수 없었다. 그런 상황은 지금도 크게 변하지 않고 있다. 2000년 현재 한국의 공공도서관은 국민 11만8,855명당 1개관 꼴로 인구대비 공공도서관 수가 OECD 국가 중 최하위에 속했다.[77] 따라서 출판

---

77 《2001년 독서진흥에 관한 연차보고서》(문화관광부 참조). 이 보고서에 따르면 주요 국가의 공공도서관 1개 관의 봉사대상 주민 수는 미국이 1만6,213명, 영국은 4,636명, 일본 2,639명, 중국 2,600명, 캐나다 1,620명순이었다.

산업은 처음부터 도서관을 출판시장으로서 중요하게 인식하지 않았다고 해도 지나치지 않다.

우리나라의 독서인구 비율은 지속적으로 신장되어왔다. 1992년에는 64%를 넘어서기도 했으나 2009년 현재는 62%의 국민만이 독서를 하고 있는 것으로 집계되고 있다. 이들 62%의 국민 1인당 독서량은 잡지까지 포함해서 연간 17.4권이다.[78] 독서인구 비율은 독서를 많이 하는 나라로 알려진 이른바 '독서 선진국'에 육박하는 수준으로 올라서고 있으나, 1인당 독서량만은 아직도 독서 선진국 국민의 3분의 1내지 4분의 1밖에 되지 않는 적은 양이다.

그러한 사정은 도서 구입량을 통해서도 확인할 수 있다. 통계청 자료에 따르면 96년도에는 48.2%의 국민이 연간 5.7권을 구입하고 있었던 데 비해, 2001년에는 2.3권으로 크게 낮아졌다. 그해의 도시 가구당 가계지출 중 연간 도서 구입비는 신문까지 포함해서 겨우 12만원에 지나지 않았는데, 평균 도서가격은 1만2,903원이었으므로 도서 구입비 전액을 도서를 구입하는 데 썼다고 가정하더라도 가구당 구입량은 9.3권에 지나지 않는다. 1993년의 도시 가구당 보유 장서량은 98.4권이었다. 이것은 1985년의 75.5권에 비하면 30%가 늘어난 것이다.

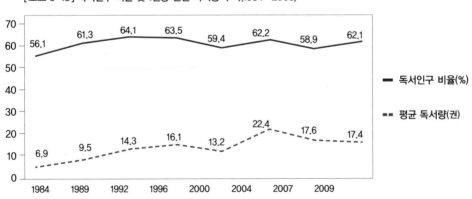

[도표 6-18] 독서인구 비율 및 1인당 연간 독서량 추이(1984~2009)

자료 : 《한국의 사회지표》 각 연도판에서 작성

---

78  통계청, 《2010 한국의 사회지표》, 2011

이는 서구 여러 나라들과 비교해서는 크게 뒤떨어져 있는 실정이다.([도표 6-19] 참조) 이러한 사실은 상대적으로 우리 출판산업이 얼마나 힘들게 성장해왔는가를 말해주는 하나의 징표로 볼 수 있다.

[도표 6-19] 선진국 국민 1인당 연간 도서 구입액 비교(2001)

| 국가 | 구입금액($) | 환산금액(원) | 우리나라의 격차(%) |
|---|---|---|---|
| 중국 | 7.40 | 8,684 | 29 |
| 프랑스 | 44 | 51,595 | 172 |
| 독일 | 70 | 82,080 | 274 |
| 덴마크 | 86 | 100,844 | 336 |
| 영국 | 88 | 103,190 | 344 |
| 핀란드 | 116 | 136,022 | 454 |
| 한국 | 25.57 | 30,000 | 100 |

주 : 1) 달러 대비 원화 환율 : 1 : 1,172.60
　　 2) 한국은 신문구독료 포함한 금액임(군 단위 이하 제외)
자료 : 한국 《도시가계 연보》(통계청, 2001. 5.) ; 외국 《中華讀書報》, 2005. 1. 26.(www.gmw.cn.cn/01ds/)

### '독서이탈 현상'은 없다

디지털과 네트워크(D&N) 미디어가 우리의 생활공간에 크게 자리 잡고 있는 오늘날, 한정된 여가시간과 매체 수용자들의 변화된 라이프 스타일을 놓고 다매체 간의 경쟁이 날로 치열해지는 가운데, 한국인의 출판매체 접촉시간은 다행스럽게도 큰 차이를 보이지 않는 것으로 분석되었다. 서적·잡지를 가장 많이 읽는 계층은 남녀 모두 10대인 것으로 나타났고, 컴퓨터를 많이 사용하고 있는 젊은이들이 책도 많이 읽는 것으로 각종 사회조사는 확인해주고 있다. 책의 이탈보다는 TV, 라디오에서 멀어지는 경향이 더 심한 것을 알 수 있다.

[도표 6-20]은 90년대 이후 우리 국민의 정보적 라이프 스타일이 급격히 변화하고 있음을 실증적으로 보여준다. 이 조사 기간에 해당하는 90년대 중반 이후는 인터넷을 비롯한 첨단 D&N 미디어가 빠르게 보급된 시기다. 인터넷이라는 강력하고 새로운 미디어가 출현해 인터넷 접촉시간이 비약적으로 늘어나긴 했다. 그러나 미디어 접촉시간의 총량은 초등학생을 제외하고는 크게 늘어나지 않고 있다.

한정된 여가시간 안에서 그만큼 미디어 간의 치열한 패권투쟁이 전개되고 있었음을 알 수 있다. 그럼에도 예상과 달리 독서시간은 크게 줄지 않고 있다. 다만 노년층으로 갈수록 독서량이 감소되는 경향을 보이고 있어서 고령화사회를 고려할 때 앞으로의 독서량이 우려되는 상황이다.

새로운 미디어가 출현해 널리 보급되면 다양한 매체들 사이의 접촉도 변화는 각 미디어의 경쟁력에 의해 결정된다. 역사적으로 새로운 미디어의 출현에 따른 미디어 간의 패권경쟁은 전통적인 미디어의 영역을 새로운 미디어가 공략하고 재래 미디어는 방어하는 수세적 양상으로 전개되었다.

[도표 6-20] 계층별 최근 미디어 접촉시간 변화 추이(평일)  단위 : 분

| | | 성인 | | 고등학생 | | 중학생 | | 초등학생 | |
|---|---|---|---|---|---|---|---|---|---|
| | | 2010 | 1997 | 2010 | 1997 | 2010 | 1997 | 2010 | |
| 인쇄매체 | 도서 | 40 | 31 | 26 | 30 | 41 | 36 | 65 | 57 |
| | 만화 | 4 | 3 | 20 | 11 | 44 | 16 | 55 | – |
| | 잡지 | 11 | 6 | 19 | 6 | 22 | 6 | 16 | 12 |
| | 신문 | 34 | 18 | | 12 | | 10 | | |
| | 소계 | 89 | 58 | 65 | 59 | 107 | 68 | 136 | 69 |
| 영상매체 | TV | 134 | 102 | 192 | 85 | 153 | 104 | 118 | 76 |
| | 비디오 | 14 | – | 42 | – | 23 | – | 22 | – |
| | 영화 | – | 13 | – | 31 | – | 25 | – | – |
| | 소계 | 148 | 115 | 234 | 116 | 176 | 129 | 140 | 76 |
| 음향매체 | 라디오 | 60 | 24 | 52 | 8 | 63 | 10 | 30 | – |
| | 음악 | 24 | 35 | 76 | 75 | 70 | 67 | 33 | – |
| | 소계 | 84 | 59 | 128 | 83 | 133 | 77 | 63 | – |
| 정보매체 | 인터넷 | 9 | 59 | 8 | 59 | 11 | 62 | 8 | 51 |
| | 게임 | – | 16 | 42 | 43 | 50 | 56 | 46 | – |
| | 핸드폰/PDA | – | 29 | – | 75 | – | 65 | – | 37 |
| | 소계 | 9 | 104 | 50 | 177 | 61 | 183 | 54 | 88 |
| 총 계 | | 330 | 336 | 477 | 435 | 477 | 457 | 393 | 233 |

자료 : 《국민독서 실태조사》, 한국출판연구소, 각 연도판에 의해 작성

패권경쟁에서의 패배는 미디어 자체의 소멸을 의미하기 때문에 미디어 스스로 변신을 시도하게 된다. 그 대표적인 사례로 우리는 LP음반이나 공중전화 등이 생활주변에서 사라져가는 대신, 음악 CD나 MP3를 거쳐 최근에는 스마트폰으로 음악을 감상하는

시대를 직접 경험하고 있다.

이러한 구도에서 책은 도전받는 위치에서 줄곧 시달려왔다. 책은 첨단 디지털 미디어가 출현한 1960년대 이후 올드 미디어로 인식되었고, 새로운 미디어 환경 속에서 수세적 처지에 놓일 수밖에 없었다. 과거에 누려오던 독점적 지위를 상당부분 상실하게 되었음은 어쩔 수 없는 현실이었다. '독서이탈 현상'으로 출판은 사양산업화 할 것'이란 그릇된 인식이 널리 고착되게 된 배경이다.

그러나 급성장하고 있는 D&N 미디어와의 경쟁에서 '책'을 비롯한 인쇄매체가 가장 열세일 것이란 우리의 상식과는 달리, 가장 크게 접촉시간이 감소한 부문은 의외로 라디오 등 음향매체다. [도표 6-20]의 조사자료는 인쇄 미디어가 음향 미디어나 영상 미디어보다 안정적인 성장을 계속하고 있음을 확인해준다.[79]

그러나 독서경향은 교양주의에서 실용주의로 바뀌었다. 책 또는 독서를 통해 교양을 함양하고 인격형성을 도모하거나 마음의 위안(평안)을 얻겠다는 욕구보다는 새로운 지식과 정보의 습득 또는 오락성을 추구하려는 경향이 꾸준히 증가하고 있다. 즉 과거에는 교양을 중시하던 독서의 목적이 점차 실용주의로 바뀌고 있는 것이다.

이러한 경향은 오늘날 실용서 판매가 활성화되고 있는 현상과 맥을 같이하는 것이라고 할 수 있다. 이런 경향은 여성보다는 남성이, 20~30대가 40~50대보다, 그리고 학력이 높을수록 더욱 두드러지게 나타난다. 최근 만화 출판의 증가추세나 실용서 시장의 괄목할 만한 확대경향을 볼 때, 재미있으면서도 유익한 내용의 책을 요구하고 있는 것으로 판단된다.

이러한 사실들은 인터넷 이용자가 비이용자보다 책도 더 많이 읽고 있다는 사회조사 결과를 통해서도 재확인되고 있다. 이는 TV가 출현하면서 출판산업의 쇠퇴를 우려했던 것과 달리 오히려 출판량이 증가되었던 사실처럼, D&N 시대에도 책의 매체경쟁력은 여전히 막강하다는 사실을 입증하는 것이다.

---

79 통계청이 1999년 처음으로 실시한 '생활시간 조사'에서도 그러한 경향을 알 수 있다. "10세 이상 인구의 평균시간—주 행동, 모든 행동"조사에 따르면, 대중매체(신문, 잡지, TV, 비디오, 라디오, 음악 듣기, 인터넷, 독서) 이용시간으로 총 153분을 소비하는 것으로 조사되었는데, 그중 TV 시청시간이 125분이고 그다음으로 독서가 10분을 차지하는 것으로 조사되었다.(《1999 생활시간 조사보고서 제1권 생활 시간량 편》, 통계청, 2000. 12., pp. 54~55 참조)

이러한 사회통계 조사 결과로 미루어볼 때, 책의 매체경쟁력 쇠퇴의 증거로 제기되어 온 '독서이탈 현상'은 매체 간의 경쟁력 측면에서는 그 근거가 희박하다고 보아야 할 것이다.

### 책 구입비가 줄고 있다

우리나라 국민의 독서 행태는 바람직한 방향으로 점진적인 변화를 나타내고 있으나, 이들 독자들이 날이 갈수록 점점 더 책을 사지 않는다는 데 문제의 심각성이 있다.

가구당 도서 구입비 지출액과 구입량이 점진적으로 감소하는 경향을 보임으로써 출판의 강력한 매체경쟁력에도 아랑곳없이, 책에 대한 구매력은 감소해 출판시장은 실질적으로 축소되고 있음을 여러 자료를 통해 확인할 수 있다. 책의 구매력 감소는 출판의 산업경쟁력이 다른 매체산업에 비해 약세에 놓여 있음을 뜻한다. 가계지출에서 차지하는 도서 구입비가 해마다 줄어드는 가운데 평균 책값의 인상률은 도서 구입비 지출액과 정반대 추세를 보여왔다.

앞에서 언급한 것처럼 통계청 자료[80]에 따르면 2001년도 우리나라 전체 가구당 가계비중 월평균 도서 구입비는 1만원이었다. 전체 소비지출에서 차지하는 비중도 2010년에는 0.57%로 낮아졌다. 가계에서 도서 구입비 지출액의 감소는 곧바로 출판시장의 위축을 의미한다.

1960년부터 시작된 마을문고 운동으로 14년 만에 전국 3만5,000개 농어촌 마을에 빠짐없이 문고를 설치, 국민 독서 생활화에 크게 이바지했다.

1993년 '책의 해' 선포식
(1993. 1. 19. 세종문화회관)

---

80  통계청, 《KOSIS》(http : //kosis.kr 2012. 6. 30.)

그런데 우리나라 독자의 70% 이상은 책값이 비싸다고 생각하고 있으며 그러한 불만은 쉽게 해소될 것 같지 않아 보인다.[81] 날이 갈수록 책에 대한 가치평가가 낮아지고 있고, 한 권의 책을 구입하기 위해 지불하는 금액에 대한 경제적·심리적 부담을 더 크게 느끼고 있기 때문에 구입량은 계속 감소해왔다. 따라서 출판시장의 경기지표가 되는 책의 발행량과 구입량 간의 성장 불균형도 심화되고 있다. 1992년도의 국민 1인당 신간도서 발행량(부수)은 6.5권이었으며 판매량 추정치는 6권으로 발행량 대비 판매량의 격차가 0.5권에 지나지 않았다. 그러던 것이 2006년에 가서는 각각 4.8권으로 공급과 수요가 등비를 이루고 있어서, 뚜렷한 하향추세를 나타내고 있다. 2006년도의 국민 1인당 실질 판매부수는 1992년에 비해 1.7권이나 줄어든 것이다.[82] 판매부수를 기준으로 한 시장규모는 같은 기간 중에 약 25%나 축소된 것으로 추정된다. 이러한 사실이 바로 만성적인 불황에서 벗어나지 못하는 구조적 현상으로 볼 수 있는 근거이다.

[도표 6-21] 독서량 및 도서 구입량의 추이 비교

| | | 1985 | 1990 | 1993 | 1996 | 2000 | 2004 | 2007 | 2009 |
|---|---|---|---|---|---|---|---|---|---|
| 독서 실태 1) | 독서인구 비율(%) | 56.1 | 61.3 | 64.1 | 63.5 | 59.4 | 62.2 | 58.9 | 62.1 |
| | 연간 평균 독서량(권) | 6.9 | 9.5 | 14.3 | 16.1 | 13.2 | 13.9 | 17.8 | 17.4 |
| 도서 구입 2) | 연간 도서 구입 비율(%) | – | – | 47.8 | 48.2 | 43.6 | 38.3 | 48.7 | 40.8 |
| | 연간 평균 구입량(권) | – | – | 6.0 | 5.7 | 4.2 | 6.5 | 7.5 | 5.6 |

참고 : 1) 15세 이상 인구 1인당 기준
2) 전국 평균(잡지 제외한 도서에 한정)
3) 연평균 구입량은 일반 서점과 인터넷 서점에서의 구입량을 합산한 것
4) '–' 표시된 부분은 미집계
자료 : 1) 독서 실태 : 《사회통계조사보고서》(통계청) 각 연도판에 의해 작성
2) 도서 구입 : 《국민독서 실태조사》(한국출판연구소) 각 연도판에 의해 작성

---

81  책값에 대한 독자들의 인식을 보면 ① 한국출판연구소, 《제1회 국민독서 실태조사》(한국출판연구소, 1993), ② 한국출판연구소, 《한국도서유통의 문제점 및 개선방안연구》(문화체육부, 1965), ③ 한국출판학회, 《소비자 경품규제 폐지에 따른 도서정가제 정책방안 연구》(문화체육관광부, 2009) 등의 조사에서 비싸다는 인식이 강하게 나타나고 있다. 또한 사단법인 한국서점조합연합회는 2007년 7월 3일부터 서울역광장, 종로, 명동, 강남, 삼성 전철역과 각 지방의 중심가 및 서점 등 전국에서 '책값 거품 빼기 독자서명 운동'을 전개한 일도 있다.(《조선일보》, 2003. 7. 8.자 기사)
82  이두영, 〈21세기 서점경영과 고객관리〉, 《서점정보화 및 관리》, 한국서점조합연합회, 2007, p. 93

[도표 6-22] 도서 입수경로 변화 추이

| 구 분(A) | | 1993 | 1999 | 2002 | 2004 | 2006 | 2008 | 2010 |
|---|---|---|---|---|---|---|---|---|
| 조사표본 수(명) | | 2,700 | 1,500 | 1,200 | 1,000 | 1,000 | 1,000 | 703 |
| 구입 (%) | 서점에서 구입 | 61.1 | 35.2* | 38.0* | 37.1 | 37.3 | 41.1 | 43.7 |
| | 통신/방문판매 | 2.4 | – | – | – | – | – | – |
| | 선물 | 4.2 | 5.6 | 5.3 | 6.4 | 5.3 | 4.7 | 8.0 |
| | 소계 | 67.7 | 40.8 | 43.3 | 43.5 | 42.6 | 45.8 | 51.7 |
| 대여 (%) | 대여점 | 1.5 | 14.7 | 10.9 | 12.5 | 5.5 | 3.3 | 8.0 |
| | 친구에게 빌림 | 19.1 | 17.9** | 15.7* | 13.6 | 13.7 | 12.6 | 13.4 |
| | 도서관 | 5.8 | 5.8 | 4.9 | 7.6 | 13.0 | 9.7 | 15.8 |
| | 직장/공공장소 대여 | – | 5.5 | 4.5 | 3.9 | 6.2 | 2.7 | 10.2 |
| | 소계 | 26.6 | 43.9 | 36.0 | 37.6 | 38.4 | 28.3 | 47.4 |
| 기타(%) | | 0.7 | 0.2 | 1.5 | 0.8 | 1.1 | 0.9 | 0.8 |
| 무응답/전혀 읽지 않음(%) | | 5.2 | 15.1 | 19.1 | 18.1 | 18.1 | 24.9 | 제외 |
| 합계(%) | | 100.0 | 100.0 | 100.0 | 100.0 | 100.0 | 100.0 | 100 |

주 : 1999년도부터 응답내용이 다음과 같이 변화되었다. 즉 *는 직접 구입한 수의 합계이며 **는 '주위 사람에게 빌려봄'으로
바뀌었다.
자료 : 한국출판연구소, 《국민독서 실태조사》 각 연도판의 각 항목을 재분류해 작성

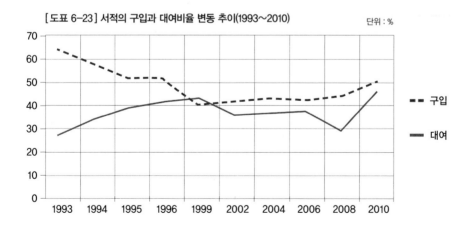

[도표 6-23] 서적의 구입과 대여비율 변동 추이(1993~2010)    단위 : %

상품으로서 책의 수명주기도 점점 짧아지고 있다. 일부 도서를 제외하면 발행일로부터 반년 이내에 그 책의 수명은 다하고 있다. 문학작품의 경우 발표된 때로부터 1년 이내에 80%가, 20년 이내에는 99%가 독자의 망각 속으로 사라진다는 조사결과도 있다. 이런 현상은 앞으로 나아질 것 같지도 않다. 문화생활비 중에서 도서·잡지 구입비 지출 비중은 현재 2위를 차지하고 있지만, 향후 지출을 늘리고 싶은 문화생활비 중에서 도서·잡지 구입비는 3위로 밀려나고 있다.[83]

자아실현 욕구 및 문화생활에 대한 강렬한 의지로 책이나 독서에 대해 긍정적인 반응을 보이면서도 그것이 실질적인 판매량으로 이어지지 못해 90년대 중반부터 경기침체 현상이 장기간 지속되고 있다. 그런데도 우리는 이에 대한 근본대책을 마련하지 못한 채 표류하고 있다. 그렇다면 독서인구 비율이나 독서량이 늘어나면서도 출판시장 규모는 상대적으로 축소되고 있는 경향은 무엇을 의미하는가. 책을 사는 고객보다는 빌려서 읽는 독자의 수가 큰 폭으로 늘어나고 있기 때문이다.

한국출판연구소가 《국민독서 실태조사》를 통해 '독서를 하기 위한 책의 입수 경로'를 분석한 바에 따르면 '서점에서 구입해서 읽는다'는 비율이 1993년에는 61.1%이던 것이 2010년에는 51.7%로 무려 17.4% 포인트(축소율 15.4%)나 줄어든 반면, 사지 않고 도서관이나 대여점에서 대출받거나 친구에게 빌려서 읽는다는 비율은 같은 기간 중 26.6%에서 47.4%로 급상승하는 충격적인 추세를 나타내고 있다. 이러한 조사결과는 출판산업이 추구해야 할 근(近)미래 경영전략은, 독자들이 더욱 책을 많이 사도록 만들기 위한 방향으로 발상의 전환이 이루어져야 한다는 것을 의미한다.

### 도서관에서의 책 구입량을 늘려야 한다

우리나라 도서관의 발전은 21세기 들어와서 본격화되었다고 해도 지나치지 않다.[84] 한국의 도서관 정책은 문교부(현 교육인적자원부)가 오랫동안 담당해왔다. 그러다가 공공도서관 행정의 일부가 1991년 신설된 문화부(현 문화관광체육부)로 이관되었으며

---

83  《국민독서 실태조사 2002》, 한국출판연구소, 2002, p. 88

84  정부가 국민들의 독서증진 사업에 본격적으로 나서기 시작한 것은 〈독서문화 진흥법〉(법제8100호, 2006. 12. 28.) 시행 이후부터라고 할 수 있다.

2004년에는 국립중앙도서관으로 다시 이양되었다.

문화부는 2001년 9월부터 2003년 10월까지 3단계에 걸쳐 총 343개 공공도서관(2001년 144개, 2002년 97개, 2003년 102개)의 디지털 자료실 구축사업을 완료했다. '미래형 지식정보 서비스 기반구축을 위한 도서관 발전 종합계획(2003~2011)'도 2002년 8월에 마련, '지역 내 커뮤니티의 구심체로서 도서관의 환경개선' 방안을 제시한 바 있다. 그 실천사업 가운데는 "장서확충을 통한 도서관의 기본 콘텐츠 내실화로 이용자 만족도를 제고하겠다"는 내용 등이 포함되어 있었다.

한편, 교육인적자원부는 2002년 8월에 '학교도서관 활성화 종합방안'을 수립하고 2007년까지 6,000개 학교도서관에 3,000억원을 투자해 도서관 환경을 크게 개선했다.

[도표 6-24]에서 보는 것처럼 지방자치제가 실시되면서 공공도서관망이 크게 확충된 것은 사실이다. 이에 따르면 공공도서관의 봉사대상 인구도 1관당 29만4,140명(79)에서 5만515명으로 대폭 줄어들었다. 그러나 선진국에 비하면 아직도 도서관은 크게 부족한 실정이다. 이러한 문제점을 해결하기 위해 기초 지방자치 단체들을 중심으로 2004년부터 '작은 도서관 설립운동'을 적극 추진하고 있는 중이다.

[도표 6-24] 전국 도서관 증가 추이(1974~2010)

| 연도 | 공공도서관* | 대학도서관 | 학교도서관 | 전문도서관** | 합계 |
|---|---|---|---|---|---|
| 1974 | 101 | 163 | 3,661 | 154 | 4,079 |
| 1979 | 120 | 177 | 4,416 | 165 | 4,878 |
| 1989 | 197 | 252 | 5,374 | 229 | 6,887 |
| 1999 | 400 | 416 | 8,060 | 591 | 9,467 |
| 2010 | 759 | 426 | 10,937 | 587 | 12,709 |

주 : * 국립중앙도서관, 국회도서관 포함
    ** 특수도서관 포함
자료 : 한국도서관협회

같은 기간 전체 공공도서관의 자료 구입비는 2억7,000만원에서 671억여 원으로 무려 248배 이상 늘어났다. 그러나 1관당 자료 구입비는 8,841만원에 지나지 않기 때문에 강력한 출판시장으로서 또는 출판문화의 질적 향상을 주도하는 제도적 수요자로서

도서관의 기능을 제대로 발휘하고 있지 못한 실정이 다. 8,000여 만원의 연간 자료 구입비 중에서 신문 등 정기간행물과 외국 도서 구입액을 빼고 나면 국내도서 구입비는 극히 소액에 불과한 실정이다. 그러한 사실은 2010년의 전국 공공도서관의 장서 증가 수가 총 700만권에 지나지 않는다는 사실을 통해서도 확인할 수 있다. 지방자치단체들은 도서관 이용에 대한 주민의 만족도를 높인다는 이유로 베스트셀러 구입에 치중하는 경향도 있어서 학술전문 도서시장은 더욱 협소해지는 실정이다. 1974년 이후 약 35년간 도서관의 증가 추이를 보면 [도표 6-24]와 같다.

### 스스로 펼친 독서운동

출협은 독서인구를 개발하기 위해 도서관계와 협력해 1954년부터 독서주간을 설정하고 다양한 방법으로 독서운동을 펼치기 시작했다. 그 가운데 대표적인 연례행사가 페스티벌 성격의 전국도서전시회라고 할 수 있다. 이 전시회를 계기로 여러 가지 독서장려활동을 전개했다.

전국 주요 출판사가 출판한 도서를 한곳에 모아 전시함으로써 도서에 대한 관심을 불러일으키고 건전한 독서기풍을 진작하자는 운동의 일환으로 마련된 도서축제인 전국도서전시회는 해마다 독서 시즌인 가을에 개최해왔다. 1987년부터는 적합한 장소를 구하지 못해 잠시 중단하기도 했으나 5년 만인 1991년에 재개했으며, 1995년부터는 서울국제도서전시회로 발전시켜 오늘에 이르고 있다.

한동안은 이 도서전시회를 지방으로 확대해 다대한 성과를 올리기도 했다. 1973년부터 부산일보사와 공동으로 부산에서 도서전시회를 개최해 서울에만 편중되었던 도서행사가 지방으로 첫 나들이를 한 이래 대구에서는 매일신문사와 공동으로, 1976년부터는 전남일보사의 열의로 광주에서도 제1회 전일전국도서전시회를 공동개최했다. 서울과 부산, 대구 광주에서 연달아 개최하는 연례행사로 정착시켜나가던 중, 1979년 마지막 개최지인 광주에서의 개막 바로 전날 10·26사건이 일어나는 바람에 취소된 이래 지방에서는 다시 열리지 못해 중단되고 말았다.

또 전국도서전시회와 더불어 1976년부터는 서울과 광주에서 순회독서강연회도 성황리에 개최했다. 이러한 독서운동의 지방확산은 새로운 잠재독자의 개발 및 독서인구

인산인해를 이룬 '85 전국도서전시회'

저변확대와 지방 문화발전에 기여한 것으로 평가되었다.

1976년에는 출협이 주동이 되어 육영재단 어린이회관, 한국도서관협회같이 어린이 도서에 대한 사회의 관심을 한층 일깨우고, 좋은 책을 어린이들에게 제공하는 운동으로 매년 5월 1일부터 7일까지를 '어린이 독서주간'으로 설정하고, 〈어린이 독서헌장〉을 선포했다.

어린이 독서주간에는 어린이들의 독서활동을 장려하기 위해 어린이 도서전시회와 전국 시도 장학사 초청 '학교 독서지도'에 관한 세미나를 매년 개최하고, 포스터 2만장을 제작해 전국 초등학교와 중학교, 주요 서점, 도서관 등에 배포하는 사업을 펼쳤다. 또 전국서점에서는 현수막을 게양하며 어린이 도서 특설 코너를 설치케 하고, 학교 도서관에서는 이 기간 중 독서지도 및 도서관 이용법을 특별히 지도하고 다양한 독후활동을 권고해왔는데, 어느 때부터인가 어린이 독서주간은 슬그머니 중단되어, 오늘날에는 그런 주간이 있었는지조차 아는 사람이 많지 않게 되었다.

이제 우리 출판산업을 독서운동이 아니라 마케팅 차원으로 확장해 출판의 산업경쟁력을 강화하고, 새로운 수요를 창출해야 한다.

독서운동에 나설 시민단체도 없었고 정부에서도 독서환경 개선에 눈을 돌릴 여유가 없었던 70년대까지는 목마른 자가 우물 파는 격으로, 우리 출판산업이 독서운동에 앞장설 수밖에 없는 노릇이었지만, 지금은 시민단체의 독서추진 활동이 활발하게 전개되고 있다. 서로의 역할을 분담하는 쪽으로 우리의 인식과 전략을 전환할 때가 되었다.

출판산업이 정작 해야 할 일은 도서전시회를 많은 시민이 참여하는 페스티벌의 형태로 발전시키는 등 시장규모를 실질적으로 확대할 수 있는 업계공동의 세련된 마케팅 활동을 펼치는 것이다. 업계공동의 마케팅 활동을 활발하게 전개해 국민 1인당 도서 구입량을 늘리도록 현실적이고 절실한 과제해결에도 집중해야 한다. 독서 장려활동을 더욱 활발하게 전개해야 한다는 점을 부정할 사람은 아무도 없다. 그러나 독서운동과 마케팅은 지향하는 바가 다르다.

독서환경을 개선하고 독서를 진흥하는 일은 문화 향수권의 확대·보장이라는 문화복지 차원에서 정부가 나서야 할 몫이다. 정부가 출판산업을 육성하기 위한 가장 확실한 출판정책은 국민의 독서량을 증대시키는 일이다. 그것은 국민의 교양수준을 높이고 선진국으로 가는 지름길이기도 하다. 그래야 출판계가 독자들에게 매력 넘치는 출판물을 더 많이 발행할 수 있다.

앞서도 언급한 것처럼 그동안 우리의 노력으로 독서인구 비율은 이제 독서를 많이 하고 있는 선진국 수준에 어느 정도 근접해가고 있다. 그러나 이들과 현격한 차이를 보이고 있는 것은 독서인구 1인당 독서량이다. 그들은 한 해에 40권을 넘게 읽는 데 비해 우리는 겨우 17권밖에 읽지 않고 있다. 또한 15권가량이던 가구당 연간 도서 구입량 (1994년 현재 14.7권 추정)도 해마다 줄어들어 최근(2009년)에는 7.6권밖에 사지 않는 것으로 추정되고 있다. 이러한 사실이 출판산업이 불황에서 헤어나지 못하는 요인으로 작용하고 있다. 젊은 세대의 가치관과 라이프 스타일에 부응할 수 있는 참신한 독자개발 방법을 발전시켜야 한다.

# 제7장
# 한국출판 선진화의 길

## 세계화 시대의 미래전략

### 한국출판의 새로운 비전을 위해

《현대한국출판사》의 결론 부분에 해당하는 이 장(章)에서는 지금까지의 역사적 경험을 바탕으로 앞으로 우리 출판산업의 진로를 조망해보고자 한다. 그리고 우리가 출판 선진국으로 가기 위해 점검하고 넘어가야 할 정책방향에 관해 논의해보는 것이 이 글의 목적이다.

한국은 과연 출판 선진국인가? 출판량이나 시장규모 등 외형적으로 나타난 지표만으로는 세계 10위권 안에 드는 출판대국임엔 틀림이 없다. 그러나 우리는 아직 선진국은 아니다. 출판량이나 시장규모는 출판 선진국으로 가기 위한 필요조건이긴 하지만 충분조건은 되지 못한다. 선진화는 우리 출판산업이 성취해야 할 목표이다. 디지털과 네트워크 시대에 정보화와 세계화를 이룩하기 위해서는 우리의 출판문화와 출판산업을 세계 일류로 선진화하지 않으면 안 된다.

세계화 시대의 출판 선진국이 되기 위해 지금 우리가 무엇을, 어떻게 해야 할 것인가. 그보다 먼저 도대체 출판 선진국이란 어떤 조건을 갖춘 나라이며, 우리가 그런 조건을 얼마나 충족시키고 있는가를 냉정하게 성찰해볼 필요가 있다.

선진국이란 출판산업의 경쟁우위를 장악하고 있는 나라를 가리킨다. 선진국이 되려면 강해야 한다. 강하다는 것은 출판활동의 양과 질적인 면에서 지속적으로 성장을 이끌어갈 힘을 말한다. 그 힘은 곧 핵심경쟁력이요 성장동력이다.

어떻게 하면 세계 출판시장에서 명실공히 경쟁우위를 확보할 수 있을 것인가?

그것은 ① 출판환경 변화의 의미를 올바로 파악해 패러다임을 바꾸고, ② 이에 대응하는 전략을 세워, ③ 그 전략을 실현하는 데 가장 효율적인 전술을 운용할 수 있도록, ④ 우리 실정에 맞는 독창적인 발전 모델을 실천하는 것이다. 피터 드러커는 전략과 전술에 대해 "어떤 길을 가야 하는가를 결정하는 것은 전략이고, 어떻게 가야 하는가는 전술"이라고 간명하게 정의하고 있다.[1] 경쟁우위를 결정하는 것은 궁극적으로 사회변화에 대응한 업계 활성화를 위한 전략과 전술이다.

디지털 세계의 도전에 대응한 출판의 기술혁신으로 미래사회에서 출판산업의 역할을 강화할 수 있는 길을 찾아야 한다. 이제부터 우리 실정에 맞는 독창적인 발전 모델을 찾아 미래발전 전략의 프레임을 바꿔야 한다. 업계 차원의 비전과 종합적인 전략을 개발, 발전시켜야 한다. 그 길은 다음 네 가지 방법을 통해 지혜를 얻는 것이다.

먼저 혁신적인 미래전략 가운데 하나는 역사 속에 있다. 우리 출판의 정체성과 출판발전의 통찰력을 역사를 통해 길러야 한다. 과거의 역사를 반추해 성패를 가른 본질적 요소 중에서 다시 한 번 도약할 수 있는 긍정의 에너지를 찾아내 응집해야 한다. 역사는 언제나 정체성의 원천이었으며, 아직 가보지 못한 미래를 개척하는 데 필요한 원동력이다. 역사에 무관심하고 현실을 올바로 인식하지 못하면 핵심경쟁력을 키울 수 없고 밝은 미래를 창조할 수 없다. 우리 출판이 지속적인 성장을 통해 선진화하기 위해서는 지난 역사를 되돌아보며 계속 다져나가야 할 것, 바꿔야 할 것, 새롭게 추구해야 할 것을 가리고 찾는 노력이 대단히 중요하다. 그런데 우리는 역사적으로나 사회·문화적 고찰을 통해 경쟁우위를 확보하려는 노력을 등한시해왔다.

둘째, 빠르게 변화하고 있는 출판현실을 냉철하게 바라보고 올바로 인식할 필요가 있다. 우리 출판환경은 세계화와 디지털 시대를 맞이하여 다방면에서 급변하고 있는 중이다. 이에 대한 종합적인 대응책을 서둘러 개발해야 한다.

---

1   송병락, 《한국 경제의 길》(제5판), 서울 박영사, 2010, p. 326

1) 경제환경 : ① 관 주도에서 시장 주도로 전환, ② 지식기반 경제사회 전개(정보가치 중시), ③ 물질적 가치 중시, ④ 경쟁격화, ⑤ 노동시장의 구조변화 등

2) 사회환경 : ① 인구구조 변화(저출산, 고령화, 핵가족화, 다문화사회, 총인구 및 생산인력 감소등이 시장규모 축소의 요인이 됨), ② 국민의 지적 수준 향상에 반비례해 정신문화를 경시하는 풍조가 만연, ③ 좁은 국토와 고밀도 사회(전국의 하나의 도시화 및 1일 생활권화), ④ 지식사회 도래, ⑤ 라이프 스타일의 변화 등

3) 정치환경 : ① 정책결정 과정에서 NGO 영향력 증대, ② 민주화(여론 중시) 등

4) 기술환경 : ① IT 강국(디지털과 네트워크화), ② 출판의 디지털화 등

5) 자연환경 : ① 자원고갈과 원자재 수급 불균형, ② 환경파괴 및 오염 등

셋째, 출판산업의 미래에 대해서도 진지한 연구가 필요하다. 출판을 둘러싼 문명사적 변화에 대한 장기적인 전망도 결코 밝지 못하다. 최근에 나온《유엔미래보고서 2040—도전하는 미래가 살아남는다》는 머지않아 종이가 사라질 것으로 예측하고 있다. 2040년까지 종이신문은 모두 소멸할 것이다. 또한 2050년대가 되면 현존하는 방송도 사라지고 몇백만 개인방송, 개인언론이 이를 대체할 것이며 그 결과 지적재산권이 사라져 모든 정보가 거의 무료화 될 것이라는 충격적인 전망이 나오고 있다. 잡지도 신문과 같은 길을 걷게 되겠지만 책은 다르다고 한다. 전자매체로는 도저히 살릴 수 없는 책만의 장점이 있기 때문이다. 다만 출판사들은 다른 온라인 무료 서비스와 경쟁해야 하므로 책값을 낮게 책정할 수밖에 없다. 다가오는 미래에는 또 새로운 형태의 판매채널이 발달해 서점과 같은 점포도, 유통도, 마케팅도 현재의 판매 형태도 사라진다. 그대신 혁신적인 저비용 유통기회 및 마케팅이 그 자리를 메우게 된다고 한다.[2]

디지털과 네트워크 기술의 발달로 출판산업의 성격과 형태는 이미 변화하고 있다. 백과사전은 CD로 들어갔다가 지금은 인터넷을 통해 전달되고 있다. 출판의 개념과 사업 모델을 개척해 지식집약형 정보 미디어 산업으로 빠르게 전환하지 않으면 안 되는 시대가 도래한 것이다.

---

2 박영숙, 제롬 글렌, 테드 고든, 엘리자베스 플로레스큐,《유엔미래보고서 2040》, 교보문고, 2014, pp. 80~81 참조

넷째로 성장전략의 방향성에 대한 구체적인 모색에 앞서, 다른 선진국의 장점을 배울 수 있을지언정 모방하는 것은 바람직하지 않다. 국내외 전문가들은 경쟁력의 발전단계로 볼 때 우리나라는 이미 오래전에 모방의 단계를 벗어나 혁신주도형 단계로 진입해 있다고 한다. 따라서 다른 나라의 성공사례를 연구하는 것은 현 단계에서 매우 긴요한 과제다.

지속적인 성장을 확보하기 위해서는 시장주도의 성장전략을 추진할 싱크탱크가 필요하다. 다각적인 발상의 전환을 이끌 전략전문가들을 끌어모아 각계의 의견을 수렴할 수 있는 체제를 마련하는 등 정책역량 강화를 서둘러야 할 때이다. 특히 R&D 투자를 지속적으로 확대하는 동시에 효율성을 높이고, 출판의 학문적 연구도 출판산업 발전단계에 맞게 발전시켜야 한다. 출판학이 객관적이고 논리적인 이론으로 출판산업의 진로를 정확하게 제시할 수 있어야 한다.

이런 견지에서 우리 출판산업의 세계적인 경쟁력을 점검해보고 새로운 패러다임과 정책방향에 대해 구체적으로 논의해보고자 한다.


**미래발전 전략의 필요성**

지난 20여 년 동안 한국출판 산업의 외형은 사실상 성장이 정체되어왔다. 지금 같은 추세라면 장래전망도 밝지 못하다. 출판을 둘러싼 환경과 여건도 모두 불안하다. 이미 오래전부터 획기적인 변화를 이끌어내지 못한다면 전도는 지극히 비관적이라는 경고등이 켜져 있는 상태다. 우리 실정에 맞는 독창적이고 혁신적인 미래전략을 개발해 출판체질을 개선하지 않으면 이대로 주저앉고 말 것이다.

2013년까지의 우리나라 출판실적을 근거로 2022년까지 향후 10년간의 출판산업 동향을 예측해본 결과, 출판량과 가격, 매출액 등이 모두 제자리걸음을 할 것으로 나타났다. 즉 2012년 대비 2022년의 매출액 성장 추이는 감소세(−4.6%)를 보이고 있다. 우리 출판산업이 하락국면에 접어들 것으로 전망된다.

이는 앞으로의 성장 추이를 예측하는 여러 가지 방법 중에서 최소제곱법(method of least squares)에 의한 추세분석 방법으로 산출한 결과이다. 추세분석은 과거의 추세치가 앞으로도 계속되리라는 가정 하에 과거의 시계열 자료들을 분석해 그 변화방향을 계량적으로 분석함으로써 미래를 예측하려는 분석방법이다. 추세분석 자료는 미래를 예측하는 데 객관적인 준거(準據)를 제시하며, 합리적인 판단과 통제에 도움을 주기 때문에 정책 결정자에게 필수 불가결한 정보가 된다.

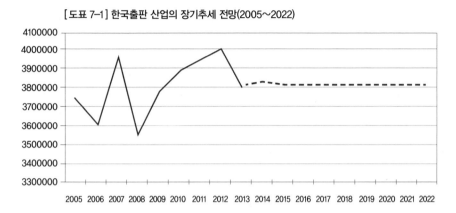

[도표 7–1] 한국출판 산업의 장기추세 전망(2005~2022)

주 : 2014년부터는 예측치
자료 : 2012년까지의 매출액은 〈2012년 기준 콘텐츠 산업통계〉(문화체육관광부 · 한국콘텐츠진흥원,
2013)의 '서적출판업과 교과서 및 학습서적 출판업'을 합산해 사용

PWC도 우리나라 출판산업 규모가 2013년의 21억8,700만 달러에서 2017년에는 겨우 9.2%밖에 성장하지 못해 23억8,900만 달러(약 2조4,000억원)에 그칠 것이란 전망치를 내놓고 있다.[3] 이는 인도(41.9%), 브라질(36.5%)보다도 훨씬 낮은 수준이다. 이러한 PWC의 전망은 우리에게 다음과 같은 중요한 점에 대한 경각심을 일깨우고 있다.

하나는 우리 출판의 세계적 위상이 점차 낮아진다는 점이다. 세계 출판시장의 상위 그룹을 선점한 국가들 사이의 순위다툼은 치열하다. PWC에 따르면 우리나라는 세계 출판산업 상위 그룹 15개 국가 중에서 2013년 현재 9위를 기록하고 있다. 그런데 2014년에는 브라질에 밀려 10위로 내려가고, 2015년부터는 인도에게조차 앞지르기를 당해 11위로 전락할 것이라고 한다. 브라질이나 인도와의 격차는 그 후 해가 갈수록 더욱 벌어질 것이고, 캐나다와 호주는 곧 우리를 앞지를 기세로 맹렬하게 추격해오고 있는 중이다.

<hr />

3  PWC, *Book, Magazine Publishing, Newspaper Publishing Entertainment Outlook 2008-2017*, 2013. 전자책 시장을 포함한 것으로 이 책 395쪽 [도표 6-7] 참조.

둘째, 성장내용의 질은 더 큰 문제다. 9.2% 성장은 전적으로 전자책에 의한 것이다. 2017년의 종이책 시장은 16억1,400만 달러인 데 비해 전자책은 7억7,500만 달러를 차지할 것이라고 한다. 전통적인 출판양식인 종이책은 2011년을 정점으로 계속 감소하는 대신 전자책은 같은 기간 2.4배나 증가해 2017년이 되면 전자책이 무려 32.4% 비중을 차지하게 된다. 그런데 심각한 점은 그 32.4%가 전부 출판산업에 열린 새로운 시장이 아니라는 사실이다. 출판산업이 이런 전자책 시장을 얼마나 지켜낼 것인가 하는 점이 앞으로의 과제다. 현재 시장상황으로 미루어볼 때 그것을 얼마나 지켜낼 것인지는 대단히 비관적으로 전망할 수 있다. 왜냐하면 이미 하드웨어 업체, 통신사, OS 업체, 포털, 전자책 전문업체 등이 전자책 시장에 참여해 치열하게 영토를 공략해가는 중이기 때문이다. 하드웨어 업체는 자신이 개발한 전자책 리더기를 더 많이 제작 공급하기 위해 자체 플랫폼을 제공하거나 유통 플랫폼 업체와의 제휴에 더욱 혈안이 될 것이다. 통신업체, 포털 등도 자사 앱(app) 장터에서 전자책 서비스를 제공하고 있다. 신세계 I&C도 전자책 서비스인 '오도독(Ododoc)'을 출시(2012. 7.)했으며 CJ 오토쇼핑도 참여를 검토 중인 것으로 알려지고 있는데, 전자책 시장의 상당 부분을 이들에게 빼앗길 공산이 크다. 얼마나 덜 빼앗길 것인가의 열쇠는 오로지 출판산업이 어떻게 대응하느냐에 달렸다.

그렇다면 활기차게 성장을 거듭해온 한국출판이 이처럼 장기적인 침체와 부진에 빠진 이유는 무엇인가. 우리 출판산업이 겪고 있는 위기적 상황은 책에 대한 사회적 수요의 질적 변화에 적절히 대응하지 못하기 때문에 나타난 일시적 경기침체 현상이지 근본적으로 책의 경쟁력 약화 또는 출판문화의 쇠락에 기인한 현상은 아니다. 패권경쟁이 치열하게 전개되고 있는 오늘날의 미디어 환경 속에서도 미디어로서 출판의 매체경쟁력은 여전히 막강한 힘을 발휘하고 있다. 현재의 침체는 90년대 이후, 산업경쟁력을 제대로 확보하지 못한 데서 야기된 구조적인 현상이다.

지난 20년 동안 우리는 지나치게 성장위주의 매출 지상주의에만 빠져 있었던 것이 사실이다. 그 바람에 급격한 환경변화에 대응하기 위해 장기적인 비전과 종합발전 전략을 세워 산업구조를 혁신적으로 개혁할 기회를 갖지 못했다. 양적 성장에만 집착한 나머지 사재기 같은 비리와 부당경쟁 등 많은 부작용을 야기했다. 파행적인 재판제도 운용은 독자들로 하여금 책과 멀어지게 만들었다. 출판인 스스로의 무책임한 행동으로 말미암아 출판인의 명예는 계속 실추되고 사회적 위상도 낮아져왔다. 성장만 강조한 결과 출판산업 규모가 크게 성장한 것도 아니다. 우리의 출판시장 규모는 아직도 비교대상이 되지 못할 정도로 외국과 심한 격차를 보이고 있다. 규모의 확대도 중시해야 하지만 더욱 중요한 것은 출판산업의 구조혁신과 핵심경쟁력을 강화해 경쟁우위를 지속적으로 확보할 수 있도록 내실을 강화해야 한다는 점이다. 그 중요한 열쇠는 창의성과 시장경쟁력을 끊임없이 제고하는 데 있다. 국민들로 하여금 출판산업 내지 책에 대한 믿음과 기대감을 심어주어야 한다. 발전의 개념을 출판 본래의 사명인 가치창조에 두어야 한다. 다양한 매체가 중층적이고 복합적으로 활용되고 있는 현대사회에서 책의 가치를 높이고 책을 많이 읽는 사람이 사회적으로 존경받는 사회를 만들어나가는 데 힘써야 한다.

우리가 지난 20년 동안 사회적으로 긍정적인 평가를 받은 성과라고는 파주출판도시 건설 하나만을 유일하게 꼽을 수 있을 뿐이다. 정보 네트워크형 출판유통시스템을 구축해 독자들의 변화에 대응하려던 유통 현대화 사업은 실패로 끝나고 말았다.

세계는 점점 혁신이 대세를 결정하는 시대가 되어가고 있다. 독일서적업협회는 2010년부터 특별전문기구를 두어 장기발전 전략을 강구하고 있다. 이 기구는 다분히 의도적으로 자극적이고 도발적인 장기전망, '2025년—멋진 신세계인가? 출판산업의 미래를 위한 시나리오(2015—Eine schöne neue Welt? Szenarien für die Buchbranche der Zukunft)'란 보고서를 2011년에 내놓아 비상한 관심을 불러일으켰다. 이에 따라 10개 부문 55개의 혁신 주제별로 장기 발전책에 관해 열띤 논쟁과 구조혁신 사업을 추진하고 있는 중이다.[4]

---

4 출판물 생산(출판), 유통(도매), 소매(서점)를 포괄하고 있는 독일서적업협회는 이들 세 부문이 공동으로 구성한 전문위원회에서 작성한 장기전망 보고서를 2011년 6월 8일부터 10일까지 개최한 '독일 책의 날 심포지엄'(대주제 : 진화의 격류 속에서—출판시장과 그 가치창조의 연결고리)을 통해 발표했다. 출판-유통-서점의 세 부문을 대표한 세 사람의 발표자가 각각 제시한 내용의 핵심은 ① 모든 인쇄매체는 중요성을 상실해 서적, 잡지, 신문의 판매액은 대략 25% 이상 감소한다. ② 서적의 유통 채널에서는 매장을 가진 서점의 매출액이 31%나 격감한다. ③ 전체 시장규모는 근소하게 성장할 것이다. ④ 인쇄된 책의 매출액 감소 부분은 디지털 매체의 매출액 증가로 상쇄된다. ⑤ 디지털 매체의 제공자는 반드시 출판사만은 아니다. 새로운 디지털 콘텐츠 제공자는 지금까지 출판시장의 몫을 빼앗아갈 것이다 등이었다. 이에 따라 제시된 10개 부문 55개 주제별 혁신과제는 대부분 우리도 현실적으로 경험하거나 고민하고 있는 테마들이다. 예컨대 출판사, 서점, 유통회사 등의 시장축소와 기업집중에 따른 출판산업의 대응방향에서부터 유통시스템의 혁신, 전자출판, 도서박람회 등 모든 방면에 구체적인 대안을 제시하고 있다. 그런데 독일의 전자책 출판시장 규모는 2010년 현재 전체 매출액의 0.4%인 3,400만 달러인데, 2017년에는 11억5,400만 달러로 증가할 것이라고 PWC는 예측하고 있다. 우리보다 아주 적은 전자책 시장 규모이지만, 심각하게 받아들이고 있다.(http : //www.boersenverein.de/de/portal/Programm_und_

호주도 최근 영국과 미국 출판산업의 영향력에서 벗어나 독자적인 약진을 거듭해 주목을 받고 있는 나라다. 그들도 디지털 시대의 출판산업 경쟁력을 확보하기 위해 출판산업전략그룹(BISG ; Book Industry Strategy Group)이란 독립된 민간기구를 2010년에 설치했다. BISG는 18개월간 활동한 결과를 7개 분야 21개 혁신과제로 정리해 정부의 출판산업 육성방안으로 제시했다. 정부는 이 권고사항을 전폭적으로 수용해 또 다른 민간기구인 출판산업협력위원회(BICC ; Book Industry Collaborative Council)를 설립(2012. 6.), 업계주도로 발전전략을 추진하고 있는 중이다.[5] 호주 정부는 이러한 일련의 사업을 추진하면서 재정과 행정만 지원할 뿐 구체적인 사업은 전적으로 이 기구에 맡기고 간섭하지 않고 있다.

이와는 반대로 출판산업(신문, 잡지 포함)을 국영체제로 운영하고 있는 중국은 정부가 직접 출판산업을 국가 경제발전의 중요 기간산업으로 채택해 2020년까지 GDP 의 5%를 차지하는 산업으로 육성하겠다는 꿈을 키워가고 있다. 디지털 매체도 세계 선진수준으로 발전시키겠다는 계획을 가지고 있다.[6] 정부의 출판 주무부서인 신문출판총서는 이에 따라 〈국민경제와 사회발전 제12차 5개년 계획 기간(2011~2015) 중 신문출판업 발전계획〉(약칭 '계획', 新出政發 6號, 2011. 4. 20.)을 추진 중이다.[7]

우리도 우리만의 독창적인 출판성장 모델을 만들어 추진해야 한다. 우리나라는 지금 선진국을 모방하던 단계를 지나 혁신주도형 발전단계로 진입했다고 한다. 선진국들의 장점과 우리의 그것을 융합해 장기적 관점에서 종합적인 출판산업 발전전략을 수립하고 일관성 있게 추진해야 한다. 출판산업의 미래에 대한 비전과 강력한 전략목표를

---

Anmeldung_2011/434189)

5 호주의 출판산업 발전에 관한 대응전략에 관해서는 출판유통진흥원이 개최한 '2012 국제 출판 전문가 초청Book Business Conference―디지털 변환기 국제 출판계의 대응전략'이란 주제의 세미나(2012. 6. 20., 코엑스)에서 호주출판협회 회장이며 BISG 부의장인 Louise Adler 여사가 소개한 바 있다. BISG는 출판협회장을 비롯, 저작자, 경제학자, 도서관인 등 14명의 위원으로 구성되어 있으며 18개월간 출판산업 발전방안을 연구해 출판산업, 학술출판, 저작권, 유통, 수출, 공공대출권(public landing right), 출판기술 등에 관해 정리한 보고서 〈디지털 환경에서의 호주 출판산업〉을 작성 (2010. 7.)했다. 또 BICC는 BISG 권고사항들에 대해 우선순위를 정해 현재 사업을 추진하고 있다. 2014년 현재 〈독자만족―호주 출판유통 혁신〉, 〈호주의 새로운 도서수출 시장〉 등의 미래전략 계획을 수립, 시행 중이다.(innovation.gov.au/ INDUSTRY/BOOKSANDPRINTING/…/default.aspx)

6 〈新聞出版总署明确今后十年建设出版强国发展目标〉(2010. 1. 14.)

7 제12차 계획 기간 중 중국의 주요 출판산업 발전목표는 다음과 같다.

제시해야 한다. 이런 일들을 정부에 의존하지 않고 업계 스스로 추진해야 한다. 우리는 그렇게 할 수 있는 능력과 경험을 충분히 가지고 있다.

광복 직후에는 극심한 원고난·인쇄난·용지난 등 3난을 강인한 돌파력으로 극복해가 며 출판문화 건설에 매진했다. 그리하여 1949년엔 연간 발행종수 1,754종이라는 놀라 운 기록을 세웠다. 이 기록은 10여 년이나 지난 뒤인 1961년에 가서야 겨우 깰 수 있었 다. 1960년대 중반의 우리 출판은 확고한 자립·자강의지와 자신감으로 적극적인 발전 전략을 수립, 자력으로 세계 10위권으로 성장시킬 수 있는 발전역량과 조건들을 축적 했었다.

그러한 노력은 1990년대 초반까지 이어져왔다. 그러나 1993년 '책의 해' 사업 가운 데 '출판발전 10개년 계획'을 부문별로 수립한다는 계획을 세웠었으나 제대로 추진되 지 못했다.[8] 그리고 그 후에는 그런 자체적인 발전방안을 모색하려는 노력조차 찾아볼 수 없을 만큼 자립·자강의지는 쇠퇴하고 말았다. 최근에는 우리 출판의 전통인 불굴의 도전정신마저 크게 약화된 듯하다. 그런데 우리는 '미래를 위한 프로젝트'에 대해 너무 오랫동안 잊고 있어왔다.

| 지표 | 단위 | 2010년 실적 | 2015년 목표 | 증가율(%) |
|---|---|---|---|---|
| 경제지표 | | | | |
| 증가치 | 만억원(元) | 0.35 | 84 | 19.2 |
| 총생산 | 만억원 | 1.22 | 2.94 | 19.2 |
| 출판종수 지표 | | | | |
| 도서 발행종수 | 만종 | 32.8 | 41.9 | 5.0 |
| 도서 발행부수 | 억책 | 71.7 | 79.2 | 2.0 |
| 잡지 발행종수 | 억책 | 35.4 | 42.2 | 3.6 |
| 출판물 수출종수 | 만책, 부, 판 | 1,047.5 | 1,156.5 | 2.0 |
| 판권 수출 및 공동출판 | 종 | 5,691 | 7,000 | 4.2 |
| 사회 서비스 지표 | | | | |
| 1명당 연평균 재고 도서량 | 책/명 | 5.3 | 5.8 | 1.5 |
| 1명당 평균 보유 잡지량 | 책/명 | 2.6 | 3.1 | 3.1 |
| 1천명당 출판물 판매점 수 | 개 | 0.125 | 0.132 | 1.0 |
| 국민종합 독서율 | % | 77.1 | 80.0 | 0.7 |
| 저작권 등록 | 건 | 506,700 | 700,766 | 6.7 |

* 일부 지표 제외

8 '책의 해'의 '출판발전 10개년 계획 수립' 사업은 출판 관련 단체별로 수립해 종합한다는 방침에 따라 한국출판학회와 서 련 주최로 각각 인재양성과 서점 육성책을 모색하는 세미나를 한 차례씩 개최하고 중단되었다. 그 후에는 지금까지 업계 자체로서는 장기적인 종합발전 계획을 수립하려는 노력은 없이 오로지 정부가 전적으로 출판정책을 수립해 지원해주기 를 요구하는 안이한 모습만 보이고 있다.

치열했던 60년대의 자립·자강의지의 궤적과 면모를 되새겨보고 그 정신을 다시금 도전과 용기, 창조와 혁신의 에너지로 승화시켜 위기의 한국출판을 다시 일으켜 세워야 한다. 세계화의 진전과 함께 디지털과 네트워크 기술을 기반으로 치열하게 전개되고 있는 다양한 매체들과의 패권경쟁 속에서 출판의 입지와 산업경쟁력을 확고하게 확보해야 한다. 산업경쟁력을 회복시킬 수 있는 방향으로 성장전략의 새로운 좌표를 설정해야만 한다.

결론적으로, 우리 출판산업은 지금 위기에 직면해 있다. 산업구조를 혁신, 변화시키지 않으면 다매체 경쟁시대에 쇠망의 길을 걷게 될 것이다. 자신감과 독창력, 자립의지와 모험정신을 토대로 새로운 시장을 개척해나가는 기업가(起業家, Entrepreneur ; 새로운 가치를 창출하는 사람) 정신을 발휘해 다매체 경쟁시대에 출판부흥을 꾀해야 한다.

### 정부 역할의 변화

출판산업의 흥망성쇠는 그 나라의 국력신장과 직결된다. 오늘날에도 출판산업 발전은 국가경쟁력의 중요한 지표임에 틀림없다. 그렇기 때문에 출판산업 발전은 국가정책의 중요한 과제 중 하나가 되어야 한다.

출판산업 발전과제를 수립, 추진해가는 과정에서 업계와 정부는 역할을 분담해야 한다. 서로 지향하는 정책의 목적과 목표가 다르기 때문이다. 정부 역할에 대한 인식의 변화가 요구되고 있다. 시대변화에 맞추어 정부의 역할을 재정립할 때가 되었다. 정부 주도 성장전략에서 시장 주도 출판발전 전략으로 전환하는 것이 더욱 바람직하다. 향후 지속적인 출판발전을 이룩하려면 시장 주도 성장전략을 더욱 강화할 필요가 있다.

정부가 나서서 모든 문제를 직접 해결하려 하지 말고 민간 출판주체들 간의 경쟁원리를 작동시켜 생산성 향상의 유인을 제공해야 한다. 출판산업 발전은 이러한 환경을 구축하기 위한 제도 및 정책의 꾸준한 개선을 통해 결과적으로 얻어지는 것이지, 단기간에 정부가 무리한 시장개입을 함으로써 얻어질 수 있는 것이 아니다. 창의적인 문화와 창조경제 활동을 핵심사업으로 하는 출판산업은 정부가 육성하려 한다고 해서 육성되는 것이 아니다.

그렇다고 정부 역할의 전방위적 축소를 주장하는 것은 아니다. 정부는 출판산업의 혁신을 유도하고, 출판인들이 출판활동에 매진할 수 있는 혁신자원의 원활한 공급 등 거시적 환경을 적극 조성해야 한다. 하버드대학 마이클 포터(Michael Porter) 교수는 "정부의 타당한 역할은 시장의 도전정신을 키워주는 것이지 '도움'을 주어 도전을 게을리하게 만들어서는 안 된다"고 했다. 그의 주장은 "인센티브, 노력, 경쟁 등의 결정요소를 찾아주어야지 보조금과 같은 일시적 보호주의는 바람직하지 않다"는 것이다.[9] 고영선도 과거에는 "정부의 선도적 역할에 집중되어 평가되었다면, 요즈음은 민간시장기구의 역동성과 창의성을 정부가 얼마만큼 재정 또는 비재정 면에서 지원해 성장으로 이끌어내느냐에 더 초점이 맞추어져 있다"고 지적하고 있다.[10]

과거 출판산업이 발달하지 않았을 때는 정부가 주도적 역할을 수행하는 것이 절대적으로 필요했으나 당시 정부의 역할은 육성보다는 오히려 규제중심적이었다. 그러나 지금은 규제중심에서 적극적인 지원체제로 바뀌었다. 적극적 지원체제를 더욱 효율적인 방법으로 발전시킬 필요가 있다. 업계는 종합발전 계획을 세워 산업구조 혁신작업을 일관성 있게 추진하고, 정부는 그 과정에서 제기되는 애로와 문제점들을 해결할 수 있도록 필요한 제도와 체제를 적극 뒷받침해야 한다. 파주출판도시 건설과정에서 보여준 많은 조치들이 좋은 예가 될 수 있을 것이다. 정부 출판정책의 입장은 다음과 같은 방향에서 이루어져야 한다.

첫째, 출판정책의 궁극적 목표는 국민 1인당 도서 공급량을 증대시키는 일이며, 이 일이야말로 출판정책의 핵심과제다.

유네스코 출판·문화산업국장 가르종(A. Garzon)은 "한 나라 출판정책의 기본 목표는 책에 대한 접근이 국민 모두에게 더욱 쉽고 원활하게 이루어지도록 하는 것을 확실하게 하는 것"이라고 정의했다.[11] 독서력은 국가경쟁력이다. 역사적으로 책을 많이 읽는 나라가 강대국이 되었다. 디지털과 네트워크(D&N) 시대에도 책은 여전히 국가발전을 효과적으로 촉진하는 데 필요한 지식과 정보를 제공하는 가장 기본적이며 강력한 수단이므로 독서는 국가경쟁력의 원천이요 출판산업은 국가발전의 성장동력이다.

---

9   마이클 포터 저, 문화창 역,《국가경쟁우위》, 21세기북스, 2009, p. 974

10   고영선,《한국 경제의 성장과 정부의 역할 : 과거, 현재, 미래》, 한국개발연구원, 2008, p. 292

11   Álvaro Garzón, *National Book Policy—A guide for users in the field*, UNESCO, 1997, p. 23

우리도 선진국으로 올라서려면 국민들의 독서력을 증진시키고 도서 공급량을 증대시켜 양질의 출판문화 향수권을 확대해나가도록 노력해야 한다. 국민의 지적 능력을 높여야 한다. 우리의 독서인구 비율은 선진국 수준에 근접해가고 있으며 98.3%나 되는 높은 문해율(literacy)은 선진국 수준(97.7%)을 뛰어넘어 세계제일이다.[12] 그러나 독서량에서는 아직도 선진국 수준에 크게 못 미치고 있다.

우리의 독서인구 한 사람당 연간 독서량은 17.4권으로 집계되고 있다.[13] 그중에는 잡지 2.5권과 기타 5.4권이 포함되어 있고 교양도서는 3.5권에 지나지 않는다. 이른바 독서강국으로 알려진 미국이나 독일, 일본, 러시아의 1인당 연간 독서량은 우리의 3배 내지 5배나 되고 있다. 그러므로 국가는 국민 개개인에 대한 도서 공급량 증대에 힘을 기울여야 한다. 이는 국민들의 지적 교양수준 제고와 출판문화 향수권의 확장 내지 문화복지 향상을 의미한다. 여기서 말하는 도서 공급량이란 신간 출판량만을 말하는 것이 아니며 독자들이 직접 구매해 읽는 양으로 개념을 확대해서 접근해야 한다.

둘째, 출판산업을 육성하는 데 필요한 정부 각 기관들 간의 긴밀한 협력체제가 구축되어야 한다.

문화적 산물이자 경제적 상품이라는 책의 이중성은 출판 부문의 기술적·경제적 특징인 만큼 출판정책은 교육, 과학, 문화와 정보의 통로로서 그 중요성을 고려한 통합적 접근이 필요한 고도의 정치적 의사결정 대상이다. 그러므로 출판정책은 국가의 문화적 정책을 고려해야 하는 한편, 도서생산과 배급산업의 경제적 발전을 고려해야 한다.

가르종은 "정부의 출판정책이 실효를 거두기 위해서는, 정부 내 한 기구의 차원을 넘어 그 나라 상황과 교육·문화정책들이 출판 부문의 산업적 발전과의 사이에 정교한 균형을 이루어야 하므로, 책과 관련된 정부 각 기관들이 서로 기능상 조화를 이루어야 한다"는 점을 강조하고 있다.

그는 출판발전과 독서를 촉진하기 위한 정책과제들을 실현하려면 문예창작 등 저술활동에서부터 도서생산과 분배, 도서관 네트워크와 독서습관에 이르기까지 다양한 책의 가치사슬과 관계되는 여러 정부조직의 최고 책임자들—교육, 문화, 재무, 산업발전,

---

12  국립국어원, 2008년 9~11월 조사.(《조선일보》, 2008. 12. 23. 참조)
13  통계청,《2010 한국의 사회지표》, 2011.

교통, 중앙은행, 세금, 관세, 정보통신을 포함하는 국가기관의 대표들—이 출판정책 수행과정에서 맡은 바 각자의 역할을 이해하고 공동의 정책목표를 수행할 수 있도록 노력해야 한다는 점을 강조하고 있다.

장기 종합계획의 범주 안에서 정책 과제별 프라이오러티를 정하는 선택과 집중의 지혜가 필요하다. 〈출판 및 인쇄 진흥법〉 제정 이후 정부의 장기 발전계획이 세 차례나 제시되었지만, 그 계획이 평면적이고 지나치게 백화점식으로 나열적이란 비판을 받았다. 정부는 지금까지는 그러한 계획들이 어떻게 추진되고 얼마만큼의 성과를 거두었는지에 대해 한 번도 스스로 밝힌 바가 없으며 어느 누구도 정책평가를 해본 일이 없는 실정이다.[14]

셋째, 출판진흥을 위한 정부의 역할은 출판활동에 유리한 여건과 환경을 조성하는 일이다. 그 역할은 어디까지나 지원에 그쳐야지 출판발전을 주도하는 입장이 되어서는 안 된다.

선진국에서는 정부의 출판정책이 자칫 정부가 의도하는 방향으로 출판산업을 이끌어가게 되어 창의적이고 자유로운 출판활동을 저해하거나 출판의 자유를 훼손할 우려가 있음을 경계하여 직접적인 출판정책을 피하고 있다.

그런데 지금까지 우리 출판계에서는 모든 것을 정부가 앞장서서 주도해야 한다는 의식이 지나치게 강했다. 마땅히 스스로 해야 할 일을 정부에 의존하려는 업계의 태도는 자기책임을 방기하는 무책임한 자세다. 업계가 자신들의 미래를 정부에만 맡길 수는 없는 일이고 또 그렇게 해서도 안 된다.

넷째, 그동안 출판정책 과제가 제기될 때마다 새로운 기구를 설립해야 한다는 주장이 무성했다. 새로운 기구를 만들어 역할수행을 맡기려 하지 말고 기존의 출판단체별로 각기 고유한 성격과 설립목적에 따라 역할을 분담하도록 배려해야 한다.

즉 국내 출판산업을 진흥시키고 관련 단체 육성의 기회로도 활용하는 방식이 가장

---

14  정부의 출판정책에 관해서는 한국출판학회만이 2004, 2008, 2012년에 각각 새 정부의 출판정책 방향과 내용을 평가하는 세미나를 개최했다. 이 세 차례의 정책 세미나에서는 정부에 대해 지원요구만 있었을 뿐 이에 상응하는 업계로서의 발전계획 제시 필요성과 내용을 제기하고 그것에 대한 제도적·행정적 지원을 요구하는 주장은 전혀 이루어지지 않았다. 정부 정책결과에 대한 평가와 향후 정책조정 방향에 대해서는 어떤 기구에서도 논의된 적이 없었다.

확실하고 빠른 출판진흥의 길이요, 출판산업의 기초체력을 강화하는 방책이 된다. 한국출판문화산업진흥원도 모든 사업을 자체에서 집행하기보다는 가급적 사업별로 출판단체에 집행을 분담시켜 출판의 자생력을 키우도록 지원하는 방향으로 나아가야 할 것이다.

우리 출판산업이 오늘날처럼 출판대국으로 약진할 수 있었던 배경에는 출판단체들도 크게 기여했음을 누구나 인정하고 있다.

출판단체들은 지금까지 어려운 여건 속에서도 그 구성원에 대해서는 합리적이고 공정한 경쟁구조를 확립함으로써 업계 전체의 체질을 개혁하고 강화하는 자율지도 기능을 가진 자치관리 단체로서의 역할을 충실히 수행해왔다. 다른 한편으로 정책당국에 대해서는 출판진흥 정책 결정과 집행에 강력한 영향력을 행사하는 이익단체로서, 출판산업이 건전한 사업전개와 출판발전을 이룩하는 데 필요한 환경을 조성하도록 끊임없이 요구해온 업적을 경시해서는 안 된다.


## 출판기업화의 과제와 전망

우리나라 출판사들의 생존율은 유독 낮다. 역사가 짧을 뿐 아니라 출판사 규모도 매우 영세하고 기업 형태는 더욱 전근대적이다. 출판사 수가 증가한 만큼 전체 출판산업 규모가 확대되지 못하고 있다. 통계청이 2012년도에 개발한 '기업생멸 행정통계' 기준에 따르면 정보통신 및 금융보험업[15]의 신생기업 평균 생존율은 1년 후가 52.9%이지만, 5년 후에는 25%밖에 되지 않는다고 한다. 대한상공회의소가 조사한 결과도 국내 중소제조업체의 평균수명은 12.3년이었다. 자본력·기술력·정보력 등이 기업경쟁력을 좌우하는 현실 속에서 출판업은 오늘날의 급변하는 출판환경 변화에 대응할 수 있는 생존능력이 취약하고 유능한 인력확보가 어려우며, 출판사의 생존률은 이보다 훨씬 더 짧다.

출판업은 감(感)에 의지해 경영한다는 말처럼 불확실한 요소가 특히 많은 업종이다. 상품개발, 시장 등에 관한 경영전략이나 마케팅 결과가 목표나 기대와는 빗나가는 것

---

15 〈한국표준산업분류〉에서 출판, 영상, 방송통신 및 정보 서비스업에 속하는 출판업은 이 '기업생멸 행정통계'에서도 '정보통신 및 금융보험업'으로 분류하고 있다.

이 다반사다. 출판인에게는 다른 어떤 업종보다 경영자의 창조력과 직관적 판단력, 사업추진력, 저자나 거래처를 설득할 수 있는 의사소통 능력, 신뢰성, 인간관계 능력, 리더십이 요구되고 있는 것도 이 때문이다.

건실한 출판기업 체질의 강화 필요성과 대형화는 시급한 실정이다. 통계청의《2009년 기준 사업체 기초 통계조사 보고서(전국편)》에 의한 기업 형태와 규모를 보면, 출판업 분야의 사업체 수는 모두 3,275사에 종사자 수는 3만3,974명이다. 그중 서적 출판업이 2,183개사 2만4,691명이고 잡지 및 정기간행물 발행업은 1,092개사 9,283명이라고 한다. 이를 2001년의 조사결과와 비교해보면 2009년에는 사업체 수가 2001년보다 증가했음에도 전체 종사자 수는 같은 기간 동안 18%가량 줄었다. 업종별로는 서적 출판업이 5,122명, 잡지 출판업은 2,266명이 각각 감소했다.

이들 출판사를 종사자 수 규모별로 살펴보면 [도표 7-2]에서 보는 것처럼 1~4명인 업체가 54.4%로 가장 많은 비중을 차지하고 있다. 이 그룹의 비중은 2001년 이래 계속해서 증가하고 있다. 전체 평균 종사자 수는 1사당 10.4명인 것으로 분석되고 있는데 서적 출판사가 11.3명인 데 비해 잡지 발행사는 8.5명꼴로 서적 출판사보다 약 25%가 더 적은 편이다.

**[도표 7-2] 종사자 규모별 출판실태(2008)**

| 구분 | | 1~4명 | 5~9명 | 10~19명 | 20~49명 | 50명 이상 | 합계 |
|---|---|---|---|---|---|---|---|
| 사업체 수 | 출판 | 1,266 | 497 | 217 | 122 | 81 | 2,183 |
| | 잡지 | 516 | 354 | 135 | 68 | 19 | 1,092 |
| | 합계 | 1,782 | 851 | 352 | 190 | 100 | 3,275 |
| 종사자 수 | 출판 | 2,926 | 3,208 | 2,872 | 3,719 | 11,966 | 24,691 |
| | 잡지 | 1,309 | 2,309 | 1,767 | 1,908 | 1,990 | 9,283 |
| | 합계 | 4,235 | 5,517 | 4,639 | 5,627 | 13,956 | 33,974 |
| | 평균 | 2.38 | 6.48 | 13.18 | 29.62 | 139.56 | 10.38 |

자료 : 《2009년 기준 사업체 기초 통계조사 보고서(전국편)》(통계청, 2010. 11.)에 의해 작성

상시 종사자 수 그룹별 모두가 감소경향을 보이고 있는데 10명 이상 19명 이내 업체의 감소폭이 제일 크고, 9명 이하의 두 그룹은 업체 수의 증가에 힘입어 미세한 감소추세만 보였다. 이 기간에 서적과 잡지업체 수는 모두 114개가 증가했을 뿐이지만 상시

종사자 9명 이하의 업체만 204개사가 늘어났으니 나머지 계층의 출판사 수도 감소한 셈이다. 영세업체만 증가하는 양상을 보이고 있는 가운데 출판업이 침체국면에서 벗어나지 못하고 있는 현실이 이 자료를 통해서도 확인되는 것이다.

한편 서적과 잡지를 합한 출판업 가운데 주식회사 체제의 회사법인은 모두 915개 (2002년 현재)로, 회사 법인화율은 29%를 밑도는 매우 낮은 비율을 보이고 있다. 전체의 약 68%는 개인업체다. 나머지 3.4%는 종교재단 또는 학교 등 회사법인 이외의 법인 소속이다. 회사법인이라고 해도 자본이나 매출규모가 작기 때문에 주식시장에 상장해 자본을 조달하는 출판사는 극소수에 지나지 않는다. 이러한 실태는 일본과 대비된다. 일본 출판사의 주식회사 수는 전체의 65%(2008년 현재)가 넘고 있다. 미국 출판사의 경우 이미 잘 알려져 있는 것처럼 대부분 자본시장에 기업이 공개된 것과도 큰 차이를 보이고 있는 실정이다.

출판산업의 경영실태도 여전히 불안정한 상태를 극복하지 못한 채 악화일로에 있다. 한국은행이 해마다 발행하는《기업경영분석》의 업계 평균 경영지표를 가지고 추세분석을 해보면, 수익성과 성장성을 나타내는 지표들은 대부분 악화되고 있는 경향을 보이고 있다.

2001~2008년의 성장성을 나타내는 지표들은 [도표 7-3]과 같다. 출판산업 규모나 성장성을 판단하는 대표적인 지표는 매출액과 매출액 순이익률이다. 매출액보다 매출이익률의 신장률이 성장률을 판단하는 지표로서 더 중시되는 경향이 있는데, 지난 2001년과 2008년의 이 두 지표를 비교해보면 자기자본 증가율 이외엔 모든 경영지표가 악화되었다. 매출액 이익률도 2.69%에서 2.03%로 계속 떨어져왔다. 매출액 기준으로 본 출판산업 규모는 2010년 현재 오히려 축소되었다. 총자산 증가율, 유형자산 증가율, 자기자본 증가율 등과 함께 종사자 증가율도 성장성의 지표가 될 수 있고 매출액에 대한 연구개발비 비율도 장래를 점칠 수 있는 열쇠가 된다. 출판산업의 성장성 지표들은 경제전체의 신장(GDP 등)과 비교해볼 필요도 있다.

유동비율과 부채비율은 경영의 안정성을 나타내는 지표의 구실을 한다. 안정성을 기업의 건전성이라고도 한다. 우리 출판산업은 항상 부채비율이 유동비율보다 높아서 타인자본 의존율과 총비용에서 금리 부담이 차지하는 비중이 매우 컸기 때문에 경영을 압박하는 요인이 되고 있었다. 따라서 이는 출판계의 신용도가 낮게 평가되는 가장 큰 요인으로 작용해왔다.

그런데 최근 출판산업의 이러한 재무구조가 차츰 개선되어가고 있음은 매우 다행스러운 일이다. 2005년을 기점으로 부채비율과 유동비율이 역전되어 부채비율이 유동비율보다 낮게 유지되고 있다. 그 결과, IMF 외환위기를 겪던 1998년에는 무려 967.71%까지 수직상승했던 부채비율이 2008년부터 100% 이하로 낮아졌다. 2004년에는 106.05% 대 155.07%이던 유동비율과 부채비율도 2005년에는 각각 128.69 대 98.61로 반대로 돌아선 이후 그러한 기조가 현재까지 계속 유지되고 있다. 기업경영에 있어, 건전성을 유지하기 위한 바람직한 부채비율은 자기자본의 100% 이하가 이상적이고 유동비율은 200% 이상은 유지되어야 한다는 견해가 지배적이다. 이런 점을 감안하면 현금창출 능력의 지표가 되는 유통비율이 이제 겨우 100%를 넘는 수준이어서 재무유동성이 아직은 낮은 수준에 머물러 있는 상황이다.

[도표 7-3] 2000년대의 출판산업 경영평가

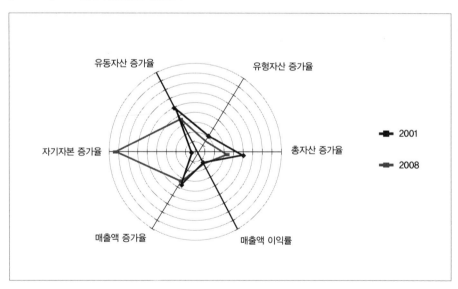

주 : 《한국표준산업분류》 중 '서적·잡지 및 기타 인쇄물 출판업'(J581)의 평균지표를 기준으로 함. '서적·잡지 및 기타 인쇄물 출판업'이라 함은 서적, 사전, 지도, 인명 및 주소록, 신문, 잡지, 연하장 등의 각종 인쇄물을 출판하는 산업활동을 말한다.
자료 : 《기업경영분석》(한국은행) 각 연도판에 의해 작성

이런 지표들은 경기회복 전망이 불투명한 상황에서 수익성과 안정성에 더욱 중점을 두고 내실기반 다지기에 주력해야 한다는 점을 시사해준다. 특히 재무비율을 지속적으로 관리하고 종합적인 위기관리시스템을 구축해 대내외 출판환경 및 시장변화에 대한 유연성을 극대화할 수 있는 중장기적 미래전략을 마련함으로써 출판의 기업화를 적극 추진해야 한다.

구미의 대형 출판사들이 다국적 복합 미디어 그룹으로 성장해온 과정이나 일본이 수평적 결합을 통해 기업규모를 확대해온 성장과정을 조사해 우리 실정에 맞는 기업화 육성전략을 연구한다거나 출판사 간의 합병, 매수, 외자유치 등으로 타인자본을 끌어들이는 등 새로운 체제를 모색해야 할 것이다. 중국은 1990년대부터 출판 관련 산업을 수직통합하는 집단화 정책을 통해 '크고 강한(做大做强)' 출판업을 실현해가고 있다. 우리나라도 2000년대 들어와서 임프린트(imprint) 전략을 활발하게 추진하고 있는데 다각적인 성장전략으로 국제화를 촉진하고 지속적인 육성책을 강구해야 할 때가 되었다.

### 장수하는 출판사, 단명하는 출판사

문화관광부 공식발표에 따르면 2010년의 출판사 수는 3만5,626사라고 한다. 이들 가운데는 허수(虛數)도 상당수가 포함되어 있는 것으로 보인다. 이미 대표자가 사망해 사실상 폐업하고 사라진 출판사들이 적지 않게 발견된다. 사실상 없어진 출판사를 정리하지 않은 채 2010년 말까지 신고(등록)된 모든 출판사를 누적시킨 숫자이기 때문에 이 같은 문제점이 발생하고 있다.

이렇게 많은 출판사들의 실태를 정확히 파악해 우리 출판산업 발전에 얼마나 기여하고 있는가를 평가하는 기준은 여러 가지가 있겠으나 현재 수집가능한 자료에 의한 방법으로는 출판사별 ① 출판량, ② 종사자 수, ③ 매출액, ④ 기업 형태와 자본, ⑤ 출판사의 명성과 역사 등으로 살펴볼 수 있을 것이다. 그렇기 때문에 출판사 수는 활동 중인 출판사만을 대상으로 논의해야 할 것이다. 활동 중인 출판사를 파악하는 기준은 여러 가지가 있겠지만, 그중 하나가 해마다 출판실적을 내고 있는 출판사가 얼마나 되느냐 하는 점이다. 여기서는 해마다 신간을 발행하고 있는 출판사를 파악해보고 또 이들이 얼마 동안 출판활동을 해왔는가를 중심으로 생존률과 역사를 논의해보고자 한다.

2010년 중에 출협을 통해 연간 1종 이상 신간을 납본한 출판사는 전체의 7.3%인 2,623개사밖에 되지 않는다. 2010년을 포함해 그 이전 3년간 단 1종이라도 납본한 실적이 있는 전체 출판사 수는 정확히 3,162개사로 집계되고 있다. 이는 출협을 통해 납본한 출판사만의 집계지만, 국립중앙도서관에 직접 납본한 출판사를 포함해도 현재 출판활동을 하고 있는 출판사는 이 숫자의 배가 되지 못할 것으로 추정하고 있다. 나머지는 휴면 중이거나 폐업상태일 가능성이 농후하다. 통계청 조사결과도 이와 비슷하다. 통계청 조사에 따르면 2010년 말 현재 서적잡지 및 기타 서적 출판업 총수는 4,108개사이다. 이에는 잡지사가 1,092사, 교과서 및 학습서적 출판사 666사, 만화 출판사 26사가 포함된 것이며, 2008년 대비 261사가 줄었다.[16]

장기적으로 보면 전체 출판사 수 대비 연간실적을 보유한 출판사의 비율(출협 경유분 기준)은 1970년의 46.5%에서 2010년에는 7.3%로 크게 낮아졌다. 1970년의 실적을 보유한 478사에 비하면 2010년에는 활동 중인 출판사 수가 약 5.5배 늘어났으나 그 기간 중에 전체 출판사 수는 1,016사에서 무려 35배 이상 증가했다. 2010년 이전 10년간 신규 출판사 증가율은 106.7%인 데 비해 유실적 출판사는 69.3% 증가에 그쳐 신규 출판사의 출판산업 성장기여도는 미약한 것으로 보인다. 사당 연간 평균 출판종수도 40년 동안 겨우 5.5종에서 15.4종으로 3배밖에 늘어나지 않았다. 이로써 우리 출판사들의 생존율이나 성장속도가 얼마나 낮은지를 짐작할 수 있다.

신규 출판사는 급속도로 증가하고 있으나 대부분의 출판사는 포말현상이 두드러지고 단명하고 있다. 출판업은 시작하기는 쉬워도 그것을 유지하기란 대단히 어려운 사업이란 것이 정설이지만, 출판기업을 둘러싼 환경변화가 얼마나 격심하고 냉혹한 경쟁 속에서 끊임없이 영고성쇠를 거듭하고 있는가를 알 수 있다. 신규진입과 퇴출이 해마다 증가하는 이유는 ① 상대적으로 적은 자본으로 출판산업 진입이 가능하고 상시 종사자 수에 구애되지 않는 기업규모의 임의성에 기인한다. ② 출판사업은 개성이 강하고 아이디어에 따라 사업의 성패가 결정되기 때문에 기업합병이나 주식취득보다는 새로운 출판사 설립을 통한 방법이 널리 이용된다. ③ 대부분의 사람들이 책의 가치를 중

16  통계청,《서비스업 조사보고서》, 2008, 2010년도판 참조

시하고 출판사업을 선비적인 신사의 사업으로 높게 평가해 선호하고 있다. ④ 퇴거비용이 적기 때문에 쉽게 폐업할 수 있다. 또 원하면 언제든지 다시 진입할 수 있다는 점이 진입장벽을 낮추고 폐업율을 높이는 원인이 되고 있다.

출판사의 수명을 알아보기 위해 2010년 현재 3년간 실적을 유지한 3,162개 출판사의 창업연도별 존속 기간을 조사해보았다. 그리고 이를 1974년 5월에 전국 1,007개사를 대상으로 분석한 자료[17]와 비교해보면 [도표 7-4]와 같다.

1949년 현재 등록된 847개 출판사 중에서 현재 21개사만이 생존해 있다. 21개사 중에서 순수 상업 출판사는 그중 10개사에 지나지 않는다. 즉 동명사(창업연도 1922), 명문당(1923)만이 100년의 역사를 바라보고 있다. 장왕사(1945)는 유일하게 창업자가 현재까지 대표자로 활동하고 있는 출판사이다. 을유문화사(1945), 학원사(1945), 탐구당(1945), 현암사(1945), 남산당(1946)도 출판사 이름과 법통을 지키며 활발하게 대물림을 계속하고 있고, 대한교과서(주)(1948)는 현재 미래앤으로 이름을 바꿔 발전하고 있다. 동아출판사(1945)는 경영권이 두산그룹으로 넘어간 뒤 이름도 '두산동아'로 바뀌는 등 완전히 다른 기업으로 변신해 있지만 출판사업은 남아 있다. 나머지 비상업 출판사 11개사 중에는 기독교 계통 출판사가 가장 많아 5개이고, 사회단체와 언론사가 각각 3개사와 2개사, 대학출판부 1개가 있다. 엄밀히 말해 이들 중 5개만이 50년 이상 출판활동을 해왔으며 다른 출판기관은 모체의 설립연도를 기준으로 집계한 것일 뿐 출판사업을 시작한 때는 이보다 훨씬 짧은 곳들이다. 40년 넘게 존속하고 있는 출판사는 고작 120개 남짓한 실정이다. 전체의 4%도 되지 않는다.

1974년 5월 현재 기준으로 1959년 말 이전에 설립한 회사령(會社齡) 15년이 넘는 출판사는 모두 111개사가 있었는데 이들 출판사는 현재 58개사로 줄어들었다. 1960~1969년에 창업한 411개 출판사 중에서는 66개사만 현재 신간도서를 출판하고 있다. 나머지는 사령 20년 미만의 출판사가 전체의 80%를 차지하고 있다. 이렇게 볼 때 우리나라 출판산업은 사령 20년 이내의 출판사들로 구성된 젊은 산업이라고 특징지을 수 있을 것이다.

---

17 《대한출판문화협회 30년사》, p. 400

600년 역사를 바라보는 옥스퍼드대학출판부는 예외로 치더라도 구미에서는 200년이 넘는 역사를 자랑하는 출판사들이 적지 않다. 일본만 해도 창업 100년을 넘긴 출판사가 120사나 되고 1945년 이전 창립한 출판사만도 365개사로 집계되고 있다. 100년이 넘는 유력 출판사들이 이렇게 많이 존속하고 있다는 사실은 놀라운 일이며, 그럴 수 있었던 배경이 출판사와 도매상, 서점, 즉 생산-유통-판매시스템이 일찍부터 견고하게 구축되어 있었기 때문이라고 하는데, 그것만은 아닐 것이다. 시대변화에 적응하지 못하고 대중의 신뢰와 기대감을 잃게 되면 몰락은 불가피한 일이다. 이들은 미래변화를 예측하고 기민하게 대응할 수 있는 통찰력을 지닌 유능한 인재를 양성하기 위해 적극적으로 투자해왔으며, 정도(正道)를 지키려고 노력하는 출판사의 높은 양식이 사회적인 공감과 지지를 얻어냈을 것이다. 이들은 결코 물신숭배에 빠진 페티시스트(fetishist)들이 아니었다. 서양은 사업이 '경제적 부(富)를 목적으로 하는 것이 아니라 고객으로부터 사랑의 폭을 넓혀가는 것'이란 금언이 크게 지배하는 사회다. 우리도 출판사의 장기적인 생존율을 높이기 위한 방책을 강구해야 할 것이다. 외국 출판사들의 장수비결도 진지하게 연구할 필요가 있다.

[도표 7-4] 창업연도별 출판사 수 추이

| 창업연도 | 출판사 수 | |
|---|---|---|
| | 1974. 5. 현재 | 2010.12. 현재 |
| ~ 1949 | 26 (2. 6) | 21 (0.6) |
| 1950~1954 | 37 (3. 7) | 17 (0.5) |
| 1955~1959 | 48 (4. 8) | 20 (0.6) |
| 1960~1964 | 160 (15. 9) | 34 (1.1) |
| 1965~1969 | 251 (24. 9) | 32 (1.0) |
| 1970~1974. 5. | 485 (48. 2) | — |
| 1970~1989 | — | 515 (16.3) |
| 1990~2009 | — | 2,523 (79.8) |
| 합계 | 1,007 (100) | 3,162 (100) |

주 : ( ) 숫자는 구성비
자료 : 《대한출판문화협회 30년사》 및 출협의 출판사별 납본실적 대장에 의해 작성

## 한국출판의 세계적 위상

70년대 말에 우리는 출판량에서 세계 10위권에 진입할 수 있었다. 원고도, 인쇄시설도, 용지도 전무한 상태에서 광복과 더불어 우리말과 글로 출판을 새로 시작한 지 30여 년 만에 '세계 10대 출판클럽' 회원이 된 것이다. 전 세계 출판량의 3.9%가 한국어로 출판되고 있으며, 출판량으로는 세계 출판산업 발전에 여덟 번째로 기여하고 있는 것으로 유네스코는 분석(1995년)한 바 있다.[18]

[도표 7-5] 언어별 세계 출판량(1995)

| 언어 | 출판종수 | 비중(%) |
|---|---|---|
| 영어 | 200,698 | 21.84 |
| 중국어 | 100,951 | 10.99 |
| 독일어 | 89,986 | 9.78 |
| 스페인어 | 81,649 | 8.88 |
| 일본어 | 56,221 | 6.12 |
| 러시아어 | 48,619 | 5.29 |
| 프랑스어 | 44,224 | 4.81 |
| 한국어 | 35,864 | 3.90 |
| 이탈리아어 | 34,768 | 3.78 |
| 네덜란드어 | 34,607 | 3.71 |
| 전 세계 출판종수 | 918,964 | 100.0 |

자료 : UNESCO Statistical Yearbook 1999

그런데 현재는 이러한 비중이 줄어들고 출판 경쟁국들과의 격차도 벌어지고 있다. 출판통계는 집계기준과 방법이 나라마다 다르기 때문에 단순비교가 어렵지만 지난 10여 년 동안 우리나라 신간 출판량은 하향추세를 벗어나지 못하고 있다.([도표 7-5])

따라서 출판산업 규모(매출액 기준)는 미국 279억 달러, 독일 128.7억 달러, 중국 117억 달러, 일본 100억 달러, 영국 48억 달러, 이탈리아와 스페인 각 45억 달러 내외, 프랑스 38억 달러인 데 비해 한국은 지난 10년간 겨우 23억 달러를 오르내리며 계속 제자리걸음을 하고 있는 중이다. 미국이 우리보다 12배, 독일이 5.4배, 중국이 4.9배, 일본은

---

18  Sergey Lobachev, *Top languages in grobal information production*, in The Canadian Journal of Library and Information Practice and Research, vol. 3, no. 2(2008)

4.2배 이상의 큰 격차를 보이고 있다. 내실을 더 다질 필요가 있다. 가야 할 길은 아직도 멀었다. [도표 7-6]에서 보는 것처럼 출판산업 성장률이 국가경제의 그것을 따라가지 못하고 있기 때문에 출판산업이 국가경제에서 차지하는 비중도 과거에 비해서는 많이 줄어들었다. 그렇지만 국내총생산(GDP)에서 출판산업이 차지하는 비중은 다른 출판 선진국들에 비해 여전히 높은 수준을 유지하고 있다.

[도표 7-6] 한국출판의 세계적 위상

| 국가 | 출판종수(종) | | | 매출액(억 달러) | | |
|---|---|---|---|---|---|---|
| | 2000 | 2010 | 증감율(%) | 2000 | 2010 | 증감율(%) |
| 미국 | 122,108 | 328,259 | 168.83 | 253.23 | 279.00 | 10.02 |
| 영국 | 116,415 | 151,959 | 30.53 | 49.02 | 48.20 | ~1.7 |
| 독일 | 63,021 | 95,838 | 52.07 | 102.22 | 128.70 | 25.90 |
| 프랑스 | 39,422 | 79,308 | 101.18 | 26.33 | 37.52 | 42.50 |
| 스페인 | 58,893 | 114,205 | 93.92 | 23.25 | 44.28 | 90.45 |
| 이탈리아 | 48,972 | 57,558 | 17.53 | 37.54 | 45.18 | 20.35 |
| 일본 | 67,252 | 74,714 | 11.10 | 94.18 | 100.57 | 6.78 |
| 중국 | 84,235 | 328,387 | 289.85 | 52.00 | 117.58 | 126.12 |
| 한국 | 34,961 | 42,191 | 20.68 | 23.19 | 23.78 | 2.54 |

주 : 매출액은 자국통화 기준액을 당해연도 말 현재의 대미 환율로 환산한 것
자료 : 각국 출판협회 발표 통계자료에 의해 작성

[도표 7-7] 국내총생산 대비 출판산업 구성비 변동 추이

| 연도 | 한국 | 독일 | 스페인 | 영국 | 중국 | 일본 | 미국 | 프랑스 |
|---|---|---|---|---|---|---|---|---|
| 1999 | 0.53 | 0.42 | – | 0.36 | – | 0.20 | 0.35 | 0.30 |
| 2007 | 0.44 | 0.39 | 0.30 | 0.25 | 0.23 | 0.21 | 0.18 | 0.15 |

자료 : 위 표에 의해 작성

긍정적인 측면도 많이 있다. 우리의 국제적 위상은 계속 높아지고 있다. 프랑스의 출판전문잡지 《Livres Hebdo》는 《PW》등과 공동으로 매출액 기준 세계 50대 출판기업 순위를 발표하고 있는데, 우리나라에서는 2010년에 처음으로 웅진그룹(29위), 대교(30위), 교원(49위)이 이름을 올렸다. 두산동아는 57위였다. 일본은 고단샤(16위)를 비롯해 6개사가 중위권을 마크하고 있고 중국은 고등교육출판사(40위)가 유일하게 들어 있는

점을 감안할 때 우리 출판산업의 세계적 위상을 짐작할 수 있다.

국제출판협회(IPA) 총회를 서울에서 개최하고 프랑크푸르트를 비롯한 세계 주요 국제 북페어에서 빈번하게 주빈국으로 초빙받고 있는 사실이 그러한 점을 입증한다. 뿐만 아니라 IPA, APPA(아시아태평양출판협회), FIPP(국제잡지협회) 등 국제출판기구의 고위 임원으로 선출되는 등 지위는 계속 크게 높아지고 있다.

판권교역에 있어서도 일방적인 수입국 처지에서 이제는 수출국으로서의 입지도 날로 넓혀가는 중이다.

이미 선진국의 출판체제를 모방하고 추종하는 단계는 지났다. 지금 우리에겐 전략적 글로벌 경영이 필요한 때다. 출판체제의 선진화를 통해 명실공히 세계무대로 진출할 수 있는 적극적 전략을 추구할 필요가 있다. 저작권이나 책을 팔려는 현재와 같은 노력만으로는 해외시장 진출은 요원한 일이고 한계가 있으므로, 우리도 해외에 출판사나 서점을 개설, 운영하는 이른바 '현지화'로 우리 출판의 발전책을 도모해야 한다.

즉 세계 출판산업 발전에 앞장서는 혁신주도의 자세로 나아가야 한다. 세계화란 우리 출판의 약점을 보완하는 수단이기도 하다. 그런데 우리의 세계화 마인드는 아직도 후진국 수준을 벗어나지 못하고 있다. 알렉세이 코초모프(A. Kochowmov)가 IPA 사무총장 시절에 했던 "한국 출판인들은 국제교류의 중요성에 대한 인식이 너무 없어서 안타깝다"는 충고[19]나, "한국 출판산업은 다소 폐쇄적이다. 다른 산업 분야는 외향적인데 출판 분야는 그렇지 못하다"[20]는 P. 바이다스(Peter Weidhaas)의 지적을 잊어서는 안 될 것이다. 30년 가까이 프랑크푸르트 북 페어 조직위원장을 지내면서 우리를 지켜본 그는 우리와 일본, 대만을 비교해 그렇게 말했다. 우리의 의식과 자세는 지금도 이런 지적에서 크게 나아지지 않았다.

---

19  〈국제 출판교류에 능동 대응을〉, 《경향신문》, 1992. 10. 30.

20  Peter Weidhaas는 일본의 '출판문화국제교류회'가 창립 50주년을 맞이해 마련한 기념 인터뷰, 〈FBF(Frankfurt Book Fair)에서의 일들, 일본과의 만남〉에서 다음과 같이 말했다 "The difference I always noticed between the Japanese people and other Asian nations is, for instance, Taiwanese are very communicative and very open. They open they heart and mouths. Koreans are a little bit more closed. In some fields of industry, they are very aggressive but not in the book field."(《出版文化國際交流會50年史》, 2003, p. 34 참조)

# 혁신의 당면과제와 방향

## 출판의 디지털 혁명에 대한 기대와 우려

출판기술은 끊임없이 발전하면서 출판의 영역을 확대하는 힘이 되어왔다. 그러나 출판산업에 있어서 정보기술 혁명은 양날의 칼과 같은 존재이다. 오늘날 출판은 디지털 정보기술 혁명의 영향을 가장 크게 받고 있는 대표적인 산업이다.

디지털 미디어들보다 500여 년이나 앞서서 뉴 미디어의 영광을 누려온 책은 이제 올드 미디어로 취급되어, 그 권위와 출판산업의 존립까지 위협받고 있다. 그중에서도 특히 미디어 콤플렉스를 심하게 겪고 있는 우리 출판산업은 위기의식이 확산되는 중이다. 그러나 책이 올드 미디어라는 의미는 낡고 보잘것없는 미디어라는 뜻이 아니라, 인류역사와 더불어 발전해온 가장 오랜 역사를 지닌 미디어이며 모든 미디어의 원천이 되는 래디컬(radical)한 미디어라는 뜻으로 받아들일 필요가 있다

'책은 곧 사라질 것'이라는 이제까지의 예언들은 보기 좋게 빗나갔으며, 우리보다 정보기술이 앞선 미국 등 선진국가들이 오늘날 더욱 건실한 출판활동을 펼치고 있는 사실이 이를 입증해준다. 전 세계에서 출판되는 신간 발행량은 해마다 기록을 갱신하고 있다. 인류 역사상 현재처럼 많은 책을 출판한 때는 일찍이 없었다.

지금 각광받고 있는 디지털 미디어는 단편적인 지식을 전달해줄 뿐인 데 비해, 책은 필요한 상상력과 논리적 사고력을 길러주고 무엇보다 삶의 지혜를 일깨워준다는 점에서 디지털 미디어의 추종을 허락하지 않는다. 그러므로 디지털 미디어가 급속히 발전하는 오늘날에도 문화예술과 학문(지식)을 창조·영속시키기 위해서는 출판의 힘에 의지하지 않을 수 없다. 인간이 '표현하고 싶은 욕구'를 잃어버리지 않는 한 출판은 계속 발전할 것이다. 요즈음 표현대로 아날로그형 독서문화의 단계를 거치지 않고서는 올바른 디지털 문화의 세계로 진입할 수도 없다. 그런 의미에서 책은 모든 미디어의 근원이 되는 래디컬 미디어인 것이다. 더욱이 책은 커뮤니케이션의 기본인 언어문화의 뿌리이며 원류라는 점에서 새롭게 재평가·재인식되어야 한다.

그럼에도 우리가 디지털 정보기술의 발전에 직면해 긴장하지 않을 수 없는 것은 이러한 정보기술이 앞으로 어떤 방향으로 어떻게 발전할 것인가에 대한 예측이 어렵기

때문이다. 책 또는 출판이 결코 부정할 수 없는 디지털 정보기술의 강점을 직시하면서 이들에 대한 지나친 기대와 환상, 불안과 우려를 떨쳐버리고 균형과 조화를 이루며 함께 발전할 수 있는 길을 모색해야 할 것이다. 출판산업이 어떻게 이들 디지털과 네트워크(D&N) 기술을 수용하고 활용할 것인가의 선택에 따라 출판산업의 미래는 판가름이 날 수도 있다.

출판의 디지털화와 네트워크의 진전은 지금까지 크게 네 가지 방향에서 출판산업에 변화를 미치며 출판발전을 촉진하고 있는 중이다. 구체적으로 ① '뉴 미디어'로서 전자출판물의 출현(상품), ② 인터넷 서점의 출현(채널), ③ 출판업무의 자동화·정보화(SA/FA), ④ 제작과정의 전산화(DTP)로 요약된다.

첫째, 상품으로서 전자출판물의 등장은 구텐베르크 이후 가장 충격적인 사건으로 받아들여지고 있다. 전자출판물은 ▷ CD-ROM 같은 패키지형 ▷ 디지털 콘텐츠를 인터넷을 통해 판매하는 온라인형 전자책(e-book)과 전자저널 ▷ 정제된 정보(콘텐츠)를 디지털 데이터로 보관하고 있다가 주문에 따라 한 권의 책이라도 만들어 제공하는 맞춤형출판(POD : publishing/printing on demand) 등 세 가지 형태로 전개되고 있다.

《Newsweek》(2007. 11. 18.) 표지에 등장한 'Kindle' "Books aren't Dead. They're Just Going Digital("책은 죽지 않는다. 다만, 디지털화될 뿐이다)." 《Newsweek》는 이 호에서 〈The Future of Reading〉이라는 특집을 게재했다.

1980년 초반에 개발되어 플로피 디스크(FD) → CD-ROM → CD-I → DVD-ROM의 발전단계를 거쳐 발전해 온 패키지형 전자출판은 전통적인 출판물과 가장 동질적인 친화성을 가진 최초의 전자출판물이었다. 대용량 문자 및 화상·음성정보를 동시에 수록할 수 있으면서 내용의 개정·보완이 자유롭고 발행의 스피드화, 검색기능의 탁월성을 지니고 있다는 점에서 전통적인 책의 기능적 약점을 보완·보조하고 있다. 또한 데이터 포맷이나 전용 플레이어가 필요하다는 점에서는 전자적이지만, 책과 동일하게 근대적인 유통시스템에 의해 최종 소비자(user)에게 전달되고 있다는 점에서도 본질적으로는 같은 매체라고 할 수 있다. 그런데 여러 가지 편의성이 있음에도 아직까지 시장성장의 한계를 드러내고 있다는 사실에서 우리는 전통적인 책이 갖는 매체경쟁력의 우수성을 다시 한 번 확인하게 되며 이는 눈여겨보아야 할 사실이다.

1990년대 말에 출현한 전자책같이 네트워크를 통한 온라인형 전자출판물은 출판이 가지고 있는 기존의 생산·유통·소비시스템의 근원적인 변용을 요구하고 있는 완전히 새로운 타입의 뉴 미디어다. 유체물로서의 책은 입수에 대한 대가를 지불하는 방식, 즉 '소유'의 개념인 데 반해 전자책은 이용할 때마다 대가를 지불해야 하는 '임대 또는 이용권(權)'의 성격이 강하다는 점도 다르다. 우리가 이처럼 상품가치나 소비 행태가 전혀 다른, 새로운 형태의 출판물을 출판산업에 편입시키기 위해서는 상품의 제공 형태, 대금부과와 결제시스템, 저작권 관리 및 무단 임의변개(變改) 방지대책, 다양한 형식에 대한 소프트웨어 및 디바이스의 표준화 등 여러 조건을 갖춘 비즈니스 모델을 확립하지 않으면 안 된다. 전혀 다른 매체환경에 맞는 새로운 형태의 독서생활을 제안하고 독자들로 하여금 이를 수용하도록 설득해야 하는 점도 큰 짐이 되고 있다. 이런 이유들이 복합적으로 작용해 지금까지 전자책은 느리게 성장해왔다. 전자 저널 발행이 엘시비어 사이언스를 비롯한 학술전문 출판사들에 의해 전개되는가 하면, 일반 잡지도 디지털화를 위해 고민하고 있는 등 판단이 엇갈리는 중이다. 그러나 앞으로의 발전추세는 이제까지와는 다른 양상을 보일 것이라는 기대와 희망적인 전망도 나오고 있다.

60년대의 학술정보 데이터베이스에서 오늘날의 전자책 개발에 이르는 미디어 발달사적인 측면에서 출판매체의 디지털화는, 새로운 유형의 첨단매체 개발이 기술적으로 가능하다는 것과, 그와 같은 첨단 디지털 매체가 상품으로서 이용자들에게 수용되는 것은 전혀 별개의 문제라는 사실을 확인해주고 있다. 출판물의 전자화는 아직도 현재 진행형이며 앞으로 어떤 방향으로 발전할 것인지도 예측하기 어려운 상황이다.

그러나 POD는 새로운 출판 형태로서의 가능성을 주목받고 있다. POD는 IBM이 1975년에 레이저 빔 프린터를 개발한 이후 화상처리 기술 등의 지속적인 발전에 힘입어 출현한 맞춤형 출판(인쇄)으로, 1997년 미국의 출판유통 회사 잉그램북스(Ingram Books)가 사업화(Ingram Light사)에 성공하면서 선진국들이 다투어 손을 대기 시작했다.

많은 나라에서 출판사나 인쇄업자가 아닌 출판유통회사들이 이 사업의 주체가 되고 있다는 사실도 재미있는 현상 중 하나다. POD는 출판물 수명의 단명화, 진열 기간의 단축 등으로 절판된 출판물의 재발행 여건을 마련(절판방지)함으로써 판매기회 손실 방지와 독자 서비스 향상에 기여하는 점이 크다.

우리나라에서 POD는 세금이나 공공요금 고지서 인쇄에서 시작되었다. POD가 출판에 활용되기 시작한 것은 1998년 전후로, 첨삭 지도형 학습지를 발행한 대교(눈높이박사), 교원(빨간펜), 재능교육(스스로 학습) 등이 능력 단계별로 세분화된 학습지를 따로따로 발행하기 위해 도입한 것이 시초다. 그런데 POD는 새로운 상품이라기보다는 출판물 제작방법의 새로운 기법 가운데 하나다. 그렇지만 출판시장 규모를 키워줄 수 있다는 점에서 새로운 상품으로 분류하는 것이 마땅할 것이다.

둘째, 인터넷 서점의 출현은 출판물의 유통체제와 소비 행태에도 근본적인 변화를 가져왔다. 인터넷 서점의 보급이 확산되면서 유통의 개념과 기업 형태, 거래방식, 환경이 크게 변하고 있다. 인터넷의 보급이 새로운 유통 채널로 등장해 근대 출판유통시스템의 근본적인 변혁을 초래한 것이다. 인터넷 서점은 IT 기술을 십분 활용해 상품정보를 비롯한 다양한 서비스를 재빨리 소비자에게 제공한다는 점에서 발군의 우수성을 발휘하고 있다. 그런 점에서 기존의 오프라인 형태의 전통서점들은 인터넷 서점이 갖고있는 혁신적인 독자 서비스 기법들을 적극 도입·보완하며 경영기법을 쇄신, 경쟁력을 강화해나가는 일이 초미의 과제가 되고 있다.

세 번째 지적할 수 있는 변화는 출판활동에 정보기술을 적극 도입함으로써 업무의 자동화·정보화를 이룩할 수 있게 된 것이다. 출판업무의 정보화는 방대한 종류의 출판물의 단품별 관리가 가능하게 함으로써, 다원화된 사회의 다양한 독자들의 욕구를 더욱 신속·정확하게 파악해 개별적으로 대응할 수 있는 여건을 마련해주었고 업무의 효율성도 높일 수 있는 길을 열어주었다. 그러나 우리나라는 정보 네트워크형 유통시스템 구축에 실패했기 때문에 이러한 기술들을 충분히 활용할 수 있는 정보시스템의 인프라가 제대로 구축·활용되지 못하고 있다. 지금은 그러한 정보 네트워크 체제를 구축하려는 의지를 가지고 있는지조차 의심스러울 정도다.

IT 혁명으로 인한 출판산업의 네 번째 변화양상을 보면 기존의 전통적인 책의 제작

기술에도 획기적인 발전을 가져왔다. WP와 CTS에서 WYSIWYG(what you see is what you get) 방식이 개발되면서 DTP로 이어지는 기술의 진보는 집필과 편집, 제작과정의 전자화를 이룩했다. 원고지가 없어지고 육필원고도 보기 어려워졌다. 신속·정확한 작업이 가능해짐으로써 제작 기간을 단축시키고 상품의 질을 향상시킬 수 있게 되었다. 또 제작비용의 저렴화로 책값의 인상을 억지하는 효과도 거둘 수 있었다. 우리나라만 해도 70년대 말부터 제작설비 노후화와 인건비 급등 등 제작환경의 악화가 우려되던 차에 전자화된 제작설비로 빠르게 교체되면서 급격히 팽창된 출판시장의 수요충당에 부응할 수 있었던 경험을 통해 그 효용성을 확인한 바 있다.

이렇게 볼 때, 거센 변혁의 바람을 몰고 온 '출판의 D&N화의 물결'은 위협적인 존재가 아니라 전통적인 출판활동을 보완하고 보조하는 역할을 더 많이 하고 있다.

디지털과 네트워크 환경의 진전은 전통적인 책과 공존하면서 새로운 시장을 개척해 출판의 영역과 기능확대에 기여하게 될 가능성이 더 높다. 새로운 정보기술을 출판산업 발전의 도구로 활용할 수 있는 방안을 적극적으로 모색하는 노력이 따라야 한다. 독자지향 관점에서 볼 때, 디지털이라는 새로운 출판환경에서 앞으로 출판산업의 위상을 어떻게 확보, 발전시켜나갈 것인가 하는 문제에 대한 우리의 고민이 모아지고 있다. 태어나면서부터 컴퓨터와 그 관련 기기를 가지고 놀며 자란 세대들에게 앞으로의 출판산업이 어떤 형태의 비즈니스 모델을 제공할 것인지 심각하게 고민해보아야 한다는 과제가 있다. 우리나라의 경우 모바일 기기와 무선 네트워크 보급수준이 높아, 전자책에 대한 관심은 매우 높다. 이러한 추세에 맞춰 포털·단말기 제조사·통신사업자들도 전자책 사업을 확장 또는 새롭게 진입하고 있다. 이들이 전자책 시장에 침투함에 따라 우리나라 출판산업의 전자책 시장이 마침내 이들에 의해, 이들을 중심으로 '수직통합'될 우려스러운 조짐이 나타나는 실정이다. 그렇게 되면 출판사가 가격결정권 등 출판의 주도권을 빼앗기고 한낱 콘텐츠 제공자로 전락할지도 모른다는 우려를 낳고 있다.

우리 출판산업이 디지털화와 함께 반드시, 그리고 시급히 이루어내야 할 절실한 과제는 정보화(네트워크화)다. 전국에서 동시다발로 발생하고 있는 막대한 양의 판매정보를 실시간으로 수집해 업계가 공동으로 활용할 수 있는 정보 네트워크형 출판유통시스템을 구축한 다음, 기획-편집-제작-유통(시판 중인 모든 출판물 정보 및 물류관리 포함)-판매를 통합적으로 관리할 출판산업 통합정보시스템 운영체제를 갖추었을 때 비로소 출판산업의 정보화가 완성되었다고 볼 수 있기 때문이다.

출판산업의 통합정보시스템 운영체제가 완성되어야 비로소 ① 독자지향 출판활동이 가능해져 새로운 수요창출과 지속적인 출판산업의 발전토대가 이루어질 수 있고, ② 현재의 고비용 저효율 구조를 저비용 고효율 체제로 전환해 출판산업의 수익성을 제고할 수 있으며, ③ 다른 산업에서의 출판시장 침탈행위 방지도 가능해 출판산업 기존의 업권(業權)을 지킬 수 있을 것이다.

[도표 7-8] IT 혁명이 출판에 미친 영향 분석

| 현상의 종류 | 결과로서의 성과 | 효용성(impact) | 전통출판과의 상관관계 |
|---|---|---|---|
| 제작기술의 자동화 | WP → CTS → DTP → DP(digital printing) | - 제작 기간의 단축<br>- 제작비용의 절감<br>- 제품의 질적 향상<br>* 80년대의 급격히 증대된 출판수요 부응<br>* 컴퓨터 없이는 집필도, 출판도 불가능한 경지 | 긍정적 관계<br>(보조 · 보완적 역할) |
| 새로운 상품개발 | package형 EP (FD → CD-ROM → CD-I → DVD-ROM) | - 대용량 및 multi화(문자+영상+음성)<br>- 내용의 변경 · 보완의 용이성(자유로움)<br>- 발행의 신속성과 재고 리스크 경감<br>- 검색의 탁월성(방법의 다양, 신속성)<br>* 전통 책의 보완 · 보조수단(책의 친화성)<br>- 기존의 출판유통시스템 통해 보급<br>- 시장 제한적 | 경쟁적 관계 : 대체가능성 희박<br>- 일반특성 :<br>- 매체특성 :<br>- 내용특성 : |
| 새로운 상품개발 | network형 EP (e-book, 전자책 등) | - 기존의 생산 · 유통 · 소비 행태의 근원적 변화<br>- 새로운 독서행위 제안형<br>- 비즈니스 모델의 미확립 | * 영향 적다 |
| 새로운 상품개발 | 맞춤형 출판 (POD) | - 다종목 소량 다빈도 소비체제 적합<br>- 책의 절판 및 판매기회 손실 방지<br>(입수 용이성 보장) | 긍정적 관계<br>(보조, 보완적) |
| 새로운 출판유통시스템의 형성 | E-BIZ (internet 서점) | - 유통 형태 · 거래방식 · 환경변화<br>- 신규수요 창출효과(원하는 책의 발견)<br>* 서점의 대응 : 서점경영의 혁신 필요 | 긍 · 부정적 관계<br>(부분적 경쟁) |
| 유통 정보화 | SA · OA · FA화 (SCM, POS등) | - 시장정보의 신속한 입수, 활용(정보공유)<br>- 출판 연관산업 간의 협력체제 강화 | 긍정적 관계<br>(적극적 보완) |

자료 : 이두영, 〈기술의 진보와 출판발전〉, 《출판산업론》, 서울 메타북스, 2002

## '사재기' 근절책의 발상전환

단행본 출판사들을 중심으로 한국출판인회의가 발족된 1998년을 전후한 시기는 유통구조 현대화 방안을 집중적으로 논의하는 구도였다. 대형 서적도매상들의 줄도산으로 유통시스템이 붕괴될 위기를 맞았기 때문에 합리적이고 현대화된 출판유통시스템을 서둘러 정비해야 할 절박함이 있었다. 그러나 지난 20여 년간, 이른바 '베스트셀러 순위조작을 위한 사재기' 근절책과 도서정가제 시행방법 등 대증요법을 강구하는 일에만 몰입해야 했다. 따라서 유통시스템의 구조적인 혁신을 통한 근원적인 출판산업 발전책에는 관심을 기울일 여력조차 없었다. 그러는 사이 출판유통이 안고 있는 고질적인 병소(病巢)는 날로 깊어져왔다.

풍문으로 나돌던 '사재기' 문제는 1992년《동아일보》가 맨 처음 제기하면서 구체적으로 수면 위로 떠올랐다.[21] 그 뒤《도서신문》은 4개 출판사가 5종의 도서를 '사재기'하는 모습을 직접 포착, 보도해 큰 파장을 불러일으켰다.[22] 독자들에게 상당한 신뢰를 받으면서 널리 알려진 출판사들까지도 사재기 행위에 가세한 것이 드러나 더욱 심각한 사회문제로 증폭된 것이다. 일부 대형서점에서만 자행되던 사재기가 2006년에는 인터넷 서점으로까지 확대되었다. 급기야는 판촉행사로 벌어지던 저자 사인 판매가 사재기의 온상이 되고 있다는 고발까지도 있었다.

사재기에 의한 베스트셀러 순위 조작행위는 전국적인 판매정보를 수집, 활용할 수 있는 체제를 갖추지 못한 상황에서 서울의 일부 초대형 서점의 판매정보에만 의존하다 보니 생겨난 나쁜 폐단이었다. 이러한 파렴치한 비리가 발각되고 사회적 문제로 비화될 때마다 갖가지 대응책을 마련하기 위해 부심했지만 소기의 효과를 거두지 못한 채 오늘에 이르고 있다.

사재기 근절책은 그동안 ① 업계의 자율규제와 대안 마련, ② 관계법률 제정 등 제도

---

21　'사재기'의 실태를 처음 보도한 것은《동아일보》였다. 이 신문은 1992년 8월 24일자 〈베스트셀러 대형서점 '순위' 의문 많다〉는 기사에서 "일부 출판사와 저자가 아르바이트생을 고용해 서울의 대형서점에서 하루 20~40권의 책을 사가고 있으며, 그 결과 서점이 집계하는 베스트셀러 순위에서 상위를 차지해 그 판도가 엄청나게 뒤바뀌고 있다"고 보도했다.

22　주간《도서신문》은 1997년 12월 8일자 〈출판계, 베스트셀러 조작〉이란 고발기사에서, 자작나무사의 《선과 악을 다루는 35가지 방법》과《살아보고 결혼합시다》,《여자도 지독하게 출세할 수 있다》(이상 명진출판사),《마음도 밝혀주는 소금》(움직이는 책),《누구나 혼자이지 않은 사람은 없다》(시와)가 사재기를 통해 베스트셀러 순위를 조작하고 있다고 보도하였다.

적 방지책 강구, ③ 과태료 부과 같은 행정제제 조치 등 세 방향으로 강화되어왔다.

당연히 업계 스스로의 자정노력이 먼저 시도되었다. 출협과 서련은 1998년부터 매장규모 200평 이상의 전국 35개 대형서점의 협조를 얻어 두 단체 명의로 베스트셀러 목록을 발표함으로써 베스트셀러 조작행위를 막아보려고 부심했다. 2001년 6월부터는 조사대상을 150평 이상으로 확대했으나 속보성이 떨어져 관심을 끌지 못했다. 한국출판인회의는 사재기가 또다시 사회문제가 되자 2001년 6월 20일, 긴급실행이사회를 개최해 올바른 출판환경 조성을 위한 대책기구 설립이 절실하다는 데 의견을 모았다. 그 자리에서 '올바른 출판환경을 위한 특별위원회'를 설치하고 출판인회의가 주도하는 비리행위 조사, 해당 사에 대한 제명, 언론공개 등 강력한 자율규제 활동을 전개하는 한편 이를 방조·조장하는 서점에 엄중히 대처할 것을 결의한다. 이런 내용을 골자로 '자사 책 사재기 문제에 대한 입장'이라는 성명서도 발표했다. 2010년까지 출판인회의는 모두 6개 회원 출판사를 제명했다. 그 가운데는 이름이 널리 알려진 유명 출판사도 포함되어 있어 출판인회의의 강경한 의지를 읽을 수 있었다. 그럼에도 구속력이 없다 보니 근절이 어려웠다. 이런 조치에 대한 반발도 적지 않았다. 사재기 사실을 부인하거나 오히려 출판인회의를 명예훼손으로 고발하겠다는 철면피한 출판사도 나왔다.

2006년에는 출판·서적상계가 공동으로 '한국출판유통발전협의회'를 결성(2. 21.), 사재기 근절 및 정가판매제 확립방안을 강구해나가기로 합의했다. 또한 2010년에는 〈출판 및 인쇄 진흥법〉(2002)에 의해 구성된 출판물 불법유통 신고센터 주도로 11개 관련 단체들이 '출판유통 질서 확립 자율협약'을 체결하고 베스트셀러 집계 가이드라인을 발표하기도 했으며, 서울의 초대형 서점들이 개선하려는 노력을 보이기도 했다.

제도적인 장치로는 〈출판 및 인쇄 진흥법〉에다 '사재기' 관련 제재조항을 마련했다. 이 법 제23조 제1항은 "해당 출판사에서 발행된 간행물의 판매량을 올릴 목적으로 해당 출판사 또는 그 간행물의 저자가 해당 간행물을 부당하게 구입하거나, 해당 출판사나 그 간행물의 저자와 관련된 자로 하여금 해당 간행물을 부당하게 구입하도록 하는 행위"와 "서점 등 소매상이 출판사 또는 저자가 제1호의 행위를 하는 사실을 알면서 당해 간행물의 판매량을 공표하는 행위를 금지"하고, 만일 "이를 어길 경우 300만원 이하의 과태료에 처한다"고 명시했다. 사재기 제재규정을 이렇게 〈출판 및 인쇄 진흥법〉에서 명문화한 것은 그만큼 사재기 행위가 심각했기 때문이다.

이에 따라 문화체육관광부는 사재기를 한 것이 판명된 출판사에 대해서는 실제로 과태료 처분도 내렸다. 정부는 또 차관 등 15명으로 구성된 '출판유통심의위원회' 안에 사재기 신고센터를 설치(2007. 12. 4.)하고 한국출판인회의와 출협에 운영을 위탁했으나 실적은 저조했다. 얼마 뒤에는 '정부위원회 정비계획'에 따라 〈출판문화산업진흥법〉의 개정(2009. 3. 25.)을 통해 '출판유통심의위원회' 자체도 폐지했다. 당시 국회의 법률개정 심사보고서에 따르면 출판유통심의위원회는 2007년도에 네 차례 회의를 개최해 사재기 대책을 논의했으나 "실효성이 미약했다"는 평가를 받았다.

이렇게 사재기 의혹으로 곤욕을 치를 때마다 출판단체는 해당 사를 제명하거나 언론에 공개하고, 정부는 과태료 인상이나 징역형으로까지 벌칙을 강화하는 등 다각적인 대책이 강구되었지만 아직까지 근절하지 못하고 있다.[23]

사재기는 그 수법이 갈수록 더욱 은밀하고 교묘한 방법으로 만연되고 있다. "도둑 하나를 열 사람이 못 막는다"는 우리 속담처럼 백약이 무효였다.

근원적인 대책을 마련하지 못하고 원시적이고 비전문적인 대응으로만 그쳤기 때문이다. 앞에서 언급한 것처럼 컴퓨터와 정보통신 기술을 활용한 정보 네트워크형 출판유통시스템을 구축·운용했더라면 실시간으로 전국적인 판매량을 정확하게 집계할 수 있기 때문에 훨씬 과학적이고 신뢰성 높은 전국적인 베스트셀러 목록을 파악할 수 있으므로 사재기와 같은 비리는 원천적으로 일어날 수 없는 일이다. 특정업체의 베스트셀러 목록에 의한 영향력도 크게 줄고 판매질서도 한결 명랑해질 수 있다.

사재기 근절을 위해서도 정보 네트워크형 출판유통시스템을 구축해야 한다.

---

23  처음 300만원이었던 과태료는 〈출판문화산업진흥법〉 개정을 통해 1,000만원(2012)으로 인상되었다가 2013년 12월 에는 징역 2년 이하 또는 2,000만원 이하의 벌금형으로 개정, 벌칙을 강화했다. 그렇게 했어도 앞으로 사재기가 근절되 기는 힘들 것이다. 시스템으로 막아야 할 법으로 해결될 일이 아니기 때문이다. 출판유통심의위원회와 출판물불법유통 센터도 한국출판문화산업진흥원이 발족하자 이 기구의 내부조직으로 재구성되어 운영 중이다. 또한 2013년 10월에는 작가와 소비자 단체도 참가해 한층 강화된 자율적인 '출판유통 질서확립 자율협약'도 이루어졌다. 사재기 비리에 대한 그간의 경과는 ① 백원근, 〈사재기 베스트셀러 파문과 우리 출판의 자화상〉, (월간《문화예술》, 한국문화예술진흥원, 2001. 9.),《대한출판문화협회 60주년 기념 10년사》(동 협회, 2007), 〈출판시장 사재기 실태 및 개선방안 연구〉(문화체육관광부, 2008),《한국출판인회의 10년, 우리 모두는 깃발이다》(동 회의, 2008) 등에 잘 정리되어 있다.

### '도서정가제'의 역사와 새로운 접근방향

도서정가제 시행도 강한 의지만 있다면 간단히 해결할 수 있는 일인데, 갈수록 혼란만 가중되어왔다. 고정관념의 도그마에서 벗어나지 못하고 있기 때문이다.

도서정가제란 정가판매 행위에 대해 습관적으로 사용하고 있는 업계의 관용어로서 법률적으로는 '출판물재판매가격유지 행위(재판 행위 또는 재판제도)'를 말한다.

일반적으로 대부분의 상품은 수요공급의 원리에 따라 소매점이 가격을 정해 최종 소비자에게 판매하고 있으나, 출판물재판 제도는 책값의 결정권을 출판사가 행사할 수 있도록 인정하고 판매업자로 하여금 그 가격대로 판매하도록 강제하는 제도이다. 따라서 우리나라는 〈공정거래법〉에서 예외적으로 인정한 출판물 재판제도를 근거로, 〈출판문화산업진흥법〉 제22조를 통해 "독서진흥과 소비자 보호를 위해" 신간의 경우 정가 10% 이내에서 할인해 판매할 수 있도록 허용하는 규정을 두어 시행하면서 이를 '도서 정가(판매)제'라고 부르고 있다. 엄밀한 의미에서 〈출판문화산업진흥법〉의 현행규정은 선언만 하지 않았을 뿐 사실상 정가판매제(재판제도)를 폐기한 것이나 다름없다. 2010년 현재 〈출판문화산업진흥법〉은 신간에 대해서 책에 표시된 가격의 10%를 할인한 값으로 판매할 수 있도록 규정하고 있으며, 또한 추가로 판매가격의 10%에 해당하는 물품, 마일리지, 할인권 등 경제이득을 제공할 수 있도록 허용했기 때문에 최종 소비자는 책값의 최대 19%까지 할인혜택을 받을 수 있다. 발행한 지 18개월이 경과한 구간에 대해서는 이러한 할인율조차 일체의 제한을 두지 않고 있다.[24] 이로 인해 '과다한 할인경쟁'으로 비판받았던 1977년 12월 이전보다도 더 무질서한 할인판매 행위가 자행되는 상황이 벌어졌다. 상황이 이런데도 이를 정가판매제라고 강변하는 이율배반적인 제도를 계속 운용해오고 있다.

이러한 도서정가제는 광복 이후 다음과 같은 단계를 거쳐 오늘에 이르렀다.

▷ 정가판매제 시행기(1945. 8. 15.~1950. 6.) : 광복 직후에는 독자들도 우리 책을 갈망하고 있었으나 우리글로 된 책이 절대부족한 상황이었기 때문에 판매자 시장(sellers market)이 형성되어 철저하게 정가판매가 이루어졌다. 일제강점기부터 정가판매가 이

---

24  현행 〈출판문화산업진흥법〉 제22조의 규정은 현재, '신·구간 구분 없이 마일리지 포함해 15% 이내에서만 할인판매'하
도록 개정해 2014년 11월 21일부터 시행하고 있다.

루어진 관행이 그대로 적용된 것이다. 당시는 운송체제도 미비해 일부 지방에서는 책값에 운송비를 가산해 판매하기도 했다. 판매뿐 아니라 판매대금도 현금결제하는 등 건전한 출판유통 질서가 확립되어 가는 과정에 있었다.

▷ 할인판매 자행기(1950. 6.~1977. 11.) : 6·25전쟁으로 모든 산업시설과 유통체제가 마비되었을 뿐 아니라 피난지에서의 궁핍한 생활고로 출판물에 대한 수요가 급감하고 대금회수도 부진하자 전국에서 경쟁적으로 할인판매가 성행하면서 거래질서가 극도로 문란해지기 시작했다. 환도 후에는 악화된 경제여건과 교과서 개편의 여파로 출판사들의 도산이 속출하면서 재고도서를 투매하기 시작했다. 도매상들도 연쇄도산하면서 출판사와 소매서점 간 직거래 비중이 커지게 되고, 서점들은 늘어난 마진을 악용해 무분별한 할인판매를 자행, 유통질서 문란 등 폐해가 적지 않았다. 5·16 군사정부는 상거래 질서 확립을 위해 정찰제를 강력히 추진하는 것을 계기로 정가제를 시도했다. 당시 정부도 출판사에게 '부당한 정가를 기재해 할인판매하지 않겠다'는 서약서를 받아가며 도서정가 판매제 실현을 지원했지만 판매부진으로 인한 벽을 넘지 못해 실패하고 말았다. 전국 서점에서 제각기 할인판매를 관행적으로 자행하는 가운데 1972년, 한국출판금고가 중앙도서전시관을 모델 서점으로 운영하면서 정가판매제를 시행해 독자들에게 기대 이상의 호응을 받자 서점들은 정가판매제 시행에 대한 용기와 의지를 가질 수 있었다. 이즈음 서점에서는 독자들의 요구에 따라 정가의 15~20% 내외에서 학습참고서와 사전의 할인판매가 이루어지고 있었고, 일반도서(문예물)는 출판사 출고율이 70~75% 내외였기 때문에 할인 폭이 최대 10%를 넘을 수 없었다.[25] 이때까지만 해도 6·25전쟁 이전의 도매상 5%, 소매서점 25% 마진율은 지켜져야 한다는 의식이 출판·서점업계를 강하게 지배하고 있었다.

▷ 자율정가제 재건기(1977. 12.~1981. 3.) : 서련이 주축이 되고 단행본 출판사들로 구성된 한국도서출판협의회(회장 林義欽)가 적극 후원해 1977년 12월 1일부터 전국 서점에서 일제히 정가판매제 시행에 들어갔다. 중앙도서전시관의 정가판매제 성공은 밑

---

**25** 1972년에 한국의 도서출판 및 서적상계 실태를 조사한 미국 프랭클린 북 프로그램의 고문 M. 시웨크는 "서점에서 고객이 받는 할인은 10~20%다. 가격이나 할인에 대한 홍정이 끊임없이 계속되고, 그 결정은 '특별히' 이루어진다"고 보고한 바 있다.(《大韓出版文化協會 30年史》, 1977, p. 491 참조)

거름으로 작용했다. '부가가치세' 도입으로 거래가 투명해진 것도 작용했다. 민중서관, 동아출판사, 교학사, 시사영어사 등 상당수의 출판사들도 자진해서 사전류와 학습참고서의 가격을 인하하면서 자율적인 정가판매 운동에 동참했다.

이로써 서점은 적정 마진 확보가 가능해져 경영상태도 호전되고 서점에 대한 사회적 인식도 제고될 수 있었다. 책에 대한 부가가치세가 면제되고 거래질서가 개선되면서 서점 수가 늘어나기 시작했다. 동화서적, 교보문고의 개점과 종로서적의 확장 등 서점의 대형화 시대도 열리게 되었다. 서점의 활성화는 신간 출판량을 급격하게 끌어올리는 원동력이 되었다. 출판산업 경기가 호전되는 분위기가 뚜렷했다. 도서정가 판매제의 확립을 통해 출판의 산업경쟁력이 강화되고 출판산업의 격도 높아졌다.

▷ 법정 재판제도 확립기(1981. 4.~1993. 12.) : 자율적인 도서정가제가 제자리를 잡아갈 무렵인 1980년 12월 31일 경제헌법이라 할 수 있는 〈독점규제 및 공정거래에 관한 법률〉(공정거래법)이 제정·공포되었다.

이듬해 4월 1일부터 시행에 들어간 이 법은 재판매가격유지 행위를 일체금지하고 있으나 출판물만은 예외적으로 허용해 정가판매제(재판유지 행위)의 정당성에 대한 법적 공인을 받게 되었다. 다만 거래 당사자인 출판사와 서점이 개별적으로 계약을 체결하고 실시해야 하는 형식상의 복잡한 절차가 걸림돌이었다.

출협과 서련은 각각 회원사의 포괄적 위임을 받아 '출판물 재판매가격유지 계약'을 시행하는 방법을 인정해줄 것을 설득했지만, 경제기획원은 "재판을 하고자 할 경우 개별적으로 거래 당사자(출판사와 도매상 또는 소매상, 출판사와 재판계약을 체결한 도매상과 소매상) 간에 재판계약을 체결해야 하고, 이를 위반했을 때도 거래 당사자가 개별적으로 제재하는 것은 가능하지만 집단적으로 제재를 가할 수 없다. 또 비재판 출판사와 재판서적상 간의 거래금지 등 재판유지 행위와 관계없는 거래 당사자에 대해 불필요한 구속을 하는 행위도 해서는 안 된다"는 입장을 완강히 고수했다. 그러나 출판계는 출판사와 서적상이 재판제도에 대한 이해가 부족하고 다기화된 유통구조에다 다수 출판사와 서적상이 존재하기 때문에 단기간에 개별적인 재판계약을 체결하기가 곤란한 점을 들어 과도기적으로 집단계약을 인정해줄 것을 끈질기게 요구해, 마침내 공정거래위원회도 개별계약 체결원칙을 철회하고 두 단체의 포괄적인 대리계약에 의해 정가판매제를 실시하도록 허용했다.[26] 이후 신학기에 문구점이나 일부 서점에서 일시적으로 학습참고서를 할인판매해 물의를 일으키는 일은 있었지만 재판제도는 비교적 충실하게 지켜지고 있었다. 서점경영도 안정되었다.

▷ 재판제도 붕괴기(1994. 1.~2003. 2.) : 1990년대 중반 한국 유통시장에는 편의점을 비롯해 대형 창고형 양판점, 할인마트 등 새로운 형태의 판매점이 대거 진입하면서, 이른바 가격파괴 바람이 불기 시작했다. 특히 유통시장의 전면개방과 더불어 외국계 가격파괴 업체가 한국시장에 진출해 오면서 도서정가제를 위협했다. 1994년을 전후해 프라이스클럽은 일반서점보다 20~30%할인된 가격으로 책을 판매하기 시작했다. 곧이어 이마트, 까르푸 등도 이에 가세했다. 세계적인 베텔스만 북클럽도 상륙해 도서정가제 붕괴의 위기감을 증폭시켰다. 70년대 중반에는 전집이나 베스트셀러를 중심으로 일어났던 가격파괴 현상이 1997년의 외환위기를 겪으면서 학습참고서, 아동도서, 사전, 단행본 등 모든 출판물에 걸친 무한 할인경쟁으로 확산되었다.

우후죽순처럼 생겨난 인터넷 서점들은 할인판매를 통해 자신들의 영토를 급속하게 확장해나갔다. 2000년 10월, 임시총회를 소집해 인터넷 서점에의 도서공급 중단을 선언했던 한국출판인회의가 정가의 10% 이내 할인과 5% 이내 마일리지 적용을 인정하는 판매방식에 합의(2001. 4. 10. 시행)해준 것은 정가제 붕괴의 결정적인 기폭제가 되었다. 업계가 할인판매 행위를 공식 용인함으로써 혼란을 가중시킨 변형 도서정가제의 출현을 가져오는 빌미를 만들었기 때문이다. 이와 같은 합의가 있자 그동안 기회만 살피고 있던 교보문고, 영풍문고도 인터넷을 통한 할인판매 대열에 합세했다.

이런 와중에 공정거래위원회는 참고서, 사전류, 전집류 등을 재판 적용 대상에서 제외하는 〈공정거래법 시행령〉 개정안을 입법예고하는 등 재판 대상 출판물의 범위를 축소하려는 움직임으로 출판·서점업계와 첨예하게 충돌한다. 출판계는 출판사 등록증 반납까지 불사하면서 이에 강력하게 반발[27]했지만, 결국 2003년 1월부터는 공정위가 문광부 등 관계부처와 협의를 거쳐 정가판매(재판)를 허용하는 저작물(전자출판물 포함)의 범위를 정할 수 있도록 시행령이 개정되었다.

---

26 《大韓出版文化協會 40年史》, 1987, pp. 331~341 참조
27 《조선일보》, 1995. 2. 25.

도서정가제를 유지하기 위한 다각적인 노력이 1990년대 이후 줄기차게 이어져왔다.

이렇게 새로운 업태들의 출현과 유통환경의 급변, 그리고 이에 따른 유통정책의 변화로 출판유통 현장에서 재판재도는 사실상 붕괴되어가고 있었다.

이러한 변화를 현실로 받아들여 새로운 대안을 마련했어야 했음에도 출판계는 계속 정가판매 제도를 유지할 수 있는 방안을 강구하는 데만 정력을 집중했다. 도서정가제의 새로운 법제화가 시도되어 1999년 7월 〈저작물의 정가유지에 관한 법률(안)〉을 의원 입법 형식으로 발의했으나 공정거래위원회의 반대에 부딪쳐 폐기되는 등 우여곡절을 겪었다. 드디어 2001년 11월에는 '도서정가 판매제' 시행과 관련된 조항이 포함된 〈출판 및 인쇄 진흥법(안)〉이 의원입법으로 발의, 수정 통과되었다.

▷ 재판제도 철폐기(2003. 3.~현재) : 〈출판 및 인쇄 진흥법〉이 3월부터 시행에 들어가면서 도서정가제는 새로운 국면을 맞게 된다. 가장 큰 변화는 〈출판 및 인쇄 진흥법〉(시행 2003. 2. 27.)은 도서정가제를 시행하되, 정보통신망을 이용해 판매하는 경우(인터넷서점을 가리킴)에 한해서는 10% 할인과 10% 마일리지를 제공할 수 있도록 단서조항을 추가해 이 법 시행과 더불어 할인판매를 공식적으로 인정해주었다. 이로써 인터넷 서점은 날개를 단 격이 되었고, 이후 승승장구하면서 계속 시장점유율을 높여나간다. 그러나 재래의 전통서점은 여전히 정가판매를 해야 했다.

그 두 번째로는, '발행된 지 1년이 경과한 간행물'은 정가판매 대상에서 제외해, 자유로운 할인판매를 허용했다. 무제한 할인판매가 가능해진 것이다.

세 번째, 이 규정은 2008년 2월 26일까지 5년 동안만 적용되는 한시적인 '일몰법' 체제였다. 문화관광부는 이 규정이 시행되는 동안 〈공정거래법〉의 틀 안에서 출판물에 따라 '재판매가격유지 행위가 허용되는 범위'를 단계적으로 축소하는 내용의 공정거래위원회 고시 〈재판매가격유지 행위가 허용되는 저작물의 범위〉(2002. 12. 24.)대로 〈도서정가제 세부지침〉(2003. 2. 27.)을 〈출판 및 인쇄 진흥법〉 시행과 함께 문화관광부령으로 발표했다.[28] 〈출판 및 인쇄 진흥법〉 시행에 즈음해 나온 〈도서정가제 세부지침〉은 공정거래위원회의 방침(고시)을 사례별로 구체적으로 설명한 것이다.

공정거래위원회의 재판제도 축소방침에 반발해 〈공정거래법〉의 출판물에 대한 예외적 조치를 계속 보장받을 수 있도록 특별법을 요구한 업계의 요망에 따라 제정된 〈출판 및 인쇄 진흥법〉이 오히려 1995년 이래 재판제 적용범위를 축소하겠다는 공정거래위의 의지를 앞장서서 관철해준 셈이 되었다.

또한 〈출판 및 인쇄 진흥법〉은 인터넷 서점과 전통서점 간의 서로 양보할 수 없는 극한적 대립이 타협과 조정의 과정을 거치면서 불안정하고 비정상적인 상태로 봉합된 결과이기 때문에 동일한 상품이 유통채널에 따라 '1물2가격 체제'가 된 것이다. 이를 위반하면 과태료 300만원에 처한다는 강제규정도 만들어졌다. 당초의 입법취지[29]를 완전히 변질시키는 절름발이식 제도를 초래해 출판물 재판제도(도서정가제)는 사실상 형해화되어 이름만 남게 되었다.

---

28  공정거래위원회의 〈독점규제 및 공정거래에 관한 법률〉 제29조 제2항 및 동법 〈시행령〉 제43조 규정에 의한 고시내용은 '재판매가격유지 행위가 허용되는 저작물의 범위'를 다음과 같이 정했다. 〈도서정가제 세부지침〉은 이 고시내용을 그대로 반복하고 있다. 현재 공정거래위의 고시는 〈출판문화산업법〉의 개정에 따라 2007년 10월 20일부터 "발행일부터 18개월이 경과된 간행물은 제외한다"는 내용이 추가되어 시행되고 있다.(제2007-9호, 2007. 10. 10.)

| 기간 | 2003. 1. 1.~2004. 12. 31. | 2005. 1. 1.~2006. 12. 31. | 2007. 1. 1.~2007. 10. 19. |
|---|---|---|---|
| 허용범위 | 모든 간행물 (단, 발행일부터 1년이 경과한 간행물 제외) | 실용도서를 제외한 모든 간행물 (단, 발행일부터 1년이 경과한 간행물 제외) | 실용도서와 학습참고서Ⅱ를 제외한 모든 간행물(단, 발행일부터 1년이 경과한 간행물 제외) |

29  2000년 9월 9일 문화관광부가 입법예고한 〈출판 및 인쇄 진흥법 제정안〉에서 밝힌 도서정가제에 대한 취지는 "모든 간행물은 정가판매를 원칙으로 하고 정가보다 싸게 판매하는 경우 300만원 이하의 과태료를 부과한다"는 요지의 내용으로 철저한 정가판매제 의지를 분명하게 밝힌 바 있었다. 즉 제22조 제2항은 "간행물을 판매(정보통신망을 이용하는 경우를 포함한다. 이하 같다)하는 자는 간행물에 표시된 정가대로 판매해야 한다"로 되어 있었다. 심재권 의원 등 32인이 2001년 11월 16일에 발의한 동명의 법안도 이와 같았다. 이에 대해 인터넷 서점의 반발과 공정거래위원회의 반대 등으로 심의과정에서 이해 관계자들의 의견조정을 요구해 제5차 소위(2001. 12. 13.)에서 관련 업계 의견접근 내용을 다수안으로 채택, 단서조항으로 "정보통신망을 이용해 해당 간행물을 판매하는 경우에는 정가의 1할 범위에서 할인해 판매할 수 있다"는 조항이 삽입되었다.

〈출판 및 인쇄 진흥법〉은 2007년에 출판과 인쇄를 분리, 〈출판문화산업진흥법〉으로 새로 탄생하면서 제22조(도서정가제)는 발행 후 18개월이 경과한 간행물(구간도서)을 적용대상에서 제외하는 한편, 전통서점도 인터넷 서점과 똑같은 조건으로 할인판매가 가능하도록 확대했다.[30] 할인판매 대상과 적용범위의 제한을 완전 제거해버린 것이다. 도서정가제는 철폐된 것이나 다름없이 되었다.[31]

이미 40% 시장점유율을 장악한 인터넷 서점의 경쟁상대가 될 수 없는 시장구조가 굳어진 상태에서 서점은 이러한 조치로 수익감소라는 새로운 부담만 안게 되었다.

이렇게 해서 최근 20년 이상 독자도 업계도 모두 할인판매 체제에 길들여졌다. 어느덧 1977년 12월 이전 할인판매가 자행된 기간과 맞먹는 세월이 지났다. 이런 구조를 도서정가제가 비교적 철저하게 지켜진 80년대 상태로 돌이키는 일은 결코 쉽지 않다. 공정거래위원회의 '고시'를 그대로 존속시키면서 〈출판문화산업진흥법〉 테두리 안에서 도서정가제 시행의 틀을 바꾸기에도 근본적으로 한계가 있다.

도서정가제란 책에 표시된 정가대로 최종 구매자(독자)에게 판매하도록 의무화하는 제도다. 〈출판 및 인쇄 진흥법〉 제정으로 비록 할인율의 가이드라인은 제시되었지만, 할인판매를 명시적으로 규정한 법령을 시행함으로써 1977년 이전보다 더 격심한 할인경쟁 체제를 조장해 출판시장을 황폐화하고 관련 업계를 도탄으로 몰아넣고 있다. 그런데도 이를 현실적인 최선의 제도로 착각하고 도서정가제라고 주장하는 것은 일종의 기만행위가 아닐 수 없다. 도대체 현행제도를 두고 '도서정가(판매)제'라고 하는 것은 말도 되지 않는다. 말(문자)로 말(문화)을 세우려는 우리 출판산업의 의식에 의문을 품지 않을 수 없다. 이러한 허위의식에서 하루빨리 벗어나야만 한국출판은 올바른 가격정책을 찾을 수 있다.

정가(판매)제 시행이 어려운 업계구도를 그대로 방치해둔 채, 법에 의지해 도서정가제를 시행하려는 태도는 자신의 책임을 방기하려는 태도라고 비판받아도 지나치지 않

---

30  2014년 4월 29일에는 출판계 요구를 반영해 최대 15%(책값 10%+5% 물품, 마일리지, 할인권 등 경제적 이익)만 할인 가능하도록 한 〈출판문화산업진흥법〉 개정안이 국회를 통과, 2014년 11월 21일부터 시행에 들어갔다. 시행 직전에는 구간에 대한 무제한 할인경쟁이 치열하게 전개되어 책에 표시된 정가는 신뢰를 완전히 상실하게 되었고, 독자는 책값 인상으로 받아들였다.

31  이두영, 〈인터넷 서점과 재판매가격유지 제도의 실시상황〉, 월간 《책과 인생》, 범우사, 2009. 9., pp. 100~103

다. 할인판매하는 도서정가제란 있을 수 없다. '할인판매 = 도서정가제'란 그릇된 인식을 바로잡아야 한다. 도서정가제가 폐기된 현실을 솔직히 인정하고 여러 가지 방법을 상정해 시뮬레이션도 해보며 근본적인 해결방안을 모색하는 것이 올바른 방법이다. 지금처럼 '눈 가리고 아웅' 하는 식으로 미봉책만 강구하는 방법이 계속되어서는 업계의 황폐화만 조장하는 꼴이 될 뿐이다.

## 출판 전문인력 양성 프로그램 설계의 필요성

우리나라 출판인력 양성시스템은 민간사설 교육 프로그램에 의해 먼저 시작된 다음 대학과정의 공교육과 정부 주도에 의한 기능인력 양성이 이루어졌다. 1958년 서울신문학원에 '출판론'이 개설된 것이 우리나라에서 출판교육의 시초다. 정규대학에서는 이화여자대학교 대학원 도서관학과에서 이듬해부터 안춘근이 '출판개론'을 강의한 것이 처음이다. 1967년에는 출협이 "서울대학교 신문대학원에 출판학과를 설치해 출판인력을 양성해줄 것"을 정부에 건의했다. 이 건의는 외국에서는 출판인재의 중요성을 얼마나 중요하게 생각하며 어떻게 양성하고 있는지 대표적인 교육시스템의 사례도 소개하고 출판인력 양성의 제도화를 역설하고 있다.

대학과정의 본격적인 출판인 전문교육은 전문대학에서 시작되었다. 1980년 신구전문대학 인쇄과에 출판 기능인력 양성을 목표로 출판전공이 신설되었고, 이를 발전시켜 1989년에는 출판과를 독립시켰다. 이보다 앞서 1982년에는 혜전전문대학이 출판과라는 학과의 이름으로 본격적인 전문대학에서의 출판인 양성교육을 실시한 것으로 기록되고 있다. 대학원에서는 1981년부터 중앙대학교가 신문방송대학원 개원과 함께 석사과정의 출판전공을 개설했다.

이렇게 시작된 대학 이상에서의 출판 관련 과정은 경쟁적으로 개설되기 시작해 1999년 말까지 전문대학 13개, 대학원 8개가 개설되었다. 4년제 학부과정에서는 시기를 달리해서 광주대학교 출판광고학과와 원광대학교 문예편집학과, 탐라대학교 출판학과, 세명대학교 미디어창작학과가 학생들을 모집했으나 얼마 지나지 않아 이들 학과에서 '출판'이란 말이 빠져버리거나 폐과되었다. 90년대 중반부터는 컴퓨터를 기반으로 하는 새로운 테크놀로지가 출판산업에 본격 도입되면서 출판교육의 패러다임도 첨단기술 중심으로 변화하고 학과 명칭도 학생들이 선호하는 내용으로 바뀌어갔다.[32] 그렇게 해서 지금은 출판 전공과정이 개설된 대학원이나 전문대학은 명맥만 유지되는 정도로 줄어들었다. 그렇게 된 배경에는 출판산업의 침체도 한 원인으로 작용했지만 출판교육의 목표와 교육내용이 확고하게 정립되지 못한 점이 크다.

출판인력에게는 출판에 관한 기능적인 역량도 중요하지만 기본적으로 사회변화의 방향을 먼저 인식하고 지식과 정보를 종합할 수 있는 창의력과 상상력이 풍부한 인문학적 소양과 자질이 필요하다.

지금까지 출판인 양성교육시스템의 가장 큰 문제점은 출판산업 현장과 교육기관의 긴밀한 파트너십을 통해 산업현장의 인력수요와 교육기관의 양성·공급이 상호 유기적으로 연계되지 못함으로써, 인력수급의 양적·질적 불균형(mismatch)이 고착화되어왔다는 데 있다. ① 교육계와 산업현장에서 바라는 일치된 출판 인재상(像)을 도출해내지 못했기 때문에 교육내용에 있어서 현장 실무자로서 꼭 알아야 할 필수지식과, 할 수 있어야 할 기능에 대한 인식을 합치하려는 노력이 부족했다는 점, ② 현장에서 필요한 인력의 유형별 수요가 정확히 파악되어 적기에 전달되고 수용되었어야 했다는 점, ③ 수요 중심의 출판인력 자원을 개발하기 위해서는 장기적인 수요분석(전망)에 따른 인적자원 개발 전략 수립, 직무능력에 대한 국가표준 제정 및 자격제도 도입, 그리고 이에 부합되는 교육훈련 기준의 책정과 교육 프로그램의 개발 등 거시적인 틀이 먼저 구축되었어야 했는데 그렇지 못했다는 점을 들 수 있다.

다매체 경쟁시대를 맞이해 과학기술의 발전, 글로벌화, 변화하는 정보환경 속에서 출판의 매체적·산업적 경쟁력을 강화할 혁신주도 세력으로서 바람직한 출판인력의 정예화와 신인양성은 매우 시급하고 중요하다.

70년이란 현대출판의 역사를 이어오는 동안 기획, 편집, 제작, 디자인, 마케팅이나 판권거래 및 저자관리 등의 업무 분야에서 발군의 역량을 발휘한 전설적인 인물도 많이 등장했다. 현재도 프로급 베테랑들이 다수 포진하고 있다. 그러나 범업계 수준에서 출판정책, 유통, 경영, 세무 등에 관한 전문가(expert)를 체계적으로 양성할 기회를 갖지

32  편찬위원회, 《韓國出版學의 史的硏究》, 한국출판학회, 2000, pp. 211~328 참조

못했다. 세계화 시대를 맞이해 주요 선진국별 전문가도 양성할 필요가 있다. 아직까지 그럴 의지조차 없었다. 중국은 개혁개방의 초기인 80년대에 이미 출판 전문가 양성을 목표로 유럽에만 30여 명의 유학생을 파견했는데, 이들이 오늘날 중국 출판계를 움직이고 있다. 우리도 짧은 기간이나마 출판금고 예산으로 해외에 연수생 파견사업을 시작했으나 두 번으로 그쳤고, 80년대 말에는 출협에서 테크노크라트 자질을 갖춘 사무국 직원들을 양성하려는 노력이 있었으나 전통으로 확립하지 못했다.

## 저출산·고령화 시대, 고령층 독서진흥 대책

우리나라에서는 저출산·고령화가 빠르게 진행되고 있다. 2010년 현재 우리나라 총인구 4,858만명 가운데 65세 이상 고령인구는 545만명으로 총인구에서 차지하는 비율(고령화율)이 이미 11.3%를 넘었다. 고령화율이 7~14%인 사회를 '고령화 사회', 14~21%인 사회를 '고령사회', 그리고 21%를 넘으면 '초고령 사회'라고 부른다.

현재의 추세대로라면 2030년이 되면 65세 이상의 고령인구가 24.3%(1,269만명)로 2010년의 두 배 이상 증가해 '초고령 사회'가 되고, 2040년에는 32.3%(1,650만명)나 될 것으로 예측되고 있다. 85세 이상 초고령 인구도 향후 30년간 현재보다 4.6배 증가가 예상되고 있다. 세계에 유례가 없이 빠른 고령화가 이루어지고 있는 나라가 되었다. 반면에 저출산으로 인해 0~14세 유소년(幼少年) 인구는 798만명(16.1%)에서 2020년 679만명(13.2%)으로 100만명 이상이나 줄 것이고 2040년에는 572만명(11.2%)으로 감소할 것으로 전망되고 있다. 6~21세의 학령인구도 2010년 현재 1,001만명에서 2015년에는 887만명으로 114만명이 급감한다고 한다. 그 후에는 감소속도가 다소 둔화되지만, 2040년에는 670만명이 될 것이라고 한다. 인구증가율이 0.52%(2005~2010)에서 0.48%(2010~2015), 0.32%(2015~2020)로 계속 낮아질 것으로 예상되기 때문이다.[33]

이와 같은 세대 간 인구구조의 변화는 앞으로 경제활성화에 심각한 문제를 제기할 것으로 우려되고 있다. 출판산업의 입장에서도 무엇보다 독서를 많이 하는 계층은 점

---

33  사회통계국 인구동향과, 보도자료 〈장래인구 추계 2010~2040〉, 통계청, 2012. 6. 27., p. 16
    이 자료는 2010년 인구주택 총조사 결과를 기초로 향후 30년간의 장래인구를 전망한 결과다. 한편, 2010년 현재 총인구는 4,941만명에서 성장, 2030년 5,216만명을 정점으로 감소하기 시작해 2040년에 5,109만명에 이를 전망이다.

점 줄어들고 상대적으로 독서를 덜 하는 계층의 인구는 증가하는 경향으로 인한 장기적인 출판발전 전망은 매우 비관적이다. 다른 선진국에 비해 우리나라는 나이가 많을수록 독서인구나 1인당 독서량이 급격히 떨어지는 경향이 크기 때문에 고령층의 독서량 증대에 각별한 대책을 강구하지 않으면 안 되는 상황이 되고 있다.

김균 등[34]은, 1주일간 일반도서를 이용한 고령층의 비율은 35.7%라는 조사보고를 내놓고 있다. 10종의 미디어별 이용순위에서는 도서가 4위로 분석되었는데 그 이용량은 평균 2.1권(표준편차는 7.1)에 지나지 않았다. 잡지는 10가지 미디어 가운데서 스마트 기기, 비디오/DVD 다음으로 끝에서 세 번째로 낮은 이용률(13.3%)을 보였다. 가장 많이 이용하는 미디어는 TV(98.3%), 휴대전화(88.3%), 신문(44.0%)순이었다.

[도표 7-9] 고령층의 연간 단행본 독서량

| 구분 | 집단별 | N | 평균 | 표준편차 |
|---|---|---|---|---|
| 연간 단행본 이용량 | 55~64세 집단 | 152 | 2.65 | 9.141 |
| | 65세 이상 | 148 | 1.47 | 4.006 |
| | 합계 | 300 | 2.1 | 7.100 |

자료 : 김균 외, 〈고령화 시대 노인층의 미디어 이용 행태 및 지원방안 연구〉, 2011

이 조사에서는 55세 이상 64세 미만(준 고령층)과 65세 이상의 노인층(고령층) 등 2개 집단으로 나누어 지난 1년간 일반도서를 읽은 경험이 있는 이용자를 대상으로 연간 독서량도 조사했다. 두 집단 중에서 55세 이상 64세 미만은 평균 2.65권을 읽은 반면, 65세 이상의 집단에서는 1.47권밖에 읽지 않은 것으로 조사되었다. 이를 통해서도 고령화될수록 독서량이 급격히 줄어들고 있는 것을 알 수 있다.

이러한 경향은 2010년도 〈국민독서 실태조사〉 결과와도 크게 다르지 않다.[35] 이 조사에 따르면 우리나라 성인은 연령이 많을수록 독서율이 낮아져 20대는 82.9%가 독서를 하고 있는 반면 60세 이상은 34.8%에 머물고 있다. 60대의 연간 독서량도 5.4권, 50대는 6.2권을 읽고 있다고 한다. 통계청이 발표한 60대의 독서인구 비율은 23.9%(2009)

---

34  김균 외, 〈고령화 시대 노인층의 미디어 이용 행태 및 지원방안 연구〉, 한국언론진흥재단, 2011
35  한국출판연구소,《2010년 국민독서실태조사》, 문화체육관광부, 2010, pp. 99~114 참조

에 지나지 않는 실정이다.[36] '삶의 질 향상'이라는 문화복지 차원에서 고령사회에 대비해 지금부터 이 계층에 대한 유효적절한 방책을 강구하지 않으면 출판시장이 급격하게 축소될 우려가 크다. 고령자와 유소년을 명확하게 의식한 집중적인 독서추진 활동이 절실한 과제가 되고 있다.[37]

**[도표 7-10] 성별 및 연령 집단별 독서율**

단위 : %

| 연도 | | 2000 | 2004 | 2007 | 2009 | 2011 | 2013 |
|---|---|---|---|---|---|---|---|
| 전체 | | 59.4 | 62.2 | 58.9 | 62.1 | 61.8 | 62.4 |
| 성 | 남자 | 60.2 | 62.0 | 58.5 | 62.4 | 60.9 | 61.5 |
| | 여자 | 58.6 | 62.4 | 59.3 | 61.7 | 62.6 | 63.3 |
| 연령집단 | 20세 미만 | 82.1 | 81.5 | 78.1 | 78.3 | 80.1 | 80.9 |
| | 20~29세 | 83.0 | 82.1 | 78.7 | 81.6 | 76.9 | 79.8 |
| | 30~39세 | 73.0 | 78.1 | 74.8 | 78.9 | 75.8 | 75.8 |
| | 40~49세 | 56.6 | 63.5 | 61.0 | 67.6 | 68.0 | 69.5 |
| | 50~59세 | 38.2 | 42.9 | 43.5 | 48.7 | 51.9 | 52.4 |
| | 60세 이상 | 19.2 | 20.5 | 21.4 | 23.9 | 26.6 | 28.9 |

자료 : 통계청 《사회조사》 각 연도

젊은 독자들을 육성하는 것이 대단히 중요하다. 그러나 유소년들은 학교교육을 통해 독서습관을 함양할 기회를 기대할 수 있지만, 고령자를 위한 읽을거리 개발, 큰 활자책 출판장려 등 독서환경 개선에 각별한 배려가 절실한 시점이다.

1981년 6월에 〈노인복지법〉이 제정된 이후 각종 노인복지 시설 등에서의 노인을 위한 문화 프로그램은 많이 운영하고 있다. 하지만 노인들의 독서생활을 증진하기 위한

---

36  통계청, 《사회조사》, 각 연도

37  마이니치(毎日)신문사는 일본의 전국 학교도서관과 마이니치신문사가 실시한 '제59회 학교독서 조사' 결과를 바탕로, 가정과 학교에서의 책 읽어주기가 자녀의 독서에 어떤 영향을 미치는지에 관한 기사를 특집으로 마련했다. 이 조사에 따르면 지난 15년간 가정과 학교에서 책 읽어주기를 착실하게 펼친 뒤 유아기(幼兒期)의 책 읽어주기와 몇 년이 경과한 뒤의 독서량의 관계를 분석해본 결과 유아기 책 읽어주기의 중요성이 확인되었다고 보도하고 있다.(《毎日新聞》, 2013. 10. 27. 기사 '번지는 책 읽어주기' 참조)

프로그램은 공공도서관에서조차 찾아보기 어려운 것이 현재의 실정이다.[38]

## 통일지향의 남북 출판 교류협력 기반조성

한국출판 산업의 미래를 생각할 때 통일변수를 빼놓을 수 없다. 남북관계는 긴장과 대결, 화해와 협력이 반복되면서 점진적으로 발전되어왔다. 현재는 핵개발, 금강산에서의 관광객 피살사건, 천안함 피격 등으로 교착상태가 지속되는 중이다. 모든 교류협력 사업들이 중단된 상태지만, 통일이 언제, 어떻게 이루어질지는 누구도 전혀 예측할 수 없는 상황이다.

통일이 어떻게 이루어지느냐에 따라 우리 출판산업에 미치는 영향도 크게 달라질 것이다. 남북한 경제력 격차가 크다 해도 통일은 우리 출판산업이 새로운 성장동력을 마련해 만성적인 부진에서 벗어나는 계기가 될 것이 틀림없는 사실이므로, 통일이 가져올 출판산업의 시너지 효과에 대한 기대는 매우 높다. 골드만삭스는 "통일 한국의 GDP가 30년에서 40년 후 프랑스, 독일을 추월하고 일본까지도 앞지를 수 있을 것"이라며, "2050년 통일 한국의 규모는 미국을 제외한 대부분의 G-7 국가와 동등하거나 넘어설 것"이라 주장했다. 그렇지만 통일과정에는 불확실성도 적지 않게 내재되어 있다. 따라서 중장기적으로는 출판발전이 기대된다 하더라도 경제력 격차의 부담이 워낙 큰 데다 초기 단계에서는 북한 주민의 체제나 시장경제에의 부적응, 정치불안 심화, 불안감이 확대될 수도 있다. 통일의 충격과 그 이후의 진통을 어떻게 극복해내느냐에 따라 바람직한 통일 한국의 출판산업 상(像)에 도달하는 시간과 비용이 달라질 것으로 보인다. 그러므로 출판산업으로서도 남북 교류의 물꼬를 터 북한을 실질적으로 변화시키

---

38 우리나라 공공도서관에서 고령자를 대상으로 하는 도서관 서비스 정책은 2003년에 발표된 '한국 도서관 기준'에서 처음 언급했지만, 구체적으로는 〈도서관법〉을 전면개정(2006. 10. 4.)하면서 〈정보격차 해소에 관한 법률〉에 따라 '지식정보사회적 약자'의 지식정보 격차 해소를 지원하는 규정(제44조)을 신설하고 이 법 시행령(2007. 3. 27.) 제21조는 '지식정보 약자계층'의 정의 가운데 하나로 '65세 이상의 노인'을 처음으로 명시함으로써 시작되었다고 할 수 있다. 이러한 도서관 서비스 정책에 따라 고령자를 위해 일부 지방 공공도서관에서 확대경 설치, 노인독서대학 운영, 북피니시(book finish) 운동을 펼치고 있다. 그러나 대통령 직속기관인 '도서관정보정책위원회'가 작성한 '도서관 발전 종합계획(2009~2013)'에 따르면 '공공도서관의 노인인구 정보격차 해소와 문화공유를 위한 프로그램 운영의 필요성'을 제기하면서도 2010~2012년간 '대활자본 총 36종 약 11,936책 구입·배포'에 그쳤을 뿐이어서 구체적인 독서진흥 프로그램 운영실적은 충분하다고 보기 어려운 실정이다.(국립중앙도서관 도서관연구소,《정보격차 해소를 위한 도서관의 정보약자 계층 서비스 확대전략 개발연구》, 문화체육관광부, 2011 참조)

는 방식으로 통일 대장정의 위대한 주춧돌을 놓아야 한다. 지금부터 통일 이후 이질적인 남북한의 출판체제와 시장을 신속하게 효율적으로 통합하기 위한 치밀한 시나리오를 미리 연구하고 준비해나가야 한다. 시간과 비용의 문제만이 아니라 북한도 다방면에 걸쳐 우수한 인재들을 양성하고 저술, 편집기능 등 출판활동에 필요한 출판역량을 많이 축적해왔을 것이다. 이러한 보이지 않는 자산을 통일과정에서 잃어버리지 않도록 대비해야 한다. 그런데도 통일에 대비한 남북 출판 교류협력의 필요성과 방법에 대한 연구는 충분히 이루어지지 않고 있다.

독일은 분단 초기부터 동·서독 간의 긴밀한 출판 교류협력과 상대방에 대한 연구를 많이 축적해왔음에도 1990년의 재통일 이후 동독 출판산업이 보유하고 있던 우수한 지적 자원을 거의 전부 상실하고 말았다. 78개에 달했던 동독 출판사와 4개의 유통기관들도 모두 문을 닫는 등 동독의 출판시스템은 완전히 해체되었다.[39]

출판 교류협력은 출판 관련 인사들의 교류와 이를 통해 양측의 출판활동을 촉진하는 것만을 의미하는 것이 아니다. 남북 출판 교류협력이 추구해야 할 궁극적 목표는 두 진영에서 발행된 출판물을 양측 주민들이 자유롭게 향유할 수 있는 환경을 만드는 것이다. 남북한의 출판 교류협력은 심화된 문화적·정신적 이질화를 해소하고 민족의 통일과 사회통합의 기초를 형성하기 위한 기본적 작업이다.[40]

남북한의 출판은 이념과 체제, 발전과정과 배경이 본질적으로 다르다. 현재의 출판 수준도 현격한 격차를 보이고 있다. 북한의 낙후되고 열악한 출판산업 인프라를 개선해 통일에 대비하는 것이 통일비용을 줄이는 길이다. 이러한 차이를 극복하면서 양측의 강점을 활용하고 약점을 보완해 공동발전의 길을 모색하기 위해서는 단계적 접근이 필요하다. 이념과 체제가 다른 두 체제가 통일 이전에 상호 보완적인 위치에서 공동발전을 도모하기 위해 실현가능한 출판 교류협력 기반을 조성할 수 있도록 남북한이 함

---

39  Habil S. Lokatis, 〈독일 통일과정에서 본 구 동독 출판의 해체〉, 범우출판문화재단 편, 《독일의 통일과 출판시장 통합연구》, 범우사, 2006, pp. 17~33 참조

40  통일 전 서독 정부가 취한 '신동방 정책'은 "통일여건의 조성 차원에서 양독 관계의 실질적 개선이 중요하다는 현실적 관점에서 출발해 '접근을 통한 변화'를 통해 장기적으로 통일을 추구한다"는 원칙을 핵심으로 했다. 이러한 원칙에 입각해 교류협력이 다방면에서 부단히 추구되었으며, 출판의 경우 베를린 장벽이 만들어진 이후에도 도서와 신문, 잡지의 교역이 꾸준히 이루어지고 있었다. 이러한 출판교류가 "동·서독 간의 문화 공동체 형성에 기여했으며 통일기반이 된 것으로 평가되고 있다.(통일대비특별정책연수단, 《독일통합실태연구》, 1992, p. 68)

께 노력해야 한다. 그러한 작업은 문화적 동질성을 확보하는 데 목표를 두고 상호 입장과 상황을 고려해 접근방법, 사업분야 선정 및 추진방법 등이 장단기적인 사업으로 나누어 모색되어야 한다.

장기적인 방향에서는 첫째, 교류협력이 활성화될 수 있는 틀을 마련해야 한다. 이제까지의 출판교류는 정치적 상황에 전적으로 좌우되면서 해당 출판사가 개별적으로 추진해왔을 뿐 대표성을 지닌 공식적인 만남은 한 번도 없었다. 동서독의 예에서 보는 것처럼 남북한의 출판 관련 기구나 단체를 중심으로 '남북 출판교류 협정'을 체결, 상호 이해증진과 화해협력 분위기를 조성한 다음, 구체적인 교류협력 사업을 추진해야 한다. 가장 중요한 것은 남북 출판의 교류협력을 책임지고 추진할 수 있는 대표성 있는 출판인이 만나 실천적이고 실질적인 협력방안을 모색해, 통일 이후 남북한 단일 출판시장으로 통합할 수 있는 기반을 조성하는 일이다.

둘째, 구체적인 출판 교류협력은 경제적 측면을 고려할 필요가 있다. 동독이 경제발전과 외화획득을 위해 서독과 교류협력에 응했던 것처럼 경제적 어려움에 처해 있는 북한이 출판 교류협력 사업을 경제적·상업적으로 이용할 가능성에 대해 구체적으로 인식시킴으로써 출판교류 활성화를 유도하는 방안을 적극 연구해야 한다. 출판물 거래에서는 상호 간의 출판상황과 출판물 현황을 파악하고 비정치적·비이념적 전문 학술도서의 교류를 우선 추진하는 것이 바람직하다.

셋째, 출판 교류협력 사업을 활성화하기 위해 우리 내부에서 출판 당사자와 정부가 긴밀히 협력할 수 있는 가칭 '남북 출판 교류협력 공동위원회' 구성 등 제도와 기구설치를 제도화해서 운영해야 한다. 남북한의 교류협력 사업의 주체들은 교류협력 사업에 대한 경험과 지식도 부족하고, 경우에 따라서는 업계가 감당하기 어려운 재정부담도 예상되므로 정부는 민간에 필요한 정보를 적극 제공한다거나 남북 협력기금 등을 활용해 재정적으로 지원하는 협력체제를 구축해 체계적으로 집행해나가야 한다. 대북 출판 교류협력 사업은 현실적으로 영리적 사업의 성격을 가지기 어렵다. 오히려 공공적 사업의 성격이 강하다. 또한 산업적 성격을 기반으로 하므로 인쇄기나 용지 등 북한이 필요로 하는 설비투자 등 물적 기반 지원사업은 재정기반이 확보되지 않으면 안정적으로 추진되기 어렵고 따라서 재정지원이 필수적이다.

단기적으로는 우리 출판의 경제적 이득을 실현하기보다는 경제적 어려움으로 설비 부족과 원자재난을 겪고 있는 북한의 출판환경 개선과 출판활동을 지원함으로써 남북한 간의 심화된 출판격차를 해소하기 위한 일들을 우선 추진해야 한다.

첫째, 초기 사업으로 남북한 간의 저작권 거래 활성화를 모색할 수 있을 것이다. 그동안 효율적인 체제가 구축되지 못했기 때문에 비정상적으로 이루어지던 저작권 교역을 촉진할 수 있는 체제를 구축, 운용해 쌍방 간의 신뢰회복을 증진시켜야 한다. 둘째, 북한에는 출판여건의 황폐화로 출판하지 못한 채 사장되어 있는 우수 저작물도 상당량 존재하는 것으로 알려져 있다. 이런 우수 학술 저작물들을 남북한 출판사가 공동으로 출판할 수 있는 방안이 실현된다면 우리의 지적 자원과 출판의 다양성은 더욱 풍부해질 것이다. 편집과 제작을 남한 출판사가 맡고 북한 지역의 보급은 북한 출판사가 책임지는 역할분담이 가능할 것이다. 북한 지역에 배포되는 도서는 남북 교류기금으로 실비 구입해 북한 도서관 등에 기증하는 방안도 강구할 수 있을 것이다. 서독 정부는 동독 지역에 기증하는 도서가격의 40%를 부담했다. 셋째, 북한 측의 폐쇄적인 사회구조상 북한의 출판 실태에 관한 정보가 전무한 실정이다. 신간도서를 비롯한 출판정보의 유기적인 교환을 위해서는 ISBN을 공동으로 운영하는 방안도 논의해봄 직하다. 이를 바탕으로 주요 도서관의 장서목록을 상호교환할 수 있는 환경도 만들고, 나아가 대표 도서관끼리 상호교환 내지 대차제도를 운영하는 방안도 모색할 수 있을 것이다. 넷째, 인적 교류가 유발되는 출판물 생산협력 사업 및 기술전수 등이 이루어져야 하며 남북한의 자본과 기술, 노동력을 결합해 임가공 형식의 해외 출판물 제작수출 사업을 공동으로 추진할 수도 있을 것이다. 모스크바와 생 페테르부르크가 전체 출판량의 90% 이상을 차지하고 있는 러시아는 항공편을 이용해서 극동 지역에 도서를 공급하는 비중이 높아 막대한 물류비용 부담 때문에 고통받고 있다. 이를 해소할 수 있는 방법으로 북한에 우리의 인쇄설비를 이전하고 공동으로 러시아 출판물의 제작을 대행해 극동 지역 공급을 담당하는 사업개발을 검토해볼 수 있을 것이다. 다섯째, 국제도서전시회의 남북한 공동 부스 설치 운영이나 해외 개척용 도서의 공동개발 사업도 검토될 수 있다.

독일의 경우 출판 교류협력 사업이 통일을 촉진하는 '장벽 속의 구멍' 구실을 했을 뿐만 아니라, 통일 이후에는 "쌓여만 가던 재고도서가 통일 직후 다른 한쪽의 초과수요를 만나 소비자 시장이 공급자 시장을 초과하는 현상"이 빚어졌다고 독일의 출판인 한스 알텐하임(Hans Altenhein)은 증언하고 있다.[41] 그리하여 통일 직후 2년간은 두 자리 수의 매출신장을 이룩할 수 있었다. 이러한 현상은 동독 주민들이 책에 대한 갈증을 절실히 느끼고 있었기 때문에 나타난 통일효과일 것이다. 통일은 그만큼 중요하다. 우리에게도 통일은 2,400만명이나 되는 북한 주민을 일시에 새로운 출판시장으로 얻을 수 있는 기회가 된다. 이를 위해 ① 북한의 출판실태 파악, ② 독일 등 분단경험 국가에서 분단 당사자끼리 출판 교류협력 사업의 발전과정과 통합과정에서 경험했던 문제점 조사, ③ 통일지향적 남북 출판 교류협력 정책 개발추진, ④ 통일 이후 남북한 출판체제와 시장 통합작업계획 수립 등을 면밀하게 준비해야 한다.

### 지식정보 산업으로의 변신

통계청은 2007년 말 〈한국표준산업분류〉를 전면개정해 출판업을 재분류했다.(제9차 개정, 통계청 고시 2007-53호) 출판업은 표준산업분류를 제정(1963. 3. 1.)할 때부터 인쇄업과 함께 '제조업'으로 분류하고 있었는데 이번 개정에서는 '출판, 영상, 방송통신 및 정보 서비스업'을 하나로 묶어 대분류 항목을 신설, 독립시켰다.[42]

새로 설정된 대분류 '출판, 영상, 방송통신 및 정보 서비스업'은 출판업과 영상, 오디오 기록물 제작·배급업, 방송업, 통신업, 컴퓨터 프로그래밍, 시스템 통합 및 관리업, 정보 서비스업 등을 포함하고 있다.

이러한 표준산업분류의 변경은 출판산업의 기능과 역할이 바뀌고 있음을 강조하는 의미가 크다. 디지털 환경에 맞추어 출판업을 새롭게 인식, 정보미디어 산업의 하나로 인정한 것이다. 표준산업 분류를 제정한 지 50여 년 만에 처음으로 출판업을 인쇄업과

41  Habil S. Lokatis, ibid p. 17

42  〈한국표준산업분류〉(제9차 개정), 통계청, 2008, p. 703참조. 〈한국표준산업분류〉는 〈통계법〉에 따라 제정된 경제활동의 종류에 따른 산업분류의 표준으로, 모든 통계조사의 기준이 된다. 이번 개정을 통해 출판업의 위상은 중분류로 격상되었고, 소분류와 세분류 및 세세분류 항목도 구체적으로 세분화되었다. 출판업에는 기존 출판영역 이외의 프로그래밍(주문형)을 제외한 소프트웨어 출판(패키지형)을 포함시키고, 종전의 인쇄업과 기록매체 복제업은 제외했다. 그러나 서적출판업 가운데 가장 큰 비중을 차지하고 있는 일반도서(단행본)가 '58119 기타서적 출판업'으로 분류되는 등 비현실적인 부분의 조정, 보완이 요구되고 있다. 서적판매업은 서적, 잡지 및 신문도매업(46453)과 서적 및 잡지류 소매업(47611)으로 각각 분류하고 있다.

분리한 것은 이런 취지를 더욱 분명하게 표현한 것으로 이해할 수 있다.

경제, 사회, 기술, 정책환경 및 산업구조, 독자들의 의식과 라이프 스타일이 빠르게 변화하는 현대사회에서 출판산업은 바야흐로 철저한 자기혁신을 통해 출판의 개념과 양식을 새롭게 정립해야 하는 시대적 상황에 직면해 있다.

이러한 시대상황과 환경변화에 대응해 새로운 출판양식을 개발, 21세기에 적합한 가치를 창출해야 한다. 무엇보다 21세기 사회에 적합한 출판산업의 개념을 새로이 정립하고 출판 마케팅의 역량을 제고하는 일이 시급하고 긴요한 과제로 대두되고 있다.

역사적으로 볼 때 TV 등 새로운 매체의 등장은 항상 출판산업 발전을 촉진하는 계기가 되어왔다. 출판산업은 새로운 매체의 출현으로 변환된 지식·정보 생산과 활용양식에 맞는 체제를 개발해 스스로의 발전을 도모하면서 인간의 삶의 질을 향상시키고자 헌신해왔다.

예컨대, 교과서란 형태의 개발은 교육에 대한 가치이해와 관심증대, 교사들의 체계적인 훈련계기를 마련함으로써 어떠한 교육이론보다 대중교육을 실현하는 데 크게 공헌해왔다. 그리하여 결과적으로 출판시장의 규모를 확대하고 안정적인 발전을 이끌어내는 기회를 제공했다. 또 문고의 출현은 대량생산과 대량소비를 추구하던 산업사회에 적합한 출판양식이었다는 점에서 20세기 출판산업 구조혁신 성과 중에서 가장 '혁명적'인 업적으로 꼽힌다. 문고는 고속 인쇄기의 발명, 제지산업의 발전에 의한 용지생산량의 증대 등 당시의 산업역량을 결집한 최량의 출판 비즈니스 모델이었으며 독자들의 라이프 스타일에 맞는 출판양식이었다. 문고의 출현으로 출판의 기능도 매스미디어의 영역으로 진입할 수 있었다. 할부판매 제도의 도입도 새로운 수요를 적극적으로 개발

---

J. 출판, 영상, 방송통신 및 정보서비스업

| 중분류 | 소분류 | 세분류 | 세세분류 |
|---|---|---|---|
| 58 출판업 | 581 서적, 잡지 및 기타 인쇄물 출판업 | 5811 서적출판업 | 58111 교과서 및 학습서적 출판업 |
| | | | 58112 만화 출판업 |
| | | | 58119 기타서적 출판업 |
| | | 5812 신문, 잡지 및 정기간행물 출판업 | 58121 신문 발행업 |
| | | | 58122 잡지 및 정기간행물 발행업 |
| | | | 58123 정기 광고간행물 발행업 |
| | | 5819 기타 인쇄물 출판업 | 58190 기타 인쇄물 출판업 |

해 구매력 증대에 이바지했다. 자동식자기의 발명도 구텐베르크 이후 400년간 변화가 적었던 조판기술을 신속·저렴·용이하게 개선하는 효과를 가져왔다.

오늘날의 첨단 정보기술의 발달도 우리에게 새로운 길을 열어줄 것이 틀림없다. 21세기는 지식기반 정보시대다. 지식기반 정보시대란 정보가치의 창조성을 중시하는 사회이고 그 원천은 지식의 창조와 응용에 있다고 할 수 있다. 이런 지식기반의 정보사회를 이끌어가는 기본적인 매체인 책은 인류가 개발해 축적해온 가장 오래된 지혜의 결정체이며 소중한 문화적 자산이다.

21세기 지식기반 정보사회의 출판은 그 본질과 기능을 그대로 유지하면서 새로운 출판 비즈니스 모델을 개발해 새로운 수요를 창출하지 않으면 안 된다. 첨단 디지털 네트워크 기술을 효과적으로 활용해 변환된 가치체제가 요구하는 출판의 사회적 역량을 발휘하고 현대인의 정보적 라이프 스타일을 리드해가며 출판의 부흥을 꾀해야 한다.

그러기 위해서는 출판 관계자들만 아니라 경제학, 경영학, 사회학, 심리학 등 다양한 학문 분야를 비롯해 과학 기술자와 광고 전문가의 경험과 아이디어를 폭넓게 활용하고 새로운 발상, 다양한 의견, 참신한 접근방법으로 출판의 이미지를 신선하게 바꾸는 일에서부터 차세대 젊은이들에게 매력적인 미디어로 어필할 수 있는 전략을 마련해야 한다.

우리 출판산업은 단기간에 급성장했지만 성숙기에 접어든 이제는 새로운 성장동력을 찾아야 한다. 새로운 패러다임을 개발해 성장을 지속할 수 있는 길을 모색하는 일이야말로 21세기 우리 출판산업이 당면한 최대의 과제다.

현대 우리 출판산업의 역사는 그 자체가 변화와 혁신의 역사였다.

거듭 되풀이하거니와 지난 70년 동안 우리는 열과 성을 다하여 우리 출판의 위상을 세계 10위권으로 끌어올리는 빛나는 역사를 창조했다. 그야말로 위업을 이룬 것이다. 이제부터 우리는 앞으로 70년을 이끌어가야 한다. 그 책임감으로 디지털과 네트워크를 기반으로 하는 세계화 시대의 새로운 역사를 써나가야 한다.

출판환경 변화에 비상(非常)하게 대응해온 것이 우리 출판산업이 오늘 이만큼 성장할 수 있었던 성공요인이었다. 우리가 정말로 관심을 가져야 하는 것은 역사에서 배워

510

야 한다. 역사는 정체성의 원천이며 미래를 위한 전략을 개발하는 힘이 된다. 거듭 되풀이 하거니와 지난 70년 동안 우리는 열과 성을 다하여 우리 출판의 위상을 세계 10위권으로 끌어올리는 빛나는 역사를 창조했다. 그야말로 위업을 이룬 것이다. 이제부터 우리는 앞으로 70년을 이끌어가야 한다. 그 책임감으로 디지털과 네트워크를 기반으로 하는 세계화시대의 새로운 역사를 써나가야 한다.

과거에 어떠한 방식으로 혁신했는가를 알면 지금 달라진 환경에서 어떻게 혁신을 시도해야 하는지에 대한 지혜와 용기를 얻을 수 있기 때문이다. 하버드대학의 경제사학자 데이비드 랜즈(David S. Landes)는《국가의 부와 빈곤》에서 "국가발전에 필수적인 것은 자원도 아니고 자본도 아니다. 미지의 세계에 도전하는 모험정신과 경영능력"이라고 말했다. "문화가 모든 것을 만든다"는 점을 강조하는 그가 말하고 싶었던 것은 '도전하는 모험정신'이었다. 지금 우리에게 부족한 것은 바로 그것이다. 미지의 시장을 개척하는 창의력과 대담한 미래혁신 전략은 역사 속에 있음을 다시 한 번 강조한다.

## 도표 차례

# 참고문헌

## 연구논저

계훈모 편, 《한국언론연표(Ⅰ, Ⅱ, Ⅲ, 색인)》(1881~1955), 관훈클럽신영연구기금, 1993(*색인의 편자는 정진석)

고정일, 《한국출판100년을 찾아서—한국근현대출판문화사》, 정음사, 2012

국립도서관, 《韓國書目》, 국립중앙도서관, 1964

김균 외, 〈고령화시대 노인층의 미디어 이용행태 및 지원방안 연구〉, 한국언론진흥재단, 2011

김세익 외, 《세계의 출판》, 한국언론연구원, 1991

김성재, 《출판의 이론과 실제》(제8판), 일지사, 2004

김성재, 《김성재 출판론—출판현장의 이모저모》, 일지사, 1999

김언호, 《출판운동의 상황과 논리》, 한길사, 1984

김영기, 《공공도서관 장서를 통해 본 한국사회 지식의 흐름》, 한울, 1999

김영수·김은정, 〈글로벌 엔터테인먼트 & 미디어산업 현황분석 및 전망〉, 《KOCCA포커스》(통권 42호), 한국콘텐츠진흥원, 2011. 11.

김용직, 《해방기 한국시문학사》, 민음사, 1989

김적교, 《한국의 경제발전》, 박영사, 2012

김중한, 《마을문고 운영과 이용자에 관한 연구》, 마을문고본부, 1978

김혜숙, 〈1980년대 한국출판의 유통에 관한 연구〉, 중앙대 신문방송대학원 석사학위 논문, 1993

노병성, 〈1980년대 한국출판산업의 산업구조론적 특성에 관한 연구〉, 서강대 대학원 박사학위 논문, 1992

대한출판문화협회, 《한국출판연감》(1963~2013), 대한출판문화협회, 각 연도판

대한출판문화협회 편, 《도서와 국가발전—국제회의 보고서》, 대한출판문화협회, 1968

대한출판문화협회, 《출판백서》, 대한출판문화협회, 1970. 12.

대한출판문화협회 편, 〈ISBN·POS 제도 토론회 주제발표집〉, 대한출판문화협회, 1991. 11.

문화체육관광부, 〈2010 독서문화진흥에 관한 연차보고서〉, 문화체육관광부, 2010

문화체육관광부, 〈2010 저작권백서〉, 문화체육관광부, 2010

문화체육관광부, 〈출판정책자료집〉(1991~1997), 문화체육관광부, 각 연도판

미군정청, 《미군정법령집》 내무부, 1956

민주주의민족전선 사무국 편, 《조선해방연보》, 문우인서관, 1946

백운관·부길만, 《한국출판문화변천사》, 타래, 1992

백원근, 〈출판·독서문화 30년 1~12〉, 《사람과 책》(2010. 1~12), 교보문고, 2010

백원근 외, 〈출판시장 사재기 실태 및 개선방안 연구〉, 문화체육관광부, 2008

백원근 외, 〈출판수출지원센터 설립방안 연구〉, 문화체육관광부, 2009

부길만, 《한국출판의 흐름과 과제》, 한국학술정보, 2007

손상익, 《한국만화통사》, 시공사, 1999

신인섭, 《한국광고사》, 나남출판, 1986

안춘근, 《한국출판문화론》, 범우사, 1981

안춘근, 《한국출판문화사대요》, 청림출판, 1987

오영식, 《해방기 간행도서 총목록—1945~1950》, 소명출판, 2009

유선영 외, 《한국의 미디어사회문화사》, 한국언론재단, 2007

윤금선, 《우리 책읽기의 역사 1~2》, 월인, 2009

윤길수 편, 《윤길수 책—한국근현대도서목록 1895~2010》, 도서출판b, 2011

윤세민 외, 〈잡지산업의 국제화를 위한 정책적 지원방안 연구〉, 한국언론진흥재단, 2012

윤형두, 《出版物流通論》, 범우사, 1994

윤형두, 《한국출판의 허와 실》, 범우사, 2002

이경훈, 《책은 만인의 것(정·속)》, 보성사, 1983, 1993

이기성, 《전자출판》, 영진출판사, 1988

이대근, 《현대한국 경제론—고도성장의 동력을 찾아서》, 한울, 2008

이대근 외, 《새로운 한국 경제발전사—조선후기에서 20세기 고도성장까지》, 나남출판, 2005

이두영, 《歐美의 出版流通》, 대한출판문화협회, 1982

이두영, 《출판상황론》, 청한, 1989

이두영, 《정보네트워크형 출판유통시스템 구축방안 연구》, 한국출판연구소, 1992

이두영, 《출판유통론》, 청한, 1993

이두영 외, 〈한국문헌번호제도의 발전방안에 관한 연구〉, 국립중앙도서관, 1998

이두영 외, 〈한국출판유통정보화의 전략적 접근〉, 《제8회 정기학술대회, 한국출판유통정보화의
    현황과 발전방향》, 한국출판학회, 1999

이두영 외, 〈출판유통정보시스템 구축 기본 계획〉, 대한출판문화협회, 2000

이두영 역, 《정보화시대의 출판마케팅 전략》, 예영커뮤니케이션, 1999

이두영·신종락, 〈서점학교 개설 운영방안에 관한 연구〉, 한국서점조합연합회, 2006

이두영·신종락·김기태·김종수, 《서점의 출판유통》, 한국서점조합연합회, 2007

이명희, 〈한국 전시출판상황에 관한 연구〉, 중앙대 신문방송대학원 석사학위 논문, 1994

이 연 외, 〈잡지산업 활성화 방안 연구〉, 한국언론진흥재단, 2011

이용걸, 〈우리나라 출판문화행정의 역사적 고찰〉, 서울대 대학원 석사학위 논문, 1988

이은민, 〈전자책 산업의 시장동향과 사업자 전략〉, 《방송통신정책》(제23권 21호), 정보통신정책
    연구원, 2011. 11.

이임자, 《한국출판과 베스트셀러》, 경인문화사, 1992

이종국, 《한국의 교과서》, 대한교과서(주), 1991

이종국, 《한국의 교과서 출판 변천 연구》, 일신사, 2001

이종국, 《한국의 교과서 변천사》, 대한교과서, 2008

이종국, 《출판연구와 출판평설》, 일진사, 2006

이종묵 외, 〈해외 한국학 사서 워크숍〉, 서울대 규장각한국학연구원, 2009

이주영, 〈전자책 시장현황 및 전망과 도서출판시장의 가치사슬 구조변화〉, 《방송통신정책》(제
    26권 8호), 정보통신정책연구원, 2014. 5.

이중연, 《책, 사슬에서 풀리다》, 혜안, 2006

이중한, 이두영, 양문길, 양평, 《우리 출판 100년》, 현암사, 2001

이한국 편, 《4290 출판연감》, 대한출판연감사, 1957

이헌창, 《한국 경제통사》(제4판), 해남, 2011

조대형, 〈미군정기의 출판연구〉, 중앙대 신문방송대학원 석사학위 논문, 1984

조사분석팀, 〈2011 잡지산업 실태조사〉, 한국언론진흥재단, 2012

조상원, 《삶에 이르는 삶》, 현암사, 1989

조상호,《한국언론과 출판저널리즘》, 나남출판, 1999

조선출판문화협회,《出版大鑑》, 조선출판문화협회, 1949

조선통신사,《朝鮮年鑑》(1947, 1948年版), 조선통신사, 작년판

조성출,《韓國印刷出版 百年》, 보진재, 1997

최덕교,〈30대 청년 김익달 어른〉,《학원밀알》(통권 18호), 학원밀알장학재단, 2005

최덕교,《한국잡지백년》(전3권), 현암사, 2004

출판도시문화재단 편,《혁신과 새로운 수요창출—파주북시티 국제출판포럼 2006 보고서》(재)
　　　출판도시문화재단, 2006

출판유통진흥원,《한국의 출판유통—실태조사 및 발전방안 연구》, 출판유통진흥원, 2004

출판유통진흥원,〈디지털 변환기 국제출판계의 대응전략〉(2012 국제출판전문가 초청 Book
　　　Business Conference 주제집), 출판유통진흥원, 2012

편찬위원회 편,《한국 경제60년사》(전5권), 한국개발연구원, 2010

편찬위원회 편,《한국의 언론》(제1집), 문화공보부, 1968

홍웅선,《한국의 교과서 변천사》, 한국교육개발원, 1982

한국생산성본부,〈출판물대형유통기구 설립에 관한 조사연구 보고서〉, 대한출판문화협회, 1979

한국2종교과서협회,《교과서 개선연구》, 한국2종교과서협회, 1981

한국잡지협회 편,《한국잡지총람》(1982, 1989, 1994, 2005, 2010년판), 한국잡지협회, 각 연
　　　도판

한국잡지협회 편,《한국잡지100년》, 한국잡지협회, 1995

한국저작권단체연합회 저작권보호센터 편,《2010 저작권 보호 연차 보고서》, 한국저작권단체연
　　　합회 저작권보호센터, 2010

한국출판문화운동사 편찬위원회,《한국출판문화운동사—1970년대말~1990년대초》, 한국출판
　　　문화운동동우회, 2007

한국출판연구소,《국민독서실태조사 ; 1993~2011》, 한국출판연구소, 각 연도판

한국출판인회의,〈출판시장 사재기 실태 및 개선방안 연구〉, 문화체육관광부, 2008

한국출판인회의,〈도서유통 판매채널별 현황 실태조사 연구보고서〉, 한국출판인회의, 2012

한국출판학회 편,《한국출판산업사》, 한울, 2012

한기호,《베스트셀러 30년》, 교보문고, 2011

한만년, 《일업일생》(개정판), 일조각, 1994

한승헌, 《권력과 필화》, 문학동네, 2013

한창완, 《한국만화산업연구》, 글논그림밭, 1995

허강 외, 《한국의 검인정교과서 변천에 관한 연구》, 한국교과서연구재단, 2002

허강, 《한국의 검인정교과서》, 일진사, 2004

허강, 《한국의 교육과정·교과서연표》, 일진사, 2010

Rob Francis, *PA Market Report Republic of Korea*, London : The Publishers Association, 2012


## 단체·사사

계몽사 편, 《계몽사 40년》, 계몽사, 1988

교보문고, 《교보문고 30년》, 교보문고, 2010

국정교과서(주), 《국정교과서 35년사》, 국정교과서(주), 1987

나남 편집부, 《아름다운 사람들과 함께 한 나남출판 4반세기》, 나남, 2004

대한교과서, 《대한교과서사 1948~1983)》, 대한교과서(주), 1988

대한교과서, 《대한교과서사 1948~1998)》, 대한교과서(주), 1998

대한인쇄문화협회, 《인협 40년사》, 대한인쇄문화협회, 1988

대한출판문화협회, 《대한출판문화협회 25년사》, 대한출판문화협회, 1972

대한출판문화협회, 《대한출판문화협회 30년사》, 대한출판문화협회, 1977

대한출판문화협회, 《대한출판문화협회 40년사》, 대한출판문화협회, 1987

대한출판문화협회, 《대한출판문화협회 50년사》, 대한출판문화협회, 1997

대한출판문화협회, 《대한출판문화협회 60주년 기념 10년사》, 대한출판문화협회, 2007

문학과 지성사 편, 《문학과 지성사 40년》, 문학과 지성사, 2005

박영사 40년사 편찬위원회, 《박영사 40년사》, 박영사, 1993

박영사 50년사 편찬위원회, 《박영사 50년사》, 박영사, 2003

보진재, 《보진재 70년사》, 보진재, 1982

사간회, 《준공30주년 기념 출판문화회관 건립사》, 사간회, 2005

사간회, 《사간회 30년사》, 대한출판문화협회, 2011

YBM,《영어사랑 50년 YBM 50년사—1961~2011》, YBM, 2011

웅진출판사,《웅진10년사》, 웅진출판사, 1991

웅진출판사,《아름다운 사람들》, 웅진출판사, 2000

을유문화사,《乙酉文化社 50年史》, 을유문화사, 1997

을유문화사,《을유문화사 출판 60년 : 1945~2005》, 을유문화사, 2005

편집부 편,《열화당 예술출판 40년의 기록—아름다운 영혼을 가진 예술을 위해》, 열화당, 2011

편찬위원회 편,《새마을문고운동 40년사》, 새마을문고중앙회, 2000

편찬위원회 편,《한국잡지협회 45년사》, 한국잡지협회, 1997

편찬위원회 편,《한국잡지협회 60년사》, 한국잡지협회, 2012

한국간행물윤리위원회,《刊行物倫理30年》, 한국간행물윤리위원회, 2000

한국기독교출판협회,《한국기독교출판협회 30년사》, (사)한국기독교출판협회, 2002

한국출판문화진흥재단,《한국출판문화진흥재단 40년사》, 한국출판문화진흥재단, 2010

한국출판인회의,《한국출판인회의 10년 : 우리 모두는 깃발이다》, 한국출판인회의, 2008

한국출판협동조합,《한국출판협동조합 35년사》, 한국출판협동조합, 1993

## 회고록 · 출판인론

김광수,《牧汀 金光洙 回顧錄, 나의 뜻, 나의 길》, 대한교과서(주), 2005

김상문,《출판황제 김상문 빈손으로 와서 빈손으로 간다》, 상문각, 1992

김시필,《老益壯》, 정문사, 1988

나춘호,《뜻이 있으면 길이 있다》, 해여림, 2005

류형기,《은총의 팔십오년 회상기》, 한국기독교문화원, 1983

민영빈,《영어강국 KOREA를 키운 3·8따라지—영어를 경영한 CEO 이야기》, YBM SISA, 2004

박맹호,《박맹호 자서전 책》, 민음사, 2012

신현득 외,《계몽사 김원대 회장 이야기—책으로 산을 만든 할아버지》, 소년한국일보, 1994

유기정,《나의 꿈, 더불어 잘 사는 사회》(재판), ㈜삼화출판사, 2006

윤광모,《대학생 장사꾼》, 일신사, 2008

윤형두,《한 출판인의 자화상》, 범우사, 2013

은석 정진숙 고문 고희기념출판기념회,《出版人 鄭鎭肅》, 대한출판문화협회, 1983

우촌 이종익 추모문집간행위원회 편,《出版과 敎育에 바친 열정》, 우촌기념사업회, 1992

우촌기념사업회,《于村 李鍾翊》, 신구대학, 2000

우촌기념사업회,《우촌과 함께한 시간들》, 신구대학, 2010

이겸로,《책방비화》, 민학회, 1987

이기웅,《출판도시를 향한 책의 여정—출판인 李起雄의 '册과 文化'이야기》, 출판도시문화재단,
   2012

이대의,《나와 검인정교과서》, 중앙출판공사, 2002

장준하,《사상계지 수난사》(張俊河文集 3), 사상, 1985

정진숙,《출판인 정진숙》, 을유문화사, 2007

조상원,《책과 삼십년》, 현암사, 1974

추모문집간행회,《현암 조상원》, 현암사, 2001

최한웅,《庸軒雜記》, 동명사, 1986

편집부 편,《출판인 전병석 프로필》, 문예출판사, 2015

학원 김익달 전기간행위원회,《학원세대와 김익달》, 민주일보·학원사, 1990

한만년,《一業一生》, 일조각, 1984

한상하,《韓相夏 回顧錄》, 경인문화사, 2002

화갑기념송사집발간회 편,《歲月도 江山도—崔暎海先生 華甲紀念頌辭集》, 정음사, 1974

황종수,《나의 出版小話》, 보성사, 1990


**정기간행물**

주간《독서신문》

주간《도서신문》

격주간《출판저널》

월간《서점신문》

월간《책과 인생》

월간《출판문화》

# 부록

## 베스트셀러 목록(1945~2010)

〈일러두기〉

① 이 목록은 대한출판문화협회가 두 번에 걸쳐 개최한 서울국제도서전시회 특별기획전 '베스트셀러 : 해방 이후~1980'(1984)과 '다시 보고 싶은 베스트셀러 100년 : 1895~2002'(2003)을 통해 정리한 2개의 목록을 기본으로 다음과 같은 자료와 언론보도를 참고하여 필자가 수정·보완한 것이다.

▷ 梁 平,《베스트셀러 이야기》, 우석출판사, 1985

▷ 李稔子,《한국 출판과 베스트셀러》, 경인문화사, 1998

▷ 교보문고,《교보문고 30년사―연도별 종합 베스트셀러》, 교보문고, 2011

② 베스트셀러 목록이라고 하지만 정확한 판매부수에 근거한 것은 아니다. 그런 점에서 신빙성이 매우 낮은 문제점이 없지 않지만 우리 출판역사의 발자취를 남긴 '화제의 책'들이었음은 분명하다. 따라서 베스트셀러의 순위대로 수록하지는 않았으며, 연도별로 베스트셀러의 수도 같지 않다. 분책이나 전집 등의 다권본(多卷本) 등 같은 책이 2년 이상 연속해서 베스트셀러 순위에 올랐을 경우에는 첫해에만 목록을 수록했다.

③ 필자가 조사한 바에 의하면, 우리나라에서 우리 책의 '베스트셀러'에 관한 기사가 언론에 등장한 것은 1959년 10월 21일,《朝鮮日報》의 '출판계를 해부한다'라는 제목의 기사가 처음이다. 그리고 공식적인 베스트셀러 조사는 1962년 7월 '한국사회통계센터'가 전국 50개 서점(서울 30개, 지방 20개)에서 그해 상반기 판매부수를 조사하여 소설, 비소설, 아동도서, 잡지, 전집별로 각각 10종씩 집계 발표(전집은 3종)한 것이 효시이다. 69년 10월부터는 주간 단위로 집계되기 시작하면서 베스트셀러가 사회적 관심의 대상으로 부상한다.

④ 향기가 있는 책은 역사와 함께 숨을 쉰다. 베스트셀러는 당시 우리 사회와 시대의 문화적 집단 심리를 투영하는 것이므로, 그 시대 사람들의 내면을 이해하는 단초가 된다는 점에서 또 하나의 출판역사이다. 그런 의미에서 이제부터는 더욱 과학적인 방법으로 판매부수까지 집계, 공표될 필요가 있다.

| 연도 | 제목 | 저자·역자·편자 | 출판사 |
|------|------|----------------|--------|
| 1945 | 우리말본 (1928년 발행) | 최현배 | 정음사 |
| | 유랑 | 이광수 | 홍문서관 |
| 1946 | 신판 조선역사 | 최남선 | 삼중당 |
| | 조선역사 | 김성칠 | 조선금융조합연합회 |
| | 삼일기념시집 | 조선문학가동맹시부 편 | 건설출판사 |
| 1947 | 도산 안창호 | 이광수 | 태극서관 |
| | 진주탑 | 김래성 | 백조사 |
| | 백범일지 | 김 구 | 국사원 |
| | 조선말큰사전 | 한글학회 | 을유문화사 |
| | 무녀도 | 김동리 | 을유문화사 |
| 1948 | 고난의 90일 | 유진오 외 | 수도문화사 |
| | 귀촉도 | 서정주 | 선문사 |
| | 초적 | 김상옥 | 수향서헌 |
| | 인생예찬 | 김진섭 | 동방문화사 |
| | 나는 자유를 선택했다(상·하) | 크라브첸코/이원식 역 | 국제문화협회 |
| 1949 | 조선신문학사조사 | 백 철 | 백양당 |
| 1950 | 김삿갓 방랑기 | 김용제 | 문예서림 |
| 1951 | 내가 넘은 삼팔선 | 후지와라 데이/정광현 역 | 수도문화사 |
| | 렌의 애가 | 모윤숙 | 청구문화사 |
| 1952 | 마이동풍첩 | 김소운 | 고려서적 |
| | 마도의 향불 | 방인근 | 삼중당 |
| | 시집 풀잎단장 | 조지훈 | 창조사 |
| 1953 | 난중일기 | 이순신/설의식 편역 | 수도문화사 |
| 1954 | 자유부인(상·하) | 정비석 | 정음사 |
| | 제3인간형 | 안수길 | 을유문화사 |
| | 청춘극장 | 김래성 | 청운사 |
| | 카인의 후예 | 황순원 | 중앙문화사 |
| | 고가연구 | 양주동 | 박문출판사 |
| | 영어구문론 | 유 진 | 경문사 |
| | 국사대관 | 이병도 | 보문각 |
| | 얄개전 | 조흔파 | 학원사 |
| 1955 | 보리피리 | 한하운 | 인간사 |
| | 사랑이 가기 전에 | 조병화 | 정음사 |
| | 생명의 서 | 유치환 | 영웅출판사 |
| | 사랑손님과 어머니 | 주요섭 | 을유문화사 |
| 1956 | 낙화암 | 장덕조 | 신태양사 |
| | 벙어리냉가슴 | 이희승 | 일조각 |
| | 홍길동전(상·하) | 정비석 | 대양출판사 |

| | 헌법강의(상) | 유진오 | 일조각 |
|---|---|---|---|
| 1957 | 실낙원의 별(전·후편) | 김래성 | 정음사 |
| | 생명 | 김말봉 | 동인문화사 |
| | 생활인의 철학 | 김진섭 | 덕흥서림 |
| | 학 | 황순원 | 중앙문화사 |
| 1958 | 의사 지바고 | 보리스 파스테르나크/<br>박남중 역 | 여원사 |
| | 초혼 | 김소월 | 박영사 |
| | 고금소총 | 조영암 역 | 신양사 |
| 1959 | 구름은 흘러도 | 야마모도 스에코/유주현 역 | 신태양사 |
| | 마음의 샘터 | 최요안 | 삼중당 |
| | 못잊어 | 김소월 | 박영사 |
| | 비극은 없다 | 홍성유 | 신태양사 |
| | 한국사(전7권) | 진단학회 | 을유문화사 |
| | 고독이라는 병 | 김형석 | 삼중당 |
| 1960 | 인간의 조건 | 고미카와 준베이/이정윤 역 | 아리랑사 |
| | 흑막 | 편집부 | 신태양사 |
| | 지성의 오솔길 | 이어령 | 동양출판사 |
| 1960 | 만가 | 원전강자/임옥인 역 | 신태양사 |
| 1961 | 광장 | 최인훈 | 정향사 |
| 1961 | 내가 설 땅은 어디냐 | 허근욱 | 신태양사 |
| 1962 | 가정교사 | 이시자카 요지로/이시철 역 | 문광사 |
| | 금병매 | 김용제 역 | 정음사 |
| | 드리나강의 다리 | 이보 안드리치/<br>문일영·최종수 역 | 정향사 |
| | 조국에의 망명 | 레온 유리스/문일영 역 | 정향사 |
| | 나는 이렇게 보았다 | 오다 다카라/인태성 역 | 휘문출판사 |
| | 나자와 사자 | 노만 메일러/안동림 역 | 문학사 |
| | 너와 나 | 김광주 | 구문사 |
| | 사색인의 향연 | 안병욱 | 삼중당 |
| | 생활영어 | 로버트 박 | 대양출판사 |
| | 세계일주 무전여행기 | 김찬삼 | 어문각 |
| | 심야의 해바라기 | 최신해 | 정음사 |
| | 영원과 사랑의 대화 | 김형석 | 삼중당 |
| | 청춘을 불사르고 | 김일엽 | 문선각 |
| | 이동도서 세계명작문고 | | 학원사 |
| | 재미있는 자연이야기 | 편집부 편 | 어문각 |
| | 어린이 세계문학독본 | 강소천 편 | 계문사 |
| | 세계위인문고 | | 학원사 |

524

| | | | |
|---|---|---|---|
| | 이광수전집(전10권) | 이광수 | 삼중당 |
| | 세계문학전집(전기30권) | | 정음사 |
| | 현대인강좌(전7권) | 편찬위원회 편 | 박우사 |
| 1963 | 가시내 선생 | 추 식 | 어문각 |
| | 가을에 온 여인 | 박경리 | 신태양사 |
| | 구멍 뚫린 인간진리 | 미시마 유키오/윤상근 역 | 휘문출판사 |
| | 김약국의 딸들 | 박경리 | 을유문화사 |
| | 남풍 | 손소희 | 을유문화사 |
| | 노을진 들녘 | 박경리 | 신태양사 |
| | 불만의 겨울 | 존 스타인벡/이종구 외 역 | 어문각 |
| | 비 속으로 사라지다 | 이시자카 요지로/최금숙 역 | 휘문출판사 |
| | 앤(앤의 청춘) | L. 몽고메리/신지식 역 | 대동당 |
| | 정년퇴직 | 겐지 게이따/나병하 역 | 휘문출판사 |
| | 정협지(전3권) | 김광주 | 신태양사 |
| | 청춘교실 | 이시자카 요지로/이시철 역 | 문광사 |
| | 호밀밭의 파수꾼 | J. 샐린저/유경환 역 | 평화출판사 |
| | 무정한 바람아 이 불을 끄지 말아다오 | 기도레이/김사원 역 | 휘문출판사 |
| | 문고판 인생 | 최신해 | 정음사 |
| | 사랑과 영원의 대화 | 김형석 | 삼중당 |
| | 완전한 성생활 | 나래바야시 야스시/이용호 역 | 백조출판사 |
| | 웨스트 사이드 스토리 | 어빙 슐만/한준석 역 | 어문각 |
| | 흰벽 검은벽 | 허근욱 | 휘문출판사 |
| 1964 | 순교자 | 김은국 | 삼중당 |
| | 운명도 허무도 아니라는 이야기 | 김형석 | 삼중당 |
| 1965 | 목소리만이라도 들려다오 | 조병옥 | 휘문출판사 |
| | 저 하늘에도 슬픔이 | 이윤복 | 신태양사 |
| | 푸른 하늘에 침을 뱉어라 | 김종수 | 문영각 |
| | 하늘을 보고 땅을 보고 | 양수정 | 휘문출판사 |
| | 흙 속에 저 바람 속에 | 이어령 | 현암사 |
| | 007시리즈 | 이언 플레밍/최형식 역 | 한양출판사 |
| | 시장과 전장 | 박경리 | 현암사 |
| | 파시 | 박경리 | 현암사 |
| 1966 | D데이의 병촌 | 홍성원 | 창우사 |
| | 냉혈 | 트루먼 카포트/문창순 역 | 어문각 |
| | 대원군(전3권) | 유주현 | 삼성출판사 |
| | 빙점 | 미우라 아야코/이시철 역 | 한국정경사 |
| | 서울 1964년 겨울 | 김승옥 | 창우사 |
| | 원죄 | 미우라 아야코/강혜연 역 | 한일출판사 |
| | 이성계 | 김성환 | 지문각 |

| | | | |
|---|---|---|---|
| | 말 | 사르트르/김붕구 역 | 지문각 |
| | 그리고 아무 말도 하지 않았다 | 전혜린 | 동아PR연구소출판부 |
| | 마음의 창이 열릴 때 | A. 린드버그/정봉화 역 | 정음사 |
| | 바람이 불어오는 곳 | 이어령 | 문학사상사 |
| | 부르지 못한 노래 | 고정훈 | 홍익출판사 |
| | 영년 구멍과 뱀의 대화 | 박승훈 | 동화출판사 |
| | 영시의 횃불 | 김종신 | 한림출판사 |
| | 영점하의 새끼들 | 박승훈 | 홍익출판사 |
| | 재클린의 추억 | 재크 파슈만/문윤자 역 | 국제문화사 |
| | 절망은 없다 | 문화방송국 편 | 정향사 |
| 1967 | 데미안 | 헤르만 헤세/김요섭 역 | 문예출판사 |
| | 약혼녀 | 조셉 아그논/박여원 역 | 동서문화원 |
| | 조선총독부(전5권) | 유주현 | 신태양사 |
| | 귀여운 여인 | 안톤 체호프/김학수 역 | 문예출판사 |
| | 머무르고 싶었던 순간들 | 박계형 | 신아출판사 |
| | 하나의 나뭇잎이 흔들릴 때 | 이어령 | 현암사 |
| | 전설따라 삼천리 | 문화방송국 편 | 동서문화원 |
| | 사랑이 있는 기나긴 대화 | B. 러셀/정병조 역 | 휘문출판사 |
| | 사랑하였으므로 행복하였네라 | 유치환 | 중앙출판공사 |
| 1968 | 분례기 | 방영웅 | 홍익출판사 |
| | 석녀 | 정연희 | 문예사 |
| | 비호(전5권) | 김광주 | 동화출판공사 |
| | 설국 | 가와바타 야스나리/김용제 역 | 동민문화사 |
| 1969 | 성(城) | 프란츠 카프카/김정진 역 | 삼중당 |
| | 부부들 | 존 업다이크/장왕록 역 | 삼중당 |
| | 마음의 파수꾼 | F. 사강/오증자 역 | 창조사 |
| | 벽속의 여자 | 최의선 | 삼애사 |
| | 석녀 | 정연희 | 문예사 |
| | 우수의 사냥꾼 | 이어령 | 동화출판공사 |
| | 손자병법 | 손 무·남만성 역 | 현암사 |
| | 이런 간부는 사표를 써라 | 야마요시 다케루/ 한국능률협회 역 | 삼신서적 |
| | 에세이 공자 | 임어당/민병삼 역 | 현암사 |
| 1970 | 숲속엔 그대 향기가 | 강신재 | 대문출판사 |
| | 찬 물속의 한줄기 햇빛 | F. 사강/이 환 역 | 세종출판공사 |
| | 빼앗긴 이름 | 김은국/도정일 역 | 시사영어사 |
| | 고도를 기다리며 | S. 베케트/홍복유 역 | 문예출판사 |
| | 아름다운 창조 | 안병욱 | 삼육출판사 |
| | 우리를 슬프게 하는 것들 | 고 은 | 창조사 |

| | | | |
|---|---|---|---|
| | 이렇게 살 때가 아니다 | 김용기 | 창조사 |
| | 케네디가의 여인들 | 펄벅/정연희 역 | 성음사 |
| | 수평적 사고 | 드 보노/한국능률협회 역 | 한국능률협회 |
| | 젊은이여 인생을 이야기하자 | 앙드레 모로아/김우정 역 | 문신출판사 |
| | 한국인 | 윤태림 | 현암사 |
| 1971 | 고죄(告罪) | 정연희 | 중앙출판공사 |
| | 젊은 느티나무 | 강신재 | 대문출판사 |
| | 이반 데니소비치의 하루 | A. 솔제니친/이동현 역 | 문예출판사 |
| | 러브 스토리 | 에릭 시걸/차경아 역 | 문예출판사 |
| | 독일인의 사랑 | 막스 뮐러/황보석 역 | 문예출판사 |
| | 파도 | 강신재 | 대문출판사 |
| | 생의 한가운데 | 루이제 린저/전혜린 역 | 문예출판사 |
| | 네 영혼이 고독하거든 | 안병욱 | 중앙출판공사 |
| | 더함 없는 빛과 노래 | 김남조 | 서문당 |
| | 미래의 충격 | A. 토플러/한국생산성본부 역 | 한국생산성본부 |
| | 돌베개 | 장준하 | 사상사 |
| | 희망의 회고록 | 드골/양동칠 역 | 창지사 |
| | 현대사상 | 안병욱 | 삼육출판사 |
| 1972 | 목녀(木女) | 최의선 | 서정출판사 |
| | 고독한 사춘기 | 박계형 | 노벨문화사 |
| | 일요일의 손님들 | 정연희 | 인문출판사 |
| | 망향 | 선우휘 | 일지사 |
| | 관부연락선 | 이병주 | 신구문화사 |
| | 감과 겨울과 한국인 | 박대인 | 범서출판사 |
| | 다듬이질하는 여인 | 이회성/이호철 역 | 정음사 |
| | 세계의 나그네 | 김찬삼 | 삼중당 |
| | 현대인의 잃어버린 것들 | 이어령 | 서문당 |
| | 너와 나의 만남 | 안병욱 | 삼육출판사 |
| | 여럿이서 혼자서 | 김남조 | 서문당 |
| | 무엇을 위해 살 것인가 | B. 러셀/최혁순 역 | 문예출판사 |
| | 토인비와의 대화 | A. 토인비/최혁순 역 | 범우사 |
| 1973 | 어린 왕자 | 생텍쥐페리/김 현 역 | 문예출판사 |
| | 갈매기의 꿈 | 리처드 바크/이덕희 역 | 문예출판사 |
| | 움직이는 성 | 황순원 | 삼중당 |
| | 소문의 벽 | 이청준 | 민음사 |
| | 광장 | 최인훈 | 신흥출판사 |
| | 별을 보여드립니다 | 이청준 | 일지사 |
| | 하얀길 | 신지식 | 성바오로출판사 |
| | 사슴과 고독의 대화 | 노천명 | 서문당 |

| | 별들의 고향 | 최인호 | 예문관 |
|---|---|---|---|
| | 한밤중의 한 시간 | 헤르만 헤세/김주연 역 | 범서출판사 |
| | 한마디 말의 마지막 의미 | 김소운 외 | 동화출판공사 |
| | 적극적 사고방식 | 노먼 피일/정봉화 역 | 정음사 |
| 1974 | 어린 왕자 | 생텍쥐페리/김 현 역 | 문예출판사 |
| | 객지 | 황석영 | 창작과비평사 |
| | 인간의 대지 | 생텍쥐페리/민희식 역 | 문학출판사 |
| | 아메리카 | 조해일 | 민음사 |
| | 초식 | 이제하 | 민음사 |
| | 진아의 편지 | 구혜영 | 창원사 |
| | 아들이여 이 산하를 | 이어령 | 범서출판사 |
| | 세계시인선 | 엘리어트 외/황동규 외 역 | 민음사 |
| | 수용소군도 | A. 솔제니친/김학수 | 한얼문고 |
| | 행복의 정복 | B. 러셀/황문수 역 | 문예출판사 |
| | 한밤중의 한 시간 | 헤르만 헤세/김주연 역 | 범서출판사 |
| | 나와 너 | 마틴 부버/김천배 역 | 대한기독교서회 |
| | 퀴즈백과 | 홍윤기 | 창원사 |
| | 고독한 당신을 위하여 | 루이제 린저/곽복록 역 | 범우사 |
| | 흐르지 않는 세월 | 김태길 | 수필문학사 |
| 1975 | 위기의 여자 | 시몬 드 보브아르/오증자 역 | 정우사 |
| 1976 | 당신들의 천국 | 이청준 | 문학과지성사 |
| | 무소유 | 법정 | 범우사 |
| | 대통령의 웃음 | 김동길 | 정우사 |
| | 링컨의 일생 | 김동길 | 샘터사 |
| | 코메리칸의 낮과 밤 | 김용태 | 한진출판사 |
| | 워싱턴 특파원 | 조세형 | 민음사 |
| | 하늘과 바람과 별과 시 | 윤동주 | 정음사 |
| 1977 | 부초 | 한수산 | 민음사 |
| | 겨울 여자 | 조해일 | 문학과지성사 |
| | 도시의 사냥꾼 | 최인호 | 예문관 |
| | 휘청거리는 오후 | 박완서 | 창작과비평사 |
| | 배우 수업 | 강유일 | 문예출판사 |
| | 아홉 켤레의 구두로 남은 사내 | 윤흥길 | 문학과지성사 |
| | 뿌리 | 알렉스 헤일리/<br>하길종·전채린 역 | 한진출판사 |
| | 모모 | 미카엘 엔데/차경아 | 청람문화사 |
| | 한(恨) | 천경자 | 샘터사 |
| | 한국인의 의식구조 | 이규태 | 문리사 |
| | 꼴찌에게 보내는 갈채 | 박완서 | 평민사 |

| | 머리를 써서 살아라 | 정원식 | 샘터사 |
|---|---|---|---|
| | 왜 사냐고 묻거든 | 루이제 린저/차경아 역 | 문학사상사 |
| 1978 | 난장이가 쏘아올린 작은 공 | 조세희 | 문학과지성사 |
| | 머너먼 쑹바강(江) | 박영한 | 민음사 |
| | 상처 | 김수현 | 문학예술사 |
| | 초대받은 여인 | 시몬 드 보부아르/민희식 역 | 권성서재 |
| | 완전한 사랑 | 조선작 | 수문서관 |
| | 우리는 어디에서 어디로 가는가 | 루 살로메/송영택 역 | 문예출판사 |
| | 서 있는 사람들 | 법정 | 샘터사 |
| | 이사도라 던컨 | 이사도라 던컨/유자효 역 | 모음사 |
| | 소유냐 삶이냐 | 에리히 프롬/김진홍 | 홍성사 |
| | 라라의 회상 | O. 이빈스카야/신정옥 역 | 과학과인간사 |
| | 사랑을 위하여 | 고은 | 전예원 |
| | 나의 누이여 나의 신부여 | H.F. 페터스/김성겸 역 | 청년사 |
| | 미국 만유기 | 고우영 | 갑인출판사 |
| 1979 | 갈 수 없는 나라 | 조해일 | 삼조사 |
| | 하버드대학의 공부벌레들 | 존 오스본/구희서 | 일월서각 |
| | 내일은 비 | 김병총 | 고려원 |
| | 죽음보다 깊은 잠 | 박범신 | 문학예술사 |
| | 날으는 것이 두렵다 | 에리카 종/유안진 역 | 문학예술사 |
| | 바보들 죽다 | 마리오 푸조/홍석표 역 | 고려원 |
| | 바구니에 가득한 행복 | 임국희·우종범 편 | 전예원 |
| | 새벽을 기다리는 마음 | 함석헌 | 동광출판사 |
| | 한국 청년들에게 고함 | 김동길 | 한빛문화사 |
| | 불확실성의 시대 | J.K. 갤브레이스/김태선 역 | 홍성사 |
| 1980 | 어둠의 자식들 | 황석영 | 현암사 |
| | 만다라 | 김성동 | 한국문학사 |
| | F학점의 천재들 | 이주희 | 신원문화사 |
| | 만딩고 | C. 언스토트/이가형 역 | 태창문화사 |
| | 신부님 힘을 내세요 | J. 과레스키/김명곤 역 | 백제 |
| | 장군 | J. 클라벨/출판부 역 | 샘터사 |
| | 일어나 비추어라 | 오혜령 | 문학세계사 |
| | 옷을 벗지 못하는 사람들 | 정다운 | 부름 |
| | 날자, 한 번 더 날자꾸나 | 이상/오규원 편 | 문장사 |
| | 나사렛 예수 | W. 바클리/하용조·이형기 역 | 태멘 |
| | 그릴 수 없는 사랑의 빛깔까지도 | 이중섭 | 한국문학사 |
| | 나의 천사 나의 아이들 | 린 케인/김형섭 역 | 국제문화출판공사 |
| | 아는 것으로부터의 자유 | 지두 크리슈나무르티/<br>김형섭 역 | 국제문화출판공사 |

| | | 산다는 것과 사랑한다는 것 | W. 에버렛/장경룡 역 | 문예출판사 |
|---|---|---|---|---|
| 1981 | | 끝없는 사랑 | 스콧 스펜서/안정효 역 | 태멘 |
| | | 보통사람들 | 쥬디스 게스트/박병덕 역 | 육문사 |
| | | 도둑놈과 도둑님 | 김홍신 | 평민사 |
| | | 낮은 데로 임하소서 | 이청준 | 홍성사 |
| | | 꼬방동네 사람들 | 이동철 | 현암사 |
| | | 인간시장 1 (전10권) | 김홍신 | 행림출판사 |
| | | 피안의 새 | 김성동 | 한국문학사 |
| | | 노블 하우스 | J. 클라벨/편집부 역 | 문화서적 |
| | | 무엇이 외로움을 이기게 하는가 | 이향봉 | 부름사 |
| | | 나의 별에도 봄이 오면 | 윤동주/이건청 편 | 문학세계사 |
| | | 괴로움의 위안을 꿈꾸는 너희들에게 | H. 헤세/장석주 역 | 청하 |
| | | 제3의 물결 | 엘빈 토플러/유재천 역 | 문화서적 |
| | | 지구 최후의 날 | 고도 벤/이윤기 역 | 고려원 |
| | | 옛날 옛날 한 옛날 | 이창우 | 두레 |
| | | 코스모스 | 칼 세이건/조학래 역 | 일월서각 |
| | | 에바 페론 에비타 | 폴 L. 몽고메리/심일섭 역 | 근역서재 |
| 1982 | | 젊은 날의 초상 | 이문열 | 민음사 |
| | | 들개 | 이외수 | 문학예술사 |
| | | 바람 바람 바람 | 김홍신 | 행림출판사 |
| | | 안개꽃 | 김용운 | 문예출판사 |
| | | 꼬마 니콜라 | 르네 고시니/조명애 역 | 태멘 |
| | | 오만과 몽상 | 박완서 | 한국문학사 |
| | | 백년 동안의 고독 | G. 마르케스/안정효 역 | 문학사상사 |
| | | 바람에게 주는 말 | 김남조 | 주우 |
| | | 배짱으로 삽시다 | 이시형 | 집현전 |
| | | 군중과 권력 | 엘리아스 카네티/반성완 역 | 한길사 |
| | | 축소지향의 일본인 | 이어령 | 갑인출판사 |
| | | 서울은 지금 몇시인가 | 주치호 | 기린원 |
| | | 삶의 진실에 대하여 | 크리슈나무르티/이병기 역 | 까치 |
| | | 걸레 스님 중광 | 정 휴 | 밀알 |
| | | 재벌 25시 | 조선일보 경제부 | 동광출판사 |
| | | 낮은 데로 임하소서 | 이청준 | 홍성사 |
| 1983 | | 대학별곡 | 김신 | 소설문학사 |
| | | ET 외계인 | W. 코츠윙클/정성호 역 | 거암 |
| | | 젊은 날의 초상 | 이문열 | 민음사 |
| | | 칼 | 이외수 | 문학예술사 |
| | | 깊고 푸른 밤 | 최인호 외 | 문학사상사 |
| | | 고래사냥 | 최인호 | 동화출판사 |

| | | 파리대왕 | 윌리엄 골딩/이덕형 역 | 문예출판사 |
|---|---|---|---|---|
| | | 완장 | 윤흥길 | 현대문학사 |
| | | 먼 그대 | 서영은 외 | 문학사상사 |
| | | 살며 사랑하며 배우며 | 레오 버스카글리아/이종관 역 | 지문사 |
| | | 자기로부터의 혁명 | 지두 크리슈나무르티/<br>권동수 역 | 범우사 |
| | | 자신있게 사는 여성 | 이시형 | 집현전 |
| | | 산방한담 | 법정 | 샘터사 |
| | | 아! 전혜린 | 정공채 | 문학예술사 |
| | | 말과 침묵 | 법정 | 샘터사 |
| | | 한국인의 의식구조 | 이규태 | 신원문화사 |
| | | 한국인 당신은 누구인가 | 구로다 가쓰히로/조양욱 역 | 모음사 |
| | | 서울서 팔리는 여자들 | 유재순 | 나남출판사 |
| 1984 | | 소설 손자병법 1(전3권) | 정비석 | 고려원 |
| | | 1984년 | 조지 오웰/김병익 역 | 문예출판사 |
| | | 오싱 | 하시다 스가코/김 균 역 | 청조사 |
| | | 삼국지 1(전5권) | 나관중/박종화 역 | 어문각 |
| | | 대학별곡 | 김 신 | 소설문학사 |
| | | 파리대왕 | 윌리엄 골딩/유종호 역 | 민음사 |
| | | 초한지 | 김팔봉 | 어문각 |
| | | 레테의 연가 | 이문열 | 민음사 |
| | | 밥 | 김지하 | 분도출판사 |
| | | 지적인 여성을 위하여 | 김혜원 | 육문사 |
| | | 마침내 시인이여 | 신경림·이시영 편 | 창작과비평사 |
| | | 우리가 서로 사랑한다는 것은 | 이해인 외 | 삼일서적 |
| | | 대설 남(南) | 김지하 | 창작과비평사 |
| 1985 | | 단(丹) | 김정빈 | 정신세계사 |
| | | 아도라 | 버트리스 스몰/최인석 역 | 모음사 |
| | | 나의 라임 오렌지나무 | J. M. 바스콘셀로스/박동원 역 | 동녘 |
| | | 영웅시대 | 이문열 | 민음사 |
| | | 그대 순백의 영혼이여 | 찰스 쇼/이 룽 역 | 홍익출판사 |
| | | 오늘은 내가 반달로 떠도 | 이해인 | 분도출판사 |
| | | 내 영혼에 불을 놓아 | 이해인 | 분도출판사 |
| | | 아이아코카 자서전 | 리 아이아코카·윌리엄 노바크/<br>편집부 역 | 범우사 |
| | | 처음을 위하여 마지막을 위하여 | 안병욱 | 자유문학사 |
| | | 내훈(內訓) | 소혜왕후 한씨/육완정 역 | 열화당 |
| | | 동양학 어떻게 할 것인가 | 김용옥 | 통나무 |
| | | 한국현대사 | 강만길 | 창작과비평사 |

| | | 해방전후사의 인식 1 | 송건호 외 | 한길사 |
|---|---|---|---|---|
| 1986 | | 소설 영웅문 | 김 용/김일강 역 | 고려원 |
| | | 숲속의 방 | 강석경 | 민음사 |
| | | 야훼의 밤 | 조성기 | 고려원 |
| | | 청춘 스케치 | 이규형 | 오늘 |
| | | 나그네는 길에서도 쉬지 않는다 | 이제하 외 | 문학사상사 |
| | | 젊은 날의 초상 | 이문열 | 민음사 |
| | | 흐르는 북 | 최일남 외 | 문학사상사 |
| | | 우리를 영원케 하는 것은 | 유안진 | 현대문학사 |
| | | 비밀일기 | 수 타운센드/배현나 역 | 김영사 |
| | | 두레박 | 이해인 | 분도출판사 |
| | | 여자란 무엇인가 | 김용옥 | 통나무 |
| | | 신한국인 | 이어령 | 문학사상사 |
| 1987 | | 사람의 아들 | 이문열 | 민음사 |
| | | 나의 라임 오렌지나무 | J. M. 바스콘셀로스/박동원 역 | 동녘 |
| | | 크눌프-삶으로부터의 세 이야기 | 헤르만 헤세/박환덕 역 | 풍생 |
| | | 광란자-나의 라임 오렌지나무 3 | J. M. 바스콘셀로스/이광윤 역 | 동녘 |
| | | 우리들의 일그러진 영웅 | 이문열 외 | 문학사상사 |
| | | 꼬마 철학자 | 알퐁스 도데/이재형 역 | 산하 |
| | | 태백산맥(전10권) | 조정래 | 한길사 |
| | | 레테의 연가 | 이문열 | 중앙일보사 |
| | | 홀로서기 | 서정윤 | 청하 |
| | | 접시꽃 당신 | 도정환 | 실천문학사 |
| | | 사랑굿 | 김초혜 | 문학세계사 |
| | | 오늘 다 못다한 말은 | 이외수 | 동문선 |
| | | 나에게 쓰는 편지 | 휴프레이더/안정효 역 | 책세상 |
| | | 지란지교를 꿈꾸며 | 유안진 외 | 영학 |
| | | 철학 에세이 | 조성오 | 동녘 |
| | | 산골 소녀 옥진이 시집 | 김옥진 | 사사연 |
| 1988 | | 사람의 아들 | 이문열 | 민음사 |
| | | 가시나무새 1 | 콜린 맥컬로/안정효 역 | 문학사상사 |
| | | 성자가 된 청소부 | 바바하리 다스/류시화 역 | 정신세계사 |
| | | 쫄병시대 | 김 신 | 실천문학사 |
| | | 마주보기 | 에리히 케스트너/김은주 역 | 언어문화사 |
| | | 우리가 진짜로 사는 것은 | 김기린 | 삼한 |
| | | 남부군 | 이 태 | 두레 |
| | | 보여줄 수 있는 사랑은 아주 작습니다 | 칼릴 지브란/정은하 편역 | 진선출판사 |
| 1989 | | 추락하는 것은 날개가 있다 | 이문열 | 자유문학사 |
| | | 시간의 모래밭 | 시드니 셸던/공경희 역 | 김영사 |

| | | | |
|---|---|---|---|
| | 까미유 끌로델 | 안느 델베/강명옥 역 | 정음사 |
| | 고삐 | 윤정모 | 풀빛 |
| | 겨울의 환 | 김채원 외 | 문학사상사 |
| | 붉은 방·해변의 길손 | 임철우·한승원 외 | 문학사상사 |
| | 행복은 성적순이 아니잖아요 | 임정진 | 고려원 |
| | 세계는 넓고 할 일은 많다 | 김우중 | 김영사 |
| | 백치애인 | 신달자 | 자유문학사 |
| | 슬픈 우리 젊은 날 | 사회문학을 생각하는 모임 | 오늘 |
| | 내 아들아 너는 인생을 이렇게 살아라 | 필립 체스터필드/권오갑 역 | 을유문화사 |
| | 내가 정말 알아야 할 모든 것은 유치원에서 배웠다 | 로버트 풀검/박종서 역 | 김영사 |
| | 편지 | 김미선 | 소담 |
| | 청춘수첩 | 박렬 | 여울기획 |
| 1990 | 그대 아직도 꿈꾸고 있는가 | 박완서 | 삼진기획 |
| | 물 위를 걷는 여자 | 신달자 | 자유문학사 |
| | 죽은 시인의 사회 | 클라인 바움/한은주 역 | 성현출판사 |
| | 그래, 가끔 하늘을 보자 | 송정연 | 고려원 |
| | 하얀전쟁 | 안정효 | 고려원 |
| | 먼 시간속의 실종 | 김준성 | 고려원 |
| | 꼬마 성자 | 미국수피즘협회/우계숙 역 | 정신세계사 |
| | 소설 동의보감(전3권) | 이은성 | 창작과비평사 |
| | 만화로 보는 자본주의·공산주의 | 이원복 | 동아출판사 |
| | 오싹오싹 공포체험 | 편집부 | 대교출판 |
| | 빠빠라기 | 에리히 쇼일만/최시림 역 | 정신세계사 |
| | 만남에서 동반까지 | 박렬 | 명선사 |
| | 사랑과 비즈니스에는 국경이 없더라 | 김영철 | 청림출판 |
| 1991 | 닥터스(1·2) | 에릭 시걸/정성희·석은영 역 | 김영사 |
| | 종이시계 | 앤 타일러/장영희 역 | 동문사 |
| | 세월 | 버지니아 울프/김수정 역 | 대흥 |
| | 최후의 계엄령(전3권) | 고원정 | 범조사 |
| | 우리 시대의 소설가 | 조성기 외 | 문학사상사 |
| | 북회귀선 | 헨리 밀러/정영문 역 | 문학세계사 |
| | 화엄경 | 고 은 | 민음사 |
| | 파라독스 이솝 우화 | 로버트 짐너/김정우 역 | 정신세계사 |
| | 느낌? 멍에 벗던 날 | 우희태 | 장원 |
| | 배꼽 | 오쇼 라즈니쉬/박상준 역 | 장원 |
| | 장자_학의 다리가 길다고 자르지 마라 | 윤재근 | 둥지 |
| | 이제 여자가 되고 싶어요(1·2) | 김현희 | 고려원 |

| | | 사랑한다는 말보다 더욱더 마음 졸이는 것은 작은 웃음이다 | 서영은 편 | 박우사 |
|---|---|---|---|---|
| | | 사색 | 이문열 | 살림 |
| | | 뉴스를 말씀드리겠습니다, 딸꾹! | 이계진 | 우석출판사 |
| | | 내가 여전히 나로 남아야 함은 아직도 널 사랑하기 때문이다 | 김기만 | 지원 |
| | | 친구가 화장실에 갔을 때 | 신진호 | 혜진서관 |
| | | 권력이동 | 엘빈 토플러/이규행 역 | 한국경제신문사 |
| 1992 | | 소설 토정비결(전4권) | 이재윤 | 해냄 |
| | | 소설 목민심서(전5권) | 황인경 | 삼진기획 |
| | | 나는 소망한다 내게 금지된 것을 | 양귀자 | 살림 |
| | | 벽오금학도 | 이외수 | 동문선 |
| | | 어느 꼬마의 마룻밑 이야기 | 토마스 리베라 | 장원 |
| | | 숨은 꽃 | 양귀자 외 | 문학사상사 |
| | | 금잔화 | 경요 | 홍익출판사 |
| | | 세상을 보는 지혜 | 발타자르 그라시안/박민수 역 | 둥지 |
| | | 누군가에게 무엇이 되어 | 예반/남 주 역 | 대흥 |
| | | 아이를 잘 만드는 여자 | 김영희 | 디자인하우스 |
| | | 오직 이 길밖에 없다 | 구자경 | 행림출판사 |
| | | W이론을 만들자 | 이면우 | 지식산업사 |
| | | 동냥그릇 | 박상준 편 | 장원 |
| | | 나는 한국인이야 | 신세용 | 장원 |
| | | 넌 가끔 가다 내 생각을 하지 난 가끔 가다 딴 생각을 해 | 원태연 | 영운기획 |
| 1993 | | 서편제 | 이청준 | 열림원 |
| | | 여자의 남자 1 | 김한길 | 해냄 |
| | | 펠리컨 브리프 | 존 그리샴/정영목 역 | 시공사 |
| | | 지상에서 가장 슬픈 약속 | 리처드 휠러 | 홍익출판사 |
| | | 영원한 제국 | 이인화 | 세계사 |
| | | 앵무새 죽이기 | 하퍼 리/박경민 역 | 한겨레 |
| | | 김약국의 딸들 | 박경리 | 나남 |
| | | 여보게 저승 갈 때 뭘 가지고 가지 | 석용산 | 고려원 |
| | | 반갑다 논리야(전3권) | 위기철 | 사계절출판사 |
| | | 아름다운 여자 | 이희재 | 자유시대사 |
| | | 나의 문화유산 답사기 1 | 유홍준 | 창작과 비평사 |
| | | 우리 사는 동안에 | 이정하 | 고려문화사 |
| | | 7막7장 | 홍정욱 | 삼성출판사 |
| | | 자유를 위한 변명 1 | 홍신자 | 정신세계사 |
| 1994 | | 무궁화꽃이 피었습니다(전3권) | 김진명 | 해냄 |

| | 돌연변이 | 로빈 쿡/박 민 역 | 열림원 |
|---|---|---|---|
| | 메디슨 카운티의 다리 | 로버트 제임스 월러/공경희 역 | 시공사 |
| | 세상의 모든 딸들 1 | 엘리자베스 마셜 토마스/이선희 역 | 홍익출판사 |
| | 무소의 뿔처럼 혼자서 가라 | 공지영 | 문예마당 |
| | 퇴마록 1 | 이우혁 | 들녘 |
| | 베니스의 개성상인 1 | 오세영 | 장원 |
| | 개미 1 | 베르나르 베르베르/이세욱 역 | 열린책들 |
| | 일본은 없다 | 전여옥 | 지식공작소 |
| | 서른, 잔치는 끝났다 | 최영미 | 창작과비평사 |
| | 나의 문화유산답사기 2 | 유홍준 | 창작과비평사 |
| | 성공하는 사람들의 7가지 습관 | 스티븐 코비/김경섭 역 | 김영사 |
| | 나는 다만 하고 싶지 않은 일을 하지 않을 뿐이다 | 김정일 | 새길 |
| | 뮌헨의 노란 민들레 | 김영희 | 고려원 |
| | 체질을 알면 건강이 보인다 | 이명복 | 대광출판사 |
| 1995 | 고등어 | 공지영 | 웅진출판사 |
| | 천년의 사랑(상) | 양귀자 | 살림 |
| | 하얀 배 | 윤후명 외 | 문학사상사 |
| | 영원한 것은 없다 | 시드니 셸던/오호근 역 | 영림카디널 |
| | 아리랑 1(전10권) | 조정래 | 해냄 |
| | 깊은 숨을 쉴 때마다 | 신경숙 외 | 현대문학 |
| | 좀머 씨 이야기 | 파트리크 쥐스킨트/장 자크 쌍뻬 그림/유혜자 역 | 열린책들 |
| | 신화는 없다 | 이명박 | 김영사 |
| | 나는 빠리의 택시운전사 | 홍세화 | 창작과비평사 |
| | 너는 눈부시지만 나는 눈물겹다 | 이정하 | 푸른숲 |
| | 어떻게 태어난 인생인데 | 김정일 | 푸른숲 |
| | 허수경의 미소 한 잔 눈물 두 스푼 | 허수경 | 세기 |
| | 밤새 훌쩍 크는 아이들 | 김영희 | 시공사 |
| 1996 | 아버지 | 김정현 | 문이당 |
| | 축제 | 이청준 | 열림원 |
| | 남자의 향기 | 하병무 | 밝은세상 |
| | 상실의 시대 | 무라카미 하루키/유유정 역 | 문학사상사 |
| | 천지간 | 윤대녕 외 | 문학사상사 |
| | 공부가 가장 쉬웠어요 | 장승수 | 김영사 |
| | 초학습법 | 노구치 유키오/김용운 역 | 중앙일보사 |
| | 사랑과 성공은 기다리지 않는다 | 조안 리 | 문예당 |
| | 여성이여, 테러리스트가 돼라 | 전여옥 | 푸른숲 |

| | | | |
|---|---|---|---|
| | 밥짓는 시인 펴주는 사랑 | 최일도 | 동아일보사 |
| | 로마인 이야기 1(전12권) | 시오노 나나미/김석희 역 | 한길사 |
| | 뇌내혁명 | 하루야마 시게오/반광식 역 | 사람과책 |
| | 한권으로 읽는 조선왕조실록 | 박영규 편 | 들녘 |
| 1997 | 마음을 열어주는 101가지 이야기 | 잭 캔필드 외/류시화 역 | 이레 |
| | 한권으로 읽는 조선왕조실록 | 박영규 편 | 들녘 |
| | 20대에 하지 않으면 안 될 50가지 | 나카타니 아키히로/이선희 역 | 홍익출판사 |
| | 선과 악을 다루는 35가지 방법 1 | 후안 마누엘/김창민 역 | 자작나무 |
| | 외눈박이 물고기의 사랑 | 류시화 | 열림원 |
| | 람세스 1(전5권) | 크리스티앙 자크/김정란 역 | 문학동네 |
| | 나의 문화유산답사기 3 | 유홍준 | 창작과비평사 |
| | 한국이 죽어도 일본을<br>못 따라잡는 18가지 이유 | 모모세 타다시 | 사회평론 |
| | 선택 | 이문열 | 민음사 |
| | 나를 찾아 떠나는 여행 1 | 생텍쥐페리/이상각 역 | 움직이는책 |
| | 여자가 변해야 세상이 변한다 | 정덕희 | 중앙M&B |
| | 사람은 무엇으로 사는가 | 톨스토이/안의정 역 | 맑은소리 |
| | 무소유 | 법정 | 범우사 |
| | 사랑의 예감 | 김지원 | 문학사상사 |
| | 착한 여자 | 공지영 | 한겨레신문사 |
| | 엄마 어렸을 적엔… | 이승은 | 조선일보사 |
| | 황금비늘 1 | 이외수 | 동문선 |
| | 사랑의 기쁨(상) | 최인호 | 여백 |
| | 하얀 기억 속의 너 1 | 김상옥 | 창해 |
| | EQ-감성 지능 개발 학습법 | 도리스 매틴/홍명희 역 | 해냄 |
| | 사랑할 땐 별이 되고 | 이해인 | 샘터사 |
| | 위험한 특종 1 | 산드라 브라운 | 들녘미디어 |
| | 들국화 1 | 하병무 | 밝은세상 |
| | 배꼽 | 이규호 | 장원 |
| | 돈버는 데는 장사가 최고다 | 김찬경 | 현대미디어 |
| | 경제기사는 돈이다 | 강형문 외 | 거름 |
| | 영혼을 위한 닭고기 수프 1 | 잭 캔필드 외/류시화 역 | 푸른숲 |
| | 남자를 알아야 사랑이 자유롭다 | 양창순 | 명진출판 |
| | 하늘 호수로 떠난 여행 | 류시화 | 열림원 |
| | 몽구 | 이 한/유동환 역 | 홍익출판사 |
| 1998 | 산에는 꽃이 피네 | 법정 | 동쪽나라 |
| | 모순 | 양귀자 | 살림 |
| | 홍어 | 김주영 | 문이당 |
| | 광수생각 | 박광수 | 소담출판사 |

| | | 아내의 상자 | 은희경 외 | 문학사상사 |
|---|---|---|---|---|
| | | 이원복 교수의 진짜 유럽 이야기 | 이원복 | 두산동아 |
| | | 모리와 함께한 화요일 | 미치 앨봄/공경희 역 | 세종서적 |
| | | 하늘이여 땅이여 1 | 김진명 | 해냄 |
| | | 지금 알고 있는 걸 그때도 알았더라면 | 류시화 편 | 열림원 |
| | | 내 삶을 다시 바꾼 1%의 지혜 | 김준수 | 동아일보사 |
| | | 그대가 곁에 있어도<br>나는 그대가 그립다 | 류시화 | 푸른숲 |
| | | 외눈박이 물고기의 사랑 | 류시화 | 열림원 |
| | | 그대에게 던지는 사랑의 그물 | 이외수 | 동문선 |
| | | 마음 가는 대로 해라 | 앤드류 매튜스/노혜숙 역 | 생각의나무 |
| | | 사랑하지 않아야 할 사람을<br>사랑하고 있다면 | 이정하 | 자음과모음 |
| | | 마음을 열면 세상은 참 아름답습니다 | 안의정 | 맑은소리 |
| | | 20대에 하지 않으면 안 될 50가지 | 나카다니 아키히로/이선희 역 | 홍익출판사 |
| | | 성공하는 리더를 위한 유머기법 7가지 | 김진배 | 뜨인돌 |
| | | 맥킨지 보고서 | 맥킨지 외 편/장대환 역 | 매일경제신문사 |
| | | 30대에 하지 않으면 안 될 50가지 | 나카타니 아키히로/이선희 역 | 홍익출판사 |
| | | 불황을 읽으면 돈이 보인다 | 이규형 | 형선 |
| | | 익숙한 것과의 결별 | 구본형 | 생각의 나무 |
| | | 더불어숲 1, 2 | 신영복 | 중앙M&B |
| | | 나를 사로잡은 지구촌 사람들 | 박청수 | 샘터사 |
| | | 지식혁명 보고서 | 매일경제 지식프로젝트 팀 편 | 매일경제신문사 |
| | | 한국보고서 | 부즈 앨런 & 해밀턴 | 매일경제신문사 |
| | | 아우야! 세상엔 바보란 없단다 | 안의정 | 맑은세상 |
| | | 괴테의 이탈리아 기행 | 요한 볼프강 폰 괴테/<br>박영구 역 | 푸른숲 |
| | | 내 영혼이 따뜻했던 날들 | 포리스트 카터/조경숙 역 | 아름드리미디어 |
| | 1999 | 오체불만족 | 오토다케 히로타다/<br>전경빈 역 | 창해 |
| | | 맞아죽을 각오를 하고 쓴<br>한국 한국인 비판 | 이케하라 마모루 | 중앙M&B |
| | | 빌 게이츠@생각의 속도 | 빌 게이츠/안진환 역 | 청림출판 |
| | | 제3의 길 | 앤서니 가든스/한상진 외 역 | 생각의나무 |
| | | 공자가 죽어야 나라가 산다 | 김경일 | 바다출판사 |
| | | 기차는 7시에 떠나네 | 신경숙 | 문학과지성사 |
| | | 행복한 사람은 시계를 보지 않는다 | 은희경 | 창작과비평사 |
| | | 딴지일보 1 | 김어준 | 자작나무 |
| | | 모순 | 양귀자 | 살림 |
| | | 낯선 곳에서의 아침 | 구본형 | 생각의나무 |

| | | | |
|---|---|---|---|
| | 너무도 쓸쓸한 당신 | 박완서 | 창작과비평사 |
| | 나는 희망의 증거가 되고 싶다 | 서진규 | 북하우스 |
| | 풍경 | 원성 | 이레 |
| | 쎄느강은 좌우를 나누고<br>한강은 남북을 가른다 | 홍세화 | 한겨레신문사 |
| | 귀여운 우리 아기 | 편집부 | 중앙일보 |
| | 내 마음의 옥탑방 | 박상우 외 | 문학사상사 |
| | 우리는 사소한 것에 목숨을 건다 | 리처드 칼슨/정영문 역 | 창작시대 |
| | 한반도 1 | 김진명 | 해냄 |
| | 내가 얼마나 당신을 사랑하는지<br>당신은 알지 못합니다 | 수잔 폴리스 슈츠/<br>박종석 역 | 오늘의책 |
| | 일식 | 히라노 게이치로/양윤옥 역 | 문학동네 |
| | 어느 날 나는 흐린 주점에<br>앉아 있을거다 | 황지우 | 문학과지성사 |
| | 영어공부 절대로 하지 마라! | 정찬용 | 사회평론 |
| | HOT FOREVER | 이기종 편 | 책만드는집 |
| | 자신있게 살아라 | 앤드류 매튜스/홍은주 역 | 고도 |
| | 성공하는 10대들의 7가지 습관 | 숀 코비/김경섭 외 역 | 김영사 |
| | 광수생각 2 | 박광수 | 소담출판사 |
| | 봉순이 언니 | 공지영 | 푸른숲 |
| | 유희열 삽화집-익숙한 그 집 앞 | 유희열 | 중앙M&B |
| | 증권투자 알고 합시다 | 매일경제증권부 | 매일경제신문사 |
| | 두 번만 읽으면 끝나는 영문법 | 배진용 | 도솔 |
| | 우동 한 그릇 | 구리 료헤이 외/최영혁 역 | 청조사 |
| | 테오의 여행 | 카트린 클레망/양영란 역 | 동문선 |
| | 내 생애 꼭 하루뿐인 특별한 날 | 전경린 | 문학동네 |
| | 존재는 눈물을 흘린다 | 공지영 | 창작과비평사 |
| | 화첩기행 | 김병종 | 효형출판 |
| | 잔소리하지 않고 좋은 버릇<br>들이는 방법 | 루스 보든/편집부 역 | 웅진출판주식회사 |
| | 컴퓨터 조립 & 수리 쉽게 배우기 | 김지현 | 영진닷컴 |
| | 한자 쉽게 끝내기 | 이래현 | 키출판사 |
| | 세계 자본주의의 위기 | 조지 소로스/형선호 역 | 김영사 |
| | 한니발 1 | 토머스 해리스/이창식 역 | 창해 |
| | 연인 | 정호승 | 열림원 |
| | 마지막 춤은 나와 함께 | 은희경 | 문학동네 |
| | 지식혁명 보고서 | 매일경제 지식프로젝트 팀 편 | 매일경제신문사 |
| | 나는 솔직하게 살고 싶다 | 김지룡 | 명진출판사 |
| | 아니메가 보고 싶다 | 박인하 외 | 교보문고 |
| | 키친 | 요시모토 바나나/김난주 역 | 민음사 |

| | | | |
|---|---|---|---|
| | 윈도우 98 무작정 따라하기 | 조철호 | 길벗 |
| | 지식의 지배 | 레스터 C. 서로우/한기찬 역 | 생각의나무 |
| | 그리스·로마 신화 | 토마스 불핀치/최혁순 역 | 범우사 |
| | 한글·엑셀 97 | 정연금 | 영진닷컴 |
| | 상실의 시대(원제 : 노르웨이의 숲) | 무라카미 하루키/유유정 역 | 문학사상사 |
| | 영어공부혁명 | 정 철 | 해냄 |
| | 만화로 보는 증권투자 길라잡이 | 방경일/백정현 그림 | 더난출판사 |
| | 바람의 딸 걸어서 지구 세바퀴 반 4 | 한비야 | 금토 |
| | 인터넷 무작정 따라하기 | 유해룡 외 | 길벗 |
| | 나는 역사의 진리를 보았다 | 황장엽 | 한울 |
| | 경제기사 궁금증 300문 300답 | 곽해선 | 동아일보사 |
| | 내 영혼이 따뜻했던 날들 | 포리스트 카터/조경숙 역 | 아름드리미디어 |
| | 뇌호흡 | 이승헌 | 한문화 |
| 2000 | 가시고기 | 조창인 | 밝은세상 |
| | 노자와 21세기(상·중·하) | 김용옥 | 통나무 |
| | 부자 아빠 가난한 아빠(1·2) | 로버트 기요사키/형선호 역 | 황금가지 |
| | 헤리포터와 마법사의 돌 | 조앤 K. 롤링/김혜원 역 | 문학수첩 |
| | 새 먼나라 이웃나라 7 | 이원복 | 김영사 |
| | 오두막 편지 | 법정 | 이레 |
| | 만행-하버드에서 화계사까지 1, 2 | 현각/허문영 역 | 열림원 |
| | 인터넷 비즈니스.com | 김진우 | 영진닷컴 |
| | 플래시 4 애니메이션 홈페이지 만들기 | 장일호 | 영진닷컴 |
| | 철도원 | 아사다 지로/양윤옥 역 | 문학동네 |
| | 도쿠가와 이에야스의 인간경영 | 도몬 후유지/이정환 역 | 작가정신 |
| | 인터넷 무작정 따라하기 | 유해룡 | 길벗 |
| | 나는 사이버 주식투자로 16억 벌었다 | 최진식 | 국일증권경제연구소 |
| | 딸기밭 | 신경숙 | 문학과 지성사 |
| | 체 게바라 평전 | 장 코르미에/김미선 역 | 실천문학사 |
| | 한 사람을 사랑했네 | 이정하 | 자음과모음 |
| | 항아리 | 정호승 | 열림원 |
| | 무소유(양장) | 법정 | 범우사 |
| | 나는 초단타매매로 매일 40만원 번다 | 최원철 | 청아출판사 |
| | 간절히@두려움 없이 | 전여옥 | 푸른숲 |
| | 시인의 별 | 이인화 외 | 문학사상사 |
| | 해리포터와 비밀의 방 | 조앤 K 롤링/김혜원 역 | 문학수첩 |
| | 당신이 그리운 건 내게서 조금 떨어져 있기 때문입니다 1 | 이정하 | 책만드는집 |
| | 상실의 시대 | 무라카미 하루키/유유정 역 | 문학사상사 |
| | 아가 | 이문열 | 민음사 |

| | 짜장면 | 안도현 | 열림원 |
|---|---|---|---|
| | 백지연의 선택-나는 나를 경영한다 | 백지연 | 다우 |
| | 민들레를 사랑하는 법 | 류시화 편 | 나무심는사람 |
| | 나에겐 지금 못할 것이 없다 | 앤드류 우드/한상천 역 | 현대미디어 |
| | 명탐정 뚱딴지 | 김우영 | 파랑새어린이 |
| | 어린왕자 | 생텍쥐베리 | 문예출판사 |
| | 우리는 다시 만나기 위해 태어났다 | 잭 캔필드/류시화 역 | 푸른숲 |
| | 우동 한 그릇 | 구리 료헤이 | 청조사 |
| | 맥킨지는 일하는 방식이 다르다 | 에단 라지엘 | 김영사 |
| | 365 단어로 코쟁이 기죽이기 | 백선엽 | 넥서스 |
| 2001 | 누가 내 치즈를 옮겼을까 | 스펜서 존슨/이영진 역 | 진명출판사 |
| | 상도 1 | 최인호 | 여백미디어 |
| | 블루데이 북-<br>누구에게나 우울한 날은 있다 | 브레들리 트레버 그리브/<br>신현림 역 | 바다출판사 |
| | 해리 포터와 마법사의 돌 | 조앤 K. 롤링/김혜원 역 | 문학수첩 |
| | 국화꽃 향기 1 | 김하인 | 생각의나무 |
| | 이윤기의 그리스 로마 신화 1 | 이윤기 | 웅진닷컴 |
| | 느리게 산다는 것의 의미 | 피에르 쌍소/김주경 역 | 동문선 |
| | 힐링 소사이어티 | 이승헌 | 한문화 |
| | 펄떡이는 물고기처럼 | 해리 폴 외/유영만 역 | 한언출판사 |
| | 창가의 토토 | 구로야나기 테츠코/이와사키<br>치히로 그림/김난주 역 | 프로메테우스 |
| | 거울 | 원성 | 이레 |
| | 아주 오래된 농담 | 박완서 | 실천문학사 |
| | 호밀밭의 파수꾼 | J. D. 샐린저/이덕형 역 | 문예출판사 |
| | 경호! | 켄 블랜차드·셸든 보울즈/<br>조천제·최치영 역 | 21세기북스 |
| | WORD SMART | 에덤 로빈슨 외 | 넥서스 |
| | ENGLISH EXPRESSION<br>DICTIONARY | 신재용 | 넥서스 |
| | 일 잘하는 사람 일 못하는 사람 | 호리바 마사오/은미경 역 | 오늘의책 |
| | 괭이부리말 아이들 | 김중미/ 송진헌 그림 | 창작과비평사 |
| | 오페라의 유령 | 가스통 르루/성귀수 역 | 문학세계사 |
| | 화성에서 온 남자 금성에서 온 여자 | 존 그레이/김경숙 역 | 친구미디어 |
| | 위대한 개츠비 | F. 스콧 피츠제럴드/송 무 역 | 문예출판사 |
| | 등대지기 | 조창인 | 밝은세상 |
| 2002 | 마당깊은 집 | 김원일 | 문학과지성사 |
| | 혼자만 잘 살믄 무슨 재민겨 | 전우익 | 현암사 |
| | 아홉살 인생 | 위기철 | 청년사 |
| | 봉순이 언니 | 공지영 | 푸른숲 |

| | | | |
|---|---|---|---|
| | 그 많던 싱아는 누가 다 먹었을까 | 박완서 | 웅진출판 |
| | 괭이부리말 아이들 | 김중미 | 창작과비평사 |
| | 연탄길 1 | 이철환 | 삼진기획 |
| | 뇌(상) | 베르나르 베르베르/이세욱 역 | 열린책들 |
| | 그러나 나는 살아가리라 | 유용주 | 솔 |
| | 화 | 틱낫한/최수민 역 | 명진출판 |
| | 모랫말 아이들 | 황석영 | 문학동네 |
| | TV동화 행복한 세상 | 박인식 | 샘터 |
| | 백범일지 | 김 구/도진순 주해 | 돌베개 |
| | 모리와 함께한 화요일 | 미치 앨봄/공경희 역 | 세종서적 |
| | 신경림의 시인을 찾아서 | 신경림 | 우리교육 |
| | 이보영의 120분 영문법 | 이보영 | 넥서스 |
| | 달라이 라마의 행복론 | 달라이 라마·하워드 커틀러/<br>류시화 역 | 김영사 |
| 2003 | 나무 | 베르나르 베르베르/이세욱 역 | 열린책들 |
| | 톨스토이 단편선 | L. N. 톨스토이/박형규 역 | 인디북 |
| | 파페포포 메모리즈 | 심승현 | 홍익출판사 |
| | 야생초 편지 | 황대권 | 도솔 |
| | 한국의 부자들 | 한상복 | 위즈덤하우스 |
| | 설득의 심리학 | 로버트 치알디니/이현우 역 | 21세기북스 |
| | 지상에 숟가락 하나 | 현기영 | 실천문학사 |
| | 내 생애의 아이들 | 가브리엘 루아/김화영 역 | 현대문학 |
| | 칭찬은 고래도 춤추게 한다 | 캔 블랜차드 외/조천제 역 | 21세기북스 |
| | 해리 포터와 불사조 기사단 | 조앤 K. 롤링/최인자 역 | 문학수첩 |
| | 달님은 알지요 | 김향이 | 비룡소 |
| | 냉정과 열정 사이 | 에쿠니 가오리/김난주 역 | 소담출판사 |
| | 포엠툰 | 정헌재 | 청하 |
| | 이익훈 Eye of the TOIEC | 이익훈 | 넥서스 |
| | 토마토 : 토익점수 마구 올려주는<br>TOEIC | 오혜정 외 | 능률영어사 |
| | 바보들은 항상 결심만 한다 | 팻 맥라건/윤희기 역 | 예문 |
| | 가방 들어주는 아이 | 고정욱/백남원 그림 | 사계절 |
| 2004 | 연금술사 | 파울로 코엘료/최정수 역 | 문학동네 |
| | 다 빈치 코드 1 | 댄 브라운/양선아 역 | 베텔스만코리아 |
| | 선물 | 스펜서 존슨/형선호 역 | 랜덤하우스중앙 |
| | 아침형 인간 | 사이쇼 히로시/최현숙 역 | 한스미디어 |
| | 그 남자 그 여자 | 이미나 | 중앙M&B |
| | 칼의 노래 1 | 김 훈 | 생각의나무 |
| | 꽃으로도 때리지 말라 | 김혜자 | 오래된미래 |

| | | | |
|---|---|---|---|
| | 세상의 중심에서 사랑을 외치다 | 카타야마 쿄이치/안중식 역 | 지식여행 |
| | 10년 후, 한국 | 공병호 | 해냄 |
| | 메모의 기술 | 사카토 켄지/고은진 역 | 해바라기 |
| | 용서 | 달라이 라마 외/류시화 역 | 오래된미래 |
| | 2000원으로 밥상차리기 | 김용환 | 영진닷컴 |
| | 11분 | 파울로 코엘료/이상해 역 | 문학동네 |
| | 나를 변화시키는 좋은 습관 | 한창욱 | 새론북스 |
| | 황진이 1 | 전경린 | 이룸 |
| 2005 | 살아있는 동안 꼭 해야 할 49가지 | 탄줘잉/김명은 역 | 위즈덤하우스 |
| | 모모 | 미하엘 엔데/한미희 역 | 비룡소 |
| | 블루오션전략 | 김위찬·르네 마보안/<br>강혜구 역 | 교보문고 |
| | 사랑하라 한번도<br>상처받지 않은 것처럼 | 류시화 | 오래된미래 |
| | 해커스 토익 READING | 데이비드 조 | 해커스어학연구소 |
| | 2010 대한민국 트렌드 | LG경제연구원 | 한국경제신문 |
| | 해리 포터와 혼혈왕자 | 조앤 K. 롤링/최인자 역 | 문학수첩 |
| | 설득의 심리학 | 로버트 치알디니/ 황혜숙 역 | 21세기북스 |
| | 긍정의 힘 | 조엘 오스틴/정성묵 역 | 두란노 |
| | 여자의 모든 인생은 20대에 결정된다 | 남인숙 | 랜덤하우스중앙 |
| | 지도 밖으로 행군하라 | 한비야 | 푸른숲 |
| | 베로니카, 죽기로 결심하다 | 파울로 코엘료/이상해 역 | 문학동네 |
| | 공중그네 | 오쿠다 히데오/이영미 역 | 은행나무 |
| | 해커스 토익 LISTENING | 데이비드 조 | 해커스어학연구소 |
| | 어둠의 저편 | 무라카미 하루키/임홍빈 | 문학사상사 |
| | 미실 | 김별아 | 문이당 |
| | 목적이 이끄는 삶 | 릭 워렌/고성삼 역 | 디모데 |
| 2006 | 마시멜로 이야기 | 호아킴 데 포사다/<br>정지영·김경환 역 | 한국경제신문 |
| | 우리들의 행복한 시간 | 공지영 | 푸른숲 |
| | 끌리는 사람은 1%가 다르다 | 이민규 | 더난출판 |
| | 해커스 뉴토익 READING | 데이비드 조 | 해커스어학연구소 |
| | 인생 수업 | 엘리자베스 퀴블러로스·<br>데이비드 케슬러/류시화 역 | 이레 |
| | 배려 | 한상복 | 위즈덤하우스 |
| | 부의 미래 | 앨빈 토플러/김중웅 역 | 청림출판 |
| | 살아 있는 것은 다 행복하라 | 법정/류시화 엮음 | 조화로운삶 |
| | 해커스 뉴토익 LISTENING | 데이비드 조 | 해커스어학연구소 |
| | 경제학 콘서트 | 팀 하포드/김명철 역 | 웅진지식하우스 |
| | 사랑 후에 오는 것들 | 공지영 | 소담출판사 |

| | | | |
|---|---|---|---|
| | 악마는 프라다를 입는다 | 로렌 와이스버거/서남희 역 | 문학동네 |
| | 여자생활백서 | 안은영 | 해냄 |
| | 다 빈치 코드 1 | 댄 브라운/양선아 역 | 베텔스만코리아 |
| | 토마토 베이직 R/C | 김지연 | 능률교육 |
| | 향수 | 파트리크 쥐스킨트/강명순 역 | 열린책들 |
| | 핑 | 스튜어트 에이버리 골드/유영만 역 | 웅진윙스 |
| 2007 | 시크릿 | 론다 번/김우열 역 | 살림Blz |
| | 파피용 | 베르나르 베르베르/전미연 역 | 열린책들 |
| | 대한민국 20대, 재테크에 미쳐라 | 정철진 | 한스미디어 |
| | 이기는 습관 | 전옥표 | 쌤앤파커스 |
| | 해커스 뉴토익 READING | 데이비드 조 | 해커스어학연구소 |
| | 바보처럼 공부하고 천재처럼 꿈꿔라 | 신웅진 | 명진출판 |
| | 남한산성 | 김 훈 | 학고재 |
| | 파페포포 안단테 | 심승현 | 홍익출판사 |
| | 청소부 밥 | 토드 홉킨스/신윤경 역 | 위즈덤하우스 |
| | 회사가 당신에게 알려주지 않는 50가지 비밀 | 신시아 샤피로/공혜진 역 | 서돌 |
| | 멘토 | 스펜서 존슨·콘스턴스 존스/안진환 역 | 비즈니스북스 |
| | 살인의 해석 | 제드 러벤펠드/박현주 역 | 비채 |
| | 바리데기 | 황석영 | 창비 |
| | 에너지 버스 | 존 고든 | 쌤앤파커스 |
| | 공중그네 | 오쿠다 히데오/이영미 역 | 은행나무 |
| 2008 | 하악하악 | 이외수/정태련 그림 | 해냄 |
| | 네가 어떤 삶을 살든 나는 너를 응원할 것이다 | 공지영 | 오픈하우스 |
| | 마시멜로 두 번째 이야기 | 호아킴 데 포사다·엘렌 싱어/공경희 역 | 한국경제신문 |
| | 서른 살이 심리학에게 묻다 | 김혜남 | 갤리온 |
| | 즐거운 나의 집 | 공지영 | 푸른숲 |
| | ENGLISH RE-START BASIC | I. A. 리처드 외/양은숙 역 | 뉴런 |
| | 구해줘 | 기욤 뮈소/윤미연 역 | 밝은세상 |
| | 사랑하기 때문에 | 기욤 뮈소/전미연 역 | 밝은세상 |
| | 해커스 토익 LISTENING | 데이비드 조 | 해커스어학연구소 |
| | 개밥바라기별 | 황석영 | 문학동네 |
| | 몰입 | 황농문 | 랜덤하우스코리아 |
| | 해커스 뉴토익 보카 | 데이비드 조 | 해커스어학연구소 |
| | 꿈꾸는 다락방 | 이지성 | 국일미디어 |
| | 로드 | 코맥 매카시/정영목 역 | 문학동네 |

| | 마지막 강의 | 랜디 포시·제프리 재슬로/<br>심은우 역 | 살림 |
|---|---|---|---|
| | ENGLISH RE-START<br>ADVANCED 1 (스피킹편) | I. A. 리처즈 외 | 뉴런 |
| | 눈먼 자들의 도시 | 주제 사라마구/정영목 역 | 해냄 |
| | 나쁜 사마리아인들 | 장하준·이순희 역 | 부키 |
| 2009 | 엄마를 부탁해 | 신경숙 | 창비 |
| | 1Q84 1 | 무라카미 하루키/양윤옥 역 | 문학동네 |
| | 365 매일 읽는 긍정의 한 줄 | 린다 피콘/키와 블란츠 역 | 책이있는풍경 |
| | 그건 사랑이었네 | 한비야 | 푸른숲 |
| | 4개의 통장 | 고경호 | 다산북스 |
| | 세상에 너를 소리쳐 | 빅뱅/김세아 정리 | 쌤앤파커스 |
| | 해커스 토익 READING | 데이비드 조 | 해커스어학연구소 |
| | 살아온 기적 살아갈 기적 | 장영희/정일 그림 | 샘터 |
| | 넛지 | 카스 R. 선스타인·<br>리처드 H. 탈러/안진환 역 | 리더스북 |
| | 신 1 | 베르나르 베르베르/이세욱 역 | 열린책들 |
| | 공부하는 독종이 살아남는다 | 이시형 | 중앙북스 |
| | 지금 사랑하지 않는 자, 모두 유죄 | 노희경 | 헤르메스미디어 |
| | 평화를 사랑하는 세계인으로 | 문선명 | 김영사 |
| | 도가니 | 공지영 | 창비 |
| | 더 리더 | 베른하르트 슐링크 | 이레 |
| 2010 | 정의란 무엇인가 | 마이클 샌델/이창신 역 | 김영사 |
| | 덕혜옹주 | 권비영 | 다산책방 |
| | 아름다운 마무리 | 법정 | 문학의숲 |
| | 죽을 때 후회하는 스물다섯 가지 | 오츠 슈이치/황소연 역 | 21세기북스 |
| | 성균관 유생들의 나날 1 (개정판) | 정은궐 | 파란미디어 |
| | 파라다이스 1 | 베르나르 베르베르/임희근 역 | 열린책들 |
| | 어디선가 나를 찾는 전화벨이 울리고 | 신경숙 | 문학동네 |
| | 스무살에 알았더라면 좋았을 것들 | 티나 실리그/이수경 역 | 엘도라도 |
| | 일기일회 | 법정 | 문학의숲 |
| | 혼 창 통 | 이지훈 | 쌤앤파커스 |
| | 스눕 | 샘 고슬링/김선아 역 | 한국경제신문 |
| | 살아 있는 것은 다 행복하라 | 법정/류시화 편 | 조화로운삶 |
| | 무소유 | 법정 | 범우사 |
| | 규장각 각신들의 나날 1 | 정은궐 | 파란미디어 |
| | 삼성을 생각한다 | 김용철 | 사회평론 |

# 찾아보기

• 인명

## ㄱ

지은이 李斗暎

1945년 서울에서 태어나 중앙대학교 신문방송대학원에서 출판학을 전공했다. 1964년 4월 출판계에 입문한 이래 만 51년간 대한출판문화협회 상무이사 겸 사무국장, 한국출판협동조합 전무이사, (주)북센 전무이사, (주)메타북스 대표이사로 봉직했다. 그사이에 한국문헌번호(ISBN, ISSN) 운영위원, 한국도서보급(주) 감사, (재)출판도시문화재단 기획위원, 범우출판문화재단 상임이사, 유네스코아시아문화센터(도쿄) 도서개발전문위원, 국제출판협회 국제위원으로 활동했다. 또한 중앙대학교 신문방송대학원 초빙교수, 원광대학교 겸임교수로 25년간 후진을 양성하면서 경험을 이론화하고 이론을 실무에 접목하며 저술활동을 해왔다.

| 주요 저서 |

《구미의 출판유통》(1982), 《출판상황론》(1990), 《세계의 출판》(1991, 공저), 《출판유통정보시스템 구축방안》(1992), 《출판유통론》(1993), 《정보화 시대의 출판마케팅 전략》(1999, 번역), 《우리출판 100년》(2001, 공저), 《독일의 통일과 출판시장 통합연구》(2006, 편저), 《러시아 출판산업 혁신의 성과와 전망》(2007, 편저), 《서점정보화 및 관리》(2007, 공저)와 여러 출판단체사 등 출판연구서 28권을 집필했다.

# 현대한국출판사

지은이   이두영
회 장   전병석
펴낸이   전준배
펴낸곳   (주)문예출판사
신고일   2004. 2. 12. 제 2013-000360호
         (등록일 1966. 12. 2. 제 1-134호)
주 소   서울특별시 마포구 월드컵북로 6길 30
전 화   393-5681    팩 스   393-5685
이메일   info@moonye.com
블로그   blog.naver.com/imoonye

제1판 1쇄 펴낸날 2015년 7월 25일

ISBN  978-89-310-0971-2  93070

이 도서의 국립중앙도서관 출판예정도서목록(CIP)은 서지정보유통지원시스템
홈페이지(http://seoji.nl.go.kr)와 국가자료공동목록시스템(http://www.nl.go.kr/kolisnet)에서
이용하실 수 있습니다. (CIP제어번호 : CIP2015018727)